그리스도인의 합당한 예배

* 아 브라켈은 본 서의 제목을 로마서 12장 1절 말씀에서 가져왔다. 여기서 한글 성경의 '영적 예배'에 해당하는 표현을, 저자가 사용한 네덜란드어 성경 스타턴퍼탈링과 영역자가 사용한 킹제임스 성경은 각각 'redelijke godsdienst(합당한 신앙)'과 'Reasonable Service(합당한 예배)'로 번역한다. 이에 'Redelijke(reasonable, 합당한)'라는 표현에 '영적(spiritual), 참된(true)'이라는 의미가 포함되며, 저자의 의도가 더욱 잘 반영된다고 판단하여, 본 서의 우리말 제목을 "그리스도인의 합당한 예배"로 정하였음을 밝힌다(1권 131쪽 각주1 참고).

Copyright © 1992-1995 by Joel R. Beeke
English edition published as *The Christian's Reasonable Service*
by Reformation Heritage Books, Grand Rapids, MI, USA.
The English translation edition is based on the third edition of the original Dutch work
entitled *Redelijke Godsdienst* by D. Bolle, Rotterdam, The Netherlands.
This Korean edition is translated and used by permission of Reformation Heritage Books
through rMaeng2, Seoul, Republic of Korea.
This Korean Edition © 2019 by Jipyung Publishing Company, Seoul, Republic of Korea.

이 한국어판의 저작권은 알맹2 에이전시를 통하여 Reformation Heritage Books와 독점 계약 한 지평서원에 있습니다.
신 저작권법에 의하여 한국 내에서 보호받는 저작물이므로 무단 전재와 무단 복제를 금합니다.

그리스도인의 합당한 예배

빌헬무스 아 브라켈 지음 | 김효남, 서명수, 장호준 옮김

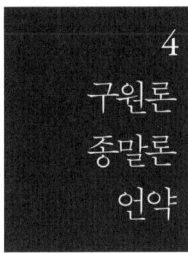

4
구원론
종말론
언약

지평서원

1 권

신론

1_자연을 통해 알 수 있는 하나님에 대한 지식
2_하나님의 말씀
3_하나님의 본질
4_하나님의 위격
5_하나님의 작정: 개요
6_영원한 예정: 선택과 유기
7_성부와 성자 사이에 맺어진 구속언약, 또는 평화의 협의
8_세상의 창조
9_천사와 마귀들

인간론

10_인간, 특별히 인간의 영혼에 관하여
11_하나님의 섭리
12_행위언약
13_행위언약의 파기
14_원죄와 본죄
15_인간의 자유의지 또는 무능함과 죄에 합당한 형벌

기독론

16_은혜언약
17_보증이신 예수 그리스도께서 이루신 만족의 필요성
18_예수 그리스도의 신성과 성육신과 두 본성의 연합
19_그리스도의 삼중직, 그리고 선지자직에 관하여
20_그리스도의 대제사장직
21_그리스도의 왕직
22_죄에 대한 만족을 이루는 데 필요한 그리스도의 낮아지심(비하)
23_그리스도의 높아지심(승귀)

2 권

교회론
24_교회에 관하여
25_교회에 참여하며 그 안에 거해야 할 성도의 본분
26_그리스도와 신자의 교제, 그리고 성도의 교제
27_교회의 치리 및 목회자의 위임
28_목회자, 장로, 집사의 직분
29_교회의 권위와 천국 열쇠의 사용

구원론
30_외적 부르심과 내적 부르심
31_거듭남
32_믿음에 관하여
33_구원 얻는 믿음의 표지들
34_칭의
35_양자 삼으심
36_영적인 화평
37_신령한 기쁨
38_성령의 인치심과 성례
39_세례
40_성찬
41_성찬의 시행: 준비와 시행, 되새김
42_믿음의 삶
43_경건주의자와 정적주의자,
   그리고 본성적 신앙으로 어긋난 자들을 향한 경고의 권면

3 권

44_성화와 거룩함
45_하나님의 율법: 일반적 고찰
46_제1계명
47_제2계명
48_제3계명
49_제4계명
50_제5계명
51_제6계명
52_제7계명
53_제8계명
54_제9계명
55_제10계명

56_하나님을 영화롭게 함
57_하나님을 사랑함
58_예수 그리스도를 사랑함
59_하나님을 경외함
60_순종
61_하나님 안에 있는 소망
62_영적 담대함
63_그리스도와 그분의 진리를 고백함
64_만족
65_자기 부인
66_인내
67_정직함

68_기도
69_주님의 기도, 부름과 첫 번째 간구
70_두 번째 간구:
    나라가 임하시오며
71_세 번째 간구:
    뜻이 하늘에서 이루어진 것같이 땅에서도 이루어지이다
72_네 번째 간구:
    오늘 우리에게 일용할 양식을 주시옵고
73_다섯 번째 간구:
    우리가 우리에게 죄 지은 자를 사하여 준 것같이 우리 죄를 사하여 주시옵고
74_여섯 번째 간구:
    우리를 시험에 들게 하지 마시옵고 다만 악에서 구하시옵소서

4 권

75_금식
76_깨어 있음
77_고독
78_경건한 묵상
79_노래
80_맹세
81_경험
82_이웃 사랑

83_겸손
84_온유함
85_화평
86_부지런함
87_불쌍히 여김
88_사려 깊음
89_영적 성장
90_경건한 신자의 영적 퇴보

91_영적 유기(방치됨)
92_무신론으로, 또는 하나님의 존재를 부인하도록 이끄는 유혹
93_하나님 말씀의 진리 됨에 관한 유혹
94_자신의 영적 상태를 불신함
95_사탄의 공격
96_남아 있는 부패의 능력
97_영적 어둠
98_영적 무감각
99_성도의 견인

종말론

100_죽음 및 그 이후 영혼의 상태
101_죽은 자들의 부활
102_최후의 심판과 종말
103_영원한 영광

부록: 신약과 구약에서 은혜언약의 시행

1_아담에서 아브라함까지의 교회
2_아브라함에서 시내산(율법)까지의 교회
3_시내산에서 주어진 의식법과 시내산에서 그리스도까지의 교회
4_구약 시대에 존재한 예수 그리스도의 보증직의 본성
5_구약 신자들의 상태
6_예수 그리스도의 탄생에서 요한계시록까지의 신약 교회

Contents

그리스도인의 합당한 예배 4

구원론

75장 | 금식 • 15

76장 | 깨어 있음 • 29

77장 | 고독 • 41

78장 | 경건한 묵상 • 51

79장 | 노래 • 61

80장 | 맹세 • 71

81장 | 경험 • 79

82장 | 이웃 사랑 • 91

83장 | 겸손 • 111

84장 | 온유함 • 129

85장 | 화평 • 147

86장 | 부지런함 • 165

87장 | 불쌍히 여김 • 179

88장 | 사려 깊음 • 201

89장 | 영적 성장 • 215

90장 | 경건한 신자의 영적 퇴보 • 243

91장 | 영적 유기(방치됨) • 261

92장 | 무신론으로, 또는 하나님의 존재를

　　　부인하도록 이끄는 유혹 • 293

93장 | 하나님 말씀의 진리 됨에 관한 유혹 • 301

94장 | 자신의 영적 상태를 불신함 • 313

95장 | 사탄의 공격 • 351

96장 | 남아 있는 부패의 능력 • 373

97장 | 영적 어둠 • 385

98장 | 영적 무감각 • 395

99장 | 성도의 견인 • 411

종말론

100장 | 죽음 및 그 이후 영혼의 상태 • 453

101장 | 죽은 자들의 부활 • 489

102장 | 최후의 심판과 종말 • 509

103장 | 영원한 영광 • 537

부록 _신약과 구약에서 은혜언약의 시행

1장 | 아담에서 아브라함까지의 교회 • 563

2장 | 아브라함에서 시내산(율법)까지의 교회 • 597

3장 | 시내산에서 주어진 의식법과

　　　시내산에서 그리스도까지의 교회 • 635

4장 | 구약 시대에 존재한 예수 그리스도의 보증직의 본성 • 671

5장 | 구약 신자들의 상태 • 687

6장 | 예수 그리스도의 탄생에서 요한계시록까지의 신약 교회 • 755

■ 주제 및 인명 색인 • 804

구원론

Soteriology: The Doctrine of Salvation
(cont.)

75

금식

'금식하다'를 뜻하는 히브리어 תענית(타아닛)은 '괴롭게 하다,' '억제하다,' '낮추다,' '괴롭히다'라는 말에서 파생된 동사입니다. 그래서 이 말은 '금식하다'로 번역되기도 합니다.

"저녁 제사를 드릴 때에 내가 근심 중에 일어나서"(스 9:5).

"이것이 어찌 내가 기뻐하는 금식이 되겠으며, 이것이 어찌 사람이 자기의 마음을 괴롭게 하는 날이 되겠느냐?"(사 58:5)

צום(쭘)이라는 히브리어 역시 '금식하다'라는 의미로 쓰입니다(사 58:5 참고). '음식을 먹지 않는다'라는 뜻을 가진 헬라어 νεστεία(네스테이아)가 있는데, 이것이 우리가 본 장에서 '금식하다'라는 동사를 통해 말하려는 의미입니다.

금식은 신자가 갈망하는 것을 얻기 위한 방편으로, 하나님 앞에서 몸과 영혼을 겸비하게 하면서 육신에 기운을 북돋울 만한 모든 것을 온종일 거부하는 특별한 신앙 행위입니다.

금식은 신앙 행위, 다시 말해 하나님을 구하는 행위입니다. 가난, 탐욕, 질병, 건강 등의 이유로 식음을 전폐하거나 바쁜 일정 때문에 끼니를 거르는 것은 이런 금식에 해당하지 않습니다. 지금 우리는 신앙 행위로서의 금식, 즉 하나님께 집중하고 그분을 구하는 신앙 행위에 관해 말하고 있습니다. 신앙 행위는 임의로 행하거나 인간의 제도나 관례에 따라 행하는 것이 아니라, 하나님의 계명과 규례에 따라 행하는 것입니다. 그래서 금식도 신앙 행위에 해당합니다. 금식은 나태하게 가만히 있는 것이 아니라, 하루 종일 은밀하게 하나님을 찾고 대면하는 적극적인 행위입니다.

금식은 일상적으로 행하는 기도, 성경 읽기, 감사, 찬양 등과는 다른 특별한 신앙 행위입니다. 역병의 위험에 짓눌리거나 위협을 느낄 때, 중대한 임무를 맡았을 때, 어찌할 바를 모를 때, 중요한 결정을 앞두었을 때와 같이 특별한 필요가 있을 때 행하는 신앙 행위입니다. 그러나 금식은 하나님과의 교제를 구하거나, 특별한 죄악들과 싸울 능력을 구하거나, 은혜 가운데 자라기를 구하는 것과 같은 일상적인 필요와도 관련 있습니다.

금식의 두 가지 측면

육신에 기운을 북돋는 모든 것을 금함

먼저, 금식은 일정 기간 동안 몸을 결핍되고 힘들고 유순하고 연약한 상태로 유지하고자 몸에 기운을 돋울 만한 모든 것을 스스로 금하는 행위입니다.

① 금식은 스스로 음식을 먹지 않는 것입니다(금식이라는 말 자체가 이를 나타냅니다). 그러므로 금식하는 사람은 음식을 먹지 않아야 합니다. 에스더 4장 16절이 이 사실을 말해 줍니다.

"금식하되 밤낮 삼 일을 먹지도 말고 마시지도 마소서."

금식은 단지 음식을 멀리하는 것만을 의미하지 않습니다. 구약성경은 음식을 정한 것과 부정한 것으로 구분합니다. 그러나 이런 제의적 구분은 금식과는 아무런 상관이 없습니다. 사도 바울은 다음과 같이 말합니다.

"고기도 먹지 아니하고 포도주도 마시지 아니하고 무엇이든지 네 형제로 거리끼게 하는 일을 아니함이 아름다우니라"(롬 14:21).

금식일을 정하는 것도 금식과는 아무런 상관이 없습니다. 이러한 구분은 오히려 연약한 형제들에게 걸림돌이 됩니다. 초대 교회에 그런 일들이 있었습니다. 그리스도께서 모든 것을 성취하셨는데도, 어떤 이들은 여전히 구약의 의식법에 따라 음식들을 구분하고 다른 사람들에게도 그리하라고 요구하였습니다. 이 사실은 사도 바울의 말을 통해 확인됩니다.

"그러므로 만일 음식이 내 형제를 실족하게 한다면, 나는 영원히 고기를 먹지 아니하여 내 형제를 실족하지 않게 하리라"(고전 8:13).

다시 말해, '누군가에게 걸림돌이 되느니 차라리 굶는 것이 낫다'는 말입니다. 어떤 사람들은 양심에 거리낌 없이 우상에게 바쳐진 고기를 먹을 만큼 자유로웠습니다. 사도 바울은 실제로 그렇게 행할 자유가 있다고 선언합니다. 우상은 존재하지 않기 때문입니다. 반면, 어떤 사람들은 우상에게 바쳐진 고기를 아무렇지 않게 먹을 자유가 있음을 믿지 못했습니다. 그들은 아무렇지 않게 고기를 먹는 형제들로 말미암아 실족하였습니다. 그래서 지금 사도는 자신이 고기를 먹는 것 때문에 누군가가 걸려 넘어질 수 있다면 우상에게 바쳐진 고기를 먹지 않는 것은 물론이요, 아예 고기 자체를 먹지 않겠노라고 선언합니다. 그러나 그 밖의 경우에는 고기를 먹을 수 있다고 말합니다. 따라서 이 본문은 때를 정해 놓고 고기를 먹지 않는 교황주의자들의 금식을 지지하는 근거로 사용될 수 없습니다. 그들 식대로 본문을 적용한다면 그들은, 아예 고기를 먹지 말아야 할 뿐만 아니라 포도주도 마시지 말아야 합니다.

② 금식할 때에는 모든 장신구들도 금해야 합니다. 구약 시대에 이스라엘 백성들은 일반적으로 넓고 화려한 옷을 입었지만(사 3:24 참고), 금식할 때만큼은 자루에 담겨 옮겨지는 물건처럼 가장 질 낮은 천으로 자기 몸을 단단히 둘렀습니다. 게다가 그들은 자기 몸에 흙과 재를 뿌려 하나님과 사람들 앞에 가장 비참하고도 비천한 모습을 보였으며, 이를 통해 자신이 아무것도 받아 누릴 가치가 없는 자임을 선언했습니다.

"그의 머리를 갈대같이 숙이고 굵은 베와 재를 펴는 것을 어찌 금식이라 하겠으며 여호와께 열납될 날이라 하겠느냐?"(사 58:5)

"나는……굵은 베옷을 입으며 금식하여"(시 35:13).

"굵은 베를 두르고 재에서 구르며"(렘 6:26).

"한 사람도 자기의 몸을 단장하지 아니하니"(출 33:4).

③ 금식할 때에는 기분을 전환하는 놀이와 같은 오락을 모두 금해야 합니다. 바람을 쐴 요량으로 정원을 거닐거나, 단장하고 꾸미거나, 밭을 경작하거나, 취미로 보트나 말이나 마차를 타는 일들을 그 예로 들 수 있습니다.

"보라, 너희가 금식하는 날에 오락을 구하며 온갖 일을 시키는도다"(사 58:3).

부부관계까지도 삼가야 합니다(고전 7:5 참고).

④ 생업에 열중하는 것도 삼가야 합니다.

"이날에 누구든지 어떤 일이라도 하는 자는 내가 그의 백성 중에서 멸절시키리니……이는 너희가 쉴 안식일이라"(레 23:30,32).

⑤ 잠을 줄여야 합니다. 금식하는 날에는 잠자리에서 일찍 일어나야 하며, 다른 때보다 일찍 잠자리에 들어서도 안 됩니다. 졸면서 낮 시간을 보내는 것 또한 금식하는 목적에 맞지 않습니다. 금식한다고 하면서 조는 것은 결국 시간을 헛되이 보내는 것이며, 마치 몸이 금식하는 것인 양 그저 우리 몸뚱이만 주님 앞으로 나아가는 것이나 마찬가지이기 때문입니다. 이는 자신을 겸비하게 하는 것과 상반되는 모습입니다. 잠은 사람의 몸이 다시금 기운을 차리도록 하지만, 날을 정해 금식하는 이유는 몸을 약하고 기력 없게 하여 영혼을 겸비하게 함으로써 스스로 낮아지기 위함입니다.

⑥ 무엇보다 죄를 짓지 않도록 주의하고 또 주의해야 합니다. 금식하는 날은 우리가 지은 죄 때문에 스스로 겸비하고, 하나님의 용서를 갈망하며, 우리의 죄로 인해 초래된 역병으로부터 보전되고자 구별한 날입니다. 이러한 날에 죄를 범하는 것은 하나님을 시험하고 만홀히 여기는, 그야말로 가증하기 그지없는 일입니다.

"내가 기뻐하는 금식은 흉악의 결박을 풀어 주며, 멍에의 줄을 끌러 주며, 압제당하는

자를 자유하게 하며, 모든 멍에를 꺾는 것이 아니겠느냐?"(사 58:6)

스스로 겸비함

두 번째로, 금식은 스스로 몸과 영혼 모두를 겸비하게 하는 것입니다. 영혼과 몸은 매우 긴밀히 연합해 있으므로, 어느 하나의 성향이 악하면 다른 하나의 성향도 그와 동일하게 드러납니다. 몸에 필요한 모든 음식물을 금하면 어느새 몸이 유약하고 온순해지고 차분히 가라앉으며, 영혼도 그런 몸으로부터 고스란히 영향을 받습니다. 이처럼 자연적인 부분의 성향이 금세 영적인 부분에 영향을 미치고, 그에 걸맞게 드러납니다. 먹지 않는 것 자체는 신앙 행위가 아닙니다. 음식을 먹지 않음으로써 하나님을 구하고 찾을 때에라야 비로소 영적인 행위가 됩니다. 모든 음식을 금하는 것 자체를 금식하는 것이라고 말할 수는 없습니다. 금식과 스스로 겸비하는 것은 별개의 두 가지 의무가 아니기 때문입니다. 금식은 스스로 겸비하는 것이어야 하며, 스스로 겸비하는 것은 금식을 통해 이루어져야 합니다. 금식의 목적은 단 하나, 영혼이 겸비하도록 돕는 것입니다. 금식에 그 이상의 의미는 없지만, 바로 그것을 위해 금식이 필요합니다. 금식과 스스로 겸비하는 것은 나뉠 수 없습니다. 이 둘은 개별적으로 일어나지 않으며, 언제나 함께 일어납니다.

금식을 위해 구별한 날이 되어 금식하면서 스스로 겸비하고자 하면, 시작부터 식욕이 평소보다 더 강하게 일어납니다. 평소 식사 시간 이전부터 식욕이 일어납니다. 그런데 이런 욕구가 항상 계명이 금하는 쪽으로 이끌리는 우리 본성의 타락이라고 볼 수만은 없습니다. 오히려 이런 문제는 금식과 스스로를 결핍시키는 것의 관계에서 비롯됩니다. 영혼의 결핍에서 비롯된 슬픔이 육신의 결핍에 대한 슬픔으로 이어지고, 육신의 결핍이 영혼의 결핍에 대한 슬픔으로 이어집니다. 이처럼 우리 몸과 영혼은 우리를 겸손하게 하는 데 사용됩니다(신 10:12 참고).

"너희는……스스로 괴롭게 하며"(레 23:27).

영혼의 겸비함은 다음의 것들을 통해 이루어집니다.

① 슬픔과 수치를 느끼며 죄를 자백함

"그달 스무나흘 날에 이스라엘 자손이 다 모여 금식하며 굵은 베옷을 입고 티끌을 무릅쓰며, 모든 이방 사람들과 절교하고 서서 자기의 죄와 조상들의 허물을 자복하고"(느 9:1,2).

"말하기를 나의 하나님이여 내가 부끄럽고 낯이 뜨거워서 감히 나의 하나님을 향하여 얼굴을 들지 못하오니 이는 우리 죄악이 많아 정수리에 넘치고 우리 허물이 커서 하늘에 미침이니이다"(스 9:6).

② 자신이 심판받아 마땅한 자이므로 하나님의 의로운 심판을 달게 받겠노라고 선언함

"그러나 우리가 당한 모든 일에 주는 공의로우시니 우리는 악을 행하였사오나 주께서는 진실하게 행하셨음이니이다"(느 9:33).

③ 눈물을 흘리며 은혜를 간구함

요엘 2장 17절은 엄숙한 대회에 관해 말합니다.

"여호와를 섬기는 제사장들은 낭실과 제단 사이에서 울며 이르기를 여호와여 주의 백성을 불쌍히 여기소서. 주의 기업을 욕되게 하여 나라들로 그들을 관할하지 못하게 하옵소서. 어찌하여 이방인으로 그들의 하나님이 어디 있느냐 말하게 하겠나이까 할지어다."

느헤미야 9장 역시 이스라엘 백성이 금식의 날에 엄숙한 대회로 모였음을 보여 줍니다. 다음 말씀들을 숙고해 보십시오.

"나는 그들이 병들었을 때에 굵은 베옷을 입으며 금식하여 내 영혼을 괴롭게 하였더니 내 기도가 내 품으로 돌아왔도다"(시 35:13).

"이에 금식하며 기도하고"(행 13:3).

"기도와 금식 외에는 이런 유가 나갈 수 없느니라"(마 17:21, 역자 사역).[1]

④ 이전에 즐기던 죄를 버리고 경건하게 살고자 온 맘으로 언약을 새롭게 함

"우리가 이 모든 일로 말미암아 이제 견고한 언약을 세워"(느 9:38).

"내가 기뻐하는 금식은 흉악의 결박을 풀어 주며, 멍에의 줄을 끌러 주며, 압제당하는

---

[1] 역자주 - 한글 개역개정 성경에는 마태복음 17장 21절이 없다. 본문은 영역본 성경 구절을 토대로 역자가 사역한 것이다.

자를 자유하게 하며, 모든 멍에를 꺾는 것이 아니겠느냐?"(사 58:6)

⑤ 이웃의 필요를 돌아봄

"내가 기뻐하는 금식은 흉악의 결박을 풀어 주며, 멍에의 줄을 끌러 주며, 압제당하는 자를 자유하게 하며, 모든 멍에를 꺾는 것이 아니겠느냐? 또 주린 자에게 네 양식을 나누어 주며, 유리하는 빈민을 집에 들이며, 헐벗은 자를 보면 입히며, 또 네 골육을 피하여 스스로 숨지 아니하는 것이 아니겠느냐?"(사 58:6,7)

금식하는 시간

금식하는 시간은 저녁부터 다음 날 저녁까지 스물네 시간으로 제한합니다.

① 모세(신 9:9 참고)와 엘리야(왕상 19:8 참고)가 사십 일간 금식했으며, 주 예수 그리스도(마 4:2 참고)도 사십 일 동안 금식하셨습니다. 하나님은 이들의 생명을 기적적인 방식으로 보존하셨습니다. 그러나 하나님은 우리에게도 그렇게 행하라고 명령하지 않으십니다. 그들을 따라 흉내만 내는 금식은 우상숭배에 불과합니다. 게다가 그렇게 오랫동안 음식을 먹지 않으면 어느 누구도 살아갈 수 없습니다. 사십 일 동안 다른 것을 먹고 고기를 먹지 않는다고 해서 예수님처럼 금식한 것이 아닙니다. 예수님은 실제로 사십 일 동안 아무것도 먹지 않으셨습니다. 무엇보다도 그분은 우리가 본받아야 할 모범으로서 그렇게 금식하신 것이 아닙니다. 예수님은 자신의 신성이나 중보자 직분에 따라 많은 일들을 하셨습니다. 그것들은 예수님만이 하실 수 있는 고유한 일들이었기 때문에 우리가 흉내 낼 수는 없습니다.

② 또한 성경은 칠 일(대상 10:12 참고)이나 삼 일(에 4:16 참고)간 행하는 금식에 대해 언급합니다. 그러나 여기서 말하는 금식은 앞서 말한 금식처럼 아무것도 먹지 않는 것이 아니라, 저녁마다 무언가를 먹으면서 진행하는 금식으로 이해해야 합니다. 또한 이런 지역은 기후가 따뜻해서 며칠 동안 음식을 먹지 않아도 건강이 상할 정도는 아니었을 것입니다. 그렇다 하더라도 일반적으로 금식은 저녁부터 다음 날 저녁까지 하루 동안 진행됩니다(레 23장; 사 58:5 참고).

▶ **질문**

모든 사람이 하루 동안 금식해야 하는가? 그럴 경우 일상의 의무는 물론 기도조차 못 할 만큼 기운이 없어지는 사람은 조금이라도 기운을 차리도록 무언가를 먹을 수도 있지 않은가?

대답: 음식을 먹지 않고 기도하는 것이 몹시 힘든데 어쩔 수 없이 의무를 준행해야 하는 사람에게는 다음의 말씀을 원리로 적용해야 할 것입니다.

"나는 인애를 원하고 제사를 원하지 아니하며"(호 6:6).

이 원리는 연령에 따라 차등적으로 대해야 하는 아이들을 비롯해 임산부, 병자, 수유하는 어머니, 아프지 않더라도 몸이 너무 허약한 자들, 젖먹이들에게 적용됩니다. 무언가를 먹지 않으면 안 되는 사람도 있습니다. 가능한 한 음식을 적게 먹어야 하는 사람도 있습니다. 금식을 어떻게 하는지 배워야 할 사람들도 있습니다. 그러나 건강한 사람은 금식하는 내내 아무것도 먹지 않아야 합니다. 음식을 먹지 않음으로써 다소 힘을 잃는 것이 금식의 목적입니다. 그런 이유로 금식을 회피하거나 움츠러들어서는 안 됩니다. 기도하기에 적당하지 않은 상태가 된다는 핑계는, 금식을 기도나 이와 유사한 행위에 더욱 적합해지기 위한 훈련일 뿐이라고 생각하는 데서 비롯됩니다. 그렇게 생각하는 사람들은 금식이 본질적으로 영적인 것일 뿐이라고 여기기에, 음식을 먹지 않아서 기운이 없어지는 것은 금식의 일부가 아니라고 믿습니다. 이런 육신의 무력감은 기도하기에 적당하지 않게 만드는 것이 아니라, 오히려 사람이 자신의 궁핍함과 연약함을 절감하여 하나님께 부르짖고 겸손히 기도할 수 있도록 준비시킵니다. 비록 이 모든 것들이 다른 경우들처럼 강하게 드러나지는 않는다 하더라도, 저녁이 될수록 기도는 더욱 간절해지고 특별한 복을 맛보기도 합니다.

공적인 금식과 개인 금식의 차이

금식은 금식의 주체에 따라 공적인 금식과 개인 금식으로 구분됩니다.

첫째, 공적인 금식은 다음과 같은 때에 행해집니다.

① 전쟁, 역병, 기근, 해충 창궐, 가뭄, 계속되는 비와 같이 국가적인 재앙이 닥쳤을 때, 정부가 공적인 금식을 선포합니다. 이런 경우, 정부는 금식을 선포하고 그 기간을 정할 수 있습니다. 정부가 금식을 선포한다고 해서 사람의 명령이라 여겨서는 안 됩니다. 그렇지 않습니다. 하나님께서 이런 금식을 명하셨습니다. 정부는 단지 특수한 상황을 통해 하나님께서 정하신 금식의 때를 지정할 뿐입니다.

② 총회나 클라시스나 개교회의 장로들이 자신들이 지도하는 교회의 필요를 위해 금식의 날을 정합니다. 자신이 속한 교회나 다른 지역의 교회들이 핍박을 당하거나, 거짓 교리가 출현하거나, 신앙의 쇠퇴를 돌이킬 필요가 있거나, 목사를 청빙하거나, 노회나 총회의 선거와 같이 특별히 필요할 때 금식을 선포할 수 있습니다. 이러한 금식 또한 인간이 임의로 정하는 것이라 할 수 없습니다. 하나님께서 명령하신 금식을 준행하는 행위이기 때문입니다.

둘째, 다음과 같은 경우에 개인적으로 금식합니다.

① 절친한 벗들이 자신이나 다른 사람들의 필요를 위해, 또는 특별히 몸이나 영혼과 관련하여 간절히 바라는 것들을 하나님께 구하는 데 하루를 떼어 놓기로 생각을 같이 할 때입니다.

② 가장이 특정한 날을 가족을 위한 금식의 날로 정했을 때입니다.

③ 개인적으로 금식을 위해 한 날을 정한 경우입니다. 매번 새로운 날을 정하느라 정작 금식하는 이유가 되는 중요한 일에는 소홀해지거나 금식하는 날을 매번 새롭게 정하지 않도록, 누구나 자신의 특별한 필요나 중요한 일들을 위해 합당하다고 판단되는 한 날을 자유롭게 정해 금식할 수 있습니다. 경건에 뛰어난 신자들이 대개 그렇게 해 왔습니다. 그리함으로써 우리는 주님과 더 친밀해지며, 더 겸손하고 거룩해질 것입니다. 그리고 하나님은 이런 신자에게 신령한 은혜를 더하여

주십니다. 금식을 위해 한 날을 구별하되, 금식 기간은 저마다 자유롭게 정할 수 있습니다. 자영업자라면 가족에게 해가 되지 않는 한 아무도 모르게 자신의 일을 잠시 멈출 수도 있을 것입니다. 여건이 허락되지 않는다면, 계속 일을 하면서 최소한의 음식만을 먹으며 다른 사람의 눈에 띄지 않게 금식일을 지킬 수도 있습니다. 마태복음 6장 16-18절에 나오는 예수님의 말씀대로, 가능한 한 사람들에게 드러내지 않고 은밀하게 금식하도록 애써야 합니다.

"금식할 때에 너희는 외식하는 자들과 같이 슬픈 기색을 보이지 말라. 그들은 금식하는 것을 사람에게 보이려고 얼굴을 흉하게 하느니라. 내가 진실로 너희에게 이르노니 그들은 자기 상을 이미 받았느니라. 너는 금식할 때에 머리에 기름을 바르고 얼굴을 씻으라. 이는 금식하는 자로 사람에게 보이지 않고 오직 은밀한 중에 계신 네 아버지께 보이게 하려 함이라. 은밀한 중에 보시는 네 아버지께서 갚으시리라."

그러나 여러분이 금식하고 있음을 가족에게 숨길 수 없다면, 그것 때문에 마음이 흐트러지지 않도록 해야 합니다. 만일 금식 때문에 가족들에게 비웃음을 산다면, 음식을 조금씩 먹으면서 가족들이 모르게 금식하십시오.

금식하라는 권면

개인적으로는 말할 것도 없고 공적으로도 거의 금식하지 않는 지금의 상황을 볼 때마다 정말 가슴이 아픕니다. 이는 교회의 신앙이 얼마나 쇠퇴했는지를 극명히 보여 주는 표지입니다. 그러므로 온유한 경건의 삶으로 이끌리기를 바라고 시온의 좋은 것 보기를 갈망하는 신자라면 스스로 마음을 일으켜 금식이라는 의무를 행해야 합니다. 그 이유는 다음과 같습니다.

① 금식은 하나님께서 명령하신 것이기 때문입니다(레 23:27; 욜 2:12 참고).

② 모든 세대의 교회와 성도들이 금식을 행하여 우리에게 모범이 되었습니다. 사사기 20장 26절, 역대하 20장 3절, 느헤미야 9장 1절에 이런 사실이 잘 드러납니다. 홀로 은밀히 행하는 금식은 느헤미야 1장 4절과 시편 35편 13절에 잘 나타납니

다. 금식은 구약 시대뿐만 아니라 신약 시대에도 실천해야 할 의무입니다(마 6:16-18, 9:15; 막 9:29; 눅 2:37; 행 13:3, 14:23; 고전 7:5 참고). 그러므로 하나님께 순종하는 자녀요 성도들의 본을 따르는 신자로서 자주 금식하십시오. 초대 교회 신자들과 종교개혁이 시작될 무렵의 신자들처럼 말입니다. 물론 그 이후에도 금식은 경건한 신자의 동무였습니다. 여러분의 일상에서 이 복된 습관을 지켜 가십시오.

만일 공적인 금식이 선포된다면 그것을 따라 금식하십시오. 금식을 잘하는 사람은 드뭅니다. 그러므로 만일 교회가 자리한 지역이 불안해지고 분쟁이 발생한다면, 하나님께서 특별한 방식으로 여러분을 주목하실 것입니다. 하나님께서 그 지역을 향한 진노를 돌이키시도록 여러분이 기도로써 하나님과 그들 사이에 막아서는 것을 즐거이 바라보실 것입니다. 하나님께서 여러분의 기도를 듣고 그 땅을 건지실지도 모릅니다. 설령 그 땅이 멸망될 수밖에 없다 할지라도, 하나님의 눈길과 그분의 자비가 여러분 및 여러분이 사랑하는 자들에게 머뭅니다. 그리하면 여러분이 교회와 국가라는 두 기둥을 떠받치기 위해 온 힘을 다하고 있음을 스스로 아는 까닭에, 어디에서든 여러분의 양심이 화평을 누립니다.

몇몇 경건한 신자들이 한 날을 구별하기로 하고 힘써 금식에 참여하며 다른 경건한 신자들도 이 일에 참여하도록 격려한다면, 하나님께서 틀림없이 그들 가운데 함께하면서 그들에게 복을 베푸실 것입니다. 이를 통해 서로가 감미로운 사랑의 연대를 이루고 거룩한 교제를 나누며 사랑하고 선을 행하도록 서로를 독려할 것입니다. 홀로 금식 시간을 가진다면, 다음 약속이 진실하며 여러분을 위해 성취되는 것을 경험할 것입니다.

"은밀한 중에 보시는 네 아버지께서 갚으시리라"(마 6:18).

하나님께서 이 일을 얼마나 기뻐하는지를 보이실 것입니다. 여러분에게 빛을 더하시고, 여러분의 마음을 믿음으로 견고하게 하실 것입니다. 여러분은 하나님과 더욱 가까이 동행하면서 진지하고도 사려 깊게 살아갈 것이며, 여러분의 양심은 더욱 부드러워질 것입니다. 죄에 더 강하게 맞서고, 하나님께 더 많은 위로를 얻을 것입니다. 스스로 이렇게 힘써 훈련한 사람은 그것을 결코 후회하지 않습니다. 그러하기에 우리는 금식을 영적으로 성장하는 탁월한 방편으로 기꺼이 권합니다.

개인적으로든 공적으로든 기도하는 날을 정하여 지키기로 했다면, 이 일을 방해하는 모든 장애물을 제거하고, 저녁에 음식을 먹고 마시는 것을 적당히 조절하고, 잠을 절제하여 스스로 미리 준비하십시오. 그리고 이렇게 기도의 날을 정하여 하나님 앞에 나아가는 일에 대한 반감을 품는 것을 죄로 자백하고, 기도의 날에 합당하게 행할 수 있기를 구하십시오. 혹시 다른 사람과 함께 기도의 날을 정하여 보내기로 했다면, 그 사람 역시 같은 마음으로 합당하게 준비되기를 기도하십시오.

앞에서 말한 대로 기도하는 날을 정하여 지킨다면, 여러분의 행실 또한 이에 부합해야 합니다. 먹을 음식이 있음에 대해 저녁마다 하나님께 감사하십시오. 여러분 자신은 빵 한 조각도 합당하지 않은 존재이기 때문입니다. 그리스도의 피로 값 주고 여러분을 사시고 호의를 베푸시는 하나님께 감사하십시오. 잠은 물론 음식도 절제해야 합니다. 이날에 일어나는 모든 인상을, 다시 말해 여러분이 하나님을 향해 내린 모든 결정과 하나님께서 여러분에게 나타내신 모든 것을 다 기록하십시오. 또한 하나님께서 여러분이 정한 기도의 날에 어떻게 응답하시는지 주의를 기울이십시오. 하나님은 기도에 응답하시는 분이기 때문입니다. 이런 식으로 여러분은 날을 구별하여 기도에 힘쓰는 이 의무에 익숙해질 것입니다. 그리고 그것이 얼마나 감미롭고도 달콤한지를 발견하고는 새로워짐으로 말미암아 이렇게 기도하는 날을 간절히 바랄 것입니다.

76

깨어 있음

금식과 마찬가지로 깨어 있는 것 또한 기도와 연결됩니다.

"깨어 기도하라"(마 26:41).

"모든 기도와 간구를 하되 항상 성령 안에서 기도하고 이를 위하여 깨어 구하기를 항상 힘쓰며 여러 성도를 위하여 구하라"(엡 6:18).

"너희는 정신을 차리고 근신하여 기도하라"(벧전 4:7).

그러므로 우리는 주 예수님께서 엄중하게 명령하신 바 항상 깨어 있으라는 이 의무를 가슴 깊이 새겨야 합니다.

"깨어 있으라. 내가 너희에게 하는 이 말은 모든 사람에게 하는 말이니라"(막 13:37).

"그러므로 깨어 있으라. 어느 날에 너희 주가 임할는지 너희가 알지 못함이니라"(마 24: 42).

그리스도인은 영적으로 깨어 있어야 할 뿐만 아니라, 육신적으로도 깨어 있어야 합니다. 이 두 가지가 모두 그리스도인의 의무입니다. 그렇다면 이 의무들을 살펴봅시다.

영적으로 깨어 있음

영적으로 깨어 있다는 것은 악으로부터 영향받지 않기 위해 주의 깊고도 신중하게 자기 영혼을 살피는 것입니다. 신자가 가진 신령한 생명은 매우 소중한 보화입니다. 온 세상과 그 안에 있는 어떤 것과도 바꿀 수 없을 만큼 소중합니다. 많은 원수들이 이 생명을 호시탐탐 노립니다. 그 생명에 참여하기 위해서가 아니라, 그것을 파괴하기 위함입니다. 원수들은 신령한 생명을 견디지 못합니다. 그러하기에 그리스도인은 이 생명을 보존하기 위해 부지런히 힘써야 합니다.

"모든 지킬 만한 것 중에 더욱 네 마음을 지키라"(잠 4:23).

신자는 신령한 삶이 얼마나 소중한지를 잘 압니다. 원수들이 이 생명을 얼마나 미워하며, 이 생명을 파괴하기 위해 어떻게 행하는지도 잘 압니다. 신자는 이 생명을 사랑합니다. 이 생명을 지키고 자라게 하기를 원합니다. 이 생명이 해를 입지 않도록 주의합니다. 그러하기에 신중히 행하며, 다가오는 위험이 있는지를 항상 경계합니다. 이 생명을 해하려는 움직임이 감지되면, 즉시 촉각을 곤두세우고 자신이 가진 무기로 원수들을 공격하여 몰아냅니다.

영적으로 깨어 있는 것에는 몇 가지 분명한 목적이 있습니다.

첫째, 빛과 위로와 강건함과 같은 성령의 신령한 감화입니다. 이를 통해 영혼의 신령한 생명은 더욱 힘을 얻습니다. 그리스도인은 이를 위해 기도합니다. 기도가 끝난 직후는 물론이요, 기도하는 동안에도 하나님께서 무언가를 허락하셔서 자신이 즉시 그것을 받아 마음에 인 칠 수 있기를 바랍니다.

"여호와여 아침에 주께서 나의 소리를 들으시리니 아침에 내가 주께 기도하고 바라리이다"(시 5:3).

"누구든지 내게 들으며 날마다 내 문 곁에서 기다리며 문설주 옆에서 기다리는 자는 복이 있나니"(잠 8:34).

"오직 나는 여호와를 우러러보며 나를 구원하시는 하나님을 바라보나니 나의 하나님이 나에게 귀를 기울이시리로다"(미 7:7).

둘째, 깨어 있다는 것은 영혼에서 비롯되는 모든 것, 즉 영혼이 어떤 죄로부터도 해를 입지 않으려는 생각과 말, 행동 등과 관련됩니다. 뿐만 아니라 깨어 있다는 것은 모든 일거수일투족을 하나님의 뜻에 부합하게 하려는 분투도 포함합니다. 이를 통해, 신령한 생명이 더욱 강건해집니다.

"너는 모든 일에 신중하여"(딤후 4:5).

그리스도인은 이 일에 온 힘을 쏟습니다.

"내가 말하기를 나의 행위를 조심하여 내 혀로 범죄하지 아니하리니"(시 39:1).

"내가 성실한 길을 택하고 주의 규례들을 내 앞에 두었나이다……내가 내 행위를 생각하고 주의 증거들을 향하여 내 발길을 돌이켰사오며"(시 119:30,59).

그러나 그리스도인은 자신이 얼마나 무력한지를 알기 때문에 하나님께 도움을 구합니다.

"여호와여 내 입에 파수꾼을 세우시고 내 입술의 문을 지키소서"(시 141:3).

"나의 반석이시요 나의 구속자이신 여호와여, 내 입의 말과 마음의 묵상이 주님 앞에 열납되기를 원하나이다"(시 19:14).

신자는 자신의 마음을 지키는 데 열중합니다. 도처에 올무와 덫이 놓여 있음을 알기 때문에 아주 조심스레 나아갑니다. 행동거지 하나하나에 주의하고 자신이 지나온 길을 깊이 살핍니다(잠 4:26 참고). 자주 하나님께 도움과 지혜를 구합니다.

"내가 무엇 하기를 원하시나이까?"(행 9:6 참고, 역자 사역)[1]

자기 앞에 난 길이 안전한지를 항상 살피고 발이 올무에 빠지지 않도록 조심스럽게 발을 내딛습니다. 무턱대고 성큼 걷지 않습니다. ἀκριβῶς(아크리보스)라는 헬라어를 통해 이런 사실을 확인할 수 있습니다.

"너희가 어떻게 행할지를 자세히 주의하여"(엡 5:15).

모든 일이 순조로울 때에는 용감하게 전진합니다.

---

[1] 역자주 - 한글 개역개정 성경은 단지 "너는 일어나 시내로 들어가라 네가 행할 것을 네게 이를 자가 있느니라 하시니"라고만 되어 있다. 그러나 영역본(KJV)에는 그 앞에 "And he trembling and astonished said, Lord, what wilt thou have me to do?"라는 표현이 덧붙어 있다.

"만군의 여호와가 그 무리 곧 유다 족속을 돌보아 그들을 전쟁의 준마와 같게 하리니……싸울 때에 용사같이 거리의 진흙 중에 원수를 밟을 것이라"(슥 10:3,5).

셋째, 영적으로 깨어 있는 사람은 원수가 자기에게 있는 신령한 생명을 해하지 못하도록 자기 영혼에 들어오는 모든 것을 주의하여 살핍니다. 원수 마귀, 세상, 자기 육체에 대해 알고, 그것들이 얼마나 사악하며 지치지 않고 활동하는지를 압니다. 그러하기에 경계를 늦추지 않고, 영혼으로 통하는 모든 문과 창문들을 단단히 걸어 잠급니다.

"내가 내 눈과 약속하였나니"(욥 31:1).

"귀를 막아 피 흘리려는 꾀를 듣지 아니하는 자, 눈을 감아 악을 보지 아니하는 자"(사 33:15).

사도 베드로의 권면을 따라 마귀를 대적합니다.

"근신하라 깨어라. 너희 대적 마귀가 우는 사자같이 두루 다니며 삼킬 자를 찾나니"(벧전 5:8,9).

그리스도인은 세상에 대한 경계를 늦추지 않습니다. 아첨이든, 위협이든, 핍박이든 세상의 모든 공격과 술수를 믿음으로 넉넉히 이깁니다(요일 5:4 참고). 자신의 육체, 내재하는 부패, 고질적으로 자신을 괴롭히는 죄에 대해 끊임없이 경계합니다. 베드로 역시 그것을 촉구합니다.

"사랑하는 자들아, 거류민과 나그네 같은 너희를 권하노니 영혼을 거슬러 싸우는 육체의 정욕을 제어하라"(벧전 2:11).

신자가 깨어 있어야 하는 이유

그러므로 그리스도인들이여, 깨어 있고자 하는 열망을 고취시키십시오. 대장부답게 용기를 가지고 이 일에 더욱 힘쓰십시오.

"깨어 믿음에 굳게 서서 남자답게 강건하라"(고전 16:13).

첫째, 본성적으로 우리는 영적인 일에 너무나 굼뜹니다. 우리의 영적 생명은 무기력하고도 미약하기 이를 데 없습니다. 생명력도 거의 없는 데다가 우리 안에 있는 부패가 너무 쉽게 우리의 지각을 흐립니다. 그래서 아가서의 신부처럼 마음과는 달리 쉽게 잠에 떨어집니다.

"내가 잘지라도 마음은 깨었는데"(아 5:2).

슬기로운 처녀들도 마찬가지였습니다.

"신랑이 더디 오므로 다 졸며 잘새"(마 25:5).

둘째, 원수들은 졸지도 않을뿐더러 지치지 않고 공격합니다. 우리가 유익을 얻도록 내버려 두지 않습니다. 그러므로 깨어 있지 않는 것은 원수들을 이롭게 하는 것입니다.

셋째, 우리의 굼뜬 모습 때문에 원수에게 공격받는다면 얼마나 수치스럽겠습니까! 원수와 싸우다가 얻는 상처는 금방 아뭅니다. 그러나 우리가 나태하여 패한다면, 주님 앞에 설 때 몹시 부끄러울 것입니다. 그 일에 대해 아무런 핑계도 댈 수 없기 때문입니다.

넷째, 원수들로부터 입는 상처는 매우 고통스럽고도 심각합니다. 원수가 쏜 화살촉에 묻은 독은 우리의 영혼 깊숙이 파고듭니다. 우리의 위대한 의원께서 길르앗의 향유를 처방하지 않으시면, 그대로 고통 속에서 신음하다가 사망에 이르고 말 것입니다. 원수들은 여러분의 소중한 보화인 신령한 생명과 모든 가치 있는 것들과 영적인 장식들을 탈취해 가려고 혈안이 되어 있습니다.

"보라, 내가 도둑같이 오리니 누구든지 깨어 자기 옷을 지켜 벌거벗고 다니지 아니하며 자기의 부끄러움을 보이지 아니하는 자는 복이 있도다"(계 16:15).

다섯째, 우리가 깨어 있다면 원수를 두려워할 필요가 없습니다. 싸움에서 이긴 자들에게 영광으로 관 씌우시는 주 예수님 앞에서 얼마나 큰 기쁨과 칭찬을 받아 누릴지를 생각해 보십시오!

"이기는 그에게는 내가 하나님의 낙원에 있는 생명나무의 열매를 주어 먹게 하리라"(계 2:7).

"이기는 자는 둘째 사망의 해를 받지 아니하리라"(계 2:11).

"이기는 그에게는 내가 내 보좌에 함께 앉게 하여 주기를 내가 이기고 아버지 보좌에 함께 앉은 것과 같이 하리라"(계 3:21).

그러므로 깨어 있으십시오!

영적으로 깨어 있음

영적으로 깨어 있기를 바란다면 다음과 같은 방편들을 사용하십시오. 이는 육신적으로 깨어 있는 데에도 적용할 수 있습니다.

첫째, 음식과 술을 지나치게 먹고 마시는 사람은 깨어 있기가 어렵습니다. 그러므로 깨어 있으려면 술에 취하지 말고 절제하십시오. 성경은 이렇게 말합니다.

"너희는 스스로 조심하라. 그렇지 않으면 방탕함과 술 취함과 생활의 염려로 마음이 둔하여지고 뜻밖에 그날이 덫과 같이 너희에게 임하리라……이러므로 너희는 장차 올 이 모든 일을 능히 피하고 인자 앞에 서도록 항상 기도하며 깨어 있으라 하시니라"(눅 21:34, 36).

둘째, 깨어 있기를 바라는 사람은 자신과 함께 깨어 있을 사람을 찾습니다. 우리는 영적인 영역에서도 동일하게 행해야 합니다.

"두 사람이 한 사람보다 나음은 그들이 수고함으로 좋은 상을 얻을 것임이라. 혹시 그들이 넘어지면 하나가 그 동무를 붙들어 일으키려니와 홀로 있어 넘어지고 붙들어 일으킬 자가 없는 자에게는 화가 있으리라"(전 4:9,10).

셋째, 깨어 있기를 바라는 사람은 필요하다면 다른 사람에게 자신을 깨워 달라고 부탁할 수 있습니다. 이는 영적인 영역에서도 마찬가지입니다. 주님만이 우리를 깨우시고 우리로 하여금 깨어 있게 하실 분이므로 이를 위해 주님께 기도해야 합니다. 그리하면 주님께서 우리 기도를 들으시고 우리를 깨워 주실 것입니다.

"주 여호와께서 학자들의 혀를 내게 주사 나로 곤고한 자를 말로 어떻게 도와줄 줄을 알게 하시고 아침마다 깨우치시되"(사 50:4).

넷째, 깨어 있기를 바라는 사람은 자명종을 맞추어 놓습니다. 그리하여 적절한 시간에 일어납니다. 하나님을 경외하는 것이 이러한 자명종입니다.

"여호와를 경외하는 것은 생명의 샘이니"(잠 14:27).

다섯째, 깨어 있기를 바라는 사람은 쉽사리 게으르게 드러눕지 않으며, 오히려 자기가 하는 일에 열중합니다. 이는 영적인 영역에서도 마찬가지입니다. 우리는 하나님의 말씀을 읽고, 기도하고, 찬양하고, 주님의 일에 기쁨으로 참여할 때 언제나 깨어 있을 수 있습니다. 심지어 기진하여 기운이 거의 없을 때에도 말입니다.

"그러므로 깨어 있으라……주인이 올 때에 그 종이 이렇게 하는 것을 보면 그 종이 복이 있으리로다"(마 24:42,46).

육신적으로 깨어 있음

육신적으로 깨어 있는 것은 잠자야 할 시간에 잠을 물리치고 깨어 있는 것입니다. 하나님은 사람의 생명이 보존되도록 음식을 주실 뿐만 아니라, 잠도 주십니다. 새벽에 내린 이슬이 자연을 싱그럽게 하듯이, 잠은 사람의 두뇌를 생기 있고 새롭게 해 줍니다. 그렇다고 해서 잠을 너무 많이 자면, 독을 먹은 것처럼 우리 몸이 약해지고, 이로 말미암아 많은 질병이 찾아옵니다. 한편 잠을 너무 안 자도 몸이 약해져서 일하기 어려운 상태가 됩니다. 이처럼 잠을 너무 많이 자거나 너무 적게 자면 우리의 지성이 굼뜨고 나른해집니다. 신진대사는 사람마다 다 다릅니다. 어떤 사람은 다른 사람보다 더 자야 합니다. 고된 육체노동을 하는 사람은 가만히 앉아서 조용히 하루를 보내는 사람보다 더 자야 합니다. 이런 점에서 경건한 신자는 자신의 몸 상태를 잘 파악하여 필요 이상으로 잠을 자거나 필요한 만큼 잠을 자지 않은 탓에 스스로에게 해를 끼치거나 죄에 떨어지지 않도록 해야 합니다. 질병이나 정신적 고뇌에 시달리거나, 도박, 춤추기 같은 죄를 짓고자 하는 욕구에 사로잡히면 잠을 자지 못하기도 합니다. 또는 자신이 열렬히 바라는 어떤 것을 공상하느라 잠들지 못하기도 합니다. 물론 직업상 밤에 일할 수밖에 없는 경우도 있고, 무언가를 만들거나 공부하는 것처럼 정해진 기간 안에 일을 끝내야 하는 까닭에 잠을 물리쳐야 하는 경우도 있습니다. 여기서는 이런 것들이 아니라 신앙적인 깨어 있음에 관해 논의하고자 합니다.

신앙적인 이유로 밤을 새거나 정한 시간 동안 자지 않는 것 또한 금식과 마찬가지로 특별한 신앙 행위입니다. 그렇게 확보한 시간을 우리 안에 도사린 육체와 정욕을 십자가에 못 박고 영적으로 자라기 위해 기도하고 성경을 읽고 묵상하면서 보내는 것입니다.

금식을 설명하면서 살펴본 원리들이 여기에도 그대로 적용됩니다. 금식이 음식을 스스로 거부하는 것이라면, 깨어 있음은 잠을 스스로 거부하는 것입니다. 이 또한 하나님을 찾고 구하기 위한 신앙 행위입니다. 깨어 있는 동안 아무것도 안 하고 잠잠히 있는 것이 아니라, 앞에서 언급한 영적인 행위를 합니다. 깨어 있음은 특별한 신앙 훈련이므로 날마다, 또는 너무 자주 행해서는 안 됩니다. 몸이 상할 수 있으며, 결국 어떤 것도 제대로 할 수 없게 되기 때문입니다.

첫째, 이 훈련은 잠자기를 스스로 거부하는 것입니다. 온밤을 지새울 수도 있고 몇 시간만 잠을 자지 않을 수도 있지만, 얼마나 오래 자지 않을지는 철저히 개인이 선택할 문제입니다. 초저녁이나 새벽이나 한밤중에 깨어 있을 수도 있고, 잠을 자던 중에 깨어났다가 어느 정도 시간이 지난 후에 다시 잘 수도 있습니다. 잠을 자야 하는 시간에 잠을 거부하는 것이므로 졸릴 수 있습니다. 그럴 때에는 기도, 영혼을 위한 부르짖음, 자신의 무기력함에 대한 애통함 같은 영적 방편뿐만 아니라, 산책을 하거나 시거나 쓴 것을 입에 넣는 등 물리적 방편을 사용하여 잠과 싸워야 합니다. 그렇다고 잠을 거부하는 것 자체가 신앙적인 의미를 가지는 훈련이라는 말은 아닙니다. 잠을 자지 않는 것은 신앙을 훈련하는 방편 중 하나일 뿐입니다. 신앙의 훈련으로 잠을 거부하는 것이므로, 여기에는 반드시 영적인 행위가 뒤따라야 합니다.

둘째, 기도하고 성경을 읽고 묵상하며 반추하는 가운데 하나님을 찾고 구해야 합니다. 그리하면 우리는 단지 시간을 정했기에 깨어 있는 것이 아니라 부드러운 마음(깨어 있음과 영적 씨름으로 말미암아 유순하게 됨)으로 하나님의 얼굴을 구할 수 있게 됩니다. 깨어 기도하는 것이요 기도함으로 깨어 있는 것입니다. 깨어 있는 것과 기도는 서로를 분발시킵니다.

물론 모든 사람에게 잠을 물리치고 기도하는 것을 의무로 요구할 수는 없습니다. 어떤 사람들은 체질상 그렇게 하지 못하기 때문입니다. 또한 낮에 힘든 일을 하거나 힘든 환경에서 생활하는 사람들에게 이것을 의무로 요구할 수 없습니다. 이런 사람들은 다음 날을 위한 힘이 필요하기 때문입니다. 부양할 가족 없이 혼자 살거나, 경건한 가족과 함께 살거나, 경건한 배우자와 함께 사는 사람들은 더욱 수월하게 이 일에 힘쓸 수 있습니다. 반면에 이로 말미암아 오히려 집안에 분란이 일어나고 식구들에게 덕을 끼치지 못할 수도 있습니다. 이런 상황에 있는 사람들은 간헐적으로, 또는 잠자리에 들기 전에 홀로 조용히 깨어 있을 수 있습니다. 그리하면 다른 가족들 눈에 띄지도 않고 아무도 모르게 깨어 하나님께 은밀히 기도할 수 있기 때문입니다. 다만 자신의 가정 환경과 상관없이 가능한 한 다른 사람들이 모르게 이 일에 힘쓰는 것이 좋습니다. 기도함으로 깨어 있고 깨어 기도함으로써 (죄로 이끌리고 죄지을 기회를 찾는) 육체가 굴복하여 경건에 더욱 유익하게 됩니다.

깨어 기도하라는 명령과 모범

주 예수님께서 제자들에게 깨어 기도하라고 명하셨으며, 친히 우리에게 선례를 남겨 주셨습니다.

"시험에 들지 않게 깨어 기도하라"(마 26:41).

"새벽 아직도 밝기 전에 예수께서 일어나 나가 한적한 곳으로 가사 거기서 기도하시더니"(막 1:35).

"이때에 예수께서 기도하시러 산으로 가사 밤이 새도록 하나님께 기도하시고"(눅 6:12).

성도들도 깨어 기도했습니다. 야곱은 기도하며 온밤을 지샜습니다(창 32:24; 호 12:5 참고). 다윗도 다음과 같이 증언합니다.

"내가 주의 의로운 규례들로 말미암아 밤중에 일어나 주께 감사하리이다"(시 119:62).

"낮에는 여호와께서 그의 인자하심을 베푸시고 밤에는 그의 찬송이 내게 있어 생명의 하나님께 기도하리로다"(시 42:8).

"내가 날이 밝기 전에 부르짖으며 주의 말씀을 바랐사오며, 주의 말씀을 조용히 읊조리려고 내가 새벽녘에 눈을 떴나이다"(시 119:147,148).

아삽도 마찬가지입니다.

"나의 환난 날에 내가 주를 찾았으며 밤에는 내 손을 들고 거두지 아니하였나니"(시 77:2).

아가서의 신부도 자신의 존귀한 신랑을 밤중에 침상에서뿐만 아니라 성안을 다니며 찾았습니다(아 3:1,2, 5:5 참고).

초대 교회 그리스도인들도 깨어 기도하고자 힘썼습니다. 그러나 이러한 추구는 교황주의자들이 대단히 거룩하고도 공로적인 것으로 여기는 미신적인 전야제로 변질되었습니다. 종교개혁 초기에는 밤에 깨어 기도하는 것이 신자들 사이에 일반적인 일이었습니다. 이에 관하여 더욱 자세히 알고 싶다면, 저의 아버지인 테오도루스 아 브라켈의 저서 『신령한 삶의 단계』(*De Trappen des Geestelijken Levens*)를 읽어 보십시오.

지금까지 거룩한 사람들이 가진 열정과 열심에 대해 살펴보았습니다. 더 큰 열심을 내고 싶습니까? 그들을 본받으십시오. 서글프게도 오늘날 이런 열심을 찾아보기가 얼마나 어려운지요! 이런 시대에 특별한 날을 정해 금식하고 깨어 기도하며 보내는 것에 관해 말하는 이유가 무엇이겠습니까? 이 글을 통해 하나님께서 다시금 사람들에게 이런 열정과 열심을 불러일으키실 수도 있기 때문입니다. 적어도 자신에게 이런 열심이 없다는 사실을 깨닫지 않겠습니까? 아침저녁으로 후다닥 해치우고 마는 경건의 시간을 돌아보지 않겠습니까? 날마다 이른 아침이나 잠자리에 들기 전에 기도하는 시간을 구별하거나, 하나님께 기도하려고 밤새 잠을 물리치는 마음 상태에서 자신이 얼마나 멀어져 있는지를 깨닫지 않겠습니까?

77

고독

고독이란, 하나님을 찾는 데 몰두하며 자신을 더욱 진솔하고도 자유롭게 드러내 보이기 위해 정한 시간 동안 모든 사람들에게서 떨어져 있는 것을 말합니다. 우리는 이를 '사람들과의 모든 교제로부터 떨어져 있는 것'이라고 일컬음으로써 몇몇 경건한 신자들이 자유롭게 교제하기 위해 모이는 것과 구별하고자 합니다. 그들은 금식이나 기도나 감사에 전념하기 위해, 평소와는 달리 홀로 있을 수 있는 장소를 찾습니다.

잘못된 고독과 기도를 위한 고독

고독은 일시적으로 시간을 정하여 행하는 것으로, 교황주의자들이 불결하고도 부정한 살인의 소굴이자 음란한 소돔 같은 수도원에서 일생을 보내는 것과는 다릅니다. 어떤 이들은 사방을 벽으로 둘러친 곳이나 깊은 숲 속이나 광야에 자발적으로 갇힌 채 은둔하여 살아갑니다. 설령 그것이 모든 미신과 부정한 것을 피하기 위함이라 할지라도, 우리는 그렇게 사는 것을 혐오합니다.

첫째, 그렇게 사는 것은 인간을 사회적인 존재로 지으시고 "사람이 혼자 사는 것이 좋지 아니하니"(창 2:18)라고 말씀하신 하나님을 정면으로 거스르는 일입니다.

둘째, 하나님은 사람들이 우리의 선한 행실을 보고서 하늘에 계신 우리 아버지께 영광을 돌리도록 그들 앞에 빛을 발하고(마 5:16 참고) 다른 사람의 유익과 회심과 거룩함을 위해 우리가 받은 은사를 사용하면서 살라고 우리를 부르셨습니다. 하나님은 이 목적을 위해 다음과 같이 명령하면서 우리에게 은사를 주셨습니다.

"내가 돌아올 때까지 장사하라"(눅 19:13).

셋째, 계속 혼자 있게 되면 자기 마음이 얼마나 부패했는지를 제대로 알지 못합니다. 그리하여 겸손해지고 성화에 더욱 힘쓰는 것을 막게 되며, 마음의 부패함이 있는 그대로 드러나는 기회를 놓치게 됩니다. 사람의 마음이 선하고 죄가 오로지 외부 환경으로 말미암는다면 얼마든지 그렇게 은둔해도 좋습니다. 그러나 우리 안에 남아 있는 부패함은 죄악됨을 드러낼 기회를 얻지 못한다고 하여 그 죄악된 본성이 줄어들지 않습니다. 우리는 마음속에 자리하는 죄악됨을 개선할 수 없습니다. 우리는 죄에 넘어지고 자빠지면서 이 사실을 차츰 깨달아 갑니다. 홀로 있을 때에는 우리의 모범과 말로써 다른 사람들에게 도전을 주거나 그들이 경건을 추구하도록 독려하지 못합니다. 마찬가지로, 홀로 있을 때에는 우리 역시 다른 사람들의 말과 행실로부터 도전을 받지 못할뿐더러 우리가 고백하는 성도의 교제도 누리지 못합니다. 우리가 계속 홀로 있는다면, 천사처럼 되기는커녕 짐승이나 마귀처럼 될 것입니다.

"두 사람이 한 사람보다 나음은 그들이 수고함으로 좋은 상을 얻을 것임이라. 혹시 그들이 넘어지면 하나가 그 동무를 붙들어 일으키려니와 홀로 있어 넘어지고 붙들어 일으킬 자가 없는 자에게는 화가 있으리라"(전 4:9,10).

기도하기 위한 고독의 시간은 반드시 필요하지만, 이는 몇 시간 또는 며칠이어야 합니다.

우리는 자유롭게, 그리고 간절히 하나님을 구하기 위해 사람들에게서 일시적으로 분리될 수 있습니다. 게으름을 피우고 나태해지기 위해 혼자 머무르려는 것은 짐승들이나 하는 일입니다. 혼자이든 다른 사람과 함께이든 죄를 짓기 위해 그렇게 하는 것은 가증하고도 혐오스러운 일입니다.

반면 거룩해지기를 바라고서 무리로부터 분리되는 것이라면, 그 시간은 마땅히 기도와 성경 읽기와 묵상과 찬양과 하나님과의 겸손한 교제로 채워져야 합니다.

"무리에게서 스스로 갈라지는 자는 자기 소욕을 따르는 자라. 온갖 참지혜를 배척하느니라"(잠 18:1).

이런 고독을 위한 장소는 따로 있지 않습니다. 산책길이나 인적이 드문 곳에서, 또는 농장이나 정원의 한 귀퉁이에서도 그런 시간을 가질 수 있습니다.

고독한 시간을 향한 열망

세상의 소란에 둘러싸이고 사람들과 교류하는 동안에도 언제나 우리는 고독으로 이끌리는 마음의 성향을 잃어버리지 않도록 힘써야 합니다. 다시 말해 명예, 사랑, 부, 정욕, 쾌락과 같이 세상에 속한 것들을 모두 떨치고 그것들과 결별해야 한다는 말입니다. 나아가 어떤 피조물도 우리를 지배하거나 우리 마음을 차지하거나 우리를 어지럽히고 곤란하게 하지 못하도록 그것들로부터 자유로워져야 한다는 말입니다. 우리는 이 땅을 여행하는 나그네처럼 살아가지만, 모든 것들이 영원을 향하는 우리의 여정을 섬기고 유익하게 하도록 모든 것의 주인처럼 그것들을 사용해야 합니다. 이 땅을 지나가는 나그네처럼 살아야 합니다. 고난과 시련이 닥칠 때, 피조물에게서 위로나 도움을 얻으려 하지 말고, 홀로 하나님만을 바라보며 그분께 도움을 구해야 합니다.

"내가 밤을 새우니 지붕 위의 외로운 참새 같으니이다"(시 102:7).

"내 생명을 칼에서 건지시며 내 유일한 것을 개의 세력에서 구하소서"(시 22:20).

"주여 어느 때까지 관망하시려 하나이까? 내 영혼을 저 멸망자에게서 구원하시며 내 유일한 것을 사자들에게서 건지소서"(시 35:17).

이처럼 고독으로 이끌리는 성향을 지속하는 것은 하나님과 함께하는 삶과도 긴밀히 연결되어 있습니다. 피조물에 매이지 않는 것과 하나님과 동행하는 것은 서로 손을 맞잡고 있습니다. 에녹(창 5:22 참고)과 노아(창 6:9 참고)와 다윗이 그와 같이 하나님과 동행했습니다.

"내가 여호와를 항상 내 앞에 모심이여"(시 16:8).

아삽도 그러했습니다.

"하나님께 가까이함이 내게 복이라"(시 73:28).

사람들과 함께 있을 때에도 고독으로 이끌리는 이러한 성향을 잃어서는 안 되며, 일상적인 경건의 시간을 가질 때에도 사람들과 분리되어야 합니다.

고독을 위한 특별한 시간

이처럼 혼자 있으려는 성향이 자연스러워지고 일상적인 경건의 시간에 사람들에게서 떨어져 있는 것 말고도, 이따금 특별히 시간을 내 주변 사람들과 완전히 분리된다면, 경건을 증진시키는 데 크게 도움이 될 것입니다. 이는 몇 시간이나 며칠이 될 수 있습니다. 신자라면 누구나 이런 시간을 가져야 하겠지만, 각자의 몸과 영혼이 처한 상태와 조건에 부합하게 행해야 합니다.

그러나 어떤 사람들은 자기가 힘써야 하는 일들 때문에 이런 시간을 가지지 못합니다. 그들이 자기가 바라는 만큼 시간을 할애하여 너무 오랫동안 사람들에게서 떨어져 있다면(다른 사람들이 하는 정도로), 자기 자신은 물론 가족에게 해를 끼치고(아마도 자신과 가정을 파괴할 수도 있습니다), 자녀들이 필요한 돌봄과 양육을 받지 못한 채 자라게 될 것입니다. 그리고 이로 인해 경건이 비방을 받을 것입니다. 우리 하나님은 결코 방편에 매이시지 않습니다. 연약한 양심을 가진 신자가 이런 특별한 방편을 사용할 수 없다면, 그들에게는 자신을 자주 더 많이 나타내 주십니다. 이런 사람은 그런 특별한 방편을 통하는 것보다 하나님을 더 많이 누립니다.

어떤 사람들은 영적 상태로 인해 이런 고독의 시간을 오래 가지지 못합니다. 은혜 안에서 여전히 아기인 까닭에 자기 시간을 잘 사용하지 못하거나, 이런 시간을 가질 때마다 예기치 않은 어려움과 공격을 당하는 탓에 그 시간을 제대로 누리지 못합니다. 우리는 자녀들에게 하듯이, 공격당하는 사람들을 권면하여 그들이 홀로 기도하는 특별한 시간을 완전히 등한시하지 않도록 격려해야 합니다. 오히려 그들은 자기에게 적합하게 시간을 줄이고(특별하고도 대단한 일을 하려고 하거나 마음에 특별한 느낌을 얻으려는 조바심을 버리고), 잠잠히 하나님을 바라보며 기대하는 마음으로 구해야 합니다. 그 시간에 하나님께서 그들을 만나 주시면 그에 따른 내적 충동이 일 수밖에 없습니다. 그 충동이 가라앉고 나면, 그 시간에 하나님께서 새롭게 만나 주시기를 고대합니다. 때때로 하나님께서 다시금 그들을 찾아오실 것입니다. 죄악되고도 허탄한 것들로 말미암아 생각이 자꾸 흐트러지거나, 시험이 너무 격렬해서 극복하기가 어려우면, 다시 일상으로 돌아가는 편이 좋습니다. 그렇게 날이나 시간을 구별하여 하나님을 찾는 것만으로도 열매가 있을 것이기 때문입니다. 하나님은 자기를 찾는 자를 그냥 돌려보내지 않으시므로, 그분을 찾고 구하려고 애썼다는 사실만으로도 크게 기뻐하게 하실 것입니다. 또한 이로 인해 경건한 성향도 어느 정도 자랐을 것입니다.

한편 이렇게 하나님을 찾고 구할 시간과 기회가 더 많은 사람은 마땅히 이 일을 위해 시간을 더욱 확보해야 합니다. 때때로 이런 시간을 통해 기대하고 바랐던 것들을 얻지 못하여 상심하며 패배감을 안고 일상으로 돌아가야 할지도 모릅니다. 그렇다 하더라도 이내 하나님을 찾고 구하는 일을 다시금 시작해야 합니다. 하나님께서 우리의 의도에 주목하시며, 언제나 그 의도를 보고 기뻐하십니다.

고독한 시간을 위한 권고

그러므로 하나님의 자녀여, 은밀하게 하늘 아버지의 얼굴을 구하십시오. 이따금 시간을 내 혼자 있을 자리를 찾아 씨름하고, 눈물 흘리며 기도하십시오. 그리고 하나님의 위로를 기다리십시오. 그리해야 하는 이유는 다음과 같습니다.

첫째, 우리 주님께서 그렇게 행하심으로써 우리가 그분의 자취를 따를 수 있도록 모범을 보여 주셨습니다. 이른 새벽에 일어나 한적한 곳으로 나가 기도하시거나(막 1:35 참고), 무리를 보내신 후 기도하러 따로 산에 올라가 혼자 계시거나(마 14:23 참고), 평소에 기도하시던 자리인 겟세마네 동산으로 가서 기도하셨습니다(눅 22:39 참고). 뿐만 아니라 아브라함(창 15장 참고), 이삭(창 24:63 참고), 야곱(창 32장 참고)과 같은 믿음의 조상들도 그와 같이 행했습니다. 수많은 경건한 신자들이 한결같이 이 일을 탁월하게 행했습니다. 그러하기에 여러분도 마땅히 그들의 본을 따라야 합니다. 하나님을 사랑함으로 예수님의 모범을 따라 고독한 시간을 가지고 싶은 마음이 강하게 일어납니까? 기억하십시오. 하나님께서 사랑으로 여러분을 만나 주시고, 무엇보다 감미로운 시간이 되게 하실 것입니다.

둘째, 혼란스러운 세상 가운데 살아가면서 얻은 악한 성향으로부터 끊임없이 회복되어야 하기 때문입니다. 세상의 요란함과 분주함은 하나님과 친밀히 교제하지 못하도록 방해하고 쉽사리 하나님과 멀어지게 만듭니다. 여기저기서 보고 듣는 것을 통해 우리 안에 정욕이 일어나고, 그것들에 신경 쓰느라 하나님에게서 멀어집니다. 결국 그렇게 촉발된 정욕들을 따라 죄를 짓다 보면 우리의 영혼이 상합니다. 피조물에는 우리를 매혹하는 능력이 내재되어 있어서 알지 못하는 사이에 우리의 마음을 빼앗깁니다. 우리는 마음을 잃어버린 뒤에야 이 사실을 깨닫곤 합니다. 명예와 이생의 자랑을 추구하고, 시기하고, 허탄한 말을 하고, 재물에 이끌리고, 뽐내고, 음란한 생각을 품게 하는 기회와 올무들이 사방에 널렸습니다. 그러므로 이 모든 피조물에 매이지 않는 감미로운 자유를 회복하기를 구하며, 지난날의 모든 실패들을 딛고 일어나기 위해 특별히 노력해야 하지 않겠습니까? 정기적으로 시간을 구별하여 하나님 앞에서 성경을 읽고 기도하는 것이야말로 이를 위한 특별한 방편입니다. 이를 통해 하나님을 자주 대면할 수 있으며, 강건해진 마음으로 우리의 일상으로 돌아갈 수 있기 때문입니다.

셋째, 일상에 함몰되다 보면 어느새 우리 마음은 무정하고도 협소해집니다. 마음이 굳어지고 눈물이 마르며, 생기가 없고 둔감해집니다. 반면 일상을 벗어나 홀로 하나님을 구하는 시간을 가질 때 우리의 마음은 넓어집니다. 마음이 부드러워지고, 하나님께 우리의 아뢸 바를 친밀하게 털어놓을 수 있습니다. 여러 문제들과 관련된 영적 갈망이 점점 커지고, 마침내 우리는 눈물을 흘리며 하나님께 간구하게 됩니다. 그리고 이런 갈망이 마음을 사로잡기까지 쉬지 않고 하나님께 기도합니다. 때때로 하나님께 은밀히 기도하는 것이 우리가 누리는 특권의 전부일 때도 있지만, 그런 때조차도 우리는 잠잠히 기뻐하며 일상으로 돌아가 자신이 머물렀던 특별하고도 친밀한 교제의 자리를 자주 떠올립니다. 그 자리가 바로 우리의 벧엘입니다.

넷째, 자녀들이 은밀히 하나님께로 나아갈 때, 지극히 선하신 하나님께서 그들을 특별한 방식으로 만나 주실 것입니다. 은밀히 하나님께 기도하는데도 우리는 때때로 내면이 온통 뒤죽박죽되거나, 깊은 어둠에 압도되거나, 하나님께서 잠시 얼굴을 감추셨다고 여기거나, 우리 자신의 불신앙과 무정함과 텅 빈 마음을 느낍니다. 그렇다 할지라도 하나님은 여전히 그렇게 씨름하는 자들이 계속 기도해 나갈 수 있도록 은밀히 붙들어 주십니다. 때때로 하나님께서 그들을 특별한 방식으로 은밀하게 만나 주시며, 마침내 지극히 영광스럽고도 강한 빛으로 그들에게 선명하게 자신을 나타내실 것입니다. 또는 거부할 수 없는 친밀함과 사랑으로 자신을 나타내셔서, 말 그대로 그들을 차고 넘치게 하실 것입니다. 그리고 그들로 하여금 다시금 하나님의 은혜와 영원한 구원을 확신하고 만족하게 하실 것입니다. 하나님께서 그들을 내밀한 방으로 이끌어 그들을 향한 자신의 영원한 뜻과 사랑을, 곧 그들을 위해 성부와 그리스도께서 맺으신 구속언약을, 놀라운 그리스도의 성육신을, 그리스도께서 겪으신 고난의 아픔과 죽음을, 그들을 위해 그리스도께서 이루신 완벽한 속죄의 필요와 효력을, 그들을 의롭다 하기 위한 그리스도의 부활을, 영광스럽게 승천하여 그들의 대언자로 하나님 보좌 우편에 좌정하신 것을 알려 주실 것입니다. 그들은 이 사실들 및 그 안에 담겨 있는 모든 것뿐만 아니라 계시된 하나님의 완전하심을 완전히 다른 빛을 통해 보고는 마음에 이전과는 다른 감동을 받을 것입니다. 이처럼 하나님께서 그들을 연회장으로 인도하시고, 그들 위에 사랑이라는 깃발을 세우십니다. 이로 말미암아 그들은 하나님의 사랑에 흡족해합니다. 아무도 없는 곳에서 야곱이 홀로 누웠을 때, 하나님께서 그에게 자신을 나타내셨습니다. 이를 보고 야곱이 이렇게 고백합니다.

"여호와께서 과연 여기 계시거늘……이것은 다름 아닌 하나님의 집이요 이는 하늘의 문이로다"(창 28:16,17).

야곱이 얍복강 건너편에서 홀로 씨름할 때, 하나님께서 그에게 복을 베푸시고 그의 이름을 "이스라엘"이라고 하셨습니다. 야곱은 이 일에 크게 감동되어 다음과 같이 말하였습니다.

"내가 하나님과 대면하여 보았으나 내 생명이 보전되었다"(창 32:30).

모세가 광야에 홀로 있을 때, 하나님께서 모세에게 은혜를 베푸사 불붙은 떨기나무 가운데서 자신을 나타내시고, 자기 백성을 애굽에서 구원하도록 그를 보내셨습니다. 베드로가 지붕 위에서 기도할 때, 하나님께서 그에게 환상을 보이시며 이방인이 그를 부른다는 것을 나타내셨습니다. 그러므로 남다르고 특별한 나타내심과 위로를 얻기를 바란다면, 홀로 있을 자리를 찾으십시오. 하나님께서 온 맘을 다해 자기를 찾는 자들에게 선을 나타내심을 경험할 것이고, 여러분의 영혼이 빛을 발하며 일상으로 돌아감을 깨달을 것입니다.

홀로 있기 위해 시간과 장소를 정하고 계속 그렇게 실행하고 있다면, 다음 몇 가지를 주의하십시오.

첫째, 여러분이 행하는 노력에 대해 너무 많은 것을 요구하거나 기대하지 마십시오. 또한 여러분 자신에게 어떤 것도 기대하지 마십시오. 오히려 성령께서 어떻게 기도할지를 가르쳐 주시기를 바라면서 자신의 가난함과 부족함을 절감하고 겸손히 기도의 자리로 나아가십시오.

둘째, 자신의 생업이나 다른 것을 생각하는 데 마음을 빼앗기지 마십시오. 이 시간에는 마음에 일어나는 딴생각을 흘려 버리고 거부하며, 세상에 여러분과 하나님만 있는 것처럼 행하십시오.

셋째, 여러분이 특히 쉽게 넘어지는 고질적인 죄를 경계하십시오. 하나님께 복을 받고 오직 하나님과 함께하는 기도 시간이 그 죄로 말미암아 망쳐질 것이기 때문입니다.

  넷째, 항상 하나님께 기도하고, 감사하고, 그분을 기다리고, 성경을 읽고, 그분을 찬양하며 살아가십시오. 설령 그럴 기분이 아니고 마음이 움직이지 않는다고 하더라도 그렇게 살아가십시오. 하나님께서 여러분의 노력을 기뻐하고 복을 베푸실 것입니다.

  다음의 시로 본 장을 마치겠습니다.[1]

은밀한 자리를 힘써 거룩히 지키라.
그렇지 않으면 그곳은 안전하지 못하리라.
그대의 은밀한 자리를 거룩하게 지키는 때는 언제인가?
바로 하나님과 친밀히 교제할 때라.

---

1) 역자주 – 이 시는 다음의 네덜란드시를 번역한 것이다. Ziet toe, houdt u eenzaam heilig. / Anders is het daar niet veilig. / Wanneer houdt men heilig 't eenzaam? / Als men is met God gemeenzaam.

78

경건한 묵상

은밀히 하나님 앞에서 기도하는 것에 덧붙여 경건한 묵상, 또는 영적인 묵상에 관해 생각해 봅시다. 경건한 묵상은 이 땅에서 구별된 마음을 가지고 하늘의 것을 바라보는 신자가 이미 이전에 알고 있던 바 하나님과 그분께 속한 것들을 반추하고 생각하는 영적 행위입니다. 이를 통해 신자는 하나님이 계시하신 신비한 것들에 더 이끌리고, 그것들을 뜨겁게 사랑하며, 위로를 얻고, 더욱 적극적이고도 생명력 있게 살아갑니다.

경건한 묵상: 믿음의 활동

경건한 묵상은 믿음의 활동입니다. 경건한 묵상은 아무것도 하지 않는 것이 아닙니다. 또한 햇빛을 반사하는 거울처럼 하나님의 완전하심과 신비를 깨닫기를 바라면서 수동적으로 받아들이기만 하는 것도 아닙니다. 오히려 경건한 묵상이란, 영혼이 하나님의 완전하심과 신비를 숙고하고 사색하며 받아들이고 즐거워하는 일에 열중하면서, 그로 말미암아 감동하고 고무되는 활동입니다.

하나님은 우리가 이런 묵상을 위해 준비되지 않은 때에도 자신을 나타내심으로써 우리 영혼을 이런 묵상으로 인도하시기도 합니다. 그리하면 우리는 잠잠히 하나님의 인도를 받아 더욱 적극적으로 경건한 묵상을 시작합니다. 때때로 우리는 하나님을 묵상하는 일에 열중하기로 결심하고서 혼자 있을 만한 한적한 곳을 찾거나 산책합니다. 어떤 이들은 아직 은혜를 크게 누려 보지 못하고 하나님의 완전하심과 신비에 관해 잘 알지 못하는 까닭에, 무엇을 묵상해야 할지를 잘 모릅니다. 한편 이런 사람들보다는 묵상할 능력이 있지만, 묵상의 끝자락에 이르러서야 맛보고 누릴 수 있는 것들을 시작부터 누리려는 성급한 사람들도 있습니다. 신자가 묵상에 힘쓰는 목적이라 할 수 있는 분명한 빛과 지각과 즐거움과 달콤함은 묵상의 정점에서나 맛볼 수 있는데도, 그들은 묵상을 시작하자마자 이를 얻으려 합니다.

그러나 지혜롭게 묵상하는 사람들은 하나님께서 자신을 어떻게 대하시는지를 숙고하며, 그분의 완전하심과 그분이 은혜와 자연의 영역에서 어떻게 역사하시는지를 생각합니다. 그 결과 마치 책을 통해 이런 내용을 읽는 것처럼 감명을 받습니다. 하나님과 거룩한 대화를 나누며 이런 내용을 추론합니다. 어느 시점에 이르면, 하나님께 감사하며 기도하고서는 다시 즐거워합니다. 하나님께서 응답하시리라 기대하면서 자신의 필요를 아뢰고, 이를 통해 다시금 믿음이 강건해집니다. 그럴수록 하나님의 완전하심과 신비를 묵상하는 일에 더욱 힘을 쏟습니다. 어떤 주제에 바라는 만큼 마음이 가지 않으면, 다른 주제를 묵상하기 시작합니다. 힘써 묵상해도 계속 막연하고 모호하게 느껴지면, 그 주제가 자신의 믿음의 분량에 맞지 않는 것이라 여기고는 이전에 자신이 경험한 은혜들과 하나님께서 인도하신 일들을 반추하기 시작합니다.

바르게 묵상하기 위해서는 모든 것들로부터 마음을 분리하고 높이 고양시켜야 합니다. 정기적으로 묵상하기 위해 홀로 있을 만한 장소를 정하는 것만으로는 충분하지 않습니다. 영혼 또한 홀로 있기로 마음먹어야 합니다. 다시 말해, 세상에 오직 하나님과 있는 것처럼, 영혼이 이 땅의 모든 것들에서 자신을 분리시키고 보이지 않는 위의 것들을 향해야 합니다. 홀로 묵상하는 동안 모든 염려와 바람과 이 땅에 속한 일들을 뒤로하고 하나님을 바라보아야 합니다. 그렇게 하기로 마음먹는다고 해서 곧바로 그렇게 되지는 않으며, 그렇게 되도록 애써야 합니다. 빛을 비춰 주시고 은혜를 부어 주시기를 열망하는 탄식이 이어질 것입니다. 그렇게 묵상에 합당한 상태가 되고자 애쓰다 보면, 어느덧 우리는 하나님께 속한 바 보이지 않는 것들을 생각하고 묵상하기 시작합니다. 텅 빈 그릇처럼 가난한 영혼은 묵상하는 가운데 자신이 묵상하는 실체들로 채워지고 공급받기를 바랍니다. 이렇게 묵상할 때 영혼은 자신의 모든 것을 고백하고 자신을 드리며, 적극적으로 하나님을 바라고 기대합니다.

묵상의 주체

묵상의 주체는 경건한 신자입니다. 마음은 물론 생각도 경건해야 합니다. 회심하지 않은 자연인도 묵상할 수 있지만, 본성의 상태를 넘어서지는 못합니다.

"눈짓을 하는 자는 패역한 일을 도모하며"(잠 16:30).

"악한 계교를 꾀하는 마음과"(잠 6:18).

이런 사람은 이전에 자신이 행한 불경건한 일들을 곱씹으면서 또다시 즐거워합니다. 이웃이 자기에게 어떻게 잘못했는지를 생각하면서 다시금 화를 돋우고 앙심을 품습니다. 하나님도 모르고, 하나님의 은혜로운 역사도 모릅니다. 또한 하나님의 은혜로운 역사를 바라지 않으므로 묵상할 수도 없고, 묵상하려고 하지도 않습니다. 이런 사람은 하나님의 말씀에서 지식을 얻는 일을 최고의 정신 활동으로서 행합니다. 그러나 그 동기는 불순합니다. 다른 사람들처럼 박식해지고 말을 잘하게 되어 지혜로운 사람으로 인정받으려는 것이기 때문입니다. 우리는 본 서 43장에서 이런 본성적인 묵상에 관해 다루었습니다.

신자들마다 정도의 차이는 있지만, 경건한 묵상은 신령한 빛과 생명을 가진 경건한 신자만이 할 수 있는 일입니다. 신자가 하나님을 알고 갈망하기 때문입니다. 그래서 신자의 마음은 끊임없이 하나님께로 이끌립니다. 하나님으로부터 비롯된 것을 목도하고 경험하는 일이 너무나 달콤하고도 즐거운 까닭에, 신자는 결코 이 경험을 잊지 못하며 그것을 더 많이 맛보고 더 깊이 누리기를 갈망합니다. 하나님을 감미롭게 경험하고 맛볼수록 신자는 하나님을 더욱 갈망합니다.

묵상의 대상

  신자는 자신이 아는 하나님을 묵상하고, 그분이 하신 일과 하실 일들을 묵상합니다. 뿐만 아니라 아직 알지 못하지만 알기를 바라는 일들을 탐구하고 묵상합니다. 그러나 우리가 지금 말하는 묵상은, 우리가 알고 있고 묵상을 통해 마음 깊이 감동받기를 바라는 일들에 관해 실천적으로 숙고하는 것입니다. 경건한 묵상에 힘쓰기를 바라는 신자는 마음에 떠오르는 것을 추구하곤 하므로, 성령께서 인도하시는 대로 묵상하는 내용이 한 주제에서 다른 주제로 계속 바뀌기도 합니다. 하나의 주제만을 택하여 초점을 맞추려고 하면, 묵상의 효과도 없고 별로 잘 되지도 않을 것입니다. 그래서 우리는 단순히 경건한 묵상(기도와 감사와 사랑)에서 비롯되는 내면의 움직임과 우리가 하기로 결심한 바를 따라야 합니다.

  마음이 텅 비어 무엇을 생각해야 할지 떠오르지 않는 경우에는 생각이 이리저리 분산될 수 있습니다. 그럴 때에는 주제를 정해 놓고 묵상하는 편이 낫습니다. 이때, 묵상하기 수월한 주제로 시작할 것을 권합니다. 이를테면, 하나님께서 자신을 어려서부터 어떻게 인도해 오셨는지, 다시 말해 자신의 부모, 어렸을 때 가정에서 일어난 일들, 자라 온 과정, 생활 방식, 다녔던 학교들, 학교에서 일어났던 일들, 어릴 때 지은 죄들, 그 후에 이루어진 진보, 사춘기 때의 행동 등을 예로 들 수 있습니다. 자신이 겪은 성공과 역경을 숙고할 수도 있고, 하나님께서 구원의 방편으로 인도해 주신 방식, 처음 회개에 이르게 된 계기, 죄에 넘겨졌다가 회복된 방식 등을 돌이켜 볼 수도 있습니다. 어디에서나 이렇게 묵상하는 시간과 경험이 더해 가고, 그에 따라 하나님과 더욱 자주 만날수록, 우리 안에 특별한 움직임이 계속 일어날 것입니다.

  이렇게 묵상하는 동안 우리 마음이 끊임없이 하나님께 초점을 맞추고, 모든 문제를 하나님의 손길과 관련하여 숙고해야 합니다. 영원한 선택에서 시작하여 타락으로 이어지고, 대속자와 중보자에 대한 약속에서 그리스도의 오심(그분의 삶과 행위와 고난과 죽음)으로 이어지는 구속의 역사를 자신이 정한 경건의 시간에 묵상할 수 있어야 합니다. 그러는 가운데 이로 말미암아 우리 마음이 변화하고 움직이는지, 구속의 역사를 모든 측면에서 주목하여 잘 살펴야 합니다. 이를 서두른다면 묵상의 열매를 얻지 못할 것입니다. 또한 창조의 역사를 묵상해야 합니다. 하나님께서 어떻게 만물을 보존하고 통치하며 자신의 섭리로 한 치의 빈틈이나 오차도 없이 운행하시는지를, 그리고 각각의 문제들이 하나님의 역사를 통해 드러나는 그분의 속성들 하나하나와 어떻게 연결되는지를 잘 살펴야 합니다.

경건한 묵상: 하나님의 영이 이루시는 일

경건한 묵상은 하나님의 영이 이루시는 일입니다. 신자 스스로는 바르게 묵상할 수 없습니다. 이는 우리가 개인적으로 경험하는 바요 성경도 증언하는 바입니다.

"우리가 무슨 일이든지 우리에게서 난 것같이 스스로 만족할 것이 아니니, 우리의 만족은 오직 하나님으로부터 나느니라"(고후 3:5).

하나님은 처음에 영혼에게 생명을 주시고, 이 영혼으로 하여금 양식을 바라고 구하게 하심으로써 이 생명을 반복하여 소성시키십니다. 우리가 묵상해야 할 주제들을 상기시키고 우리 생각을 주관하심으로써 이런 일들을 영적인 방식으로 묵상하게 하십니다. 사람이 일단 영적 생명을 받으면, 이 생명은 결코 쉬지 않고 끊임없이 묵상하며 활동해 갑니다. 이 생명은 하늘로부터 왔기에 언제나 하늘로 이끌립니다. 본성의 부패로 말미암아 억눌리지만 않는다면, 이 영적 생명은 아무런 방해도 받지 않고 언제나 거룩한 묵상에 힘쓸 것입니다. 그러나 부패한 본성이 항상 영적 생명을 방해하고 억압하므로, 이 영혼은 거룩한 묵상으로 나아가기 위해 쉬지 않고 싸웁니다.

"내 마음이 좋은 말로"(시 45:1).

영적 생명을 불러일으키고 보존하시는 성령의 도우심과 능력이 있어야만, 이런 묵상으로 나아갈 수 있습니다. 이것이 바로 거듭난 신자가 묵상하는 방식이며, 이를 위해 성령께서 신자의 영혼을 감화시키십니다.

묵상의 목적: 은혜 안에서 자라 감

경건한 삶이 진보를 이루는 것이야말로 신자가 경건한 묵상에 힘쓰는 목적을 모두 아우릅니다. 이에 관해 구체적으로 살펴봅시다.

첫째, 하나님을 친밀히 알고 그분과 교제하기 위함입니다. 하나님과 나누는 친밀한 교제야말로 영혼이 누리는 지복이기 때문입니다.

둘째, 하나님을 누리고 즐거워하기 위함입니다. 하나님의 얼굴을 볼 때 기쁨이 충만하기 때문입니다.

셋째, 하나님을 향한 사랑으로 불타오르고, 하나님의 사랑을 믿고 느끼며, 새롭게 회복되어 하나님을 향한 사랑 안에서 달콤한 감동을 누리기 위함입니다.

넷째, 낙심하고 침체되었을 때 위로를 얻기 위함입니다. 지난날을 돌아보고 하나님의 역사와 완전하심을 묵상할 때, 영혼은 위로를 누리고 새로운 힘을 얻곤 합니다.

다섯째, 성화를 통해 생명력을 얻기 위함입니다. 영혼이 은밀히 하나님과 교제하는 것은 물론이요, 경건한 묵상과 성찰을 통해 그 영혼에 선한 경향성이 자리 잡을 것입니다. 하나님을 가까이하는 것이 얼마나 좋은지를 경험한 영혼은 죄가 이런 행복을 빼앗아 간다는 사실을 잘 압니다. 하나님의 거룩하심과 그분이 순종 받기에 합당하신 분임을 아는 영혼은 하나님을 더욱 사랑하게 됩니다.

우리는 실제로 이런 일들을 위해 애쓰며, 하나님은 그런 묵상을 통해 자신을 나타내 주시기도 합니다. 그러나 그런 일이 항상 일어나지는 않습니다. 묵상이 생기 없이 흘러갈 때가 많으며, 그 속에서 기쁨이나 달콤함을 발견하지 못한 나머지 그만두고 싶을 때도 있습니다. 그러나 그런 마음에 지지 마십시오. 하나님께서 지혜롭고도 주권적인 뜻 가운데 그런 때를 지나가게 하시기 때문입니다. 때로는 그러한 모습이 천상의 기술인 묵상을 해 본 경험이 부족하거나 정기적으로 묵상하지 않은 결과이기도 합니다. 또는 묵상을 향한 열의가 부족하거나 묵상하는 것을 내켜 하지 않아서 그렇게 되기도 합니다. 그렇다고 해서 경건한 묵상을 게을리하면 안 됩니다. 다른 때를 정해 다시 묵상을 시작해야 합니다. 충분한 시간을 들여 차분히 묵상하기가 어렵다면, 짧게라도 계속 묵상해 가야 합니다. 그리하면 짧은 묵상이라도 결코 헛되지 않다는 사실을 깨달을 것입니다.

신자들을 위한 격려

그러므로 여러분이 하나님과 거룩함을 사모한다면, 요즘에는 신자들이 거의 행하지 않는 이런 은밀한 묵상을 배우고 훈련해야 합니다.

첫째, 하나님께서 묵상을 명령하십니다. 여러분은, 다른 사안들과 마찬가지로 이 의무에 관해서도 하나님께 순종하기를 원하고, 또 그럴 의무를 집니다. 다음 명령들을 숙고해 보십시오.

"이 율법책을 네 입에서 떠나지 말게 하며 주야로 그것을 묵상하여 그 안에 기록된 대로 다 지켜 행하라. 그리하면 네 길이 평탄하게 될 것이며 네가 형통하리라"(수 1:8).

"네 하나님 여호와께서 이 사십 년 동안에 네게 광야 길을 걷게 하신 것을 기억하라"(신 8:2).

둘째, 성도들이 어떻게 묵상했는지를 잘 생각하고 본받으십시오. 복된 여인 마리아를 보십시오.

"마리아는 이 모든 말을 마음에 새기어 생각하니라"(눅 2:19).

다윗도 그렇게 했습니다.

"내가 나의 침상에서 주를 기억하며 새벽에 주의 말씀을 작은 소리로 읊조릴 때에"(시 63:6).

"여호와여……나의 심정을 헤아려 주소서"(시 5:1).

"내……마음의 묵상이 주님 앞에 열납되기를 원하나이다"(시 19:14).

아삽을 생각해 보십시오.

"내가 옛날 곧 지나간 세월을 생각하였사오며, 밤에 부른 노래를 내가 기억하여 내 심령으로, 내가 내 마음으로 간구하기를"(시 77:5,6).

셋째, 경건한 묵상의 시간을 사모하는 것은 하나님의 자녀들이 가지는 본성 자체입니다. 여러분은 항상 이런 시간으로 마음이 이끌리고, 그렇게 묵상을 누리는 자들을 복되다 여깁니다. 그렇다면 새사람이 가지는 이런 본성을 거부할 이유가 어디 있단 말입니까? 사랑하는 신자여, 여러분의 새로운 본성을 따르십시오. 시편 1편 2절을 보십시오.

"오직 여호와의 율법을 즐거워하여 그 율법을 주야로 묵상하는도다."

넷째, 경건한 묵상을 통해 하나님과 나누는 교제가 얼마나 달콤한지 그 정수를 발견합니다.

"나의 기도를 기쁘게 여기시기를 바라나니 나는 여호와로 말미암아 즐거워하리로다"(시 104:34).

"하나님이여 주의 생각이 내게 어찌 그리 보배로우신지요, 그 수가 어찌 그리 많은지요. 내가 세려고 할지라도 그 수가 모래보다 많도소이다. 내가 깰 때에도 여전히 주와 함께 있나이다"(시 139:17,18).

경건한 묵상을 통해 얻는 유익이 얼마나 많은지요! 하나님과 교제함으로써 그분과 친밀한 사랑을 누리고, 천국을 맛보며, 하나님의 형상을 닮아 가고, 하나님의 영광의 빛으로 단장하며, 영혼을 즐겁게 하는 모든 것을 발견하고 기뻐하게 됩니다. 이 땅에서 다른 무엇을 더 바란단 말입니까? 그러므로 묵상에 힘쓰고 익숙해지십시오. 처음에는 어렵고 버겁겠지만, 이내 그 어려움과는 비교할 수 없는 즐거움을 누릴 것입니다. 하나님은 묵상을 통해 자신을 찾는 신자를 결코 실망시키지 않으십니다.

저는 여러분에게 어떤 공식이나 규칙 같은 것을 말하려는 것이 아닙니다. 묵상을 시작하십시오. 일단 시작하면 자기에게 가장 알맞은 방식을 알게 됩니다. 묵상하는 동안 마음이 분산되거나 산만해지지 않도록 다른 일들로부터 자신을 완전히 분리하십시오. 온 맘을 다해 하나님의 인도하심을 구하고 영혼을 소성케 하는 은혜와 성령을 구하십시오. 그렇게 시작하는 것이 어렵다면, 하나님 말씀 중 한 부분을 읽거나 시편으로 하나님을 찬미하십시오.

79

노래

노래는 적절한 곡조와 목소리로 하나님께 감사하고, 그분을 예배하며 찬송하는 믿음의 행위입니다.

노래의 성격

노래는 하나님께서 우리에게 주신 아름다운 목소리와 기교를 사용하여 다른 사람들이 하나님을 대면하도록 감동시키는 신앙 행위입니다. 하나님은 사람에게 목소리를 주셔서 자기 생각을 다른 사람에게 알릴 수 있게 하셨습니다. 또한 높낮이와 속도를 조절하여 달콤하고도 명랑한 소리를 낼 수 있는 능력을 주셔서 목소리로 하나님께 기도하고 감사할 수 있게 하셨습니다.

"네 소리를 듣게 하라"(아 2:14).

적절한 리듬을 타며 우리의 목소리를 조절하는 행위가 우리의 마음을 열어 감정을 고양시킬 수 있으므로, 하나님은 우리가 노래하는 가운데 하나님께 마음을 올려 드리도록 하셨습니다.

"감사하는 마음으로 하나님을 찬양하고"(골 3:16).

그러나 우리의 목소리와 멜로디 자체로는 하나님을 기쁘시게 하지 못합니다. 하나님을 기쁘시게 하는 것은, 노래를 통해 하나님께 표현하는 바 신령한 일들과 관련하여 우리 마음이 보이는 움직임입니다. 우리의 목소리와 멜로디 모두가 그것을 듣는 사람들뿐만 아니라 노래하는 우리로 하여금 신령한 마음을 품고 하늘을 향해 마음을 고양시키게 하는 방편입니다.

노래는 목소리를 적절하게 조절하는 것입니다. 혼자 묵상하는 가운데 신령한 일들에 관한 글(산문으로 쓰인)을 읽거나 경건한 마음에서 노래가 흘러나올 때 우리는 나름대로 노래할 수 있습니다. 정교하거나 예술적이지는 않더라도 마음의 움직임을 따라 목소리의 높낮이와 속도를 조절합니다. 제가 잘 아는 아주 경건한 농부는 "밭에서 혼자 일할 때면 모든 시편을 노래합니다. 곡조를 몰라도 말이지요"라고 말하곤 했습니다. 많은 경건한 사람들이 저마다의 경험을 통해 이런 사실을 확인합니다.

하나님께서 어떤 사람들에게는 예술적인 음악 작품을 만드는 특별한 능력을 주셔서 마음의 사랑과 애정을 놀라운 방식으로 표현하고 감동을 일으키도록 하셨습니다. 많은 음악가들이 애써 음악을 만듭니다. 그러나 경건한 신자들만이 그것을 제대로 누릴 수 있습니다. 이는 마치 노아의 방주를 지은 자들은 정작 방주의 덕을 보지 못한 것과 같습니다. 방주는 오직 노아와 그의 가족만을 위한 것이었기 때문입니다. 노래도 그렇게 사용될 수 있습니다. 온 세상과 그 속에 있는 모든 것들이 신자의 것입니다. 이는 여러 예술들과 관련해서도 마찬가지입니다. 신자만이 그것들을 제대로 누릴 줄 압니다. 사람은 자기 마음의 본성에 따라 음악을 누립니다. 자연인은 자연적인 의미에서 감동을 받는 반면에, 신령한 마음을 가진 신자들은 신령한 의미로 감동을 누립니다.

음악들 중에는 마음을 경외함과 엄숙함으로 이끄는 장엄하고도 기품 있는 작품들이 있습니다. 교회에서 노래로 부르는 다윗의 시편이 대표적인 예입니다. 어떤 시편 찬송은 눈물이 날 정도로 슬픈가 하면, 기뻐 뛰게 할 만큼 명랑하고 즐거운 시편 찬송도 있습니다. 스코틀랜드 시편 찬송들이 그러합니다. 한나가 마음속으로 고백한 것처럼 마음을 기쁨으로 뛰게 할 만큼 리듬감 있는 시편 찬송도 있습니다.

"내 마음이 여호와로 말미암아 즐거워하며"(삼상 2:1).

어떤 선율은 몹시 매서워 마음에 분을, 다시 말해 복수심을 불러일으키기까지 합니다. 그러나 신령한 마음은 다양한 음조에 따라 그런 마음 상태에 알맞은 영적인 움직임을 인지하고, 그런 내적인 움직임을 따라 하나님께로 이끌려 기도하고, 환희와 즐거움을 느끼며 하나님께 감사와 찬양을 드립니다. 이처럼 경건한 사람은 곡조에만 이끌리지 않습니다. 오히려 곡조와 영적인 일들이 서로를 보완하며 곡조와 내용 둘 다에 신자의 마음이 결부됩니다. 그러므로 신령한 마음은 시편이 노래하는 영적인 내용들과 곡조를 누리는 동시에, 이런 영적인 내용들과 곡조를 통해 감동을 받습니다. 이런 곡조를 노래하는 목소리나 악기가 명랑하고 흥겨울수록 마음은 더 크게 감동합니다. 여호사밧과 두 왕들이 물이 없어서 그들의 군대에 위험이 닥쳤음을 엘리사에게 알렸을 때, 엘리사는 다음과 같이 말했습니다.

"이제 내게로 거문고 탈 자를 불러 오소서 하니라. 거문고 타는 자가 거문고를 탈 때에 여호와의 손이 엘리사 위에 있었더니"(왕하 3:15).

거문고를 탈 때 엘리사의 영이 감동했습니다. 그렇게 계시를 받기에 합당한 상태가 되었을 때, 하나님께서 군대가 물을 얻으리라고 엘리사에게 계시하셨습니다.

성경에 기록된 노래

피조물들은 창조가 이루어지던 때부터 노래했습니다. 첫째 날 지음 받은 천사들은 이어지는 닷새 동안 하나님께서 창조하시는 일을 보고 노래하면서 하나님께 영광을 돌렸습니다.

"그때에 새벽 별들이 기뻐 노래하며 하나님의 아들들이 다 기뻐 소리를 질렀느니라"(욥 38:7).

모세 이전에 불렸던 노래가 모두 기록된 것은 아니지만, 아담의 때로부터 경건한 신자들은 노래하기를 즐겼습니다. 욥은 아브라함 시대에 살았으리라 추정되는데, 자기 책에 노래를 기록하고 있습니다.

"나를 지으신 하나님……밤에 노래를 주시는 자"(욥 35:10).

이스라엘 자손들은 애굽을 떠나 홍해를 마른땅처럼 건넌 후에 노래로 하나님을 찬양했습니다.

"이때에 모세와 이스라엘 자손이 이 노래로 여호와께 노래하니"(출 15:1).

시편 90편은 '모세의 기도'로 불립니다. 모세는 자신의 죽음이 임박했음을 알고 하나님께서 자기에게 기록하게 하신 노래를 이스라엘 백성들에게 가르칩니다(신 31:16-30 참고). 드보라는 시스라를 격파한 후 승전가를 불렀습니다(삿 5:1 참고).

다윗은 탁월한 시편 작가였습니다(삼하 23:1 참고). 날마다 악기와 목소리로 마음을 다해 하나님을 노래했습니다. 선하신 하나님께서 이런 다윗의 시편을 기록하여 그분의 말씀으로 우리에게 주셨으므로, 우리가 다윗의 시편을 글로 가지고 있습니다. 그러나 히브리 시의 장르와 음조는 여전히 우리에게 알려져 있지 않습니다. 지금 세상에 존재하는 어떤 음악도 다윗의 음악과 비교할 수 없을 것입니다. 저는 다윗의 음률이 그의 마음의 움직임과 조화를 이루며 가장 알맞게 지어졌으리라고 믿습니다. 그 곡조가 다윗의 신령한 마음 상태에서 비롯되었기에 그것을 듣는 다른 사람의 마음에도 동일한 감정을 불러일으킵니다. 그러므로 시편의 곡조를 다른 노래에 사용할 수는 없습니다. 이 곡조는 오직 다윗의 내면에 일어난 움직임과 주어진 시편 말씀에만 적용될 수 있기 때문입니다. 노래의 곡조와 마음의 움직임과 시편 말씀이 조화를 이루어 듣는 이를 황홀하게 만듭니다. 우리의 음악으로는 이렇게 하지 못합니다. 우리의 음악은 마음의 움직임과 가사에 부합하는 것과 상관없이 그저 곡조를 노래하기 때문입니다. 다윗 시대에 시와 노래라는 예술이 주로 이렇게 이루어졌기 때문에, 다윗이 지은 가락은 물론이요 다윗이 만든 시 장르의 형태를 발견하려는 시도는 그다지 현실적이지 못합니다. 그러나 헬라어와 라틴어와 네덜란드어 시들에서 이러한 요소들이 조금씩 발견됩니다.

다윗은 혼자 노래하는 것으로 그치지 않고, 끊임없이 모든 이들에게 노래하라고 촉구합니다. 이를 돕기 위해 다윗은 성전의 노래하는 자들로 하여금 자기 시편을 노래하게 하였습니다. 성경에는 이런 목적을 명시하는 시편들이 일일이 예를 들 수조차 없을 만큼 많습니다. 다윗 이후에도 많은 선지자들이 하나님을 노래하라고 촉구하는 시편들을 많이 지었습니다. 신약 시대 사람들이 노래하며 하나님을 찬양하리라고 선포하는 예언들 중에도 이렇게 촉구하는 내용이 많습니다.

"여호와를 찬송할 것은 극히 아름다운 일을 하셨음이니"(사 12:5).

"그날에 너희는 아름다운 포도원을 두고 노래를 부를지어다"(사 27:2).

"새 노래로 여호와께 노래하라. 온 땅이여 여호와께 노래할지어다"(시 96:1).

구약성경뿐만 아니라 신약성경 역시 하나님을 노래하라고 촉구합니다.

"시와 찬송과 신령한 노래들로 서로 화답하며 너희의 마음으로 주께 노래하며 찬송하며"(엡 5:19).

"시와 찬송과 신령한 노래를 부르며 감사하는 마음으로 하나님을 찬양하고"(골 3:16).

"즐거워하는 자가 있느냐? 그는 찬송할지니라"(약 5:13).

"내가 영으로 찬송하고 또 마음으로 찬송하리라"(고전 14:15).

"그들이 새 노래를 불러"(계 5:9).

수많은 경건한 신자들이 시편과 같은 목적을 위해 다양한 곡조로 신령한 노래들을 남겼습니다. 종교개혁 당시 루터(Martin Luther)가 가장 먼저 그 일을 했습니다. 오늘날 개인은 물론이요 많은 루터파 교회들이 경건을 함양하기 위해 그가 지은 노래들을 부릅니다. 우리 시대에는 경건에 관하여 가장 탁월하다 할 수 있는 유스투스 판 로덴스타인(Justus Van Lodenstein)이 지은 찬송집이 있습니다. 클레망 마로(Clément Marot)는 다윗이 지은 시편들의 처음 오십 편에, 테오도르 베자(Theodore Beza)는 다른 백 편의 시편에 프랑스어로 운을 달았습니다. 이어서 파리의 유명한 음악가인 클로드 구드멜리우스(Claud Gaudemelius, 파리 대학살 때 순교하였습니다)는 이런 시편들에 곡조를 붙였는데, 음악가들이 더 손볼 데가 없을 정도였다고 합니다. 페트루스 다테누스(Petrus Dathenus)는 이 시편 찬송들의 원래 프랑스어 선율을 그대로 유지하면서 네덜란드어 운문으로 번역했습니다. 경건하고도 예술성이 뛰어난 시인들이 시편들을 원문과 훨씬 조화를 이루는 동일한 형태의 운문으로 바꾸는 일에 전념하여 교회가 그것을 사용할 수 있도록 한다면 매우 좋을 것입니다.[1] 네덜란드 교회 회의가 교회에서 다윗의 시편만을 사용하기로 결정한 것은 바람직한 일입니다.

신자의 노래

네덜란드에 사는 신자들이 하나님을 노래하기를 열망하지 않고, 실제로 하나님을 거의 노래하지 않는 것을 볼 때마다 저는 놀라움을 금치 못합니다. 이는 네덜란드인이 다른 나라에 비해 다소 메마른 성향을 가졌다는 점과 무관하지 않을 것입니다. 그렇다 하더라도 이 나라에 사는 세상 사람들을 보십시오. 그들은 부도덕하고도 허탄한 일들로 마음을 이끄는 부질없고 무익한 노래들을 거침없이 부릅니다. 그러나 신자들은 "너무 바쁘다," "노래를 잘하지 못한다," "곡조를 잘 모른다," "이웃들이 내 찬송 소리를 듣고 위선자라고 여길 것 같다"라고 핑계하며 노래하지 않습니다. 하나같이 이유가 될 수 없는 말들일 뿐, 실상 그들은 노래할 마음이 없는 것입니다. 더욱 영적이고 희락을 누리는 마음이라면, 즐거운 노래로 하나님을 노래하여 우리 자신과 그 노래를 듣는 다른 사람들의 마음을 일깨울 것입니다. 지금 제가 하는 말은 교회에서 노래하는 것만이 아니라 일상에서 노래하는 것에도 해당됩니다(많은 사람들이 하나님을 노래하지 않을뿐더러, 어떤 이들은 기껏해야 속으로 시편을 읽는 것이 전부입니다).

상황이 이러하므로 사람들로 하여금 시편뿐만 아니라 다른 신령한 노래들로써 하나님을 노래하도록 독려해야 합니다. 그러므로 신자들이여, 노래하지 않는 생명력 없는 모습을 버리십시오.

"기쁨으로 여호와를 섬기며 노래하면서 그의 앞에 나아갈지어다"(시 100:2).

---

1) 영역주 - 1773년에 이 일이 이루어졌다.

첫째, 다음 사실을 기억하십시오. 하나님을 노래하는 것은 하면 좋고 안 해도 상관없는 중립적인 사안이 아니라, 하나님의 명령입니다. 앞에서 말한 대로 하나님께서 여러분에게 이것을 요구하시며, 여러분이 이렇게 그분을 섬기기를 바라십니다. 그러므로 하나님을 노래하라는 명령들을 마음에 새기십시오. 순종하는 마음으로 이 의무에 힘쓰십시오. 여러분의 입을 열면서 닫힌 마음도 여십시오.

둘째, 하나님께서 처음 사람을 지으실 때 노래하는 능력을 주셨습니다. 서너 살밖에 안 된 아이들을 보면, 이 사실을 금방 알 수 있습니다. 아이들이 노래하면서 걷는 모습을 보십시오. 이른 아침에 새들이 어떻게 창조주를 노래하는지 들어 보십시오. 여러분이 아침에 집을 나서거나 집에 새를 기르고 있다면 새들의 노랫소리를 들을 수 있을 것입니다. 여러분은 세상에서 하나님을 기쁘게 노래할 수 있는 가장 뛰어난 이성을 가졌습니다. 그런데도 잠잠하고 조용히 있으렵니까? 그리하여 새들과 어린아이들의 책망을 들으렵니까?

셋째, 천사들뿐만 아니라(욥 38:7; 눅 2:13,14; 계 5:11,12 참고) 이 땅과 하늘에 있는 교회 또한 노래로 하나님을 영화롭게 해야 합니다.

"그들이 새 노래를 불러 이르되 두루마리를 가지시고 그 인봉을 떼기에 합당하시도다. 일찍이 죽임을 당하사 각 족속과 방언과 백성과 나라 가운데에서 사람들을 피로 사서 하나님께 드리시고"(계 5:9).

"그들이 보좌 앞과 네 생물과 장로들 앞에서 새 노래를 부르니 땅에서 속량함을 받은 십사만 사천밖에는 능히 이 노래를 배울 자가 없더라"(계 14:3).

"하나님의 종 모세의 노래, 어린양의 노래를 불러 이르되 주 하나님 곧 전능하신 이시여 하시는 일이 크고 놀라우시도다. 만국의 왕이시여, 주의 길이 의롭고 참되시도다"(계 15:3).

여러분에게 하나님을 노래할 마음이 없다면, 교회와 천국에서 무엇을 하렵니까? 여러분이 영원한 할렐루야로 하나님을 영화롭게 하기를 바란다면, 동일하게 이 땅에서부터 소리 내어 하나님을 영화롭게 하기 시작하십시오.

넷째, 특별히 하나님은 자기 자녀들이 자신을 노래하는 것 듣기를 즐거워하십니다. 그리고 자기 이름을 즐거이 높이는 곳에 오셔서 복 베풀기를 기뻐하십니다(시

22:3 참고). 어떠한 방식으로 성전을 봉헌했는지를 보십시오.

"나팔 부는 자와 노래하는 자들이 일제히 소리를 내어 여호와를 찬송하며 감사하는데 나팔 불고 제금 치고 모든 악기를 울리며 소리를 높여 여호와를 찬송하여 이르되 선하시도다 그의 자비하심이 영원히 있도다 하매 그때에 여호와의 전에 구름이 가득한지라. 제사장들이 그 구름으로 말미암아 능히 서서 섬기지 못하였으니 이는 여호와의 영광이 하나님의 전에 가득함이었더라"(대하 5:13,14).

여호사밧이 그 군대와 더불어 큰 소리로 즐거이 외치며 노래했을 때(대하 20:22 참고), 하나님께서 그들의 원수들을 물리치셨습니다. 바울과 실라가 한밤중에 하나님을 찬송했을 때, 옥문이 열리고 감옥의 모든 차꼬가 풀렸습니다(행 16:25,26 참고). 그러므로 하나님을 기쁘시게 해 드리고 여러분의 영혼을 찾아오시는 하나님을 즐거워하며 그분의 도우심을 경험하기를 원한다면, 하나님을 노래하는 데 익숙해지십시오.

다섯째, 노래는 기도할 때 냉랭한 마음을 움직입니다. 노래하는 동안 성경책이 눈물로 젖을 만큼 감격할 수도 있습니다. 이 말이 여러분과는 상관없게 들립니까? 다른 사람의 노래를 들으면서 감동해 본 적이 있습니까? 마찬가지로 여러분의 노랫소리에 감동을 받는 사람들이 있을 것입니다. 프랑스의 교황주의자들은 이 사실을 잘 알기에 시편을 노래하지 못하도록 엄격히 금하며, 이를 어기면 잔인한 형벌을 가합니다. 그들은 교회에 대한 대학살을 자행하기 전에도 그렇게 하였습니다. 그러므로 마귀와 하나님의 원수들이 방해하더라도, 더는 잠잠하지 말고 목소리를 높여 하나님을 영화롭게 하고 그분께 영광을 돌리십시오. 그리하면 찬미와 노래로 하나님께 감사하기를 주저할 때보다 훨씬 더 큰 유익을 얻을 것입니다.

다른 사람들이 하나님을 섬기도록 그들을 격려하기 위해서라도 그렇게 해야 합니다. 그리하면 모든 사람들이 경건은 침울한 것이 아니라 기쁨이 넘치는 것임을 알고 그것을 사모하게 될 것입니다. 노래할 때에는 지각과 열정을 가지고 하나님의 임재를 의식하면서 안팎으로 노래에 집중하되, 하나님께 드리기에 합당하고 주변 사람들에게 덕이 되도록 겸손하게 해야 합니다.

80

맹세

맹세는 하나님께 하는 약속입니다. 감사를 표현하거나 영적인 안녕을 증진하기 위해 어떤 선한 행위를 하겠다거나, 어떤 행위를 하지 않겠다는(그것을 할 능력이 있더라도) 자발적인 약속입니다.

맹세는 약속입니다. 이전에는 행할 의무가 없던 일이라도 맹세하고 나면 그 일을 행할 의무를 지게 됩니다. 사람은 하나님 앞에서 자신의 모든 소유와 모든 행위에 대해 책임을 져야 합니다. 그분은 하나님이시고, 사람은 피조물이기 때문입니다. 사람들은 저마다 이 의무를 알면서도 그것을 거슬러 행합니다. 은혜언약 아래로 들어가는 것은, 자신이 영원토록 하나님의 것이며, 하나님의 영의 통치를 받으며 하나님의 뜻에 따라 살겠다는 것을 기쁨으로 인정하고 약속하는(피조물로서 이미 이 의무 아래 있는데도) 것입니다. 나아가 하나님께 그것을 약속하고 이 약속을 끊임없이 온 맘으로 되새기는 것입니다. 다음 말씀들에서 이런 사실을 확인할 수 있습니다.

"한 사람은 이르기를 나는 여호와께 속하였다 할 것이며"(사 44:5).

"여호와여 나는 진실로 주의 종이요 주의 여종의 아들 곧 주의 종이라"(시 116:16).

이는 우리가 하나님을 섬기겠다고 그분께 드리는 맹세입니다.

"또 마음을 다하고 목숨을 다하여 조상들의 하나님 여호와를 찾기로 언약하고……무리가 큰 소리로 외치며……여호와께 맹세하매"(대하 15:12,14).

"주의 의로운 규례들을 지키기로 맹세하고 굳게 정하였나이다"(시 119:106).

그러나 율법을 완전히 준수할 것을 바라면서 이렇게 맹세하는 것은 아닙니다. 자신이 그렇게 할 수 없는 존재임을 이미 알 뿐만 아니라, 실제로도 그렇게 할 수 없기 때문입니다. 그러하기에 이런 맹세는 율법을 완전히 준수하겠다는 것이라기보다 일반적으로 하나님을 섬기는 것에 초점을 맞춘 것입니다. 다시 말해, 하나님을 버리지 않고 순종하는 길에 머무르며, 우상을 섬기는 길로 가지 않겠다는 약속입니다. 그러므로 이 맹세는 어떤 일이 있더라도 영혼이 자원하여 지치지 않고 하나님을 섬기겠다는 데에 초점을 둡니다. 그러하기에 우리 역시 이런 마음과 이해를 가지고 하나님께 동일하게 맹세할 수 있습니다. 또한 이렇게 맹세한 후에 죄를 짓고 넘어진다 하더라도, 그것은 자신의 바람이나 의도에 반하는 것이므로 맹세를 깨뜨리는 것이라 할 수 없습니다. 신자는 죄를 짓지 않는 것이 자기 능력을 넘어서는 일임을 아는 까닭에 결코 죄를 짓지 않겠노라고 맹세할 리가 없습니다.

진실한 맹세: 하나님을 향한 약속

맹세는 하나님을 향한 약속입니다. 약속 자체가 하나님을 향한 것입니다. 무언가를 하거나 하지 않기로 약속할 때, 이미 하나님 앞에서 약속하고 있는 것입니다. 이런 약속을 천사들이나 죽은 성도들에게 해서는 안 됩니다. 맹세는 신앙 행위이므로 죽은 이들에게 맹세하는 것은 곧 그들을 예배하는 우상숭배이기 때문입니다. 가난한 사람에게 무언가를 주겠다고 약속하는 것은 그 사람이 아니라 하나님께 약속하는 것입니다. 즉, 우리가 받은 선물을 가난한 사람과 나누어야 합니다.

"사람이 여호와께 서원하였거나 결심하고 서약하였으면 깨뜨리지 말고 그가 입으로 말한 대로 다 이행할 것이니라"(민 30:2).

첫째, 맹세는 선한 일과 관련된 것이어야 합니다. 어떤 일들은 그 자체로 선합니다. 하나님께서 그런 일들을 하라고 명령하시므로 우리는 그 일들을 행할 의무를 집니다. 신자는 이런 의무를 인정하고 자기에게 적용하여 그 일들을 온 맘으로 계속 행합니다. 그런데 본디 선하지도, 악하지도 않은 중립적인 일들이 있습니다. 말 그대로 사람이 할 수도 있고, 하지 않을 수도 있는 일입니다. 예컨대, 포도주나 차나 과일을 먹는 일과 같은 것입니다. 병중이거나 그것을 꼭 먹어야 할 상황이 아닌 경우에는 먹지 않아도 됩니다. 그러나 본디 중립적이라 할지라도 일단 사람이 그것을 사용하거나 먹으면, 그때부터는 더 이상 중립적이지 않습니다. 사람이 계명에 따라 믿음으로 그것을 하나님의 영광을 위해 사용해야 하기 때문입니다.

구약에서 맹세는 주로 낙헌제와 관련됩니다. 그러나 돼지나 사람을 제물로 드리겠다고 약속할 수는 없습니다. 이는 하나님 앞에 가증한 일이기 때문입니다. 낙헌제와 관련하여 맹세하고 제사를 드릴 때에는 율법이 정한 규례를 따라야 합니다. 우리도 마찬가지입니다. 우리는 합법적인 일들에 대해서만 맹세할 수 있습니다.

둘째, 일의 성격과 상황을 잘 알고 우리가 분명히 할 수 있는 일인 경우이어야 맹세할 수 있습니다. 입다는 하나님께 애매하게 맹세함으로써 죄를 범했습니다. 왜냐하면 양이나 소가 아니라 사람이 처음으로 집에서 나와 자기를 맞을 수도 있기 때문입니다. 만약 입다가 맹세를 지키기 위해 가장 먼저 자신을 맞은 딸을 번제로 드렸다면, 그는 하나님 앞에 가증한 죄를 짓는 것이었습니다. 그러나 그는 그러지 않고 믿음으로 암몬 자손들을 멸망시켰습니다(히 11:32 참고). 그가 가진 믿음이 기적을 바라는 것일 뿐 실제로 그가 회심하지 않은 자였다면, 하나님이 가증히 여기시는 일임을 알면서도 거침없이 딸을 번제로 바쳤을 것입니다. 그러나 실제로 그는 경건한 사람이었습니다. 따라서 그가 부주의하게 행한 가증한 맹세는 지나친 열심에서 비롯된 것임을 알 수 있습니다. 만약 자신이 맹세한 대로 이행했다면, 입다는 이중으로 악을 범하고 하나님께 끔찍한 죄를 지었을 것입니다.

입다의 사례를 통해 악하고도 부주의하게 맹세를 남발하지 말아야 함을 배웁니다. 악하고 부주의하게 행한 맹세를 철회하고 거부하는 것은 죄가 아닙니다. 하나님을 두려워하고 그분께 순종하는 까닭에 맹세를 철회하는 것은 덕스러운 일이며, 그러한 맹세를 실행하는 것이 오히려 죄입니다. 그러므로 우리는 그런 맹세를 파기하고 무효화하는 것을 두려워할 것이 아니라, 맹세할 때 스스로를 낮춰야 합니다. 아들을 너무나 바란 나머지 아들을 얻게 되면 하나님께 목사로 바치겠다고 맹세하며 기도하는 사람이 있다고 합시다. 아들을 하나님께 바칠 구체적인 조건, 이를테면 직분에 합당한 것이 분명하고, 본인이 진심으로 그렇게 하기를 원하며, 목사가 되는 것을 핑계 삼아 자기 가족과 자녀들을 소홀히 하지 않으리라는 조건을 명시하지 않은 채 맹세한다면, 그 사람은 죄를 짓는 것입니다. 게다가 그런 자질이 보이지 않는데도 자기의 맹세 때문에 아들을 목사가 되게 한다면 이중으로 죄를 짓는 셈입니다.

반론

성경은 다음과 같이 말한다.

"마음에 서원한 것은 해로울지라도 변하지 아니하며"(시 15:4).

답변

(1) 악한 일에 대한 맹세가 아니거나 맹세한 대로 이행하는 것이 죄를 낳지 않을 경우에는 이 말씀대로 해야 합니다. 그러한 경우에는 아무리 맹세를 이행하기가 어렵고 손해를 가져오며, 그렇게 맹세한 것이 후회스럽다 할지라도 맹세를 지켜야 합니다. 죄를 짓지 않고, 자기 자신이나 사랑하는 사람들이나 다른 사람들에게 해를 끼치지 않고도 이행할 수 있는 맹세라면 그렇게 해야 합니다.

(2) 그러나 성경의 원문대로 살펴보면, 본문을 "악한 일을 맹세한 사람은"이라고 읽을 수 있습니다. 다시 말해, 경건한 사람은 설령 악한 일을 맹세했다 하더라도 의로움에서 떠나지 않기 위해 자기가 맹세한 대로 하지 않으며, 맹세를 지키지 않는다고 비난받을지언정 맹세했다는 이유로 악한 일을 하지 않는다는 것입니다. 그 정도로 의를 소중히 여긴다는 말입니다.

(3) 자기 능력과 권한 밖에 있는 일에 대해 맹세하면 안 됩니다. 남은 인생 동안

결코 죄를 짓지 않겠다고 하나님께 약속하는 사람은 부주의하게 맹세하는 것입니다. 쉽게 넘어지는 고질적인 죄와 관련하여 이제 결코 그 죄를 짓지 않겠다고 약속하는 것도 마찬가지입니다. 더구나, 또다시 그 죄를 지으면 이러저러한 벌을 받겠노라고 죄에 대한 심판까지 약속하는 것은 그야말로 심각한 죄입니다. 자기 마음이 얼마나 부패했는지는 고려하지 않고 자기 능력과 권한을 넘어서는 일을 맹세하고 있기 때문입니다. 맹세할 때에는 겸손하고도 신중해야 합니다.

하나님은 선하시므로, 맹세한 자가 대적하여 싸우는 죄를 너무 미워한 나머지 자기 마음의 부패를 고려하지 않은 채 맹세한 내용에 따라 심판하시지는 않습니다. 능력이 되지 않는데도 자신이 감당할 수 없는 액수의 돈을 가난한 사람에게 주겠다고 약속하거나, 설령 그럴 능력이 있다고 해도 그것으로 말미암아 자신이나 가정에 해를 끼치게 된다면, 이는 하나님께서 두신 자리와 환경에 대한 책임을 무시하고 죄를 짓는 것입니다. 자기 능력을 벗어나거나 자신이 조절할 수 없는 일들에 대한 맹세가 모두 이에 해당합니다.

그 자체로 중립적인 일이라고 하더라도 구체적인 조건이나 기한도 정하지 않은 채 무턱대고 맹세해서도 안 됩니다. 이를테면, 현재 금욕의 은사를 받아 누리고 있다 하더라도 평생 독신으로 살겠다고 성급하게 약속하지 않아야 합니다. 그런 성정이 바뀔 수도 있고, 환경이 완전히 달라져서 독신으로 살 수 있는 지금과는 달리 결혼하는 것이 더 나은 상황이 될 수도 있기 때문입니다. 그러므로 맹세할 때에는 아주 신중해야 합니다.

(4) "하나님이 이렇게 해 주시면 제가 이렇게 하겠습니다"라고 하면서 하나님과 거래하듯이 맹세해서는 안 됩니다. 오히려 맹세는 하나님께 감사를 표현하는 것이어야 합니다.

"감사로 하나님께 제사를 드리며 지존하신 이에게 네 서원을 갚으며"(시 50:14).

하나님의 도우심이 필요할 때, 우리는 하나님께서 우리를 구해 주시기를 기도해야 합니다. 그렇게 기도할 때에는 하나님께서 구해 주시면 기쁨으로 하나님을 섬기고 하나님께 감사하며 영광을 돌리겠다는 열망이 있어야 할 뿐만 아니라, 주어진 어떤 것을 단념하거나 드리거나 행함으로써 우리의 감사를 나타내야 합니다.

또한 맹세는 자신의 영적인 건강과 안녕을 증진하기 위해 행해져야 합니다. 개인이 하거나 하지 않을 수 있는 어떤 외적인 일이 있을 수 있는데, 그 일을 하거나 하지 않음으로 말미암아 우리는 끊임없이 죄에 떨어지는 경험을 합니다. 그러므로 신자는 이런 죄에 맞서기 위해 기도하면서 하나님께 일정 기간 어떤 일을 하거나 하지 않겠다고 약속하고, 그렇게 함으로써(물론 관련된 일을 조정하는 능력이나 권한이 기도자에게 있어야 합니다) 정한 기간에 주어진 환경에서 진보를 이룹니다. 각 신자는 자신이 어떤 환경에서 이런 약속과 맹세를 해야 하는지를 알아야 합니다. 이를테면, 일정 기간 다음과 같이 약속할 수 있습니다.

- 포도주를 마시지 않기로 약속할 수 있습니다. 지금도 마시고 있으며 하나님께 약속 드린 기간이 지나면 다시 마시겠지만, 정한 기간에는 포도주를 먹지 않기로 약속하는 것입니다. 그리하면 사람들은 여러분이 하나님 앞에 맹세한 것을 모를 것이고 여러분을 위선자처럼 바라보지도 않을 것입니다.
- 음식을 줄이고 하루에 한 끼만 먹기로 약속할 수 있습니다. 이는 하루 종일 금식하는 것이 아니라 정욕에 이끌리지 않도록 육체를 재갈 물리기 위한 것입니다.
- 자기 몸을 치장하거나 장식하지 않으며, 오직 정직과 절제로 스스로를 단장합니다. 이는 자기에게 도사린 모든 교만을 억제하기 위한 것입니다.

이런 맹세를 할 때에는 자신이 처한 환경을 잘 살펴야 합니다. 스스로 얽매이지 않으려면 특정한 환경에서 하거나 하지 않을 때 지나치게 눈에 띌 수밖에 없는 일을 약속하지 않아야 합니다.

(5) 모든 상황을 고려한 후 선한 맹세를 했다면, 자기가 맹세한 바를 주의 깊게 실행해야 합니다.

"너희는 여호와 너희 하나님께 서원하고 갚으라"(시 76:11).

"네 하나님 여호와께 서원하거든 갚기를 더디 하지 말라. 네 하나님 여호와께서 반드시 그것을 네게 요구하시리니 더디면 그것이 네게 죄가 될 것이라"(신 23:21).

"서원하고 갚지 아니하는 것보다 서원하지 아니하는 것이 더 나으니"(전 5:5).

시편 66편 13,14절을 보면 다윗이 하나님께 한 맹세를 얼마나 소중히 여겼는지를 알 수 있습니다.

"내가 번제물을 가지고 주의 집에 들어가서 나의 서원을 주께 갚으리니, 이는 내 입술이 낸 것이요 내 환난 때에 내 입이 말한 것이니이다."

81

경험

경험이 많은 사람은 드물고, 경험을 제대로 활용하는 사람은 더욱 드뭅니다. 그러나 경험이 많을수록 유익이 큽니다. '경험이야말로 가장 좋은 선생이다'라는 격언이 있습니다. 보통 누군가를 고용할 때 "이 일과 관련된 경험이 있습니까?"라고 묻습니다. 우리는 경험이 많은 의사, 사령관, 기술자들을 가장 필요로 합니다. 영적인 영역도 그와 마찬가지입니다. 그리스도인은 하나님께서 하시는 일을 경험함으로써 진보를 이룹니다. 그러하기에 그리스도인의 경험에 관해 이야기하고자 합니다.

경험은 경건한 훈련으로서, 다른 사람들과 우리 자신을 유익하게 할 목적으로 주목할 만한 많은 일들을 모으고 기억하는 것입니다.

무엇보다 경험은 경건한 훈련입니다. 시편 기자는 다음과 같이 말합니다.

"어리석은 자도 알지 못하며 무지한 자도 이를 깨닫지 못하나이다"(시 92:6).

경험은 이런 보화를 모으는 경건한 신자의 행위들 중 하나입니다. 의인들은 하나님의 역사를 보고 즐거워하며, 지혜로운 자들은 이 역사들을 주목하고 여호와의 인자하심을 깨닫습니다(시 107:42,43 참고). 이들은 경건한 마음과 경건한 의도와 경건한 목적을 가지고 하나님의 역사를 경험합니다.

또한 이 훈련은 주목할 만한 많은 일들을 모으고 기억하는 것입니다. 하나님은 자기 자녀들에게 그저 계명과 약속들을 주시는 것으로 끝내지 않으시며, 자기 자녀들이 순종하는 마음으로 그것들을 주의 깊게 살피고 따르기를 원하십니다.

"순종이 제사보다 낫고 듣는 것이 숫양의 기름보다 나으니"(삼상 15:22).

"내가 주의 모든 계명에 주의할 때에는 부끄럽지 아니하리이다"(시 119:6).

그런데 하나님은 많은 역사를 통해 자신을 나타내십니다. 그분은 자기 백성과 특정한 개인들을 놀라운 방식으로 구원하시곤 합니다. 그들이 쓰라린 고통과 슬픔 가운데 있을 때 그들을 위로하시고, 자기 백성을 압제하는 자들을 놀랍게 심판하십니다. 방주로 노아를 건지셨고, 강하신 팔로 자기 백성을 애굽에서 인도하여 내시고 사십 년 동안 광야에서 만나를 비처럼 내리셨습니다. 다윗을 사울의 손에서 구하셨습니다. 다니엘을 사자굴에서, 세 친구를 풀무불에서 지키셨습니다. 베드로를 감옥에서 풀어 주셨습니다. 바로와 그의 군대를 홍해에 수장시키셨고, 한밤중에 예루살렘을 포위하고 있던 군대 가운데 185,000명을 천사의 손으로 도살하셨습니다. 그렇습니다. 성경은 하나님께서 자기 백성을 압제한 자들을 심판하고 자기 백성을 구하신 이야기들로 가득합니다. 하나님의 자녀라면 하나님께서 이와 유사하게 행하신 일들을 기억하고, 그런 소식들을 찾아 모으고, 그것들을 묵상하고 세심하게 연구할 것입니다. 그 일들을 하나하나 마음에 기록하여 기억할 것입니다.

하나님의 역사를 기억하는 목적

하나님의 역사를 기억하는 목적은 단지 그 사실을 인정하고 이야기하기 위함이 아니라, 그 사실을 묵상함으로써 위로를 얻고 강건해지기 위함입니다. 교회는 하나님의 구원과 도우심이 절실히 필요한 신자들을 하나님께서 어떻게 다루셨는지를 이야기함으로써 다른 이들을 돕고 위로합니다. 또한 하나님께서 죄인들을 어떻게 다루셨는지를 증언하여 경고함으로써 그들을 일깨우고 회개로 이끕니다.

첫째, 하나님은 자기 백성들이 그분의 역사에 관한 경험이라는 보화들을 모으고, 모든 상황에서 그것들을 사용하고 누리기를 바라십니다.

"네 하나님 여호와께서 이 사십 년 동안에 네게 광야 길을 걷게 하신 것을 기억하라"(신 8:2).

"옛날을 기억하라. 역대의 연대를 생각하라. 네 아버지에게 물으라. 그가 네게 설명할 것이요, 네 어른들에게 물으라 그들이 네게 말하리로다"(신 32:7).

"그의 종 아브라함의 후손 곧 택하신 야곱의 자손 너희는 그가 행하신 기적과 그의 이적과 그의 입의 판단을 기억할지어다"(시 105:5,6).

둘째, 성도들이 그렇게 해 왔음을 알고, 그 모범을 따라야 합니다. 다윗이 이렇게 말합니다.

"내가 옛날을 기억하고 주의 모든 행하신 것을 읊조리며 주의 손이 행하는 일을 생각하고"(시 143:5).

"또 주의 모든 일을 작은 소리로 읊조리며 주의 행사를 낮은 소리로 되뇌이리이다"(시 77:12).

"마리아는 이 모든 말을 마음에 새기어 생각하니라"(눅 2:19).

셋째, 하나님께서 이런 역사를 이루시고, 그것들을 기록하게 하셨습니다. 그리고 오는 세대에게 말하여 죄를 짓지 않도록 하고, 경건을 촉구하며, 하나님의 도우심을 의지하여 강건하게 하도록 정하셨습니다.

"내가 입을 열어 비유로 말하며 예로부터 감추어졌던 것을 드러내려 하니, 이는 우리가 들어서 아는 바요 우리의 조상들이 우리에게 전한 바라. 우리가 이를 그들의 자손에게 숨기지 아니하고 여호와의 영예와 그의 능력과 그가 행하신 기이한 사적을 후대에 전하리로다. 여호와께서 증거를 야곱에게 세우시며 법도를 이스라엘에게 정하시고 우리 조상들에게 명령하사 그들의 자손에게 알리라 하셨으니, 이는 그들로 후대 곧 태어날 자손에게 이를 알게 하고 그들은 일어나 그들의 자손에게 일러서, 그들로 그들의 소망을 하나님께 두며 하나님께서 행하신 일을 잊지 아니하고 오직 그의 계명을 지켜서"(시 78:2-7).

이를 위해 하나님께서 자기 백성에게 위대한 일들을 그토록 많이 행하시고 그것들을 기록하게 하셨다면, 우리는 마땅히 이 기록을 주의 깊게 살피고 기억하여 필요한 때에 우리에게 민첩하게 적용해야 합니다.

하나님의 역사를 경험하는 원천: 성경, 교회사, 개인의 경험

첫째, 다양한 일들, 심판들, 구원 역사들과 하나님의 위로라는 보화는 하나님의 말씀에서 얻을 수 있습니다. 성경에는 하나님께서 이루신 수많은 역사들이 기록되어 있습니다. 우리 인간은 과거의 경험을 따라 삽니다. 그리고 우리는 짧은 시간 동안 이루어지는 일만을 경험할 뿐입니다. 그러나 선하신 하나님은 창세전에 시작하여 세상의 마지막 날까지 행하실 일들의 역사(history)를 우리에게 알려 주십니다. 우리는 하나님께서 행하시는 일들을 하나하나 면밀히 살펴 그분이 자기 백성을 어떻게 대하고 다루시는지를 알아야 합니다. 그리하면 우리는 우리에게 일어나는 모든 일들에 적용할 만한 좋은 사례를 가지게 되고, 우리 삶에 대한 많은 교훈과 격려를 얻을 것입니다. 많은 스코틀랜드 목사들이 이 일에 아주 능하여 성경에 기록된 역사를 자신들의 현실에 탁월하게 적용했습니다.

둘째, 이런 보화는 교회사와 순교자들에 관한 책들, 멜키오르 아다무스(Melchior Adamus)가 라틴어로 쓴 신자들의 전기, 코르풋(Corput)이 네덜란드어로 쓴 신자들의 전기 및 쿨만(Koelman)이 몇 명에 관한 전기들을 더해 증보한 『그리스도인의 위대한 관심』(The Christian's Great Interest)과 같은 책들을 통해 얻을 수 있습니다. 이처럼 수많은 사건들이 기록되고 우리에게까지 전해진다는 사실에서 자기 백성을 향한 하나님의 선하신 손길을 발견할 수 있습니다. 우리는 늘 반복해서 어리석게 행동하지만, 이런 기록들을 통해 빛과 지혜로운 조언과 위로와 용기를 얻을 수 있습니다. 여기에 우리가 교제하는 경건한 신자들의 경험을 더할 수 있습니다. 하나님의 선하신 섭리를 통해 하나님께서 그들을 어떻게 대하셨고 그들이 경험한 하나님의 구원이 어떤 식으로 이루어졌는지를 들으며, 그들과 교제하는 특권을 누립니다. 그리하여 우리는 그 사실들에 주의를 기울이고 큰 유익을 얻습니다.

셋째, 관심을 두고 살핀다면, 여러분 자신의 삶의 여정을 통해 하나님께서 행하시는 일을 경험하는 보화를 얻을 수 있습니다. 그렇다면 여러분이 여러분의 삶에서 다양한 하나님의 역사를 어떻게 경험하는지를 살펴봅시다. 다음 질문에 대답해 보십시오.

① 여러분은 누구의 자손입니까? 아버지, 어머니, 할아버지, 할머니, 숙부, 숙모, 사촌은 누구입니까? 세상에서 여러분은 높은 신분입니까, 낮은 신분입니까? 태어난 곳은 어디입니까? 가난한 집안에서 태어났습니까, 부유한 집안에서 태어났습니까? 명성 있는 가문입니까, 비천한 가문입니까? 경건한 가정입니까, 믿지 않는 가정입니까? 여러분의 조상들은 무슨 이유로 이 나라나 도시나 마을로 왔습니까?

② 자라는 환경은 어떠했습니까? 가정이 가난했습니까, 부유했습니까? 부모는 어떤 일을 했습니까? 가정이 불화했습니까, 화목했습니까? 가정이 어떤 신앙고백을 가지고 있었습니까? 가정에서 하나님의 말씀을 읽었습니까? 성경을 배우면서 자랐습니까? 자랄 때 행실은 어떠했습니까?

③ 자라는 동안 기억에 남은 특별한 일이 있습니까? 자라면서 겪은 두려움과 염려와 어려움은 무엇입니까? 그런 일들의 결말은 어떠했습니까?

④ 여러분이 다닌 학교는 어디입니까? 처음 일을 한 곳은 어디입니까? 그곳에서 어떤 어려움을 겪었습니까? 누구와 함께 살았습니까? 친구들은 어떤 사람들이었습니까? 시련과 고통을 겪은 적이 있습니까? 그 결과는 어떠했습니까?

⑤ 어릴 때는 어떻게 지냈습니까? 십 대를 어떻게 보냈습니까? 결혼 생활은 어떠했습니까? 특별히 탐닉했던 죄가 있습니까? 하나님은 어떻게, 무엇을 통해 여러분을 어려움에서 건져 주셨습니까?

⑥ 회심한 후에 이전과 다른 사람이 되었습니까? 그렇지 않다면, 여러분의 현재와 장래에 대해 어떻게 생각합니까? 어떻게 그토록 효과적인 목회적 돌봄을 받게 되었습니까? 어떤 계기로 경건한 사람들과 함께 지내게 되었습니까? 어떻게 진리를 알고 자신의 죄를 깨닫게 되었습니까? 그리스도와의 관계가 처음에 어떠했습니까? 여러분이 감내해야 했던 어려운 싸움과 공격은 무엇이었으며, 어떻게 그것들로부터 건짐 받았습니까? 그런 와중에 어떻게 믿음이 견고해졌으며 어떠한 위

로와 확신을 누렸습니까? 이런 일들을 통해 여러분은 어떠한 변화를 경험하였습니까? 아직도 생생하게 기억나는 일들이 있습니까? 여러분이 큰 고통 속에서 특별하게 하나님께 기도했고 하나님께서 놀랍게 응답해 주신 때를 아직 기억합니까? 몸이 심하게 아팠던 적이 있습니까? 그때 여러분은 무엇을 통해 강건해졌습니까? 하나님께서 어떻게 건져 주셨습니까? 무엇을 통해 그리하셨습니까?

하나님의 역사를 되새기지 않는 것에 대한 책망

그동안 이 모든 일들을 세심하게 살피고 기억했다면, 그리고 이런 일들을 기억하고 기록하는 데 마음을 쏟았다면, 지금 얼마나 많은 경험들이 쌓여 있겠습니까! 그 경험들이 얼마나 유용하며 유익했겠습니까!

그런데 여러분은 지금까지 어떻게 지내 왔습니까? 이런 보물 같은 경험들을 많이 모았습니까? 널따란 삶의 들판에서 경험이라는 보화들을 거두어들이는 것이 자신의 의무였음을 깨닫는다면, 얼마나 많은 신자들이 부끄러워하겠습니까?

첫째, 하나님께서 이런 망각에 대해 책망하십니다.

"그들은 그가 행하신 일을 곧 잊어버리며"(시 106:13).

제자들이 이런 죄를 지었습니다. 성경은 제자들의 이런 죄를 책망합니다.

"이는 그들이 그 떡 떼시던 일을 깨닫지 못하고 도리어 그 마음이 둔하여졌음이러라"(막 6:52).

둘째, 하나님께서 행하신 일을 잊어버리는 것 자체가 죄일 뿐만 아니라, 이 죄 또한 기존의 많은 죄에서 비롯됩니다.

① 태만이라는 죄입니다. 하나님께서 역사하고 벌하며 복 주시도록 하면서도, 정작 누구 하나 관심을 가지고 지켜보지 않습니다. 회심하지 않은 자들이 이러한 죄를 짓습니다.

"여호와께서 행하시는 일에 관심을 두지 아니하며 그의 손으로 하신 일을 보지 아니하는도다"(사 5:12).

"어리석은 자도 알지 못하며 무지한 자도 이를 깨닫지 못하나이다"(시 92:6).

② 불신앙이라는 죄입니다. 힘들고 어려운 일을 당해도 이차적인 원인만을 고려합니다. 하나님께서 그 일들 가운데에서 역사하시는 것을 부정하지는 않지만, 그만큼 믿음으로 주목하지도 않습니다. 하나님께서 복을 베푸심으로 자기가 바라고 원하는 것을 허락하시면, 그 일이 우연히 이루어진 것처럼 생각하고 행동합니다. 자기가 기도하고 바라지 않았는데도 그 일이 일어난 것처럼 행동하며 하나님을 무시합니다.

"가령 내가 그를 부르므로 그가 내게 대답하셨을지라도 내 음성을 들으셨다고는 내가 믿지 아니하리라"(욥 9:16).

③ 망각하는 죄입니다. 어떤 일이 일어날 때에는 관심을 가지고 살피지만, 그것을 마음 깊이 새기지도 않고 사용하지도 않습니다. 그래서 정작 그 일에 대한 기억이 가장 필요한 상황이 닥쳐도 기억해 내지 못합니다.

"이는 네가 네 구원의 하나님을 잊어버리며 네 능력의 반석을 마음에 두지 아니한 까닭이라"(사 17:10).

셋째, 이로 인해 여러분은 영적으로 부적절한 상태에 처할 때가 많을뿐더러, 오랫동안 그 상태에서 헤어나지 못합니다. 하나님께서 그분의 자녀들과 여러분을 대하시는 방식에 무지한 채로 어둠 가운데 남아 있습니다. 그리하여 내면이 불안해지고 혼란해지며 낙담과 수많은 악한 생각들로 채워지고, 실제로 마음이 악해져 죄를 짓기까지 합니다. 그러므로 자기 인생에서 얼마 안 되는 경험들을 망각하는 것은 얼마나 슬픈 일인지요! 자신이 분명하고도 견고하며 힘 있는 그리스도인이라 착각하면서, 실상 저급하고 어린아이 같은 상태에 오래 머물러 있는 것은 얼마나 비극적인 일인지요! 하나님께서 자신을 대하시는 것을 주의하여 살피지 않은 탓에 그분의 일하심을 말 그대로 헛되게 만들고, 마땅히 감사해야 하는데도 감사하지 못하는 것은 얼마나 슬픈 일인지요! 그러므로 하나님 앞에서 겸비하고 그분께 용서를 구하십시오.

신자들을 위한 권면

그러므로 우리가 여러분에게 말한 바 드넓은 들판에서 경험이라는 보화를 모으는 데 힘쓰십시오.

첫째, 이를 통해 우리는 하나님께서 우리를 돌보심을 알고 인정할 뿐만 아니라, 이로 말미암아 하나님께 감사하고 영광 돌리는 법을 배웁니다. 이것이 하나님께서 여러 일들을 통해 여러분에게 자신을 나타내신 목적입니다. 그리고 하나님의 역사하심에 그렇게 반응하는 것이 여러분의 구원이요 기쁨이자 행복입니다. 시편 18편이 이런 사실을 증언합니다. 다윗은 지난날 하나님께서 베풀고 나타내신 긍휼을 기억하면서 그 시를 다음과 같이 마무리합니다.

"여호와여, 이러므로 내가 이방 나라들 중에서 주께 감사하며 주의 이름을 찬송하리이다. 여호와께서 그 왕에게 큰 구원을 주시며 기름 부음 받은 자에게 인자를 베푸심이여 영원토록 다윗과 그 후손에게로다"(시 18:49,50).

또한 그는 시편 103편 2절에서도 다음과 같이 외칩니다.

"내 영혼아 여호와를 송축하며 그의 모든 은택을 잊지 말지어다."

둘째, 여러분은 한편으로 자신의 조상, 비천함, 죄악됨을 생각하고 다른 한편으로 하나님께서 우리 몸과 영혼을 놀랍게 인도하고 보호하고 구원하신 것을 생각할 때 겸손해집니다.

"나는 주께서 주의 종에게 베푸신 모든 은총과 모든 진실하심을 조금도 감당할 수 없사오나 내가 내 지팡이만 가지고 이 요단을 건넜더니 지금은 두 떼나 이루었나이다"(창 32:10).

"주 여호와여 나는 누구이오며 내 집은 무엇이기에 나를 여기까지 이르게 하셨나이까?" (삼하 7:18).

하나님은 이런 겸손한 마음을 가장 기뻐하시며, 이런 마음을 가진 자에게 복을 더하십니다.

"하나님은……겸손한 자들에게는 은혜를 주시느니라"(벧전 5:5).

셋째, 신자들이 이전에 가졌던 감미로운 마음의 틀을 열망하게 됩니다. 이 열망은 지금 자신이 그러한 틀에서 너무 멀리 떨어져 있으며 그 틀 없이 행해야 했음을 생각하며 마음을 부드럽게 만들 것입니다.

"나는 지난 세월과 하나님이 나를 보호하시던 때가 다시 오기를 원하노라. 그때에는 그의 등불이 내 머리에 비치었고 내가 그의 빛을 힘입어 암흑에서도 걸어다녔느니라"(욥 29:2,3).

"주여, 주의 성실하심으로 다윗에게 맹세하신 그 전의 인자하심이 어디 있나이까?"(시 89:49)

"내가 전에 성일을 지키는 무리와 동행하여 기쁨과 감사의 소리를 내며 그들을 하나님의 집으로 인도하였더니 이제 이 일을 기억하고 내 마음이 상하는도다"(시 42:4).

교회와 관련해서도 이런 일이 일어납니다.

"우리가 바벨론의 여러 강변 거기에 앉아서 시온을 기억하며 울었도다"(시 137:1).

이전의 환경들을 떠올리고 현재 상황을 과거와 비교할 때, 얼마나 많은 눈물을 흘리겠습니까!

넷째, 힘들고 어려울 때 이런 경험과 기억이 우리를 붙들어 주고 회복시키는 도구로 사용됩니다. 그때 우리는 이렇게 말할 수 있습니다. "하나님은 한결같으시다. 우리 안에서 시작하신 일을 반드시 이루실 것이다. 하나님께서 나에게 얼마나 은혜로우셨던가! 그때 내가 얼마나 열심히 하나님을 찾았던가! 하나님께서 기도의 영을 얼마나 풍성히 부어 주셨던가! 이로 인해 많은 눈물과 인내로 하나님 앞에 내 마음을 쏟아 놓을 수 있었던 때를 아직도 생생히 기억한다. 어떻게 예수님을 내 구원의 보증으로 영접하고 내 영혼을 그분께 맡길 수 있었는지, 어떻게 구원의 확신을 얻고, 예수님을 사랑하며, 그분을 즐거워하고, 그분과 사랑하는 관계를 누리는 데서 기쁨과 즐거움을 누리며, 죄에 빠지지 않으려고 애썼는지 잊을 수가 없다."

그래서 하나님에게서 멀어져 있는 때조차도 그 영혼은 다음과 같은 기억을 통해 스스로를 강하게 하면서 말할 것입니다. "하나님은 여전히 동일하시고, 그분의 사랑은 변하지 않으며, 다시 나를 찾아오실 것이다." 이처럼 영혼은 지난날의 소중한 경험들을 기억함으로써 스스로 힘을 얻고 용기를 냅니다. 다윗을 보십시오.

"그러므로 내 심령이 속에서 상하며 내 마음이 내 속에서 참담하니이다. 내가 옛날을 기억하고 주의 모든 행하신 것을 읊조리며 주의 손이 행하는 일을 생각하고, 주를 향하여 손을 펴고 내 영혼이 마른땅같이 주를 사모하나이다"(시 143:4-6).

아삽도 그러했습니다.

"내가 옛날 곧 지나간 세월을 생각하였사오며 밤에 부른 노래를 내가 기억하여 내 심령으로, 내가 내 마음으로 간구하기를"(시 77:5,6).

다섯째, 이렇게 기억함으로써 더욱 하나님을 의지하고, 그분을 의지하는 것을 훈련하는 가운데 자신의 의무를 힘써 행할 용기를 얻습니다. 바울은 이전의 경험을 통해 힘을 얻었습니다.

"그가 이같이 큰 사망에서 우리를 건지셨고 또 건지실 것이며 이후에도 건지시기를 그에게 바라노라"(고후 1:10).

이로 말미암아 다윗은 담대함을 얻었습니다.

"여호와께서 나를 사자의 발톱과 곰의 발톱에서 건져 내셨은즉 나를 이 블레셋 사람의 손에서도 건져 내시리이다"(삼상 17:37).

여섯째, 우리는 경험을 통해 믿음, 소망, 사랑, 기도, 인내, 거룩함 같은 온갖 신령한 덕을 발휘할 수 있습니다.

① 경건하게 살도록 합니다.

"주께서 내게 말씀하시고 또 친히 이루셨사오니 내가 무슨 말씀을 하오리이까? 내 영혼의 고통으로 말미암아 내가 종신토록 방황하리이다"(사 38:15).

지난날의 시련을 기억함으로써 또다시 그런 어려움에 빠지지 않도록 죄를 멀리하고 더욱 신중하게 행합니다(시 116:8,9 참고).

② 믿음을 낳습니다. 예수님께서 몇 조각 떡으로 수천 명을 먹이신 것을 두 번이나 직접 목격했는데도 제자들은 이 놀라운 이적을 주시하고 마음에 간직하지 않았습니다. 그리하여 그들의 믿음이 흔들렸고, 떡 가져오는 것을 잊어버린 상황에서 믿음을 발휘하지 못했습니다(막 8:14,16 참고). 그러나 하나님께서 행하신 일에 관한

경험이 쌓인다면, 우리의 믿음은 더욱 견고해질 것입니다.

③ 소망을 낳습니다.

"연단은 소망을 이루는 줄 앎이로다"(롬 5:4).

④ 하나님을 향한 사랑을 낳습니다.

"여호와께서 내 음성과 내 간구를 들으시므로 내가 그를 사랑하는도다"(시 116:1).

⑤ 하나님을 경외하게 합니다. 하나님께서 죄를 심판하시는 예들을 더 많이 경험할수록, 하나님을 경외함으로 그런 죄를 범하지 않도록 스스로 삼가는 법을 배울 것입니다. 그래서 사도 바울은 이스라엘 백성들이 광야에서 지은 죄악들과 그로 인해 당한 역병들을 언급하면서 다음과 같이 말합니다.

"이러한 일은 우리의 본보기가 되어 우리로 하여금 그들이 악을 즐겨 한 것같이 즐겨 하는 자가 되지 않게 하려 함이니"(고전 10:6).

⑥ 열정적으로 기도하게 합니다. 이전에 응답 받은 기도들을 기억하며 하나님께 자유롭게 나아가 기도가 응답될 것이라고 더욱 믿으며 간구합니다. 이전에 하나님께서 응답하신 일들을 주목하고 기억하지 못한다면, 우리는 그렇게 하지 못할 것입니다(시 85:2-7 참고). 그래서 시편 기자는 이전에 하나님께서 자기에게 다양한 복을 베푸신 것을 생각하며 하나님께 간구합니다.

"주께서 우리를 다시 살리사 주의 백성이 주를 기뻐하도록 하지 아니하시겠나이까"?(시 85:6)

⑦ 이런 경험들을 통해 당사자뿐만 아니라 다른 사람들도 위로를 얻습니다.

"우리의 모든 환난 중에서 우리를 위로하사 우리로 하여금 하나님께 받는 위로로써 모든 환난 중에 있는 자들을 능히 위로하게 하시는 이시로다"(고후 1:4).

그러므로 일어나는 모든 일들에 주의를 기울이고, 그것들을 기억하고 기록하며 자주 숙고하고 다른 사람들과 나누십시오. 이런 식으로 이전의 경험들을 날마다 유용하게 사용하여 자신과 다른 사람들을 유익하게 하십시오.

82

이웃 사랑

하나님은 사랑입니다. 인간을 사랑하시는 하나님께서 이 사랑을 친히 택하신 자들에게 은혜언약을 통해 드러내실 뿐만 아니라 모든 인간에게 자연을 통해 나타내십니다. 하나님은 율법을 통해 사랑을 요구하십니다. 하나님의 율법은 사랑이라는 한 단어로 요약됩니다. 사랑의 대상은 하나님과 이웃입니다. 이를 위해 하나님의 율법이 두 돌판에 새겨졌습니다. 첫 번째 돌판에는 하나님을 어떻게 사랑하고, 그 사랑을 어떤 방식으로 표현해야 하는지가 새겨져 있습니다. 그리고 두 번째 돌판에는 이웃을 어떻게, 어떤 방식으로 사랑해야 하는지가 새겨져 있습니다. 지금 우리는 바로 두 번째 돌판의 사랑에 관해 살펴볼 것입니다.

사랑은 하나님께서 자기 자녀들에게 만드신 바 서로 마음을 같이하는 마음 상태입니다. 하나님의 자녀들은 이 마음 상태를 가지고서 이웃과 조화로운 관계 맺기를 열망하고, 자신과 이웃의 안녕을 구합니다.

사랑은 서로 마음을 같이하는 마음 상태입니다. 사랑이야말로 모든 덕 가운데 가장 탁월하고도 순전하며 즐거운 것입니다. 사랑은 마음의 성향입니다. 우리의 생각과 말과 행동들이 사랑에서 비롯될 수 있지만, 이런 행위 자체가 사랑은 아닙니다. 이런 행위들은 사랑 없이도 할 수 있기 때문입니다. 오히려 사랑은 마음의 성향입니다. 이런 마음의 성향은 사랑을 향합니다. 사랑이 가득한 마음은 그러한 성향을 가지는 데서 기쁨을 찾습니다. 마음에서 혐오, 분노, 동정과 같은 움직임이 일어날 수도 있습니다. 이런 마음의 움직임은 자체는 죄가 아니지만, 그러한 움직임으로 인해 슬픔이 생깁니다. 그러나 본질적으로 사랑은 찬란하게 빛나는 감미롭고도 즐거운 덕입니다. 이런 성향이 더욱 강해지고 분명하게 드러날수록 사랑의 감미로움은 더해 갈 것입니다.

사랑의 주체 또는 사랑은 하나님의 자녀들의 마음에 자리합니다. 사람은 타락한 뒤에 본질상 "가증스러운 자요 피차 미워한 자"(딛 3:3)가 되었습니다. 물론 사람은 타락한 이후에도 사랑할 능력을 가집니다. 사랑이 인간의 특징적인 능력이기 때문입니다. 그러나 사람은 잘못된 대상을 사랑하고 이 능력을 합당하지 않게 사용함으로 말미암아 이 능력을 뒤틀어 버렸습니다. 자신에게만 몰입하고, 쾌락을 얻을 수 있는 것들만을 사랑합니다. 그래서 이런 즐거움을 가져다주지 않거나 자신을 인정해 주지 않는 것들을 미워하고 혐오합니다. 회심하지 않은 사람은 이웃을 진정으로 사랑하지 못합니다. 반면 거듭난 하나님의 자녀들은 마음이 변화되었기에 이웃을 바르게 사랑할 수 있습니다. 사람은 거듭남으로 말미암아 하나님의 형상을 따라 변화됩니다. 이를 통해 그 사람 안에 그리스도의 형상이 이루어집니다. 하나님은 사랑이시기에 하나님의 성품에 참여한 자들도 사랑이라는 성품을 가집니다. 다시 말해, 하나님의 성품에 참여한 만큼 사랑할 수 있습니다. 골로새교인들은 모든 성도들을 사랑했습니다(골 1:4 참고). 데살로니가교인들은 "하나님의 가르침을 받아 서로 사랑"(살전 4:9)했습니다. 마음은 모든 덕이 자리하는 중심이므로 사랑 역시 마음에 자리합니다.

"이 교훈의 목적은 청결한 마음과 선한 양심과 거짓이 없는 믿음에서 나오는 사랑이거늘"(딤전 1:5).

하나님의 형상이 마음에 자리하므로 하나님의 성품인 사랑 또한 마음에 자리합니다. 그러하기에 마음이 사랑으로 불타오를 때 사랑이 드러날 수밖에 없습니다.

사랑의 불꽃이 마음을 사르고 바깥으로 번져 나가기 때문입니다.

사랑의 대상은 이웃입니다. 다시 말해, 아담으로부터 동일한 혈과 육을 받아 태어나는 모든 사람들입니다. 사람은 지금 하나님의 형상을 이루어 가고 있든지 회심하지 않은 죄인으로 남아 있든지 둘 중 하나입니다. 우리가 관계를 맺고 있는 부모, 자녀, 형제자매, 친척, 이방인 모두가 사랑의 대상입니다. 여기서 죄인들을 예외로 둘 수도 있겠지만, 죄인들도 일반적인 의미에서 우리가 인간으로서 사랑해야 할 대상입니다. 우리는 죄인들을 선대할 뿐만 아니라 사랑해야 합니다. 모든 선행과 친절함이 사랑에서 나와야 합니다. 그러나 이웃들이 다양하고 그들과 맺는 관계도 저마다 다르기 때문에, 이웃을 향한 사랑 역시 그에 알맞게 표현됩니다.

사랑의 핵심

사랑의 핵심은 사랑이 본질상 관계적이라는 것입니다. 사람은 사회적인 존재로서 다른 사람과 사귀고 교제하기를 열망합니다. 이런 의미에서 우리는 사랑을 다음과 같이 생각할 수 있습니다.

① 다른 사람과 사귀기를 바라는 인간 고유의 열망

누군가가 세상에서 혼자 살아간다면, 또는 다른 사람을 만나거나 그들에 대해 들을 소망도 없이 외딴 섬에서 혼자 살아간다면, 그는 살았다기보다 죽은 것에 가깝습니다.

② 애정

상대방의 삶에 친밀한 교제를 누리지 못하도록 하는 것들이 있을 수 있습니다. 그런 방해물 때문에 이웃과 교제하지 못하는 것은 슬픈 일이므로, 그 방해물이 제거되기를 바랄 수 있습니다. 가령 상대방이 회심하거나, 교제를 방해하는 죄(영적인 교제를 방해하고 계속 우리를 오염시킬 수 있는)가 그에게서 강하게 드러나지 않기를 바랄 수 있습니다. 그러나 우리는 이런 방해물이나 죄가 있더라도 계속 상대방을 사랑하고 교제하기를 바라야 합니다. 우리는 상대방의 영혼과 육신에 선을 행할 수 있도록 온 마음을 기울이며, 그가 기뻐할 때 같이 기뻐하고 힘든 일을 당할 때 함께 슬퍼해야 합니다. 바울이 한 혈육인 이스라엘(바울 당시 여전히 믿지 않고 진리를 방해했는데도)에게 그렇게 행했습니다.

"형제들아, 내 마음에 원하는 바와 하나님께 구하는 바는 이스라엘을 위함이니 곧 그들로 구원을 받게 함이라"(롬 10:1).

심지어 우리를 대적하는 원수까지도 사랑해야 합니다(마 5:44 참고).

③ 선의

선의는 이웃과 함께 기쁨과 즐거움과 행복을 누리는 것입니다. 하나님은 가장 으뜸가고 탁월한 사랑의 대상입니다. 하나님을 향한 사랑으로부터 조금이라도 하나님을 닮은 점이 있는 모든 사람을 향한 사랑이 흘러나옵니다. 하나님을 더 많이 닮을수록 더 많이 사랑할 수 있습니다. 게다가 하나님은 이웃을 사랑하라고 명령하셨습니다. 이 명령은 우리가 이런 사랑 가운데 즐거워할 수 있도록 주신 것입니다. 이 땅을 살아가는 사람들보다 천사들이 하나님을 훨씬 더 많이 닮았지만, 천사들은 우리의 이웃이 아니므로 이런 사랑의 대상이 될 수 없습니다. 따라서 이웃을 향한 선의의 사랑은 하나님을 향한 사랑과 이웃을 사랑하라는 하나님의 계명에 순종하는 데서 비롯됩니다. 사랑하는 사람은 자기가 사랑하는 대상과 즐거움과 기쁨을 통해 하나 됩니다.

"예수께서 그리스도이심을 믿는 자마다 하나님께로부터 난 자니 또한 낳으신 이를 사랑하는 자마다 그에게서 난 자를 사랑하느니라"(요일 5:1).

이렇듯 사랑하는 사람은 거듭난 자들을 존경하고 소중히 여길 뿐만 아니라 그들과 하나 되기를 힘씁니다. 이처럼 사랑은 본질적으로 연합을 추구합니다. 그래서 사도 바울은 사랑을 "온전하게 매는 띠"(골 3:14)라고 부릅니다. 또한 골로새서 2장 2절에서는 다음과 같이 말합니다.

"이는 그들로 마음에 위안을 받고 사랑 안에서 연합하여."

성경은 초대 교회에 관해 다음과 같이 말합니다.

"믿는 무리가 한마음과 한뜻이 되어"(행 4:32).

그리스도 또한 이 일을 위해 기도하셨습니다.

"아버지여, 아버지께서 내 안에, 내가 아버지 안에 있는 것같이 그들도 다 하나가 되어 우리 안에 있게 하사"(요 17:21).

이런 선의의 사랑은 신자들 사이에만 존재합니다. 자신이 사랑하는 상대방을 하나님께서 사랑하심을 서로가 믿기 때문이요, 사랑을 주고받는 이들이 모두 하나님을 믿기 때문입니다. 이런 사랑을 형제애라고 합니다.

"형제 사랑하기를 계속하고"(히 13:1).

물론 신자만 신자에게 사랑을 나타낼 수 있는 것은 아닙니다. 그러나 선의의 사랑으로 사랑할 이유는 신자에게서만 발견됩니다. 신자가 아닌 사람에게서는 선의의 사랑의 토대를 찾아볼 수 없는 까닭에, 신자는 신자가 아닌 사람들을 이런 방식으로 사랑할 수 없습니다. 반면에 신자는 거듭나지 않은 자들을 본성적인 사랑으로 사랑합니다. 그래서 그들의 안녕을 구하고, 그 사랑이 요구하는 바 상대방을 위한 모든 일을 합니다. 그러할지라도 거듭나지 못한 자들을 향한 사랑과 신자들을 향한 사랑은 분명히 다르며 구별됩니다.

"경건에 형제 우애를, 형제 우애에 사랑[1]을 더하라"(벧후 1:7).

사랑하는 마음이 있는 사람은 사랑받을 만한 것이 발견되는 모든 대상을 향해 이런 사랑을 나타냅니다. 다시 말해, 하나님께서 사랑하라고 하신 자들을 사랑합니다.

사랑의 기원

하나님께서 이 사랑의 근원이십니다. 사랑이라는 신적인 불꽃은 우연히 우리 안에 피어난 것이 아니라, 하나님께서 우리 마음에 지피신 것입니다. 그래서 하나님을 사랑의 하나님이라고 부릅니다(고후 13:11 참고). 성령께서 사랑을 만들어 내십

---

[1] 영역주 - 스타턴퍼탈링은 '모든 사람을 향한 사랑(charity toward all)'이라고 말한다.

니다.

"성령의 열매는 사랑과"(갈 5:22).

데살로니가교인들은 "하나님의 가르치심을 받아 서로 사랑"(살전 4:9)했습니다. 신자들을 하나님의 형상을 따라 거듭나게 하고 신의 본성에 참여한 자로 만드시는 성령께서 그들 안에 사랑할 능력을 가진 새로운 본성을 창조하십니다. 거듭난 자들은 밝히 보게 된 눈을 들어 하나님께서 완전히 사랑스러운 분이심을 그분의 얼굴빛 안에서 목도합니다. 그리하면 거듭난 자들이 그들 안에 새롭게 창조된 사랑하는 본성을 따라 너무나 사랑스러우신 하나님을 즉시 사랑하게 됩니다. 하나님께서 먼저 그들을 사랑하셨기 때문입니다(요일 4:9 참고). 신자들은 성령 하나님께서 자기 안에뿐만 아니라 다른 신자들 안에도 거하심을 인식합니다. 그들이 하나님을 닮고 하나님을 사랑하는 신자들임을 분별합니다. 하나님께 사랑받는 자들과 그렇지 않은 자들을 분별합니다.

그러하기에 신자의 사랑하는 마음은 하나님께 사랑받는 자들을 향하게 되고, 그들에게 사랑을 표현합니다. 신자는 그런 사람들을 기뻐하고 그들과 더욱 친밀히 연합하기를 열망합니다. 서로 교제 나누기를 기뻐하고 즐거워합니다. 게다가 그들이 거듭남을 통해 새롭게 받은 사랑하는 본성이 만나는 모든 사람들을 향합니다. 모든 사람이 그들처럼 하나님의 형상으로 지음 받았기 때문입니다. 따라서 신자는 멸망의 길로 가는 사람을 볼 때 슬퍼하며, 그들이 올바른 길을 가도록 사랑으로 돕고자 합니다. 사람들이 겪는 육신의 비참함과 어려움에 예민하게 반응하고, 어떻게든 그들을 도우려고 합니다. 또 모든 일이 잘되어 갈 때에는 그들과 함께 즐거워합니다. 신자는 모든 사람을 친절하고 다정하게 대합니다.

사랑의 결과 또는 나타남

사랑은 우리가 사랑하는 대상의 성격과 우리가 맺는 관계에 따라 다양한 모습으로 나타납니다. 십계명의 두 번째 돌판에 있는 계명들은 신자가 마땅히 힘써야 할 바인 이웃 사랑이라는 의무를 담고 있습니다.

"피차 사랑의 빚 외에는 아무에게든지 아무 빚도 지지 말라. 남을 사랑하는 자는 율법을 다 이루었느니라. 간음하지 말라, 살인하지 말라, 도둑질하지 말라, 탐내지 말라 한 것과 그 외에 다른 계명이 있을지라도 네 이웃을 네 자신과 같이 사랑하라 하신 그 말씀 가운데 다 들었느니라. 사랑은 이웃에게 악을 행하지 아니하나니 그러므로 사랑은 율법의 완성이니라"(롬 13:8-10).

이런 사랑의 표현과 관련하여 다음 사실들에 주의를 기울이십시오.

① 사랑의 동기와 원천

앞에서 말한 대로 사랑의 동기와 원천은 마음입니다. 그러므로 이 사랑은 진심에서 우러나고 올곧으며 열정적입니다.

"마음으로 뜨겁게 서로 사랑하라"(벧전 1:22).

② 사랑이 드러나는 방편

사랑은 말과 표정과 행위로 드러납니다. 마음에서 비롯되지 않은 사랑은 위선이며, 사랑이 없는 마음은 열매를 맺지 못합니다. 사랑하는 사람은 다정한 표정을 짓습니다.

"마지막으로 말하노니……형제를 사랑하며[2]"(벧전 3:8).

신경질적이지 않으며 친절하고 지혜로우며 유쾌하게 말합니다.

"너희 말을 항상 은혜 가운데서 소금으로 맛을 냄과 같이 하라"(골 4:6).

행동 역시 진실하고도 의연해야 합니다.

"자녀들아, 우리가 말과 혀로만 사랑하지 말고 행함과 진실함으로 하자"(요일 3:18).

③ 우리는 자기를 사랑하는 만큼 이웃을 사랑해야 합니다. 사람이 자신을 진정으로, 진실하게, 기꺼이, 신실하게 사랑해야 하는 것처럼 이웃도 그렇게 사랑해야 합니다.

"너희가 만일 성경에 기록된 대로 네 이웃 사랑하기를 네 몸과 같이 하라 하신 최고의

---

[2] 영역주 - 스타턴퍼탈링은 '다정다감한(be freindly)'으로 번역한다.

법을 지키면 잘하는 것이거니와"(약 2:8).

④ 우리는 사랑하는 사람들의 영혼이나 육신을 위해 여러 가지 일들을 합니다. 상대방의 영혼을 위해서는 기도하고(롬 10:1 참고), 구원의 길로 가르치며(행 18:26 참고), 권면하고(히 3:13 참고), 경계하며, 죄를 당하지 않도록 견책하고(레 19:17 참고), 격려합니다(살전 5:14 참고). 상대방의 육신을 위해서는 굶주릴 때 먹이고, 목마를 때 마시게 하며, 헐벗었을 때 입히고, 아플 때 돌아보며, 나그네를 영접하고, 어려움과 곤란한 일을 당할 때 조언과 행실로 돕습니다(마 25:35,36 참고). 이것이 바로 데살로니가전서 1장 3절이 말하는 사랑의 수고입니다.

아담의 본성에 내재되어 있는 사랑

아담은 본성적으로 이웃을 사랑하는 존재로 창조되었습니다. 그러나 타락 이후, 하나님은 시내산에서 선포하신 십계명의 두 번째 돌판을 통해 자기 백성에게 이웃을 사랑하라고 새롭게 명령하셨습니다.

"네 이웃을 네 자신같이 사랑하라"(마 22:39).

선지자들과 사도들 역시 동일한 내용을 선포합니다(레 19:18,34; 신 10:19 참고). 이 계명을 마음에 새기십시오. 단지 의무감으로 사랑하는 것이 아니라, 실제로 자기 의무를 힘써 행하십시오.

"새 계명을 너희에게 주노니 서로 사랑하라"(요 13:34).

예수 그리스도께서 친히 우리에게 사랑의 본을 보이시고, 그와 같이 하라고 명하셨습니다. 그러므로 우리는 이 명령을 마음에 새겨야 합니다.

"내 계명은……너희도 서로 사랑하라 하는 이것이니라"(요 15:12).

"내가 이것을 너희에게 명함은"(요 15:17).

"형제를 사랑하여 서로 우애하고 존경하기를 서로 먼저 하며"(롬 12:10).

"뭇 사람을 공경하며"(벧전 2:17).

"형제를 사랑하며"(벧전 3:8).

"사랑하는 자들아, 하나님이 이같이 우리를 사랑하셨은즉 우리도 서로 사랑하는 것이 마땅하도다"(요일 4:11).

사랑이 없다는 증거들

앞에서 인용한 말씀들을 통해 누구나 자신이 하나님 앞에서 무엇을 해야만 하는지를 알 수 있습니다. 뿐만 아니라 이 말씀들을 자신을 비추는 거울로 삼아 자신이 얼마나 사랑이 부족한지, 얼마나 이 기준에 가까운지를 분별할 수 있습니다. 앞에서 우리는 이웃을 향한 모든 사랑이 그리스도 예수 안에 있는 하나님을 향한 사랑에서 비롯된다는 점을 살펴보았습니다. 그러므로 그리스도 안에서 믿음으로 하나님과 연합하고, 화목하게 된 아버지이신 하나님을 사랑하며, 그 하나님에게서 난 자들만이 이웃을 올바르게 사랑할 수 있습니다. 이런 사람들은 하나님으로부터 나서 하나님의 성품에 참여하고, 하나님께 사랑받으며, 하나님을 사랑하는 자들을 가장 먼저 사랑합니다. 또한 이런 사랑의 성향으로 말미암아 신자는 자신과 인간적으로 동일한 근원에서 태어난 모든 동류 인간들까지 사랑한다는 것(하나님으로부터 나지 않은 자들은 하나님의 형상이 없고, 그 결과 마음이 하나 되고 선의의 사랑으로 사랑할 수 없지만)을 보았습니다. 그러나 신자는 자연인을 본성적인 사랑으로 대합니다. 거듭나지 않았다는 본질적인 차이 때문에 거리를 둘 수밖에 없지만, 그들이 보호받기를 바라고 그들에게 선을 베풀려고 합니다.

이런 기준에 비추어 자신을 살펴보십시오. 그리고 자신이 과연 사랑의 기준에 부합하게 살고 있는지를 보십시오. 여러분이 다음과 같은 경우에 해당한다면 분명히 사랑이 없는 것입니다.

첫째, 하나님을 사랑하지 않습니다. 이것이 회심하지 않은 사람이 처해 있는 상황입니다. 자연인의 본성에 관해서는 이미 1권 14장에서 살펴보았습니다. 하나님을 사랑하지 않으면 그분의 형상을 닮은 사람 또한 사랑할 수 없습니다.

"우리가 하나님을 사랑하고 그의 계명들을 지킬 때에 이로써 우리가 하나님의 자녀를 사랑하는 줄을 아느니라"(요일 5:2).

하나님을 사랑하지 않는 자는 하나님의 자녀들 역시 사랑하지 않습니다.

둘째, 잘못된 동기와 이유로 신자를 사랑합니다. 회심하지 않은 자들 역시 신자를 사랑할 수 있습니다. 그러나 이는 하나님께서 신자를 사랑하시기 때문도 아니고, 신자가 하나님과 예수 그리스도를 사랑하기 때문도 아니며, 신자가 하나님의 형상을 닮아 가기 때문도 아닙니다. 오히려 그들이 신자와 함께 자랐다거나, 본성적으로 성격이 비슷하거나, 자연적인 덕스러움이 신자와 어느 정도 닮았거나, 신자를 사랑하고 존경함으로 인해 일시적인 이득이나 이점이 있거나, 신자들이 정직하고 신실하기 때문이거나, 신자들을 사랑함으로 말미암아 자신도 사랑과 존경을 받기 때문입니다. 이런 모든 이유는 회심하지 않은 자들의 자연적 상태와 일치합니다. 그러나 신자들이 거듭난 자로서 빛을 발하여 회심하지 않은 자들이 책망과 부끄러움을 당하고, 신자들에게 있는 하나님의 형상으로 말미암아 신자들이 회심하지 않은 자신보다 더욱 탁월하게 드러나고, 이로 말미암아 자신의 상태와 극명하게 대조되면, 마음속에서 저항감과 적개심이 일어나고 신자와 함께 있기를 꺼리면서 그들을 미워하고 반대하게 됩니다. 그러므로 이런 사람들은 사실상 신자를 사랑하는 것이 아닙니다.

셋째, 어떤 이들은 경건한 사람과 사회적인 측면에서 예의 바른 사람들과 불경한 자들을 구별하지도 않고, 그들 각각에게 알맞은 사랑을 가지고 있지 않으며, 자신을 의지하고 자신만을 위해 살고, 자기 명예와 이득과 즐거움만을 구하고, 다른 사람은 아랑곳하지 않고, 모든 사람을 이상한 눈초리로 보고, 본성적 사랑조차 없습니다. 이런 자들은 자신만을 사랑하며, 다른 사람을 좋아하는 것이 자기에게 이롭고 이기적인 자기애에 부합하는 까닭에 다른 사람을 사랑합니다.

넷째, 세상, 즉 안목의 정욕과 육신의 정욕과 이생의 자랑을 사랑하고 자기와 마음이 동일한 자들을 사랑합니다. 이런 자들은 경건한 신자를 경멸하며 세상을 위해 사는 자들, 술친구들, 허탄하고 미련한 말과 도박과 음주와 음란함과 춤과 자랑 등을 일삼는 자들을 좋아합니다. 이처럼 세상과 세상에 속한 자들을 좋아하는 자들은 신자를 사랑하지 않을뿐더러 미워합니다.

"누구든지 세상을 사랑하면 아버지의 사랑이 그 안에 있지 아니하니"(요일 2:15).

다섯째, 마음으로 신자들을 미워할 뿐만 아니라 미워하는 마음으로 신자들에게 갖은 해를 입힙니다. 이런 자들은 신자들을 멸시하고 경멸하며, 조롱하고 회피하며, 비방하고 올무에 빠트리며, 억압하고 핍박합니다. 신자들이 곤경에 빠지거나 사고를 당하면 고소해하며, 원수를 이긴 것처럼 즐거워합니다.

위선자들과 세속적인 자들과 본성적인 덕만을 가진 자들이 이런 사실들에 주의하여 자신을 살핀다면, 과연 자신이 신자를 사랑하지 않으며 다른 사람들 또한 진실하게 사랑하지 않음을 인정할 수밖에 없을 것입니다.

참된 사랑이 없는 결과

많은 사람들이 이런 사실에 아랑곳하지 않고 이렇게 말할 것입니다. "그렇다. 나는 신자들을 사랑하지도 않고, 사랑하고 싶지도 않다. 뿐만 아니라 그들의 사랑이 필요하지도 않다. 그것이 나와 무슨 상관인가? 신자들을 사랑하지 않아도 손해 볼 것이 없지 않은가?" 그렇지 않습니다. 여러분과 상관이 있습니다.

첫째, 여러분은 하나님으로부터 난 자가 아닙니다.

"사랑하지 아니하는 자는 하나님을 알지 못하나니"(요일 4:8).

만약 "나는 신자들을 사랑하지는 않지만 하나님은 정말 사랑한다"라고 말한다면, 여러분은 거짓말을 하고 있는 것입니다. 사도 요한이 이를 증언합니다.

"누구든지 하나님을 사랑하노라 하고 그 형제를 미워하면 이는 거짓말하는 자니 보는 바 그 형제를 사랑하지 아니하는 자는 보지 못하는 바 하나님을 사랑할 수 없느니라"(요일 4:20).

게다가 하나님을 사랑하지 않는 여러분은 저주 아래 있습니다.

둘째, 여러분은 그리스도인이 아니고, 그리스도의 고난과도 아무런 상관이 없으며, 그리스도도 없는 자입니다. 여러분을 위한 약속은 어디에도 없습니다. 여러분은 하나님도 없고, 소망도 없는 자입니다(엡 2:12 참고). 만약 여러분이 "나는 진짜로 그리스도인이다. 세례도 받았고 성찬에도 참여하고 그리스도인으로 살아간다"라고 말한다면, 저는 다음과 같이 대답하겠습니다. "여러분은 거짓말을 하여 스스로를 속이고 있습니다. 여러분이 정말 그리스도인이라면, 그리스도께서 사랑하시며 그리스도를 사랑하는 자들을 사랑할 것입니다." 이 사랑은 그리스도인이라면 누구나 가지는 특징이기 때문입니다.

"너희가 서로 사랑하면 이로써 모든 사람이 너희가 내 제자인 줄 알리라"(요 13:35). 사랑이 없는 사람은 그리스도의 제자가 아닙니다.

셋째, 여러분의 모든 행위는 아무리 그럴듯하고 대단해 보여도 완전히 무가치합니다. 여러분에게 사랑이 없기 때문입니다. 하나님을 사랑하는 자는 하나님의 자녀들을 사랑합니다. 또한 성령께서 여러분 안에 거하시며, 여러분이 신령한 생명을 소유하고, 하늘의 본성을 가지고 살며, 여러분과 관계된 모든 것들이 완전히 다른 성격을 띠게 될 것입니다. 그러나 여러분에게는 사랑이 없기에 모든 것이 죽은 것이고, 여러분의 행위 역시 하나님을 기쁘시게 하지 못하는 죽은 행위입니다.

"내가 사람의 방언과 천사의 말을 할지라도 사랑이 없으면 소리 나는 구리와 울리는 꽹과리가 되고, 내가 예언하는 능력이 있어 모든 비밀과 모든 지식을 알고 또 산을 옮길 만한 모든 믿음이 있을지라도 사랑이 없으면 내가 아무것도 아니요, 내가 내게 있는 모든 것으로 구제하고 또 내 몸을 불사르게 내줄지라도 사랑이 없으면 내게 아무 유익이 없느니라"(고전 13:1-3).

모든 것이 바로 이 사랑에 달렸습니다. 그러므로 사랑이 없는 자는 모든 것을 잃은 자입니다. 여러분의 모든 행위는 그저 죄일 뿐입니다. 여러분이 행하는 것마다 여러분에게 심판을 더하고, 그런 상태로 죽을 때에 여러분 자신이 영원히 잃어버린 자라는 사실을 확증할 뿐입니다. 그러므로 자신이 현재는 물론 장래에도 얼마나 비참한 상태에 있는지를 깨달으십시오. 이런 깨달음을 통해 신속히 주 예수님께로 피하여 구원을 얻으십시오.

신자에게 사랑이 부족한 원인

사도 바울이 고린도전서 13장에서 사랑에 관해 말하는 내용에 비추어 볼 때, 사랑이 없는 자연인을 보는 것보다 그런 사랑이 결여된 신자를 보는 것이 우리를 훨씬 더 괴롭게 합니다.

게다가 진실로 거듭난 많은 신자들의 행위를 잘 살펴보아도, 사도 바울이 말하는 이런 기준에 너무나 미치지 못함을 봅니다! 물론 그들은 신자들을 사랑합니다. 하나님이 신자들을 사랑하시며 신자들도 그리스도 안에서 하나님을 사랑하기 때문입니다. 이런 면에서 신자들의 마음은 거듭나지 못한 자들과는 달리 서로 긴밀히 연결되어 있습니다. 신자들은 서로를 존중합니다. 동료 신자에게서 거듭난 신자의 진수가 드러나는 것을 보고 매우 기뻐합니다. 그러나 각자의 행위를 돌아보면 이 사랑이 얼마나 부족하고도 미약한지를 절실히 깨닫게 됩니다.

몇몇 사람들끼리만 어울리며 다른 사람들은 이방인처럼 외면합니다. 어느 신자가 잘못을 저지르면 곧바로 그 사람의 경건을 의심합니다. 누군가가 자신들과 반대로 행하거나 자신들의 바람대로 행동하지 않으면, 이내 마음이 불쾌해지고 화가 나서 그 사람을 흉보고 냉대하기 시작합니다. 신자들이 참여한 신령한 생명이 한 분이신 성령으로부터 나오지 않는 것처럼 행동합니다. 이는 신자들을 대할 때에만 국한되지 않습니다. 거듭나지 않은 자들을 대하는 모습은 어떻습니까? 그들이 잘되기를 온 맘으로 바라고 이를 위해 힘쓸니까? 그들이 번영할 때 함께 기뻐하고, 어려울 때 함께 슬퍼하며, 그들의 영적이고도 육적인 안녕을 바라고 힘쓰는 모습을 우리에게서 찾아볼 수 있습니까?

신자들 사이에서조차 이토록 사랑이 부족한 이유를 면밀히 살펴야 합니다. 그래서 이렇게 신자들이 무정하게 행하는 원인을 찾아 제거하고 사랑의 진보가 나타나도록 해야 합니다. 신자의 무정함은 주로 다음 원인들에서 비롯됩니다.

① 하나님과 나누는 교제가 빈약함

하나님은 사랑이십니다. 하나님과 교제할 때 우리는 사랑으로 뜨거워지고, 하나님의 성품을 나타내며, 사랑이 더욱 넘쳐 흘러 겉으로 더욱 분명하게 드러납니다. 자신에게 사랑이 없다고 느낀다면 하나님으로부터 멀리 떠났기 때문임을 깨닫고 다시금 그분께로 돌이키십시오. 사랑의 샘으로 가서 그 사랑을 길어 올리십시오.

② 자신의 상태를 확신하지 못하고 은혜의 상태에 있음을 알지도 못하며 인정하지도 못함

믿음이 연약하면 냉랭하고 무력할 수밖에 없기에 사랑이 넘치는 삶을 기대할 수 없습니다. 오히려 죄가 득세하고, 감히 자신을 하나님의 자녀로 여기지도 못합니다. 그러하기에 다른 사람을 은혜 가운데 있는 영혼으로 높이고 존경하더라도, 그들과 함께 교제하고 즐거워할 용기를 내지도 못하고 성도들과의 교제를 누리지도 못합니다.

③ 세상과 세상의 정욕에서 비롯된 영적 무기력에 빠져 있음

세상과 세상에 있는 것들에 마음을 빼앗긴 나머지 신자들과 다른 사람들을 사랑하는 힘이 약해집니다. 이렇게 메말라 버린 사람은 스스로든 상대방을 통해서든 이 땅의 정욕을 이루는 데 방해를 받으면 이내 사랑이 사그라듭니다.

④ 진리를 고백하는 대다수의 사람들이 회심하지 않았음을 알게 되고, 회심했다고 여겨진 사람들이 그렇지 않음이 드러남

이런 사람들은 신자라고 여겨졌으나 실제로 그렇지 않음이 드러난 사람을 신자로 사랑하는 것을 죄짓는 것인 양 여깁니다. 마치 신자가 아닌 사람을 사랑해서는 안 되기라도 하는 것처럼 말입니다. 그러나 상대방이 실제로 신자일 가능성이 조금만 있다 하더라도 그를 형제로서 사랑하고, 설령 그 가능성이 사라졌다 할지라도 본성적인 사랑을 베풀 줄 아는 것은 더욱 큰 덕입니다.

⑤ 신자들이 신자로 드러나지 않고 빛을 발하지 못함

이 때문에 사람들이 신자들 안에 있는 큰 은혜를 거의 보지 못하거나, 누가 신자인지를 분간하지 못합니다. 이런 때는 서로에게 사랑이 거의 드러나지 않고, 신자에게 주어진 은혜와 사랑이 전혀 영향을 미치지 못합니다.

⑥ 신자들이 공적인 죄를 범하고도 그것을 슬퍼하지 않음

신자들이 자신의 죄를 슬퍼할 때, 사랑이 방해받는 것이 아니라 오히려 더 강하게 일어날 것입니다.

㉮ 자기애에 사로잡힌 사람들이 먼저 자기를 인정해 주고 사랑해 주기를 바람
신자인 우리는 보답을 바라지 않고 먼저 사랑해야 합니다.

사랑의 유익

여러분의 영혼 가장 깊숙한 곳에 사랑이 이처럼 미미하게 숨겨져 있다는(드러나는 것은 더욱 적습니다) 사실에 가슴 아파하십시오. 하나님은 이러한 여러분의 모습을 기뻐하시지 않습니다. 이로 인해 여러분과 여러분이 속한 회중은 복을 잃어버리고, 신자들과 경건이 비방거리가 되며, 많은 사람이 회심하는 데 걸려 넘어지고, 새롭게 은혜를 맛보아 마음이 사랑으로 가득 찬 이들이 상처를 입습니다. 뿐만 아니라 이로 말미암아 교회가 쇠락해 갑니다.

그러므로 여러분 안에 사랑이 더해 가도록 힘쓰고 더욱 뜨겁게 사랑하십시오. 이 권면을 듣고 다시금 마음에 사랑을 불러일으키십시오.

첫째, 여러분이 살아가며 맺는 모든 관계들이 형제 사랑을 발휘할 것을 요구합니다. 여러분이 그리할 때, 신자들이 더 열렬한 사랑으로 도전을 받습니다. 이 일을 위해 다음을 생각하십시오.

① 하나님은 여러분의 아버지이자 모든 신자들의 아버지이십니다. 하나님께서 여러분을 사랑하시고 모든 신자들을 사랑하십니다. 그렇다면 마땅히 서로를 사랑해야 하지 않습니까?(요일 4:11 참고)

② 주 예수님께서 여러분과 다른 신자들을 사랑하시며, 형제라 부르기를 부끄러워하지 않으십니다. 그러므로 그리스도께서 우리를 사랑하신 것같이 우리도 마땅히 사랑 가운데서 행해야 합니다(엡 5:2 참고). 여러분과 다른 신자들은 모두 함께 성령께서 거하시는 성전입니다. 여러분과 모든 신자들은 성령께서 그 안에 거하시며 사랑으로 역사하시고 그분으로 말미암아 살아갑니다(갈 5:22 참고). 그래서 우리

는, 여러분이 성령의 사랑의 역사를 가로막지 않고 오히려 이 역사에 순복하고 사랑으로 충만해지기를, "성령의 사랑으로 말미암아"(롬 15:30) 기도합니다.

③ 여러분은 다른 신자들과 동일한 성례에 참여하였습니다.

"우리가 유대인이나 헬라인이나 종이나 자유인이나 다 한 성령으로 세례를 받아 한 몸이 되었고 또 다 한 성령을 마시게 하셨느니라"(고전 12:13).

"떡이 하나요 많은 우리가 한 몸이니 이는 우리가 다 한 떡에 참여함이라"(고전 10:17).

"너희의 애찬"(유 1:12).

이토록 친밀한 관계로 말미암아 여러분이 사랑해야 하지 않습니까? 우리 모두가 주 예수님으로 말미암아 사랑으로 구원을 받고 한 성령께서 거하시며 성례로 하나 된 형제요 하나님의 자녀들일진대, 마땅히 형제 사랑으로 서로를 뜨겁게 사랑해야 하지 않겠습니까!

둘째, 하나님은 자녀들이 서로 뜨겁게 사랑할 때 특히 기뻐하십니다. 육신의 부모들도 그러할진대, 하물며 우리의 하늘 아버지께서 자기 자녀들이 서로 사랑하는 것을 기뻐하시지 않겠습니까? 예수님도 이것을 기뻐하셨고, 천사들도 기뻐했습니다. 이렇게 서로 사랑하는 자들 안에 성부와 그리스도께서 거하십니다.

"형제가 연합하여 동거함이 어찌 그리 선하고 아름다운고……헐몬의 이슬이 시온의 산들에 내림 같도다. 거기서 여호와께서 복을 명령하셨나니 곧 영생이로다"(시 133:1,3).

셋째, 형제 사랑에는 가장 큰 유익이 따릅니다.

① 교회 밖의 모든 사람들이 알아볼 수 있을 정도로 교회가 환히 빛납니다.

"너희가 서로 사랑하면 이로써 모든 사람이 너희가 내 제자인 줄 알리라"(요 13:35).

회중들이 존경과 좋은 평판을 많이 받습니다. 교회가 한마음과 한뜻으로 행할 때, 사람들은 다음과 같이 행합니다.

"감히 그들과 상종하는 사람이 없으나 백성이 칭송하더라"(행 5:13).

② 하나의 촛불이 다른 촛불을 켜듯이 한 사람의 사랑이 다른 사람에게 사랑을 불붙이고, 이런 식으로 모든 사람 안에 사랑이 일어나게 될 것입니다. 환한 빛으로 가득 찬 큰 교회를 보는 것이 즐거운 것처럼, 사랑하는 자들이 가득한 회중을 보는

것은 더욱 즐겁습니다. 그렇습니다. 이를 통해 많은 사람들이 교회로 이끌릴 것입니다. 회심하지 않은 자들이 회심에 이르고, 처음 믿음을 가진 자들의 믿음이 날마다 자라며, 죄에 빠졌던 자들이 회복될 것입니다.

③ 사랑하는 자들은 특별한 기쁨을 경험합니다. 사랑하는 것이 사랑받는 것보다 더욱 즐겁습니다. 기뻐하는 것이 사랑하는 자의 능력입니다. 많은 올무를 피하고 믿음을 약하게 하는 많은 소란으로부터 벗어나 담대하게 계속 사랑해 갑니다.

④ 형제를 사랑함을 통해 자신이 은혜 가운데 있음을 더욱 확신합니다. 자신 안에 계시는 하나님으로 말미암아 자신에게 주어진 사람들을 사랑하기 때문입니다. 하나님께서 그를 사랑하시기에 그도 하나님을 더욱 사랑합니다. 그리고 그가 하나님을 사랑하기에 하나님도 그를 알아 주십니다(고전 8:3 참고).

거듭 말하지만, 사랑은 같은 확신을 가진 자들을 향해 드러나므로 연합을 추구합니다. 사랑은 자기와 같은 사람을 향해 나타납니다. 그러하기에 사랑하는 자는 하나님을 사랑하고 하나님의 사랑을 받는 자들과 연합하기를 추구하며, 본인 역시 같은 상태에 머뭅니다. 그렇지 않다면, 하나님의 사랑 안에 있는 자들과 연합하고자 힘쓸 이유가 없습니다. 그리고 이렇게 연합을 추구함으로써 자신이 하나님을 사랑하고 있다는 사실(이는 신자가 언제나 확인하고 싶어하는 것입니다)을 더욱 확증합니다.

"우리는 형제를 사랑함으로 사망에서 옮겨 생명으로 들어간 줄을 알거니와 사랑하지 아니하는 자는 사망에 머물러 있느니라"(요일 3:14).

넷째, 서로를 사랑함으로써 사랑을 주고받는 사람들이 모두 새로워집니다. 낯선 곳에서는 동물도 같은 종들끼리 머물고, 사람도 같은 나라 사람들과 함께 있고자 합니다. 세상 사람들조차도 서로 사랑하면서 새롭게 되고 새 힘을 얻으려고 하는데, 신자들이 그렇게 하지 않는 것이 가당합니까? 신자들은 세상에서 도움이나 위로를 얻지 못합니다. 세상이 신자들을 미워하기 때문입니다. 신자들 역시 세상에서 위로나 도움을 얻고자 하지 않습니다. 신자들 역시 세상을 미워하기 때문입니다. 그렇다면 어떻게 해야 하겠습니까? 세상에서 각자 살아야 합니까? 아닙니다.

하나님의 선하심으로 말미암아 신자들은 세상 사람들이 사랑하는 것보다 더욱 마음을 다해 서로 사랑하며 친밀하고도 견고한 우정을 누릴 수 있습니다. 신자들이 서로 나누는 이런 사랑은 그들을 새롭게 하고 강건하게 함으로써 다른 사랑이 없이도 능히 살아갈 수 있게끔 합니다. 이 사랑은 그들로 하여금 서로를 돕고, 붙잡아 주며, 위로하고, 격려하며, 불쌍히 여기게 합니다. 뿐만 아니라 이 사랑은 그들 자신이 사람들에게서 기대하는 바를 행하게 합니다.

사랑을 합당하게 행하기 위한 지침

누군가가 충고해야 빛이 비추고, 이성적으로 따져야 불이 붙기라도 하는 양, 이미 신자요 사랑의 불을 가진 여러분에게 사랑을 불러일으키겠다고 제가 쓸데없이 말을 늘어놓은 것 같습니다. 사랑을 이야기하는 것만으로도 여러분 안에 충분히 사랑이 일어날 것입니다. 그리고 여러분이 사랑하기 시작할 때, 그 사랑이 더욱 감미로워질 것입니다.

① 다른 사람이 사랑해 주기를 기다리지 말고, 여러분이 먼저 사랑하십시오. 자신이 신자들 중 가장 연약하고도 하찮다 할지라도 먼저 사랑하십시오. 자녀들의 사랑은 달콤하고도 감미로우며, 어른들의 사랑을 불러일으킵니다.

② 사랑할 때 보답을 바라지 마십시오. 그러나 사랑을 받으면 그것이 여러분에게서 끝나지 않도록 하십시오. 오히려 이렇게 사랑을 받아 새로워지고 사랑으로 일깨워진 것을 하나님께 감사하십시오. 사랑의 보답을 받지 못한다 할지라도 힘들어하거나 사랑하기를 멈추지 마십시오.

③ 다른 신자에게서 드러나는 은혜를 소중히 여기십시오. 그 은혜가 진짜인지 의심하기보다는 참되다고 믿으며 기쁘게 받아야 합니다. 어떤 사람에게서는 은혜가 매우 약하게 드러날 수도 있기 때문입니다. 회심하지 않은 사람을 신자로 잘못 알고 사랑할 수도 있지만, 그것 때문에 여러분이 해를 입지는 않습니다. 마땅히 다른 사람을 사랑해야 하지 않습니까? 여러분 또한 그것을 바라지 않습니까?

④ 다른 사람이 넘어지고 죄를 지은 것이 여러분의 사랑이 방해받을 이유가 될 수는 없습니다. 죄가 더한 곳에 은혜가 더할 수 있기 때문입니다. 은혜가 잘 드러나지 않을 때 이는 더욱 진리가 아닙니까? 다른 사람에게서 드러나는 이런 잘못 때문에 그 사람이 얼마나 씨름하고 어려워하는지, 얼마나 혼자 슬퍼하는지, 얼마나 많은 눈물과 기도로 하나님의 용서를 구하는지를 여러분은 모르지 않습니까?

⑤ 표정과 말과 모든 행실을 통해 사랑을 많이 나타내십시오. 마음이 내키지 않더라도 그렇게 해야 합니다. 우리가 바라는 대로 행하지 못할 때에도 우리가 마땅히 행할 바를 힘써 행하려 하고 마음도 그렇게 되도록 애쓰는 것은 위선이 아닙니다. 이렇게 힘써 행할 때 우리 마음도 더욱 합당한 방향으로 움직일 것입니다. 위선은 마음의 성향과 정반대되는 일을 겉으로 꾸며 내려는 것입니다. 그러하니 여러분이 사랑을 나타냄으로써 사랑하는 마음이 더해 갈 것입니다.

⑥ 아무리 미약할지라도 중심에 있는 빛과 은혜가 빛을 발하도록 하고, 그것을 위해 필요한 일들을 해야 합니다. 명예와 칭찬을 바라서가 아니라 하나님께서 그렇게 하라고 명령하시기 때문입니다. 그리고 이를 통해 다른 사람들도 함께 사랑에 힘쓰도록 하기 위함입니다.

⑦ 하나님께 힘써 기도하십시오. 사랑은 하나님으로부터 나오기 때문입니다. 여러분 스스로는 이 사랑을 얻을 수도, 더해 갈 수도 없습니다. 여러분이 그렇게 힘써 기도하면, 하나님께서 더 많은 은혜를 주사 영원한 영광이라는 완전한 사랑으로 여러분을 들이시기까지 자라게 하실 것입니다.

83

겸손

우리가 이웃에게 덕을 행할 수 있는 힘은 이웃을 향한 사랑으로부터 흘러나옵니다. 겸손은 이러한 덕들을 아름답게 단장합니다. 덕스러운 행위가 아무리 탁월하더라도 그 덕을 행한 사람이 겸손하지 않으면, 오히려 그 덕이 악취를 풍기고 아무런 빛도 발하지 못합니다. 그러므로 신자가 거룩한 가운데 하나님의 영광을 위해 살고 교회를 존귀하게 하기를 원한다면 겸손에 힘써야 합니다.

겸손은 이웃을 대할 때나 혼자 있을 때나 한결같이 신자의 마음에 나타나는 바 스스로를 낮추는 성향입니다. 자신에 대해 바르게 판단하여 스스로를 높이지 않으며, 다른 사람이 그렇게 해 주기를 바라지도 않습니다.

신자의 장식

오직 그리스도인만이, 즉 신자만이 진실로 겸손할 수 있습니다. 회심하지 않은 사람들이 보이는 겸손이라는 것은 실체가 없는 겉모양일 뿐입니다. 자세히 들여다보면, 이런 겸손은 교만의 또 다른 모습이거나 의기소침한 것이 겸손한 모습처럼 드러나는 데 지나지 않습니다. 회심하지 않은 자들은 생명도 없고 마음에 신령한 성향도 없을뿐더러, 하나님의 자녀들에게 베풀어지는 모든 덕의 원천이신 그리스도를 머리 삼아 연합하지도 않기 때문입니다. 그러나 거듭난 사람은 그리스도 안에 있는 생명의 원리가 그 속에 있으므로 덕의 원천인 덕스러운 마음도 있습니다.

"낮은 형제는 자기의 높음을 자랑하고"(약 1:9).

우리 주님께서 겸손을 가르치시고, 친히 모범을 보여 주셨습니다.

"나는 마음이 온유하고 겸손하니 나의 멍에를 메고 내게 배우라"(마 11:29).

그러므로 주 예수님과 교제하고, 그분을 보아 알고, 믿음으로 그분과 연합한 사람은 그분께 겸손을 배웁니다. 그가 보이는 겸손은 그리스도의 겸손과 같은 성격을 띱니다.

신자들이 발휘하는 겸손은 신자들의 마음에 자리합니다. 우리의 얼굴이나 말이나 옷이 아니라, 오직 마음에서만 이 겸손의 자리를 찾을 수 있습니다. 지성은 겸손의 특성과 아름다움을 깨닫고, 그렇게 깨달은 겸손을 의지에 증언하기 위해 필요합니다. 그러나 겸손이 지성에서만 발견되는 것은 아닙니다. 오히려 겸손은 이 덕을 끌어안고 사랑하고 즐거워하는 의지에서 핵심적으로 그 기능을 수행합니다. 우리도 예수님처럼 마음이 겸손해야 합니다(마 11:29 참고).

겸손은 마음의 성향입니다. 겸손이라는 덕의 아름다움은, 겉으로 드러나 사람들에게서 인정받는 데 있지 않습니다. 잠시 있다가 이내 사라지고 마는 겸손하고자 하는 소원에 있지도 않습니다. 오히려 겸손은 경향성 또는 성품입니다. 거듭난 마음은 완전히 겸손한 성품을 가집니다. 이 성품은 영속적인 것입니다. 이런 사람의 모든 행동은 겸손해진 마음 및 성품과 조화를 이룹니다. 모든 행위에 겸손이 배어 있어 향기를 풍깁니다. 이런 성향을 따라 행할수록 겸손한 성품이 더욱 깊어지고 견고해집니다. 그리고 겸손히 행할수록 처음 하나님께서 불어넣으신 이런 경향성이 더욱 견고해집니다.

겸손의 대상과 본질

겸손의 대상은 자기 자신과 이웃입니다.

첫째, 겸손의 주체인 자기 자신은 겸손의 대상이기도 합니다. 자신이 어떤 사람인지를, 자신에게 탁월함이나 흠모할 만한 것이 없음을 너무나 잘 알기 때문입니다. 스스로 보기에 자신이 아무것도 아닐 뿐만 아니라, 실제로 자신을 그렇게 여깁니다. 그러하기에 물속에 던져진 돌멩이처럼 가장 낮은 자리까지 쉬지 않고 내려갑니다. 이처럼 겸손한 사람은 자신에게 가장 합당하다고 여기는 가장 낮은 자리에서야 비로소 편안함을 느낍니다. 고기가 물에서 편안한 것처럼 겸손한 사람은 가장 낮은 자리를 자신이 원래 있어야 할 곳으로 여기며, 그곳에서 가장 편하게 쉽니다. 다른 사람이 존경과 사랑을 받는 것을 기꺼이 받아들일 뿐만 아니라, 그것을 보고 즐거워합니다. 그렇게 겸손하게 사는 한 하나님의 은혜와 능력으로 말미암아 자신의 의무에 힘쓸 수 있습니다. 그는 어떠한 일을 마친 후에도 겸손하게 있습니다. 그리고 그렇게 겸손한 가운데 하나님께서 사람을 방편으로 사용하시거나 그렇지 않고 허락하시는 일들을 기꺼이 감내합니다. 겸손한 신자는 그 모든 일을 유익으로 받습니다.

둘째, 이웃에게도 겸손합니다. 이웃을 사랑하는 것이 하나님의 뜻이라는 사실을 기꺼이 인정하며, 그렇게 하기 위해 애씁니다. 이웃에게서 사랑스러움과 탁월함을 발견하고 그것을 대단하게 여기면서 그에게 합당한 영예를 돌립니다. 또한 이런 겸손한 성품으로, 하나님께서 이웃을 위해 하라고 명하신 일들에 힘씁니다. 이웃은 황금과 같지만 그에 비해 자신은 구리와 같다고 생각합니다. 그래서 겸손한 신자는 이웃을 합당하게 사랑하고 존경하며 섬깁니다.

"높은 마음을 품지 말고"(롬 11:20).

"마땅히 생각할 그 이상의 생각을 품지 말고 오직 하나님께서 각 사람에게 나누어 주신 믿음의 분량대로 지혜롭게 생각하라"(롬 12:3).

"내 형제들아, 너희는 선생 된 우리가 더 큰 심판을 받을 줄 알고 선생이 많이 되지 말라"(약 3:1).

"오직 겸손한 마음으로 각각 자기보다 남을 낫게 여기고"(빌 2:3).

겸손의 핵심은 낮아진 마음입니다. 교만은 마음을 치켜세우고 허영으로 부풀어 오르게 합니다. 교만한 사람은 자신을 과대평가하여 다른 사람들보다 더 인정받고 존경받기를 기대하며, 이를 위해 모든 행동을 합니다. 그래서 그런 목적이 이루어지면 기뻐하지만, 그렇지 않으면 못마땅해하고 신경질을 냅니다. 반면, 겸손한 사람은 마음을 낮추고 스스로 비천한 자리에 머뭅니다. 어떤 행동을 할 때, 스스로를 의식하지 않습니다. 그래서 일을 마치면 그 결과에 일희일비하지 않고 자기 자리로 돌아와 겸손하고도 잠잠히 행합니다.

겸손과 관련된 또 다른 극단은 낙담입니다. 용기를 완전히 잃고 축 늘어져 있다면 낙담이 찾아온 것입니다. 낙담은 겸손처럼 보이지만, 실제로는 교만의 또 다른 모습입니다. 왜냐하면 어떤 일을 자신이 목표한 대로 이룰 수 없거나 그렇게 할 길이 보이지 않을 때 낙담이 찾아오기 때문입니다.

겸손은 교만과 낙담이라는 두 악덕 사이에 자리합니다. 교만과 비교할 때, 겸손은 자신의 비천함을 알고 거드름 피우지 않는 성향입니다. 그래서 항상 있는 듯 없는 듯 드러나지 않습니다. 겸손한 마음은 좁은 공간으로도 충분하다고 여기며, 오히려 그럴 때 편안함을 느끼므로 자신의 경계를 넘지 않습니다. 낙담과 비교할 때, 겸손은 담대함과 영적인 용기로 무장합니다. 겸손한 사람은 자신이 받은 은사를 따라 하나님의 은혜와 능력을 의지하면서, 주어진 자리에서 열심히 자신의 의무를 행합니다. 겸손한 사람은 용감하고 남자답게 보이려 하거나 사람들의 갈채와 인정을 추구하는 것을 낯설어합니다. 그는 그런 것들을 그것을 바라는 사람들의 몫으로 남겨 둡니다. 설령 주어진 의무를 잘 감당하여 사랑과 영예를 받을지라도, 자신이 그 의무를 행할 수 있는 데 만족합니다. 또한 그것들을 목적으로 삼지도 않았으므로 우쭐해하지도 않습니다. 설령 자신이 한 일 때문에 낭패와 부끄러움을 당해도 낙담하거나 의기소침해하지 않습니다. 그는 잠잠히 자기 자리를 지키며, 겸손하고도 담대히 자신의 의무를 행합니다. 다윗은 이런 성품을 노래합니다.

"여호와여 내 마음이 교만하지 아니하고 내 눈이 오만하지 아니하오며 내가 큰 일과 감당하지 못할 놀라운 일을 하려고 힘쓰지 아니하나이다. 실로 내가 내 영혼으로 고요하고 평온하게 하기를 젖 뗀 아이가 그의 어머니 품에 있음 같게 하였나니 내 영혼이 젖 뗀 아이와 같도다"(시 131:1,2).

겸손한 사람은 어린아이와 같은 성향을 가집니다.

하나님으로부터 난 겸손

겸손하게 하시는 분은 하나님입니다. 타락한 인간은 본성적으로 자기 영광을 추구합니다. 자긍하고 교만하며 스스로 대단하다고 여깁니다. 자기 자신이야말로 생각하고 말하고 행하는 모든 것의 동기요 목적입니다. 모든 사람들이 자기를 높이고 인정하며, 두려워하고 섬기며 순종하기를 바랍니다. 그러나 하나님은 자기 백성들에게 이와는 전혀 다른 마음을 주십니다. 그렇게 자기 백성들 안에 그리스도의 형상을 이루어 가시며, 그들로 하여금 그리스도를 닮게 하십니다. 그들의 지각과 총명을 열어 주심으로써 그들 자신이 어떤 존재인지를 알아 바르게 판단하게 하시고, 그들이 받아 누리는 은사가 무엇이며 자신에게 무엇이 합당한지를 분명히 알게 하십니다. 게다가 하나님의 백성들은 의를 사랑하며 자신에게 합당하지 않은 것들을 바라거나 추구하지 않습니다.

이처럼 겸손은 자신을 바르게 판단하는 데서 비롯됩니다. 겸손한 사람은 자신이 티끌이요 질그릇으로 된 장막에 거하는 존재임을 압니다. 자신이 죄인이고 하나님의 영광에 이르지 못한다는 것을 압니다. 스스로 눈멀고 비참하며 벌거벗고 형편없는 자요, 하나님과 천사들과 사람 앞에 설 수 없는 가증하고도 혐오스러운 죄인임을 압니다. 하늘이 자기 위에 무너져 내리지 않고, 해가 비치며, 땅 위를 걷고, 사람들과 사귀며, 날마다 먹을 양식과 입을 옷을 얻는 것이 자신에게 얼마나 과분한 일인지를 압니다. 자신이 이미 오래전에 지옥 불로 떨어졌어야 마땅한 죄인임을 알기 때문입니다. 그것이 자신이 받아야 할 판결이며, 그로 말미암아 정죄를 당한다 해도 그 판결에 순복합니다. 그러하기에 이런 죄인이 무언가를 마땅히 받아 누려야 할 사람인 양 스스로를 높이는 것이 지극히 말이 되지 않는 일임을 잘 압니다. 다른 사람들과 비교해서도 자신이 어리석고 지각이 없으며 꼴사납고 성마르며 행하는 것들이 경멸당해 마땅하다는 것을 압니다. 그는 겉으로 드러나는 자신의 모습은 물론 마음에서 어떤 일이 일어나고 있는지를 다른 사람들이 안다면 자기가 어떤 사람인지도 알리라고 생각합니다. 그러므로 이런 사람이 어떻게 자긍하며 스스로를 높일 수 있겠습니까? 그래서 자기를 대단하게 생각하여 자기를 칭찬하는 사람은, 자기가 어떤 사람인지 모르는 것입니다.

겸손한 자도 자기에게 선한 것이 발견된다는 사실을 알며, 그것을 소중히 여기고 그것으로 말미암아 감사합니다. 그러나 그것들이 자신에게서 비롯된 것이 아니라 하나님께서 주신 것이라는 사실도 잘 압니다. 자기에게서 발견되는 것은 모두 하나님으로부터 오는 것이기에, 자기 것이 아닌 것으로 마치 자기 것인 양 사람들의 인정과 칭찬과 사랑을 받기를 바라는 일이야말로 어리석고도 부끄러운 죄라고 여깁니다(어느 거지가 마음씨 좋은 사람이 하루 동안 빌려 준 귀한 옷을 자기 것인 양 자랑한다면 온갖 경멸을 받을 것입니다). 그렇습니다. 심지어 모든 일에 완전할지라도 겸손한 사람은 그로 말미암은 모든 칭찬과 존경이 마땅히 하나님께 돌려져야 한다는 것과 여전히 자신이 하나님을 경외하고 순종해야 하며 하나님께서 그것을 합당하게 여기신다는 것을 잘 압니다. 또 하나님께서 탐내지 말라고 명령하셨기에, 마땅히 사람들의 칭찬과 영광을 구하지 않고 모든 것을 하나님께 돌려야 한다는 것을 압니다. 자기 것이 아닌 것을 자기 것인 양 자랑하고 칭찬 듣기를 바라는 것이야말로 도둑질이요 불의한 일임을 잘 알기 때문입니다. 그래서 겸손한 사람은 스스로를 작게 여기고, 항상 그렇게 남아 있습니다.

겸손의 결과

겸손은 두 가지 결과를 낳습니다. 겸손한 사람은 어떤 상황에 있든지 스스로를 높이지 않습니다. 또한 사람들에게서 높임 받으려고 하지도 않습니다.

첫째, 겸손한 사람은 어떤 상황에서도 스스로를 높이지 않습니다. 하나님은 자연적인 영역에서는 물론 영적인 영역에서도 사람들을 구별하십니다. 하나님께서 진실로 어떤 사람을 그리스도인이 되게 하시고 성령과 은혜를 주셨다면, 또한 그에게 다른 사람의 유익을 위해 사용할 은사는 물론 생명과 빛과 거룩함의 원리를 주셨다면, 그 사람은 이런 사실을 부인하지 않고 인정하며 받아들입니다. 하나님께서 주신 것을 받았으면서도 받지 않은 것처럼 부인하는 것은 겸손이 아니라 교만한 모습이기 때문입니다. 게다가 이는 하나님께서 베푸신 은혜에 감사하지 않는 배은망덕한 행위입니다. 그래서 겸손한 신자는 자기가 받아 누리는 은혜를 마음으로 인정합니다. 그러나 그것이 자기에게서 비롯된 것인 양 자랑하거나 그것을 통해 사람들에게서 인정과 존경을 받으려고 하지 않습니다.

또한 정부 관리들과 시민, 부모와 자녀, 종과 부자, 중산층과 가난한 자 등 하나님은 자연적인 영역에서 사람들을 저마다 다른 위치에 두셨습니다. 겸손한 사람은 하나님께서 자기를 불러내시기 전까지는 하나님께서 자기를 두신 자리를 지킵니다. 비천한 자리에 있을 때에도 그것을 하나님의 뜻으로 알고 만족합니다. 자신의 분에 넘치게 많은 것을 받아 누릴 때에도 하나님께서 그렇게 하기를 기뻐하신다면 받은 그것을 거두어 가시기까지는 그 자리에 머뭅니다. 하나님의 뜻이 그렇지 않다고 해도 괜찮습니다. 부가 따르는 높은 지위를 얻었을 때에도 그 자리에 머물며 신실하게 행합니다. 그러나 그런 자리에 있다고 해서 다른 사람보다 스스로를 더 높이지 않으며, 오히려 겸손히 행합니다. 자신에게 자격이 있어서 그 자리가 주어진 것이 아님을 알기 때문입니다. 오히려 주어진 자리가 요구하는 의무를 성실히 행하고, 그 자리에 걸맞은 기품과 권위를 유지합니다.

겸손은 자신을 비하하는 것이 아닙니다. 주어진 의무를 성실히 행하면서 겸손한 마음으로 자기에게 주어진 자리를 지키는 것이 모든 것을 버리고 스스로 가난과 수치와 경멸과 은둔과 고독을 택하는 것보다 훨씬 어려운 일입니다. 높은 지위에서 부와 명예와 존귀를 한몸에 받으면서도 겸손한 마음으로 살아가는 이들이 바로 이런 사람들입니다. 그들은 자신이 그런 위치에 있기 때문에 존경과 영예와 순종을 받는 것이라고 생각하지 않으며, 그것을 자랑하지 않습니다. 그런데도 그들이 그것을 받아들이는 것은 하나님께서 그런 질서를 명하셨기 때문입니다.

둘째, 겸손한 사람은 자신이 있는 상황 때문에 사람들이 자신을 높여 주기를 바라지 않습니다. 사람들이 그렇게 하면 즐겁고 기쁜 것이 아니라, 오히려 슬프고 마음이 어렵습니다. 스스로 그런 자격이 없다는 것을 알기 때문입니다. 사람들의 관심을 받지 않고 겸손히 이 세상을 지나갈 수 있기를 바랍니다. 자신이 그런 존경과 관심을 받기보다 다른 사람에게 그렇게 해 주기를 더 좋아합니다. 다른 사람들이 칭송받고 존경받는 것 때문에 불편해하지 않으며, 오히려 자기가 합당하게 대접받는 것으로 만족합니다. 그러나 누군가가 자기를 지나치게 환대하고 존경을 표하면, 세례 요한처럼 "나는 아니라"(요 1:21)라고 하면서 그를 저지하며, 베드로와 바울처럼 지나치게 주목받고 칭송받는 것을 꺼립니다(행 3:12, 10:26, 14:14 참고). 대신에 겸손한 사람은 다른 사람에게서 보이는 선한 것들을 귀하게 여기고 존중합니다. 그 사람을 자기보다 탁월하게 여기고, 그 앞에서 자신을 낮추며, 기꺼이 그를 섬기고, 그가 자기보다 더 큰 영예를 받아도 질투하기는커녕 오히려 기뻐합니다.

교만한 자를 책망함

겸손의 본질 및 이와 관련된 사실들을 알 때, 여러분은 겸손에 관해 더욱 분명히 이해할 것입니다. 그리고 이를 통해 자신을 면밀히 살피고 겸손의 덕이 자기에게 있는지를 확인할 수 있습니다. 겸손한 사람을 찾아보기가 너무나 어렵습니다. 맞습니다. 오늘날 겸손은 멸시받을 뿐만 아니라, 침울하고 어두우며 비굴하고 성마른 것으로 잘못 알려져 있습니다. 그러나 겸손은 하나님께서 기뻐하시는 덕목입니다. 하나님은 다음과 같이 겸손과 반대되는 모습을 미워하십니다. 여러분의 모습이 이에 해당한다면 여러분은 교만한 것입니다.

- 마음이 거만하고 영혼이 오만합니다. 자신의 가문, 재산, 직업, 지혜, 외모, 힘,

기술, 재능과 같은 것들 때문에 스스로를 대단하게 여깁니다. 그러나 어리석은 자들이 이런 것들을 자랑합니다. 스스로를 높이는 자는 이웃을 무시하며 그들이 당연히 자신을 존경하고 머리를 숙이며 자기가 시키는 대로 해야 한다고 생각합니다. 사람들이 자기를 더 높이고 인정하며 깍듯이 대우해 주기를 바랍니다. 다른 사람이 잘되고 자기보다 더 인정받을 때 그를 질투하며, 자신이 바라는 만큼 인정해 주지 않거나 무시하는 사람에게 앙심을 품고 그를 미워합니다.

- 가슴이 불룩한 비둘기처럼, 아랫사람들 앞에서 거만하게 행동하고 그들을 함부로 대합니다. 뽐내며 걷는 말처럼 고개를 쳐들고 거만한 눈초리로 손을 허리춤에 올린 채 "무릎을 꿇으라"라고 명령하려는 듯이 사람들을 내려다봅니다. 또는 그 정도는 아니더라도 자기가 서 있으면 당연히 모든 사람이 자기에게 깍듯이 예를 갖추기를 기대합니다.

- 모든 일마다 자신과 자신이 이룬 것들에 대해 나서서 말하며, 자기가 어떤 사람인지 사람들이 알아 주기를 기대합니다.

- 사람들에게 자신의 부와 재능과 탁월함을 칭찬받고 인정받기 위해 집을 궁전처럼 한껏 치장하여 자랑하며 그것을 뿌듯하게 바라봅니다.

"이 큰 바벨론은 내가 능력과 권세로 건설하여 나의 도성으로 삼고 이것으로 내 위엄의 영광을 나타낸 것이 아니냐"(단 4:30).

게다가 이런 사람들은 대개 자신을 인형처럼 다듬고 가꾸어, 버니게처럼 대단한 차림(φαντασία[판타지아])을 하고 사람들 앞에 나서기를 좋아합니다(행 25:23 참고). 그렇게 사람들의 인정과 존경을 얻으려고 합니다. 이런 사람들은 자기보다 지위가 낮은 사람들과는 어울리지 않습니다. 그리하면 자신의 체면과 품위가 손상된다고 여기기 때문입니다. 반면에 자기보다 지위가 높은 사람들과 어울리려고 애씁니다. 그런 사람들 틈바구니에 있을 수만 있다면, 설령 자신이 어리석게 보이더라도 아랑곳하지 않습니다.

- 자신을 유력한 사람과 연관시키기를 좋아합니다. 아주 먼 친척이라도 유력한 사람이라면 어떻게든 그의 명성을 빌려 사람들의 관심을 얻으려고 합니다. 설령

노아 시대까지 거슬러 올라가야 연관성을 찾을 법한, 아무 관계도 없다시피 한 사람일지라도, 그가 유력 인사라면 서슴지 않고 가까운 친척인 것처럼 말합니다. 그러나 "내 사촌은 구두 수선공입니다"라든지 "내 사촌은 하인으로 일합니다"라고는 절대로 말하지 않습니다. 이처럼 교만한 사람의 말과 행실은 모두 교만한 마음에서 나오고 사람들 앞에서 자기를 드러내기 위한 것일 뿐입니다.

이 얼마나 어리석은 모습입니까!

첫째, 너무나 천박한 모습이 아닙니까! 사람들의 인정과 높임을 받아서 무슨 유익을 얻습니까? 실제로는 자기 안에 그렇게 인정받을 만한 실체가 없는데, 한낱 인생이 여러분을 인정하고 칭송하는 것이 다 무슨 의미가 있단 말입니까?

둘째, 이런 사람의 교만한 실체는 금방 드러날 수밖에 없습니다. 여러분은 그 모습을 보는 사람들에게 악취를 풍길 것입니다. 사람들은 그러한 여러분을 혐오하고 조롱하며 어리석은 사람으로 여기고는 함께하려고 하지 않을 것입니다. 만약 여러분이 참되고도 정직한 사람들 가운데 있다면, 여러분의 천박한 말과 태도 때문에 여러분의 실체가 금방 드러날 것입니다. 여러분의 교만한 어리석음이 까발려지고 여러분은 스스로를 비웃음거리로 만들 것입니다.

셋째, 신자들(세상에서 존귀한 자들인)이 여러분을 혐오하고 여러분과 함께하려고 하지 않을 것입니다.

"자기의 이웃을 은근히 헐뜯는 자를 내가 멸할 것이요 눈이 높고 마음이 교만한 자를 내가 용납하지 아니하리로다"(시 101:5).

넷째, 무엇보다 하나님께서 여러분을 어떻게 보실지, 여러분에게 어떻게 하실지를 생각하십시오.

① 하나님께서 교만한 여러분을 미워하십니다. 그렇다면 여러분이 스스로를 기쁘게 한들 무슨 유익이 있습니까? 그런 교만한 자들에게 하나님께서 뭐라고 말씀하시는지 들어 보십시오.

"주 여호와가 당신을 두고 맹세하셨노라 내가 야곱의 영광을 싫어하며 그 궁궐들을 미워하므로 이 성읍과 거기에 가득한 것을 원수에게 넘기리라 하셨느니라"(암 6:8).

"여호와께서 미워하시는 것 곧 그의 마음에 싫어하시는 것이 예닐곱 가지이니"(잠 6:16, 17).

그리고 교만한 자가 가장 먼저 언급됩니다.

"무릇 마음이 교만한 자를 여호와께서 미워하시나니"(잠 16:5).

② 하나님은 교만한 자를 자신의 마음으로만이 아니라 입으로도 대적하십니다. 다시 말해, 하나님은 교만한 자를 꾸짖으십니다.

"교만하여 저주를 받으며 주의 계명들에서 떠나는 자들을 주께서 꾸짖으셨나이다"(시 119:21).

③ 하나님은 교만한 자를 손으로도 대적하십니다.

"하나님은 교만한 자를 대적하시되"(벧전 5:5).

"교만한 자여, 보라 내가 너를 대적하나니 너의 날 곧 내가 너를 벌할 때가 이르렀음이라"(렘 50:31).

교만한 여러분의 최후를 알고 싶다면 말라기 4장 1절을 읽어 보십시오.

"만군의 여호와가 이르노라. 보라, 용광로 불 같은 날이 이르리니 교만한 자와 악을 행하는 자는 다 지푸라기 같을 것이라. 그 이르는 날에 그들을 살라 그 뿌리와 가지를 남기지 아니할 것이로되."

소돔이 교만함으로 가득했기에 하늘로부터 불이 내려와 그 성을 살랐습니다(겔 16:49 참고). 다단과 아비람과 고라의 교만함 때문에 땅이 그들을 삼켰습니다(민 16:12-33 참고). 천사가 헤롯을 벌레에게 먹혀 죽게 한 것도 그가 교만했기 때문이었습니다(행 12:21,23 참고). 보십시오. 교만한 자의 최후가 이러합니다.

신자들을 위한 권면

여러분이 신자라면 자신을 잘 살피십시오. 앞에서 이야기한 것들을 통해 자신이 얼마나 겸손하지 않고 교만한지를 보게 될 것입니다. 그러므로 스스로 낮추고, 부끄러움을 알며, 겸손이 자라도록 힘쓰십시오.

교만이 이토록 끔찍한 죄요 이토록 끔찍한 역병이 따르는 것이라면, 신자로서 여러분은 이 죄가 여러분에게 들러붙지 않도록 조심하고 안팎으로 겸손하기 위해 온 마음으로 힘써야 합니다. 그 이유는 다음과 같습니다.

첫째, 스스로 교만할 이유가 하나도 없기 때문입니다. 무엇이든 여러분에게서 드러나는 것은 경멸할 것들뿐입니다. 여러분의 몸은 티끌과 악취와 부패 그 자체입니다. 여러분의 영혼은 하나님의 형상을 잃어버리고 온갖 기형적인 부패로 가득합니다. 만일 누군가가 여러분의 모든 생각을 알고, 여러분이 은밀하게 저지르는 모든 죄를 보고 안다면, 여러분은 과연 그 사람의 눈을 제대로 쳐다볼 수나 있겠습니까? 실제로 여러분은 어리석을뿐더러 까탈스럽고 무자비합니다. 다른 이들은 여러분에게서 전혀 찾아볼 수 없는 영역들에서 탁월합니다. 여러분도 이런 사실을 잘 압니다. 하나님께서 여러분에게 그 정도는 알 만한 지각을 주셨기 때문입니다. 자신을 잘 살펴본다면 여러분이 결코 자긍할 수도 없고, 사람들에게서 인정받으려고 탁월한 척할 처지도 아님을 분명히 깨달을 것입니다. 여러분에게 전혀 합당하지 않은 잘못된 것을 바라고 있음을 부인하지 못할 것입니다. 그러한 여러분이 사람들에게 인정과 존경을 받기를 바라는 것 자체가 기만이라는 사실을 알 것입니다. 여러분이라면 거짓말에 속겠습니까? 은혜, 은사, 아름다움, 힘, 재물 등 여러분이 가진 것은 모두 하나님께서 여러분에게 잠시 맡겨 두신 것입니다. 그런데 그것들을 자기 것인 양 자랑하려 합니까? 그러므로 스스로를 잘 살피고 바르게 판단하십시오. 그러하면 자신이 얼마나 미미하고도 보잘것없는 존재인지를 깨달아 대단한 것들을 구하려는 엄두조차 내지 못할 것입니다.

둘째, 교만하지 말고 겸손하라는 하나님의 명령에 주목하십시오. 앞에서 인용한 말씀들을 생각해 보고, 다음 말씀들도 숙고해 보십시오.

"서로 마음을 같이하며 높은 데 마음을 두지 말고 도리어 낮은 데 처하며 스스로 지혜 있는 체하지 말라"(롬 12:16).

"너희가 부르심을 받은 일에 합당하게 행하여 모든 겸손과 온유로 하고"(엡 4:1,2).

"사람아, 주께서 선한 것이 무엇임을 네게 보이셨나니 여호와께서 네게 구하시는 것은

……겸손하게 네 하나님과 함께 행하는 것이 아니냐?"(미 6:8)

여러분의 하늘 아버지이신 하나님의 명령을 무시하렵니까? 그 명령이 여러분 영혼의 폐부를 뚫고 들어가야 하지 않겠니까? 여러분은 "주여 말씀하옵소서, 주의 종이 듣겠나이다. 제가 무엇을 하리이까?"라고 종종 기도하였습니다. 하나님은 여러분의 기도에 겸손하라는 명령으로 응답하셨습니다. 그러므로 이 명령을 마음 깊이 새기고 겸손하십시오.

셋째, 주 예수님과 맺은 관계와 그리스도인이라는 여러분의 이름이 여러분에게 겸손하라고 요구합니다. 여러분은 그리스도의 이름을 따라 그리스도인이라 불립니다. 여러분은 그리스도의 사랑을 입은 그리스도의 신부입니다. 주 예수님은 이 땅에 계실 때 겸손하셨으며, 겸손의 완전한 모범이셨습니다. 우리가 예수님을 사랑한다면 마땅히 그분을 닮아야 하지 않겠습니까? 더구나 그분께서 친히 겸손의 모범을 보이시고 우리에게 그 뒤를 따르라고 하시지 않습니까?

"나는 마음이 온유하고 겸손하니 나의 멍에를 메고 내게 배우라"(마 11:29).

본성적으로 우리는 견딜 수 없을 정도로 교만합니다. 우리는 가장 비루한 존재인데도 말입니다. 겸손하지 않다면 그리스도인일 수 없습니다. 그리스도인으로서 겸손하기 위해 겸손해지기를 배워야 합니다. 겸손해지려면 부단히 노력해야 합니다. 그렇습니다. 예수님께서 친히 우리에게 겸손의 모범이 되셨습니다. 그러므로 예수님처럼 행하십시오. 겸손하십시오.

넷째, 겸손은 가장 탁월한 영적 장식입니다. 처녀들은 보석을 좋아합니다. 신부는 신랑을 기쁘게 하기 위해 자신을 단장합니다. 여러분은 영적인 신부, 바로 주 예수님의 신부입니다. 그래서 저는 여러분에게 다음과 같이 말합니다.

"거룩한 성 예루살렘이여 네 아름다운 옷을 입을지어다"(사 52:1).

그렇다면 여러분은 무엇으로 단장합니까? 바로 겸손입니다. 겸손은 가장 아름다운 장식입니다. 하나님과 사람 앞에서 여러분을 아름답게 꾸밉니다.

"그러므로 너희는 하나님이 택하사 거룩하고 사랑받는 자처럼 긍휼……을 옷 입고"(골 3:12).

"겸손으로 허리를 동이라"(벧전 5:5).

"내가 높고 거룩한 곳에 있으며 또한 통회하고 마음이 겸손한 자와 함께 있나니"(사 57:15).

"여호와께서는 높이 계셔도 낮은 자를 굽어살피시며"(시 138:6).

겸손한 사람은 모든 사람들을 즐겁게 합니다. 교만한 자는 다른 교만한 자를 견디지 못하지만, 겸손한 사람은 자신을 낮추므로 세상 사람들이 그와 교제하기를 즐거워합니다. 예수님을 사랑하는 경건한 신자는 예수님을 닮은 겸손한 자들 역시 사랑합니다. 겸손에 탁월하신 주 예수님은 겸손한 자를 특별히 기뻐하십니다.

다섯째, 겸손은 가장 유익한 덕입니다.

① 하나님께서 겸손한 자를 기뻐하시며 돕고자 하십니다.

"우리를 비천한 가운데에서도 기억해 주신 이에게 감사하라"(시 136:23).

② 하나님께서 겸손한 자들로 하여금 즐거워하게 하십니다.

"내가……겸손한 자의 영을 소생시키며"(사 57:15).

③ 하나님께서 겸손한 자들에게 신령한 은택을 베푸십니다.

"하나님은……겸손한 자들에게는 은혜를 주시느니라"(벧전 5:5).

④ 하나님께서 겸손한 자들을 지키십니다.

"하나님은 겸손한 자를 구원하시리라"(욥 22:29).

⑤ 겸손한 자는 이 땅에서도 많은 은택을 누립니다.

"겸손과 여호와를 경외함의 보상은 재물과 영광과 생명이니라"(잠 22:4).

"겸손은 존귀의 길잡이니라"(잠 15:33).

"마음이 겸손하면 영예를 얻으리라"(잠 29:23).

⑥ 하나님께서 겸손한 자를 위로하십니다.

"그러나 낙심한 자들을 위로하시는 하나님이 디도가 옴으로 우리를 위로하셨으니"(고후 7:6).

⑦ 하나님께서 겸손한 자를 높이십니다.

"비천한 자를 높이셨고"(눅 1:52).

⑧ 겸손한 자는 달콤한 평안과 내면의 기쁨을 누립니다.

"낮은 형제는 자기의 높음을 자랑하고"(약 1:9).

⑨ 겸손한 자는 지혜롭습니다.

"겸손한 자에게는 지혜가 있느니라"(잠 11:2).

⑩ 겸손한 자는 용감합니다. 영예를 찾지도 않고, 부끄러움도 두려워하지 않기 때문입니다. 게다가 그는 어떤 일에도 흔들리지 않습니다. 기꺼이 모든 일을 받고 거리낌 없이 말합니다. 그가 하는 모든 일이 그를 기쁘게 합니다. 그러므로 겸손을 위해 힘쓰십시오.

겸손을 배우는 방편

겸손해지기를 바란다면, 다음 사실을 배우십시오. 겸손이라는 덕은 어느 날 갑자기 생겨나지 않습니다. 그런 의미에서 겸손은 그것을 위한 방편에 신실하게 매진하지 않고서는 결코 이룰 수 없는 덕입니다. 겸손을 가르쳐 주는 세 가지 책이 있습니다.

첫째, 죄라는 책입니다. 죄에 넘어지는 것에 비추어 끊임없이 자신을 성찰하십시오. 겸손이라는 목적을 이루기 위해, 죄에 넘어지는 자신의 모습을 잘 살피십시오. 그리하면 계속해서 같은 죄에 이끌리는 자기 마음이 부패하고 부정하며 사악하고 불신앙적이며 가증함을 경험적으로 깨닫게 될 것입니다. 그러므로 하나님께서 고난당하게 하시고 사람들에게 멸시받더라도 불평할 이유가 없습니다. 여러분이 그보다 열 배는 더 비루하고도 비천한 존재임을 알기 때문입니다. 따라서 여러분에게는 하나님의 긍휼의 가장 작은 한 조각이나 사람들의 가장 미미한 호의조차도 과분합니다. 시편 51편에서 보듯이, 다윗은 죄를 통해 겸손을 배웠습니다. 마찬가지로 여러분도 자신의 죄를 돌아봄으로써 겸손을 배우게 될 것입니다.

둘째, 고난이라는 책입니다. 고난이 아무리 쓰라리고 달갑지 않다 할지라도, 우리가 올바르게 주목하고 받으면 겸손을 배우는 좋은 도구가 됩니다. 우리는 고난을 통해 자신이 얼마나 까탈스럽고 믿음이 없으며 인내를 모르는지를 깨닫고, 또한 모든 고난이 바로 자신의 교만에서 비롯되었음을 알게 될 것입니다. 이를 통해 하나님께서 죄를 벌하시는 데 얼마나 의롭고 주권적이신지를 배웁니다. 또한 마음의 교만이 제거되며 고난을 받아들이고 순응하게 됩니다. 특별히 오랫동안 지속되고, 우리가 도무지 피할 수도 없으며 아무 데서도 즐거움을 찾지 못하도록 하는 고난을 통해 겸손히 하나님의 뜻에 순응하는 법을 배웁니다. 그래서 다윗은 고난당한 것을 가리켜 징계 받는 것이라고 합니다.

"고난당한 것이 내게 유익이라 이로 말미암아 내가 주의 율례들을 배우게 되었나이다 ……주께서 나를 괴롭게 하심은 성실하심 때문이니이다"(시 119:71,75).

그러므로 하나님께서 드신 매를 잠잠히 달게 받으십시오. 겸손이라는 귀한 열매가 마음에 영글 것입니다.

셋째, 하나님의 은택과 복이라는 책입니다. 하나님께서 베푸시는 복과 은택을 명랑한 마음으로 주 안에서 누리지 못하는 모습에서 자신이 얼마나 감사하지 못하는지를 깨닫고 겸손해집니다. 또한 이런 복과 은택은 우리가 얼마나 이런 것들을 제대로 사용하지 못하는지를 가르쳐 줍니다. 번영의 날들을 짊어지고 서려면 다리가 강해야 합니다. 어떤 사람들은 하나님께서 베푸시는 은택을 받았을 때 행복을 잃어버리고, 은택을 잃었을 때 행복을 느낍니다. 반면에 신자는 이런 은택을 받아 누리기에 자신이 얼마나 합당하지 않은지를 깊이 절감합니다. 그래서 겸손한 마음으로 야곱과 같이 말합니다.

"나는 주께서 주의 종에게 베푸신 모든 은총과 모든 진실하심을 조금도 감당할 수 없사오나"(창 32:10).

하나님께서 다윗의 마음을 기쁘게 하셨을 때 다윗은 다음과 같이 말했습니다.

"내가 이보다 더 낮아져서 스스로 천하게 보일지라도"(삼하 6:22).

84

온유함

겸손은 온유함을 낳습니다. 본 장에서는 온유함에 관해 살펴봅시다. 우리는 온유함이라는 덕을 오래 참음과 인내를 포함하는 좀 더 포괄적인 의미에서 생각해 보고자 합니다. 온유함에 해당하는 히브리어 ענוה(아나와)는 '겸손하다,' '겸손한 자아,' '순종하다,' '억눌리다'라는 의미를 가지는 단어로부터 파생되었습니다. 또 다른 파생어로는 '가난하다,' '억압받다,' '비참하다'라는 말이 있습니다. 그러므로 이 말은 인간적인 측면에서 가난하고 비천한 성품을 표현한다고 할 수 있습니다. 헬라어로는 πραότης(프라오테스)가 있습니다. 이 말은 '옮기다'라는 의미를 가진 말에서 파생되었는데, 이미 다른 사람과 접촉하고 있어서 사람들이 쉽게 접촉할 수 있는 사람을 가리킵니다. 이는 또한 지각이 있음을 뜻합니다. 지각이 있는 사람은 화가 나더라도 언제나 자신을 절제합니다. 네덜란드어로는 '부드럽다'라는 형용사와 '마음'이라는 명사의 합성어인 '부드러운 마음'이라는 단어가 이러한 성향을 잘 표현합니다.

온유함은 신자가 가지는, 침착하고도 안정된 마음의 성향입니다. 이 성향은 그리스도 안에서 하나님과 연합함으로 말미암아 생겨나며, 자기 부인과 이웃 사랑으로 이루어집니다. 신자들은 이런 마음을 가지므로 이웃과 친밀하고 상냥하며 다정하게 지냅니다. 자기 권리를 주장하지 않습니다. 손해를 입어도 화내지 않고 용서하며 악을 선으로 갚습니다.

온유함이라는 덕 역시 마음에 자리합니다. 이 세상에서 발견되는 것들이 모두 헛되고도 일시적임을 밝아진 총명을 통해 깨닫고, 그러하기에 그런 것들을 잃어버렸다고 힘들어하거나 불안해할 필요가 없다고 생각합니다. 또한 밝아진 총명은 인간 본성이 악하고 성마르며, 자연인이 말이나 행위로 이웃에게 해를 가하는 데 재빠르다는 것도 잘 압니다. 성마름과 분노는 어리석은 감정이며, 이로 인해 초래되는 해로움에서 회복할 수 없고 그것을 막을 수도 없음을 잘 압니다. 그래서 잠잠히 모든 일을 감내하는 것이 가장 지혜롭고도 탁월한 길이라 여깁니다. 따라서 온유함이 곧 지혜로움입니다.

"너희 중에 지혜와 총명이 있는 자가 누구냐? 그는 선행으로 말미암아 지혜의 온유함으로 그 행함을 보일지니라"(약 3:13).

의지가 이 덕을 사랑하고 끌어안습니다. 의지가 이 덕을 발휘함으로써 점차 감정을 조절하고 지배할 수 있게 되므로, 온유한 사람은 폭력적이지 않으며 무질서하게 살지도 않습니다. 사람들은 위선으로 표정과 말을 부드럽게 할 때가 많습니다. 반면에 '온유함'은 그 말 자체가 마음이 부드러움을 가리킵니다. 영혼이 온유한 상태이면, 그 샘에서 나오는 모든 것이 그 사람의 표정과 말은 물론이요 전체 성품을 꾸밈없고 부드럽게 만듭니다.

"너희의 단장은……온유하고 안정한 심령……으로 하라"(벧전 3:3,4).

온유함의 주체와 대상

이 덕의 주체를 생각해 봅시다. 온유함은 신자들에게서만 발견되는 덕입니다. 물론 자연인도 온유함과 비슷한 모습을 보일 수는 있습니다. 무기력하고 굼뜨며, 지혜가 부족하고, 자기에게 무엇이 해롭고 유익한지를 모르는 채 살아가는 모습을 온유함으로 여길 수도 있습니다. 소망도 용기도 가질 수 없을 만큼 가난하고 비참한 상태에 있거나 자포자기하여 그저 모든 일을 견디고 있는 사람이 온유하게 보일 수도 있습니다. 기질 자체가 상냥한 까닭에 대부분의 일을 문제 삼지 않는 사람의 모습을 온유하게 여길 수도 있습니다. 말 그대로 지혜롭고 현명하기에, 화를 내는 것이 어리석고 수치를 불러오는 반면에 온유한 것이 존경을 불러올 뿐만 아니라 유익하고 합당하다는 것을 아는 사람이 온유하게 보일 수도 있습니다. 아랫사람과 직접 관계하지 않아도 될 만큼 유력하고 드러나는 지위에 있어서 사람들의 눈에 온유하게 비칠 수도 있습니다. 사람들은 이런 모습들을 온유함이라고 생각할 수 있습니다. 그러나 자연인의 이런 모습은 온유함과는 아무런 상관이 없으며, 기껏해야 본성적인 온유함에 불과합니다. 온유함의 바른 원천에서 나오는 것이 아니므로 그 안에 온유함의 참된 본질이 없습니다. 그리스도와 연합하고 성령의 역사로 말미암아 영적으로 살아 있는 신자만이 진정으로 온유할 수 있습니다.

"신령한 너희는 온유한 심령으로 그러한 자를 바로잡고"(갈 6:1).

불신자들이 보여 주는 온유한 듯한 모습과 신자들이 발휘하는 온유함은 완전히 다릅니다.

"여호와께서 겸손한 자들은 붙드시고 악인들은 땅에 엎드러뜨리시는도다"(시 147:6).

온유함의 대상은 우리의 이웃, 즉 우리가 대면하는 모든 사람입니다. 또한 온유함은 하나님을 향해 발휘되는 덕이기도 합니다. 다시 말해, 순종하고 자원하는 마음으로 하나님의 계명을 받아들이는 것입니다. 야고보는 하나님의 구원의 말씀을 온유함으로 받으라고 합니다.

"너희 영혼을 능히 구원할 바 마음에 심어진 말씀을 온유함으로 받으라"(약 1:21).

또한 온유함은 하나님의 징계를 받을 때, 성마르지 않고 잠잠히 순복하는 것을 말합니다. 아론은 두 자녀가 불에 살라졌을 때에도 잠잠히 그것을 받아들였습니다(레 10:3 참고). 사무엘에게서 자기 가문에 대한 슬픈 소식을 전해 들은 엘리 제사장 역시 잠잠히 그 소식을 받아들였습니다.

"이는 여호와이시니 선하신 대로 하실 것이니라"(삼상 3:18).

그러나 지금 우리가 살펴보려는 온유함은 사람들(그들이 선하든 악하든, 신앙이 있든 없든, 우리에게 친절하든 그렇지 않든, 우리를 의롭게 대하든 그렇지 않든 상관없이)을 대하는 모습과 관련된 것입니다. 거칠게 다루든 부드럽게 다루든, 부드러운 손으로 문지르든 거친 손으로 문지르든 상관없이, 비단은 언제나 부드러움을 유지합니다. 온유한 사람이 이와 같습니다. 온유한 성품은 우리 밖에서 비롯되지 않으며, 사람들이 우리를 어떻게 대하느냐에 따라 달라지지 않습니다. 신자의 온유한 영혼은 아무 일도 일어나지 않을 때뿐만 아니라 혼자 있을 때에도 온유한 성품을 따라 삽니다. 그러하기에 온유한 신자는 어떠한 일을 어떠한 모습으로 만나든 언제나 동일한 성품을 유지합니다.

"범사에 온유함을 모든 사람에게 나타낼 것"(딛 3:2).

온유함의 핵심

온유함이라는 덕의 핵심은 안정되고도 온화한 마음을 유지하는 데 있습니다. 사람을 만족시키는 것은 모두 외부의 원천에서 비롯됩니다. 그러하기에 사람은 언제나 자기를 만족시키리라 믿는 것을 열망하고 그것에 마음을 기울입니다. 하나님을 전혀(또는 거의) 생각하지 않으므로 전적으로든 부분적으로든 세상과 그 속에 있는 것들에 몰두합니다. 더 구체적으로 말해, 사람들은 자신이 가장 마음을 기울이거나 가장 잘할 수 있는 것을 바랍니다. 서로 동일한 대상을 갈망하므로 서로를 방해할 수밖에 없습니다. 그렇게 방해받는 사람은 풍랑이 이는 바다에 있는 것처럼 마음에 극심한 혼란과 소동이 일어납니다. 그러나 온유한 신자는 하나님을 자기 분깃으로 삼기에, 세상에 있는 모든 것들을 허탄한 것으로 여깁니다. 뿐만 아니라 그는 하나님의 뜻이 아니고서는 사람이 어떤 것도 말하거나 행할 수 없음을 압니다. 이처럼 하나님을 의지하는 신자의 마음은 평온한 가운데 굳건하고 흔들리지 않습니다. 그의 마음은 혼란스러워하거나 불안해하지 않고, 평정심을 유지하고, 한결같으며, 평온한 성향을 유지합니다. 누가 말이나 행위로 공격하더라도 그것은 해안에 부서지는 성난 물결처럼 금세 흔적도 없이 사라질 뿐입니다. 성경은 이런 성품에 관해 다음과 같이 말합니다.

"여호와를 의뢰하고 그의 마음을 굳게 정하였도다"(시 112:7).

"나의 영혼이 잠잠히 하나님만 바람이여"(시 62:1).

"그는 정직한 자를 위하여 완전한 지혜를 예비하시며"(잠 2:7).

이런 평정심과 평온한 마음은 다음과 같은 것들을 동반합니다.

① 유연함

온유한 신자는 하나님의 뜻에 반하지 않는 한, 서로 도우며 다른 사람의 형편과 필요에 자신을 맞춥니다.

"다 서로 겸손으로 허리를 동이라"(벧전 5:5).

② 상냥함

온유한 신자는 하나님의 율법을 거스르지 않는 한, 세상의 중립적인 일들에 대해 자신의 뜻이나 판단만을 고집하지 않습니다. 다른 사람의 의견을 듣고 할 수 있는 대로 그 뜻을 따르고자 합니다.

"오직 위로부터 난 지혜는……화평하고"(약 3:17).

③ 사랑스러움

온유한 신자는 말과 행실이 사랑스럽고 아름답습니다. 따뜻하고 유쾌하며 다정하므로, 이런 신자와 함께하고 교제하는 것이 즐겁습니다.

"무엇에든지 사랑받을 만하며……이것들을 생각하라"(빌 4:8).

"관용하며 범사에 온유함을 모든 사람에게 나타낼 것"(딛 3:2).

"너희 관용을 모든 사람에게 알게 하라"(빌 4:5).

"겸손하며"(벧전 3:8).

온유함의 동인

온유함의 동인은 하나님이십니다. 본디 사람은 쉽사리 마음의 평정을 잃고, 화를 내며, 원한을 품습니다. 만지면 찔릴 수밖에 없는 날카로운 가시처럼 곤두서 있습니다. 그러나 하나님께서 온유한 예수님의 형상을 따라 거듭나게 하실 때, 온유한 마음을 주십니다. 그래서 사도 바울은 온유함을 성령의 열매라고 말합니다.

"성령의 열매는······온유"(갈 5:22,23).

덕은 결코 홀로 기능하지 않습니다. 한 가지 덕은 반드시 다른 덕을 낳고, 또 그 덕은 다른 덕을 통해 지탱됩니다. 온유함이라는 덕도 마찬가지입니다.

첫째, 덕은 그리스도 안에서 하나님과 연합한 마음에서 나옵니다. 하나님을 분깃으로 가진 사람은 모든 것을 가졌으므로 더는 다른 것을 필요로 하지 않습니다. 하나님께만 바라고 기대할 것들을 사람에게 기대하지 않습니다. 무언가를 빼앗길까 봐 사람을 두려워하지 않습니다. 모든 사람은 그저 하나님의 손에 붙들려 자신의 유익을 위해 사용되는 도구임을 알기 때문입니다. 누군가가 자기에게 악하게 말하거나 자기에 대해 험담하면, 하나님께서 그리하도록 하신 것으로 받아들입니다. 누군가에게 해를 입으면, 하나님께서 그리하도록 하신 것으로 믿고 하나님의 선하고도 지혜로우신 통치에 순복합니다. 신자가 화를 내거나 시기하는 것은 곧 하나님을 대항하는 것임을 잘 알기에 선한 양심을 가지고 모든 불의한 일들을 견딥니다.

둘째, 자기 부인이 바로 온유함에서 비롯됩니다. 온유한 사람은 더 이상 자신이 욕망하는 것에 연연하지 않습니다. 그것들이 성취되기를 구하거나 열망하지 않습니다. 이미 오래전에 헛된 영광과 사람들의 사랑과 탁월한 성취와 이 세상의 재화를 향한 욕구를 버렸습니다. 신자는 더 이상 그런 것들을 원하지 않습니다. 그러하기에 누군가가 이런 것들로 시험하고 도전해 오더라도 다투거나 화낼 이유가 없습니다. 이런 성향이 곧 온유함을 낳습니다.

셋째, 온유한 사람은 이웃을 사랑합니다. 이웃을 사랑하기 때문에 이웃을 많이 용납합니다. 이웃을 사랑하는 사람은 이웃에게 해를 끼치지 않습니다. 오히려 자신을 괴롭히는 이웃의 죄를 생각하고, 그로 인해 그가 받을 심판을 생각하면서 슬퍼합니다. 이러한 신자가 이웃의 슬픔에 또 다른 슬픔을 더하겠습니까? 보십시오.

그러므로 신자는 온유합니다.

온유함에 따르는 결과

온유함의 결과는 다음과 같습니다.

첫째, 상대방을 먼저 생각하고 배려합니다. 그러하기에 온유한 사람과 관계를 맺는 것이 매우 즐겁고, 전혀 힘들지 않습니다. 온유한 사람은 모든 사람에게서 사랑받습니다. 비열하고 마음이 악한 사람들이 그를 놀리고 비아냥거릴지라도 아무도 그를 미워하거나 싫어하지 않습니다. 다른 사람들과 달리 반감을 사지 않으며, 세상 사람들에게 두둔을 받습니다. 사람들은 그와 어울리는 것을 즐겁게 생각하며, 그 시간이 지난 후에도 그와 보낸 시간을 잊지 못하고 좋은 기억으로 간직합니다. 자신은 그렇지 않다고 여길지라도, 사람들은 그가 경건한 신자라는 사실을 전혀 의심하지 않으며 자신도 그와 같이 되기를 바랍니다.

둘째, 자신의 권리를 주장하지 않습니다. 온유한 사람은 지혜로운데, 그의 지혜는 온유함에서 나옵니다. 온유한 사람은 결코 무분별하거나 둔감하지 않습니다. 무엇이 권리인지를 판단할 수 있고 자신의 권리를 지킬 수 있습니다. 만일 권리를 지키는 것이 하나님의 뜻이고 자신이 마땅히 그렇게 해야 한다면, 기꺼이 그 일을 할 것입니다. 그때에도 언제나 조심스레 진실하고도 자유로우며 품위 있게 행하여 자신의 온유함이 빛나게 합니다. 자신이 누려야 할 가장 기본적인 권리라 할지라도 양보할 수 있는 것이라면, 싸워서 그것을 얻어 내기보다 기꺼이 양보합니다.

셋째, 부당한 일을 참습니다. 온유한 사람은 부당한 일을 당해도 앙심을 품거나 보복하지 않습니다. 오히려 그것을 감내하고, 그 일을 당하지 않은 것처럼 너그럽게 지나갑니다.

"모든 겸손과 온유로 하고 오래 참음으로 사랑 가운데서 서로 용납하고"(엡 4:2).

넷째, 부당한 일을 용서합니다. 보복하지 않더라도 여전히 적개심과 증오를 품고 살아가는 것은 용서가 아닙니다. 용서란 그런 마음을 품지 않는 것은 물론, 더는 가해자를 정죄하지 않고 이전과 다름없이 사랑하는 것입니다. 다시 말해, 상대방이 전혀 그런 일을 저지르지 않은 것처럼 대하는 것입니다. 그리스도께서 그렇게 용서하라고 가르치셨습니다.

"서서 기도할 때에 아무에게나 혐의가 있거든 용서하라"(막 11:25).

사도 역시 동일하게 주장합니다.

"누가 누구에게 불만이 있거든 서로 용납하여 피차 용서하되"(골 3:13).

다섯째, 악을 선으로 갚습니다. 세상은 악을 악으로 갚고, 마귀는 선을 악으로 갚습니다. 그러나 그리스도인은 악을 선으로 갚습니다. 온유한 사람이 그렇게 행합니다.

"악을 악으로, 욕을 욕으로 갚지 말고"(벧전 3:9).

"나는 너희에게 이르노니 너희 원수를 사랑하며 너희를 박해하는 자를 위하여 기도하라"(마 5:44).

"네 원수가 주리거든 먹이고 목마르거든 마시게 하라. 그리함으로 네가 숯불을 그 머리에 쌓아 놓으리라"(롬 12:20).

자신을 살펴봐야 할 필요성

지금까지 온유함의 본질을 살펴보았습니다. 이제 그것을 거울 삼아 자신을 비춰 보아야 합니다. 그래서 자신이 온유한 사람과 어느 정도로 닮았는지를 확인해야 합니다. 온유함이 결여되어 있다는 것(곧 온유함과 정반대되는 성향을 가지고 있다는 것)은 그 자체로 가증한 죄일뿐더러, 그가 짐작할 수도 없을 만큼 비참한 상태에 있음을 말해 줍니다. 먼저 이 사실을 분명히 한 후, 자신이 하나님 앞에 어떤 사람이며 이로 말미암아 무슨 일을 맞닥뜨리게 될지를 알아야 합니다.

첫째, 여러분은 말이나 행위로 부당하게 대우받을 때 평정심을 유지합니까? 여러분이 가진 내면의 화평은 그리스도 안에서 이루어진 하나님과의 연합과 자기 부인과 이웃 사랑에서 비롯되었습니까? 이웃을 사랑하는 마음으로 친절하고 다정하게 대합니까? 기꺼이 자기 권리를 포기하고 선한 마음으로 양보합니까? 부당한 일을 당할 때 앙갚음할 생각을 품지 않고 그것을 감내합니까? 이웃을 용서할 때, 그가 전혀 잘못하지 않은 것처럼 용서할 뿐만 아니라 여느 때와 다름없이 그를 사랑합니까? 악을 선으로 갚되 진실함과 사랑으로 그렇게 합니까? 이런 물음들에 답하기 전에 먼저 자신이 상사들, 동료들, 낯선 자들, 친구들, 부하들, 아내, 자녀, 종들을 어떻게 대하는지 잘 생각해 보십시오. 스스로 이웃을 온유하게 대한다고 말할 수 있습니까? 온유함과 전혀 상관없는 모습이 얼마나 많은지 보십시오! 만일 그렇다면, 하나님 말씀이 말하는 온유함은 결단코 여러분과 아무런 상관이 없습니다.

둘째, 여러분은 성마르고 짜증을 부리고 화를 잘 냅니까? 여러분은 고슴도치나 가시덤불과 같이 가시가 많이 돋혀 있어서 항상 곁에 있는 사람을 찔러 아프게 합니까? 이는 여러분이 언제나 사람들과 문제가 있으며, 사람들에게 홀대받고, 종들이 여러분에게 해야 할 것들을 소홀히 한다는 사실을 통해 입증됩니다. 그렇다면 문제는 바로 여러분에게 있습니다. 여러분이 항상 불평을 일삼고 성마르게 사람들을 대하기 때문입니다. 쉽게 발끈하고 화를 냅니까? 말을 통해 겉으로 드러내지는 않는다 할지라도 온갖 감정들이 솟아오릅니까? 화가 난 표정을 지어 분노를 나타냅니까? 또는 일부러 함부로 말하고, 다투고, 독설을 퍼부어 분노를 드러냅니까? 누가 말리지 않으면 육체에 해를 가할 수도 있을 정도입니까? 아마도 여러분은 분노를 말이나 행동으로 표출하지는 않더라도 기회를 노리며 속에 담아 두고 있을 것입니다. 그리고 기회가 오면 복수심으로 드러날 증오와 적개심을 마음속에 불러 일으킬 것입니다. 그리하여 이전에 당한 악한 일들에 대해서까지 모조리 앙갚음하려 할 것입니다. 또는 그 사람에게 좋지 않은 일이 생기면 고소해합니까? 이런 질문들에 여러분의 양심은 뭐라고 대답합니까? 보십시오. 이처럼 여러분은 온유함이 결여된 채 이웃을 향한 악의로 가득 차 있습니다.

이런 여러분에 대해 하나님께서 뭐라고 말씀하시는지를 들어 보십시오. 그리고 회개하지 않는 여러분에게 어떠한 하나님의 심판이 임박했는지를 보십시오.

첫째, 여러분은 지금 노아의 홍수 이전의 세상 사람들과 전혀 다를 바 없는 죄악된 상태에 있습니다. 당시 사람들을 홍수 심판으로 이끈 죄악들은 지금 여러분이 짓는 죄들과 다를 바가 없었습니다. 여러분도 돌이키지 않는다면 그들과 동일한 최후를 맞을 것입니다.

"그때에 온 땅이 하나님 앞에 부패하여 포악함이 땅에 가득한지라……하나님이 노아에게 이르시되……내가 그들을 땅과 함께 멸하리라"(창 6:11,13).

둘째, 여러분은 가인과 똑같은 성품을 가지므로 그와 동일한 형벌을 받을 수밖에 없습니다.

"가인이 몹시 분하여 안색이 변하니……네가 땅에서 저주를 받으리니"(창 4:5,11).

셋째, 여러분은 분노에 차 다음과 같이 외친 라멕과 다르지 않습니다.

"나의 상처로 말미암아 내가 사람을 죽였고 나의 상함으로 말미암아 소년을 죽였도다. 가인을 위하여는 벌이 칠 배일진대 라멕을 위하여는 벌이 칠십칠 배이리로다"(창 4:23,24).

라멕이 이렇게 호언한 것을 남자다운 모습이라 여기는 사람은, 자신이 이런 가증스러운 성향을 즐거워하며 하나님 앞에서 라멕과 같이 가증하게 여김 받을 것을 가리키는 것입니다. 이 기록으로 말미암아 라멕은 영원히 수치를 당하고, 그와 같은 길에 머무는 자들 역시 이를 피하지 못할 것입니다.

넷째, 화와 분노와 증오와 앙심을 품을 때마다 여러분은 하나님 앞에 살인자로 드러납니다. 이웃을 증오의 눈초리로 노려보고, 신랄한 말을 내뱉을 때마다 살인을 저지르는 것입니다.

"그 형제를 미워하는 자마다 살인하는 자니"(요일 3:15).

하나님은 이웃에게 분노하는 자들을 저주하십니다.

"그 노여움이 혹독하니 저주를 받을 것이요 분기가 맹렬하니 저주를 받을 것이라"(창 49:7).

모든 살인자들의 최후가 어떠하겠습니까?

"그러나……살인자들……은 불과 유황으로 타는 못에 던져지리니 이것이 둘째 사망이라"(계 21:8).

그러므로 여러분이 온유하지 않은 것을 대수롭지 않게 여기고 화를 내며 직접 앙갚음하는 것을 영웅적인 행위로 여길수록, 하나님께서 여러분을 가증한 살인자로 보실 뿐입니다. 회개하지 않는다면, 그분은 여러분이 끔찍한 최후를 맞게 하실 것입니다. 여러분이 온유한 척하면 하나님께 용서를 받으리라 착각하지 마십시오.

회피주장 1 인간은 육신을 가진 존재이며, 자기에게 부당하게 가해지는 일들을 간과하지 못한다. 혈과 육은 이러한 것들을 견디지 못한다.

| 답변 |

물론 혈과 육으로는 하나님 나라를 유업으로 받지 못할 것입니다. 여러분은 지옥 불을 더욱 피하지 못할 것입니다.

회피주장 2 내가 모든 것을 받아 준다면, 사람들은 나에게 더욱 뻔뻔하게 행할 것이다. 그러하기에 그들에게 본때를 보여 내 권리를 지키고 그들이 더는 나를 건드리지 못하도록 해야 한다.

| 답변 |

그렇게 해서는 여러분의 권리를 지키지도 못하고, 화평을 누리지도 못합니다. 오히려 여러분은 두 가지를 모두 잃어버리고, 여러분이 행한 폭력에 대해 하나님의 심판을 받을 수밖에 없습니다. 여러분은 평화를 누리기는커녕 안팎으로 공포를 맛볼 것입니다.

회피주장 3 내가 해를 당하고도 가만히 있으면 사람들이 나를 폄훼할 것이다. 그러므로 본때를 보여서라도 내 평판을 지켜야만 한다.

| 답변 |

여러분이 그렇게 하여도 명성을 지키기는커녕, 오히려 수치만을 가져올 뿐입니다. 여러분의 평판을 지키는 가장 좋은 방법은 진실하고도 경건하게 대화하는 것입니다. 만일 여러분이 비난을 받는다면, 기회가 있을 때 차분히 자신의 결백을 밝히고 부드럽게 대답하십시오. 그런 기회가 없다면, 그냥 잠잠하십시오. 화를 내는 것보다 그러는 편이 낫습니다. 화내는 것은 어리석은 자들이나 하는 일입니다(전 7:9 참고).

신자들에게 온유함을 촉구함

신자들이여, 아무리 세상 사람들이 앙심을 품고 분노하여 보복하며 산다 할지라도 신자들은 그렇게 살아서는 안 됩니다. 신자인 여러분은 그런 마음과 행위들을 혐오하고 거기서 떠나, 오히려 온유하고자 애써야 합니다.

첫째, 하나님께서 이 덕에 기초하여 여러분을 온유한 자라고 일컬으십니다.

"세상의 모든 겸손한 자들아, 너희는 여호와를 찾으며"(습 2:3).

이 땅에는 폭력이 넘쳐 납니다. 자연인 가운데 가장 탁월한 사람이라도 하나의 가시에 불과합니다. 그러나 하나님의 자녀들은 다릅니다. 이들은 온유하게 살아가며, 이런 탁월한 덕을 나타냅니다. 하나님께서 여러분을 온유한 자라고 부르십니다. 그렇다면 마땅히 이 이름에 걸맞게 살도록 애써야 합니다.

둘째, 여러분은 그리스도인입니다. 그리스도를 닮고 그리스도의 율법을 따라 살기 때문입니다. 예수님은 이 땅에 계시는 동안 온유하게 사셨으며, 여러분을 위해 친히 온유함의 모범이 되셨습니다. 그러하기에 여러분은 예수님께 배우고 그분을 본받을 수 있습니다.

"나는 마음이 온유하고 겸손하니……내게 배우라"(마 11:29).

"나 바울은 이제 그리스도의 온유와 관용으로 친히 너희를 권하고"(고후 10:1).

그리스도께서 여러분도 그와 같이 행하라고 명령하십니다.

"겸손을 구하라"(습 2:3).

"너희가 부르심을 받은 일에 합당하게 행하여 모든 겸손과 온유로 하고"(엡 4:1,2).

보십시오. 여러분이 사랑하며 본받고 순종하기를 갈망하는 예수님의 모범과 계명이 있습니다. 그러므로 온유함을 위해 더 매진하고 분발하십시오.

셋째, 여러분은 그리스도인으로서 모든 일을 마땅히 온유함으로 해야 합니다.

① 온유함으로 하나님의 말씀을 들으십시오.

"마음에 심어진 말씀을 온유함으로 받으라"(약 1:21).

② 기도할 때 다음과 같이 하십시오.

"분노와 다툼이 없이 거룩한 손을 들어 기도하기"(딤전 2:8).

③ 믿음과 소망을 고백하고 말할 때, "온유와 두려움으로"(벧전 3:15) 하십시오.

④ 온유함으로 다른 사람을 가르치십시오.

"거역하는 자를 온유함으로 훈계할지니"(딤후 2:25).

⑤ 온유함으로 책망하십시오.

"온유한 심령으로 그러한 자를 바로잡고"(갈 6:1).

그리스도인은 반드시 이런 의무들을 행해야 하는데, 온유하지 않다면 이를 행할 수 없습니다. 그러나 여러분이 온유함으로 이 의무들을 행한다면, 하나님과 사람 모두를 기쁘게 할 것입니다. 그리할 때 이런 행위들이 탁월하게 열매 맺고 여러분은 양심의 화평을 누릴 것입니다.

넷째, 온유함은 교회의 영화로운 장식입니다. 교회는 그리스도의 영광입니다. 교회가 영광스러울 때, 하나님과 그리스도께서 영광을 받으십니다. 교회의 참된 지체라면 하나님과 그리스도께서 영광 받으시기를 열망하며, 그 일에 조금이라도 헌신하고 싶어합니다. 또한 교회에서나 세상에서나 온유함이야말로 가장 영광스럽게 드러나는 덕이므로, 그리스도인이라면 특별히 이 덕으로 자신을 단장해야 합니다. 온유함은 벌거벗은 영혼을 덮는 아름다운 옷입니다.

"그러므로 너희는……긍휼과 자비와 겸손과 온유와 오래 참음을 옷 입고"(골 3:12).

게다가 온유한 자는 구원으로 장식됩니다.

"여호와께서는……겸손한 자를 구원으로 아름답게 하심이로다"(시 149:4).

하나님은 이 옷을 입은 사람을 기뻐하십니다.

"오직 마음에 숨은 사람을 온유하고 안정한 심령의 썩지 아니할 것으로 하라. 이는 하나님 앞에 값진 것이니라"(벧전 3:4).

온유함은 사람을 기쁘게 합니다.

"노하기를 더디 하는 것이 사람의 슬기요 허물을 용서하는 것이 자기의 영광이니라"(잠 19:11).

이처럼 온유한 신자는 하늘의 별처럼 밝게 빛나며 교회를 아름답게 단장합니다.

다섯째, 온유한 신자에게는 위대한 약속들이 주어졌으며, 이 약속들은 반드시 이루어집니다.

① 하나님께서 온유한 자들의 기도에 응답하십니다.

"여호와여, 주는 겸손한 자의 소원을 들으셨사오니"(시 10:17).

② 성령의 인도하심을 받습니다.

"온유한 자를 정의로 지도하심이여 온유한 자에게 그의 도를 가르치시리로다"(시 25:9).

③ 은혜로 충만합니다.

"겸손한 자에게 은혜를 베푸시나니"(잠 3:34).

④ 즐거움을 누립니다.

"겸손한 자에게 여호와로 말미암아 기쁨이 더하겠고"(사 29:19).

⑤ 자신을 괴롭히는 모든 것들로부터 건짐 받습니다. 온유한 자가 부당하고도 불의한 대우를 받을 때 거기에 주목하고 그들을 구하는 분이 계십니다.

"곧 하나님이 땅의 모든 온유한 자를 구원하시려고 심판하러 일어나신 때에로다"(시 76:9).

"여호와께서 겸손한 자들은 붙드시고"(시 147:6).

⑥ 영혼과 육신에 필요한 것을 공급받습니다.

"겸손한 자는 먹고 배부를 것이며"(시 22:26).

"그러나 온유한 자들은 땅을 차지하며 풍성한 화평으로 즐거워하리로다"(시 37:11).

"온유한 자는 복이 있나니 그들이 땅을 기업으로 받을 것임이요"(마 5:5).

세상과 그 속에 있는 것들이 모두 온유한 자들의 것입니다(고전 3:21,22 참고). 온유한 자들은 크든 작든 자신이 가진 것을 모두 하나님을 위해 사용하고, 양심에 거리끼지 않습니다. 세상도 온유한 자를 많이 대적하지 않습니다. 누구든지 진정 온유한 사람을 괴롭힐 일은 거의 없기 때문입니다. 설령 온유한 사람을 괴롭힐지라도 그의 온유함을 보고는 금세 그칩니다. 어떤 자연인들은 온유한 신자를 보호하기도 합니다. 이처럼 온유한 자는 이 세상을 안전하게 지나갑니다. 다른 사람이 겪는 어려움들로부터도 자유롭습니다. 그러므로 온유한 자에게 주어진 약속을 받고 싶다면, 온유하기를 힘쓰십시오.

여섯째, 온유한 신자는 지혜롭고 고결하며, 모든 역경을 이깁니다.

"노하기를 더디 하는 자는 용사보다 낫고 자기의 마음을 다스리는 자는 성을 빼앗는 자보다 나으니라"(잠 16:32).

온유한 신자는 부자가 재물로, 유력한 자가 명성으로, 성난 자가 사나움과 난폭함으로도 할 수 없는 일들을 합니다. 온유한 자는 온유함으로, 악을 선으로 갚음으로써 원수를 이깁니다.

"네 원수가 배고파하거든 음식을 먹이고 목말라하거든 물을 마시게 하라. 그리하는 것은 핀 숯을 그의 머리에 놓는 것과 일반이요 여호와께서 네게 갚아 주시리라"(잠 25:21,22).

성마르고 마음이 분노로 들끓는 사람은 이런 일을 도무지 견디지 못합니다. 이런 사람은 자신이 화를 내 봐야 개미가 화를 내는 것만큼이나 소용이 없고, 온유한 사람에게서 아무런 주의도 끌지 못한다는 사실을 알게 될 것입니다. 온유한 사람이 자신을 능가함을 볼 것입니다. 자신의 마음이 온유한 자에게 이끌리기 때문입니다. 원수가 온유한 자에게 패잔병처럼 굴복하는 것을 볼 것입니다. 성마른 자는 이런 일을 도무지 견디지 못합니다. 온유한 사람을 통해 이런 것을 경험한다면, 마땅히 성마른 자신의 죄에서 돌이켜야 합니다. 때때로 온유한 사람으로 말미암아 이런 돌이킴이 일어나기도 합니다. 이런 경험으로부터 그는 온유한 사람을 대적하지 말아야 한다는 점을 배웁니다. 큰 파리가 소뿔에 앉아 봐야 소가 전혀 아랑곳하지 않는 것처럼, 온유한 자는 그를 주목하지 않기 때문입니다. 성마른 자는 더 이상 온유한 사람을 해하지 못하며, 오히려 자신이 굴복하고 맙니다.

온유한 성품을 얻기 위한 지침

앞의 논증들을 숙고하여 그 내용이 여러분의 마음에 영향을 미치도록 하십시오. 마음에 온유한 성품을 얻도록 애쓰십시오. 온유함은 생득적인 것도, 바란다고 해서 즉시로 얻을 수 있는 것도 아님을 분명히 기억하십시오. 온유함을 얻기 위해서는 노력해야 합니다. 이 의무에 온 힘을 쏟아야 합니다.

첫째, 여러분이 어떠한 상황에서 온유한 마음을 잃어버리는지를 항상 주목하십시오. 다시 말해, 어떤 때에 조바심과 화가 치미는지, 다른 사람에게 신경질을 부리는지를 잘 살펴야 합니다. 그리고 자신의 이런 모습을 깊이 슬퍼하며, 자신이 얼마나 어리석고도 죄악되며 공격적인지를 절감하십시오. 그리고 이것들을 고치기 위한 해결책을 다시 시작하십시오.

둘째, 참을성이 없고 분노를 일삼는 사람들과 어울리지 마십시오. 화를 내고 조바심을 내는 것은 전염병과 같이 옮기 때문입니다.

"노를 품는 자와 사귀지 말며 울분한 자와 동행하지 말지니, 그의 행위를 본받아 네 영혼을 올무에 빠뜨릴까 두려움이니라"(잠 22:24,25).

그런 사람들의 모습과 행위에서 그들의 어리석음을 주목하십시오. 그리하여 그 행위들과 모습들을 혐오하며, 다음 말씀을 뒷받침하는 생생한 증거로 삼으십시오.

"노는 우매한 자들의 품에 머무름이니라"(전 7:9).

셋째, 온유한 자들과 사귀면서 그들의 행실을 잘 살펴보십시오. 그리하여 온유함이 얼마나 사모할 만한 덕목인지를 깨달으십시오.

"겸손한 자와 함께하여 마음을 낮추는 것이 교만한 자와 함께하여 탈취물을 나누는 것보다 나으니라"(잠 16:19).

넷째, 온유함의 모범이신 예수님을 언제나 앞에 모셔야 합니다. 이를 위해 복음서를 자주 읽고, 예수님께서 어떻게 온유함을 나타내시는지를 주목하십시오. 예수님의 온유한 모습이 여러분의 마음 깊이 새겨지도록, 즉 예수님의 온유하신 본성이 여러분의 마음에 스며들도록 말입니다. 마음을 뒤흔드는 상황이 닥치면, 복음서로 돌아가 예수님께서 유사한 상황에 맞닥뜨리신 적이 있는지를 살피십시오. 그리고 그분이 그 상황에서 어떻게 행동하셨는지를 보고, 그런 상황에 맞닥뜨리신 적이 없다 할지라도 그분을 그런 상황에서 어떻게 온유함을 나타내셨을지를 생각하십시오. 그리고 그대로 행하십시오.

다섯째, 집 안에서든 집 밖에서든 사람들과 함께 있을 때에는 자신을 온유함으로 무장하고, 전투에 돌입한 병사처럼 행동하십시오. 온유하게 행하면서 매 순간 주님의 능력을 구하겠노라고 굳게 결심하십시오. 그리고 어떤 상황에 처하더라도 원수에게 이로운 일을 하지 않도록 조심하십시오. 그리고 다시금 혼자 있게 되면 자신의 행위를 돌아보십시오. 모든 일이 잘되었다면 하나님께 감사하고, 또 그런 상황을 만났을 때 동일하게 행할 수 있도록 마음의 화평한 성향을 잘 기억하여 지키십시오. 그러나 여러분이 죄에 넘어졌다면, 슬퍼하되 낙심하지는 마십시오. 어느 누구도 이토록 영광스런 덕을 단숨에 배울 수 없기 때문입니다. 오히려 앞으로 그런 상황이 닥치면 더 잘할 수 있도록 새로운 용기를 내십시오.

85

화평

이웃 사랑과 겸손함과 온유함은 화평을 낳습니다. 이 세 가지가 있는 곳에는 어디든지 화평이 함께합니다. 바로 이 화평에 관해 살펴봅시다.

화평이라는 뜻을 가진 히브리어로 מנחה(메누하)가 있습니다. 이 말은 안식이나 평온을 의미합니다. 화평하게 하는 자는 다른 사람과 있을 때는 물론이요 혼자 있을 때에도 평안하고 조화롭습니다. 내적으로든 외적으로든 말입니다. 또한 שלם(샬람)에서 파생된 단어 שלום(샬롬)은 '번영하다,' '평화를 누리다,' '완성되다'라는 의미를 가집니다. 화평하게 하는 자는 번성하고 평화를 누리며, 수월하게 일을 마칩니다. 이와 관련된 헬라어로는 εἰρηνικός(에이레니코스)와 εἰρηνοποιός(에이레노포이오스)를 들 수 있습니다. 이 말들은 '결속하다'라는 의미의 단어에서 파생되었습니다. 그래서 사도는 "평안의 매는 줄"(엡 4:3)이라고 표현합니다.

화평은 신자의 영혼이 가지는 고요하고도 만족하는 성향입니다. 이 성향을 가진 신자는 진리와 경건을 행함으로써 이웃과의 감미로운 연합을 지키기 위해 마음을 기울이고 애씁니다.

화평을 누리는 주체는 신자의 영혼입니다. 신자만이 화평을 누립니다. 회심하지 않은 자도 불일치와 불화를 억제하고자 하며 억제할 수 있지만, 화평을 마음의 성향으로 가지지는 못합니다.

"평강의 길을 알지 못하였고"(롬 3:17).

화평은 신자의 화평이신 그리스도의 피로 하나님과 화목하게 된, 은혜를 받아 누리는 그리스도인들을 아름답게 장식합니다(골 1:20; 엡 2:14 참고). 주 예수님을 믿음으로 영접하여 죄를 용서받고 의롭게 된 신자들은 하나님과 화평을 누립니다(롬 5:1 참고). 이 화평은 모든 생각을 뛰어넘으며, 신자들은 그리스도 예수 안에서 마음과 생각을 지킵니다(빌 4:7 참고). 하나님과 화평을 누리므로 양심에 거리낌이 없는 까닭에, 신자들은 세상의 모든 것들과도 화목한 것처럼 느낍니다. 들판의 돌들과도 이어지고, 짐승들과도 화목해진 것 같습니다(욥 5:23 참고). 이처럼 하나님과 화목해진 자는 사람들과도 화평을 누립니다. 다른 이들을 먼저 생각하고, 그들과 화평하기만을 바랍니다. 혼자 있을 때에도 마찬가지입니다. 그런데 신자들만이 이런 성향을 가집니다. 믿음을 통해서만 이런 성향을 얻을 수 있기 때문입니다(롬 5:1 참고). 화평은 성령의 열매이므로(갈 5:22 참고), 성령으로 말미암아 그리스도 안에서 하나님과 화목하게 된 자들만이 이런 성향을 가집니다.

화평의 대상은 이웃, 곧 모든 사람입니다. 화평하게 하는 자는 끊임없이 마귀와 세상과 자신의 부패한 본성과 싸웁니다. 이런 원수들과 결코 타협하지 않습니다. 원수들을 미워할수록 더욱 화평을 추구합니다. 그러나 사람을 이웃으로 대할 때에는 화평한 마음으로 그들과 화평한 가운데 살고자 애씁니다. 무엇보다 화평하게 하는 자는 신자들과 화평을 누리면서 살아갑니다. 다른 신자들과 영적이고도 친밀한 관계를 누리고, 같은 성령을 받고 동일하게 거듭난 본성을 가진 그들과 그리스도 안에서 하나가 됩니다.

"서로 화목하라"(막 9:50).

그러나 신자의 화평은 신자들과의 관계로만 제한되지 않으며, 오히려 모든 사람에게까지 미칩니다. 신자는 결코 자신이 먼저 불화를 초래하지 않으며, 설령 그리해야 할 정당한 이유가 있더라도 문제 삼지 않음으로써 화평이 방해받지 않도록 합니다. 그러하기에 사도 바울은 다음과 같이 당부합니다.

"할 수 있거든 너희로서는 모든 사람과 더불어 화목하라"(롬 12:18).

화평이라는 덕의 핵심은 내면의 고요함과 만족에서 비롯된, 이웃과 화목하게 살려는 성향입니다. 화평하게 하는 자는 하나님과 화평을 누리며 살고, 화평 가운데 만족하는 마음을 가지는 까닭에 이웃과 다투지 않습니다. 이웃의 잘못을 마음에 담아 두지 않고, 이웃을 시기하거나 불평하지 않습니다. 오히려 마음으로부터 화평을 누리며, 잠잠하고도 고요하며 만족해합니다. 이웃을 생각할 때마다 그와 화목하게 지내기를 바라며, 그를 상냥하고 다정하게 대합니다.

"그 길은 즐거운 길이요 그의 지름길은 다 평강이니라"(잠 3:17).

이처럼 화평함의 핵심은 서로 긴밀하게 이어지는 마음에 있습니다. 이를 가리켜 성경은 "매는 줄"이라고 표현합니다.

"평안의 매는 줄로 성령이 하나 되게 하신 것을 힘써 지키라"(엡 4:3).

화평하게 하는 신자는 다른 사람들과 마음을 같이합니다.

"같은 마음과 같은 뜻으로 온전히 합하라"(고전 1:10).

실제로 초대 교회가 그러했습니다.

"믿는 무리가 한마음과 한뜻이 되어"(행 4:32).

거듭남의 열매

화평하게 하는 성향은 사람의 본성에서 나오지 않습니다. 본성적으로 사람은 서로를 늑대와 같이 대하기 때문입니다. 그러나 하나님께서 사람의 잔인하고도 야만적인 마음을 변화시켜 자기 자녀들로 하여금 그리스도 안에서 하나님과 화평을 누리게 하십니다. 하나님과 누리는 이 화평함에서 이웃과 화평하려는 마음이 흘러나옵니다.

"이리가 어린양과 함께 살며 표범이 어린 염소와 함께 누우며……내 거룩한 산 모든 곳에서 해 됨도 없고 상함도 없을 것이니"(사 11:6,9).

하나님께서 야만적인 이교도들을 이런 성품을 가진 사람들로 바꾸십니다. 그러하기에 사도 바울은 화평을 성령의 열매 가운데 하나라고 말합니다.

"오직 성령의 열매는……화평"(갈 5:22).

동일한 이유로 사도 바울은 하나님의 화평이 모든 회중에게 임하기를 바랍니다.

"평강의 주께서 친히 때마다 일마다 너희에게 평강을 주시고"(살후 3:16).

그래서 하나님은 평강의 하나님이라고 불리십니다. 그분께서 화평한 마음을 주시며, 화목하게 하는 자들을 기뻐하시기 때문입니다(롬 15:33; 고후 13:11 참고).

화평의 결과 또는 열매는 이웃과 화목하게 지내려고 애쓰는 것입니다. 스스로 화평한 마음을 가졌다고 생각하면서 그런 성향을 좋아하는 것만으로는 아무 소용이 없습니다. 화평한 마음 없이 이웃과의 화목을 추구하는 것은 인간에게 있는 본성적인 열매이거나 위선일 따름입니다. 스스로 화평한 마음을 가졌다고 여기면서도 실제로 이웃과 그런 관계를 맺기 위해 애쓰지 않는다면, 스스로를 속이는 것입니다. 화평한 마음을 가진 사람에게서는 반드시 그런 화평함이 드러납니다. 중심에 화평이 크게 자리하는 만큼 이웃과의 화평을 더욱 추구하게 됩니다. 그리하여 함부로 행동하는 이웃에게 관용을 베풀며, 그렇게 화목한 신자의 모습을 통해 그 이웃도 선한 영향을 받아 달라질 것입니다. 이처럼 우리가 화평을 추구하고, 우리의 그러한 노력을 저해하는 이웃이 있다 할지라도 우리가 먼저 화평을 가로막지 않을 것임을 모든 사람에게 확신시켜야 합니다.

"마음을 같이하며 평안할지어다(live in peace)"(고후 13:11).

첫째, 산다(live)는 말은 움직임을 뜻합니다. 사람들과 아무런 관계도 맺지 않으며 선악 간에 누구와도 전혀 대화하지 않고 지내면서 다투거나 싸우거나 화를 내지 않고도 잘 살 수 있다고 여기는 것은, 화평 가운데 사는 모습이 아닙니다. 화평 가운데 산다는 것은 곧 사람들에게 친절하고 그들과 조화를 이루며 교제하는 것을 뜻하기 때문입니다.

둘째, 산다는 말은 일관되고 변하지 않음을 의미합니다. 간헐적으로 화평하게 지내는 것은 화평하게 사는 모습이 아닙니다. 화평하게 살라는 말은 곧 화평하게 행하며 살기를 지속하라는 명령입니다.

셋째, 산다는 말은 곧 '무언가에서 즐거움을 찾는다'는 말입니다. 물고기가 물속에 있을 때처럼, 화평하게 하는 자는 화평함 가운데 있을 때 가장 즐겁고 행복합니다. 건강할 때 사람이 즐거워하고 그 영혼이 기뻐하는 것처럼, 화평하게 하는 자는 사람들과 화목하게 지낼 때 가장 기쁨이 넘칩니다.

"모든 사람과 더불어 화평함……을 따르라"(히 12:14).

"화평을 찾아 따를지어다"(시 34:14).

우리가 바라는 바를 이해하고 존중하는, 명랑하고도 친절한 사람과는 쉽게 화목한 관계를 유지할 수 있습니다. 중요한 것은, 사람들이 자기애를 따라 살아가므로 말과 행실로 우리를 힘들게 만든다는 점입니다. 사사건건 우리의 생각을 가로막고 반대하는 사람을 만나기도 하며, 화부터 내는 사람을 만나기도 합니다. 우리의 부패한 본성은 이웃들에게 그들과 동일하게 반응하도록 부추깁니다. 그러나 화평하게 하는 자는 사람들의 이런 모습을 눈감아 주고 그들을 선대합니다. 그것 때문에 자신이 손해를 보고 세상으로부터 안 좋은 평판을 얻을지라도, 상대방에게 자신을 낮춥니다. 화평하게 하는 자는 사냥꾼이 야생동물을 추격하듯이 화평을 찾고 추구합니다. 그리하여 화평을 얻으면 스스로를 승리자로 여깁니다.

화평의 실천

아무리 화평이 즐겁고 추구할 만한 것이라 하더라도, 진리와 경건을 훼손하면서까지 추구하지 않도록 경계해야 합니다. 본 장의 앞부분에서 화평을 정의할 때, "진리와 경건을 행함으로써"라는 단서를 붙인 것은 그런 이유에서입니다. 어떤 사람들은 다른 이들의 반발과 노여움을 살까 봐 두려워합니다. 그래서 아무리 확실하고도 분명한 일이라 하더라도, 다시 말해 자신을 충분히 보호할 수 있는 칼을 손에 쥐고 있으면서도, 자기 것이 아니요 하나님께서 잘 보존하라고 맡기신 진리와 경건을 쉽사리 포기해 버립니다. 그로 말미암아 모든 것을 잃고, 자기 생명까지 잃을 수 있는데도 말입니다.

그런 사람들은 "화평, 화평"이라는 말 뒤에 숨습니다. 그러나 그런 모습이야말로 이스라엘의 화평하게 하는 자가 아니요 그들에게 화목해진 마음이 없다는 사실을 명백히 입증합니다. 이런 자들이 구하는 것은 화평이 아니라 오로지 자신의 편의일 뿐입니다. 따라서 그들이 말하는 화평이란 마귀와의 화평이요 세상과의 화평에 지나지 않습니다. 그들은 하나님과 영원히 화목하게 되지 못할 것입니다. 자신들에게서 새로운 오류가 드러나더라도, 그것을 덮고 따라가기에 급급합니다. 그러지 않으면 불안하기 때문입니다. 그들은 아무 일도 없는 것을 평안이요 가장 좋은 것으로 여깁니다. 책망과 권면을 통해 잘못된 길에서 돌이켜야 할 죄인이 있다고 해도 그가 그런 식으로 화평을 추구한다면 그를 피해야 합니다. 그가 화를 내고 우리가 곤란해질 수 있기 때문입니다. 만약 세상 사람들이 감추고 있는 경건을 드러내기보다 세상을 따라 살라고 요구하면, 이런 사람들은 그렇게 행할 것입니다. 그들이 불안한 것을 원하지 않기 때문입니다. 그러고는 다시금 "화평, 화평"을 연발합니다.

그러나 하나님은 화평과 진리가, 화평과 경건이 반드시 함께한다고 말씀하십니다. 그중 하나가 손상된다고 해서 화평한 마음을 저버리거나 화평한 관계를 위해 우리가 할 수 있는 노력을 게을리해서는 안 됩니다. 오히려 오류를 거부하고 진리를 수호해야 합니다. 이처럼 우리는 불경건을 거부하고 경건에 마음을 쏟아야 합니다. 사람들이 이러한 우리의 모습을 견디지 못하고, 그 모습 때문에 불쾌해하거나 어려움과 불편함을 호소한다면, 그것은 그들의 책임입니다.

화평하게 하는 자는 진리와 경건을 굳게 붙듭니다. 하나님께서 그렇게 하기를 원하시기 때문입니다.

"오직 너희는 진리와 화평을 사랑할지니라"(슥 8:19).

아타나시우스(Athanasius)는 진리에서 한 글자라도 벗어나느니 차라리 자신의 지위를 잃어버리는 편을 택했습니다. 루터는 종종 "진리의 부스러기 하나가 사그라지는 것보다 하늘이 무너져 내리는 편이 낫다"라고 말하곤 했습니다.

"모든 사람과 더불어 화평함과 거룩함을 따르라"(히 12:14).

"의와 화평이 서로 입 맞추었으며"(시 85:10).

불경건한 예후는 요람의 물음에 다음과 같이 잘 대답했습니다.

"요람이 예후를 보고 이르되 예후야 평안하냐 하니, 대답하되 네 어미 이세벨의 음행과 술수가 이렇게 많으니 어찌 평안이 있으랴"(왕하 9:22).

"오직 위로부터 난 지혜는 첫째 성결하고 다음에 화평하고 관용하고 양순하며 긍휼과 선한 열매가 가득하고 편견과 거짓이 없나니"(약 3:17).

하나님의 말씀은 이 덕을 매우 엄중히 명령합니다.

"화평하게 하는 자는 복이 있나니 그들이 하나님의 아들이라 일컬음을 받을 것임이요"(마 5:9).

"그러므로 우리가 화평의 일과 서로 덕을 세우는 일을 힘쓰나니"(롬 14:19).

"너희끼리 화목하라"(살전 5:13).

우리는 화평하게 하는 자인가?

보십시오. 여기 거울이 있습니다. 이 거울은 화평하게 하기 위해 여러분이 무엇을 해야 하는지는 물론이요, 여러분이 어떤 성향을 가졌으며 어떻게 행하는지를 살피게 해 줍니다. 주 예수님의 대속 위에 서서 믿음으로 의롭다함을 받아 누리는 하나님과의 화평이 여러분의 기업입니까? 이 샘에서 화목하게 하는 성품이 흘러나옵니까? 은혜 안에 거하는 신자와 은혜 없이 살아가는 자들이 어떻게 다른지를 압니까? 여러분의 영혼은 그리스도 안에서 다른 신자와 하나 되었습니까? 이런 연합에서 흘러나오는 화평을 위해 애쓰고 있습니까? 자연인이 악으로 여러분을 대적할 때, 여러분은 화평하게 하고자 하는 성향을 지키며 서로 화목하기 위해 여러분 편에서 여전히 노력하고 있습니까? 이웃과의 화평에 관한 한 혼자 이웃을 생각할 때든 대면하여 말할 때든 여러분의 마음이 편안하고 만족스러우며 기쁩니까? 아니면 여러분 안에 소원함, 적개심, 분노, 질투, 불만이 있습니까? 여러분은 행위를 통해 여러분의 화평한 마음을 나타내고자 애씁니까? 다른 사람들이 여러분에게 화를 내고 못되게 굴어도 그렇게 합니까? 진리에서 일점일획도 벗어나지 않을 만큼 진리와 경건을 사랑합니까? 온 세상 사람들이 여러분을 공격할지라도, 화평을 나타내기 위해 여러분이 할 수 있는 일을 계속하면서 그들을 향해 마음의 화평한 성품을 지켜 가겠습니까? 하나님 앞에서 여러분은 이런 자들에게 어떻게 반응합니까? 여러분은 화목하게 하는 자입니까? 진실로 이 원리를 소유하였습니까? 자신이 충분히 그렇게 하지 못하는 것 때문에 슬퍼합니까?

여러분은 화평하게 하는 성향과 거기서 비롯되는 행위가 결여되어 있음을 절감합니까? 생각해 보십시오. 여러분에게서 이런 성향이 드러나고, 간절히 주 예수님을 찾고 구하며, 하나님과 화평을 누리고, 이웃에게 이런 성품을 발휘하기까지 계속 그런 확신 가운데 살아간다면 얼마나 행복하겠습니까! 이를 위해 잠시 여러분이 이렇게 죄를 절감하는 상황이라고 생각해 보십시오. 하나님께서 여러분을 어떻게 보실지, 장차 어떤 심판을 당하게 될지를 생각해 보십시오. 혼자 있을 때 여러분은 늑대나 호랑이처럼 잔인하지 않습니까? 도무지 진정할 줄 모르는 성난 바다 같지 않습니까? 증오와 분노와 질투와 다투려는 생각과 감정으로 마음이 들끓지 않습니까? 누군가가 여러분을 함부로 대하는 것 같으면 화가 치밀어 오르지 않습니까? 누군가가 여러분에게 부당하고 손해를 끼치는 말을 하면 당장이라도 폭발할 화약처럼 변하지 않습니까? 안팎으로 불화하며 살 뿐만 아니라, 다른 사람들 사이에 이런 불화를 부추기고 계속해서 분리와 불화의 불을 지피지는 않습니까? 입술로는 화평을 말하면서도 마음은 불화하고 있지 않습니까? 이런 사람에 대해 예레미야는 다음과 같이 말합니다.

"입으로는 그 이웃에게 평화를 말하나 마음으로는 해를 꾸미는도다"(렘 9:8).

하나님께서 이런 사람에 대해 뭐라고 말씀하시는지 들어 보십시오.

화평하게 하지 않는 자를 향한 경고

첫째, 여러분에게는 은혜가 없습니다. 여러분이 그리스도인임을 나타내는 모든 표지를 부인하기 때문입니다. 하나님은 화평의 하나님이십니다. 여러분은 이런 하나님을 아버지라 주장하지만, 정작 여러분에게서는 이런 화평을 찾아볼 수 없습니다. 그리스도는 평화의 왕이십니다. 여러분은 이런 그리스도를 구주라고 하면서도 사사건건 불화를 일삼습니다. 성령은 화목하게 하시는 영입니다. 그런데 이런 성령께서 자기 안에 거하신다고 주장하는 여러분이 있는 곳마다 정작 사람들끼리 서로 불화합니다. 복음은 화평을 전합니다. 그런데 여러분은 복음으로 말미암아 거듭났다고 하면서도 증오와 분노와 질투와 불화 가운데 살아갑니다. 여러분은 스스로를 하나님의 자녀라고 말합니다. 하나님의 자녀라면 하나같이 화목하게 하는 자이어야 하는데도 여러분은 그렇지 않습니다. 여러분은 성찬에 참여한다고 합니다. 성찬은 신자의 마음을 하나로 묶어 주는 은혜의 방편인데, 여러분의 마음은 다른 신자들과 반목하고 대립합니다. 보십시오. 여러분이 자랑하는 것들 중 그것의 본질에 부합하는 것이 있습니까?

둘째, 여러분은 마귀의 형상을 가진 마귀의 자녀입니다. 여러분의 마음과 표정은 살인자인 사탄의 형상을 그대로 드러냅니다. 여러분은 불신자의 모습과 전혀 다르지 않습니다. 처음 세상은 포악함으로 가득했습니다(창 6:11 참고). 여러분도 마찬가지입니다. 이스마엘은 난폭한 자였습니다. 그는 모든 사람을 대적했고, 모든 사람 역시 그를 대적했습니다(창 16:12 참고). 여러분의 모습이 바로 그러합니다. 위선적이고 불경건한 이스라엘은 겉으로만 하나님을 섬겼을 뿐, 실제로는 논쟁과 분란과 다툼과 싸움 가운데 살았습니다(사 58:4 참고). 여러분이 그러합니다.

셋째, 하나님께서 그런 여러분을 가증히 여기고 보응하실 것입니다.

"여호와께서 미워하시는 것 곧 그의 마음에 싫어하시는 것이 예닐곱 가지이니……거짓을 말하는 망령된 증인과 및 형제 사이를 이간하는 자니라"(잠 6:16,19).

"그들의 혀는 죽이는 화살이라……내가 이 일들로 말미암아 그들에게 벌하지 아니하겠으며 내 마음이 이런 나라에 보복하지 않겠느냐. 여호와의 말이니라"(렘 9:8,9).

불일치와 분리와 불화는 마음이 앙심과 질투와 분노로 가득하여 잔인하고 악하다는 증거입니다. 이런 자들은 하나님 나라를 유업으로 받지 못하고 불과 유황으로 타오르는 불못에 던져질 것입니다. 그러하기에 여러분에게는 아무런 소망도, 기대할 것도 없습니다. 사람들과 불화하며 사는 여러분은 그러한 자신과 하나님의 진노를 두려워해야 합니다. 하나님도 여러분을 대적하고 계시며, 언젠가 여러분도 하나님의 진노를 대면하게 될 것입니다.

화평하게 하는 마음이 결핍됨

여러분이 원리적으로는 참으로 화평하게 하는 마음을 가지고 있지만 그 증거를 거의 나타내지 못하고 있다면, 다음 내용을 거울 삼아 스스로를 비춰 보십시오. 여러분의 모습은 화평하게 하는 자의 성품과 삶에서 얼마나 동떨어져 있는지요! 불화하는 생각이 얼마나 많이 일어나는지요! 신랄하고도 냉소적인 말은 또 어떻습니까! 여러분의 마음에 있는 적개심을 기꺼이 거부하고 그것과 싸우고 있습니까? 자신의 이런 모습을 슬퍼합니까? 슬퍼하십시오. 모든 불일치와 불화하는 마음을 없애고 화평한 마음을 얻어 화목하게 하는 자로 살아가기를 힘쓰십시오.

첫째, 여러분의 마음과 행실에서 화평하게 하는 성품을 찾아보기가 힘들기 때문에 모든 신앙 행위들이 방해받고 더럽혀질 것입니다.

① 그런 마음으로는 하나님께 나아가 기도하지 못하며, 하나님과 교제하지 못합니다.

"이는 너희 기도가 막히지 아니하게 하려 함이라"(벧전 3:7).

그래서 바울은 이렇게 말합니다.

"그러므로 각처에서 남자들이 분노와 다툼이 없이 거룩한 손을 들어 기도하기를 원하노라"(딤전 2:8).

② 여러분의 그런 마음과 태도가 교회 안팎의 모든 사람들을 괴롭힙니다. 신자

가 사람들과 반목하고 불화하는 모습을 보면서 모든 이들이 눈살을 찌푸릴 것입니다. 신자의 그런 행동이 전혀 신자의 본분에 어울리지 않다는 것을 모든 사람이 잘 알기 때문입니다. 사람들을 실족하게 하는 자에 대해 예수님께서 뭐라고 말씀하십니까?

"누구든지 나를 믿는 이 작은 자 중 하나를 실족하게 하면 차라리 연자 맷돌이 그 목에 달려서 깊은 바다에 빠뜨려지는 것이 나으리라"(마 18:6).

여러분이 신자라면 불화하는 자들에게 닥칠 이런 심판을 기억하고 마땅히 화평하게 하는 일에 힘써야 합니다.

③ 여러분이 이렇게 다른 사람에게 걸림돌이 되는데, 어떻게 그들에게 유익을 끼칠 수 있겠습니까!

"시기와 다툼이 있는 곳에는 혼란과 모든 악한 일이 있음이라"(약 3:16).

둘째, 교회 안에 있는 사람과 교회와 관계 있는 사람들 모두가 여러분에게 화평하게 하는 사람이 되라고 조언합니다.

① 여러분은 교회에서 태어나 교회의 지체로 받아들여졌습니다. 교회는 '평화를 사랑하는 자'라는 뜻의 술람미 여인이라 불립니다(아 6:13 참고). 그러한 교회의 지체인 여러분이 불화하고 다투면서 살아야 하겠습니까? 마땅히 화평하게 하는 자로 살아야 하지 않습니까?

② 여러분이 아직 원수 되었을 때에 하나님께서 여러분을 자신과 화목하게 하셨습니다. 하나님은 평강의 하나님이십니다(롬 16:20 참고). 하나님은 화평을 바라시며, 화평을 구하는 자들을 기뻐하십니다. 이 하나님께서 여러분의 아버지시며, 여러분은 그분을 "아빠, 아버지"라고 부릅니다. 그런데 어떻게 화평하지 못한 마음과 다투는 혀를 가지고 하나님께로 나아간단 말입니까? 그런 마음으로 어떻게 평강의 하나님과 교제할 수 있겠습니까?

③ 여러분이 누리는 모든 위로와 기쁨과 사랑의 현현이요 신랑이신 주 예수님은 평화의 왕이시며(사 9:6 참고), 십자가의 피로 여러분을 하나님과 화목하게 하셨습니다(골 1:20 참고). 하나님께서 "서로 화목하라"(막 9:50)라고 명하십니다. 그러므로

서로 화목하십시오(살전 5:13 참고).

④ 여러분 안에 거하시는 성령께서 여러분을 거듭나게 하셨습니다. 여러분을 가르치고 인도하며 여러분 안에 화평하게 하는 마음을 주십니다(갈 5:22 참고). 불화를 경고하시며, 끊임없이 평강을 구하도록 촉구하십니다. 이런 성령의 가르침과 인도하심에 따라야 하지 않겠습니까? 여러분을 화평으로 부르신 성령을 슬프시게 하겠습니까?(고전 7:15 참고)

⑤ 거듭남의 씨앗이요 여러분의 영혼을 자라게 할 자양분인 복음은 평화의 복음입니다(엡 6:15 참고). 그렇다면 복음으로 거듭난 사람이 복음에 합당하게 살아야 하지 않겠습니까!

⑥ 복음의 한 가족으로서 교제하는 이들, 곧 여러분이 사랑하고, 항상 함께하며 즐거워하는 존재인 교회의 지체들은 화목하게 하는 자들입니다. 그들의 마음은 언제나 화평으로 기울고 모든 행실과 목적 또한 화평을 향합니다. 그렇다면 불화하는 여러분의 모습으로 말미암아 그들이 얼마나 슬퍼하겠습니까? 그들마저 화평하지 못하고 불화하는 여러분의 모습을 닮아야 하겠습니까?

⑦ 주 예수님께서 여러분을 비둘기와 양이라고 부르십니다(아 2:14; 요 10:27 참고). 비둘기와 양은 짐승들 중에 가장 양순합니다. 양이 이리의 본성을 가져서야 되겠습니까? 곰처럼 사납고 거친 모습으로 양 무리 가운데 있어서야 되겠습니까?

⑧ 성례는 하나님과 여러분이 화목하게 되었음을 인 치는 유일한 방편입니다. 뿐만 아니라 신자가 서로 형제자매로서뿐만 아니라 한 성령을 모신 한 몸의 지체로서 이루는 연합을 공고하게 합니다.

"우리가……다 한 성령으로 세례를 받아 한 몸이 되었고 또 다 한 성령을 마시게 하셨느니라"(고전 12:13).

"떡이 하나요 많은 우리가 한 몸이니 이는 우리가 다 한 떡에 참여함이라"(고전 10:17).

이런 여러분이 어떻게 서로 불화하려는 생각을 품고 살아간단 말입니까? 어떻게 감히 다투는 말을 일삼고 무정한 표정으로 사람들을 대한단 말입니까?

셋째, 더 나아가 이 덕에 깃든 영광을 생각해 보십시오. 이는 그리스도인을 아름답게 하는 탁월한 장식입니다.

① 이는 그 영혼이 온유하고 안정됨을 드러내는, "하나님 앞에 값진"(벧전 3:4) 썩지 않을 장식입니다.

② 이웃이 실패하거나 우리에게 잘못한 것을 눈감아 주도록 하는 자기 부인의 영광을 나타냅니다.

"허물을 용서하는 것이 자기의 영광이니라"(잠 19:11).

③ 하늘의 지혜가 나타납니다. 다툼은 미련한 자가 하는 일입니다.

"미련한 자의 입술은 다툼을 일으키고"(잠 18:6).

그러나 화평하게 하는 것은 지혜로운 자가 하는 일입니다.

"오직 위로부터 난 지혜는……화평하고"(약 3:17).

"지혜는 진주보다 나으므로"(잠 8:11).

"지혜를 얻는 것이 금을 얻는 것보다 얼마나 나은고"(잠 16:16).

"지혜가 힘보다 나으나"(전 9:16).

지혜는 사람의 얼굴을 빛나게 합니다.

"지혜는 그의 얼굴에 광채가 나게 하나니"(전 8:1).

이 모든 유쾌한 일들은 화평함을 통해 이해할 수 있습니다.

④ 교회가 스스로를 화평함이라는 장식으로 단장할 때, 교회를 바라보는 모든 사람이 즐겁고 사랑스러운 마음을 가지게 됩니다.

"형제가 연합하여 동거함이 어찌 그리 선하고 아름다운고"(시 133:1).

그러므로 화평함이라는 탁월한 장식으로 교회를 단장하여 교회가 빛을 발하게 하십시오.

넷째, 화평은 가장 탁월한 상급을 받습니다.

① 화평하게 하는 자는 희락이 넘칩니다.

"화평을 의논하는 자에게는 희락이 있느니라"(잠 12:20).

② 화평하게 하는 자는 하나님과 사람을 향한 모든 영적 활동에 참여할 수 있습니다. 마음이 스스로를 정죄하지 않으므로 확신을 가지고 하나님께 나아갑니다(요

일 3:21 참고). 모든 말과 행실이 즐겁습니다. 거리낌 없는 마음에서 비롯되기 때문입니다. 그들의 말과 행실에는 지혜가 소금처럼 뿌려져 있습니다. 그래서 예수님도 소금과 화평을 함께 언급하십니다(막 9:50 참고).

③ 하나님은 화평하게 하는 자와 사랑과 자애로우심으로 함께 거하십니다.

"평안할지어다. 또 사랑과 평강의 하나님이 너희와 함께 계시리라"(고후 13:11).

하나님께서 임하시는 가운데 그분의 사랑을 누리는 것이야말로 신자의 삶 전부라고 할 수 있습니다. 하나님께서 우리를 위하시는데, 어느 누가 우리를 대적하겠습니까? 하나님께서 허락하시는 평화를 어느 누가 어지럽힌단 말입니까?

④ 화평하게 하는 자들에게 하나님의 복이 임합니다.

"거기서 여호와께서 복을 명령하셨나니 곧 영생이로다"(시 133:3).

그러므로 하나님으로부터 온갖 복락을 받기를 바라는 사람은 화평을 추구하며 살아야 합니다.

⑤ 한마디로, 하나님께서 화평하게 하는 자들을 하나님의 자녀요 구원의 상속자로 선언하십니다.

"화평하게 하는 자는 복이 있나니 그들이 하나님의 아들이라 일컬음을 받을 것임이요"(마 5:9).

이것 외에 우리가 무엇을 바라겠습니까? 그러므로 힘써 화평을 추구하며 사십시오.

화평하게 하는 성품을 증진하는 방편

화평함 가운데 살기를 원한다면 다음과 같이 행하십시오.

첫째, 재물과 명예와 사랑에 대한 욕심을 십자가에 못 박으십시오. 자기를 부인하지 않는다면 화평한 마음을 가지고 유지할 수 없습니다. 자기를 부인하지 않는다면 다른 사람과 불화만 일으킬 뿐입니다. 다른 이들이 추구하는 것을 여러분도 동일하게 추구하기 때문입니다. 이러한 성향을 가지고 있는 한 여러분은 자연스레 사람들과 맞설 수밖에 없으며, 그로 말미암아 내면의 화평이 쉽게 무너집니다. 무엇이든 우리 마음을 어지럽히는 것들이 금세 입 밖으로 쏟아져 나올 것입니다. 욕심이야말로 마음의 화평을 깨뜨리는 주범입니다.

"이익을 탐하는 자는 자기 집을 해롭게 하나"(잠 15:27).

다른 사람들이 즐기는 명예와 이득과 사랑을 똑같이 선망하고 부러워하기 시작하면 마음은 항상 불안할 수밖에 없습니다. 이 불안감이 삶에서도 어떤 식으로든 금세 드러날 것입니다. 이처럼 시기와 다툼은 언제나 함께 나타납니다. 이 둘 모두가 혼란과 모든 악한 일의 원천이기 때문입니다(약 3:16 참고).

둘째, 자기 일에 신경을 쓰고 다른 사람의 일은 그들에게 맡기십시오. 스스로 다른 사람의 행실을 감시하고 판단하는 자처럼 행동하지 마십시오. 남을 험담하고 비방하는 자들의 말을 듣지 마십시오. 다른 사람들이 여러분에 대해 하는 말도 듣지 마십시오.

"패역한 자는 다툼을 일으키고 말쟁이는 친한 벗을 이간하느니라"(잠 16:28).

"나무가 다하면 불이 꺼지고 말쟁이가 없어지면 다툼이 쉬느니라"(잠 26:20).

솔로몬은 다음과 같이 지혜롭게 조언합니다.

"또한 사람들이 하는 모든 말에 네 마음을 두지 말라. 그리하면 네 종이 너를 저주하는 것을 듣지 아니하리라"(전 7:21).

이웃을 험담하지 않기 위해서라도 잠잠하십시오. 이웃에 대한 험담이 끊임없이 문제를 불러오고 불화를 일으키기 때문입니다.

"입술을 크게 벌리는 자에게는 멸망이 오느니라"(잠 13:3).

사람들이 다툴 때 섣불리 끼어들지 마십시오. 스스로 재판장이 되어 성급하게 어느 한쪽을 편드는 결론을 내리지 마십시오. 이는 다른 사람들이 화평하게 지내도록 조언하는 것과는 전적으로 다른 문제입니다.

"길로 지나가다가 자기와 상관없는 다툼을 간섭하는 자는 개의 귀를 잡는 자와 같으니라"(잠 26:17).

그러므로 다른 사람의 일에 간섭하는 자는 개에게 물리는 것과 같은 곤경에 처할 것입니다.

"너희 중에 누구든지……남의 일을 간섭하는 자로 고난을 받지 말려니와"(벧전 4:15).

셋째, 항상 낮은 곳에 자리하십시오. 다른 사람을 대할 때뿐만 아니라 스스로 생각할 때에도 그리하십시오. 억울한 일을 잘 견디고 그런 행위를 용서하십시오(골 3:13 참고). 하나님의 뜻에 반하지 않는 한 아브라함처럼 모든 일에서 다른 사람의 뜻을 존중하십시오.

"나나 너나……서로 다투게 하지 말자……네가 좌 하면 나는 우 하고 네가 우 하면 나는 좌 하리라"(창 13:8,9).

이런 점에서 사람은 넉넉히 나눌 줄 알아야 합니다. 그렇게 함으로써 화평을 얻고 마음의 평안을 누립니다. 이는 금이나 보석이나 권세보다 더욱 귀한 것입니다.

"화평을 찾아 따를지어다"(시 34:14).

넷째, 무례한 사람 때문에 마음이 불쾌해지면, 처음 그 마음이 들 때부터 스스로를 단단히 무장하고 그 마음을 거부하십시오. 아무런 대꾸도 하지 마십시오. 그 순간에 스스로를 지키지 않으면 순식간에 다툼이 일어나 걷잡을 수 없게 됩니다.

"다투는 시작은 둑에서 물이 새는 것 같은즉"(잠 17:14).

86

부지런함

하나님은 사람에게 영혼과 육신을 주어 사람이 그것들에 관심을 가지고 영혼과 육신으로 하나님께 영광을 돌리도록 하셨습니다. 아담은 타락하기 전 완전한 상태에 있을 때에도 육체 노동을 했습니다.

"여호와 하나님이 그 사람을 이끌어 에덴동산에 두어 그것을 경작하며 지키게 하시고"(창 2:15).

타락 이후에도 하나님은 모든 사람에게 저마다 부르심을 주시고 일하도록 하셨습니다.

"각 사람은 부르심을 받은 그 부르심 그대로 지내라"(고전 7:20).

하나님은 사람으로 하여금 각자의 부르심을 수행하도록 하셨을 뿐만 아니라, 그것을 부지런히 행하도록 하셨습니다. 지금부터 이 부지런함에 관해 살펴보도록 하겠습니다.

부지런함을 뜻하는 히브리어는 חָרוּץ(하루쯔)입니다. 이 말은 '날카롭다,' '뾰족하다,' '부지런하다'라는 의미를 가집니다. 헬라어로는 ἀκρίβεια(아크리베이아)입니다. 이 말은 어떤 일을 잘하고 좋은 결과를 얻기 위해 신중하고도 세심하게 행하는 것을 가리킵니다. 따라서 부지런함이란 일하는 것 이상을 의미합니다. 아크리베이아에서 '부지런하다'를 의미하는 단어 ἀκρίβος(아크리보스)가 파생되었습니다.

"그가 일찍이 주의 도를 배워 열심으로 예수에 관한 것을 자세히 말하며 가르치나"(행 18:25).

"그런즉 너희가 어떻게 행할지를 자세히 주의하여(부지런하고 정확하게)"(엡 5:15).

헬라어 ἐπιμέλια(에피멜레이아)도 같은 의미를 나타냅니다. 이 말은 μέλει(멜레이)에서 파생되었는데, 특별히 세심하고도 신중하게 어떤 문제를 힘써 행하는 것을 말합니다.

"찾아내기까지 부지런히 찾지 아니하겠느냐?"(눅 15:8)

σπουδή(스푸데)라는 말도 자주 사용됩니다. '빠르다'나 '질주하다'라는 말이 여기서 비롯되었습니다. 따라서 이 말은 어떤 일을 신속하고도 부지런하게 행하는 것을 뜻합니다.

"다스리는 자는 부지런함으로……할 것이니라"(롬 12:8).

부지런함이란, 신자가 하나님께서 맡기신 일을 물리적이고도 영적인 능력을 발휘하여 즐거움과 기쁨으로 진심을 다해 열심히 행하는 것을 말합니다. 하나님께서 그것을 원하시기 때문입니다.

신자들만이 이 부지런함이라는 덕을 발휘할 수 있습니다. 회심하지 않은 자들도 나름대로 부지런히 살아갑니다. 그러나 생명이 사망과 다른 것처럼, 그들의 부지런함은 신자들의 부지런함과 엄연히 다릅니다. 자연인의 부지런함은 악으로 가득한 뒤틀린 마음에서 나옵니다. 그들이 열심히 일하는 이유는, 하나님의 뜻이 아니라 생계 유지나 사람들을 기쁘게 하는 것 등 다른 목적에서 비롯됩니다. 반면에 그리스도인의 부지런함은 거듭나고 믿는 마음에서 비롯됩니다. 믿음은 영혼을 그리스도와 하나 되게 하고 그리스도로 말미암아 하나님을 화목하게 된 아버지로 여기며 그분께로 나아가게 합니다. 이런 믿음으로 말미암아 하나님을 사랑하게 되고, 이 사랑이 하나님을 기쁘시게 하려는 동력이 됩니다. 이처럼 신자가 어떤 일에 부지런히 힘쓰는 것은, 그가 사랑하는 하나님께서 그렇게 하라고 명령하셨기 때문입니다. 그러하기에 기꺼이 그 일을 받고 즐겁게 행하며, 선한 목적을 이루고자 부지런히 힘씁니다. 하나님께서 신자가 그렇게 행하는 것을 원하고 기뻐하시기 때문입니다.

부지런함의 대상은 하나님께서 우리에게 맡겨 주신 일입니다. 하나님은 자신의 선하심과 지혜로 사람이 다른 사람의 도움을 통해 살아가게 하셨습니다. 이를 위해 사람들 사이에 다양한 계층과 지위를 두시고 각자의 위치에 걸맞은 일을 주셨습니다. 어떤 사람은 교회에서, 다른 사람은 정부에서, 또 다른 사람은 집에서 일하도록 하셨습니다. 각 사람마다 부름받은 일의 내용도 다릅니다. 어부도 있고 농부도 있고, 상인도 있고 기술자도 있습니다. 그 안에서도 다양한 일이 있습니다. 섬김받아야 하는 사람이 있는가 하면, 섬기는 사람이 있습니다. 신자는 자신이 있는 자리가 바로 하나님께서 부르신 곳이라 믿고 자신이 처한 자리와 상황을 주목합니다. 그리고 다윗처럼 그 자리에서 힘써 하나님을 섬깁니다.

"여호와여, 나는 진실로 주의 종이요……곧 주의 종이라"(시 116:16).

이처럼 신자는 사람들이 알아주든 그렇지 않든, 쉽든 어렵든 상관없이 하나님께서 두신 곳에서 만족합니다. 하나님께서 주권자이실 뿐만 아니라, 지혜롭고 선하시며 신실한 종들에게 상을 베푸시는 분임을 알기 때문입니다. 그래서 신자는 지금 자신이 일하는 자리로 하나님께서 부르셨다고 믿으며 그 일에 힘씁니다(고전 7:20 참고).

부지런함의 핵심과 목적

부지런함의 핵심은 영혼과 육신의 기능을 힘써 발휘하는 것입니다. 부지런한 사람의 영혼은 자기에게 맡겨진 일을 힘써 행합니다.

첫째, 그는 지성을 사용하여 어떤 수단과 방식으로 일하는 것이 최선인지를 생각합니다. 그는 자신이 하는 일에 집중합니다. 다윗은 모든 일을 이런 방식으로 행했습니다.

"용기와 무용과 구변이 있는 준수한 자라"(삼상 16:18).

"이에 그가……그의 손의 능숙함으로 그들을 지도하였도다"(시 78:72).

솔로몬은 지혜로운 종에 대해 이렇게 말합니다.

"슬기로운 종은……다스리겠고"(잠 17:2).

"사람은 그 지혜대로 칭찬을 받으려니와"(잠 12:8).

둘째, 의지 또한 자기에게 주어진 의무에 다음과 같은 방식으로 매진합니다.

① 자원함

이것이 예루살렘 성벽이 그토록 신속하게 재건될 수 있었던 이유입니다.

"이는 백성이 마음들여 일을 하였음이니라"(느 4:6).

② 기뻐함

노예처럼 의지에 반하여 마지못해서, 또는 매맞을 것이 두려워서 비굴하게 일하지 않습니다. 오히려 자애로우신 아버지요 위대하신 하나님을 섬기는 일이기 때문에 기쁨으로 행합니다. 영적인 일이든 육적인 일이든 부지런한 사람은 기쁨으로 일합니다. 주님이요 아버지이신 하나님께서 맡기신 일이기 때문입니다.

"기쁨으로 여호와를 섬기며 노래하면서 그의 앞에 나아갈지어다"(시 100:2).

셋째, 감정과 정서도 함께 일합니다. 부지런한 사람은 근면하고, 열심을 낼 뿐만 아니라 자신이 하는 일을 즐거워합니다. 마구간의 말이 들판에서 달리기만을 기다리며 끊임없이 마구간 문에 발길질을 해 대는 것처럼, 부지런한 사람은 다른 사람들이 아직 일을 시작할 준비도 하지 않은 때부터 일을 시작합니다.

"주의 계명들을 지키기에 신속히 하고 지체하지 아니하였나이다"(시 119:60).

그들은 "불꽃"과 같은 자들입니다(시 104:4 참고).

"네가 자기의 일에 능숙한 사람을 보았느냐? 이러한 사람은 왕 앞에 설 것이요"(잠 22:29).

넷째, 부지런한 사람은 수행하고 있는 육체 노동에 몸의 힘과 기능을 사용합니다. 땀이 나거나 지치는 것을 기피하지 않습니다. 그는 하나님의 뜻을 행하는 것을 가장 중요하게 여기기 때문입니다. 그는 땀이 맺힌 얼굴로 주님께 나아가는 것을 영예로운 일로 여깁니다. 그는 기진맥진하고 피로한 모습을 주님께 보이며 다음과 같이 말합니다. "이렇게 일한 것은 주님의 일이 즐겁고 기쁘기 때문입니다."

"네 손이 일을 얻는 대로 힘을 다하여 할지어다"(전 9:10).

일하는 사람은 그 일의 목적에서 동기를 부여받으며 그 목적을 이루기 위해 어떤 방편들을 사용할지를 결정합니다. 부지런한 사람은 '하나님의 뜻을 행하는 것'이라는 목적에서 동기를 부여받습니다. 물론 이런 목적을 의식하지 않고 일할 때도 있습니다. 그러나 하나님의 뜻을 행하는 것이 부지런한 신자의 삶입니다. 신자가 무언가를 부지런히 하는 것은 하나님께서 그것을 원하시기 때문입니다. 그러하기에 신자는 죄악된 일을 하지 않으며, 그 자체로 중립적인 어떤 일을 할 때에도 죄악된 방편을 사용하지 않습니다. 혼자 일할 때에도 묵묵히 합니다. 그렇게 행하라고 명령하시는 하나님을 항상 앞에 모시고 있기 때문입니다. 다른 사람을 위해 일할 때에도 그것이 하나님의 뜻임을 알고 힘써 행합니다. 하나님을 섬기는 것이야말로 부지런한 신자들이 일하는 원리요 본질이요 목적입니다. 또한 부지런한 신자는 생계를 이어 가고, 가족을 부양하고, 도움이 필요한 사람들을 돕기 위해 일을 합니다. 이 모든 일이 궁극적으로 하나님의 뜻을 행하는 것입니다. 하나님은 사람의 수고를 통해 그에게 필요한 것들을 공급하기를 기뻐하시기 때문입니다. 사도 바울은 사람을 섬길 때 하나님을 섬기는 것처럼 하라고 가르칩니다.

"종들아, 두려워하고 떨며 성실한 마음으로 육체의 상전에게 순종하기를……그리스도의 종들처럼 마음으로 하나님의 뜻을 행하고, 기쁜 마음으로 섬기기를 주께 하듯 하고 사람들에게 하듯 하지 말라"(엡 6:5-7).

부지런하지 않은 것을 책망함

그리스도인의 덕으로서 부지런함이 무엇인지를 살펴보았습니다. 그 내용을 숙고해 볼 때 다음과 같은 사람은 책망받아 마땅합니다.

첫째, 두더지처럼 땅속에 사는 동물이나 벌레들조차 일을 합니다. 그러나 이들이 하는 일은 부지런함이라는 덕과는 아무런 상관이 없습니다. 어떤 사람들은 하나님께서 사람에게 일하게 하셨다는 것을 이유로 들면서, 자신이 신앙적인 동기로 일하는 양 가장합니다. 그러나 일하는 것 자체가 신앙적인 행위는 아님을 알아야 합니다. 일이 신앙 행위가 되려면 앞에서 살펴본 본질과 성향과 방식과 목적이 수반되어야 합니다. 그리스도와 연합한 마음(그리스도로 말미암아 하나님과 연합한)으로 하나님을 자기와 화목하게 된 아버지로 알고 하나님 앞에서 자녀의 마음으로 일할 때에라야 우리의 수고가 신앙 행위가 됩니다. 신자는 자신의 직업을 하나님께서 자기를 불러 행하게 하신 일로 여깁니다. 그렇게 하나님을 섬기고 기쁘시게 하는 것을 목적으로 삼으며 하나님의 뜻을 온전히 받들고 어린아이처럼 순종하며 주어진 일에 힘씁니다. 반면에 이런 실체와 마음이 없는 수고는 신앙적인 행위라 할 수 없습니다. 오히려 그것은 자기의 필요를 위해 행하는 수고일 뿐입니다. 하나님은 모든 회심하지 않은 자들에게 평생 일하도록 선언하셨습니다.

"땅은 너로 말미암아 저주를 받고 너는 네 평생에 수고하여야 그 소산을 먹으리라⋯⋯ 네가 흙으로 돌아갈 때까지 얼굴에 땀을 흘려야 먹을 것을 먹으리니"(창 3:17,19).

신명기 28장 20절에서도 하나님께서 저주를 선포하십니다.

"네 손으로 하는 모든 일에 여호와께서 저주와 혼란과 책망을 내리사."

그러므로 자신이 하는 일이 신앙적이라고 스스로 단정 지을 수 없습니다.

둘째, 수많은 사람들이 일할 때 게으름을 피웁니다. 가장 게으른 자들조차 게으르다는 소리를 듣기 싫어할 정도로 게으름은 부끄러운 죄요 부지런함과 정반대되는 악입니다. 이런 사람들은 그의 지위와 상관없이 자신의 게으름이 교회를 얼마나 수치스럽게 하는지를 알아야 합니다. 정부 관료, 목사, 장로, 집사, 기혼자나 미혼자, 상인, 사업가, 노동자, 남녀 할 것 없이 그리스도의 교회 회원으로 있으면서 게으른 자는 그리스도와 그분의 교회의 망신거리입니다.

게으른 사람은 어떠합니까?

① 일하지 않습니다. 부지런한 사람은 언제나 할 일을 찾는 반면에, 게으른 자는 할 일이 없다고 불평합니다. 그러나 실상 그는 일하기를 좋아하지 않습니다. 그는

자기에게 일을 시키거나 자기를 고용하는 사람이 없기를 바라는 식으로 행동합니다. 그는 일할 수 있는 기회를 피하려고 합니다. 그러다가 기회가 주어지면 "나는 그런 데서는 일할 수 없다"라고 말하며 자신의 게으름을 변명합니다. 그러나 부지런한 사람은 일할 거리를 찾고 구합니다. 한 곳에서 기회를 잃으면, 또 다른 곳에서 기회를 찾습니다.

② 오래 잠자기를 좋아합니다. 그는 침대에서 이리저리 뒹굴거리며 더 오랫동안 잠에 빠져 있고자 합니다. 솔로몬은 이렇게 빈둥거리는 사람을 가리켜 다음과 같이 말합니다.

"게으름이 사람으로 깊이 잠들게 하나니"(잠 19:15).

"게으른 자여, 네가 어느 때까지 누워 있겠느냐? 네가 어느 때에 잠이 깨어 일어나겠느냐? 좀 더 자자, 좀 더 졸자, 손을 모으고 좀 더 누워 있자 하면"(잠 6:9,10).

"문짝이 돌쩌귀를 따라서 도는 것같이 게으른 자는 침상에서 도느니라"(잠 26:14).

③ 부주의합니다. 삶이 무질서합니다. 그러하기에 그는 모든 것이 어지럽게 뒤섞여도 그대로 내버려 둡니다. 물론 자신이 얻은 것을 잘 정리한다고 해서 다 부지런한 것은 아닙니다. 그러나 부주의함은 게으름의 표지입니다. 부지런한 사람도 다른 중요한 일을 하느라 정리가 안 된 것처럼 보일 때가 있으나, 그는 그러기를 원하지 않습니다. 그러나 해진 옷을 자주 입고 집에 먼지와 거미줄이 가득하며 모든 것이 더러운 상태라면, 이는 그 사람이 얼마나 게으른지를 대변해 줍니다.

"잠자기를 즐겨 하는 자는 해어진 옷을 입을 것임이니라"(잠 23:21).

"내가 게으른 자의 밭……을 지나며 본즉, 가시덤불이 그 전부에 퍼졌으며 그 지면이 거친 풀로 덮였고 돌담이 무너져 있기로"(잠 24:30,31).

④ 일하기를 매우 싫어합니다. 일을 시작하기 전에 빈둥거리며 시간을 허송하고 언제나 이리저리 일을 재 봅니다. 시간에 다급하게 쫓기거나 창피를 당할 우려가 있을 때에야 겨우 일을 시작합니다. 그마저도 너무 덥다거나 너무 춥다거나 필요한 연장이 없다거나 재료가 부족하다는 등 얼마나 핑계가 많은지 모릅니다. 아직 일할 시간이 충분하다고 믿고서 나중으로 미룹니다. 침대에 누워 빈둥거리거나 길

을 거닐면서 자신의 일에 대해 구상하고 그 일을 어떻게 이룰지를 계획합니다. 그리고 그 일을 부지런히 할 때 얻게 될 유익을 생각합니다. 그러고는 그렇게 일을 시작할 것처럼 굳게 다짐합니다. 그러나 다급하게 쫓기기 전에는 일에 전념하지 않으며 이미 일을 다 마친 듯이 행합니다.

"게으른 자는 자기의 손을 그릇에 넣고서도 입으로 올리기를 괴로워하느니라"(잠 19:24).

"게으른 자는 말하기를 사자가 밖에 있은즉 내가 나가면 거리에서 찢기겠다 하느니라"(잠 22:13).

게으른 자가 일하는 모습을 보면 혐오감을 가질 수밖에 없습니다. 두 다리를 땅에 질질 끌고 걷는 것처럼 움직임이 얼마나 굼뜬지 모릅니다. 마치 땅속에 무릎까지 빠져 있는 느낌입니다. 그가 손대는 것마다 끈끈이로 범벅이 되어 있는 것처럼 손에 달라붙어 있습니다. 일을 하는 것 같은데, 어찌된 영문인지 이리저리 살펴보고 대보고, 자세를 이리저리 바꾸고, 여기저기 두들겨 보느라 시간만 보낼 뿐입니다. 그러면서도 임금은 두 배로 올려 달라고 우깁니다.

⑤ 머릿속이 새로운 생각과 상상으로 가득 차 있습니다. 그는 이러저러하게 해야 한다고 말은 잘하지만, 정작 제대로 하는 것은 없습니다. 거창한 일을 꿈꾸고, 자신에 관해 이런저런 모습으로 상상합니다. 이미 지나간 일에 대해서는 언제나 가장 좋았다고 판단합니다.

"게으른 자는 사리에 맞게 대답하는 사람 일곱보다 자기를 지혜롭게 여기느니라"(잠 26:16).

자신이 일을 잘못 선택했다고 믿습니다. 자기가 이러저러한 상황이었다면 이러저러한 직업을 가졌을 것이고 모든 것이 잘되었을 것이라고 생각합니다. 그러나 그는 여전히 자기 일에는 신경 쓰지 않고 사소한 일로 시간을 허비합니다. 무언가를 세우려고 하다가 다른 것을 무너뜨립니다. 그러고는 자기 일과는 아무런 상관이 없는 다른 일에 눈을 돌립니다.

게으르지 말라는 권면

지금까지 자신이 얼마나 게으른지를 가늠해 볼 수 있도록 게으른 사람의 특징을 살펴보았습니다. 솔직히 말해, 신자들 중에도 어떤 이들은 이런 게으름이라는 죄로부터 완전히 자유롭지 못합니다. 설령 그들이 부지런하다 할지라도 앞에서 말한 것처럼 순전하게 부지런한 것은 아닙니다. 모두가 게으름을 그칠 수 있도록 게으름이 초래하는 몇 가지 비참한 결과를 제시하겠습니다.

첫째, 게으른 자는 하나님께 미움을 받습니다. 하나님께서 나귀의 첫 새끼를 원하지 않으셨다는 사실이 이를 잘 보여 줍니다. 나귀의 첫 새끼는 어린양으로 대속하거나 그 목을 꺾어야 했습니다(출 13:13 참고). 하나님께 미움 받고 가증하게 여겨지며, 목이 부러지거나 머리가 깨져 죽는 것은 얼마나 끔찍한 일입니까!

둘째, 게으른 자는 모든 존귀한 자들에게서 멸시와 미움을 받습니다. 가난한 사람은 사람들에게 동정이라도 받습니다. 그러나 어느 누가 게으른 자를 동정한단 말입니까?

"게으른 자는 그 부리는 사람에게 마치 이에 식초 같고 눈에 연기 같으니라"(잠 10:26). 이런 사람은 주변의 모든 사람을 힘들고 곤란하게 할 뿐입니다.

셋째, 게으른 자는 자신에게도 짐입니다. 일을 해야 하는 줄 알지만 일하기를 싫어합니다. 그러하기에 일을 시작할 때 힘이 배나 듭니다. 게으른 자는 일을 시작할 때 발가벗은 채로 가시투성이 울타리를 지나가 가시가 온몸을 찌르는 것처럼 느낍니다.

"게으른 자의 길은 가시 울타리 같으나"(잠 15:19).

넷째, 게으른 사람 자신과 그의 가족들은 극심한 가난에 시달리게 됩니다. 그러하기에 게으른 자를 불신자보다 더 악하다고 하는 것입니다(딤전 5:8 참고). 그는 자신이 당하는 슬픔과 빈궁한 상황으로 기진할 수밖에 없습니다.

"게으른 자는 마음으로 원하여도 얻지 못하나"(잠 13:4).

"우매자는 팔짱을 끼고 있으면서 자기의 몸만 축내는도다"(전 4:5).

다섯째, 게으름은 온갖 죄와 허탄한 생각과 음란(삼하 11:2 참고)과 비방(롬 1:30 참고)과 불의와 낙담의 근원입니다. 하나의 죄가 다른 죄를 낳고, 결국 이런 죄의 삯으로 영원한 사망이 뒤따릅니다(롬 6:23 참고). 그러므로 게으름을 경계하십시오. 세상 일에 게으른 자는 영적인 일에도 게으를 것입니다. 반면에 영적인 일에 부지런한 신자는 세상 일에도 부지런할 것입니다.

신자는 게으름을 미워하고 피하는 것만큼이나 앞에서 말한 영적인 방식을 따라 부지런하고자 힘써야 합니다. 경건한 사람은 부지런함이라는 덕이 가진 아름다움을 사랑할 수밖에 없으므로 영적인 방식으로 육체의 수고를 힘써 행합니다. 이 일에 마음을 불러일으키기 위해 다음의 것들을 생각해 보십시오.

첫째, 하나님께서 부지런히 하나님을 섬기라고 명령하십니다. 신자로서 여러분은 하나님을 자기 하나님으로 모시고 그분을 섬기는 데 자신을 드리기로 하였습니다. 종이라면 주인께 "제가 무엇을 하기를 바라십니까?"라고 물을 것입니다. 여러분도 그렇게 행해야 합니다. 그러므로 하나님의 명령에 귀 기울이십시오.

"또 너희에게 명한 것같이 조용히 자기 일을 하고 너희 손으로 일하기를 힘쓰라. 이는 외인에 대하여 단정히 행하고 또한 아무 궁핍함이 없게 하려 함이라"(살전 4:11,12).

두 번째 편지에서도 똑같이 권면하는 것으로 보아 데살로니가교인들은 이 덕이 크게 부족했던 것 같습니다.

"우리가 들은즉 너희 가운데 게으르게 행하여 도무지 일하지 아니하고 일을 만들기만 하는 자들이 있다 하니, 이런 자들에게 우리가 명하고 주 예수 그리스도 안에서 권하기를 조용히 일하여 자기 양식을 먹으라 하노라"(살후 3:11,12).

이 말은 여러분에게도 해당합니다.

둘째, 부지런함은 그리스도인을 단장하는 장식입니다. 신자가 부지런하면, 세상 사람들이 제기하는 바 신자들은 자기 일과 가족들을 내팽개치고 오로지 예배와 교리문답과 강의와 여기저기 다니는 모임에만 빠져 사는 게으른 자들이라는 비방을 불식시킵니다. 세상 사람들은 경건을 하찮게 여기지만 부지런한 것은 높이 평가합니다. 그러므로 신자인 여러분은 부지런해야 합니다. 경건이 사람을 바르고 부지런하게 만든다는 사실을 모든 사람들이 믿을 수 있도록 말입니다. 이처럼 부지런한 여러분은 교회를 단장하는 장식이 될 것입니다. 경건을 비방하고 다른 사람들을 그렇게 부추기는 자들을 부끄럽게 할 것입니다.

셋째, 하나님께서 우리에게 모범을 보여 주셨습니다. 육 일 동안 세상을 지으시고, 칠 일째 되는 날에 쉬셨습니다(출 20:9-11 참고). 주 예수님은 다음과 같이 말씀하십니다.

"내 아버지께서 이제까지 일하시니 나도 일한다"(요 5:17).

이런 사실은 우리로 하여금 더욱 부지런하게 행하게끔 합니다. 그러지 않는다면 어떻게 하나님께 복 받기를 기대할 수 있겠습니까? 짐승들조차 우리에게 부지런할 것을 가르칩니다.

넷째, 하나님께서 부지런한 자에게 복을 약속하십니다. 그런데 다음 말씀을 보면 부지런함 자체가 복을 가져오는 것이 아님을 알 수 있습니다.

"너희가 일찍이 일어나고 늦게 누우며 수고의 떡을 먹음이 헛되도다"(시 127:2).

오히려 하나님께서 복을 베푸시기 때문에 부지런함이 복이 되는 것입니다. 그러하기에 모세는 이렇게 기도합니다.

"주 우리 하나님의 은총을 우리에게 내리게 하사 우리의 손이 행한 일을 우리에게 견고하게 하소서. 우리의 손이 행한 일을 견고하게 하소서"(시 90:17).

하나님은 계명에 부합하게 행하는 자들에게 그 계명이 복이 되도록 하셨습니다. 그분은 불신자라 할지라도 부지런히 밭을 갈고 씨 뿌리는 자들이 많은 소산을 얻게 하시나, 아무리 신자라고 해도 합당한 방식으로 부지런히 밭을 기경하지 않으면 추수 때에 소산을 얻지 못하게 하십니다. 땅 자체에 곡식을 산출할 능력이 있습니까? 하나님께서 땅이 그런 결과를 내도록 하시는 것이 아닙니까? 어떻게 불신자가 많이 거두고 신자가 적게 거둘 수가 있습니까? 하나님께서 불신자를 신자보다 편애하신 것입니까? 그렇지 않습니다. 오히려 하나님께서 자기가 명령하신 것에 복을 베푸시는 것입니다. 따라서 불신자라 할지라도 하나님께서 정하신 대로 합당한 방편을 따라 살 때 복을 받습니다. 누구든지 이 방편을 따르지 않으면 소산을 얻지 못합니다. 그러나 신자가 부지런하면 수고한 대로 소산을 얻을 뿐만 아니라, 그 소산도 복을 받습니다. 하나님께서 그렇게 약속하십니다.

"손을 게으르게 놀리는 자는 가난하게 되고 손이 부지런한 자는 부하게 되느니라"(잠 10:4).

"부지런한 자의 손은 사람을 다스리게 되어도 게으른 자는 부림을 받느니라"(잠 12:24).

"게으른 자는 마음으로 원하여도 얻지 못하나 부지런한 자의 마음은 풍족함을 얻느니라……망령되이 얻은 재물은 줄어가고 손으로 모은 것은 늘어가느니라"(잠 13:4,11).

경건한 신자가 자연적인 의미에서 기대한 만큼 소산을 얻지 못하더라도, 하나님은 그가 거둔 적은 소산에 복을 베푸십니다.

"의인의 적은 소유가 악인의 풍부함보다 낫도다"(시 37:16).

여러분은 이 약속을 분명히 확인하게 될 것입니다.

"네가 네 손이 수고한 대로 먹을 것이라. 네가 복되고 형통하리로다"(시 128:2).

87

불쌍히 여김

하나님은 자신의 지혜와 선하심으로 여러 방편을 사용하여 이 땅의 만물을 보존하고 다스리십니다. 이는 생물들은 물론이요 무생물들에게도 해당하는 사실입니다. 한 사람의 삶은 다른 사람의 삶과 연관되어 있습니다. 이처럼 수많은 사람의 삶이 한 사람의 안녕에 관여됩니다. 물론 그들은 본디 저마다 자신의 안녕을 구하며 서로 관여되는 것입니다. 그러나 도움이 필요한 사람에게 필요한 것을 제공할 때에는 그 사람의 안녕을 돕는 것이 유일한 목적이고, 그래야만 합니다. 즉, 주린 자를 먹이고, 목마른 자를 마시게 하며, 벗은 자를 입히고, 가난하고 병들고 약한 자를 돕는 것입니다. 이런 일을 일컬어 '연민,' '자비,' '관대함,' '다정함'이라고 합니다. 모든 사람이 이런 덕을 칭송하지만 정작 스스로 그 덕을 행하는 사람은 드물고, 올바르게 행하는 사람은 없다시피 합니다.

םחר(레헴)은 이런 덕을 가리키는 히브리어입니다. 이 말은 가장 친절하고도 섬세한 사랑, 곧 거침없이 일어나는 사랑을 뜻합니다. 이 말은 자신이 낳은 태의 열매를 향한 어머니의 가장 부드럽고도 섬세한 감정을 나타냅니다. 그래서 사도는 개인이 느끼는 연민의 원천이 되는 불쌍히 여기는 마음을 긍휼이라고 표현합니다(골

3:12 참고). נְדִיבָה(느디바)는 이런 연민과 자비를 표현하는 또 다른 히브리어입니다. 이 말은 측은지심이 많은 사람이 자원하여 무언가를 나누는 행위에 담긴 자발성과 숭고함을 부각시킵니다. 이런 사람의 구제와 선행이 다름 아닌 그 마음의 존귀한 성향에서 비롯되기 때문입니다. 자비로움을 가리키는 히브리어 חֶסֶד(헤세드)는 선하고도 친절한 마음에서 비롯되는 자애로움과 다정함을 의미합니다. 관대함을 뜻하는 히브리어는 우리가 쓰는 말과 동일하게 우리가 가진 것을 다른 사람과 나누는 것을 뜻합니다. 자기가 가진 것을 떼어 도움이 필요한 다른 사람과 똑같이 나누는 것입니다. 자비를 가리키는 헬라어 ἔλεος(엘레오스)는 마음이 동요되는 것을 의미합니다. 이 말은 측은지심이 많은 사람이 도움이 필요한 사람을 보고 자신이 그 상황에 있는 것처럼 그 사람에게 마음을 향하는 것을 가리킵니다.

연민은 비참한 상황에 처한 사람을 본 신자의 마음에 동정심이 일어나는 내적인 움직임으로서, 신자로 하여금 할 수 있는 데까지 도움을 제공하도록 동기를 부여합니다.

오직 신자만이 이 덕을 발휘할 수 있습니다. 물론 회심하지 않은 불신자도 외형적으로는 신자가 하는 모든 것을 할 수 있습니다. 그러나 이 두 행위는 모형 시계와 실제로 움직이는 시계만큼이나 큰 차이가 있습니다. 자연인은 죄와 허물로 죽어 있습니다. 그러하기에 그들이 행하는 외적인 선행 역시 하나님 앞에서 죽은 것입니다. 그들의 연민과 동정은 본성적인 마음에서 나옵니다. 이는 다른 사람을 위하는 것 같지만, 실제로는 사람들의 사랑과 인정을 받으려 하거나 자신이 그런 처지에 있는 경우를 상정하는 데에서 비롯된, 자기 자신을 위한 연민과 동정입니다. 그러나 경건한 신자는 그리스도를 믿는 믿음으로 말미암은 신령한 생명을 가집니다. 믿음으로 말미암은 그리스도와의 연합을 통해 그리스도의 본성에 참여하였으므로, 신자의 행위는 하나님과 그분의 뜻을 향한 사랑에서 비롯됩니다. 하나님을 향한 사랑에서 이웃을 향한 사랑이 흘러나오며, 또한 신자는 자신에게 도움을 받은 이웃이 하나님께 감사하고 영광을 돌리도록 그의 영적인 안녕을 추구합니다. 그래서 사도는 긍휼을 하나님께서 택하신 바 된 거룩하고 사랑받는 자들의 일로 규정합니다(골 3:12 참고).

긍휼의 대상은 도움이 필요한 사람입니다. 신자는 상대방이 이웃이기 때문에 사랑합니다. 이웃이 어떠한 형편인지는 상관하지 않습니다. 그러나 긍휼히 여기는 사람은 이웃을 도움이 필요한 사람으로 여기고 사랑합니다. 이웃에게 영적인 도움이 필요해 보일 수 있습니다. 회심하지 않은 사람이 넓은 멸망의 길로 치닫는 것을 보고 그렇게 느낄 수 있습니다. 회심한 신자가 영적으로 타락하여 다툼을 일삼거나 다른 슬픔을 겪는 것을 볼 때 그런 마음이 일어날 수 있습니다. 긍휼히 여기는 사람은 이러한 사람들을 회심에 이르게 하거나 힘을 북돋고 위로하는 방식으로 도우려고 합니다. 어떤 사람들은 질병, 사고, 사별, 가난, 굶주림에 맞닥뜨리거나 거처를 잃는 등 육신적인 도움을 필요로 하는 상황에 처하기도 합니다. 긍휼히 여기는 사람은 이런 사람들을 각각의 필요에 알맞게 도울 방법을 찾습니다. 이런 경우에는 불신자나 신자나 모두 도움이 필요합니다. 긍휼히 여기는 신자는 동료 신자이든 불신자이든 도움이 필요한 사람을 가리지 않습니다. 그러나 신자를 도울 때에는 불신자를 도울 때와는 다소 다르게, 특별한 애정을 쏟습니다. 물론 신자가 아닌 사람의 필요에도 반응합니다.

"그러므로 우리는 기회 있는 대로 모든 이에게 착한 일을 하되 더욱 믿음의 가정들에게 할지니라"(갈 6:10).

우리는 우리를 미워하는 자들에게도 긍휼을 베풀어야 합니다.

"너희 원수를 사랑하며"(마 5:44).

"네 원수가 주리거든 먹이고 목마르거든 마시게 하라"(롬 12:20).

관계를 맺고 있는 모든 자연인 중에서는 일가와 친척을 먼저 도와야 합니다.

"누구든지 자기 친족 특히 자기 가족을 돌보지 아니하면 믿음을 배반한 자요 불신자보다 더 악한 자니라"(딤전 5:8).

불쌍히 여김의 핵심

불쌍히 여김의 핵심은 내적으로 공감하는 것입니다. 그리고 올바르게 공감하면, 도움을 주고자 하는 의지와 성향이 일어나게 됩니다. 불쌍히 여김은 우리의 소유를 전부, 또는 일부 나누어 주는 것만을 의미하지 않습니다.

"내가 내게 있는 모든 것으로 구제하고 또 내 몸을 불사르게 내줄지라도 사랑이 없으면 내게 아무 유익이 없느니라"(고전 13:3).

오히려 불쌍히 여김에는 다음의 것들이 필요합니다.

① 공감

사랑이 있으면, 사랑하는 사람의 필요에 대한 공감도 있습니다. 이웃이 슬퍼하거나 곤경에 처해 있음을 깨달으면, 그의 필요를 충분히 알고 그것에 마음이 움직이며, 이웃의 고통을 함께 느끼기까지 그 상황들에 관심을 가지고 주목합니다.

"우는 자들과 함께 울라"(롬 12:15).

욥은 자신이 어떻게 이웃을 대했는지에 대해 이렇게 말합니다.

"고생의 날을 보내는 자를 위하여 내가 울지 아니하였는가? 빈궁한 자를 위하여 내 마음에 근심하지 아니하였는가?"(욥 30:25).

사도 베드로 역시 우리에게 동일하게 권고합니다.

"마지막으로 말하노니……동정하며"(벧전 3:8).

② 상대를 불쌍히 여기는 내적인 움직임

이런 내적인 움직임을 통해 공감이 표현되며, 그리하여 상대의 마음에 감동을 줍니다. 그렇습니다. 긍휼히 여기는 사람은 자기 자신보다 타인이 당하는 고통에 더 민감합니다. 하나님의 긍휼이 이런 식으로 드러납니다.

"이는 우리 하나님의 긍휼로 인함이라"(눅 1:78).

성경은 주 예수님도 그러하셨다고 증언합니다.

"예수께서 불쌍히 여기사"(막 1:41).

"내가 무리를 불쌍히 여기노라"(마 15:32).

③ 도움이 필요한 사람을 그 필요에 따라 돕고자 하는 성향과 바람과 열망

"할 마음만 있으면 있는 대로 받으실 터이요"(고후 8:12).

성경에서 하나님과 그리스도의 긍휼을 언급하는 대목들에서 이런 성향과 열망이 발견됩니다. 이는 즉각 도움으로 이어집니다. 사람의 경우에도 마찬가지입니다. 공감하지 못하면 긍휼히 여길 수가 없습니다. 마찬가지로 돕고자 하는 열망과 바람이 없는 공감은 불쌍히 여기는 것이 아닙니다. 그러므로 이 둘은 언제나 함께하며 분리될 수 없습니다. 이처럼 불쌍히 여기는 것은 상대의 필요대로 도우려는 성향과 바람이 공감과 함께 일어나는 내적인 움직임입니다.

"그러므로 너희는……긍휼……을 옷 입고"(골 3:12).

불쌍히 여기는 마음의 원천이신 하나님

불쌍히 여기는 마음은 사람에게서 나는 것이 아닙니다. 사람은 본질상 사랑과 긍휼히 여기는 마음이 없으며 온갖 사악함과 악의와 시기와 살인과 악독으로 가득한 존재이기 때문입니다(롬 1:29,31 참고). 그러나 거듭남과 하나님의 자녀에게 있는 신령한 생명이 하나님에게서 비롯되는 것과 마찬가지로, 불쌍히 여기는 마음 역시 하나님에게서 나옵니다. 누군가의 필요에 관심을 가지고 살피게 되면 하나님께서 불어넣으신 이런 경향성이 생겨납니다. 이런 경향성이 발휘될 대상이 없을 때에는 실행되지 않은 채 신자 본인의 성품으로 드러날 것입니다. 그러나 하나님께서 부자와 가난한 자가 서로 어우러져 살도록 정하셨기 때문에 하나님께서 불어넣으신 이런 경향성이 발휘될 대상은 너무나 많습니다. 그런데도 제사장과 레위인은 강도를 만나 비참한 상황에 처한 이웃을 외면하고 지나쳤습니다. 그러나 사마리아인은 여행하던 중 그를 보고 불쌍히 여겼습니다(눅 10:33 참고). 경건한 신자는 도움이 필요한 사람을 보면 그 사람에게 초점을 맞추고 살펴보므로 그 속에서 불쌍히 여기는 마음이 일어납니다. 성경은 예수님께서 백성들을 향해 품으신 긍휼의 마음을 언급할 때마다 '예수께서 그를, 그녀를, 무리를 보시고'라고 말합니다. 이는

예수님께서 도움이 필요한 자들을 주목하여 보심으로 말미암아 불쌍히 여기는 마음이 불붙듯이 일어났음을 말해 줍니다. 긍휼히 여기는 사람은 도움이 필요한 사람을 맞닥뜨리면 그에게 주목합니다. 그런 사람을 만나지 못한 경우에는 도움이 필요한 사람을 찾습니다.

불쌍히 여기는 마음의 결과 또는 열매

불쌍히 여기는 마음의 결과 또는 열매는, 신자가 이웃에게 자애롭게 도움을 베풀며 살아가는 것입니다.

"자녀들아, 우리가 말과 혀로만 사랑하지 말고 행함과 진실함으로 하자"(요일 3:18).

이는 다음과 같은 모습으로 드러납니다.

① 거처가 없는 가난한 사람들에게 쉴 곳을 제공합니다. 특히 믿음의 권속들에게 그리합니다.

"유리하는 빈민을 집에 들이며"(사 58:7).

② 주리고 목마른 자에게 양식과 음료를 나누어 줍니다.

"또 주린 자에게 네 양식을 나누어 주며……주린 자에게 네 심정이 동하며 괴로워하는 자의 심정을 만족하게 하면"(사 58:7,10).

③ 헐벗은 자를 입힙니다.

"헐벗은 자를 보면 입히며 네 골육을 피하여 스스로 숨지 아니하는 것이 아니겠느냐?"(사 58:7)

④ 가난하고 병든 자들을 찾아가 경제적인 도움을 주거나, 필요한 음식을 제공해 용기를 북돋워 줍니다. 주 예수님도 벳세다의 병자를 찾아가셨고(요 5:5,6 참고), 열병으로 몸져누운 베드로의 장모를 방문하셨습니다(눅 4:38,39 참고). 마태복음 25장 35절에 기록된 긍휼의 일들을 깊이 숙고해 보십시오. 관대함은 스스로 드러나기 마련입니다.

하나님의 말씀이 신자들에게 이런 덕을 실천하라고 거듭 명령합니다. 그러므로 이런 일들을 마음에 새기십시오.

"그 가난한 형제에게 네 마음을 완악하게 하지 말며 네 손을 움켜쥐지 말고, 반드시 네 손을 그에게 펴서 그에게 필요한 대로 쓸 것을 넉넉히 꾸어 주라"(신 15:7,8).

이러한 긍휼은 이웃이 극심한 궁핍에 빠진 다음이 아니라, 그들이 아직 스스로 생계를 유지해 갈 여력이 있을 때 베풀어야 합니다. 만일 이웃이 어떤 물건을 필요로 한다면, 우리가 가진 것으로 넉넉히 함께 나누고, 나중에 그에게 갚을 여력이 생겼을 때 갚도록 하거나, 전혀 갚을 능력이 없는 경우에는 적당한 이자만 갚도록 하는 것이 긍휼을 베푸는 것입니다. 그가 갚을 능력이 없어서 이도 저도 할 수 없으면, 원금은 물론 이자도 기대하지 말아야 합니다. 주 예수님께서 다음과 같이 말씀하셨습니다.

"아무것도 바라지 말고 꾸어 주라"(눅 6:35).

여기에 덧붙여 다음 말씀을 기억하십시오.

"여호와께서 네게 구하시는 것은 오직 정의를 행하며 인자를 사랑하며 겸손하게 네 하나님과 함께 행하는 것이 아니냐?"(미 6:8)

모든 경건이 여기에 포함되어 있습니다. 하나님과 겸손히 동행하고, 이웃에게 공의와 긍휼을 베풀 뿐만 아니라, 이런 덕들을 나타내기를 기뻐하며 그렇게 하기를 추구하고 바라야 합니다.

"서로 친절하게 하며 불쌍히 여기며"(엡 4:32).

"오직 선을 행함과 서로 나누어 주기를 잊지 말라"(히 13:16).

지금까지 살펴본 것들을 자신에게 적용하십시오. 도움이 필요한 자들에게 관대하게 베푸는 것이 신자 된 우리의 의무가 아닙니까?

자기성찰

이제 지금까지 살펴본 바 불쌍히 여기는 마음의 본질을 거울 삼아 자신을 비추어 볼 차례입니다. 여러분은 긍휼을 베푸는 자입니까? 여러분의 마음에는 믿음으로 그리스도의 사랑의 본성에 참여한 자로서 그리스도와의 연합으로부터 흘러나오는 긍휼이 있습니까? 가난하고 소외된 사람을 향한 공감과 자비와 긍휼히 여기는 마음이 흘러나옵니까? 특히 여러분을 미워하고 악하게 대하는 사람들에게도 그런 마음이 일어납니까? 신자들과 믿음으로 한 가족이 된 이들에게 가장 많이 긍휼을 베풉니까? 그들이 당하는 어려움을 마음으로 느낍니까? 어려움에 처한 사람을 찾고 그들의 필요에 관심을 가지고 기꺼이 그들을 돕고자 움직입니까? 집이 없는 가난한 자들이 머물 거처를 제공하고, 주린 자를 먹이고, 헐벗은 자를 입힙니까? 가난하고 병든 자들을 돌아보고 격려합니까? 어려움을 당하고도 속수무책인 사람들을 돕고 격려합니까? 되돌려 받을 것을 기대하지 않고 그들이 필요로 하는 것들을 제공합니까? 이런 물음들에 여러분은 뭐라고 대답합니까? 만일 긍정적으로 대답하지 못한다면, 여러분은 이웃을 불쌍히 여기는 사람이 아닙니다. 긍휼이 결여됨은 여러 가지 모습으로 드러납니다.

첫째, 그들에게는 본성적인 사랑이 없습니다. 그러하기에 긍휼도 없습니다. 이런 사람들은 잔인하고 스스로 인간성을 저버린 자들입니다. 할 수 있는 한 탐욕스럽게 많이 긁어모으고 그것들을 잃지 않으려고 움켜쥡니다. 그들은 나발과 같이 말하며 이웃에게 전혀 유익을 주지 않습니다.

"내가 어찌 내 떡과 물과 내 양털 깎는 자를 위하여 잡은 고기를 가져다가 어디서 왔는지도 알지 못하는 자들에게 주겠느냐"(삼상 25:11).

그들은 가난한 자들에게 관심도 없을뿐더러 그들의 처지에 완전히 무정하며, 도움이 필요한 사람을 보더라도 레위인과 제사장처럼 그냥 지나칠 것입니다.

둘째, 그들은 곤경에 처한 사람을 보면 도와주고자 하는 마음이 생길까 봐 두려워서 그런 기회 자체를 회피합니다. 도움이 필요한 사람을 보면 고개를 돌리거나, 문을 닫거나, 멀리 가 버립니다. 누군가가 가난한 사람을 도와 달라고 요청하기 위해 찾아오면 아직 멀리 있는데도 이미 '냄새'를 맡고는 대화의 주제를 바꿉니다. 이런 자들은 누군가가 자신에게 도움을 청하는 것 자체를 싫어합니다.

셋째, 그들은 긍휼히 여기는 마음이 일어나는데도 돕기를 싫어합니다. 그래서 이들은 마음을 가라앉혀 완고하게 만듭니다. 이들은 도움을 주지 않고자 자신을 억누르고, 도움을 청하러 온 사람들을 말로 잘 구슬려 돌려보냅니다. 야고보 사도가 이런 자들에 대해 다음과 같이 말합니다.

"만일 형제나 자매가 헐벗고 일용할 양식이 없는데, 너희 중에 누구든지 그에게 이르되 평안히 가라, 덥게 하라, 배부르게 하라 하며 그 몸에 쓸 것을 주지 아니하면 무슨 유익이 있으리요"(약 2:15,16).

이런 자들은 양심을 잠재우고 자기에게 도움을 요청하는 자들에게 둘러댈 변명거리를 찾을 것입니다. 그들은 주로 이런 핑계를 댑니다.

① 이것은 나와 가족들에게 필요하다.

② 각종 세금을 내야 하며, 그 밖에도 돈 들어갈 데가 많다.

③ 가난한 사람들이 너무 많아서 내가 그들을 모두 돕지 못한다. 그럴 바에는 차라리 아무도 돕지 않는 편이 낫다.

④ 설령 내가 그들을 돕는다 하더라도 그들이 그것을 제대로 사용할지 의문이다. 그들 중에는 정직하지 못한 사람들이 너무 많다. 내가 애쓰고 벌어서 도와준다 하더라도 술과 음식으로 허비해 버릴 것이다. 지금까지 이렇게 속은 적이 너무나 많다. 나는 더 이상 가난한 사람들에게 어떤 연민도 가질 수 없다.

⑤ 그것은 집사들이 할 일이다. 나는 집사들이 구제에 힘쓰도록 교회에 헌금을 하고 있다.

⑥ 나는 죽은 뒤에 유산 중 일부가 가난한 자들을 위해 사용되도록 유서를 남겨 놓았다(이런 자들은 살아 있을 때에는 아무런 유익도 끼치지 못하다가 죽고 나서야 고기로 쓸 수 있는 돼지와 같습니다).

⑦ 조금만 더 형편이 좋았더라면 가난한 사람들을 도울 여력이 있었을 것이다. 그리하면 가난한 자들에게 더 도움이 될 것이다. 나도 그들을 돕고 싶기 때문이다.

그들은 이런 식으로 변명하여 자신을 합리화하면서 도움이 필요한 사람들을 외면합니다.

넷째, 그들은 가난한 사람들에게 자기가 가진 것을 나누어 주지만, 올바르지 않은 마음을 품습니다.

① 어떤 이들은 자기 체면을 세우느라 구제를 합니다. 그들은 자원함이 아니라 억지로 그 일을 하며, 손으로는 돕지만 마음은 악한 데로 기웁니다.

② 어떤 이들은 사람들에게 칭찬과 인정을 받기 위해 그 일을 합니다. 가난한 사람을 도울 때, 모든 사람들이 그것을 알도록 나팔을 불어 댑니다. 대화 중에 자신이 관대하다고 떠벌리고자 자신이 한 일을 실제보다 열 배는 부풀려 이야기합니다.

③ 어떤 이들은 아무런 계획이나 생각 없이 무분별하게 그 일을 합니다. 그들의 행위는 사랑과 연민에서 나온 것이 아니며, 결코 구제라 할 수 없습니다. 이를 통해 가난한 사람들이 무언가 도움을 받는다 하더라도 말입니다.

인색한 자들을 책망함

긍휼히 여기는 마음이 없는 인색한 자여, 하나님께서 여러분과 여러분 같은 사람들에게 하시는 말씀을 잘 들으십시오. 이 책망을 듣고 여러분이 돌이키기를 바랍니다.

첫째, 여러분은 도둑입니다. 여러분이 가진 것은 모두 하나님께서 주신 것이기 때문입니다. 여러분이 받은 것은 여러분 개인을 위한 것일 뿐만 아니라, 여러분의 능력껏 가난한 자들과 나누기 위한 것입니다. 그런 것을 여러분 자신만을 위해 사용한다면, 여러분은 하나님께서 명령하신 바 가난한 자들에게 나누어야 할 것을 훔치는 것입니다. 또한 여러분은 살인자입니다. 여러분의 무정함 이면에 잔인함이 숨어 있기 때문만이 아닙니다. 여러분에게는 음식과 거처가 없이 죽어 가는 가난한 자들에 대한 책임이 있기 때문입니다. 그들의 삶이 유지되는 것은 여러분이 도와서가 아니라 그들을 돕는 다른 사람들이 있기 때문입니다. 기억하십시오. 도둑과 살인자는 하나님 나라를 유업으로 받지 못합니다. 그러므로 이 말은 여러분에게 하는 말이기도 합니다.

둘째, 여러분은 가장 불경건하고도 가증한 죄인들 중 하나입니다. 하나님은 하늘에서 불을 내려 소돔성과 그곳의 거주민들(부모나 자녀 모두)을 모두 멸하시고 불경건하게 사는 자들에게 경고로 삼으셨습니다(벧후 2:6 참고). 그렇다면 그들이 극심하게 보인 불경건은 어떠한 것입니까? 가난한 자들에게 무정한 마음, 바로 여러분이 지금 먹고 마시는 죄입니다.

"네 아우 소돔의 죄악은 이러하니 그와 그의 딸들에게 교만함과 음식물의 풍족함과 태평함이 있음이며 또 그가 가난하고 궁핍한 자를 도와주지 아니하며"(겔 16:49).

여러분도 그들과 똑같이 살고 있지 않습니까! 그러므로 여러분은 소돔 사람이나 마찬가지입니다. 지금 여러분이 짓고 있는 죄는 소돔의 죄와 같습니다. 따라서 여러분의 죄에 대한 형벌도 소돔에 내려진 형벌과 다르지 않을 것입니다.

셋째, 마음으로는 하나님을 믿고 사랑한다고 생각하지 마십시오. 실제로 그러하다면, 여러분은 이웃에게 긍휼과 관대함을 보일 것입니다. 특별히 신자들 중 가난한 사람들에게 그리해야 합니다. 긍휼이 없는 곳에는 믿음도 없습니다.

"이와 같이 행함이 없는 믿음은 그 자체가 죽은 것이라……행함이 없는 네 믿음을 내게 보이라"(약 2:17,18).

긍휼이 없는 곳에는 사랑도 없습니다.

"누가 이 세상의 재물을 가지고 형제의 궁핍함을 보고도 도와줄 마음을 닫으면 하나님의 사랑이 어찌 그 속에 거하겠느냐?"(요일 3:17)

넷째, 여러분의 모든 신앙생활, 심지어 금식과 기도도 헛일입니다. 하나님은 여러분이 하는 기도를 기뻐하지도, 듣지도 않으십니다.

"하나님 아버지 앞에서 정결하고 더러움이 없는 경건은 곧 고아와 과부를 그 환난 중에 돌보고 또 자기를 지켜 세속에 물들지 아니하는 그것이니라"(약 1:27).

유대인들은 매우 종교적이었고 날마다 하나님께 구했으며 그분의 길을 간절히 알고자 했고 자주 금식했지만, 하나님께서 자신들의 기도를 듣지 않으신다고 불평했습니다(사 58:2,3 참고). 그러나 하나님은, 유대인들이 가난한 자들에게 긍휼과 자선을 베풀지 않았기에 그들을 기뻐하지 않으신다고 계시하셨습니다.

"이것이……어찌 금식이라 하겠으며 여호와께 열납될 날이라 하겠느냐……또 주린 자에게 네 양식을 나누어 주며 유리하는 빈민을 집에 들이며 헐벗은 자를 보면 입히며 또 네 골육을 피하여 스스로 숨지 아니하는 것이 아니겠느냐?"(사 58:5,7)

여러분은 하나님께서 여러분을 돕지 않으시고 기도도 듣지 않으신다고 불평합니까? 이는 전혀 새삼스런 일이 아닙니다. 여러분이 가난한 자들의 호소를 외면하고 있지 않습니까!

"귀를 막고 가난한 자가 부르짖는 소리를 듣지 아니하면 자기가 부르짖을 때에도 들을 자가 없으리라"(잠 21:13).

다섯째, 무자비한 자들에게 하나님의 심판과 저주가 이 땅에서, 그리고 영원히 임할 것입니다. 하나님께서 이런 자들과 그들의 소유를 저주하실 것입니다. 어쩌면 이 땅에서부터 그들이 가진 것들을 없애 그들의 자녀들이 구걸하며 보호 시설이나 고아원이나 가난한 자들이 사는 판잣집을 기뻐하게 하실 수도 있습니다. 설령 지금 당장이나 이 땅에 사는 동안 이런 일이 일어나지 않더라도, 영원한 멸망이 그들을 기다립니다. 마지막 날 주님께서 여러분의 자녀들에게 이런 끔찍한 선언을 하신다고 생각해 보십시오.

"저주를 받은 자들아, 나를 떠나 마귀와 그 사자들을 위하여 예비된 영원한 불에 들어가라. 내가 주릴 때에 너희가 먹을 것을 주지 아니하였고, 목마를 때에 마시게 하지 아니하였고, 나그네 되었을 때에 영접하지 아니하였고, 헐벗었을 때에 옷 입히지 아니하였고, 병 들었을 때와 옥에 갇혔을 때에 돌보지 아니하였느니라"(마 25:41-43).

이 사실을 기억하고, 아무 근거 없이 모든 일이 잘되리라 낙관하면서 자신을 속이지 마십시오. 진리이신 예수님께서 친히 말씀하신 바입니다. 마지막 날에 예수님께서 여러분이 하지도 않은 일에 대해 "네가 이 모든 일을 하였구나"라고 말씀하실 것 같습니까?

"긍휼을 행하지 아니하는 자에게는 긍휼 없는 심판이 있으리라"(약 2:13).

신자들을 향한 권면

지금까지 살펴본 내용을 통해, 긍휼의 원리를 가진 신자들은 자신이 긍휼을 나타내는 데 얼마나 부족했는지를 깨닫게 될 것입니다. 자비를 베풀지 않고 긍휼히 여기지 않는 죄는 얼마나 가증한지요! 계속 그렇게 사는 사람에게 결국 어떠한 일이 닥치겠습니까! 예수님의 피가 이 모든 죄를 없애는 것을 보고 기뻐하며 감사하겠지만, 이와 더불어 하나님 앞에서 큰 부끄러움과 수치를 당하고 스스로를 경멸하게 될 것입니다. 부디 이제부터라도 하나님께서 여러분으로 하여금 더 많은 긍휼을 베풀게 하시기를 바랍니다.

여러분이 신자라면 다음 말씀대로 행하십시오.

"자기를 위하여 공의를 심고 인애를 거두라"(호 10:12).

"인애와 정의를 지키며 항상 너의 하나님을 바랄지니라"(호 12:6).

여러분의 마음이 이런 열망을 더욱 불러일으키기 위해 순종하는 마음으로 다음 몇 가지를 더 생각해 보십시오.

첫째, 교훈은 가르치지만 모범은 감화시킵니다. 그러므로 여러분보다 앞서 살았던, 긍휼이 많은 이들의 삶을 주목하여 보고 그들의 행실을 본받으십시오. 여러분이 기뻐하며 자발적으로 따를 만한 가장 완전한 모범은 주 예수님입니다. 예수님이야말로 여러분이 온전히 사랑할 수밖에 없는 분이시기 때문입니다. 그분의 생애를 기록한 복음서들만 읽어 보아도 그분의 모든 행적이 긍휼로 점철되었음을 볼 수 있을 것입니다. 복음서에는 "예수께서 불쌍히 여기사"라는 대목이 반복해서 나옵니다. 예수님은 불쌍히 여기셨을 뿐만 아니라 행위로써 긍휼을 완성하셨습니다. 병자들을 고치셨고, 주린 자들을 먹이셨고, 죽은 자들을 다시 살리셨고, 온 고을을 두루 다니며 선을 행하셨습니다. 그렇게 하심으로써 우리가 따를 수 있도록 좋은 모범을 보여 주셨습니다. 그러므로 예수님에 대한 사랑으로 말미암아 그분의 행적을 본받아야 합니다. 그러하기에 여러분이 "그리스도인"이라고 불리는 것입니다!

더 나아가 여기에 욥의 모범을 더하십시오. 그가 긍휼로 행한 일들을 읽고 어느 누가 마음이 동하지 않겠습니까?

"나는 맹인의 눈도 되고 다리 저는 사람의 발도 되고, 빈궁한 자의 아버지도 되며"(욥 29:15,16).

"내가 언제 가난한 자의 소원을 막았거나 과부의 눈으로 하여금 실망하게 하였던가. 나만 혼자 내 떡덩이를 먹고 고아에게 그 조각을 먹이지 아니하였던가. 실상은 내가 젊었을 때부터 고아 기르기를 그의 아비처럼 하였으며 내가 어렸을 때부터 과부를 인도하였노라. 만일 내가 사람이 의복이 없이 죽어 가는 것이나 가난한 자가 덮을 것이 없는 것을 못 본 체했다면, 만일 나의 양털로 그의 몸을 따뜻하게 입혀서 그의 허리가 나를 위하여 복을 빌게 하지 아니하였다면"(욥 31:16-20).

얼마나 훌륭한 모범입니까!

여기에 긍휼이 풍성한 여인 다비다(또는 도르가)의 모범을 더하십시오. 그녀가 어떻게 사람들을 섬겼는지를 보십시오.

"욥바에 다비다라 하는 여제자가 있으니 그 이름을 번역하면 도르가라 선행과 구제하는 일이 심히 많더니……모든 과부가 베드로 곁에 서서 울며 도르가가 그들과 함께 있을 때에 지은 속옷과 겉옷을 다 내보이거늘"(행 9:36,39).

그녀는 가난한 자들의 어미였습니다! 그녀는 이따금씩 선한 일을 하는 정도가 아니라, 구제와 선행이 흘러넘치게(신앙고백이 이런 은사로 드러났습니다) 살았습니다. 헬라어 $\dot{\epsilon}\lambda\epsilon\eta\mu o\sigma\acute{u}\nu\eta$(엘레에모쉬네)는 '긍휼을 품다'라는 뜻의 $\dot{\epsilon}\lambda\epsilon\acute{\epsilon}\omega$(엘레에오)에서 파생된 복합어입니다. 이처럼 도르가는 자신이 가진 것을 나누었을 뿐만 아니라 마음에 긍휼을 품었습니다. 먼저 그녀의 마음이 움직였습니다. 마음이 움직이면 손발이 따릅니다. 그녀는 자신이 만든 옷을 팔아 필요한 물건들을 구입했을 뿐만 아니라, 자비를 베푸는 사랑이 매우 컸기에 직접 만든 옷으로 고아와 과부들을 입히기를 즐거워하였습니다.

둘째, 긍휼은 하나님과 사람들을 가장 기쁘게 합니다. 하나님께서 이런 사람들을 사랑하시고 그들이 하는 일을 즐거워하십니다.

"하나님은 즐겨 내는 자를 사랑하시느니라"(고후 9:7).

"오직 선을 행함과 서로 나누어 주기를 잊지 말라. 하나님은 이 같은 제사를 기뻐하시느니라"(히 13:16).

하나님의 사랑을 누리고 경험하고 싶다면, 더 나아가 하나님을 기쁘시게 해 드리고 싶다면, 몸과 마음으로 이웃의 필요를 살피고 돌아보십시오. 사람들은 관대하고 후히 베푸는 사람들을 존경하고 사랑하며 마음으로 그를 축복합니다. 무엇보다 주는 자가 받는 자보다 훨씬 더 큰 즐거움을 누립니다.

셋째, 긍휼히 여기는 자들은 가난한 자들과 그들의 필요로 말미암아 긍휼하고자 하는 마음이 아주 강하게 일어납니다. 가난하고 경건한 신자를 보면, 하나님께서 그를 사랑하시고 주 예수님께서 그를 사랑하여 죽으셨음을 생각하십시오. 또한 그가 하나님과 교제와 사랑을 누리며 살고 있으며, 여러분과 함께 영광 중에 영원히 살 지체임을 생각하십시오. 뿐만 아니라, 하나님께서 그로 하여금 가난하게 이 땅을 지나가도록 하시고 여러분을 만나게 하셔서 여러분이 그를 향해 사랑과 인애를 베풀 기회를 가지도록 하기를 기뻐하신다는 사실을 생각하십시오(물론 하나님은 여러분의 도움 없이도 가난한 신자를 부유하게 하실 수 있습니다). 게다가 그가 집에서 얼마나 마음이 눌릴지, 얼마나 크게 슬퍼하며 자녀들을 바라볼지, 자녀들이 주리고 헐벗은 것을 볼 때 얼마나 마음이 아플지, 하나님께 도와 달라고 얼마나 부르짖을지를 생각해 보십시오. 마음에 생명의 원리가 조금이라도 있는 사람이라면, 이런 사실을 생각하고도 무정한 마음으로 남아 있을 수 없습니다. 오히려, 여러분 안에 있는 모든 것들이 여러분에게 긍휼히 여기는 마음을 불러일으키고 넉넉하고도 풍성하게 그를 돕게끔 할 것입니다.

넷째, 긍휼은 하나님을 영화롭게 합니다. 여러분의 도움을 받은 가난한 신자가 자신의 오두막으로 돌아가 하나님 앞에서 온 가족과 함께 기뻐하고, 하나님의 자비를 찬양하고, 하나님을 더 크게 신뢰하고 하나님께서 여러분의 영육에 복을 베푸시기를 기도할 것입니다. 이런 놀라운 일을 생각할 때 어찌 긍휼히 여기는 마음이 불타오르지 않을 수 있단 말입니까! 게다가(사람들에게 보이기 위해 그 일을 하거나 사람들이 알게 될까 봐 그 일을 못 하는 것은 아니지만) 여러분이 빛으로 드러날 것입니다. 자비가 베풀어지는 곳에서 사랑이 가장 분명하게 드러나기 때문입니다. 이 빛을 본 신자는 하나님을 찬양하고 감사드릴 뿐만 아니라 여러분의 성품과 행위를 닮고 싶어할 것입니다. 이를 통해 사람들은 진리와 회개로 이끌립니다. 그러므로 여러분이 하나님께서 영광과 감사와 찬양을 받으시기를 바란다면, 신자가 하나님을 기뻐하고 긍휼을 베풀어 다른 가난한 자들로 하여금 하나님을 즐거워하게끔 하기를 바란다면, 수많은 사람들이 하나님께 감사드리기를 바란다면, 회개하지 않은 자들이 주 예수님으로 이끌리기를 바란다면, 긍휼을 베푸십시오.

"이같이 너희 빛이 사람 앞에 비치게 하여 그들로 너희 착한 행실을 보고 하늘에 계신 너희 아버지께 영광을 돌리게 하라"(마 5:16).

다섯째, 하나님께서 긍휼을 베푸는 자들에게 놀라운 약속을 주십니다.

① 그들의 모든 선행을 다름 아닌 하나님 자신께 한 것으로 여기십니다. 그 일들이 하나님을 향한 사랑에서 비롯되었기 때문입니다. 이렇게 하나님께 드린 선물을 후히 갚겠노라고 하십니다. 물론 신자들은 이런 덕 자체로 만족하고, 상급이 아니라 그 덕 자체를 긍휼을 베푸는 큰 동기로 삼습니다. 그러나 한편으로 신자는 하나님께서 약속하시는 이 놀라운 상급을 기억하여 이 일에 더욱 힘쓸 이유로 삼아야 합니다. 하나님은 자신이 베푸시는 상급에 대한 약속을 믿고 더욱 분발하는 모습을 기뻐하시기 때문입니다.

"가난한 자를 불쌍히 여기는 것은 여호와께 꾸어 드리는 것이니 그의 선행을 그에게 갚아 주시리라"(잠 19:17).

"너희가 여기 내 형제 중에 지극히 작은 자 하나에게 한 것이 곧 내게 한 것이니라 하시고"(마 25:40).

② 하나님께서 약속하신 상급은 여러분의 미미한 선물과는 비교할 수조차 없을 만큼 큽니다.

"또 누구든지 제자의 이름으로 이 작은 자 중 하나에게 냉수 한 그릇이라도 주는 자는 내가 진실로 너희에게 이르노니 그 사람이 결단코 상을 잃지 아니하리라"(마 10:42).

"주라, 그리하면 너희에게 줄 것이니 곧 후히 되어 누르고 흔들어 넘치도록 하여 너희에게 안겨 주리라"(눅 6:38).

"이것이 곧 적게 심는 자는 적게 거두고 많이 심는 자는 많이 거둔다 하는 말이로다"(고후 9:6).

③ 진정으로 이웃을 돕다가 자신과 자녀들이 가난해질까 봐 두려워하지 마십시오. 그럴지라도 여러분을 위해 무언가를 조금 남겨 두어야 한다고 생각된다면, 여러분의 관대함에 대해 하나님께서 다시금 복을 베푸실 것임을 생각하십시오. 하나님께서 베푸시는 복이 여러분이 기대했던 방식으로 이루어지지 않았습니까? 그렇다면 하나님께서 여러분에게 다른 방식으로 복을 베푸실 것입니다.

"가난한 자를 구제하는 자는 궁핍하지 아니하려니와"(잠 28:27).

"내가 어려서부터 늙기까지 의인이 버림을 당하거나 그의 자손이 걸식함을 보지 못하였도다. 그는 종일토록 은혜를 베풀고 꾸어 주니 그의 자손이 복을 받는도다"(시 37:25,26).

④ 긍휼을 베푸는 사람이 시련을 당하거나 육신의 질병으로 신음할 때, 하나님께서 그를 도우실 것입니다.

"가난한 자를 보살피는 자에게 복이 있음이여 재앙의 날에 여호와께서 그를 건지시리로다. 여호와께서 그를 지키사 살게 하시리니 그가 이 세상에서 복을 받을 것이라. 주여 그를 그 원수들의 뜻에 맡기지 마소서. 여호와께서 그를 병상에서 붙드시고 그가 누워 있을 때마다 그의 병을 고쳐 주시나이다"(시 41:1-3).

⑤ 진정한 긍휼은 믿음과 사랑의 열매입니다. 따라서 긍휼을 베푸는 사람들에게는 영원한 영광이 약속된 것입니다.

"선을 행하고 선한 사업을 많이 하고 나누어 주기를 좋아하며 너그러운 자가 되게 하라. 이것이 장래에 자기를 위하여 좋은 터를 쌓아 참된 생명을 취하는 것이니라"(딤전 6:18,19).

"잔치를 베풀거든 차라리 가난한 자들과 몸 불편한 자들과 저는 자들과 맹인들을 청하라. 그리하면 그들이 갚을 것이 없으므로 네게 복이 되리니 이는 의인들의 부활 시에 네가 갚음을 받겠음이라"(눅 14:13,14).

심판 날에 이처럼 달콤한 음성을 듣는다면 얼마나 영광스럽고 즐겁겠습니까?

"내 아버지께 복 받을 자들이여, 나아와 창세로부터 너희를 위하여 예비된 나라를 상속 받으라. 내가 주릴 때에 너희가 먹을 것을 주었고 목마를 때에 마시게 하였고 나그네 되었을 때에 영접하였고"(마 25:34,35).

긍휼을 베푸는 신자가 죽어서 천국에 이르렀을 때, 그에게 도움을 받은 가난한 신자들 중 먼저 천국에 이른 이들이 기쁨으로 그를 맞이할 것입니다.

"내가 너희에게 말하노니 불의의 재물(사람들이 불의하게 벌어 불의하게 사용하는 재물)로 친구를 사귀라. 그리하면 그 재물이 없어질 때에 그들이 너희를 영주할 처소로 영접하리라"(눅 16:9).

긍휼을 나타내는 데 필요한 지침

곤경에 처한 이웃을 긍휼히 여기는 만큼이나 이 덕을 지혜롭게 행해야 합니다. 이를 위해 다음 지침들에 주목하십시오.

첫째, 부자, 중산층, 저소득층, 심지어 극빈자까지도 누구나 예외 없이 긍휼히 여기는 사람이 될 수 있습니다. 그런데 그렇게 되려면 모두가 내적으로 긍휼히 여기는 마음이 일어나야 하며, 이와 함께 곤경에 처한 사람을 기꺼이 도우려는 성향이 수반되어야 합니다. 그러나 사람마다 도울 수 있는 분량이 다릅니다. 많이 돕는 사람이 있고, 적게 돕는 사람이 있고, 거의 돕지 못하는 사람이 있습니다. 모두가 자신이 임의로 사용할 수 있는 소유물을 가지고 자신의 형편과 처지에 맞게 돕는 것입니다. 아직 아무 데도 매이지 않은 사람이든 결혼하여 자녀를 둔 사람이든 저마다의 상황에 맞게 돕는 것입니다. 자녀들은 부모가 주신 용돈을 쪼개 도울 수 있습니다. 그 용돈을 모아 두었다가 가난한 사람을 위해 너그러운 마음으로 전부, 또는 일부를 사용할 수 있습니다. 이 일은 하나님과 사람 모두에게 큰 기쁨이 됩니다. 결혼한 사람도 배우자에게 알리지 않고 구제할 수 있습니다. 구제는 오른손이 하는 일을 왼손이 모르게 하는 것이기 때문입니다. 그러나 가족에게 해를 끼쳐서는 안 됩니다. 오히려 가족의 일상생활을 유지하기 위해 자신이 덜 먹고 덜 입고 덜 써야 합니다. 그러나 구제를 위해 많은 돈이 필요하면 먼저 가족과 충분히 상의해야 합니다. 서로 의견이 엇갈린다면, 아무리 필요한 일이라 생각되더라도 그쳐야 합니다. 아니면 배우자나 가족이 동의하는 정도까지 도울 수 있습니다. 만일 구제하기를 반대하는 가족이 나발 같은 부류의 사람이라면 지금까지 살펴본 원리를 참고하십시오. 그 원리를 따라 구제할 수 있습니다. 구제하는 일에서는 아내보다 남편이 더 큰 권위를 가집니다. 재화를 나누어 주지 못하더라도 도움이 필요한 사람을 도와줄 수 있습니다. 형편상 이마저도 하기가 어렵다면, 하나님께서 그 사람을 도우시기를 간구할 수 있습니다.

둘째, 우리는 가장 먼저 모든 신자들에게 관용과 자비를 베풀어야 합니다. 그러고 나서 과부, 고아, 거처가 없는 자를 비롯하여 회심하지 않은 자들을 도울 수 있습니다. 특히 나그네나 믿음 때문에 고국을 떠난 신자들이 살아갈 수 있도록 도와야 합니다. 부랑자들은 대부분 통제되지 않으므로 거리를 배회하는 것보다 교정시설에 있는 편이 훨씬 낫습니다. 만약 그들이 건강하다면, 배고픔 때문에 어떻게 일해야 할지를 배우게 될 것입니다. 반면에 병약한 자라면 먹을 것을 나누어 주어야 합니다.

셋째, 돕는 사람은 반드시 자신의 소유를 사용하여 올바른 방식으로 도와야 합니다. 많은 빚을 지고 있으면서 다른 사람을 후하게 돕는 것은 도둑질입니다. 자신의 양심을 달래고 잘못을 무마하고자 도박이나 다른 불의한 방식으로 얻은 재물을 사용하여 가난한 사람을 돕는 것은 하나님 앞에 가증한 행위입니다. 이는 "창기가 번 돈과 개 같은 자의 소득"(신 23:18)일 뿐이므로 하나님을 기쁘게 해 드리지 못합니다. 하나님은 이런 것들을 여호와의 전에 들이지 말라고 명령하십니다.

넷째, 구제 방식은 다음과 같아야 합니다.

① 순전한 마음으로 해야 합니다.

"구제하는 자는 성실함으로"(롬 12:8).

진정으로 불쌍히 여기는 마음과 친절한 손으로 도우며 자신의 영예를 구하지 않아야 합니다. 목적뿐만 아니라 마음과 손의 행함 모두가 진실함이라는 성품과 조화를 이루어야 합니다.

② 즐거움으로 해야 합니다.

"긍휼을 베푸는 자는 즐거움으로 할 것이니라"(롬 12:8).

"인색함으로나 억지로 하지 말지니 하나님은 즐겨 내는 자를 사랑하시느니라"(고후 9:7).

구제하고 도울 수 있는 기회가 주어졌음을 기뻐하며, 가난한 자들을 도울 때 항상 행복하고 다정한 표정이어야 합니다. 그리하면 우리의 구제는 한층 즐거운 일이 될 것입니다.

③ 지혜롭게 도와야 합니다. 자신이 가진 모든 것을 한 번에 줘 버리거나, 가족을 속여서는 안 됩니다. 오히려 구제를 계속할 수 있도록 도와야 합니다. 단, 특수한 때에는 특별한 방식으로 도와야 합니다. 우리가 도우려는 사람과 관련해서도 지혜를 발휘해야 합니다. 가난한 사람들 중에는 자기 일을 돌보지 않거나 충분히 부지런하지 않은 사람들이 있습니다. 이런 사람들은 권면이나 책망을 받음으로써 앞날을 준비하는 법을 배워야 합니다. 이런 사람들에게는 우리가 직접 재물을 나누어 주기보다 일자리를 마련해 주어 직접 소득을 얻고 그것을 통해 여러 가지를 배울 수 있게끔 해 주는 편이 더 낫습니다. 돈을 제대로 모을 줄 모르거나 빚이 너무 많아서 또다시 돈이 즉시 사라져 가난에서 벗어나지 못할 사람에게 직접 재물을 주는 것은 아무런 효과가 없습니다. 이런 경우 한 주에 한 번씩 장에 가서 빵, 곡식, 밀가루, 완두콩, 버터 등 그 주에 필요한 부식거리를 사도록 하는 편이 더 낫습니다. 가난한 사람도 사람에 따라 구분하여 도와야 합니다. 어떤 사람은 가난해서 힘든데도 자존심이 너무 센 탓에 궁핍함을 인정하지 못합니다. 이런 경우 그들이 스스로 빚을 갚도록 돈을 주어 우리가 보증이 되어 줄 수 있습니다. 반면에 옷과 같이 필요한 것을 우리가 직접 구입해 주는 것이 더 나은 사람들이 있습니다. 가장 현명한 방법은 질긴 천과 모직물을 사서 이들에게 옷을 만들어 주는 것입니다. 이 편이 더욱 효과적입니다.

④ 한결같이 행해야 합니다. 충동적으로 구제했다가 금세 그쳐서는 안 됩니다.

그런 식의 도움은 결국 나중에 너무 많이 도와준 것 같은 후회만을 남깁니다. 구제는 언제나 현재 도움이 필요한 사람의 형편과 필요에 맞아야 하며, 돕는 사람 자신의 처지와 형편에도 부합해야 합니다. 선을 행하는 일을 버거워해서는 안 됩니다. 긍휼히 여기는 자가 긍휼히 여김 받을 것이기 때문입니다.

"긍휼히 여기는 자는 복이 있나니 그들이 긍휼히 여김을 받을 것임이요"(마 5:7).

88

사려 깊음

선박에 키가 필요하듯이, 지금까지 논의해 온 덕들을 잘 발휘하려면 사려 깊음이 필요합니다. 그래서 결론적으로 사려 깊음에 관해 살펴보겠습니다.

사려 깊음에 해당하는 단어로 '봄'을 뜻하는 히브리어 명사 חָזוּת(하주트)를 들 수 있습니다. 이 말은 '보다'라는 뜻의 동사 חָזָה(하자)에서 파생되었습니다. 한편 이 동사에서 선견자 또는 선지자를 가리키는 단어 חֹזֶה(호제)가 파생되었습니다. 사려 깊은 사람은 모든 일을 미리 내다보고 알리며 그에 걸맞게 행동하기 때문입니다. 헬라어로는 φρήν(프렌)에서 파생된, 지각이나 지혜를 뜻하는 φρόνοια(프로노이아)와 φρόνησις(프로네시스)를 들 수 있습니다. 바로 이 말에서 '깨닫다,' '생각하다,' '결론짓다,' '숙고하다'를 뜻하는 단어 φρονέω(프로네오)가 파생되었습니다. 이처럼 '사려 깊음'이라는 말은 어떤 문제를 깊이 생각하는 것을 가리킵니다. 이러한 숙고는 어떤 일을 이루어 가는 방편뿐만 아니라 목적과도 관련됩니다. 어떤 일을 행할 때 모든 과정이 목적에 부합하게 이루어지도록 주시하면서 목적에 따르는 특정한 방편을 사용합니다. 또한 질서 정연하고 탁월하다는 의미의 근면함을 가리키는 헬라어 ἀκριβεία(아크리베이아)도 사려 깊음을 가리킬 때 사용됩니다. 이 말은 사려 깊음의 특성 중 질서 정연함과 탁월함을 부각시킵니다.

"어떻게 행할지를 자세히 주의하여(ἀκριβῶς[아크리보스])"(엡 5:15).

네덜란드어로는 미리 내다보는 것을 가리킵니다. 우리는 이 덕을 포괄적으로, 즉 지혜와 분별력을 가지고 발휘해야 합니다.

사려 깊음은 신자가 지성을 사용하는 행위인데, 미리 궁리한 대로 합당한 방편을 사용함으로써 자신이 뜻한 바를 이루도록 자신을 이끌어 가는 것을 말합니다.

사려 깊음은 믿음을 가진 하나님의 자녀들에게서만 발견됩니다. 물론 회심하지 않은 자들도 이 땅에 속한 일들에 대해 본성적인 사려 깊음을 가지며, 이를 통해 기존의 사회 질서와 국가의 안녕과 유익을 도모합니다. 그러나 이러한 사려 깊음은 현재나 장래의 영혼의 안녕과 관련해서는 아무런 유익이 없을뿐더러, 오히려 대부분 영혼을 해롭게 합니다. 자연인은 그들의 본성적인 사려 깊음으로 몇 푼을 더 벌기 위해 온갖 해를 감수하면서 정작 황금은 무시합니다. 그래서 성경은 육신적으로 지혜로운 자들을 "어리석은 자"라고 부릅니다.

"하나님은 이르시되 어리석은 자여"(눅 12:20).

"스스로 지혜 있다 하나 어리석게 되어"(롬 1:22).

"이 세상 지혜는 하나님께 어리석은 것이니"(고전 3:19).

회심하지 않은 자들은 자신의 악한 꾀를 이루는 데 매우 약삭빠르고 영악합니다.

"이 세대의 아들들이 자기 시대에 있어서는 빛의 아들들보다 더 지혜로움이니라"(눅 16:8).

"사람의 속임수와 간사한 유혹에 빠져 온갖 교훈의 풍조에 밀려 요동하지 않게 하려 함이라"(엡 4:14).

여기서는 참된 사려 깊음을 찾아볼 수 없습니다. 그러나 신자들은 "위로부터 난 지혜"(약 3:17)와 "의인의 슬기"(눅 1:17)를 받았습니다. 그래서 성경은 거듭난 신자를 빗대어 '슬기 있는 다섯 처녀'요 '지혜 있는 종'이라고 말합니다(마 25:2, 24:45 참고). 신자들은 참된 지복의 본질을 잘 알고 언제나 그것을 자신의 목적으로 바라보기 때문입니다. 신자들은 지복에 이르는 참된 길과 방편이 무엇인지를 잘 알뿐더러 이미 그 방편들을 사용하여 그 길을 가고 있는 자들입니다.

사려 깊음의 목적과 성격

이 덕을 발휘하는 대상은 신자가 추구하는 목적 및 그 목적을 이루는 데 사용하는 방편들입니다. 거듭난 사려 깊은 신자는 다음과 같은 여러 가지 목적들을 추구합니다.

- 하나님을 영화롭게 하고 그분을 즐거워함
- 하나님 안에서 화평과 희락을 누림
- 하나님을 사랑함
- 거룩한 삶
- 죄를 멀리함
- 받은 덕을 실천하고 사용함
- 이웃이 회심하도록 도움
- 책망과 권면과 위로의 말로 타락하고 죄악된 길을 가는 신자를 돌이킴

한마디로 말해, 그는 하나님께서 율법을 통해 명령하시는 모든 것을 주목합니다. 또한 사려 깊은 신자는 방편들을 적극적으로 사용합니다. 특정한 일들을 행할 때인지 아닌지를 숙고합니다. 뿐만 아니라 장소, 함께하는 사람들, 주변 사람들, 일이 벌어지는 상황, 가장 좋은 방식, 그 일 자체를 고려함으로써 그에 따르는 유익이나 손실을 숙고합니다. 자신의 궁극적인 목적을 기뻐하므로 그 목적의 성취가 늦추어지거나 미루어지기를 원하지 않습니다. 지금 해야 할 일과 나중에 해야 할 일을 생각하고, 그 일에 어떤 식으로 접근해야 가장 좋을지를 생각합니다. 목적과 방편을 정한 뒤에는, 그것들을 어떤 방식으로 이루어 갈지를 결정하고 그대로 행합니다. 목수가 설계도를 따라가듯이, 정한 목표와 방편과 방식을 따라 일을 수행해 갑니다.

사려 깊음의 본질은 지성, 의지, 감정, 예측, 말, 행위 등을 통제하고 조절하여 정

한 방편을 합당하게 사용하고 결심한 목적을 이루어 가는 것입니다. 사려 깊음은 지성을 통제하여 합당하고도 정당한 방법으로 목표를 추구합니다. 이와 함께 어떤 일의 목적이 적법하고 깨끗하여 추구할 만한지 그렇지 않은지, 그 일이 선한지 악한지, 하나님을 기쁘시게 할지 그렇지 않을지, 유익한지 아닌지에 따라 해야 할 일인지 여부를 분별하여 그에 초점을 맞추게 합니다. 방편들에도 초점을 맞춥니다. 합당한 방편인지 아닌지, 유익한지 해로운지를 고려합니다. 엄격할지 부드러울지, 빨리 할지 천천히 할지, 조용히 할지 소리를 낼지 등 일하는 방식에도 주목합니다. 또한 사려 깊은 사람은 맹목적이거나 악하거나 어리석지 않으며, 오히려 민첩하고도 지혜롭습니다. 모든 일들과 방편들이 과연 하나님의 말씀이 나타내는 원리와 규칙에 부합한지를 확인하기 위해 그것들을 하나하나 여러 측면에서 세심히 살핍니다. 하나님의 말씀만이 그가 따르는 유일한 규칙이요 원리입니다. 상황과 환경이 기쁘거나 슬프거나 상관없이 그 원리에서 벗어나지 않습니다. 어떤 일이 얼마나 유익하고 바람직한지, 또 그 일을 하는 방식과 방편이 얼마나 합당한지를 깨달을 때, 사려 깊음은 의지로 하여금 그 일을 사랑하고 받아들이게끔 합니다. 설령 그 일이 우리가 본성적으로 좋아하거나 관심 있는 것이 아니라 할지라도 말입니다.

또한 사려 깊음은 의지가 앞서가지 않도록 우리의 감정도 지배하여, 지나치게 의지가 억눌리거나 강렬해진 나머지 선한 일을 그르치지 못하도록 조절합니다. 내면의 모든 기능들이 질서 정연하게 움직일 때, 사려 깊음은 영혼이 그 상태를 유지하도록 하고, 영혼은 처음에 정한 목적에 걸맞은 방편을 따라 뜻한 바를 이루어 갑니다. 사려 깊은 사람은 맞닥뜨릴 수 있는 반대를 예상하고 그에 알맞게 대비합니다. 위험들을 다루고 표정, 눈빛, 듣는 것, 말, 손발을 통제하여 뜻한 대로 일을 이루어 갑니다. 지나치게 엄격하거나 유순하지 않도록 주의를 기울입니다. 고압적이거나 우유부단하지 않도록 경계합니다. 지나치게 신중하거나 자신만만하지 않도록 조심합니다. 이런 노력들을 통해 모든 일이 목표와 시간과 장소에 부합하게 이루어지도록 합니다. 사려 깊은 사람은 이렇게 자기를 관리하고 절제하여 더욱 합당하고도 아름답게 일들을 해 나감으로써 엄청난 반대와 대적들의 교활한 술수에 맞닥뜨려도 처음에 뜻한 바를 이룹니다. 사려 깊은 신자는 당면한 일을 회피하지 않고, 오히려 신자로서의 궁극적인 목적에 부합하게 그 목적을 이루어 갑니다.

사려 깊음의 동인

신자의 사려 깊음은 오직 하나님으로 말미암습니다. 본질상 사람은 어리석고(딛 3:3 참고) 조급합니다[1](딤후 3:4 참고). 그러나 하나님의 자녀들은 사려 깊고 지혜롭습니다.

"그는……지혜자에게 지혜를 주시고 총명한 자에게 지식을 주시는도다"(단 2:21).

다윗은 이 덕을 간절히 바랐습니다. 자신의 어리석음과 아울러 하나님만이 지혜를 주신다는 것을 알고서 다윗은 다음과 같이 기도했습니다.

"내가 깨달아 주의 계명들을 배우게 하소서"(시 119:73).

경건한 신자는 하나님께서 주신 이 덕을 증진시킵니다.

① 하나님의 말씀을 통해 이 덕을 증진합니다. 이를 위해 하나님의 말씀을 연구하고 말씀대로 행합니다.

"주의 법도들을 지키므로 나의 명철함이 노인보다 나으니이다"(시 119:100).

"내가 주의 모든 계명에 주의할 때에는 부끄럽지 아니하리이다"(시 119:6).

② 어떤 일을 시작하기 전에 깊이 숙고합니다. 일을 해 나가면서도 그 일을 계속 숙고하며 사려 깊음을 증진시킵니다.

"권면을 듣는 자는 지혜가 있느니라"(잠 13:10).

"내 입은 진리를 말하며 내 입술은 악을 미워하느니라"(잠 8:7).

③ 경험을 통해 이 덕을 증진합니다. 실패하거나 성공한 경험에 주의를 기울이고 그 실패나 성공이 어디서 기인했는지를 잘 기억해 둡니다. 그리하여 나중에 다시 그 일을 할 때 실패하지 않고 성공합니다.

---

1) 영역주 - 스타턴퍼탈링은 '부주의함'으로 번역한다.

④ 중요한 일들을 사람들과 상의하여 이 덕을 증진합니다. 유익한 조언들을 통해 좋은 해결책을 얻습니다.

"의논이 없으면 경영이 무너지고 지략이 많으면 경영이 성립하느니라"(잠 15:22).

사려 깊은 사람은 이런 식으로 자기에게 주어진 일들을 해결해 나갑니다.

성경이 사려 깊음을 칭찬함

사려 깊음은 하나님께서 말씀을 통해 크게 높이고 독려하시는 뛰어난 덕이요 자기 자녀들에게 주시는 탁월한 선물입니다. 성경은 이 덕을 특별한 장식으로 칭송합니다.

"그러므로 누구든지 나의 이 말을 듣고 행하는 자는 그 집을 반석 위에 지은 지혜로운 사람 같으리니"(마 7:24).

"충성되고 지혜 있는 종이……누구냐……그 종이 복이 있으리로다. 내가 진실로 너희에게 이르노니 주인이 그의 모든 소유를 그에게 맡기리라"(마 24:45-47).

"슬기 있는 자들은 그릇에 기름을 담아 등과 함께 가져갔더니……준비하였던 자들은 함께 혼인 잔치에 들어가고"(마 25:4-10).

성경은 사려 깊음을 강하게 권면합니다.

"뱀같이 지혜롭고"(마 10:16).

"너희가 어떻게 행할지를 자세히 주의하여"(엡 5:15).

"늙은 남자로는 절제하며 경건하며 신중하며……늙은 여자로는……젊은 여자들을 교훈하되"(딛 2:2-4).

사려 깊음은 하나님의 자녀들이 받는 특별한 선물입니다.

"그가 또 엘리야의 심령과 능력으로 주 앞에 먼저 와서 아버지의 마음을 자식에게, 거스르는 자를 의인의 슬기에 돌아오게 하고"(눅 1:17).

"이는 그가 모든 지혜와 총명을 우리에게 넘치게 하사"(엡 1:8).

자기 성찰에 대한 요청

앞서 살펴본 내용들을 거울 삼아 회심하지 않은 자와 회심한 신자 모두가 자신에게 이 덕이 얼마나 부족한지를 보게 될 것입니다.

여러분이 회심하지 않았다면, 앞서 말한 바들을 통해 분명히 깨달을 것입니다.

첫째, 여러분에게는 앞에서 언급한 여러 신령한 유익들을 보는 눈이 없습니다. 하나님과 교제하기를 원합니까? 하나님 안에서 화평과 희락을 누리기를 바랍니까? 부드러운 마음을 가지기를 원합니까? 마음에 신령한 화평을 얻고 그렇게 살기를 원합니까? 참된 거룩함을 갈망합니까? 온갖 종류의 덕을 신령하게 누리며 살기를 바랍니까? 죄짓기를 두려워합니까? 흑암 가운데 빛이요 교회를 장식하는 보화로 드러나기를 바랍니까? 그러나 여러분이 가장 절실히 바라는 것은 이런 것들이 아닙니다. 그렇지 않습니까? 여러분은 이러한 것들을 추구하며 살지 않습니다. 그렇지 않습니까? 그렇다면 여러분은 사려 깊음이라는 신령한 덕과 아무런 상관이 없습니다. 또한 여러분은 그것을 필요로 하지도 않습니다. 그것을 가지고 있지도, 추구하지도 않습니다.

둘째, 이 덕에 비추어 볼 때, 여러분은 어리석은 자입니다. 회심하지 않은 수많은 사람들은 지혜로운 처녀들과 함께 신랑을 기다렸던 어리석은 처녀들에도 미치지 못합니다. 적어도 그녀들은 등은 가지고 있었습니다. 그 밖의 사람들은 어리석은 처녀들이나 마찬가지입니다. 교회에도 나가고 구원을 바라기도 하지만, 기름이 없습니다. 생명도, 믿음도 없는 것입니다. 사실 이런 것에 관심도 없습니다. 자기에게 주어진 때를 소홀히 하고 부주의하게 잠만 잘 뿐입니다. 잠에서 깨어날 때에는 이미 늦습니다. 그러므로 여러분은 어리석은 처녀들 가운데 하나요, 모래 위에 집을 지은 어리석은 자입니다(마 7:26 참고).

셋째, 여러분은 사려 깊고 분별력이 있기는커녕 어리석고 미숙하기만 합니다. 자기에게 닥친 영원한 멸망의 위험도, 어떤 행복을 얻어야 하는지도 모르는 채 어리석게도 멸망의 길로 내달립니다. 이런 사람을 가리켜 솔로몬은 다음과 같이 말합니다.

"슬기로운 자는 재앙을 보면 숨어 피하여도 어리석은 자는 나가다가 해를 받느니라"(잠 22:3).

넷째, 여러분이 가진 지혜는 육신적인 지혜일 뿐입니다. 솔로몬이 말하는 미련한 자와 같이 여러분은 교활하고 자신의 지혜를 의지합니다.

"자기의 마음을 믿는 자는 미련한 자요"(잠 28:26).

"네가 스스로 지혜롭게 여기는 자를 보느냐? 그보다 미련한 자에게 오히려 희망이 있느니라"(잠 26:12).

여러분은 예레미야가 말한 어리석은 자와 같이 사악하고도 죄악된 정욕을 탐닉하는 데 사려 깊습니다.

"악을 행하기에는 지각이 있으나 선을 행하기에는 무지하도다"(렘 4:22).

그러므로 자신이 그동안 소중한 보화를 멸시하며 악을 택하고 추구하였음을, 영원한 지복과 이 복락으로 이끄는 완전하고도 희락 넘치는 길을 멸시하며 그 길 대신 멸망으로 난 가시밭길로 걸어갔음을 깨달아야 합니다. 이처럼 자신이 얼마나 사려 깊지 못한 미련한 자였는지를 알아야 합니다.

"미련한 자는 명철을 기뻐하지 아니하고 자기의 의사를 드러내기만 기뻐하느니라"(잠 18:2).

"지혜는 너무 높아서 미련한 자가 미치지 못할 것이므로"(잠 24:7).

부디 이 소리를 듣고 깨어나 이 중요한 문제와 관련하여 자신이 얼마나 어리석고 무지했는지를 깨닫기를 바랍니다! 계속 이 미련한 길을 고집한다면, 어리석음이라는 덫에 걸려 모래 위에 집을 지은 어리석은 자와 동일한 최후를 맞이할 것입니다(마 7:26 참고). 들어가려 했으나 이미 문이 닫혔음을 발견한 어리석은 처녀들과 같은 처지가 될 것입니다(마 25:12 참고). 그때에는 자신이 얼마나 어리석었으며 경건한 신자들이 얼마나 사려 깊게 행동했는지를 알게 될 것입니다. 그제서야 외경 지혜서에 나오는 어리석은 자의 다음과 같은 말에 동의하게 될 것입니다.

"그들은 마음이 아파서 후회하고 신음하며 서로 이렇게 말할 것이다. 저 사람은 전에 우리가 비웃고 조롱하던 사람이다. 우리는 얼마나 바보였느냐? 우리는 그의 사는 꼴을 보고 미쳤다고 하였고 그의 죽음도 영예롭지 못한 것으로 보았다. 그런데 어떻게 저 사람이 하나님의 자녀 가운데 끼이게 되었으며 성도들 가운데 끼이게 되었는가? 분명히 우리가 진리에서 빗나간 길을 걸었고, 우리에게 정의의 빛이 비치지 않았으며, 우리 위에는 태양이 일찍이 떠 본 적이 없었구나"(지혜서 5:3-6, 공동번역성서 개정판).

사려 깊음에 대한 성찰

성경이 사려 깊음에 관해 설명하는 말들은 가장 좋은 분깃을 택한 지혜로운 처녀들인 경건한 신자들에게도 거울이 됩니다. 지금까지 살펴본 사려 깊음에 관한 내용으로 스스로를 비추어 보면 신자들도 자신에게 이 덕이 얼마나 부족한지를 절감할 것입니다!

① 자신이 택한 분깃에 대해 너무나 미지근한 태도를 취합니다. 신자들이 이런 덕들을 막연하고도 모호하게 여기므로 이런 덕들을 향한 사랑 역시 희미합니다.

② 악을 두려워하는 데에도 미온적입니다.

③ 자신을 미혹하고 이용하는 데 혈안인 대적들에게 주의를 기울이지 않습니다.

④ 자신을 온갖 상황에 부주의하게 방치하다가 죄로 떨어지고 많은 시간을 비참하게 보냅니다.

신자들이 너무나 부주의하게도 자기 영혼을 해롭게 할 것들에 허망하게 눈과 귀를 내줍니다! 너무나 함부로 말합니다! 이는 자신을 해롭게 할 뿐만 아니라 듣는 이들의 마음을 상하게 합니다! 육신적인 이익을 얼마나 많이 따지는지 모릅니다. 부끄러움과 해를 당할까 봐 두려워서 자신의 의무와 선을 행하려 하지 않는데도 스스로를 사려 깊다고 여깁니다. 어떤 사람들이 자신의 상태, 부르심, 위치와 관련되었는지, 이들이 어떻게 행동하는지를 제대로 살피지도 않은 채 그렇게 성급하게 뛰어드는 것이 미덕인 것처럼 좋은 일이라고 무작정 덤벼듭니다. 그러나 실상 이런 열심은 자기 방법대로 하고 사람들에게서 인정받으려는 은밀한 욕구에서 비롯됩니다.

자신이 무분별하고 성급함을 인정하고 사려 깊음에 진보를 이루십시오.

① 무분별함은 여러분의 영혼에 해를 끼칩니다. 이 때문에 이미 얼마나 많은 슬픔을 겪었습니까! 사려 깊음을 통해 여러분이 누릴 수 있는 많은 즐거움과 위로가 사라지고, 그 자리를 슬픔이 대신합니다.

② 무분별한 탓에 여러분이 행한 일들의 선한 것들이 손상됩니다. 무분별함과 부주의함은 여러분의 경건에 전혀 도움이 되지 않을뿐더러 여러분이 사려 깊게 행동하여 얻었을 선한 열매들을 가져다주지도 못합니다.

③ 더구나 여러분의 부주의함과 무분별함을 빌미로 악인이 여러분을 공격하고, 여러분이 한 일들과 여러분 자신은 물론이요 경건한 삶 자체를 비방합니다. 그러므로 여러분이 자신의 부주의함과 무분별함을 슬퍼하며, 다른 죄를 고백하는 것과 마찬가지로 이 죄도 고백하십시오. 잠시 시간을 내 이 죄에 대해 묵상하십시오. 이를 통해 여러분의 무분별하고도 부주의한 습관이 얼마나 어리석고도 해로운지를 깨닫고 여러분의 가슴 깊이 새기십시오. 그리하여 사려 깊음에 관해 배우십시오.

신자들을 향한 권면

그러므로 사려 깊음이 신자인 여러분의 모든 행동을 사로잡도록 영혼을 불러일으키고 모든 노력을 기울이십시오.

첫째, 사려 깊음은 신자만이 가질 수 있는 기쁨의 장식입니다. 성경은 이것을 "의인의 슬기"(눅 1:17)라고 표현합니다. 이 성품은 성도의 특징입니다.

"여호와를 경외하는 것이 지혜의 근본이요"(잠 9:10).

"지혜와 총명의 영"(사 11:2)이 충만히 거하는 주 예수님의 모습입니다. 사려 깊음에 대해 신경 쓰지 않고 살아갑니까? 이 덕이 아름답게 보이지 않는단 말입니까? 이 땅의 모든 유력자들보다 모든 일을 사려 깊게 행하는 경건한 신자가 존경스럽지 않단 말입니까? 예수님을 닮고자 하는 깊은 갈망이 없습니까?

"지혜가 제일이니 지혜를 얻으라. 네가 얻은 모든 것을 가지고 명철을 얻을지니라"(잠 4:7).

둘째, 신자는 대적에게 에워싸여 있으므로 반드시 사려 깊어야 합니다. 세상은 속이고 마귀는 간교하게 미혹하며 우리의 육체는 교묘하게 유혹합니다. 여러분은 포기하고 원수들에게 지배당하거나, 여러분 앞에 놓인 올무들을 현명하게 피하고 하나님께서 명령하신 일들에 사려 깊게 힘씀으로써 생명과 화평과 경건을 지켜 가는 길 중 하나를 택할 수밖에 없습니다.

"그런즉 너희가 어떻게 행할지를 자세히 주의하여 지혜 없는 자같이 하지 말고 오직 지혜 있는 자같이 하여, 세월을 아끼라 때가 악하니라"(엡 5:15,16).

셋째, 사려 깊음을 통해 여러분의 영혼이 자라고 은혜를 더욱 많이 받습니다.

"지혜에 관한 지식이 더 유익함은 지혜가 그 지혜 있는 자를 살리기 때문이니라……지혜가 지혜자를 성읍 가운데에 있는 열 명의 권력자들보다 더 능력이 있게 하느니라"(전 7:12,19).

사려 깊은 사람은 자신의 지혜와 능력을 믿지 않고 계속 주님만을 의지합니다. 그분의 능력을 붙들고 그분이 주시는 능력을 따라 힘써 행합니다. 그럴 때 신자는 달콤한 화평과 희락을 누리고, 그럴수록 더욱 새로운 힘을 얻습니다.

넷째, 사려 깊음을 통해 여러분의 노력이 열매 맺고, 여러분의 말과 행실과 침묵에 권위가 실릴 것입니다. 회심하지 않은 자들이 여러분에게 아무런 영향도 주지 못할 것입니다. 뿐만 아니라 여러분의 사려 깊은 모습을 통해 오히려 그들이 마음에 찔림을 받을 것입니다. 다른 신자들이 여러분의 모범을 통해 사려 깊음을 배울 것입니다. 여러분의 조언과 가르침과 책망과 권면과 위로의 말들이 더욱 영향력을 가질 것입니다. 그러므로 여러분은 다음 말씀대로 행하십시오.

"너희 말을 항상 은혜 가운데서 소금으로 맛을 냄과 같이 하라. 그리하면 각 사람에게 마땅히 대답할 것을 알리라"(골 4:6).

저는 이 글을 읽는 경건한 사람이 사려 깊음에 매료되리라 확신합니다. 동시에 그는 어떻게 이 덕을 이룰지를 몰라 하면서, 지금까지 자신의 노력과 수고를 망쳐 버린 자신의 무분별한 행위들 때문에 찔림을 받아 슬퍼할 수밖에 없을 것입니다. 그러나 이런 사람들은 하나님께서 거룩하게 하는 은혜를 단번에 주시지 않는다는 사실을 알아야 합니다. 하나님은 우리가 분투하면서 자라기를 원하시기 때문입니다. 그러므로 낙심하지 마십시오. 계속 그렇게 힘쓰는 가운데 배우게 될 것입니다. 오히려 다음 권면들에 귀 기울이십시오.

첫째, 하나님께서 여러분의 기도를 들으십니다. 하나님은 여러분이 바라는 바를 기뻐하실 뿐만 아니라, 여러분이 바라는 것을 주실 수 있습니다. 하나님은 자신의 약속을 따라, 자신의 지혜로 기뻐하시는 때에 기뻐하시는 만큼 여러분의 기도에 응답하실 것입니다. 그러니 이런 사실들을 믿고 더욱 기도에 힘쓰십시오. 그렇게 계속 힘써 기도하는 가운데 하나님의 응답을 경험할 것입니다.

"너희 중에 누구든지 지혜가 부족하거든 모든 사람에게 후히 주시고 꾸짖지 아니하시는 하나님께 구하라. 그리하면 주시리라. 오직 믿음으로 구하고 조금도 의심하지 말라"(약 1:5,6).

둘째, 이 일에 더욱 열심을 내고 부지런히 힘쓰십시오. 이 덕에 집중하고, 이 덕을 사랑하고, 계속 여러분 앞에 두십시오. 사려 깊기 위해 적극적으로 힘쓰십시오. 말과 행함을 통해 계속 이 덕을 훈련하십시오. 실패하더라도 낙심하지 말고 다시금 용기를 내 끊임없이 이 일에 힘쓰십시오. 그리하면 이 덕을 더 많이 받아 누리게 될 것입니다.

"네 귀를 지혜에 기울이며 네 마음을 명철에 두며, 지식을 불러 구하며 명철을 얻으려고 소리를 높이며, 은을 구하는 것같이 그것을 구하며 감추어진 보배를 찾는 것같이 그것을 찾으면……곧 지혜가 네 마음에 들어가며 지식이 네 영혼을 즐겁게 할 것이요, 근신이 너를 지키며 명철이 너를 보호하여 악한 자의 길과 패역을 말하는 자에게서 건져 내리라"(잠 2:2-4,10-12).

셋째, 다음과 같이 행하십시오.

① 하나님께서 여러분을 부르신 경계를 넘어가지 마십시오. 그렇지 않으면 넘어

질 수밖에 없습니다.

② 자신을 부인하고 모든 영예와 정욕과 사사로운 이득을 포기하십시오. 자기를 부인하지 않으면 여러분이 미처 알기도 전에 무분별함이라는 올무에 사로잡히고 말 것입니다.

③ 사려 깊은 신자들과 더욱 자주 교제하며 이 덕이 어떻게 그들 안에서 역사하는지를 잘 관찰하십시오.

④ 여러분이 하고자 하거나 해야만 하는 일을 할 때, 여러분에게 빛을 비추는 규칙이나 모범이 있나 살피면서 하나님 말씀의 가르침을 받고 '모사'라 불리시는 주 예수님께 조언을 구하십시오. 절친한 벗이 있다면 그에게도 조언을 구하십시오. 그것이 여러분에게 복으로 드러날 것입니다.

⑤ 항상 여러분의 목적을 주시하며 숨어서 기다리는 원수들에 대비하십시오. 다윗처럼 온 맘으로 기도하십시오.

"주는 나의 하나님이시니 나를 가르쳐 주의 뜻을 행하게 하소서"(시 143:10).

"여호와여, 내 입에 파수꾼을 세우시고 내 입술의 문을 지키소서"(시 141:3).

아멘.

# 89

영적 성장

하나님은 피조물 저마다의 완전한 분량과 자리를 정하시고, 제각기 하나님께서 정하신 완전한 자리와 분량을 향하여 분투하도록 하셨습니다. 불은 위로 타오르려 하고 불티는 하늘로 날아오르려 하는 반면에, 무거운 물체는 아래로 떨어지려고 합니다. 물고기는 물속을 다니고, 새는 공중을 날며, 다른 동물들은 땅에 있으려고 합니다. 씨가 발아하는 순간부터 식물은 적정한 길이와 크기에 이르기까지 쉬지 않고 자랍니다. 생물은 태어나자마자 자라 가기 위해 계속 먹을 것을 찾습니다. 영적 생명도 마찬가지입니다. 거듭난 직후부터 신자는 자기에게 있는 미미한 은혜로는 도무지 만족하지 못합니다. 거듭난 신자는 모두 자라 가기를 바랍니다. 심지어 단번에 완전해질 것처럼 애를 씁니다. 이것이 거듭난 신자의 전형적인 모습입니다. 이런 강렬한 욕구가 없다면, 그는 참된 신자가 아닙니다.

영적 성장의 본질을 이해하려면, 먼저 이 본질이 무엇인지를 알아야 합니다. 그래서 우리는 먼저 성장이 모든 신자에게 공통적으로 일어난다는 점과 영적 성장의 본질이 무엇인지를 살펴볼 것입니다. 그리고 여러분이 과연 자라고 있는지를 살펴보고, 각 사람에게 자라 가라고 촉구할 것입니다. 그 후에 이런 성장을 방해하는 장애물에 대해 경고하고, 영적 성장을 돕는 방편이 무엇인지를 살펴보겠습니다.

모든 신자에게 자연스럽게 일어나는 영적 성장

신자가 자라는 것은 자연스러운 일입니다(이를 여러분 마음에 진리로 새기십시오). 이는 다음과 같은 이유로 분명히 드러납니다.

첫째, 하나님께서 거듭난 그분의 자녀들이 반드시 자랄 것이라고 약속하십니다.

"이는 여호와의 집에 심겼음이여 우리 하나님의 뜰 안에서 번성하리로다"(시 92:13).

"내가 이스라엘에게 이슬과 같으리니 그가 백합화같이 피겠고 레바논 백향목같이 뿌리가 박힐 것이라. 그의 가지는 퍼지며 그의 아름다움은 감람나무와 같고 그의 향기는 레바논 백향목 같으리니"(호 14:5,6).

"너희가 나가서 외양간에서 나온 송아지같이 뛰리라"(말 4:2).

하나님의 약속들은 진실합니다. 또한 하나님께서 친히 그 약속들을 이루겠노라고 선포하십니다. 그러므로 신자는 하나님께서 주신 약속을 들고 하나님께로 나아가야 합니다.

둘째, 계속 자라 가는 것은 영적 생명의 본질입니다. 영적 생명이 있는 곳에는 어디서나 동일한 원리가 작용합니다.

"의인의 길은 돋는 햇살 같아서 크게 빛나 한낮의 광명에 이르거니와"(잠 4:18).

"그러므로 의인은 그 길을 꾸준히 가고 손이 깨끗한 자는 점점 힘을 얻느니라"(욥 17:9).

그래서 성경은 하나님의 자녀들을 종려나무와 레바논 백향목에 비유합니다(시 92:12 참고). 아이들과 나무들이 자라는 것이 당연하듯이, 거듭난 하나님의 자녀들이 자라는 것 또한 자연스러운 일입니다.

셋째, 하나님의 자녀들이 자라는 것은 하나님께서 은혜의 방편들로 그들 가운데서 일하시는 목표요 목적입니다.

"그가 어떤 사람은 사도로, 어떤 사람은 선지자로, 어떤 사람은 복음 전하는 자로, 어떤 사람은 목사와 교사로 삼으셨으니 이는 성도를 온전하게 하며……우리가 이제부터 어린아이가 되지 아니하여 사람의 속임수와 간사한 유혹에 빠져 온갖 교훈의 풍조에 밀려 요동하지 않게 하려 함이라. 오직 사랑 안에서 참된 것을 하여 범사에 그에게까지 자랄지라. 그는 머리니 곧 그리스도라"(엡 4:11-15).

베드로전서 2장 2절도 동일한 사실을 증언합니다.

"갓난아기들같이 순전하고 신령한 젖을 사모하라. 이는 그로 말미암아 너희로 구원에 이르도록 자라게 하려 함이라."

하나님은 자신이 뜻하신 바를 반드시 이루실 것입니다. 하나님의 말씀은 헛되이 땅에 떨어지는 법이 없습니다. 그러므로 하나님의 자녀들은 은혜 가운데 자라 갑니다.

넷째, 하나님의 자녀들은 끊임없이 자라야 할 의무를 집니다. 하나님의 자녀들의 행위는 자라 가려는 분투로 이루어집니다. 다음 말씀들은 성장이 하나님의 자녀들의 의무임을 잘 보여 줍니다.

"오직 우리 주 곧 구주 예수 그리스도의 은혜와 그를 아는 지식에서 자라 가라"(벧후 3:18).

"의로운 자는 그대로 의를 행하고, 거룩한 자는 그대로 거룩하게 하라"(계 22:11).

"내가 이미 얻었다 함도 아니요 온전히 이루었다 함도 아니라. 오직 내가 그리스도 예수께 잡힌 바 된 그것을 잡으려고 달려가노라"(빌 3:12).

신자들이 자라 갈 필요가 없다면, 이 모든 권면들도 무의미할 것입니다.

다섯째, 신자들은 각자가 처한 상태와 받은 은혜의 분량에 따라 성장하는 정도가 다릅니다. 교회에는 아이들이 있는가 하면, 청년들과 아비들도 있습니다.

"아비들아 내가 너희에게 쓰는 것은 너희가 태초부터 계신 이를 알았음이요, 청년들아 내가 너희에게 쓰는 것은 너희가 악한 자를 이기었음이라. 아이들아 내가 너희에게 쓴 것은 너희가 아버지를 알았음이요"(요일 2:13,14).

본성과 마찬가지로 은혜에도 자라는 과정과 단계가 있습니다. 처음에는 아이였다가 청년이 되고, 그 후에야 아비가 됩니다. 이 모든 사실은, 신자가 자라 가는 것이 단지 의무나 선한 일 정도가 아니라 거듭난 생명의 본질임을 확증합니다. 이런 사실을 통해 회심하지 않은 불신자들은 지금 말하는 내용이 그들의 상태에 관한 것이 아님을 금방 알 수 있을 것입니다. 무엇보다 이 사실은 신령한 생명의 은혜를 받아 누리는 하나님의 자녀들에게 위로를 줍니다. 하나님의 자녀들은 이미 이 생명과 더불어 영적 성장을 위한 분투를 시작한 것입니다.

하나님의 은혜로운 역사

영적 성장은 거듭난 하나님의 자녀 안에서 일어나는 하나님의 은혜로운 역사로서, 하나님의 자녀는 성품적인(habitual) 은혜와 실제적인 은혜 모두로 말미암아 성장합니다.

영적 성장은 하나님의 역사입니다. 거듭난 신자에게 있는 영적 생명은 기뻐하시는 뜻대로 그들을 거듭나게 하시는 하나님에게서 비롯됩니다. 그들 안에서 이 생명을 보존하시는 일 또한 구원에 이르는 믿음으로 그들을 보존하시는 하나님의 역사입니다. 그렇지 않다면 그들은 이 구원을 하루에도 수천 번 잃어버렸을 것입니다. 마찬가지로 영적 생명이 자라고 더해 가는 일 역시 하나님의 역사입니다. 신자들 안에 영적 생명이 이렇게 주어졌지만, 오히려 그러하기에 성령께서 언제나 함께하시며 돕고 설복하시는 능력을 베푸시지 않으면 신자는 스스로 아무것도 할 수 없습니다.

"나를 떠나서는 너희가 아무것도 할 수 없음이라"(요 15:5).

"너희 안에서 행하시는 이는 하나님이시니 자기의 기쁘신 뜻을 위하여 너희에게 소원을 두고 행하게 하시나니"(빌 2:13).

이 말씀들은 이미 거듭난 사람들에 관해 이야기합니다. 생명을 주고 보존하며 활동하게 하시는 분은 하나님이므로, 이 생명을 자라게 하시는 분도 오직 하나님입니다.

"이는 여호와의 집에 심겼음이여 우리 하나님의 뜰 안에서 번성하리로다"(시 92:13).

"피곤한 자에게는 능력을 주시며 무능한 자에게는 힘을 더하시나니"(사 40:29).

그러하기에 제자들은 "우리에게 믿음을 더하소서"(눅 17:5)라고 기도했습니다.

하나님은 성령을 더하심으로써 거듭난 영적 생명이 자라도록 하십니다. 에스겔의 환상을 보면, 성전 문지방에서 흘러나온 물이 점점 차올라 발목을 적시고, 무릎을 적시고, 허리까지 차오르고, 급기야 건너지 못할 정도로 큰물이 됩니다(겔 47:1-5 참고). 엘리사는 엘리야의 영감을 갑절이나 원했고, 그것을 받았습니다(왕하 2:9 참고). 오순절에 사도들은 성령의 충만함을 받았습니다(행 2:4 참고). 하나님께서 비와 햇빛을 보내 나무와 풀들을 자라게 하시듯, 영적 생명도 다음과 같은 방편을 통해 자라게 하십니다.

- 신령한 젖인 하나님의 말씀(벧전 2:2 참고)
- 기도(겔 36:26,27,37 참고)
- 성령이 충만한 다른 신자들의 모범(이런 모범을 통해 신자들은 자신의 부족함을 깨닫고 그들을 본받아 살고자 분발하게 됩니다[빌 3:17 참고])
- 시험과 시련(고후 4:17 참고)
- 영적 번영(느 8:11 참고)과 물리적인 번영(행 3:8 참고)

거듭난 신자들만이 누리는 현재적 실체

거듭난 신자들만이 영적으로 자랍니다. 존재하지 않는 것은 늘어나거나 줄어들 수 없습니다. 성장은 생명이 있음을 전제로 합니다. 어떤 신자는 거듭난 후에 비교적 짧은 생을 살다가 죽습니다. 십자가에 달린 강도나 임종의 침상에서 회심하는 신자들이 그러합니다. 이런 사람들이 받은 생명은 자라 가는 경향성을 가지지만, 자라 갈 시간이 많지 않으므로 회심한 즉시 완전해집니다.

어떤 신자는 "어리다가 장성한 나무"(시 144:12)같이 급격히 성장합니다. 그들은 날이 갈수록 자라므로 모두가 그것을 보고 놀라워합니다. 그런데 하나님은 종종 이런 신사들을 일찍 데려가시곤 합니다. 그래서 외경의 지혜서는 다음과 같이 말합니다.

"의인은, 제 명을 다하지 못하고 죽더라도, 안식을 얻는다. 노인은 오래 살았다고 해서 영예를 누리는 것이 아니며 인생은 산 햇수로 재는 것이 아니다. 현명이 곧 백발이고, 티 없는 생활이 곧 노년기의 원숙한 결실이다. 그는 하나님의 뜻대로 살아 하나님의 사랑을 받았다. 그래서 죄인들 가운데에 살고 있는 그를 하나님께서 데리고 가셨다. 하나님께서는 그가 악에 물들어서 바른 이성을 잃지 않도록, 또 그의 영혼이 간교에 넘어가지 않도록 그를 데려가신 것이다. 악은 사람의 마음을 현혹시켜 아름다움을 더럽히고, 방종한 정욕은 깨끗한 마음을 빗나가게 한다. 짧은 세월 동안 완성에 도달한 그는 오래 산 것과 다름이 없다. 그의 영혼이 주님의 뜻에 맞았기 때문에 주님은 그를 악의 소굴에서 미리 빼내신 것이다. 그러나 사람들은 영문도 모르고 물끄러미 쳐다만 보며 이것을 생각조차 하지 않는다"(지혜서 4:7-14, 공동번역성서 개정판).

어떤 신자는 그다지 많이 자라지 못합니다. 그들은 자라더라도 괄목할 만하게 성장하지는 못합니다. 육신적으로도 모든 사람의 키가 똑같지는 않습니다. 거인처럼 큰 사람도 있고, 보통 키인 사람도 있고, 난쟁이처럼 작은 사람도 있습니다. 영적 성장도 마찬가지입니다. 생명력이 미미하여 연약한 사람이 있습니다. 이는 목양을 거의 받지 못하거나 영적인 지도를 제대로 받지 못하여 영적 자양분이 결핍되었기 때문일 수 있습니다. 또는 더디 깨닫고 성향이 게으르기 때문일 수도 있습니다. 남아 있는 부패가 심각하여 뒤로 미끄러지기 때문일 수도 있습니다. 싸워야 할 만큼 싸우지 않기 때문일 수도 있습니다. 아침부터 저녁까지 많은 일로 너무 분주하게 살기 때문일 수도 있습니다. 많은 식솔을 부양해야 하거나 이로 말미암아 가난하기 때문일 수도 있습니다. 더욱이 경건한 신자들과 사귈 기회가 없었기 때문일 수도 있습니다. 하나님의 말씀을 읽고 기도하는 데 게으르기 때문일 수도 있습니다. 본성적으로 기복이 심하고 주변의 영향을 너무 많이 받기 때문일 수도 있습니다. 때때로 놀라우리만큼 모든 어려움을 딛고 전심으로 하나님을 찾지만, 그 상태를 오래 지속하지 못하고 금세 낙담에 빠지거나 정욕에 사로잡혀 그 마음을 잃어버립니다. 그리하여 생명력이 희미해진 채 무기력하게 살아가고 계속 죽음의 문턱에까지 다다릅니다. 어떤 사람들은 큰 진보를 이루다가도 이내 하나님의 성령을 슬프시게 하고 급격히 뒤로 미끄러집니다. 어떤 이는 잠시 그런 상태에 있다가 회복되는 반면, 또 어떤 이는 그런 상태에서 영영 헤어나지 못한 채 그대로 죽음을 맞이합니다. 얼마나 서글픈 일입니까!

어떤 사람들은 꾸준히 진보하며 자라 갑니다. 이런 사람들도 역경과 반대를 겪습니다. 단지 그들은 상대적으로 역경을 드물게 겪는 까닭에 진리에 부합하는 지혜로운 행동을 통해 계속 능력이 자랄 뿐만 아니라 큰 갈등을 겪지 않고 많은 위로를 누립니다. 오히려 이런 갈등을 통해 자라 간다고 해야 맞을 것입니다. 항상 깨어 살아가고 믿음과 금식과 기도와 성경 읽기를 행하고 영적인 교제와 은사와 은혜를 서로 나누며 살아갑니다. 이로 말미암아 모든 일을 극복하고 주 여호와께서 주시는 능력을 힘입어 계속 진보를 이룹니다. 이들은 그리스도 안에서 어린아이로 시작하여 청년이 되고 믿음의 아비로까지 자라는 자들입니다.

그러나 이런 사람들도 감당하는 싸움과 일시적인 퇴보와 삶의 부침이 저마다 다르게 나타나므로 죽음에 이르기까지 능력이나 성장하는 정도가 동일하지는 않습니다. 그리스도 안에서 장성한 신자도 나이 들어 육신의 기력이 쇠함에 따라 영적으로도 연약해집니다. 다윗과 아사와 솔로몬과 히스기야가 그러했듯, 죽음이 가까이 왔을 때 특정한 죄에 빠지기도 합니다. 그러므로 우리는 더욱 간절히 기도해야 합니다.

"늙을 때에 나를 버리지 마시며 내 힘이 쇠약할 때에 나를 떠나지 마소서……하나님이여 내가 늙어 백발이 될 때에도……나를 버리지 마소서"(시 71:9,18).

어떤 신자가 이런 사실을 다음과 같이 달콤한 시로 노래했습니다.

주님은 이제까지 저를 먹이고 지키셨습니다.
제가 아이일 때부터 청년의 때까지 그리하셨고, 이제 저는 노년이 되었습니다.
오 주님, 백발이 성성한 지금 저를 도와주소서.

오, 제가 사려 깊게 진보를 이루어 가게 하소서.
바위처럼 단단하게 진리를 위해 서게 하소서.
제 노년이 일생에서 가장 탁월한 때가 되게 하시고 화평과 희락으로 생을 마감하게 하소서.

페트루스 다테누스는 다음과 같은 시[1]를 덧붙입니다.

주님, 나이 들어 제 맘이 무디고 굳어져 갈 때,
육신이 병약하고 질고로 시달릴 때,
저를 내버려 두지 마소서!
존귀하신 주님, 또한 제가 이루 말할 수 없을 만큼 비참해질 때
저를 버리지 마소서!

한편, 어떤 사람들은 숨을 거두는 날까지 꾸준히 자라 갑니다. "그는 늙어도 여전히 결실하며 진액이 풍족하고 빛이 청청하니"(시 92:14). 이처럼 하나님은 자녀들이 각각 어느 정도로 자랄지를 정하셨습니다. 어떤 사람은 더 자라고, 또 어떤 사람은 덜 자랍니다. 많이 자란 사람이나 진보를 적게 이룬 사람이나 모두 하나님의 자녀입니다. 하나님은 성숙한 자를 사랑하시는 만큼 어린 자녀 또한 사랑하십니다. 하나님은 큰 자나 작은 자나 자기 자녀를 모두 천국으로 들이십니다.

은혜로운 성품의 성장

영적 성장은 실제적인 은혜는 물론 성품적인 은혜와 관련해서도 일어납니다. 먼

---

[1] 역자주 - 이 시는 시편 71편에 관한 시이다.

저, 성품적인 은혜와 관련된 영적 성장에 대해 살펴봅시다.

- 다른 사람들을 유익하게 하는 은사가 더해지더라도 그것이 영혼에 자리한 성품적인 은혜에서 비롯된 것이 아니라면 성장의 증거라 할 수 없습니다.

- 점점 죄를 멀리하고 온갖 덕을 탁월하게 발휘해 갈지라도 마음의 덕스러운 성품에서 자라는 것이 아니라면 영적 성장의 증거라 할 수 없습니다. 자연인은 외적인 일들에서 참된 신자를 능가할 수 있습니다. 성품적인 은혜를 적게 누리는 사람이라도 이런 부분에서는 성품적인 은혜를 많이 누리는 사람을 능가할 수 있습니다. 그러나 이는 단지 그의 본성에서 비롯된 다양한 행위 때문이지 계속해서 그리스도와 연합하며 날마다 그리스도 안에서 의롭다하심을 받아 누리는 것과는 거의 상관없습니다. 하나님과 화목한 관계를 누리며 살기 위해 계속 힘쓰지 않고, 날마다 그리스도를 자신의 보증으로 누리지 않는 사람은 자신의 성화에서 극히 미미하게 깨끗할 뿐입니다.

- 영적 성장은 하나님께 많은 위로를 받을 때 거룩함이 진보하는 것을 말하지 않습니다. 그러한 때에는 당연히 전진하며 진보할 수 있습니다. 마치 아이가 혼자 걸을 때보다 어른의 손을 잡고 걸을 때 훨씬 잘, 멀리 걷는 것과 같은 이치입니다. 때때로 하나님은 자기 자녀를 이런 방식으로 새롭게 하십니다. 그러나 다시금 그들이 홀로 걷게 되면 이전보다 많이 자라지 않았음을 금세 알 수 있습니다.

첫째, 영적 성장은 신령한 빛이 더해 가는 것입니다. 이는 하나님의 말씀에 대한 문자적이고도 외적인 지식을 쌓는 것을 가리키지 않습니다. 회심한 신자나 회심하지 않은 불신자 모두 성경에 대한 지식을 가질 수 있기 때문입니다. 회심하지 않은 불신자가 신자보다 성경을 더 잘 알 수도 있습니다. 그러나 이런 지식 외에 신령한 빛이 더해 가는 사람이 있습니다. 이런 사람은 진리가 신령한 것임을 압니다. 다시 말해, 그는 진리의 핵심과 영적인 본질을 압니다. 이 신령한 빛은 고유한 따스함이 있고, 영혼을 사랑으로 타오르게 하며, 열매를 풍성히 맺게 합니다. 또한 신령한 진리를 영혼에 심음으로써 진리인 하나님의 말씀을 그의 내면에서 실현시킵니다. 이 진리는 사람들로 하여금 하나님을 그분의 속성과 역사 가운데 외적으로뿐만 아니라 내적으로도 더욱 선명하게 알 수 있게 해 줍니다. 빛이 없는 캄캄한 방에서는 거대한 물체나 냄새나는 더러운 것만을 분간할 수 있을 뿐입니다. 그러나 해가 떠서 햇빛이 방을 비추면 어두울 때에는 전혀 보이지 않았던 미세한 먼지들까지 보입니다. 영적으로도 마찬가지입니다. 하나님을 더 알수록 우리 마음의 부패함을 더 잘 압니다. 영적 성장은 이런 빛이 더해 가는 것입니다.

"오직 우리 주 곧 구주 예수 그리스도의 은혜와 그를 아는 지식에서 자라 가라"(벧후 3:18).

"아비들아 내가 너희에게 쓰는 것은 너희가 태초부터 계신 이를 알았음이요"(요일 2:13).

"내가 주께 대하여 귀로 듣기만 하였사오나 이제는 눈으로 주를 뵈옵나이다. 그러므로 내가 스스로 거두어들이고 티끌과 재 가운데에서 회개하나이다"(욥 42:5,6).

둘째, 영적 성장은 하나님과 계속해서 견실하게 교제하는 가운데 이루어집니다. 하나님과의 연합이 생명과 희락과 영혼의 구원을 이룹니다. 회심하지 않은 자들은 이런 교제와 전혀 상관없고, 거듭난 사람은 이제 이 교제를 시작하였습니다. 그리고 그리스도 안에서 아비 된 자는 이 교제를 더욱 풍성히 누립니다. 이는 아주 중요한 일로, 모든 것이 여기에 달렸습니다. 은혜를 많이 받아 누리는 사람이 이 교제를 풍성하게, 지속적으로 누립니다. 마음은 하나님을 바라보고, 생각은 하나님께 집중합니다. 하나님께 기도하고, 그분을 갈망하고 바라며, 그분과 대화할 것입니다. 그는 마음을 하나님께 고정시키고, 그분 안에서 안식과 즐거움을 누리며 그분을 영화롭게 할 것입니다. 하나님과 함께하는 가운데 이런 마음 상태를 가진 채 눕고 잠들고 깹니다. 이런 신자의 생각은 더 이상 이 땅과 그 안에 있는 허탄한 것들에 끌려가지 않고 하나님께로만 이끌립니다. 그는 하나님과 조금이라도 소원해지거나 어두워지면 즉시 알아차리고 슬퍼하며, 다시금 겸손하고 친밀한 교제를 회복하기까지 조금도 쉬지 못합니다. 이런 태도야말로 그가 지복을 누리고 있다는 증거입니다.

"내가 항상 주와 함께하니"(시 73:23).

"하나님께 가까이함이 내게 복이라"(시 73:28).

이렇게 할수록 사람은 영적으로 더 자라 갑니다.

셋째, 영적 성장은 그리스도를 아는 지식과 믿음이 자라 가며 그리스도를 더 많이 누리는 것입니다. 그리스도께서 중심에 계시지 않다면 영적인 성장이 아닙니다. 영적 생명이 처음 시작될 때에만 그리스도가 필요하고 그다음부터는 거룩함에만 초점을 맞추어도 되는 것이 아닙니다. 그리스도를 단지 거룩한 삶을 위해 본받아야 할 분 정도로 생각하는 태도는 잘못된 것입니다. 그것은 신령한 삶이 진보하는 것이 아니라 퇴보하는 것입니다. 신자로 살아간다는 것은 "우리 생명"이신 그리스도 안에서 사는 것이고(골 3:4 참고), 자라는 것은 그리스도 안에서 자라 가는 것입니다.

"그러므로 너희가 그리스도 예수를 주로 받았으니 그 안에서 행하되, 그 안에 뿌리를 박으며 세움을 받아 교훈을 받은 대로 믿음에 굳게 서서"(골 2:6,7).

"오직 사랑 안에서 참된 것을 하여 범사에 그에게까지 자랄지라. 그는 머리니 곧 그리스도라. 그에게서 온몸이 각 마디를 통하여 도움을 받음으로 연결되고 결합되어 각 지체의 분량대로 역사하여 그 몸을 자라게 하며 사랑 안에서 스스로 세우느니라"(엡 4:15,16).

그리스도는 포도나무요, 신자는 이 포도나무에 접붙여져 끊임없이 수액과 자양분을 받아먹고 자라 갑니다. 신자는 이 포도나무로부터 수액과 자양분을 받아먹으며 살고 자랍니다. 그러므로 포도나무이신 그리스도를 삶의 중심에 모시지 않고서는 영적으로 성장할 수 없습니다(롬 6:5 참고).

"나는 포도나무요 너희는 가지라. 그가 내 안에, 내가 그 안에 거하면 사람이 열매를 많이 맺나니"(요 15:5).

우리는 우리의 칭의를 위한 보증으로서 그리스도와 끊임없이 믿음으로 연합할 때에라야 그리스도 안에서 자라 갑니다. 다시 말해, 끊임없이 그리스도를 우리의 대제사장으로 모시고 길 되신 그분을 통해 하나님께로 나아가야 한다는 말입니다. 곧 하나님의 위엄과 거룩하심과 우리의 죄악됨을 생각할 때, 그리스도로 말미암지 않고서는 하나님께로 나아가서도 안 되고, 그럴 수도 없다는 말입니다.

게다가 그리스도 없이 하나님과 교제할 수 있다는 생각은 하나님께도, 우리에게도 맞지 않습니다. 그리스도를 배제한 채 하나님의 속성과 성품을 생각한다면 자랄 수 없습니다. 그것은 천사들에게나 적용되는 일입니다. 하나님의 성품과 속성이 그리스도 안에서 우리에게 증언되고 비쳐져야 합니다. 은혜 안에서 자랄수록 사람은 그리스도 안에서 하나님의 속성과 성품을 더 잘 누리고 묵상할 수 있습니다. 그리고 이 모든 일들을 통해 신자는 영적으로 성장합니다. 이렇게 자라야만 성장이라 할 수 있습니다. 아무리 많이 자란 것처럼 보이고 또 스스로 그렇게 여긴다 할지라도, 그리스도 안에서 하나님을 누리고 자라는 것이 아니면 성장이라고 말할 수 없습니다.

넷째, 영적 성장은 순전한 행위들을 통해 이루어집니다. 영적으로 자라 갈수록 우리는 어떤 일을 할 때 순전함에 더욱 주의를 기울입니다. 그리하여 거룩한 동기와 목적에서 비롯된 일이 아니라면 어떤 행동도 즐거워하지 않습니다. 다시 말해, 무슨 일을 하든지 우리 자신이 아닌 하나님의 영광을 중심으로 삼고(고전 10:31 참고), 하나님의 눈앞에서(창 17:1 참고), 하나님과 그분의 뜻에 순종하고(엡 6:6 참고), 그리스도와 연합하였고 그리스도로 말미암아 하나님과 연합하였음을 믿으며(히 1:6 참고), 사랑과(고전 13:1 참고) 하나님을 경외함으로(욥 31:23 참고) 행합니다. 그러하기에 우리는 무슨 일을 하든지 하나님으로 말미암아, 하나님 때문에, 하나님을 위하여 해야 합니다. 이것이 바로 '하나님 안에서 행한다'는 말의 뜻입니다(요 3:21 참고). 이처럼 영적 성장은, 무언가를 할 때 열심을 내는 동시에 올바른 동기와 목적을 가지고 해야 이루어집니다.

다섯째, 영적 성장은 더 많은 은혜로도 나타납니다. 신자에게 주어진 성품적인 은혜가 행위를 통해 드러납니다. 신자가 적극적으로 죄를 죽이고 덕을 실현하는 행위가 모든 죄를 대적하고 모든 덕을 향하는 마음의 성품으로 자리 잡습니다. 마음은 더욱 덕스러워지고, 선한 마음이 선한 행실을 낳으며, 선한 행실이 더할수록 마음의 틀이 더욱 영적으로 되어 갑니다. 경건한 신자가 영적으로 자라는 것은 한 가지 덕뿐만 아니라 모든 덕에서 드러납니다. 하나의 죄를 죽일 때까지 다른 죄를 내버려 두지 않습니다. 모든 죄를 죽입니다. 하나의 덕을 배우고 익힌 후에 다른 덕으로 나아가는 것이 아닙니다. 모든 덕을 실현하기 위해 힘씁니다. 물론 더 열중하여 싸우는 죄가 있고, 더 힘쓰는 덕이 있습니다. 또한 더 잘 이기는 죄가 있고, 더 잘 행하는 덕이 있습니다. 동시에 그는 영적인 마음을 가지고 모든 죄와 싸워 이기고 모든 덕을 향합니다. 그러나 고질적으로 힘겨워하는 죄가 있고, 또 유난히 잘 행하지 못하는 덕이 있기 마련입니다.

영적 성장의 방법

그렇다면 우리가 어떻게 해야 영적으로 자라 갈 수 있을지 생각해 봅시다.

첫째, 더 많은 죄를 의식하고 더 많은 덕을 열망할 때에라야 자라 갈 수 있습니다. 처음 신령하게 살기 시작할 때에는 이미 알려지고 드러난 죄악들을 예민하게 의식합니다. 특히 고질적으로 자신을 괴롭히는 죄에 대해 그러합니다. 그런 죄에 넘어지지 않고 하루를 보내면 크게 성취한 것처럼 즐거워합니다. 그러나 영적으로 더 자라다 보면, 죄를 더 많이 깨닫고 그 죄들과 더 치열하게 싸웁니다. 겉으로 드러나는 죄들은 물론이요 내면의 죄들과도 싸웁니다. 뿐만 아니라 덕을 소홀히 하거나 부족하게 행하지 않기 위해 싸웁니다. 저녁마다 "오늘은 나의 고질적인 죄에 넘어지지 않았는가?"라고 자문할 것입니다. "그 밖에도 다른 죄에 넘어지지는 않았는가? 선한 일에 올바로 힘썼는가?"라고 물을 것입니다. 영적으로 자랄수록 이전보다 더 많은 덕(두 돌판에 기록된 계명들)을 행합니다. 그러므로 그들은 열매를 많이 맺을 것입니다(요 15:5 참고).

"합환채가 향기를 뿜어내고 우리의 문 앞에는 여러 가지 귀한 열매가 새것, 묵은 것으로 마련되었구나. 내가 내 사랑하는 자 너를 위하여 쌓아 둔 것이로다"(아 7:13).

"그러므로 너희가 더욱 힘써 너희 믿음에 덕을, 덕에 지식을, 지식에 절제를, 절제에 인내를, 인내에 경건을, 경건에 형제 우애를, 형제 우애에 사랑을 더하라"(벧후 1:5-7).

둘째, 강한 반대를 맞닥뜨리고 견딜 때 영적으로 자랍니다. 악한 자의 불화살을 믿음의 방패로 막아 내고, 내면의 갈등과 어려움에 지지 않고 계속 하나님과 이웃에 대한 의무들을 행해 갈 때 악한 자를 이깁니다(요일 2:13 참고). 우리는 우리를 넘어뜨리는 상황을 피하거나, 피할 수 없다면 그런 상황을 이전보다 더 잘 맞닥뜨릴 때 성장합니다. 더는 세상의 매력에 끌리지 않고 그것이 더는 미혹거리가 되지 않을 때에라야 그런 것들이 힘을 잃습니다. 다시 말해 아첨이나 위협, 말이나 실제적인 핍박이 경건을 추구하는 우리를 더는 가로막을 수 없습니다. 신자는 하나님을 사랑하고 경외함으로써 내면에서 일어나는 죄악된 정욕을 더욱 수월하게 거부하고 물리칠 때에라야 영적으로 자랍니다. 또한 신자는 넘어지는 경험을 통해 더욱 강해지고 넘어지지 않기 위해 주의를 기울입니다. 어떠한 반대가 있더라도 신자는 뒤로 물러나기는커녕 그것을 견디며 계속 자라 갑니다.

셋째, 지혜와 결단력과 믿음과 열심으로 계속 선을 행할 때 영적으로 성장합니다. 갓 신자가 된 사람의 열심에는 본성적인 열정이 뒤섞여 있기 마련입니다. 이때에는 경솔하고도 무분별하게 행동하기가 쉽습니다. 그리고 언제 어떻게 행해야 할지를 잘 모릅니다. 좋다가도 금세 어두워지고, 적극적으로 무언가를 하다가도 이내 수동적이 되고 맙니다. 작은 일에도 즉시 영향을 받고, 믿음과 소망과 사랑이 쉽사리 사그라듭니다. 그러나 많이 넘어져 좌절하고 회복되는 일을 겪으면서 더욱 견고하게 걸어가며 믿음으로 주 예수님을 의지합니다. 심지어 주께서 얼굴을 숨기시고, 그리스도인으로서 추구하는 열정과 마음이 일어나지 않을 때에도 그러합니다. 그렇게 그리스도인으로서 선택하고 추구하는 바를 견지해 나갑니다. 죄에 넘어지는 것 때문에 이전보다 더 크게 슬퍼하지만, 그리스도인으로서 우리가 가진 상태를 쉽게 저버리지는 않습니다. 하나님의 말씀을 더욱 의지하고 신뢰합니다. 우리가 누구를 믿는지, 하나님께서 자녀들을 어떻게 대하시는지를 더욱 잘 깨닫습니다. 하나님께서 다시금 이 어둠을 거두어 주실 것임을 압니다. 이전보다 더 확고하게 행합니다. 더 신중하게 말하고 행동합니다. 겸손하고도 온유한 지혜가 점점 빛을 더해 갑니다. 우리는 하나님만으로 만족하는 자이므로 사람들이 인정하지 않고 알아주지 않는다고 해서 휘둘려서는 안 됩니다. 신자들과 모든 사람들을 향한 사랑이 각 사람에게 알맞게 드러납니다. 자신이 알고 있는 의무를 절제된 열심으로 행합니다. 말해야 할 때 말하고, 침묵해야 할 때 침묵합니다. 신자로서의 의무를 행할 때에는 자신의 무능력한 한계에 갇히지 않으며, 인간의 지혜, 교만, 선하고 악함에 따라 휘둘리는 것을 용납하지 않습니다. 그렇게 우리는 세상 피조물을 의지하는 데서 비롯되는 부당한 영향에서 점점 자유로워집니다. 그리스도의 사랑이 우리를 강권하고, 영광에 대한 소망이 동기를 부여합니다. 넘어지더라도 다시금 일어납니다. 잘하지 못하는 부분이 있을지라도 그 부분에서 진보를 이루기 위해 온 힘을 다합니다. 주님께서 주시는 능력을 힘입어 모든 역경을 이겨 내며, 그럴수록 더욱 강해져 갑니다.

자기 성찰의 필요

이 글을 읽는 사람들은 지금까지 살펴본 내용에 따라 자신을 돌아보아야 합니다. 자신에 대해 어떻게 말할 수 있습니까? 지금 여러분은 자라고 있습니까? 여러분의 중심을 감찰하고 심판하실 하나님 앞으로 나아가십시오. 헛된 상상으로 자신을 추켜세우지 마십시오. 그리고 성장한 부분이 있다면, 그것을 부정하지 마십시오. 여러분이 한 일이 아니라 하나님의 은혜가 역사한 결과이기 때문입니다. 성장을 이룬 부분을 발견한다면 큰 용기와 힘을 얻을 것입니다. 그렇지 못하다면 이를 통해 더욱 분발하여, 그 부분에서 참된 회심을 추구하고 진보를 이루고자 열심을 내십시오. 그것을 위해 지금까지 다룬 내용을 다시 읽으면서 자신을 살펴보십시오. 신령한 빛이 더해 가고 있습니까? 하나님과 더욱 돈독하게 교제하고 있습니까? 예수님을 아는 지식이 더해 가고 그에 걸맞게 그분을 믿는 믿음도 자라 갑니까? 의롭고 바르게 일을 처리합니까? 더욱 힘써 죄와 싸우고 선을 행합니까? 강력한 반대에 맞서 그리스도인으로서 믿음을 지키며 살아갑니까? 지혜와 결심과 믿음과 열심을 가지고 계속 전진해 갑니까? 이런 물음들에 스스로 뭐라고 대답하렵니까? 이런 질문들을 잠시 생각해 보는 것으로 끝내지 마십시오. 이 글을 읽기 전의 자기 모습과 이 글에 비춰 본 자기 모습을 비교해 보십시오. 회심했을 때의 모습과 지금의 모습을 비교해 보십시오. 특정한 수준의 은혜에까지 자라기를 열망한다고 해서, 마치 자신이 노력해서 그것을 이루었다거나 이미 더 많이 진보했어야 하는 것처럼 여기며 자신이 이미 받아 누리는 것들을 망각하고 감사를 잃어버려서는 안 됩니다. 그리하면 기쁨은커녕 자책과 비통함만 가득하게 될 것입니다. 그러므로 더욱 합당하고도 실제적으로 자신을 판단해야 합니다.

① 어떤 사람들은 지금까지 전혀 진보하지 못했을 뿐만 아니라 어떤 은혜도 받아 본 적 없이 흉내만 내고 살았음을 깨달을 것입니다. 그들의 모든 행위는 자신들의 생각과 본성적인 열심의 산물일 뿐이었습니다.

② 어떤 사람들은 죄짓는 데에만 뛰어났음이 드러날 것입니다. 이들은 "더는 하나님의 말씀을 듣고 싶지 않다"라고 말하며 하나님을 거부하고 맞서면서 죄에 죄를 더하고 악에 악을 더해 가며 살아온 사람들입니다. 자신들이 받은 모든 빛과 죄에 대한 깨달음을 무시하고 온갖 죄악을 행하며 불경건하게 살아온 자들입니다. 양심이 화인 맞은 그들은 점점 죄에 둔감해져 가다가 급기야 의도적으로 온갖 죄를 범하는 데까지 이릅니다.

③ 어떤 사람들은 처음으로 신령한 감정을 느끼고, 자신의 영적 의무가 무엇인지를 알고, 죄를 깨달아 기도하고, 잠시나마 죄의 길을 따르기를 거부한 때를 기억할 것입니다. 비록 처음이었더라도 자신이 맛본 모든 귀한 경험을 외면하고 다시금 고의로 경건의 길을 떠나 개와 같이 자신이 토한 것으로 돌아가는 자들입니다(벧후 2:22 참고). 이런 사람들은 이미 마음이 굳어졌거나, 아니면 이렇게 생각할 것입니다. '나에게 화가 있도다! 내가 도대체 무슨 짓을 한 것인가! 그렇게 귀한 것들을 떠나다니! 내가 처음 느끼고 누렸던 상태로 돌이킬 수만 있다면 너무나 좋으련만!'

어떤 이들은 자신을 좋게 평가합니다. 그들은 스스로 계속 경건하게 살기를 바란다고 여깁니다. 그런 자신이 구원받는 것은 당연하므로 더는 다른 것이 필요 없다고 합니다. 그러면서도 정작 실제로 경건하게 살기를 원하지는 않습니다. 유별나게 그렇게까지 해야 하느냐고 합니다. 이런 자들을 누가 구원한단 말입니까?

여러분이 아무리 의로운 행위를 많이 하더라도 내면의 영적인 성향에서 비롯되지 않으면 아무런 가치도 없다는 것을 깨닫고 자신의 비참한 상태를 절감하기를 바랍니다! 회개하지 않는다면, 여러분이 받아 누렸으나 금세 저버린 많은 깨달음과 확신들로 말미암아 더 큰 심판과 정죄를 받을 것입니다. 심판 날에 이교도들이 받는 심판이 여러분이 받을 심판보다 더 가벼울 것입니다. 그날에는 여러분이 그렇게 심판당하는 것이 마땅하다고 이교도들이 고소할 것입니다. 부디 이 모든 것들을 생각하여 심각하게 받아들이고, 회개하십시오. 죄를 자각하고 자신이 정죄되었음을 아는 것이야말로 회심에 이르는 방편이기 때문입니다. 그러나 아직 소망이 있습니다. 지금도 그리스도께서 여러분을 부르고 계시기 때문입니다. 그런데 왜 죽으려고 합니까?

근심하는 영혼들을 위하여

은혜 안에 있는 사람이 지금까지 다룬 내용을 살펴보았다면, 진정 자신이 믿음을 저버리고 살았음을 깨달을 것입니다. 주님으로부터 "너의 처음 사랑을 버렸느니라"(계 2:4)라고 책망 들은 에베소교회와 같다고 생각할 것입니다. 그렇다면 "어디서 떨어졌는지를 생각하고 회개하여 처음 행위를 가지라"(계 2:5)라는 말씀을 자신에게 적용해야 합니다. 이어지는 장에서는 이 부분에 대해 살펴볼 것입니다. 그런데 은혜 가운데 있는 어떤 사람은 자신이 진리에 거하며 죄로 미끄러지지 않았는데도 스스로 죄로 미끄러졌다고 여겨 자신의 영적 상태를 의심할 것입니다. 이들은 다음과 같이 생각합니다. '하나님의 자녀라면 자라야 한다. 그러나 나는 오히려 뒤로 미끄러졌다. 그러므로 나는 하나님의 자녀가 아니다.' 이런 사람들은 다음 사실들을 알아야 합니다.

① 많은 신자들이 자기가 영적으로 자라고 있음을 알아차리지 못합니다. 이전 상태가 어떠했는지를 기억하지 못하므로 현재 자신의 상태를 제대로 판단하기 어려워합니다. 이전에는 자기가 보이는 경향성과 행위들이 반영하는 영적 상태를 제대로 이해하지 못하였고, 그러하기에 자연히 뜨거웠던 감정에만 초점을 맞추었습

니다. 그러나 지금은 그런 감정에 그다지 큰 의미를 두지 않습니다.

② 어제나 한 달 전의 자기 상태와 비교해서 자신이 자랐는지를 가늠하지 못합니다. 오히려, 신령한 삶을 시작했을 무렵의 자기 모습과 지금의 자기 모습을 비교해 보아야 합니다. 그리하면 자신이 성장했음을 확인할 수 있을 것입니다.

③ 경건한 신자도 영적으로 겨울 같은 시기를 보냅니다. 겨울에는 나무와 온 대지가 황무하고 죽은 것처럼 보입니다. 그러나 그런 때조차도 처음 심겼을 때에 비해 나무가 자란 것을 확인할 수는 있습니다. 하나님의 자녀도 마찬가지입니다. 영적인 겨울을 보내고 있다 하더라도, 적어도 이런 사실은 확인됩니다.

④ 같은 나무의 가지라도 자라는 정도가 다 다릅니다. 하나님의 자녀도 마찬가지입니다. 잘 자라는 영역이 있는가 하면, 상대적으로 덜 자라는 영역이 있습니다. 그러하기에 어떤 영역이 이전처럼 자라지 않는다고 해서 "나는 자라지 않고 있다"라고 말해서는 안 됩니다. 눈에 보이지 않지만 뿌리가 자라고 있을 수도 있고, 나무의 크기는 그대로이지만 넓이가 변하고 있을 수도 있고, 다른 가지에서 성장이 진행되고 있을 수도 있습니다.

⑤ 하나님의 자녀만이 자란다는 말은 어떤 극적인 성장을 말하는 것이 아니라, 일상적인 경향성을 뜻합니다. 땅에 심긴 식물은 충분한 수분과 햇빛, 필요한 양분을 얻으면 계속 자라 갑니다. 때때로 신자는 자라기 위해 필요한 양분을 얻지 못하기도 하고, 충분한 햇빛을 받지 못하기도 합니다. 심지어 병들거나 사고를 당하기도 합니다. 그러나 병들거나 사고를 당했다고 해서 "지금 나는 자라지 못한다. 따라서 나는 사람이 아니다"라고 말하는 사람이 어디 있습니까?

⑥ 우리는 괄목할 만하게 성장하는 다른 그리스도인들과 교제하기도 합니다. 어떤 지체는 우리보다 늦게 자라기 시작했지만, 어느새 우리를 넘어섭니다. 그런 지체를 보고서 다른 지체들은 잘 자라는데 나만 자라지 못한다고 생각한 나머지, 자신에 대해 잘못된 결론을 내릴 수 있습니다.

⑦ 지금 영적인 안목과 위대한 일들을 갈망하고 있다면, 강렬하고 더욱 고상해진 이 열망이 아직 채워지지 않은 까닭에, 결국 자신이 자라고 있지 않다고 쉽사리

단정 짓게 됩니다. 그러나 오히려 영적인 안목이 더해 가고 위대한 일들에 대한 열망이 커지기에, 우리가 자라고 있다고 결론 내릴 수 있습니다.

⑧ 경건한 신자들은 대개 자신이 퇴보하고 있다고 생각하는 경향이 있습니다. 설령 퇴보하는 것이 맞다고 할지라도 그 사실조차 그가 자라고 있다는 표지가 될 수 있습니다. 생명이 없거나 자라지 않는 사람은 퇴보할 수도 없기 때문입니다. 여러분이 처음처럼 진지한 마음이 아니라고 가정해 봅시다. 여러분은 간절히 눈물로 기도하지도 못하며, 이길 수 있는 죄에 이따금 넘어집니다. 그런데 여러분은 자신의 이런 상태 때문에 멸망에 대한 두려움이 더 커지고, 더 큰 자극을 받아 본성적인 감정이 함께 일어났습니다. 여러분은 그러한 죄악들에 넘어질 이유도 없었고 지금처럼 원수들의 유혹을 받지도 않았습니다. 그러므로 설령 지금 여러분이 그런 죄에 넘어지고 많은 유혹을 당한다 할지라도 그것을 퇴보라고 할 수는 없습니다. 게다가 여러분이 정말 퇴보하고 뒤로 미끄러졌다고 할지라도 여러분에게는 이미 생명이 있고, 여러분은 성장해 왔습니다. 그리고 일단 생명을 얻고 자라났다면, 지금 뒤로 미끄러졌다 해도 그 생명이 사라진 것은 아닙니다. 여러분 안에 착한 일을 시작하신 분께서 그것을 이루실 것이기 때문입니다.

지금까지 우리가 말한 내용에 여러분 자신을 비추어 본다면, 여러분은 뒤로 미끄러지고 퇴보한 것이 아니라 오히려 자랐음을 확인할 수 있을 것입니다. 여러분이 더 많은 빛과 믿음을 가지고 하나님과 친밀한 교제를 누리고 있음을 확신할 것입니다. 여러분의 모든 행위에서 이전보다 더 많은 사랑과 견고함과 이해와 열정을 발견할 것입니다. 그러므로 자신이 은혜 받은 자임을 고백하고 즐거워하십시오. 이를 통해 더욱 분발할 수 있을 것입니다.

신자들의 영적 성장을 방해하는 요인

수많은 신자들이 자신이 자라지 않았다고 생각합니다. 그런데 그들이 마땅히 자라야 할 만큼 자라지 못하고 있는 것이 사실입니다. 성장하게끔 하는 복된 방편들이 얼마나 많습니까! 신령한 젖인 소중한 하나님의 말씀이 있습니다. 탁월한 은사를 가지고 사람들을 목양하는 신령하고도 신실한 목사들도 많습니다. 훌륭한 본을 보이며 모든 사람에게 자극과 도전이 되는 신자들이 많습니다. 그러나 이런 소중한 은혜의 방편들이 있는데도 많은 사람들이 필요한 만큼 유익을 얻지 못하고 자라지 못합니다. 자신이 더 자라지 못하고 있다는 사실에 의아해해야 할 사람들이 많으며, 실제로 많은 사람들이 자라지 못하는 자신의 상태에 대해 의아해합니다. 그래서 그들은 정당하게 스스로를 탓합니다. 바로 자신의 잘못이기 때문입니다. 그들은 "무엇이 문제인가?"라고 자문합니다. 이에 저는 "여러분 자신이 문제입니다"라고 대답하겠습니다.

첫째, 크든 작든 상관없이 은혜만 있으면 구원을 받는다고 생각합니다. 그로 말미암아, 영적 성장도 이룬다면 더없이 좋겠지만 그러지 못해도 구원은 받는다는 식의 육신적인 생각이 은밀히 고개를 쳐들 때가 있습니다. 다시 말해, 구원은 하나님께서 거듭난 자들에게 약속하신 것이므로 반드시 영적으로 성장할 필요는 없다고 생각하는 것입니다. 그러나 이런 생각은 완전히 육신적입니다. 은혜의 원리는 그와 다릅니다. 영적 성장이 구원에 필수적인 요건은 아니더라도 은혜의 신령한 원리는 언제나 성장을 지향하기 때문입니다. 신령한 은혜를 가진 사람에게 영적 성장은 부담스런 의무가 아니라 생명이요 기쁨입니다. 또한 그는 영적으로 자라는 것이 하나님을 기쁘시게 한다는 것도 잘 압니다. 그러므로 은혜를 핑계 삼아 죄짓는 일을 그치십시오.

둘째, 많은 사람들이 불신앙 때문에 자라지 못하면서도 다음과 같이 생각합니다. '은혜가 없는 것을 보니 나는 하나님의 자녀가 아니다. 내가 하나님의 자녀도 아닌데 자라 가려고 발버둥 칠 필요가 있는가?' 이런 사람들은 언제나 자신이 거듭났는지를 확인하는 데에만 몰두합니다. 한편 그들은 다음과 같이 생각하기도 합니다. '나는 회심하지 않았다. 지금 나는 신자들과 완전히 다른 모습이다.' 그래서 영적인 일들을 등진 채 낙담하며 지냅니다. 그러다가 '내가 은혜 가운데 있는 것이 맞다'라고 결론 내리고 힘차게 살아가기도 합니다. 그러나 이 결론을 오래 지키지 못하고 금세 다시 의심에 빠져 자신에게서 구원의 증거를 찾지 못해 노심초사합니다. 이런 사람들은 기초를 다지고 집을 짓다가 정말 자신이 기초를 깔았는지를 의심하여 모든 것을 헐고서 다시 짓는 건축자와 같습니다. 이런 사람들은 금세 같은 일을 반복합니다.

셋째, 어떤 이들은 자신에게서 악이 너무 많이 발견되는 탓에 낙담한 나머지 진보하지 못하기도 합니다. 자기에게 마땅히 있어야 할 덕들을 의식한 나머지 어찌할 바를 모릅니다. 게다가 자신이 기울인 모든 노력이 지금까지 아무런 열매를 맺지 못했다고 여기고는 아무리 노력해 봐야 소용없다는 패배 의식에 사로잡힌 채로 삽니다. 죄에 심하게 휘둘리는 탓에 덕이 거의 드러나지 않습니다. 무엇을 어떻게 해야 할지 모르므로 선을 행하는 데 무기력할 수밖에 없습니다. 이런 사람들은, 신자가 자신 안에 심겨 있는 덕스러운 성품으로 말미암아 하나의 죄를 이기고 또 하나의 덕을 끝까지 견지할 수 있다는 사실과, 이 사실을 모든 죄와 모든 덕에 적용할 수 있음을 기억해야 합니다.

넷째, 세상을 따르는 마음 때문에 자라지 못합니다. 신자들은 세상 것들이 합법적이고 필요하며 적절하다는 이유로 여전히 세상에 속한 것들을 바랍니다. 그러나 실제로 그런 모습은 세상을 사랑하는 데서 비롯됩니다. 세상과 성령은 서로를 대적하며, 언제나 서로를 몰아내려 합니다. 세상과 성령은 서로 충돌하므로 우리는 전적으로 세상을 따르든지, 아니면 온전히 은혜를 쫓든지 해야만 합니다. 둘 사이에서 머뭇거리면서 그리스도와 벨리알을 함께 섬기려는 한, 영적 성장은 일어나지 않습니다. 땅에 매인 새는 아무리 높이 날아오르고 싶어도 도로 지면으로 떨어질 수밖에 없습니다. 위의 것을 사모하며 살기 위해서는 이 세상의 것들을 끊어 버려야 합니다.

다섯째, 수많은 신자들이 단지 게으른 탓에 영적 성장을 이루지 못합니다. 자연적인 영역에서 게으른 자는 손으로 일하려 하지 않으므로, 많은 것을 바라나 실상 아무것도 얻지 못합니다. 이는 영적인 영역에서도 엄연한 사실입니다. 영적인 사고를 가지고 종려나무처럼 높이 자라기를 바라지만, 이를 위해 어떤 노력도 하지 않습니다. 그래서 우리는 바라기만 할 뿐 실상 아무것도 이루지 못합니다. 영적 성장을 위해서는 기도와 금식, 자기 성찰과 묵상, 영적 싸움과 같은 노력을 기울여야 합니다. 하나님 나라는 침노를 당하며, 침노하는 자가 하나님 나라를 얻습니다. 그러므로 여러분이 하나님 나라를 얻고 영적으로 자라 가기를 바란다면, 하나님께서 정하신 방편들을 힘써 사용해야 합니다.

신부가 온갖 이유들을 들면서 안락한 침대에서 일어나 신랑을 맞이하려 하지 않으면, 신랑은 신부를 홀로 남겨 두고 떠날 수밖에 없습니다. 그러므로 다른 사람들이 잠에 빠져 있을 때에 잠자리에서 일어나 신랑을 맞이하십시오. 일단 그렇게 해 보면, 지금의 생각과는 달리 그런 일들이 그다지 힘들지 않다는 사실을 깨닫게 될 것입니다. 처음에는 즐겁기만 하지는 않겠지만, 여러분의 작은 수고가 가져다주는 보상이 너무나 감미로움을 깨닫고는 이내 그러한 모든 노력들을 오히려 달콤하게 느낄 것입니다.

영적 성장을 위해 분투하도록 하는 권면

그러므로 그리스도인들이여, 영적으로 자라 가고자 힘쓰십시오. 성품적인 은혜와 실제적인 은혜 모두에서 진보를 나타내고자 힘쓰십시오. 그 이유는 다음과 같습니다.

첫째, 여러분은 영적 상태가 아직은 불완전하며 신령한 생명의 걸음마를 이제 막 떼었기 때문입니다. 시작한 경주를 마치려는 사람이 시작점에 그대로 서 있어서야 되겠습니까? 그 완성이 위대하고 영광스러울수록 당연히 그것을 얻기 위해 힘에 지나도록 수고해야 합니다. 그 어떤 어려움도 이 수고를 멈출 만한 이유가 되지 못합니다.

둘째, 자라지 않는다는 것은 곧 자신의 죄와 부패에 안주하는 것을 뜻하기 때문입니다. 그리스도의 피로 깨끗해지고, 성화를 이루시는 성령께 참여하고, 거룩하신 예수님의 신부가 된 하나님의 자녀인데도 비참함과 부패함 가운데 계속 머물렵니까? 그래서는 안 됩니다! 여러분의 아버지이신 하나님께 더는 불순종하지 마십시오. 부패의 올무를 벗어 버리고, 죄를 몰아내고 그것으로부터 도망치십시오. 여러분이 자랄수록 죄로부터 더욱 멀어질 것입니다. 또한 죄로부터 멀어질수록 더욱 자라 갈 것입니다.

셋째, 영적으로 자라 갈수록 더욱 하나님의 형상이 드러나고, 그분을 닮아 갈 것이기 때문입니다. 하나님의 형상이야말로 우리가 다다를 완전함이요 장성한 분량이기 때문입니다. 여러분은 이미 자신이 하나님으로부터 멀어진 것을 슬퍼할 뿐만 아니라, 하나님께 가까이 가기만을 사모합니다. 하나님과 복된 교제를 누리며 사는 것이 여러분에게 유일하고도 가장 좋은 위로입니다. 이 만족을 위해 이제야 걸음마를 떼었다는 말은, 곧 여러분이 다다를 완전함이 있다는 뜻입니다. 그렇다면 여러분이 그토록 사랑하는 것을 추구해야 하지 않겠습니까? 이 완전함에 더욱 가까이 이르는 것을 목표로 삼고 더욱 애써야 하지 않겠습니까? 그렇습니다. 이 완전함이 이미 여러분을 위해 예비되었고, 하나님께서 여러분이 그것을 얻어 누리는 것을 기뻐하십니다. 하나님께서 완전함이라는 면류관을 여러분에게 내밀고 계시며, 여러분이 빨리 하나님께로 나아가 그것을 받아 쓰기를 기다리십니다. 그러므로 뒤에 있는 것은 잊어버리고 "푯대를 향하여 그리스도 예수 안에서 하나님이 위에서 부르신 부름의 상을 위하여 달려"(빌 3:14)가십시오.

넷째, 영적으로 자랄수록 하나님께 기쁨이 되기 때문입니다. 아버지는 자녀들이 자랄 때 마음이 즐겁습니다. 농부는 파종한 곡물들이 자랄 때 즐겁습니다. 하나님은 자신의 기쁘신 뜻을 따라 진리의 말씀으로 거듭나게 한 자녀들이 자랄 때 즐거워하십니다. 하나님께서 자기 포도원에 친히 심으신 나무들을 보고 기뻐하신다면, 우리는 마땅히 그분이 기뻐하시는 나무로 무럭무럭 자라기 위해 애써야 하지 않겠습니까?(사 5:7 참고)

다섯째, 우리가 자랄 때, 하나님께서 영광을 받으시기 때문입니다. 자녀들이 자라날 때, 하나님께서 자녀들에게 열매 맺지 못하는 황무지와 같은 분이 아니라, 선하고 자비로우며 신실하고 거룩하며 전능하신 분임이 분명히 드러납니다. 이런 사실을 통해 하나님께서 약속을 이루고, 모든 원수들에게서 자녀들을 지키며, 폭풍우 속에서도 자녀들이 자라게 하고, 성령을 부으며, 비밀한 것들을 보이시는 분임이 입증됩니다. 또한 이렇게 자라난 자녀들은 하나님께 존귀와 영광을 돌리기에 합당한 자들로 드러납니다. 그러므로 여러분이 하나님께 존귀와 영광을 돌리며 살고, 하나님을 영화롭게 하는 의의 나무가 되고(사 61:3 참고), 하나님의 영광을 선포(바로 이를 위해 하나님께서 여러분을 지으셨습니다)하기를 원한다면, 마땅히 계속 자라 가도록 힘써야 합니다! 여러분이 풍성히 열매 맺을 때 하나님께서 영광 받으시기 때문입니다(요 15:8 참고).

여섯째, 하나님께서 영적으로 성장하는 자녀들을 크게 위로하실 것이며, 그로 말미암아 그들이 자라 가면서 큰 즐거움을 얻을 것이기 때문입니다. 하나님께서 성장하는 자녀들에게 자신을 나타내고 그들과 함께 거하겠노라고 약속하십니다. 그분은 그들에게 은혜를 더하고 성령으로 충만하게 하며, 그들로 하여금 더욱 자라게 하실 것입니다.

"무릇 열매를 맺는 가지는 더 열매를 맺게 하려 하여 그것을 깨끗하게 하시느니라"(요 15:2).

"오직 여호와를 앙망하는 자는 새 힘을 얻으리니 독수리가 날개 치며 올라감 같을 것이요 달음박질하여도 곤비하지 아니하겠고 걸어가도 피곤하지 아니하리로다"(사 40:31).

그러므로 여러분이 하나님의 자녀로서 이런 약속들을 즐거워하고 이 약속들이 이루어지기를 갈망한다면 자라지 않은 채로 남아 있지 마십시오. 지금의 자리에 안주하지 마십시오. 영적 실패의 언저리에 아슬아슬하게 서 있지 마십시오. 앞으로 전진하고 계속 자라겠노라고 결심하십시오. 거듭 말합니다. 영적으로 자라 가기 위한 수고와 노력은 그 대가로 받게 될 상급과 비교하면 지극히 작은 것에 불과합니다.

그러므로 계속 자라 가기를 열망한다면, 다음을 기억하십시오.

첫째, 담대한 마음을 품고 성장하도록 힘쓰십시오. 그리스도의 능력을 자기 것으로 붙들고 나아가십시오. 어떤 일이 있어도 포기하지 않으며, 이후에 얻을 완전한 기업을 확신하기 위해 부단히 노력하고, 계속 자라 가기 위해 온 힘을 다하겠노라고 결심하십시오.

"여호와를 바라는 너희들아 강하고 담대하라"(시 31:24).

둘째, 자원하는 마음으로 즐거이 전진하십시오. 이런 결심 자체와 목표대로 얻을 것과 원수들을 이길 것을 기뻐하십시오. 기꺼이 이 일에 힘쓰고 이 일에 더욱 성공적으로 진보를 나타내도록 온 힘을 쏟으십시오.

"너는 네 아버지의 하나님을 알고 온전한 마음과 기쁜 뜻으로 섬길지어다"(대상 28:9).

셋째, 어려움이나 실패가 계속되더라도 혼란스러워하면서 마음을 빼앗기거나 낙심하지 마십시오. 이 땅을 사는 동안 그런 일을 자주 경험할 것이기 때문입니다. 그로 말미암아 의기소침해져서 영적 성장을 위한 노력을 게을리하게 되면, 이 일에 진보하지 못합니다. 오히려 계속 다시금 일어나며, 아침마다 새롭게 시작하십시오. 특별히 매 주일마다 그리하십시오. 여러분의 결심을 굳건히 하고 상급에 집중하십시오. 많은 반대가 닥쳐와도 바위처럼 그 자리에 우뚝 서서 맞서고, 오히려 그것을 통해 진보를 이루십시오. 여러분을 대적하는 자들보다 여러분을 위하는 사람들이 훨씬 많습니다. 쓰러진 자들을 일으키고 새 힘을 주시겠다는 하나님의 약속을 기억하십시오.

넷째, 끊임없이 하나님의 말씀을 먹으십시오. 이 말씀을 통해 영혼이 자랍니다. 쉬지 말고 기도하십시오. 성령께서 붙드시고 강하게 해 주실 것입니다. 성령의 도우심과 능력이 없다면, 여러분은 약하기 그지없는 존재입니다. 언제나 믿음을 발휘하여 그리스도와의 연합을 누리고 그리스도로 말미암아 주어진 약속들을 자신에게 적용하십시오. 이처럼 믿음으로 마음을 정결하게 하고, 세상을 이기고, 악을 대적하십시오. 그리하면 이내 더욱 강해지고 영적으로 성장하고 있음을 경험할 것입니다.

다섯째, 끊임없이 모든 죄와 싸우고, 또한 모든 덕을 행하십시오. 특히 여러분을 괴롭히고 자주 넘어뜨리며, 이로 인해 다른 모든 죄악들을 촉발시켜 모든 것을 엉망으로 만드는 고질적인 죄에 대해 깨어 싸우십시오. 이런 죄악들을 대적하겠노라 맹세하고, 이를 위해 금식하는 날을 정하십시오. 죄가 틈탈 기회를 주지 말고, 이런 죄악들이 모습을 드러낼 때면 옷에 붙은 불을 털어 내듯이 신속히 그것들을 털어 버리십시오.

"그러므로 내 사랑하는 형제들아, 견실하며 흔들리지 말고 항상 주의 일에 더욱 힘쓰는 자들이 되라. 이는 너희 수고가 주 안에서 헛되지 않은 줄을 앎이라"(고전 15:58).

90

경건한 신자의 영적 퇴보

거듭난 신자의 본성에는 언제나 자라고자 하는 성향이 있습니다. 또한 실제로 어떤 신자는 다른 신자보다 더욱 두드러지게 성장합니다. 그러나 성장은 저항이나 반대에 부딪히곤 합니다. 신자가 항상 전쟁터의 군마처럼 담력과 용맹을 발휘하여 "용사같이 거리의 진흙 중에 원수를 밟을"(슥 10:5) 수 있는 것은 아닙니다. 언제나 종려나무와 레바논 백향목처럼 자라는 것도 아닙니다. 늘 한나와 같이 노래할 수 있는 것도 아닙니다.

"내 마음이 여호와로 말미암아 즐거워하며 내 뿔이 여호와로 말미암아 높아졌으며"(삼상 2:1).

모든 신자가 두아디라교회처럼 항상 나중 일이 처음 일보다 뛰어난 것은 아닙니다. 겨울에 나무들이 이파리와 열매가 없이 죽은 듯이 보이는 것처럼, 신자들도 자신만의 영적 겨울을 지나가곤 합니다. 주 예수님께서 교회에 "겨울도 지났고"라고 하신 말씀에는 교회에 겨울이 있었음을 암시합니다. 사람이라면 누구나 수많은 질병에 시달리는 것처럼, 신자들 역시 수많은 영적 질병으로 신음합니다. 영적 예루살렘의 거민들 중 아무도 "아프다"라고 말하지 않는 때는 얼마나 복된 때이겠습니까! 그러나 항상 그런 것은 아닙니다.

본 장에서는 이런 영적 질병들을 살펴보겠습니다. 먼저 일반적 의미의 영적 퇴보를 살펴본 다음, 신자들이 직면하는 몇 가지 영적 질병들에 주목해 보겠습니다.

영적 퇴보는 잠시 일어났다가 사라질 일상의 잘못, 영적 싸움, 불경건을 가리키는 말이 아닙니다. 기도할 수 있고 영적 싸움을 수행하는 사람은 영적 퇴보로 인해 힘들어하지 않습니다. 신자들이 그렇게 호소하는 것은 빛이 더해 가고 생명이 자라 갈수록 죄를 더 많이, 더 민감하게 자각하게 되고, 신자의 모든 삶과 행실을 통해 드러나야 할 경건의 본질을 더욱 잘 알게 되었기 때문입니다. 무엇보다 고상하고 경건한 마음과 삶을 더 크게 열망하게 된 결과입니다. 신자는 자신의 상태가 자신의 열망에 훨씬 미치지 못하는 것을 깨닫고는 영적 퇴보에 빠졌다고 생각합니다. 그러나 실상 그들은 영적 진보를 이루고 있습니다.

반면에 영적 퇴보란, 자라는 것과는 정반대로 성품적인 은혜와 실제적인 은혜 모두에서 거듭 뒤로 미끄러지는 것을 말합니다. 영혼에 있는 신령한 생명이 원기를 잃고 무기력해질수록 필연적으로 이런 영혼의 행위들이 신자에게 합당한 모습으로 나타나지 못하게 됩니다. 물론 이런 상황에서도 어떤 신자들은 예전과 전혀 다름없이 성품적인 은혜를 보존합니다. 그러나 신자의 빛과 생명을 강건하게 하는 능력의 원천인 하나님과의 친밀한 교제는 점점 뜸해지고, 이로 말미암아 경건한 삶의 모습이 현저히 약화됩니다.

이 일은 갑자기 진행되기도 합니다. 멀쩡하던 신자가 일순간 죄악을 저지르고 어둠에 빠져 영적으로 황폐해집니다. 영적 타락은 인지할 수 없을 만큼 점진적으로 일어나기도 합니다. 삼손이 그러했습니다. 그는 힘을 잃어버린 줄도 모르고 있다가 위기에 맞서 능력을 발휘하려고 할 때에야 하나님께서 자신을 떠나신 것을 알게 되었습니다. 신자들도 이런 경험을 합니다. 이미 하나님과의 관계를 잃어버린 줄도 모른 채 여느 때처럼 하나님과의 관계를 위해 속으로 기도하며 일들을 계속 해 나갑니다. 개인 경건을 위한 일들을 소홀히 하고, 경건의 시간을 가지더라도 서둘러 마칩니다. 하나님과의 관계를 누리는 데 그리스도를 힘입는 모습도 찾아보기가 어렵습니다. 그러다가 무언가가 잘못되었음을 깨닫고는 예전처럼 하나님과 관계를 맺기 위해 부지런히 애써 봅니다. 그제서야 이 관계를 잃어버렸음을 알고서 다시금 돌이켜 보려고 하나 마음대로 되지 않습니다. 이전에는 당연하게 여겼던, 하나님께 가까이 나아가는 일조차 불가능함을 깨닫고는 소스라치게 놀랍니다. 어떤 사람들은 이런 퇴보와 침체로부터 벗어나 독수리가 날개 치듯이 이전의 생명력을 회복합니다. 그러나 죽을 때까지 그렇게 기진하여 소진되다가 생을 마감하는 사람들도 많습니다.

대부분의 신자들이 경험하는 영적 퇴보

자신이 영적으로 퇴보하고 있음을 깨달은 신자들은 즉시 자신의 영적 상태를 부인하고 신자가 영적으로 타락하는 것이 옳지 않다고 생각합니다. 이런 영적 침체는 자신이 아닌 다른 신자들의 성장을 위해 그들에게나 주어지는 것이라고 믿기에, 그들은 자신이 이런 영적 침체를 경험하고 있다는 사실을 믿지 못합니다. 그러므로 먼저 신자들이 영적 퇴보를 경험하기도 한다는 사실을 확인해야 합니다.

첫째, 신자들이 영적 퇴보에 빠졌다고 선언하는 말씀에서 이런 사실을 확인할 수 있습니다.

"그러나 너를 책망할 것이 있나니 너의 처음 사랑을 버렸느니라"(계 2:4).

"스스로 이르기를 나의 힘과 여호와께 대한 내 소망이 끊어졌다 하였도다"(애 3:18).

"내 일생을 슬픔으로 보내며 나의 연수를 탄식으로 보냄이여, 내 기력이 나의 죄악 때문에 약하여지며 나의 뼈가 쇠하도소이다"(시 31:10).

"내 심장이 뛰고 내 기력이 쇠하여 내 눈의 빛도 나를 떠났나이다"(시 38:10).

지혜로운 처녀들도 잠에 빠졌습니다(마 25:5 참고). 신랑의 신부도 마음은 깨어 있었을지라도 잠이 들었습니다(아 5:2 참고).

둘째, 성경이 신자들에게 영적 퇴보를 경고하는 데서도 확인할 수 있습니다.

"너희는 하나님의 은혜에 이르지 못하는 자가 없도록 하고"(히 12:15).

"그러므로 피곤한 손과 연약한 무릎을 일으켜 세우고, 너희 발을 위하여 곧은 길을 만들어 저는 다리로 하여금 어그러지지 않고 고침을 받게 하라"(히 12:12,13).

셋째, 성도들이 이전에 누렸던 하나님과의 관계를 잃어버린 것을 탄식하는 대목에서도 이런 사실을 확인할 수 있습니다.

"나는 지난 세월과 하나님이 나를 보호하시던 때가 다시 오기를 원하노라. 그때에는 그의 등불이 내 머리에 비치었고 내가 그의 빛을 힘입어 암흑에서도 걸어다녔느니라. 내가 원기 왕성하던 날과 같이 지내기를 원하노라. 그때에는 하나님이 내 장막에 기름을 발라 주셨도다. 그때에는 전능자가 아직도 나와 함께 계셨으며 나의 젊은이들이 나를 둘러 있었으며"(욥 29:2-5).

"주여……그 전의 인자하심이 어디 있나이까?"(시 89:49)

이런 사실들을 볼 때 신자들도 영적으로 퇴보할 수 있다는 것을 알 수 있습니다. 이는 이상하게 여길 일이 아닙니다. 다른 하나님의 자녀들도 여러분과 동일한 일을 경험하기 때문입니다. 그러므로 여러분이 영적 퇴보에 빠졌을 때, 그것을 부정하지 마십시오. 오히려 더 큰 퇴보로 이어질 수 있습니다. 적절한 때에 참된 신자는 배교할 수 없음을 설명하겠습니다.

영적 퇴보의 원인

무엇이 영적 퇴보를 불러오는지를 알면, 그런 상태에 처했을 때 적절하게 행하고 회복되는 데 도움이 될 것입니다. 따라서 여러 가지 원인들 중에서도 가장 중요한 이유 몇 가지를 살펴보겠습니다.

첫째, 때때로 하나님께서 자신을 감추십니다. 이는 그분께서 신자들을 시험하고 이전까지 알지도, 행하지도 못했던 일들을 완전히 다른 방식으로 새롭게 알고 깨닫게 하시려는 것입니다. 그분은 신자들이 자신의 죄악됨을 절감하고 더욱 겸손해져서 그리스도가 얼마나 소중한 분인지를 더 풍성히 알고 누릴 수 있기를 바라십니다. 하나님께서 오래 참으시고 풍성한 은혜를 값없이 베푸시며, 자신들을 얼마나 신실하게 돌보시는지를 신자들이 더욱 생생하게 경험하여 알게 되기를 바라십니다. 이를 위해 하나님은 신자 편에서 특별한 이유가 없을지라도 잠시 그들을 떠나십니다. 역대하 32장 31절이 좋은 예입니다.

"하나님이 히스기야를 떠나시고 그의 심중에 있는 것을 다 알고자 하사 시험하셨더라."

둘째, 고의로 양심을 거슬러 짓는 극악한 죄로 말미암아 영적 퇴보에 빠집니다. 특히 하나님과 사람 앞에 큰 걸림돌과 모욕이 되는 죄를 범할 때 그러합니다. 다윗이 밧세바와 간통하고 그녀의 남편 우리아를 죽이는 가증스러운 죄를 범한 후, 그의 삶이 어떻게 되었는지를 보십시오. 시편 51편에서 다윗이 토해 내는 탄식과 고백과 회복을 위한 통렬한 간구를 보면, 그 죄로 말미암아 다윗이 얼마나 심각하게 퇴보하였는지를 가늠해 볼 수 있습니다. 하나님께서 이 죄로 말미암아 다윗에게서 떠나셨고, 이로 인해 다윗의 영혼은 파리해졌습니다.

셋째, 앞에서 말한 죄만큼 악하지는 않더라도 여러 가지 죄악들을 붙들고 살아갈 때 영적으로 퇴보합니다. 이는 일상을 살아가면서 양심을 거슬러 죄를 범할 때 일어납니다. 죄악된 것을 상상하고, 세상에 속한 헛된 것들을 생각하는 것입니다. 이런 습관은 경건한 삶의 생명력을 서서히 빼앗고, 하나님으로부터 마음이 멀어지게 하며, 그 결과 신자의 영혼은 활기를 잃습니다.

넷째, 칭의와 성화를 위해 끊임없이 그리스도를 누리지 못할 때 영적으로 퇴보합니다. 영적인 삶을 시작할 때부터 우리는 끊임없이 그리스도를 힘입어 죄 용서를 누리고, 하나님께 나아가며, 칭의와 성화를 추구할 힘과 용기를 얻습니다. 그러는 동안 자라 갑니다. 그러나 어떤 사람들은 무지함이나 헛된 지혜를 따르는 바람에 이 길에서 벗어납니다. 그들은 처음 구원을 받아 은혜의 상태로 들어갈 때에만 그리스도가 필요하다고 잘못 생각하는 까닭에 그 이상 그리스도를 어떻게 누려야 할지를 모릅니다. 자신들이 이미 은혜를 소유하고 있으므로 이 은혜에서 떨어지지 않을 것이라고, 즉 새롭게 시작할 일은 없다고 믿기 때문입니다. 하나님께서 그리스도를 통해 사람을 구원으로 이끄시는 방식을 영혼이 어떻게 묵상하고 누려야 하는지를 전혀 알지 못합니다. 이렇게 묵상하고 누리는 동안 자신이 얼마나 놀라운 사실들을 알게 되며 어떻게 그리스도의 얼굴을 통해 하나님의 완전하심을 보게 되는지를 모릅니다. 그리스도의 사랑을 기뻐하는 것이 무엇인지 모릅니다. 죄에 넘어졌더라도 살아 계신 하나님을 섬기기 위해 그리스도의 피를 마음에 바름으로써 양심의 깨끗함을 입어 어떻게 끊임없이 그리스도를 영접하여 의롭다하심을 받아야 하는지를 알지 못합니다. 그리스도를 통해 계속해서 성화에 이르는 것이 무엇인지도 모르고, 어떤 식으로 하는지도 모릅니다. 이 모든 것은 처음 그리스도인이 되었을 때에나 하는 것인 양 여기면서, 어느 정도 확신을 가지고 영혼을 그리스도께 맡기고, 죄와 싸울 힘을 얻기 위해 계속 기도하고, 선을 행하고, 성화를 위한 일을 해 나갑니다. 그러면서 무언가를 얻고, 성화에 진보를 이루고, 하나님과 가까운 관계(하나님을 예배하고 사랑하고 경외하는 등)를 누리며 자라고 있다고 스스로 생각합니다.

그러나 사실상 그들은 성숙하지 못한 채로 남아 있으며, 심지어 어떤 이들은 이전 상태보다 더욱 퇴보합니다. 이런 사람들이 이루어 간다는 성화는 순전함과 성화의 참된 본질이 결여된 것이며, 오히려 본성적인 일에 가까우므로 회심하지 않은 사람들이 보이는 미덕에 가깝습니다. 죽음이나 이와 유사한 위험이나 위기가 도래하면, 그 전에는 몰랐던 이런 사실이 분명히 드러납니다. 이런 때에는 자신이 이룬 성화가 아무런 위로가 되지 못하고 오직 그리스도만이 필요함을 절감합니다. 성숙한 어른처럼 보였던 사람들이 순전한 구원의 길에는 무지한 유약한 어린아이에 불과했다는 사실이 드러날 것입니다. 자라는 사람은 그리스도 안에서 영적으로 자랍니다.

"그러므로 너희가 그리스도 예수를 주로 받았으니 그 안에서 행하되, 그 안에 뿌리를 박으며 세움을 받아 교훈을 받은 대로 믿음에 굳게 서서 감사함을 넘치게 하라"(골 2:6,7).

"오직 사랑 안에서 참된 것을 하여 범사에 그에게까지 자랄지라. 그는 머리니 곧 그리스도라"(엡 4:15).

다섯째, 영적 퇴보는 낙심하거나 믿음을 저버리는 데서 비롯되기도 합니다. 물론 이들도 영적으로 진보하고자 하는 열망이 크며, 그렇게 되고자 힘씁니다. 그러나 그들은 어떻게 문제를 극복해야 할지를 모르기 때문에 진보를 이루어 가기보다는 스스로 급격히 퇴보하고 있다고 믿고서 거의 모든 것을 포기하는 지경에 이릅니다. 심지어 이런 사람들은 자신의 믿음에 관해 의심하기 시작합니다. 그리하여 믿음을 팽개치는 데 성공하면 마치 무언가를 이룬 양 여깁니다. 그들은 영적으로 자라 갈 수 있는 원천을 스스로 막아 버린 탓에 자신의 어리석고도 그릇된 행동으로 돌아갈 수밖에 없습니다. 이런 자들은 이 땅에서 날마다 영적 성장을 인지할 수는 없다는 사실을 알아야 합니다. 이 땅에 사는 한, 모든 것이 부분적일 수밖에 없기 때문입니다. 그러하기에 영적으로 자라기 위해 분투하고 애쓰는 것 자체가 자라는 것임을 알아야 합니다. 구원은 그리스도의 공로로 말미암아 거룩한 삶을 통해 은혜로 값없이 주어진다는 사실도 알아야 합니다. 또한 구원에 이르기 위해서는 계속해서 믿음을 발휘해야 함도 알아야 합니다.

여섯째, 시간이 있는데도 게으른 탓에 아침과 점심과 저녁 경건의 시간을 소홀히 하거나 후다닥 해치워 버림으로 말미암아 영적 퇴보가 초래되기도 합니다. 신부가 침대에서 일어나지 않은 까닭에 신랑이 떠나갔습니다. 기도하지 않으면 받을 수 없습니다. 시나브로 영혼은 하나님과 멀어지고 생기를 잃습니다. 처음에는 이를 거의 눈치채지 못합니다. 더구나 하나님께서 그분을 바라고 찾는 열망이 거의 없는 것을 보시고는 스스로를 감추시고, 이는 곧 영적 타락으로 이어집니다.

회복을 촉구함

이런 식으로 스스로를 영적 퇴보로 이끌고 있다고 생각된다면, 누구보다도 자신이 그 원인임을 인정해야 합니다. 현재 상황을 타개하고 영적 진보를 이루고 싶다면, 하나님을 의로우신 분으로 인정하고 하나님께서 진보를 이루어 주시도록 나를 내드려야 합니다. 혹시 주변에 이런 삶을 사는 신자가 있다면 그를 엄히 책망하고 경계해야 하겠지만, 그가 이런 죄악된 마음 상태에 있음을 불쌍히 여기고 슬퍼해야 합니다. 이런 사람들은 대개 스스로 자리를 박차고 일어나지 못할 만큼 심한 상처를 입었을 수 있으므로 손을 잡아 일으켜 주어야 합니다. 만약 여러분 자신이 그러하다면, 저항하지 말고 잘 귀담아들어 다시금 일어나도록 해야 합니다.

첫째, 여러분을 부르고 생명을 주신 하나님께서 영적 진보를 나타내라고 요구하실 뿐만 아니라, 퇴보하고 있는 여러분이 회개하고 돌이켜 처음과 같이 믿음의 일을 힘써 행하기를 바라십니다. 여러분의 하늘 아버지께서 하시는 명령이 아닙니까? 그렇다면 온 맘으로 소중히 받아야 하지 않겠습니까? 자신의 의무가 무엇인지를 알고 "이것이 내 의무인지를 이미 알고 있었다"라고 말하는 것과 하나님의 말씀을 귀담아듣고 그 명령을 중심에 새기는 것은 서로 다른 일입니다. 사랑하는 여러분, 주님께서 부르시는 소리를 듣거든 마음을 완고하게 하지 마십시오. 때때로 주님께서 여러분의 마음을 불러일으키기 위해 탄식하십니다.

"너는 또 그들에게 말하기를 여호와의 말씀에 사람이 엎드러지면 어찌 일어나지 아니하겠으며 사람이 떠나갔으면 어찌 돌아오지 아니하겠느냐? 이 예루살렘 백성이 항상 나를 떠나 물러감은 어찌함이냐? 그들이 거짓을 고집하고 돌아오기를 거절하도다"(렘 8:4,5).

때때로 주님은 위협하기도 하십니다.

"그러므로 어디서 떨어졌는지를 생각하고 회개하여 처음 행위를 가지라. 만일 그리하지 아니하고 회개하지 아니하면 내가 네게 가서 네 촛대를 그 자리에서 옮기리라"(계 2:5).

때로는 달콤한 약속으로 여러분의 마음을 얻고자 하십니다.

"나의 사랑, 내 어여쁜 자야 일어나서 함께 가자. 겨울도 지나고 비도 그쳤고 지면에는 꽃이 피고 새가 노래할 때가 이르렀는데 비둘기의 소리가 우리 땅에 들리는구나……바위 틈 낭떠러지 은밀한 곳에 있는 나의 비둘기야, 내가 네 얼굴을 보게 하라 네 소리를 듣게 하라. 네 소리는 부드럽고 네 얼굴은 아름답구나"(아 2:10-12,14).

게다가 주님께서 거듭거듭 여러분의 마음을 두드리며 은밀하게 "일어나라"라고 말씀하십니다. 부디 여러분을 부르시는 우리 주님의 음성이 여러분의 귓전을 때리고 마음을 울려, 마침내 여러분이 이 소리를 듣고 속히 자리를 털고 일어나 다시 주님께로 돌이키기를 바랍니다.

둘째, 영적으로 퇴보한 상태는 죄악되고도 비참하기에 실제로 여러분에게 몹시 버거운 짐입니다. 하나님께서 여러분에게 자신을 숨기시는 것이 얼마나 서글프고도 비참한 일인지요. 빛이 자취를 감추면 모든 것이 어둠에 휩싸입니다. 마음이 생기를 잃고 기진하게 됩니다. 쉽사리 원수에게 공격당할 뿐만 아니라, 마음이 황폐해져 열매를 맺지 못합니다. 냉랭함(열정이 없기 때문에)이 마음을 닫습니다. 이처럼 자기도 모르는 사이에 생기를 잃어 갑니다! 하나의 죄에서 다른 죄로 떨어지고, 생의 마지막에 대한 두려움과 공포에 사로잡혀 살아가는 것은 얼마나 비통한 일인지요! 이 얼마나 끔찍한 상태입니까! 그러나 여러분, 이것이 영적 퇴보의 본질임을 깨달으십시오. 대체 무슨 이유로 그 상태에 계속 매여 있으려 한단 말입니까? 그러므로 일어나 돌이키십시오.

셋째, 이 상태에 오래 머무는 만큼 멀리 헤매게 됩니다. 이제 막 퇴보하였을 뿐이므로 대수롭지 않게 여길 수도 있습니다. 그러나 이런 상태를 조심해야 합니다. 회복되기만을 바라며 그 상태에 오래 머물수록 처음 죄에 떨어졌을 때의 상태를 그나마 괜찮았다고 여기게 될 것입니다. 그래서 이렇게 말할 것입니다. "그때 나는 더 이상 나빠지지 않으리라 생각했다. 그런데 지금은 그때만 같아도 너무나 좋겠다고 생각할 뿐이다. 만약 지금 상태가 그때와 같다면 회복될 가능성이 훨씬 클 것이다!" 이처럼 죄에 빠졌을 때 바로 회복되지 못하고 그 자리에 계속 머물수록 상황은 더욱 악화될 뿐입니다. 아니면 여러분은 하나님 앞에서 뻔뻔하게 있으렵니까? 하나님께서 여러분을 찾아오셔서 때때로 여러분이 못된 자녀들에게 하듯이 여러분을 다루셔야만 그 자리를 벗어나 회개하렵니까? 기억하십시오. 하나님은 여러분의 그런 못된 성질을 참지 않으실 것입니다.

"그는 마음이 지혜로우시고 힘이 강하시니 그를 거슬러 완악하게 행하고도 형통할 자가 누구이랴?"(욥 9:4)

하나님께서 오셔서 여러분을 더욱 비참하게 하실 것입니다. 여러분은 그동안 하나님께 적개심을 품고 살아온 것을 후회하고 슬퍼하며 여생을 보내게 될 것입니다. 그러므로 더는 뒤로 미끄러지지 않도록 조심하십시오.

넷째, 주 예수님께서 여러분에게 은혜를 주시기 위해 어떤 대가를 치르셨는지를 생각하십시오! 영광의 주님이신 예수님께서 여러분을 위한 대속주가 되셨고 이 역사를 이루기 위해 친히 여러분과 동일한 본성을 입으셨습니다. 순전하고 이루 헤아릴 수 없는 사랑으로 여러분의 죄악들을 친히 담당하시고, 몸과 영혼으로 극심한 고난을 모두 감당하시고, 여러분의 죗값을 치르시고, 하나님의 정의를 만족시키시고, 여러분을 위한 화평과 구원을 이루셨습니다. 주님께서 이 모든 구원의 역사를 여러분으로 하여금 알게 하시고, 회심과 신령한 삶과 믿음과 영광의 소망에 참여하도록 하기 위해 어떠한 수고를 담당하셨는지를 숙고하십시오!

비록 여러분이 그리스도께 참여했는지에 의심이 든다 할지라도, 분명한 사실은 여러분이 변하여 주님을 찾고 기도하며 그분을 따르고 있다는 것입니다. 여러분은 자신에게 빛과 생명과 사랑이 부족하고 하나님으로부터 멀어져 있는 까닭에 지금의 슬픔과 어려움을 당하고 있음을 압니다. 하나님께로 더 가까이 가기를 내면에서 갈망합니다. 이는 여러분이 이전에 가졌던 간절함을 다시금 얻기 원하며 하나님을 기쁘시게 하는 순전한 거룩함을 갈망하기 때문입니다. 만일 여러분에게 충분한 빛과 역사적인 믿음이 있다면 이런 것들이야말로 구원하는 믿음의 증거임을 인정할 것입니다. 게다가 온 세상을 얻기 위해서라면 여러분이 가진 모든 것(그리고 지금 가지고 있는 모든 것)을 주지 않겠습니까? 여러분이 받은 것을 인정하는 것이 참으로 마땅함을 알게 될 것입니다. 그렇다면 이 모든 사실을 숙고할 때, 여러분이 영적으로 퇴보한 것 때문에 가슴이 녹아내리지 않겠습니까? 그리고 마음에 이렇게 결심하지 않겠습니까? "나는 돌아갈 것이다. 일어나 내 아버지께로 돌아갈 것이다. 지금보다 그때가 훨씬 좋았다. 그때처럼 다시금 시작할 수만 있다면 얼마나 좋을까?" 부디 예수님의 이런 사랑이 여러분을 압도하기를 바랍니다. 여러분이 사랑으로 그분께 돌이키고 그분을 찾도록 말입니다! 그러니 자리를 박차고 일어나 마음을 새롭게 하고 열심을 내십시오.

다섯째, 회개는 여러분에게 큰 유익이 됩니다. 뿐만 아니라 여러분이 회개하면 온 천지가 기뻐할 것입니다. 하나님께서 여러분의 회개를 기뻐하실 것입니다. 주 예수님도 여러분의 회개를 기뻐하실 것입니다. 천사들도 여러분의 회개를 뛸 듯이 기뻐할 것입니다.

"내가 너희에게 이르노니 이와 같이 죄인 한 사람이 회개하면 하나님의 사자들 앞에 기쁨이 되느니라"(눅 15:10).

천사들은 신자들과 동행하며 그들의 행동을 하나하나 지켜봅니다. 그러므로 여러분이 영적 퇴보(천사들은 여러분의 영적 타락과 침체를 기뻐하지 않습니다)에서 돌이키면, 여러분과 동행하는 천사들이 기뻐 뛰며 이 사실을 다른 천사들에게 알리고 여러분의 회개로 말미암아 다 함께 하나님께 영광을 돌릴 것입니다. 여러분이 회개할 때 이 땅에도 유사한 즐거움이 있을 것입니다. 목사들이 여러분의 회개를 지켜보고 기뻐하며 하나님께 감사를 드릴 것입니다.

"내가 내 자녀들이 진리 안에서 행한다 함을 듣는 것보다 더 기쁜 일이 없도다"(요삼 1:4).

여러분을 아는 신자들도 여러분이 돌이키고 회복되는 것을 보고 함께 기뻐할 것입니다. 잃어버린 동전을 찾고 잃어버린 양을 찾은 사람이 이웃들을 불러 함께 즐거워했듯이 말입니다(눅 15:4-9 참고). 여러분이 누리게 될 유익을 떠올려도 회복하고자 하는 마음이 생기지 않는다면, 사람들이 여러분이 회복되는 것을 보고서 하나님을 즐거워하고 그분께 영광 돌릴 것을 생각해서라도 회복할 마음을 품어야 합니다. 무엇보다도 영적 타락에서 돌이키는 것은 여러분 자신에게 유익합니다. 새롭게 시작하기가 결코 만만치 않을 것입니다. 모든 반대와 슬픔을 이기고 다시금 일어나기가 쉽지 않습니다. 무엇보다 이 일 자체의 어려움 때문에 선뜻 나서기가 어려울 것입니다. 그러나 주님께서 이 일을 여러분이 생각하는 것보다 훨씬 수월하게 해 주실 것입니다. 하나님께서 회개하고자 하는 진심과 노력을 얼마나 자주 갚아 주시는지 모릅니다.

"하나님을 가까이하라. 그리하면 너희를 가까이하시리라"(약 4:8).

탕자의 아버지는 '아직 거리가 먼데도 탕자를 보고 측은히 여겨 달려가 목을 안고 입을' 맞추었습니다(눅 15:20 참고). 그러니 지금 시작하십시오. 주님께서 여러분을 도우시고 영원한 사랑으로 만나 주실 것입니다.

여섯째, 자신이 은혜 아래 있음을 믿지 못하는 여러분을 위해 다시금 말합니다. 설령 그렇다고 칩시다. 그렇다면 어떻게 해야 하겠습니까? 그대로 남아 있으렵니까? 그것은 영원한 멸망으로 뛰어드는 것이나 마찬가지입니다. 여러분은 거듭나지 않고 그리스도를 믿지 않고 거룩하지 않다면, 어느 누구도 천국에 이르지 못한다는 사실을 잘 압니다. 아마도 여러분은 다음과 같이 말할 것입니다. "소망이 없다. 다 끝났다. 나는 은혜의 때를 무시했다. 성령의 역사를 거부하고 배교자가 되었다. 이런 자가 돌이키기란 불가능하다"(히 6:4-6 참고). 이 말이 뜻하는 바에 대해서는 앞에서 이미 살폈으며, 그것이 여러분의 탄식에 대한 저의 대답입니다.

그러나 이런 생각은 여러분이 자신에 대해 내리는 판단과 모순되지 않습니까? 여러분은 진정 여러분을 위한 은혜가 없으리라 믿습니까? 여러분이 결코 회심하지 않으리라 믿습니까? 그런 말을 아무렇지도 않다는 듯 태연하게 하지는 못할 것입니다. 정말 그렇다고 믿는다기보다는 낙심과 자괴감과 게으름 때문에 그렇게 생각하게 되었을 것입니다.

여러분도 알다시피, 참된 믿음으로 그리스도를 영접하는 모든 자에게 구원을 약속하는 복음은 여전히 여러분에게 그리스도와 그분으로 말미암는 모든 좋은 것들을 받아 누리라고 외칩니다. 여러분은 적어도 외적으로 복음의 조명을 받고 있으며, 은혜와 신령한 삶과 이로 말미암는 유익이 무엇인지를 안다고 확신하고 있습니다. 게다가 여러분은 하나님께 성령을 받아 여러분의 모든 죄로부터 돌이켜 자유로워지고 진실로 거룩한 모습으로 하나님을 섬기기를 열망합니다. 따라서 여러분은 아직 늦지 않았습니다. 당장 무언가를 받지는 않았어도, 장차 하나님께서 여러분에게 성령을 보내 이 모든 것을 누리게 하실 수도 있습니다. 만일 여러분이 원망하고 불평하는 마음을 모두 내려놓고 담담하게 "나는 영원한 정죄를 받아 지옥으로 갈 것이다"라고 말할 수 있다면, 이런 정죄에서 건짐 받고 구원을 얻기 위해 애쓸 것입니다. 그런다고 해서 구원받을지 여부를 확신하지 못한다 할지라도 말입니다. 여러분은 "혹시 하나님께서 뜻을 돌이켜 구원하실지 누가 알겠느냐?"(욘 3:9; 욜 2:14 참고)라고 말하면서 온 힘을 다할 것입니다. 그러나 여러분이 아무것도 하지 않는다면 무엇 하나 얻지 못할 것이며, 낙담과 초조함이 모든 소망을 밀어내 지옥에서 건짐 받지 못할 것입니다. 그러므로 자리를 박차고 일어나 힘써 구하십시오. 과연 하나님께서 자기에게 구하고 간절히 찾는 자들을 구원하신다는 사실을 경험할 것입니다.

영적 퇴보에서 회복되기 위한 방편

지금까지 살펴본 사실들에 마음이 움직여 다시금 일어나겠노라 결심하는 사람은, 반드시 그 결심과 더불어 힘써 행해야 한다는 사실을 기억해야 합니다. 그런데 지체하지 않고 올바른 방향으로 노력해 가기 위해, 그가 힘써 행해야 할 것과 조심하고 피해야 할 것들이 있습니다.

첫째, 다음 것들을 조심해야 합니다.

① 영적으로 퇴보하게 만드는 것들을 피하십시오. 이전의 경험들을 잘 살펴 자신이 어떤 죄에 잘 넘어지는지를 파악하십시오. 그것을 알았으면 자신의 죄를 인정하고 하나님께 죄를 고백하십시오. 그 죄와 환경을 미워하십시오. 그 죄와 싸우겠노라고 맹세하고 경계를 늦추지 마십시오.

② 상황이 다시는 좋아지지 않으리라 여기며 절망하지 마십시오. 낙심하면 힘을 낼 수 없습니다. 여러분이 자력으로 회복하려고 하면 아무 일도 일어나지 않을 것입니다. 그러나 하나님은 우리를 회복시키실 수 있습니다.

"여호와께서는 모든 넘어지는 자들을 붙드시며 비굴한 자들을 일으키시는도다"(시 145:14).

"피곤한 자에게는 능력을 주시며 무능한 자에게는 힘을 더하시나니"(사 40:29).

하나님께서 여러분에게 손을 펼쳐 은혜를 베푸심으로써 슬픔 가운데서 고개를 들게 하시고 다시금 일어나기로 결심하게 하십니다. 이렇게 여러분을 도우신 하나님께서 계속 여러분을 붙드실 것입니다.

③ 성령을 거스르는 단정하지 못한 삶을 경계해야 합니다. 사랑하는 여러분, 자

신의 게으른 육체에 기회를 주지 마십시오. 회복된 상태에서 누리는 달콤함과 순결함을 소중히 여기십시오. 이는 참으로 어떤 대가를 치러서라도 얻을 만한 가치가 있습니다.

④ 세상 사람들과 필요 이상으로 관계를 맺거나, 세상을 닮아 가고 사랑이 나뉘지 않도록 조심하십시오. 오직 하나님만을 여러분의 유일한 분깃으로 택하고, 하나님과 은밀하게 교제를 누리고 그것을 추구함으로써 하나님만이 우리를 만족케 하시는 분임을 나타내십시오.

둘째, 영적 타락과 침체에서 벗어나기 위해 다음과 같은 일을 더욱 적극적으로 해야 합니다.

① 처음부터 다시 시작하십시오. 이 말은 이제까지 하나님께서 여러분 안에 이루신 것을 모두 거부하고 자신을 회심하지 않은 은혜 없는 사람으로 여기라는 뜻이 아닙니다. 이미 은혜 가운데 있는 사람은 결코 그렇게 할 수 없습니다. 그것은 곧 하나님께서 지금까지 베푸신 것을 부인하는 배은망덕한 행위이기 때문입니다. 그러나 자신의 영적 상태를 확신하지 못하는 사람은 이 문제에 관해 지금 결론 내릴 수 없다고 여기고 잠잠히 어린아이처럼 이 일을 계속해 나가야 합니다. 좋은 마음 상태에 있던 이전처럼 빛을 누리며 그때 하던 방식으로 이 일을 해 나가려고 한다면 금세 포기하고 말 것이며, 그 일은 불가능한 채로 남아 있을 것입니다. 그러나 여전히 남아 있는 빛과 능력을 적절하게 사용하며 신실하게 이 일을 해 나간다면, 이전에 뒤로 미끄러졌던 상태에서 점차 회복되고 있을 뿐만 아니라, 자신이 이전보다 더욱 강건해지고 든든히 서 가고 있음을 깨달을 것입니다.

② 생을 마감하기까지 쉬지 않고 이 일에 힘쓰며, 넘어질 때마다 다시금 일어나 멈추지 않고 앞으로 나아가겠노라고 결심하십시오. 퇴보하기 전에 누리던 마음 상태와 위로를 다시 동일하게 누리지 못하게 된다 할지라도 계속 그 일에 힘쓰겠노라고 다짐하십시오. 거의 진보하지 못한 채 무기력해진다 할지라도 미약한 능력으로나마 그렇게 추구하고 기도하고 분투할 수 있음을 오히려 기뻐해야 합니다. 이 모든 말들이 생소하기만 하고 이로 인해 의기소침해지는 사람은 결코 진보를 이룰

수 없습니다.

③ 회복되기 위하여 믿음으로 씨름하십시오. 때때로 하나님은 자녀들에게 자기 얼굴빛을 희미하게나마 보이시고 신령한 만나를 맛보게 해 주십니다. 신자는 그것만으로도 언제나 그런 감미로움과 즐거움을 누리며 살기를 열망하게 됩니다. 하나님은 영적으로 퇴보한 신자를 회복시키실 때에 이따금 그렇게 하시기도 합니다. 탕자의 아버지는 돌아오는 아들에게 입 맞추고 그를 뜨겁게 맞아 주었습니다. 그러나 하나님께서 항상 이렇게 하시지는 않습니다. 우선 이전에 하나님을 저버림으로 말미암은 비통함과 쓰라림을 맛보게 하시고 그 후로도 오랫동안 하나님을 찾게끔 하신 뒤에야 비로소 그를 만나 주십니다. 그러므로 하나님께로 돌이키는 죄인은 당장 그러한 달콤함을 맛보게 해 달라고 요구하고 주장해서는 안 됩니다. 하나님께서 그 요청을 들어주지 않으실 경우 쉽사리 낙담하고 말 것이기 때문입니다. 설령 그런 달콤함을 맛보더라도 그것을 당연하게 여겨서는 안 됩니다. 이는 극히 예외적인 일입니다. 오히려 믿음으로 살아야 합니다. 그리고 고양된 마음으로 하나님께서 주신 약속을 붙들고 그것을 이루어 주시기를 간구해야 합니다. 그는 약속들을 자신에게 참된 것으로 드러날, 분명하고도 무오한 진리로 믿고 받아야 합니다.

"하나님께 나아가는 자는 반드시 그가 계신 것과 또한 그가 자기를 찾는 자들에게 상 주시는 이심을 믿어야 할지니라"(히 11:6).

그러므로 하나님의 말씀에서 그분의 약속을 발견하거든, 즉시 그 약속을 붙들어야 합니다. 그 약속과 반대되는 이유가 많다 하더라도 그 약속을 확실한 것으로 받아야 합니다. '하나님은 신실하시므로 자기를 찾는 자들에게 그 약속이 참임을 확증하실 것이고, 나에게도 그리하실 것이다'라고 생각해야 합니다. 그런 만큼 기대하며 씨름하고, 기도하고 바라야 합니다. 하나님께서 자신을 나타내기를 기뻐하실 때까지 그렇게 해야 합니다. 설령 이 땅에서 그 약속의 성취를 누리지 못할지라도, 죽은 후에 천국에서 약속이 이루어지는 것을 볼 것입니다. 이 약속을 믿고 구하여 풍성한 상을 얻지 않으시겠습니까? 이 약속을 믿는다면, 여러분은 계속해서 일어나며 든든히 설 것입니다. 그 약속을 붙들고 의지하므로 약속의 주인이신 하나님을 찾고 구하는 일마저도 달콤하게 느껴질 것입니다. 겸손히 나아가 하나님께 간구하며, 그분의 본성, 긍휼하심, 선하심, 은혜, 보증이신 주 예수님께서 이루신 만족, 그분의 약속을 말씀드릴 것입니다. 하나님께서 천사들과 사람들 앞에서 자신의 말씀이 올바름을 입증하실 것을 기대하기에, 자기가 이 약속을 믿고 있음을 선언하고 그것들을 의지할 것입니다. 따라서 이런 사람들은 말씀을 의지하고 주어진 의무를 힘써 행하면서 한결같이 하나님을 찾고 구해야 합니다.

91

영적 유기(방치됨)

하나님의 생각은 우리의 생각과 다릅니다. 많은 사람들이 이 사실을 제대로 알지 못하고 하나님의 지혜롭고도 주권적인 방식에 순복하지 않는 탓에 어리석게 행동하며 점점 부정적이고도 반항적인 성향을 띱니다. 하나님의 빛과 생명을 어느 정도 받은 사람들 중 어떤 이들은 하나님께 어떻게 자녀들을 대하셔야 하는지를 요구하며 그분을 가르치려 듭니다. 하나님의 길이 자신의 생각과 다르면 하나님의 뜻에 저항하거나, 하나님의 길을 의롭다 인정하며 잠잠히 따르지 않습니다. 그들의 그런 모습은 그들 자신의 죄악됨을 따른 것이며, 은혜의 상태로 옮겨지지 못하고 하나님의 진노와 행위언약 아래 있는 사람처럼 행동함으로써 스스로를 진노 아래 있는 자녀로 취급하는 것입니다. 우리가 지혜롭다면, 하나님께서 우리를 다루시는 방식이 탐탁치 않더라도 그리스도로 말미암아 받아 누리는 은혜의 상태를 부인하거나 저버리지 않고, 그분의 방식에 순복할 것입니다. 단지 자신이 지은 죄로 말미암아 이 모든 것들을 감당해야 하기 때문이 아닙니다. 하나님께서 자녀들을 대하시는 모든 방식이 지혜롭고 선하며 미쁘고 사랑으로 가득하기 때문입니다. 그 방식이 아무리 고통스럽고 하나님께서 그렇게 하시는 이유와 뜻을 모를지라도 이런 사실을 믿고 기꺼이 하나님의 통치에 자신을 맡길 것입니다.

하나님께서 자기 백성을 이끄시는 많은 방식들이 있는데, 그중에서도 영적인 방치는 아주 독특합니다. 이런 상태에 있는 신자들은 대개 삶이 바르지 않습니다. 그러므로 영적 방치라는 상태의 본질을 자세히 살펴보고, 그 상태에 있는 사람들을 위로하며 그들에게 방향을 제시할 수 있다면, 많은 유익이 있을 것입니다.

영적 유기(방치)가 아닌 상태

첫째, 여기서 영적 방치 또는 유기라는 말은 회심하지 않은 자들이 처한 유기를 뜻하지 않습니다. 하나님은 불신자에게도 번영과 재물과 영예와 명성을 일시적으로 허락하십니다. 외적인 조명과 역사적인 믿음과 죄에 대한 찔림을 허락하시고, 회개로 이끌거나 세상의 외적 부패로부터 도망치게끔 하십니다. 이처럼 일반적인 은혜를 받고서도 불신자들이 그것을 악용하고 회개하지 않는다면, 하나님은 그들을 완전히 내버려 두십니다. 그리하면 그들은 이전보다 더욱 가증한 모습이 되고 더 끔찍한 심판을 받게 됩니다. 하나님은 그들이 이 땅에 있을 때부터 이미 심판을 시작하여 자신이 정의로우심을 나타내고 영광을 받으시지만, 특별히 이 일은 그들이 죽은 이후에 지옥에서 완전히 이루어집니다. 로마서 1장 21-26절 및 사무엘상 16장 14절에서 이런 사실을 확인할 수 있습니다.

"여호와의 영이 사울에게서 떠나고 여호와께서 부리시는 악령이 그를 번뇌하게 한지라"(삼상 16:14).

그러나 본 장에서 우리가 살피고자 하는 것은 거듭난 자들이 당하는 영적 방치 또는 유기(desertion)입니다.

둘째, 신자들이 이 땅에서 겪는 영적 유기는 최종적이고도 완전한 유기가 아닙니다. 변하지 않으시는 하나님의 작정과 선택, 그리스도의 대속, 성령의 내주하심과 인치심, 하나님께서 주신 모든 분명한 약속들 때문에 그런 일은 일어나지 않습니다.

"여호와께서는 모든 넘어지는 자들을 붙드시며 비굴한 자들을 일으키시는도다"(시 145:14).

셋째, 영적 유기는 다른 사람에 비해 신령한 은혜를 덜 누리는 것을 말하지 않습니다. 하나님의 교회에 속한 자녀들은 저마다 성장하는 정도가 다릅니다. 어린아이가 있는가 하면, 청년이 있고, 아비도 있습니다. 어린아이 같은 신자들이 아비 같은 신자들보다 은혜를 덜 누리는 것은 사실이지만, 그들이 영적으로 유기된 상태에 있지는 않습니다. 아비 같은 신자들은 어린아이 같은 신자들보다 훨씬 많은 은혜를 받아 누리지만, 영적으로 유기된 상태에 있을 수 있습니다.

넷째, 영적 유기는 비상하고도 특별한 조명과 위로가 그치고 일상적인 조명과 위로가 이어지는 것을 말하지 않습니다. 셋째 하늘을 경험한 후 다시 일상으로 돌아온 바울을 영적으로 유기되었다고 하지 않습니다. 또한 하나님은 잠시 동안 어떤 자녀들을 특별하고도 비상한 방식으로 인도하시기도 합니다. 그러나 그때가 지나면 또다시 다른 자녀들과 같은 방식으로 인도하십니다. 그런 특별한 가르침과 인도하심이 그치고 다시 다른 자녀들과 똑같이 인도하심을 받는다고 해서 그것을 영적 유기라고 말하지 않습니다.

다섯째, 영적 유기라는 말은 일상에서 범하는 죄악들을 가리키지 않습니다. 물론 일상의 죄가 그런 죄를 범하지 않게끔 하시는 성령의 감화를 받지 않은 결과이기는 하지만, 영적 유기는 성령의 일반적인 감화가 거두어지는 것을 말하지 않습니다. 물론 성령의 감화가 거두어질 때(대하 32:31 참고, "하나님이 히스기야를 떠나시고") 특정한 죄악들(성령의 일상적인 붙드심만으로도 이런 죄악들을 피할 수 있습니다)로 넘어지기도 하지만, 이것은 지금 우리가 말하려는 영적 유기와는 상관이 없습니다.

여섯째, 영적 유기는 신자에게 있는 성품적인 은혜가 줄어드는 것을 말하지 않습니다. 하나님은 외부의 영향을 통해서뿐만 아니라 신령한 생명을 영혼에 불어넣으심으로써 자기 백성들을 움직이십니다. 그런데 이 생명의 역사는 신자들마다 그 세기가 다릅니다. 이 생명은 그 안에 있는 신령한 원리에 따라 적극적으로 활동하려는 본유적인 경향성을 가질 뿐만 아니라, 성령의 일반적인 역사로 말미암아 활동합니다. 이처럼 신자 안에 주입된 경향성은 훈련을 통해 증진되는 반면, 여러 가지 이유로 감소될 수 있습니다. 하나님은 영적으로 유기된 상태에 있는 신자에게서 이런 경향성을 전적으로든 부분적으로든 없애시지 않고, 오히려 성령의 일상적인 역사를 거두십니다. 그리고 그에 따라 필연적으로 성품적인 은혜가 미약해집니다. 그러나 영적으로 유기된 신자들이 모두 이렇게 되는 것도 아닙니다. 오히려 어떤 신자는 성품적인 은혜가 증가하기도 합니다. 비바람이 몰아치든 겨울이 닥치든 나무뿌리는 동일한 것과 마찬가지입니다.

영적 유기의 정의

영적 유기란 신자들을 조명하고 하나님의 은혜를 확증하며 신자를 위로하고 죄와 유혹에 맞서 강건하게 하여 일시적인 시험과 시련을 견디도록 돕고 건지시는 성령의 일상적인 역사와 영향이 거듭난 신자에게서 오랫동안 거두어지는 것을 가리킵니다. 이로 인해 신자는 어둠 속을 지나고, 믿음이 약해지며, 마음에 위안을 얻지 못합니다. 죄에 넘어지고, 유혹에 굴복합니다. 시련을 견디지 못하며 낙심하고 원망합니다.

이처럼 신자의 영적 유기는 칭의(그리고 칭의와 관련된 모든 일)와 성화 모두에 영향을 줍니다. 어떤 신자는 칭의와 관련하여 영적 유기에 처해지는 한편, 어떤 신자는 성화와 관련하여 영적 유기에 처해집니다. 오랫동안 영적 유기를 경험하는 신자가 있는가 하면, 비교적 짧게 영적 유기를 경험하는 신자도 있습니다. 어떤 이는 회심하자마자 영적 유기를 경험하기도 합니다. 모든 것이 허사로 돌아간 것처럼 극심한 상태를 맞기도 하며, 심지어 회심마저 거짓된 것으로 여겨지기도 합니다. 그러나 하나님께서 이따금 자신을 나타내 그로 하여금 다시 힘을 얻게끔 하십니다. 하나님께서 친밀하게 자신을 나타내심으로 어느 정도 진보를 이루다가 갑작스럽게, 또는 점진적으로 영적 유기에 처하는 사람들도 있습니다. 어떤 사람들은 생의 끝자락에 이런 슬픔을 맛보기도 하는데, 그로 하여금 당당하게 죽음을 맞이하도록 숨을 거두기 직전에 하나님께서 다시금 위로를 주기도 하십니다. 때때로 큰 낭패와 어둠과 강력한 유혹 가운데서 죽음을 맞이하는 사람들도 있습니다. 순식간에 한 극단에서 다른 극단으로 옮겨져 좋든 나쁘든 전혀 예상하지 못한 상태에 처하기도 합니다.

하나님의 말씀과 자신의 삶을 통해 자신이 얼마나 연약하고 무력한 존재인지를 경험하지 못한 신자들은 자기 능력을 의지합니다. 그들이 믿고 고백하는 바와 달리, 이렇게 부정적인 마음 상태는 그들 자신에게서 비롯됩니다. 그들의 이런 태도는 하나님께서 자기들을 버릴 만한 이유가 전혀 없음을 보이려는 것이 아니라(물론 이는 사실입니다), 자신들이 처한 상황이 하나님께서 행하신 결과임을 믿지 않으려는 것입니다. 대신에 이들은 자신들이 소홀히 하고 지나치게 욕심을 부려서 하나님으로부터 돌아선 것이라고 믿습니다. 따라서 이들은 계속 그렇게 소홀히 하다가는 멸망당할 수밖에 없다고 믿으면서 자신들이 열심히 행하면 모든 것이 다시금 잘되리라고 속으로 생각합니다.

또 다른 사람들은 자신이 처한 상태가 하나님께서 하신 일임(하나님께서 은혜를 거두어 가셨다는 것)을 분명히 압니다. 그러나 오히려 그것을 이유로 삼아, 자신이 은혜 안에 있다는 영적 상태를 즉시 부정하면서 그 상태야말로 하나님께서 진노하시는 증거라고 믿습니다. 두려움과 공포에 사로잡혀 이제 자신에게는 영원한 심판만이 남았다고 여깁니다. 이렇게 자포자기한 까닭에 유용한 방편들을 모두 외면한 채 낙담과 좌절로 세월을 허비합니다. 잠잠히 절제하고 인내하면서 도움을 얻기 위해 하늘을 바라보고, 깊은 어둠 속에 있다 할지라도 계속 통곡하며 회복되기를 구하고 하나님께 소망을 두는 사람들이 너무나 드뭅니다. 이런 사람들은 하나님께서 자기들을 도살하신다 할지라도 하나님을 향한 소망을 놓지 않습니다. 이런 사람들은 대개 영적으로 유기된 상태에서 일찍 건짐 받고 그 시간을 통해 가장 큰 유익을 얻습니다.

성령의 일상적인 감화를 거두심

신자가 영적으로 유기된 상태에 있을 때, 성령의 일상적인 감화와 역사, 은혜와 빛과 위로를 그치는 주체가 하나님임을 아는 것이 매우 중요합니다. 성경은 이 사실을 여러 가지 방식으로 언급합니다. 그리고 이런 언급들 하나하나가 영적 유기의 독특한 방식들을 드러냅니다.

① 떠나심

"내가 내 곳으로 돌아가리라"(호 5:15).

"내가 내 사랑하는 자를 위하여 문을 열었으나 그는 벌써 물러갔네"(아 5:6).

② 버리심

"잠시 너를 버렸으나"(사 54:7).

"내 하나님이여 내 하나님이여, 어찌 나를 버리셨나이까?"(시 22:1)

③ 숨으심

"그의 탐심의 죄악으로 말미암아 내가 노하여 그를 쳤으며 또 내 얼굴을 가리고 노하였으나"(사 57:17).

"주의 얼굴을 나에게서 어느 때까지 숨기시겠나이까?"(시 13:1)

④ 잊으심

"여호와여 어느 때까지니이까? 나를 영원히 잊으시나이까?"(시 13:1)

⑤ 그치심

"주의 열성과 주의 능하신 행동이 이제 어디 있나이까? 주께서 베푸시던 간곡한 자비와 사랑이 내게 그쳤나이다"(사 63:15).

⑥ 잠잠하심

"하나님이여 침묵하지 마소서. 하나님이여 잠잠하지 마시고 조용하지 마소서"(시 83:1).

⑦ 멀리 계심

"여호와여 어찌하여 멀리 서시며"(시 10:1).

⑧ 막으심

"하나님이 그가 베푸실 은혜를 잊으셨는가, 노하심으로 그가 베푸실 긍휼을 그치셨는 가"(시 77:9).

⑨ 버리심

"여호와여 어찌하여 나의 영혼을 버리시며 어찌하여 주의 얼굴을 내게서 숨기시나이 까?"(시 88:14)

⑩ 진노하심

"주의 진노가 내게 넘치고 주의 두려움이 나를 끊었나이다"(시 88:16).

이런 말씀들을 보면 신자의 영적 유기가 반드시 신자가 잘못된 행실을 하여 초래되는 것(물론 그런 경우도 많습니다)만은 아님을 알 수 있습니다. 오히려 하나님께서 자신을 숨기시고 잠시 신자에게서 떠나 계시며 그들을 조명하고 위로하고 거룩하게 하는 역사를 거두십니다.

이는 가장 슬프고도 비참한 상태입니다. 이런 상태를 통과하는 모든 신자들에게 연민을 금할 길이 없습니다. 하나님께서 자기 백성들을 영원한 정죄로부터 보존하시는 것은 틀림없지만, 영적으로 유기되는 이런 상태를 어느 정도 맛보게 하십니다. 정죄는 하나님의 얼굴빛을 잃어버리는 것이요, 하나님의 진노를 느끼는 것이요, 몸과 영혼으로 온갖 고통을 맛보는 것입니다. 회심하지 않은 사람은 하나님을 잃어버리는 것이 무엇인지 알지 못합니다. 하나님과 교제하는 달콤함이 어떤 것인지를 맛보지 못했기 때문입니다. 그들은 그저 이 땅에서 즐기고 자신에게 활력을 줄 무언가를 찾을 뿐입니다. 그러나 신자가 완전히 피폐해지고, 가득 채워졌던 마음이 황량해지며, 다시 채워질 소망도 사라지고, 하나님을 잃어버리는 것을 맛볼 때에는 몸이 아직 지옥에 떨어지지 않았을지라도 그 영혼은 지옥에 있는 것이나 마찬가지입니다. 다른 한편 하나님의 자녀들은 하나님을 가까이하는 것이 얼마나 좋은지를 맛보아 알기에, 하나님으로부터 저버림을 당할 때 하나님과 교제하기를 사모할 뿐만 아니라 하나님께서 친히 물러나시는 것을 경험합니다. 그리고 그들은 하나님의 호의를 누리는 대신에 하나님의 진노와 거절을 경험하고 그분께 굴복합니다.

"주의 징벌을 나에게서 옮기소서 주의 손이 치심으로 내가 쇠망하였나이다"(시 39:10). 바로 그때 그들의 마음이 헐떡입니다(시 38:10 참고). 아삽의 시가 이런 신자들의 마음을 잘 담아 냅니다.

"내가 하나님을 기억하고 불안하여 근심하니 내 심령이 상하도다"(시 77:3).

이렇게 신자의 내면에서 일어나는 괴로운 생각과 비통한 움직임을 모두 표현할 수는 없습니다. 그러나 우리는 그중 조금이라도 함께 나누어 영적 유기에 처한 신자들에게 그들만이 그런 상태에 있는 것(이런 상황에 처하면 대부분 그렇게 생각하게 됩니다)이 아님을 일깨우고자 합니다. 나아가 우리는 그들이 슬퍼하는 이유를 알려 주어, 이미 그들보다 앞서 이런 상태에 처했던 신앙의 선진들처럼 그들이 마음을 부드럽게 하고 울기를 바랍니다. 그리하면 영혼이 새로운 힘을 얻을 것입니다. 무엇보다 언젠가 그들이 다시금 하나님께로 돌아가리라는 소망을 가질 것입니다.

영적 유기의 개별적인 양상들

영적 유기로 인해 여러분이 어려움을 겪는 것은 놀라운 일이 아닙니다.

첫째, 여러분의 하늘 아버지께서 자신을 감추시기 때문입니다. 부모가 죽어서 어두운 곳에 혼자 남겨진 아이는 얼마나 혼란스럽겠습니까! 누군가가 "왜 그렇게 울고 있니?"라고 물으면 그 아이는 "엄마 아빠가 돌아가셨어요"라고 대답할 것입니다. 마찬가지로 여러분의 하늘 아버지께서 떠나셨습니다. 여러분의 하늘 아버지는 여러분이 원하는 것을 간구하기 이전에 여러분의 필요에 대해 그토록 친밀하게 나누던 분입니다. 그분은 매우 친밀하고도 다정하게 응답하시고 위로해 주시던 분입니다. 여러분이 "나의 아버지여, 아버지는 나의 청년 시절의 보호자이십니다"라고 고백하던 분입니다. 불쌍한 자녀여, 사랑하는 아버지께서 여러분을 떠나신 것이 아닙니까? 이때 신자는 "하나님께서 여전히 내 아버지이심을 안다면, 내 슬픔과 비통함은 눈 녹듯이 사라질 것이다"라고 말할 것입니다.

둘째, 여러분이 사랑하는 신랑이신 예수님께서 여러분을 떠나셨기 때문입니다.

누군가가 "왜 그렇게 슬퍼합니까?"라고 묻는다면, 여러분은 다음과 같이 대답할 것입니다. "내가 편히 쉬던 품이요, 내 입에 달콤한 열매요, 나에게 입 맞추던 내 사랑하는 신랑이 떠나갔습니다. 그분은 나를 사랑의 향연으로 인도하고 내 위에 사랑의 깃발이 나부끼게 하시던, 나의 모든 기쁨이요 가장 소중한 분이십니다. 나는 언제나 그분을 의지하였고, '이는 내 사랑하는 자요 나의 친구로다'(아 5:16)라고 자랑하였습니다. 나의 사랑이요 나의 벗인 그분이 떠나서 나는 너무나 슬픕니다."

셋째, 성령께서 선한 능력을 행하지 않으시니 빛이나 위로나 즐거움이 있겠습니까? 그저 슬퍼하고 불안해하며 염려할 뿐입니다.

"이로 말미암아 내가 우니 내 눈에 눈물이 물같이 흘러내림이여. 나를 위로하여 내 생명을 회복시켜 줄 자가 멀리 떠났음이로다"(애 1:16).

넷째, 영적으로 유기된 영혼은 어둠 가운데 있고, 어둠에 휩싸여 있으며, 어둠 속을 걸으므로 갈 바를 알지 못합니다. 어디로 가든 뒤로 미끄러지고 작은 것에도 걸려 넘어질 뿐입니다. 빛이신 주님께서 그를 떠나셨기 때문입니다. 그의 삶에서 의의 태양이 저문 지 오래되었습니다. 그의 마음에는 샛별이 떠오르지 않으며 여명이 비쳐 오지 않습니다. 그러하기에 그의 영혼은 온통 슬픔과 두려움과 염려로 가득합니다.

다섯째, 이런 영혼은 약하고 무능합니다. 삶의 능력이 되시는 주님께서 떠나셨기 때문입니다. 질병이 끊이지 않습니다. 위대한 의원이신 주님이 계시지 않기 때문입니다. 이런 영혼을 치료하는 길르앗의 유향이 없는 까닭에 이 영혼은 언제라도 죽을 수 있습니다.

여섯째, 소망이 없으므로 무엇을 해야 할지를 모릅니다. 영적으로 퇴보하고 유기된 상태에서 벗어나고자 여기저기 기웃거려 보지만 허사입니다. 보혜사라 불리시고 어려울 때마다 감미로운 권고로 갈 길과 방편을(언제나 행하는 것이 잘되도록) 알려 주시던 주 예수님께서 떠나시고 아무 말씀도 하지 않으십니다. 그러하기에 무슨 일을 하든 유익이 없고 온갖 올무에 사로잡힙니다.

일곱째, 마침내 하나님께로 돌이키기를 바라고 실제로 그렇게 해 보지만 불가능합니다. 그 길은 담이 세워져 있고 다듬어진 돌들로 막혀 있고 가시덤불로 뒤덮여 있어서 도무지 지나갈 수가 없습니다. 주 예수님만이 성부께로 가는 길이었는데, 그분께서 떠나가신 것입니다. 성령도 그 영혼의 연약함을 돌아보지 않으시고, 그 영혼 안에서 말할 수 없는 탄식으로 신음하지도 않으십니다. 그 영혼이 드리는 기도가 구름에 막혀 하나님께로 전해지지 않습니다. 하나님께 부르짖어 보지만, 아무런 대답이 없습니다. 그래서 그 영혼은 위로를 얻지 못한 채로 기도의 자리를 떠납니다.

여덟째, 하나님의 말씀으로 피하여 위로를 얻고자 하지만, 이런 영혼에게는 하나님의 말씀이 닫혀 있습니다. 이 영혼은 뚫어져라 본문을 바라보지만 말씀에서 아무것도 얻지 못하고 더욱 괴로워할 뿐입니다. 말씀이 영혼을 고양시키고 붙들어 주기를 바랐지만, 오히려 낙심시키는 것 같습니다. 하나님의 말씀이 불이요 두 날 가진 예리한 검일 뿐입니다. 그 영혼은 성경에서 아무런 감흥도, 영향도 받지 못합니다. 성령께서 말씀과 더불어 역사하지 않으시기 때문입니다. 그러하기에 성경을 보아도 아무런 효과가 없습니다.

아홉째, 사방에서 원수들이 공격합니다. 원수들이 쏜 불화살이 그 영혼에게 꽂힙니다. 사탄이 공격할 때마다 휘청거립니다. 세상의 모든 조롱에 상처를 입습니다. 그리고 죄악된 정욕이 일어날 때마다 그것에 이끌립니다. 영혼은 올무에 걸린 새와 같습니다. 이 영혼의 왕께서 그를 위해 싸우지도, 그와 함께 전장으로 나아가지도 않으시기 때문입니다. 방패이신 하나님께서 그를 떠나신 까닭에 그 영혼은 전장에 무방비 상태로 남아 있습니다.

열째, 이 모든 일이 그 영혼에게 사실일지라도, 그가 부드러운 마음으로 느낄 수 있고 하나님께 울부짖을 수만 있다면 얼마나 좋겠습니까? 그러나 그렇지 않습니다. 절망과 낙담으로 말미암아 이 영혼은 마음을 닫고 무감각해졌습니다. 즉, 혹한에 꽁꽁 얼어붙은 얼음 기둥과 같습니다. 이전에 마음이 뜨겁게 타오르게 하시던 성령과 주 예수님께서 더는 그의 마음에 불을 지피지 않으십니다. 생명의 샘이 막혀 더는 생수가 솟아나지 않습니다.

열한째, 아무리 상황이 이러하더라도 자신이 하나님의 자녀라고 믿을 수만 있다면, 다시금 마음이 살아날 것입니다. 그러나 여기에 영혼을 불안하게 하는 근원적인 요소가 있습니다. 자신이 택함 받지도 못했고, 은혜도 받지 못했고, 외적인 조명으로 말미암은 지식만 가졌을 뿐 하나님의 진노로 인해 버림받았다고 믿는 것입니다. 더 나아가 하나님께서 결코 자기에게 은혜를 베풀지 않고 영원히 정죄하실 것이라고 믿습니다. 이처럼 소망 없이 낙심할 때 우리는 시체처럼 무감각해집니다. 그 무엇으로도 더는 감화를 받지 못합니다. 오로지 마음에 난 치명적인 상처만 느낄 뿐입니다. 또는 낙심한 나머지 이리저리 휘둘리며 이른바 지옥을 느끼는 가운데 온갖 절망적인 생각과 말들을 쏟아 내기 시작합니다. 이 모든 것은 영혼에 슬픔만 더할 뿐이며, 그 영혼은 초조해하며 잠잠히 복종하지 못합니다.

이런 식으로 불쌍한 영혼이 사그라져 갑니다. 버림받은 여인처럼 슬퍼하고 괴로워하며 온갖 풍파에 휩쓸리고 위로를 얻지 못합니다. 이 영혼의 삶은 슬픔과 탄식으로 점철됩니다. 하나님께서 은밀히 붙들지 않으시면, 이런 영혼이 어떻게 되겠습니까? 그러나 하나님께서 그를 자신의 능력으로 지키십니다. 그 영혼을 향한 변함없는 은혜와 선하심으로 말미암아 그 영혼을 다시금 일으키실 것입니다. 그에게 다시금 자신을 계시하실 것이며, 새롭게 말씀하시고 위로를 베푸실 것입니다.

"내가 영원히 다투지 아니하며 내가 끊임없이 노하지 아니할 것은 내가 지은 그의 영과 혼이 내 앞에서 피곤할까 함이라……내가 그의 길을 보았은즉 그를 고쳐 줄 것이라. 그를 인도하며 그와 그를 슬퍼하는 자들에게 위로를 다시 얻게 하리라. 입술의 열매를 창조하는 자 여호와가 말하노라. 먼 데 있는 자에게든지 가까운 데 있는 자에게든지 평강이 있을지어다. 평강이 있을지어다. 내가 그를 고치리라"(사 57:16,18,19).

어떤 식으로든 어려움을 당할 때, 하나님의 자녀들은 그것이 하나님으로부터 왔다는 사실을 아는 것으로 만족하지 않습니다. 그러나 그 사실만으로도 만족할 수 있어야 합니다. 그것이 바로 하나님의 선하고 거룩하며 자애로우신 뜻이기 때문입니다. 눈에는 눈물이 고일지라도 마음은 그것을 기쁘게 받아들여야 합니다. 그러나 영혼은 하나님께서 그렇게 행하시는 이유를 알고자 합니다. 이는 자신의 상태를 호전시키기 위함이 아니라, 판단하는 자리에 앉아 하나님께서 자신을 대하시는 방식이 과연 의로운지를 판단하기 위함입니다. 그래서 그들은 이렇게 주장합니다. "내가 그리스도를 힘입어 화목하게 된 하나님의 자녀요 하나님의 사랑받는 자요 영생의 후사라면, 하나님은 왜 다른 자녀들은 영육에 아무 탈 없이 잘 지내도록 내버려 두시고 나에게만 이렇게 대하시는가?" 그런 다음 그들은 간절함이 아니라 원망함으로 이렇게 결론 내립니다. "나는 하나님의 자녀가 아닌 것이 틀림없다." 이런 사람들은 다음과 같이 질문하곤 합니다.

"무슨 까닭으로 나와 더불어 변론하시는지 내게 알게 하옵소서"(욥 10:2).

영적 유기의 원인

여러분은 하나님께서 그렇게 하시는 이유를 알 필요가 없습니다. 하나님께서 친히 하시는 일에 관해 설명하지 않으시기 때문입니다. 그러나 몇 가지만 말해 보고자 합니다.

첫째, 신자의 영적 유기를 통해 하나님께서 영광을 받으십니다. 여러분 주변의 다른 사람들이 하나님께서 어떻게 여러분을 다루시는지를 지켜봅니다.

① 하나님은 자신이 원하는 사람에게 원하는 때에 긍휼을 베푸시는 자유롭고도 주권적인 분이심을 여러분과 다른 사람들에게 드러내기를 원하십니다. 여러분을 받으셨으나 다른 사람들을 간과하신 것을 비롯해 여러분이 그리스도 안에서 하나님을 알고 칭의와 성화를 위해 그리스도를 영접하고 다른 사람들과 달리 여러분 안에 신령한 삶의 원리가 있다는 모든 사실들은, 여러분이 한 일이 아니라 하나님께서 주권적인 은혜로 이루신 일들입니다.

"내가 긍휼히 여길 자를 긍휼히 여기고 불쌍히 여길 자를 불쌍히 여기리라"(롬 9:15).

여러분의 사정과 형편을 아는 천사들과 신자들이 이 사실을 배웁니다. 여러분이 곤경에 처했을 때 배울 교훈이기도 합니다. 그리고 이렇게 자신의 주권을 나타내심으로써 하나님께서 영광을 받으시고 이 일의 당사자인 여러분을 통해서도 영광을 받으실 것입니다. 우리가 언제나 영적인 안락함을 누리며 산다면, 어느샌가 점점 그것을 당연하게 여길 것입니다. 우리가 우리의 힘으로 하나님과 친밀히 지내는 것인 양 생각합니다. 그러나 그렇게 당연시하던 것들을 잃게 되면 하나님의 주권을 알게 되고, 하나님의 주권을 인정하고 사랑해야 함을 배우게 됩니다. 그리하면 그런 생각을 그칩니다.

"땅의 모든 사람들을 없는 것같이 여기시며 하늘의 군대에게든지 땅의 사람에게든지 그는 자기 뜻대로 행하시나니, 그의 손을 금하든지 혹시 이르기를 네가 무엇을 하느냐 할 자가 아무도 없도다"(단 4:35).

이런 값진 교훈을 얻기 위해 약간의 어려움을 겪는 것은 충분히 가치있습니다.

② 이런 일들을 통해 하나님께서 자신의 긍휼이 얼마나 큰지를 나타내십니다. 신자는 자신이 가장 작은 은혜를 받기에도 합당하지 않을 만큼 죄악됨을 깨닫고, 하나님께서 그런 자신을 은혜로 대하신다는 사실에 놀라게 됩니다. 뿐만 아니라 모든 것이 헛되며 하나님만이 자신을 만족하게 하신다는 사실을 알고 인정하게 됩니다. 하나님의 긍휼이 그에게 얼마나 소중하게 다가오는지요! 하나님의 긍휼을 받아 누린다면 모든 것을 잃어버려도 상관없습니다. 하나님을 잃으면 슬픔 속에서 죽을 수밖에 없기 때문입니다. 이처럼 자신의 행복보다 하나님을 더욱 소중하게 여길 줄 알게 된다면, 가끔 이런 영적 유기를 경험할 가치가 충분하지 않습니까!

③ 이를 통해 하나님은 자신이 거룩하고 의로우며, 죄를 얼마나 미워하는지를 나타내십니다. 더욱이 실제로 신자가 그리스도 안에서 하나님께 즐거움이 된다 할지라도 신자의 부패를 얼마나 가증히 여기는지를 드러내십니다. 하나님의 눈은 너무도 정결하기에 악을 지켜보시지 못합니다. 신자들은 하나님께서 그들을 대하시는 데에 완전히 의로우시다는 것을 알아야 합니다. 그렇습니다. 그들을 눈앞에서 치우고 영원히 버리신다 하더라도 하나님은 여전히 의로우십니다.

"내가 주께만 범죄하여 주의 목전에 악을 행하였사오니 주께서 말씀하실 때에 의로우시다 하고 주께서 심판하실 때에 순전하시다 하리이다"(시 51:4).

이런 사실을 알고 받아들인다면 어느 정도의 슬픔도 충분히 가치가 있습니다.

④ 하나님은 이를 통해 자신의 변치 않으심과 미쁘심과 오래 참으심과 진실하심을 나타내십니다. 이 사실이 다음을 통해 분명히 드러납니다. 하나님은 징계의 대상일지라도 신자들이 어리석고 잘못 행하는 것을 참으십니다. 영적 유기를 겪는 동안 신령한 생명이 소멸되지 않고 절망에 굴복하거나 가증한 언행을 일삼지 않도록 신자들을 은밀히 붙들고 도와주십니다. 하나님은 신자를 멀찍이 내버려 두시거나 지나치게 유기하지 않으시고, 그가 물과 불을 지날 때에도 여전히 함께하십니다. 그리하여 결국 그를 회복시키시고, 이전에 즐기던 하나님의 긍휼을 다시금 맛보게 하십니다.

영적 유기를 경험할 때, 우리는 예전부터 믿고 인정하던 하나님의 이런 완전하심을 경험적으로 알게 됩니다. 이런 지식, 이런 고백, 이런 예배는 이전 것들을 훨씬 능가합니다. 영적으로 유기된 순간에는 이 모든 것을 잘 깨닫지 못합니다. 그러나 결국 우리는 이 사실을 경험하게 됩니다.

"내가 주께 대하여 귀로 듣기만 하였사오나 이제는 눈으로 주를 뵈옵나이다"(욥 42:5). 이처럼 신자의 영적 유기를 통해 본인과 주변 사람들에게 하나님의 영광이 드러납니다.

둘째, 영적 유기를 통해 하나님의 자녀들이 가장 좋은 유익을 얻습니다. 무엇보다 그들이 하나님의 완전하심을 더욱 잘 알게 되고 영광스러워집니다. 뿐만 아니라 다음과 같은 유익들이 더 있습니다.

① 자기 자신에 관해 더 잘 알게 됩니다. 자신의 본성과 행위가 얼마나 악한지를 깨닫습니다. 자신이 하나님과 천사들과 사람들 앞에서 얼마나 가증스런 존재인지를 여실히 봅니다. 만일 하나님께서 자신의 행위대로 갚으신다면, 자신이 무엇을 마땅히 기대해야 할지를 분명히 압니다. 이런 사실을 절감한 영혼은 자신이 아무것도 아님을 깨닫고 겸손히 행합니다. 자신이 무능하여 믿음으로 자신을 고양시킬 수도 없고 이를 통해 위로를 얻을 수도 없음을 절감합니다. 오직 주님만이 영혼을 회복시키실 수 있습니다. 주님이 계시지 않는다면, 그 영혼에게 어떠한 가치있는 것도 존재하지 않기 때문입니다.

② 이를 통해 다른 모든 것보다 은혜를 가장 소중하게 여깁니다. 이전에는 주 예수님을 향한 최소한의 갈망, 희미한 탄식, 미약한 기도, 미세한 빛, 작은 소망 같은 것들을 부스러기처럼 여기며 하찮게 보았으나, 이제는 매우 소중하게 느끼고, 자신을 새롭게 할 것으로 여기며 그것들에 대해 하나님께 감사를 드립니다. 그러하기에 받은 은혜를 지키기 위해 더욱 주의를 기울입니다. 히스기야는 큰 슬픔의 때를 지난 후 새롭게 되어 위로를 누리며 다음과 같이 고백합니다.

"주께서 내게 말씀하시고 또 친히 이루셨사오니 내가 무슨 말씀을 하오리이까? 내 영혼의 고통으로 말미암아 내가 종신토록 방황하리이다"(사 38:15).

떠나갔던 신랑을 다시금 찾은 신부는 다음과 같이 말합니다.

"그를 붙잡고……놓지 아니하였노라"(아 3:4).

③ 그리하여 그들은 세상과 세상에 속한 모든 것들을 끊어 버립니다. 더는 그런 것들에 연연해하거나 바라지 않으며, 그럴 필요조차 느끼지 않습니다. 사람들에게서 아무것도 기대하지 않습니다. 그것들을 순종하기 위한 방편으로 사용할 뿐입니다. 세상의 것들을 통해 자신이 바라는 것을 얻으리라 기대하지 않으므로 세상 것들에 기댈 필요가 없습니다. 그는 다음과 같이 말하며 계속해서 자신의 분깃이요 안식처인 주님께로 돌아갑니다.

"하늘에서는 주 외에 누가 내게 있으리요, 땅에서는 주밖에 내가 사모할 이 없나이다. 내 육체와 마음은 쇠약하나 하나님은 내 마음의 반석이시요 영원한 분깃이시라……하나님께 가까이함이 내게 복이라. 내가 주 여호와를 나의 피난처로 삼아 주의 모든 행적을 전파하리이다"(시 73:25,26,28).

④ 이를 통해 하나님은 영적으로 유기된 신자들에게 어떠한 은혜를 심으셨는지를 세상과 다른 하나님의 자녀들에게 알리시며, 자신의 전능하심과 선하심과 미쁘심과 변치 않으심을 드러내십니다. 욥이 말로 다할 수 없는 극심한 고통의 때를 지나지 않았다면, 우리가 어떻게 그의 인내를 알았겠습니까? 아브라함이 그토록 가혹한 시험을 당하지 않았다면, 우리가 어떻게 그의 믿음과 순종을 알 수 있었겠습니까? 신자들이 영적 유기의 때를 지나는 것도 동일한 경우라 할 수 있습니다. 이

사실에 관해 잘 알며, 영적 유기를 경험하고 있는 신자들과 관계가 있는 사람들은 그들의 행동들을 통해 그들이 세상과 그 속에 있는 것들을 멸시하고, 하나님과 교제하면서 위로를 얻는다고 여기고 있음을 깨달을 것입니다. 그리고 그들이 고통스럽기 때문이 아니라, 하나님과 교제하지 못하기 때문에 슬퍼한다는 것을 알게 될 것입니다. 이 사실은 그들이 이런 시험에서 벗어나 회복되는 모습을 통해 더욱 분명해집니다. 그들이 어떻게 불 가운데에서 정금처럼 연단되었는지, 얼마나 죄짓기를 두려워하는지, 그들에게 하나님께서 얼마나 위엄이 넘치고 영광스러우신 분인지, 예수님께서 얼마나 소중한 분인지, 그들이 얼마나 경건하고 겸손하며 오래 참고 긍휼이 넘치며 친절한지, 그들이 어떻게 주님 안에서 위로와 힘을 얻는지, 어떻게 주님을 의지하는지를 보게 될 것이기 때문입니다. 그들의 변화된 모습에 모두가 놀랄 것입니다. 세속적인 사람들은 그들의 이런 모습을 통해 크게 찔림 받을 것입니다. 하나님의 자녀들은 그들을 통해 하나님의 방식을 이해하게 되고, 시련 속에서도 하나님을 의지하여 강건해지고, 하나님께 감사하며 영광 돌릴 동기를 얻고, 더욱 하나님을 경외하며 섬길 마음을 불러일으킬 것입니다.

왜 하나님께서 자기 자녀들을 영적으로 유기하시는지 의아해하는 여러분에게 묻습니다. 이 모든 사실들이 영적 유기가 하나님의 지혜와 선하심을 나타내며 오히려 신자들을 유익하게 하는 것임을 말해 주지 않습니까?

반론

하나님은 신자들을 영적으로 유기하시지 않고도 신자들에게 필요한 유익들을 주실 수 있지 않은가?

답변

그렇지 않습니다. 그런 경험이 없다면, 하나님의 모든 완전하심을 경험으로 알 길이 없습니다. 그런 반론은 다음과 같이 묻는 것이나 마찬가지입니다. "왜 하나님은 처음부터 자녀들을 완전하게 만들지 않으셨는가? 왜 자녀들이 아직 어릴 때 그들을 천국으로 바로 데려가지 않으시는가?" 이런 질문에는 "하나님께서 자신의 선하심과 지혜에 따라 그렇게 하신다"라고 대답할 수밖에 없습니다. 하나님께서 자녀들을 이렇게 대하심으로 천사들과 신자들은 더 큰 복락에 이르고 하나님의 완전하심에 더 크게 탄복합니다. 뿐만 아니라 그리스도를 통해 계시된 하나님의 이런 완전하심으로 말미암아 신자들은 하나님을 영화롭게 한다는 그들의 목적에 훨씬 더 부합하게 됩니다.

셋째, 때때로 하나님은 자녀들이 고질적으로 범하는 특정한 죄들로 인해 그들을 영적으로 유기하십니다. 일상의 연약함이나 범죄 때문이 아니라 고질적으로 범하는 특정한 죄악들 때문에 그렇게 하실 것입니다.

① 내면의 경고가 계속되는데도, 고의로 양심을 거슬러 짓는 큰 죄악들 때문에 그렇게 하실 것입니다. 이런 죄는 하나님 앞에 큰 범죄입니다. 간음을 그 예로 들 수 있습니다. 다윗이 유기되었던 것 역시 이 죄 때문이었습니다(시 51편 참고). 권력, 명예, 재물, 그 밖의 무엇으로든지 우리의 정욕을 충족시키기 위해 하나님의 대의와 하나님의 자녀들을 저버리고 세상이나 세상 사람들과 공모하여 세상과 하나 되거나 거짓과 위선으로 악을 자행할 때 영적으로 유기됩니다. 내적으로는 위로와 거룩함을 잃어버립니다. 외적으로는 수치와 조롱을 당하고 배우자, 자녀, 건강, 소유를 잃는 등 여러 가지 어려운 일들을 겪습니다. 그리고 두려움 속에서 죽음을 맞습니다.

② 교양 있게 산다고 자긍하고, 자기에게 영적인 지식과 은혜가 있다 하여 교만하며, 교회에서 신앙 좋은 사람으로 존경받으려고 하고, 사람들의 인정과 칭찬을 구할 때 영적 유기에 처할 것입니다. 세상에서 비천한 자리에서 살아가거나, 은혜에서 진보를 이루지 못하는 신자들을 속으로든 행동으로든 멸시할 때, 그리고 세상에서 높은 지위에 있거나 우리보다 은혜와 은사가 탁월한 사람들을 시기할 때 영적으로 유기됩니다. 그 시기심은 우리의 생각과 말과 행위로 드러납니다. 교만은 하나님께서 견디시지 못하는 끔찍한 죄입니다.

"하나님은 교만한 자를 대적하시되 겸손한 자들에게는 은혜를 주시느니라"(벧전 5:5).

③ 하나님의 은혜와 그분과 누리는 교제를 소중히 여기지 않을 때 영적으로 유기될 것입니다. 여기서 소중히 여기지 않는다는 말은 하나님의 은혜와 그분과의 교제가 얼마나 중요한지를 알면서도 의지와 행위와 실천으로는 그렇게 여기지 않는 것을 의미합니다. 세상을 사랑하기 시작하고, 하나님과 세상 사이에서 머뭇거리며, 우리의 마음과 사랑이 하나님과 세상으로 나뉠 때 이렇게 됩니다. 하나님을 우리가 앙망할 유일한 분으로 여기며 열심과 간절함을 가지고 온 마음을 다해 하나님 찾기를 소홀히 할 때, 정해진 경건 시간을 가벼이 여겨 빼먹거나 양심을 잠재우고 자신의 구원을 확인하기 위해 경건 시간을 서둘러 해치울 때, 우리의 마음 문을 두드리시는 그리스도를 모셔 들이지 않고 문밖에 계시게 할 때, 이로 말미암아 그분과의 교제를 위해 어떠한 노력도 하고자 하지 않으며 그것을 대수롭지 않게 여길 때, 자신의 영적 퇴보를 거의 슬퍼하지 않을 때, 하나님은 다음과 같이 말씀하실 것입니다. "내가 너에게 이 정도로 가치가 없다면 너는 네 갈 길을 가라. 네가 원하는 대로 마음껏 세상을 즐겨 보아라." 그러고 나서 하나님은 그에게서 자신을 감추시고, 그가 자기 힘으로 살도록 내버려 두십니다.

④ 오만해서 예수 그리스도께서 보여 주신 단순함을 잃어버리고 항상 새로운 무언가를 추구할 때 영적으로 유기될 것입니다. 새로운 지혜를 얻고 지식을 습득하느라 분주합니다. 신령하고 경건한 일들에 대해서는 이미 많이 들어 잘 안다고 생각하며 식상해합니다. 새로운 것이라면 그것이 진리든 아니든 상관하지 않고 즉시 받아들입니다. 그렇게 새로운 지식을 얻으면 그제서야 자기에게 빛이 비추었고 자신이 지혜를 얻었으며 믿음에 견고하게 서고 이제까지의 굼뜬 상태에서 벗어났다고 여깁니다. 그러고는 여전히 갈등하며 힘겹게 살아가는 다른 사람들을 비웃습니다. 이런 사람들에게서 등돌리고는 주님을 경외하든 그러지 않든 상관하지 않고 자신이 새롭게 발견한 빛을 함께 즐길 만한 사람들과 어울립니다. 예전에는 양심에 거리끼던 일들을 아무렇지도 않게 행합니다. 그렇게 스스로 놀랍게 자라고 있다고 여기면서 세상과 똑같이 자랑하고 똑같이 행합니다. 그러나 하나님은 이런 영혼을 피폐하게 하십니다. 하나님은 우리가 신령한 진리를 중심으로 받지 않을

때 신령한 일들에 둔감하고 무지해지도록 내버려 두십니다. 자신이 넘어지고 미끄러진 자리를 기억하고 다시 처음 사랑으로 돌이키는 사람은 복됩니다. 그러나 원래의 영적 수준으로까지 회복되는 일은 드뭅니다.

영적 유기에서 회복

지금까지 영적 유기의 본질과 결과와 원인을 살펴보았습니다. 이제 이런 비통한 상태에서 벗어나 회복되도록 돕는 길(어렵기는 하지만)에 대해 알아봅시다.

"사람의 심령은 그의 병을 능히 이기려니와 심령이 상하면 그것을 누가 일으키겠느냐?" (잠 18:14)

강한 자들은 마땅히 연약한 자를 돕고 넘어진 자를 일으켜야 합니다. 하나님도 종종 그러한 방편들에 예기치 않은 복을 베풀어 주십니다. 그러나 위로의 말, 진지한 권면, 설득력 있는 주장만으로는 원하는 결과를 충분히 얻지 못합니다. 영적으로 유기된 사람은 그러한 것들로는 일어날 힘을 얻지 못할 정도로 곤궁합니다. 그들을 이런 상태에 두신 하나님께서 친히 찾아와 그들을 일으켜 주셔야 합니다. 성령의 은혜를 불어넣고 기존에 있는 은혜의 불을 지펴 즉시 회복시키기도 하십니다. 또는 여러 환경과 사건들(물론 하나님께서 이러한 것들을 사용해 주셔야만 가능합니다)을 통해 회복시키기도 하십니다. 그러나 하나님은 대개 기록된 말씀이나 증언되는 말씀을 통해 이 일을 이루십니다. 여러분의 회복을 돕는 방편으로서 몇 가지 위로의 말을 전한 다음, 회복을 위한 몇 가지 지침을 살펴보겠습니다.

그러기에 앞서 영적 유기의 때를 지나가는 사람들에게 묻고자 합니다. "여러분은 영적 유기에서 벗어나기를 바랍니까? 하나님께서 여러분에게 드리운 어둠을 거두시고 빛을 비추어 주시기를 바랍니까? 여러분이 하나님의 자녀요 영생의 후사로 입양되었음을 하나님께서 확신시켜 주시기를 바랍니까? 하나님께서 여러분의 이름을 부르시며 '내가 너의 구원이다'라고 말씀해 주시고, 여러분이 하나님의 눈앞에서 은혜를 얻은 자라고 선언해 주시기를 바랍니까? 하나님께서 사랑으로 여러분의 영혼을 안아 주시고 여러분의 모든 죄를 뒤로 던져 버리시기를 바랍니까? 주 예수님께서 여러분에게 입 맞춰 주심으로써 사랑을 나타내 주시기를 바랍니까? 다시금 눈물로 기도하며 믿고 그분과 사랑의 교제를 누리며 경건하게 살아가기를 바랍니까?" 이런 질문에 여러분은 뭐라고 대답하겠습니까? 여러분이 "그렇다"라고 대답한다면 다시 묻겠습니다. "진정 이 모든 일들을 원합니까?" 여러분이 탄식하며 "그렇습니다. 그러나 이런 일들이 일어날 것이라고 기대하기가 어렵습니다"라고 대답한다면, 저는 이렇게 말하겠습니다. 여러분에게는 여전히 소망이 있습니다. 지금 여러분이 처한 영적 유기에서 건짐 받기를 바란다면 다음 말들에 귀기울여 보십시오.

영적으로 유기된 사람은 자신이 하나님의 은혜를 받은 그분의 자녀라는 사실을 믿지 못합니다. 이 사실을 믿을 수만 있다면, 하나님께서 자신에게 은혜와 위로를 허락하지 않으신다 할지라도 담대히 어둠 속을 지나갈 수 있으리라 생각합니다. 영적 유기에서 건짐 받기를 바라는 소망이 아무리 클지라도 하나님께서 그것을 원하지 않으신다면 그 뜻을 따르고자 할 것입니다. 그러므로 영적 유기로 말미암아 침륜에 빠진 영혼은 가장 먼저 자신이 은혜 안에 있다는 사실을 확신해야 합니다.

첫째, 예전의 삶이 어떠했는지를 생각해 보십시오. 하나님을 알지도 못하고 찾지도 않았던, 오로지 본성을 따랐던 때를 기억합니까? 무엇이 그런 여러분을 변화시켰는지, 또한 그 변화를 통해 어떤 일이 일어났는지를 생각해 보십시오. 여러분이 기도하고 눈물 흘리며 씨름한 것과 그리스도께로 피했던 것을 생각해 보십시오. 그분을 영접하고 경건과 화평의 삶으로 나아간 것을 생각해 보십시오. 나아가, 하나님과 구원의 길에 대해 여러분이 받아 누린 통찰들을 생각해 보십시오. 이것들은 자연인들이 가진 지식과 얼마나 다릅니까! 자연인들은 모든 지식을 가졌다 하더라도 여전히 눈먼 채로 살아갑니다.

계속해서 그때 여러분이 무엇을 바랐는지, 얼마나 하나님을 경외했는지, 얼마나 양심이 깨끗하고 부드러웠는지, 얼마나 죄에 민감했는지, 어떻게 끊임없이 하나님의 용서를 구했는지를 생각해 보십시오. 여러분이 얼마나 하나님을 사랑했습니까! 얼마나 사랑스런 하나님의 자녀였습니까! 더구나 그때 여러분의 영혼은 잠잠함과 화평과 소망과 확신과 하나님을 향하는 달콤한 경향성을 누렸습니다. 여러분은 이 모든 것들이 참된 것이었음을 잘 압니다. 이제 모든 하나님의 자녀들에게 여전히 남아 있는 죄악됨을 제쳐 두고, 이런 일들의 본질적인 의미를 잘 생각해 보십시오. 그리고 결론을 내려 보십시오. 이 모든 것들이야말로 여러분이 받은 은혜가 참되다는 증거가 아닙니까? 분명히 여러분은 그렇게 하나님을 대하고 누렸던 것이 모두 위선이라고 말할 수 없을 것입니다. 여러분은 당시에 하나님께 행한 것들을 모두 알고 있으며, 여러분의 마음은 여러분의 행위가 참되었다는 것을 입증합니다. 여러분은 이 모든 행위를 단지 외적인 조명의 결과요 본성이 행한 일이라고 말할 수 없을 것입니다. 그때에도 이미 여러분은 자신의 모습과 외적인 조명만으로 행하는 사람들의 차이를 잘 알았습니다. 때로는 어떤 일에 대해 충동적으로 말하고 다르게 생각한다 할지라도, 여러분은 다시금 그때의 마음과 행위로 돌아가고 싶어합니다. 이 사실이 그때의 여러분이 진리 안에 있음을 입증합니다. 누군가가 기도로 하나님과 씨름하고 지금 여러분과 동일한 심정을 가지고 있다면, 여러분이 그 사람에 대해 모르더라도 그가 은혜 가운데 있다고 생각하지 않겠습니까? 그렇다면 여러분은 이전의 모습을 은혜 가운데 있던 것으로 믿고 있음이 분명합니다. 그렇다면 진리의 말씀을 따라 이 일을 계속해 나가십시오. 그리고 여러분이 회복되기 위해 지금 하는 일들이 진리 가운데 이루어지고 있다고 결론 내리십시오. 이 결론을 가지고 성경으로 돌아와 하나님의 은사와 부르심에는 후회가 없음을 믿으십시오. 여러분 안에서 착한 일을 시작하신 하나님께서 그 일을 이루심을 믿으십시오. 하나님께서 자기 손으로 친히 행하시는 일을 마치시기까지 결코 중간에 그만두지 않으심을 믿으십시오.

둘째, 여러분의 현재 상태를 숙고해 보십시오. 자신의 상태가 아무리 절망적이더라도 여전히 그 속에 은혜가 있음을 알게 될 것입니다.

① 여러분은 지금 빛도 있고, 그리스도 안에 있는 구원의 길도 알며, 하나님과 교제를 누리는 것이 무엇인지도 알고, 하나님과의 참된 관계가 무엇인지도 압니다.

믿음이 무엇인지, 믿는 영혼이 어떻게 활동하는지도 압니다. 속사람의 신령한 삶의 본질뿐만 아니라 그로부터 무엇이 달라지는지에 대해서도 잘 압니다. 여러분이 가진 이 모든 지식은 두루뭉술하지 않고 하나에서 다른 하나로 차근차근 내린 결론에 기인한 것입니다. 오히려 여러분은 이 모든 일들의 핵심 되는 본질이 무엇인지를 잘 압니다. 그리고 이 지식은 여러분의 지금 처지에 당장 큰 위로가 되지 않는다 할지라도, 그 지식의 대상을 갈망하게 하는 동시에 소중히 여기며 사랑하게 합니다.

② 여러분은 왜 그렇게 슬퍼합니까? 세상에 속한 무언가가 여러분에게 없기 때문이 아닙니다. 하나님께서 너무 멀리 계시는 것 같고, 예수님이 떠나신 것 같고, 여러분이 버림받은 것처럼 느껴지기 때문입니다. 여러분은 근본적으로 단지 멸망당할 것을 두려워해서 슬퍼하는 것이 아닙니다. 여러분이 멸망당하지 않으리라는 것을 확신하고 바라는 세상의 것을 모두 가진다면 이 슬픔이 사라질까요? 그렇지 않습니다! 이 물음이 여러분 마음의 경향성을 자극할 것이고 여러분은 온 맘으로 다음과 같이 외칠 것입니다. "나는 하나님을 잃어버렸기 때문에 슬퍼한다. 하나님께 가까이 가지 못한다면 나는 결코 행복할 수 없을 것이다. 하나님께 가까이 갈 때에라야 나는 행복할 수 있다." 생명이 결여되었음을 아는 것이 생명입니다. 사랑이 없는 것 때문에 슬퍼하는 것이 바로 사랑이 있다는 증거입니다. 이렇게 애통하는 자는 복됩니다. 그리고 이런 자에게는 위로가 약속되어 있습니다.

"애통하는 자는 복이 있나니 그들이 위로를 받을 것임이요"(마 5:4).

③ 여러분은 하나님을 따라가기를 온 맘으로 갈망합니다. 하나님과의 달콤한 교제, 그리스도와의 연합, 하나님을 사랑과 순종으로 섬기는 삶을 생각하면서 '다시금 그렇게 살 수 있다면'이라고 생각만 해도 영혼에 생기가 돌지 않습니까? 그리하여 사랑이 다시금 꿈틀거리고, 어떤 절망도 이 사랑이 날아오르는 것을 막지 못할 것처럼 느껴지지 않습니까? 아무리 소망이 없는 상황이라 해도 여러분은 계속 위를 바라보지 않습니까? 완전히 기도하지 않을 수 있습니까? 지금 여러분이 바라는 것은 무엇입니까? 이런 사실들은 여러분이 하나님께서 주시는 무언가를 가지고

싶어함을 보여 줍니다. 하나님만을 갈망한다고 여러분의 마음이 고백할 것이며, 따라서 여러분은 자신이 하나님만을 바란다고 확신할 것입니다. 이런 갈망은 사랑에서 나오며, 이에 대해 다음과 같은 약속이 있습니다.

"의에 주리고 목마른 자는 복이 있나니 그들이 배부를 것임이요"(마 5:6).

셋째, 영적으로 유기된 상태에서도 이따금 위로해 주시는 하나님께 감사드리십시오.

① 교회에서 듣는 한 마디 말이 여러분의 마음을 만집니다. 그리하면 마음이 감동되고, 온 맘으로 그리스도를 영접하고, 하나님과 여러분 사이를 가로막는 벽이 사라지고, 하나님께 자유롭게 나아가 '아빠 아버지'라고 부릅니다. 신자들과 함께 있을 때 여러분의 영혼은 하나님께서 그 가운데에 함께하심을 나타내시고, 어둠이 사라지고, 금세 온전히 회복될 것처럼 생기를 얻습니다.

② 잠자리에 든 이후라도 이따금씩 주님께서 찾아 주셔서 깨어나곤 하지 않습니까? 여러분은 기도할 수 있었고, 위로를 받았고, 생기를 얻었고, 단잠을 잔 뒤에 깨어났습니다. 맞습니다. 차라리 잠들었을 때가 덜 고통스럽기 때문에 여러분이 그러한 밤을 간절히 바라지 않습니까? 이따금 그런 경험을 할 것입니다. 그러나 욥의 탄식처럼 그 반대를 경험할 수도 있습니다(욥 7:14 참고).

③ 방이나 들에 혼자 있을 때, 이따금 하나님의 성령께서 마음을 감동하시기도 합니다. 그럴 때마다 눈물을 흘리고 하나님을 부르며 나아갈 것입니다. 하나님께서 때를 따라 위로와 확신과 기쁨으로 여러분을 찾아 주실 것입니다. 이런 시간을 경험한 것이 맞다면, 이것이야말로 하나님께서 여러분을 버리지 않으셨고, 앞으로도 버리지 않으시리라는 분명한 증거가 아닙니까? 그러므로 힘을 내어 생명력과 빛이 희미해지고 다시금 어둠이 드리우는 때를 믿음으로 지나가십시오.

넷째, 하나님께서 자녀들로 하여금 영적 유기를 경험하게 하시는 때가 많다는 것을 알아야 합니다. 이는 특별히 더 많은 은혜를 부으심으로써 더욱 성장하고 위로를 맛보게 하시려는 것입니다. 그러하기에 지금 당하는 일은 이상한 일이 아닙니다. 하나님께서 여러분을 다른 자녀들과 동일하게 대하고 계시기 때문입니다.

아마 여러분이 지금까지 그런 신자를 만나 보지 못해서 그렇게 느낄 수도 있습니다. 그러나 여러분과 동일한 처지에 있는 다른 신자들을 만나 본다면, 여러분과 같은 때를 지나는 사람이 많다는 사실에 놀랄 것이며, 이로 인해 용기를 얻을 것입니다. 하나님은 자기 자녀들을 그런 방식으로 다루십니다. 우리의 경험도 그렇게 말합니다. 신자든 아니든 모든 사람은 자신만의 어려움을 겪습니다. 그러나 영적 유기라는 특별한 고난은 신자들만을 위한 것입니다. 신자가 아닌 자는 이를 알지 못합니다. 오히려 그들은 이런 일을 당하는 것을 미련하다고 여기면서 우울증 정도로 치부합니다. 그러나 신자인 우리는 이런 상황을 지나가는 것이 매우 어렵지만, 주님께서 은혜를 주시는 것으로 결론 내리고 이 고난을 감당해 갈 수 있습니다. 그러므로 이런 상황 때문에 힘들어하지 마십시오. 하나님께서 정하신 때에 여러분을 높이시도록 그분의 강하신 팔 아래 겸손히, 그리고 잠잠히 순복하십시오.

다섯째, 하나님께서 틀림없이 여러분을 건지고 회복시키실 것입니다. 다른 신자들에게도 그렇게 하셨습니다. 시험을 당할 때 믿음으로 합당하게 반응하지 못해서 이 땅에 사는 동안 온전히 회복하지 못한 사람들도 있지만, 어쨌든 하나님은 다른 신자들에게도 동일하게 행하십니다. 그러나 천국에서는 모두가 회복됩니다. 그러므로 용기를 내 하나님의 약속을 붙잡으십시오.

"내가 넘치는 진노로 내 얼굴을 네게서 잠시 가렸으나 영원한 자비로 너를 긍휼히 여기리라. 네 구속자 여호와께서 말씀하셨느니라……너 곤고하며 광풍에 요동하여 안위를 받지 못한 자여, 보라 내가 화려한 채색으로 네 돌 사이에 더하며……네 모든 자녀는 여호와의 교훈을 받을 것이니 네 자녀에게는 큰 평안이 있을 것이며"(사 54:8,11,13).

"이는 주께서 영원하도록 버리지 아니하실 것임이며, 그가 비록 근심하게 하시나 그의 풍부한 인자하심에 따라 긍휼히 여기실 것임이라"(애 3:31,32).

그러므로 하나님께서 주시는 큰 위로를 누리고 하나님의 참된 약속을 붙드십시오. 그렇게 함으로써 다른 신자들 역시 하나님의 약속이 참되고 진실하다는 것을 확인하였고, 이런 일이 있은 후에 믿음이 더욱 강해졌습니다. 하나님께서 다시금 위로를 누리게 하실 것입니다. 하나님의 약속들로 마음을 강하게 하십시오. 비록 더디게 느껴지더라도 계속 하나님을 기다리십시오. 하나님은 지체하지 않고 반드시 오십니다(합 2:3 참고).

영적으로 방치된 때를 지나가기 위한 지침

이제 영적 유기의 때를 지나는 신자들과 이런 신자들을 돕는 사람들을 위한 몇 가지 지침을 살펴보겠습니다. 영적 유기의 때를 지나는 사람들이 경계해야 할 것들과 반드시 실천해야 할 것들이 있습니다.

먼저, 경계해야 할 것을 살펴봅시다.

① 영적 유기에 처하기 전에 누렸던 것들을 부정하지 마십시오. 여러분이 하나님께 한 행동들과 하나님께서 여러분 안에서 하신 일들을 부정해서는 안 됩니다. 그것은 성령의 역사를 거짓이라고 말하는 것으로, 끔찍한 죄입니다. 여러분은 영적인 즐거움과 빛을 누리던 때뿐만 아니라 영적 유기의 때를 지나는 지금도 그렇게 판단할 능력이 없습니다. 그러므로 자신이 누린 영적인 일들에 대해 지금 확신이 서지 않는다면, 그저 "지금 나는 이에 관해 판단을 내릴 수 없다"라고 말해야 합니다. 그러나 앞에서 보인 대로 진정한 하나님의 자녀는 실제로 영적 유기의 때를 겪습니다.

② 하나님께 대항하여 무정하거나 완고한 태도를 취하지 마십시오. 다시 말해, 하나님의 위로가 있으면 좋지만 없어도 할 수 없다는 식으로 하나님의 징계를 마음으로 거부하지 마십시오. 하나님께서 이런 태도를 매우 불쾌히 여기십니다.

"주께서 그들을 치셨을지라도 그들이 아픈 줄을 알지 못하며 그들을 멸하셨을지라도 그들이 징계를 받지 아니하고 그들의 얼굴을 바위보다 굳게 하여 돌아오기를 싫어하므로"(렘 5:3).

③ 불평하고 원망하지 마십시오.

"뒤로 물러가면 내 마음이 그를 기뻐하지 아니하리라"(히 10:38).

"내 아들아, 여호와의 징계를 경히 여기지 말라. 그 꾸지람을 싫어하지 말라"(잠 3:11).

하나님께서 이런 사람을 돕지 않으실 뿐만 아니라, 어려움을 배나 더하실 것입니다.

④ 낙담하고 절망하지 마십시오. '하나님께서 나를 진노의 대상으로 삼으시고 나에게 진노하신다. 그러므로 이제 아무 소망도 없다'라고 생각해서는 안 됩니다. 이런 생각은 이내 원망과 악한 생각으로 바뀝니다. "나의 힘과 여호와께 대한 내 소망이 끊어졌다"(애 3:18)라고 말하지 마십시오. 욥이 경험한 것과 같은 내면의 혼란을 경계하십시오.

"이러므로 내 마음이 뼈를 깎는 고통을 겪느니 차라리 숨이 막히는 것과 죽는 것을 택하리이다. 내가 생명을 싫어하고 영원히 살기를 원하지 아니하오니 나를 놓으소서. 내 날은 헛것이니이다"(욥 7:15,16).

오히려 욥이 보인 다른 모범을 본받으십시오.

"그러나 그의 앞에서 내 행위를 아뢰리라"(욥 13:15).

하나님은 신자가 잠잠히 인내하는 것을 기뻐하십니다.

⑤ 하나님께서 주신 은혜의 방편을 소홀히 하지 마십시오. 하나님의 말씀을 읽고 듣고 찬송하고 기도하십시오. 은혜의 방편을 소홀히 하는 것은 기진해 가는 사람이 기력이 없다고 밥 먹기를 거부하는 것이나 마찬가지입니다.

⑥ 하나님이 아닌 다른 데서 위로를 찾으려고 하지 마십시오. 육신에 기운을 북돋음으로써 영혼이 생기를 얻을 수도 있습니다. 그러나 먹고 마시고 오락을 즐기고 사람들과 어울리는 것으로 자신의 상황을 외면하고 위로를 얻으려고 해서는 안 됩니다. 더 나아가, 하나님과 잠잠히 동행하는 것을 무시하고 모든 영적 싸움을 회피하면서 주제넘게 판단하게 만드는 다른 오류나 감정들을 경계해야 합니다.

다음으로, 영적 유기의 때를 지나는 사람이 힘써 실천해야 할 일들을 생각해봅시다. 그 일들은 그 내용 자체만큼이나 행하기가 어렵기 때문에 몇가지만 살펴보겠습니다.

① 하나님께서 자신을 대하시는 방식에 만족하고 잠잠히 인내하며 순복하고자 애쓰십시오. 하나님을 갈망하는 가운데 자신을 낮추고, 짝을 잃은 비둘기처럼 슬

퍼하고 제비처럼 재잘대며, 이러한 마음 상태로 하나님께 나아가는 것은 이런 시련 속에 있는 사람이 마땅히 보여야 할 성향입니다. 그리고 하나님께서 이렇게 여러분이 알맞은 경향성을 가졌을 때 일하기를 기뻐하십니다.

"혼자 앉아서 잠잠할 것은 주께서 그것을 그에게 메우셨음이라. 그대의 입을 땅의 티끌에 댈지어다. 혹시 소망이 있을지로다"(애 3:28,29).

② 자신이 특정한 죄(그런 죄에 해당하는 것들은 앞에서 살폈습니다)를 범했기 때문에 하나님께서 떠나셨음을 안다면, 전심으로 그 죄에서 돌이키고 스스로 깊이 낮아지며, 그 죄를 범한 자신을 혐오하고 슬픔으로 죄를 자백하며, 그 죄 때문에 하나님께서 자신을 떠나시는 것이 마땅하다고 인정하며, 앞으로 다시는 동일한 죄를 범하지 않겠노라고 결심해야 합니다. 하나님과 화목하게 되기 위해 예수님의 피를 의지하고 죄를 용서받기 위해 기도해야 합니다. 자신의 죄악에 대해 스스로 겸비하지 않고 그것에서 돌이키지도 않는데, 어떻게 하나님의 징계에서 벗어날 수 있겠습니까? 다윗은 자신이 범한 죄로 인해 하나님의 손에 밤낮으로 강하게 짓눌려 진액이 말랐으며, 심령이 한여름의 메마른 땅과 같이 되었습니다. 그때 그는 다음과 같이 말했습니다.

"내가 이르기를 내 허물을 여호와께 자복하리라 하고 주께 내 죄를 아뢰고 내 죄악을 숨기지 아니하였더니 곧 주께서 내 죄악을 사하셨나이다"(시 32:5).

③ 영적 유기의 상황에 처하기 이전에 일상적으로 행했던 경건의 연습을 계속해 나가야 합니다. 영적 유기에 처했다고 그 일을 게을리해서는 안 되며, 오히려 더욱 힘써야 합니다. 말씀을 읽으십시오. 전혀 읽고 싶지 않더라도 개의치 말고 말씀을 읽으십시오. 원래 하던 대로 기도하고자 무릎을 꿇으십시오. 아니, 더욱 힘써 기도하십시오. 시편을 자신의 기도로 읽으십시오. 영혼이 고통에 짓눌려 내면의 갈등이 더욱 격렬해진다 할지라도(우박이 내리는 폭풍우 속에 있는 것처럼) 뒤로 물러서지 말고 견디십시오. 여러분이 "이런 기계적인 행위로는 하나님을 기쁘시게 할 수 없다"라고 말한다면, 저는 "그렇다면 여러분이 해야 할 기계적인 행동을 계속하십시오"라고 대답하겠습니다. 하나님은 여러분이 영적 원리를 따라 행동한다는 것을

아십니다. 여러분이 기계적인 행위로 만족하지도 않을뿐더러 하나님을 그런 식으로 섬기지도 않는다는 것을 잘 아십니다. 또한 여러분이 하나님께서 정하신 방편을 도움을 얻기 위해 사용한다는 것도 잘 아십니다. 그러므로 하나님의 이런 부르심을 포기하지 말고 계속 붙드십시오. 신자들과 지속적으로 교제하십시오. 이전처럼 다른 사람들을 격려하십시오. 이런 의무들을 계속 행하십시오. 그리하면 더는 멀어지지 않게끔 하는 방편으로 드러날 것입니다. 그렇습니다. 이런 방편을 통해 점점 바르게 되어 갈 것입니다.

④ 믿음으로 살아가십시오. 여기서 믿음이란, 믿음을 명확하고 분명하게 발휘하는 것을 가리키지 않습니다. 이 믿음은 하나님께 꼭 붙어 있는 것을 말합니다. 자신이 은혜의 상태에 있는지를 확신하지 못할 수도 있습니다. 그러나 주 예수님께서 잃어버린 죄인을 위해 자신을 내주셨으므로 누구든지 그분을 영접할 수 있고 또 그리해야 한다고 믿습니다. 빛이나 위로를 전혀 발견하지 못하더라도 기다리는 마음으로 기대하는 가운데 이 사실을 의지하고 믿음을 행사하며 자신을 드리십시오. "너무 늦었다. 나에게는 더 이상 아무런 소망도 없다"라고 말하지 마십시오. 오히려 그런 생각에 대해 "그것은 거짓말이다. 나는 아직 살아 있고, 하나님의 말씀이 여전히 내 손에 들려 있고, 할 수만 있으면 예수님을 찾기 원한다"라고 말하십시오. 믿지 못하게 하는 생각에 지지 말고, 하나님의 말씀을 의지하십시오. 그리하면 마침내 하나님께서 이런 방편을 통해 여러분을 다시금 찾아오시는 것을 경험할 것입니다.

영적 유기의 때를 지나가는 사람들을 대할 때에는, 주의를 기울여야 합니다. 하나님께서 그것을 지켜보시기 때문입니다. 하나님은 그 상태를 지나는 자녀들을 사랑하십니다. 그러하기에 누구든지 이런 자녀들을 더욱 슬프게 만들고 절망의 구렁으로 밀어 넣는 것을 기뻐하시지 않습니다.

먼저, 그들에게 하지 말아야 할 일들을 살펴봅시다.

① 그들이 다른 사람들보다 더 흉악한 죄인인 양, 또는 흉악한 죄악 가운데 살고 있는 것인 양 판단하지 마십시오. 마음이나 표정이나 언행으로 그들을 정죄하지

마십시오. 이는 욥의 친구들이 저지른 죄입니다. 하나님께서 이 죄에 대해 그들을 책망하셨습니다.

② 그들이 정상이 아니며 우울증이나 환상 속에서 살아가는 사람들인 양 조롱하거나 놀리지 마십시오. 하나님께서 이에 대해 여러분에게 크게 노하실 것입니다.

③ 그들에게 다음과 같이 말하면서 악한 것을 조언하거나 연약한 경건의 길에서 떠나도록 제안하지 마십시오. "네가 그렇게 지혜롭고 사려 깊으며 다른 사람들보다 높이 서기를 바란다면, 이렇게 해야 한다. 자, 다른 사람들처럼 살아라. 다른 것들에 관심을 가지고, 우리와 함께하여 스스로를 즐겁게 하여라. 다른 사람들처럼 살면 이 모든 허상들이 사라질 것이다." 세상적인 사람들은 그들을 그렇게 대할 것입니다. 그러나 하나님께서 이를 지켜보시고, 그렇게 조언하는 자들을 불쾌히 여기실 것입니다. 그들은 이에 대해 심판을 받을 것입니다.

④ 그들의 회복에 관하여 다음과 같이 말함으로써 소망이 사그라들게 하지 마십시오. "다 소용없는 일이다. 네가 하는 시도에는 아무런 의미도 없다. 무엇을 행하든지 열매가 없기 때문이다." 실제로 영적 유기의 때를 지나는 사람들이 회복되리라는 소망이 있더라도, 여러분이나 여러분의 말에서는 회복시키는 능력을 찾아볼 수 없습니다. 그 대신 주님께서 다른 사람들로 하여금 영적 유기의 때를 지나는 사람들을 대하게 하심으로써 회복을 이루실 것입니다.

그리고 그들을 다음과 같이 대하십시오.

① 그들과 함께하십시오. 여러분의 존재를 통해 여러분의 사랑이 드러날 것이며, 그로 말미암아 그 영혼들이 용기를 얻을 것입니다.

② 그들의 상황에 대해 적절한 견해를 가지고 그와 일치하게 행동하십시오. 그들에 대해 둔감하지 않는 한편, 그 영혼이 슬퍼하거나 더욱 낙담하지 않도록 용기를 내야 합니다.

③ 그들이 이렇게 힘겨운 때를 지나갈 수 있도록 도우려는 열망과 함께 불쌍히 여기는 마음을 보여 주십시오.

④ 그들을 위로하고 격려하기 위해 여러분이 할 수 있는 일을 하십시오.

⑤ 그 영혼들을 위해 기도하고, 형편과 때를 따라 그들과 함께 기도하십시오. 그리고 날마다 여러분의 골방에서 그들을 위해 기도하십시오. 하나님께서 이를 기뻐하실 것입니다.

"가난한 자를 보살피는 자에게 복이 있음이여. 재앙의 날에 여호와께서 그를 건지시리로다"(시 41:1).

92

무신론으로, 또는 하나님의 존재를 부인하도록 이끄는 유혹

　의인은 믿음으로 삽니다. 믿음은 신령한 생명을 활동하게 만듭니다. 믿음은 신자에게 가장 큰 유익입니다. 그러하기에 불신앙은 신자에게 가장 해롭습니다. 불신앙은 마음을 부패시키고 의인을 대적하는 세상을 이롭게 합니다. 불신앙으로 말미암아 의인은 마귀의 공격에 취약해지고, 기도로 하나님께 나아가는 데 방해를 받으며, 모든 화평과 내면의 평강을 빼앗기고, 성화를 방해받습니다. 불신앙은 하나님께서 싫어하시는 바요 그분이 신자 안에서 일하시는 것을 가로막습니다. 한마디로, 불신앙은 영혼의 암이요 가장 비참한 성향입니다.

　신자들도 불신앙에 빠질 때가 있습니다. 그러하기에 불신앙이 얼마나 해로운 질병인지를 알아 스스로를 보호하고 그것에 굴복하지 않도록 해야 합니다. 나아가 불신앙에 굴복한 신자들이 회복하도록 그들을 위해 수고해야 합니다. 본 장에서는 회심하지 않은 자들의 불신앙이나 구원을 얻게 하는 믿음, 또는 가장 탁월한 믿음에도 내재되어 있는 연약함과 결점에 관해 말하려는 것이 아닙니다. 또한 믿음을 발휘하다가 잠시 뒤로 물러나는 것에 관해 말하려는 것도 아닙니다. 오히려 신령한 생명을 부패시키고 죽음의 문턱으로 이르게 하는 역사적인 불신앙의 압도적인 능력에 관해 살펴보려고 합니다. 이런 불신앙은 하나님과 하나님의 말씀, 신자의 영적 상태, 약속들, 하나님께서 신자들을 대하시는 방식에 초점을 맞춥니다.

무신론으로의 유혹

흔히들 생각하는 것과는 달리, 무신론으로의 유혹은 신자들에게 공통적으로 찾아옵니다. 특히 예리한 지성을 가진 신자들에게 그러합니다. 많은 이들이 이 사실을 알지 못합니다. 그러나 신자들이 믿음을 통해 위로와 평강을 풍성히 누리지 못하는 이유가 바로 여기에 있습니다. 어떤 사람들은 이런 문제를 인식하더라도 그것을 드러내지 않습니다. 자신만이 이런 문제로 고민한다고 생각하며, 자신의 그런 악한 생각이 알려지면 사람들에게 멸시당하리라 여기기 때문입니다.

때때로 이런 생각들이 떠오릅니다. '정말 하나님이 있을까? 천국이나 지옥이 정말 있을까? 내 영혼은 정말 죽지 않을까? 나의 믿음이 모두 환상이나 상상의 산물이 아닐까?' 이런 생각이 들기가 무섭게 그것을 물리치고 거부하는 사람들이 있습니다. 그러나 어떤 사람들은 그것을 붙들고 따라갑니다. 그 결과, 그들 속에서 무신론이 자라고 더 깊이 뿌리내려 괴롭히고 그들이 믿음을 발휘하는 것을 방해합니다. 불신앙에 압도되어 지배적인 성향으로 굳어져 버리는 사람도 있습니다. 하나님의 존재를 부인하는 거짓된 주장으로 말미암아 신자는 하나님이 계시다고 결론 내리지 못하고, 그의 기도는 사그라지거나 힘을 잃습니다. 이런 생각은 즉시 방해물이 되어 믿음이 마음속에서 제대로 역사하지 못하고 말씀을 읽거나 들어도 유익을 얻지 못하게 만듭니다. 이로 인해 마음은 크게 염려하고 비통해하며 두려워 떱니다.

신자의 마음에 남아 있는 하나님의 사랑이 불신앙을 견디지 못하기 때문에 이런 반응들이 나타납니다. 이는 불신앙이라는 죄의 가증함과 악함에 대한 반응일 수도 있고, 불신앙으로 인해 장차 영원한 정죄를 당하리라 예상하는 데서 비롯되는 모습일 수도 있습니다. 이러한 사람은 불신앙의 유혹과 싸우지만 그것을 이기지는 못할 것입니다. 불신앙의 생각이 우세하기 때문입니다. 실제로 어떤 영혼은 이런 싸움에 너무 시달려 지친 나머지 더는 이런 생각에 저항하지 않으려는 듯 보이기도 합니다. 예전에는 더욱 믿고 싸우려는 열망이 있었으나, 지금은 불신앙적인 생각에 굴복하고 영적인 생명은 무기력해졌습니다. 그 상태가 좋아서가 아니라, 낙담하고 힘을 잃었기 때문입니다. 이런 싸움이 몇 년 동안 길게 지속되기도 합니다. 이따금 휴지기가 있어서 영혼은 불신앙의 생각을 몰아낼 힘을 얻고 기도에 힘쓰며 달콤한 위로를 받아 누리기도 합니다. 그 영혼이 이긴 것처럼 보이기도 합니다. 이런 휴지기는 특별히 우리가 다른 사람들을 가르치고 권면하며 위로하는 데 힘쓸 때 일어납니다. 그러나 무신론으로 이끄는 유혹이 다 사라진 것은 아니므로, 이런 사람들은 다시금 그런 생각에 즉시 넘어집니다. 점점 진보할 때도 있지만 여전히 너무도 연약하여 자신이 그렇게 진보하고 있음을 믿지 못합니다. 갑작스럽게 충동이 일어나고 죄를 범하는 탓에 다시금 이런 유혹이 강해질 수 있습니다.

유혹에 빠지는 원인

이처럼 비참한 상태에 빠지는 데에는 여러 가지 이유가 있습니다.
① 하나님께서 기뻐하시는 뜻을 따라 잠시 자신을 감추어 신자를 홀로 있게 하시는 경우가 있습니다.
② 하나님의 말씀을 정기적으로 읽지 않아서 그렇게 되기도 합니다.
③ 정기적인 경건의 시간을 소홀히 하고, 경건의 시간을 대충 해치우고, 하나님과 친밀히 사귀지 않아서 그런 상태에 빠지기도 합니다.
④ 죄에 굴복함으로 그렇게 되기도 합니다. 일상적으로, 또는 양심을 거슬러 고의로 죄를 범하고 더욱 대담하게 죄를 지어서 그런 상태에 빠지기도 합니다.
⑤ 기도가 응답되지 않아서 그런 상태로 떨어지기도 합니다. 극심한 고난 가운데 있거나 무언가를 강하게 열망할 때 간절하고 끈질기게 약속을 붙들고 기도합니다. 그러나 바라던 바가 이루어지지 않을 때, 이로 인해 낙심하거나 은밀히 원망합

니다. 그리하여 다음과 같은 생각이 뒤따를 수 있습니다. '하나님이 정말 계신다면 나를 도우실 것이다. 그러나 내가 기도를 하든 안 하든 아무런 차이가 없다.'

⑥ 때로는 지적인 욕구가 너무도 강해, 하나님의 완전하심을 비롯해 그분의 영원성이나 무한성 등 하나님의 본질에 관한 문제를 지나치게 파고 들어가려 할 때 이런 유혹이 찾아옵니다. 무한하신 하나님은 너무나 광대하고 존귀하신 데 비해 우리의 지성은 너무나 미약합니다. 그러하기에 허락된 수준 이상으로 하나님을 탐구하는 데 몰두하면 마치 해를 직접 바라본 사람처럼 즉시 눈이 멀 것이고, 이전에 명확하게 볼 수 있었던 것조차 보지 못하게 될 것입니다. 그런데도 계속해서 우리의 미미한 지성으로 하나님의 존재가 '어떠한지,' 다시 말해 그분의 영원하심, 전능하심, 무한하심을 이해하는 데 몰두한다면, 그것을 이루지 못할 뿐만 아니라 하나님께서 실제로 존재하시는지, 진실로 그런 본성을 가지고 계신지에 대해 혼란을 느끼고 의심하게 될 것입니다. 그 결과 우리 마음은 무신론적인 생각을 더욱 키워가게 됩니다.

⑦ 때로는 우리의 영적 기쁨뿐만 아니라 하나님께서 계신지를 더 확실히 알고자 하는 은밀한 욕구을 좇아 하나님의 비범한 계시와 그분의 완전하심을 더욱 감각적으로 느끼기를 지나치게 열망한 나머지 이런 유혹에 빠지기도 합니다. 이런 경우 하나님께서 자녀들을 이끄시는 보편적이고도 일상적인 방식으로는 만족하지 못하게 됩니다.

⑧ 때로는 갑작스런 생각이나 교활한 속임수나 외부의 환경을 통해 마귀가 무신론을 부추깁니다. 마귀는 "그게 정말 사실일까? 이러저러해야 하는 것이 아닐까?"라고 은밀히 속삭이면서 무신론적인 생각을 촉발시키기도 합니다. 일단 마음에 불신앙적인 생각이 자리잡으면 계속해서 이런 생각들을 되새기게 됩니다.

⑨ 무신론을 이야기하는 책을 읽거나, 무신론적인 강의나 주장을 듣거나, 그런 상태에 있는 사람들의 불평에 귀 기울이거나, 자신이 속으로 가지고 있던 생각을 경솔하게 표현함으로 말미암아 이런 상태가 되기도 합니다.

권면과 조언

이런 생각에 사로잡히는 것은 참으로 개탄스러운 일이며, 신령한 삶에 매우 해롭습니다. 그러하기에 신자라면 누구나 이런 상태에 빠지지 않도록 부단히 경계해야 합니다. 그리고 무신론적인 생각이 일어나면 곧바로 부정하고 거부해야 합니다. 피하는 것이 그런 생각과 상황을 이기는 가장 좋은 길입니다. 논리로 반박하여 물리치려고 계속해서 무신론적인 생각을 붙들고 있으면 도리어 그 생각에 사로잡히기가 쉽습니다. 그러므로 아무리 그럴듯하고 수긍할 만한 생각일지라도 무신론적인 생각은 모두 거부하는 편이 낫습니다. 이미 그런 생각에 사로잡힌 상태라면 거기서 벗어나기 위해 온 힘을 다하고, 다음 사실들을 숙고하십시오.

첫째, 모든 사람들이(가장 미개한 이교도라 할지라도) 신을 인정합니다. 여러분이 온 세상 사람을 전부 합친 것보다 지혜롭습니까? 그러므로 무신론적인 생각들 때문에 아무리 어둠 가운데 있고 기진하더라도 하나님께서 계신다는 진리를 마음으로 확실히 인정하십시오.

둘째, 신자들은 대부분 이런 갈등을 겪습니다. 특히 본성적으로 지성이 명민한 신자라면 더욱 그러합니다. 그렇다면 지금 여러분이 이런 생각들로 힘겨워하는 것은 전혀 놀랄 일이 아닙니다. 그러므로 용기를 잃지 마십시오. 하나님께서 다른 신자들도 건지셨습니다. 건지셨을 뿐만 아니라 이런 씨름을 통해 더욱 강건하게 하셨습니다. 하나님께서 여러분도 건지실 것이고, 더욱 강하게 하실 것입니다.

셋째, 어떤 사람들이 하나님이 없기를 바라고 하나님의 존재를 부인하는 데 혈안이 되었으며, 그런 열망을 가지고 있는지를 생각해 보십시오. 바로 불신자들입니다. 그렇게 함으로써 불경건한 일들을 더욱 대담하게 자행하려는 것입니다. 그러나 여러분은 어떤 식으로든 그런 일들에 연루되기를 원하지 않습니다. 아니, 그런 일들을 경멸합니다. 그렇다면 여러분이 하나님께서 살아 계심을 믿는다는 사실을 분명히 하십시오. 하나님께서 살아 계심을 믿지 않는다면 사람들이 무신론적인 이야기를 하거나 하나님에 대해 나쁘게 말한다고 해서 속상해하지 않을 것입니다.

실제로 여러분이 하나님의 존재를 믿지 않는다면, 그런 이야기를 들어도 전혀 거슬리지 않을 것입니다.

넷째, 잠시 자신의 마음을 돌아보십시오. 예기치 않게 무신론적인 생각이 일어날 때 마음이 힘듭니까? 여러분은 그런 생각 때문에 오는 어려움에서 벗어나 믿음으로 하나님을 섬기기를 온 맘으로 바랍니까? 그렇다면 여러분은 하나님께서 살아 계심을 믿는 것입니다. 여러분은 그분이 살아 계심을 인정함으로 만족하며 무신론적인 선입관에서 벗어나는 것을 행복하게 여기기 때문입니다.

다섯째, 하나님이 살아 계심을 확인하는 것이 해로운 일입니까? 오히려 하나님께서 살아 계심을 부인하는 것이 해로우며 사람을 영원한 멸망에 빠트릴 수 있습니다. 그러나 하나님께서 살아 계심을 믿는 것은 아무런 해도 입히지 않습니다. 오히려 마음에 화평을 가져다주며, 거룩하고 아름답게 하나님을 섬기게끔 합니다.

① 그러므로 하나님을 추구하고 섬기는 일에 새롭게 매진하십시오. 설령 확신에까지 이른 것은 아닐지라도 모든 일을 행할 때 하나님께서 살아 계심을 전제하고 다음과 같이 고백하십시오. "나는 하나님을 추구하고 섬기는 데 무조건 하나님의 말씀을 기초로 삼을 것이다. 말씀이 말하는 대로 믿고, 말씀이 명하는 대로 행하는 것이 내가 할 일이다."

② 처음부터 다시 시작하십시오. 여러분의 지성과 정신적 기능이 다다르지 않는 고차원을 좇지 말고, 말씀에 머무르십시오. 말씀을 읽고 의지하십시오. 구원의 보증이요 대속주이신 주 예수님께로 피하고, 그분을 영접하십시오. 그분을 파악하려 하며 자신을 괴롭히지 마십시오. 오히려 그 일로 말미암아 여러분이 해를 입을 것입니다. 겸손히 예수님을 알기를 구하고 이를 위해 기도하십시오. 예수님을 의지하십시오. 하나님의 말씀은 그분을 의지하는 자가 부끄러움을 당하지 않으리라고 약속하며, 동시에 그분을 의지하라고 여러분에게 명령합니다. 그러므로 겸손히 기도하고 하나님의 말씀을 들으십시오. 말씀이 금하는 것은 행하지 말고, 명하는 것을 행하십시오. 여러분이 이 일에 힘쓰기 시작할 무렵에는 불신앙적인 생각이 맹렬히 공격하고, 이런 생각과 싸우는 동안에는 아무런 즐거움이나 기쁨을 전혀 얻

지 못할 수도 있지만, 그렇게 힘쓰는 가운데 주님께서 회복시켜 주시는 것을 분명히 경험할 것입니다.

③ 여러분의 그런 상황을 회심하지 않은 사람들이나 초신자나 연약한 그리스도인들에게 알릴 필요는 없습니다. 특히 여러분과 동일하게 공격받고 있는 사람에게는 더더욱 그럴 필요가 없습니다. 서로를 돕기보다는 오히려 서로를 넘어지게 할 뿐입니다. 대신에 경험 많은 목사나 믿음이 견고한 신자에게 여러분이 어떤 처지에 있는지를 밝히십시오. 단, 논쟁은 금물입니다. 그들의 말을 경청하십시오. 그들의 말이 하나님을 기쁘시게 하는 말인지를 잘 숙고해 보고, 그러하거든 여러분의 마음에 적용하십시오. 만일 그렇지 않은 것 같다면, 오는 길에 하나님께서 말씀을 통해 정하신 방편들을 다시금 사용하되 요란스럽지 않도록 잠잠하게 하십시오. 하나님께서 우리의 힘이나 능력이 아닌 성령으로 여러분을 회복시키실 것입니다.

93

하나님 말씀의
진리 됨에 관한 유혹

성경에 대한 다양한 견해들

작은 배는 거대한 선박이라면 부딪힐 수밖에 없는 암초 사이를 안전하게 다닙니다. 하나님의 말씀을 믿는 일도 마찬가지입니다. 어떤 이는 하나님의 말씀을 피상적으로만 봅니다. 그것이 과연 하나님의 말씀인지에 대해서는 심각하게 생각하지 않습니다. 단지 무언가 도움이 될 것 같아서 읽고 들을 뿐입니다. 하나님과 믿음에는 관심이 없고 자기 자신에만 몰두하는 자연인들이 대개 그러합니다. 어떤 사람들은 성경의 신적인 기원을 받아들이기는 하지만, 교회나 다른 사람들이 그렇다고 말하니까 따를 뿐 본인 스스로는 그 사실을 확신하지도 부정하지도 못합니다. 이런 사람들은 말씀으로부터 아무런 유익도 얻지 못하며, 말씀을 그대로 내팽개쳐 둡니다.

어떤 이들은 데카르트의 회의론을 따라가다가 영적인 소용돌이에 빠지고 맙니다(비참한 사람들이라 부를 수밖에 없습니다). 그들은 스스로 명민하다고 여기면서, 보고 만지고 경험해야 한다고 주장합니다. 지식을 습득하는 자리에는 어김없이 이들이 있습니다. 이들은 성경을 심리하기 위해 자신의 이성을 재판관으로 앉히고는 성경을 소환하여 하나님께서 말씀하신 내용과 관련해 그분께 설명을 요구합니다. 이처럼 불경하고도 대담하게 행동하므로 그들은 강한 속임이라는 심판에 넘겨졌으며 많은 이들이 영원한 멸망으로 떨어집니다.

어떤 사람들은 성령께서 복음 진리를 믿도록 그들 마음에 은밀하게 일하신 결과(당사자들은 모릅니다), 성경이 하나님으로부터 비롯되었음을 믿습니다. 말씀은 그들의 마음에 위로와 경건으로 역사합니다. 성경 말씀이 하나님으로부터 왔음을 전혀 의심하지 않으므로 과연 그러한지 알려고 하지도 않습니다. 하나님께서 자비를 베푸심으로, 성경이 하나님의 말씀인지를 확인하느라 그들의 미약한 능력을 허비하지 않도록 하셨기 때문입니다. 이런 사람들은 하나님께서 주신 단순성을 가지고 계속 성령의 인도하심에 순복해 가야 합니다. 다른 사람들이 하나님의 말씀을 두고 서로 다툴 때, 이들은 천국으로 들어갈 것입니다.

많은 신자들이 경험하는 시험

그러나 많은 신자들이 자신들의 바람과는 달리 성경이 과연 하나님의 말씀인지를 의심하게 됩니다. 마귀는 종종 '이것이 과연 사실인가?'라는 생각을 갑자기 불어넣어 의심을 불러일으킵니다. 또는 신자가 의식하지 못하는 사이에 교묘하게 자신을 숨기고 틈을 타 이런 생각과 거짓된 주장을 불러일으켜 거기에 몰두하게 합니다. 그러하기에 그런 생각을 무시하는 것이야말로 마귀의 이런 속임과 공격을 피하는 가장 안전한 방법입니다.

그런 의심은 믿지 못하는 우리 마음에서 비롯되기도 합니다. 어떤 사람들은 이런 생각이 들 때 재빨리 물리치고 거기에 관심을 기울이지 않으므로 이러한 생각 때문에 해를 입지 않습니다. 그러나 우리는 때때로 그런 생각들에 크게 영향을 받아서, 그런 생각이 제시하는 바 의심하게 하는 주장들(여기서 그런 생각들을 언급해서 다시 틈타도록 할 마음은 없습니다)에 골몰하기도 합니다. 만약 그런 생각들 때문에 난감해하고 거기에 반응하려고 한다면, 우리는 이미 덫에 걸린 것입니다.

그렇게 되면 어두워진 총명, 불신, 무관심, 불안, 두려움, 무능력 같은 온갖 바람직하지 않은 것들이 우리 마음의 틀을 형성합니다. 그리하여 예수님을 구속주로 바라보고 영접하기 위해 그분께로 나아갈 수 없어지고, 그럴 힘도 사라집니다. 결국 의롭다함을 받기 위해 그리스도를 통해 하나님께로 나아갈 수 없을 것이고, 성경에 기록된 그 많은 약속들로부터 아무런 위로도 얻지 못할 것입니다. 이런 사람에게 말씀은 더 이상 망치, 불, 검, 유향으로 역사하지 못하고, 양식으로서 영혼을 먹일 수 없습니다. 그는 기도할 수도 없으며, 기도하더라도 생기가 없습니다. 믿음으로 기도하지 못합니다.

이런 생각에 빠져드는 것을 영적 생명과 빛으로 막지 않으면, 모든 신앙적인 행위가 방해를 받고 본성적인 종교적 활동을 추구할 것입니다. 영적인 빛과 생명이 본성적인 불신앙(자연적 이성의 활동으로 더욱 견고해진)보다 우세할 수 없으므로, 비참한 일이지만 그 영혼은 이리저리 휘둘릴 수밖에 없습니다. 그 영혼에게는 안식도 평안도 없습니다. 불안과 슬픔만 있을 뿐입니다. 이는 믿지 못하고 기도하지 못하고 열심을 내지 못할 뿐만 아니라, 그리스도를 보증이요 구원 얻는 완전한 길로 확신하지 못하기(하나님의 진리를 의심하면 필연적으로 이렇게 되고 맙니다) 때문입니다. 그러다가 그리스도께서 구원의 길이요 보증이심을 인정하고 싶지 않은 마음까지 듭니다. 그들의 양심은 이를 끔찍하고도 가증한 죄라고 정죄하며, 이로 인해 멸망 받는 것에 대한 두려움이 일어나기 시작합니다. 그리고 이러한 상태에 처한 영혼은 큰 위험에 빠집니다.

성경을 하나님의 음성이요 선언으로 확신하지 못하고 하나님의 말씀으로 받지 못하는데 어떻게 말씀에서 즐거움을 누리겠습니까! 이 일은 외적인 감각이나 이성으로는 불가능하며, 오직 믿음으로만 가능합니다. 성령께서 믿음을 주셔야만 합니다.

"증언하는 이는 성령이시니 성령은 진리니라"(요일 5:6).

성령은 하나님께서 성령으로 자신의 말씀을 영감하셨으며 그 말씀이 무오한 진리임을 신자의 양심에 확증하십니다. 하나님은 말씀이라는 방편을 통해 그리스도를 믿게 하시듯이, 방편을 통해 하나님의 말씀 자체를 확신하게 하십니다. 그러나 방편은 방편일 뿐입니다. 성령께서 역사하지 않으신다면 이런 방편이 효력을 발휘하지 못합니다. 그러므로 저는 사람들의 마음에 확신을 주고 영혼을 강건하게 하려고 애쓸 때 하나님의 성령께서 그들 마음에 역사하시기를 바랄 뿐입니다. 동시에 그들이 말씀 전하는 우리를 거부하지 않고 성경이 하나님의 말씀이라는 가르침을 잠잠히 받아들이기를 원합니다.

성경이 하나님의 말씀인 이유

첫째, 올바르게 생각하고 자신이 인간임을 아는 사람이라면, 자신이 보고 듣는 것이 다가 아님을 믿습니다. 사실 우리는 다른 사람에게서 무언가를 전해 들을 때마다 아무런 의심 없이 그렇게 합니다. 알바(Alva) 공작이 네덜란드에서 종교적인 이유로 수많은 사람들을 참수하고 목매달고 화형시켰다는 이야기는 우리 마음에서 지워지지 않을 만큼 충격적으로 다가왔고 죽을 때까지 결코 잊지 못할 것입니다. 뿐만 아니라 이삼천 년 전에 로마가 존재했고 로마 황제가 그곳에 살았으며 지금은 그곳에 교황이 있다는 사실을 직접 보지는 못했다 하더라도, 그 사실을 의심하는 사람은 아무도 없습니다. 또한 위대한 도성 예루살렘에 솔로몬이 맨 처음 건축하고 느부갓네살이 무너트린 뒤 스룹바벨이 재건한 성전이 있었다는 사실을 의심하는 이도 없습니다. 여러분은 유대 나라가 가나안에 있었으며 성경에 기록된 온갖 예식들을 종교 의식으로 행했다는 사실을 믿습니다.

게다가 이 나라가 아브라함과 이삭과 야곱의 후손들로 이루어졌으며, 아브라함이 노아(그의 시대에 온 땅을 휩쓴 대홍수가 있었습니다)의 후손이라는 것을 믿습니다. 또한 노아가 하나님께서 흙으로 지으신 첫 사람 아담의 후손이라는 것을 믿습니다. 모세가 이스라엘 백성을 애굽에서 데리고 나와 광야를 지나 가나안으로 이끌었다는 것과 성경의 맨 처음 다섯 책을 기록했다는 것을 믿습니다. 또한 다른 책들은 다른 사람들이 기록하였으며 유대 나라가 이천 년이 넘는 세월 동안 모든 구약 성경을 자신들의 믿음과 교훈을 위해 하나님께서 주신 유일한 규칙으로 받아들였다는 것을 믿습니다. 주 예수님께서 1882년[1] 전에 베들레헴에서 태어나셨고, 말씀과 행위에 권능 있는 선지자였으며, 유월절에 예루살렘 성문 밖에서 십자가에 못박히셨고, 그날 오후에 해가 빛을 잃었다는 사실을 거의 모두가 알고 있습니다(유대인과 기독교인과 무슬림 모두가 분명히 이 사실을 인정합니다).

사람들은 이 사실들을 너무나 당연한 것으로 여깁니다. 따라서 이런 사실들을 부인하려면 먼저 자신이 인간임을 부인해야 할 뿐만 아니라 자신이 실제로 존재하는지, 자기 눈으로 직접 볼 수 없는 사람이나 장소가 존재할 수 있는지, 인간이 기록한 말 중 어느 것이 참일 수 있는지부터 확인해야 할 것입니다. 그러나 여러분이 힘들어하는 문제는 이 모든 것들을 넘어섭니다. 그것은 그리스도로 말미암은 화해와 구원의 길에 관한 문제이기 때문입니다. 그 의심을 넘어서려면 앞에서 언급한 진리에 대해 믿음을 발휘하도록 마음을 불러일으켜야 합니다. 그리하면 이어지는 주장들을 통해 마음이 준비될 수 있을 것입니다.

둘째, 더 나아가 이삼천 년 전에 기록된 성경 말씀을 주목하십시오. 성경에 나온 예언들을 주목하고, 이 예언들이 어떻게 성취되었는지를 비교해 보십시오. 성경이 얼마나 분명하게 하나님께서 주신 책으로 드러나는지를 보십시오. 그 예로 비교적 잘 알려진 예언들 몇 가지를 살펴보겠습니다.

아브라함은 자기 후손들이 놀랍게 번성하여 가나안을 유업으로 받고 사백 년 후에 가나안으로 들어가 그 땅을 얻으리라는 약속을 받았습니다. 정말 그대로 이루어지지 않았습니까? 이스라엘이 바벨론에 포로로 잡혀갈 것이며 고레스 왕을 통해 다시 그들의 땅으로 돌아와 파괴된 성전을 재건할 것이라는 예언이 포로로 잡혀 가기 한참 전에 유대인들에게 주어졌습니다. 이 또한 그대로 이루어졌습니다. 이렇게 회복된 후, 예루살렘과 성전이 파괴되고 유다 전체가 온 열국에 흩어져 제

---

[1] 영역주 - 이 책이 주후 1,700년에 기록되었음을 고려해 볼 때, 이 숫자는 명백히 잘못되었다.

사도 왕도 없이 우상을 섬기지 않고 멸시받으며 살 것이라는 예언이 다시금 주어졌습니다. 이 예언이 지금 시대에 그대로 이루어져 있지 않습니까? 이천여 년 전에 모세와 모세 이후 다른 선지자들은 메시아, 즉 왕이요 선지자요 제사장이신 그리스도가 태어나시리라 예언하였습니다. 그분께서 남자의 후손이 아닌 여자의 후손으로, 동정녀에게서, 아브라함과 유다와 다윗의 계보를 이어 베들레헴에서 태어나실 것이라는 그 예언은, 바벨론으로부터 회복된 지 490년 후에 그대로 이루어졌습니다.

더구나 그분은 가난하고 멸시받을 것이며, 하나님 자녀들의 죄를 담당할 것이며, 대제사장들에게서 배척당하고, 이방인들에게 넘겨져 채찍에 맞고 십자가에 못 박히며 그 옷은 제비 뽑히고, 죽은 자들 가운데서 다시 살아나 하늘로 오르시며, 온 땅의 이방인들이 그분을 믿을 것이라고 예언되었습니다. 이 모든 일이 일어나기 수백 년 전에 이미 성경에 예언되지 않았습니까? 그리고 이 모든 예언들이 주 예수 그리스도에게서 그대로 이루어지지 않았습니까? 이 모든 것을 목격한 예수님의 제자들과 원수들이 아직 살아 있을 때, 사도들과 복음 전파자들이 이 모든 일들을 시간과 장소와 관련 인물들의 이름까지 언급하며 그대로 기록하고 있지 않습니까? 유대인들조차 오늘날 이 모든 사실을 인정하지 않습니까? 이교도 작가들조차 이 사실을 증언하지 않습니까? 모든 기독교인들이 이 사실을 믿고 있지 않습니까? 성전 안팎에서 사용되던 모든 도구들과 행해진 의식들과 모형적인 인물들이 그 원형이신 주 예수님과 정확하게 일치하지 않습니까? 그리고 원형이신 그분이 오심으로써 모든 모형들이 폐지되지 않았습니까? 이 모든 사실들을 총체적으로 생각해 본다면, 억지로 눈을 감아 버리지 않는 한 성경을 하나님께서 기록하게 하신 책이라고 인정할 수밖에 없습니다.

셋째, 성경의 내용을 면밀히 살펴보고 사람들이 쓴 책들과 비교해 보십시오. 성경에 비하면 사람의 책들은 얼마나 모호하고 투박하며 현세적이고 허영적이며 어리석은지요! 하나님의 빛을 조금이라도 찾아볼 수 있습니까? 이런 책들에서 발견되는 하나님과 신앙에 관한 내용은 모두 성경에서 빌려 온 것입니다. 그렇지 않고 하나님과 신앙에 관해 기록된 내용은 우스꽝스럽고 유치할 뿐입니다. 그러나 성경에는 하나님의 빛이 비칩니다. 하나님과 영혼의 불멸성, 인간의 부패와 편벽됨과 무능함, 영혼이 누리는 하나님과의 교제, 영원한 영광, 하나님의 의로우심, 정죄에 대해 성경이 얼마나 영광스럽게 말하는지요!

성경이 영적인 일들을 그에 걸맞게 얼마나 영적으로 기록하고 있는지를 보십시오. 이 내용들은 자연인들에게는 너무나 막연하고 감추어져 있으므로 성경을 통해 계시되지 않았다면 여전히 감춰진 채로 남아 있을 수밖에 없습니다. 또한 성경을 통해 계시되었다 하더라도, 거듭난 영적인 사람이 아니고서는 이 진리들의 영적 의미를 깨달을 수 없습니다. 이 모든 내용들이 어떻게 서로 합력하여 사람을 이 땅과 그 속에 있는 것들로부터 이끌어 내 순전한 거룩함과 화평과 희락 가운데 하나님을 섬기고 영화롭게 하도록 이끄는지를 생각해 보십시오. 어느 인간이 이토록 신령한 내용들을 꾸며 내 이토록 영적인 방식으로 제시할 수 있겠습니까? 이런 사실만 보더라도 성경만이 진실로 하나님에게서 비롯된 책이라는 사실을 충분히 확신할 수 있습니다.

넷째, 이런 진리가 사람의 마음에 어떻게 역사하는지를 생각해 보십시오. 사도들이 이방인들에게로 나아갔을 때, 그들은 다름 아닌 사람들과 전쟁을 시작한 것이었습니다. 차이점이 있다면 그 전쟁이 칼이나 무기로 수행되지 않는다는 점입니다. 그들이 기대할 것은 사람들로부터 미련한 자라고 놀림을 받거나 죽임 당하는 것뿐이었습니다. 어디를 가든 사도들은 하나님을 모르는 야만인들 사이에 있을 수밖에 없었고, 그들은 하나님에 대한 증거를 듣기는커녕 우는 사자처럼 사도들을 갈기갈기 찢어 놓았습니다. 그러나 보십시오! 사람의 마음에 역사하는 복음의 능력은 얼마나 놀랍습니까! 늑대와 사자와 곰 같던 그 야만인들이 양이 되었습니다. 이 진리가 수많은 사람들의 마음을 사로잡았고 그들을 통해 그리스도의 인내를 나타냈습니다. 그들은 그리스도를 사랑하기 시작했고, 그분을 의지하여 몸과 삶을 기꺼이 그분께 드리고, 불이나 칼도 두려워하지 않았습니다. 오히려 끝까지 하나님의 진리를 고백하였고, 그 결과 아시아와 아프리카와 유럽에 복음이 널리 퍼졌습니다. 핍박이 심해질수록 진리가 놀랍게 퍼져 나갔고, 오히려 진리를 핍박하는 자들이 더욱 괴로워했습니다. 적그리스도가 모든 왕들과 권세들의 힘을 빌려 들불같이 번져 가는 종교개혁의 불씨를 끄려고 혈안이 되었으나, 그들은 불과 칼과 장대와 고문 기구들로 이를 갈며 신자들을 고문하는 것 말고는 아무것도 이룰 수 없었습니다. 순교자들의 피는 교회의 씨가 되어 백 배의 열매를 맺었으며, 이로 말미암아 불신자들은 통탄하였으나 신자들은 크게 기뻐하였습니다. 이 모든 역사를 지켜볼 때, 복음이 하나님으로부터 왔음을 어느 누가 부인할 수 있겠습니까?

다섯째, 더 나아가 복음이 여러분과 다른 사람들의 마음에 역사한 것을 생각해 보십시오. 얼마나 놀라운 일들이 일어났습니까? 처음 회심을 통해 변화되는 일은 죽은 자가 살아나는 일과 마찬가지입니다. 뿐만 아니라 모든 것을 배설물로 여기고 모든 것을 견딜 수 있을 정도로 회심한 신자의 영혼은 계속해서 빛과 사랑과 달콤함과 희락과 화평과 자유로 채워집니다. 크게 기뻐하며 화형대와 교수대로 걸어간 순교자들을 보십시오! 타오르는 화염 속에서도 그들이 어떻게 노래했는지를 보십시오! 그들은 예수님의 이름으로 말미암아 그토록 잔혹하게 죽임 당하는 것을 지복으로 여겼습니다! 시대와 장소를 막론하고 이런 신자들이 얼마나 많았는지 생각해 보십시오. 그들을 다 헤아릴 수 없습니다. 그들은 모두 동일한 신앙고백 위에 서 있었으며 동일한 성령과 동일한 생명을 가졌습니다. 어느 신자가 예기치 않게 다른 신자를 만났을 때, 그가 천국의 언어로 말하는 것을 듣게 되면 이 둘은 즉시 마음으로 사랑 안에서 하나가 됩니다. 육신의 형제도 이처럼 친밀하지는 못합니다. 하나님의 말씀이 진리라고 말한 것은 무엇이든지 여러분의 마음에서도 진리입니다.

성경 말씀과 신자의 마음에서 말씀하시는 성령께서 동일한 한 분 성령이심을 알 수 있습니다. 여러분은 이미 성경에 기록되어 있었는지도 모른 채 이전에 자신의 마음에서 발견한 영적인 틀을 성경에서 발견하고 자주 놀랐을 것입니다. 그럴 때마다 여러분은 "말씀도 이렇게 기록하고 있다니!"라고 탄성을 지릅니다. 여러분이 이 모든 사실을 주목한다면, "하나님의 말씀은 진리입니다! 갑자기 떠올라 나를 괴롭히는 생각들은 근거가 없습니다"라고 외칠 수밖에 없을 것입니다!

신자들에게 주는 격려

아마도 여러분이 다음과 같이 말할지도 모르겠습니다. "지금까지 말한 것에 따르면 나는 아무 말도 할 수 없다. 그것과 반대되는 것들이 사실인지 증명할 수 없기 때문이다. 또한 이제까지 말한 것들을 정말로 믿고 싶기도 하다. 그러나 동시에 나에게 있는 불신앙 때문에 언제나 불안하다. 나도 정말 믿고 싶지만, 그럴 수가 없다. 이런 나에게 무슨 말을 해 주겠는가? 언제쯤 나도 의심하지 않고 굳은 믿음으로 살아갈 수 있는가?" 다음을 기억하십시오.

① 하나님은 자녀들의 믿음을 훈련시켜 강건하게 하시고자 대부분의 자녀들을 이런 시험을 통해 인도하시며, 특히 지성이 예리한 사람들에게 그렇게 행하십니다. 그리고 이런 시험의 때를 지나면 실제로 믿음이 강해집니다.

② 그러하기에 하나님은 자녀들로 하여금 자신의 불신앙과 믿음에 무능함을 보게 하심으로써 그들을 겸손하게 하시는 한편, 하나님께서 믿음을 허락하실 때 그분의 능력과 주권적인 은혜를 드높이게 하십니다. 이처럼 시험을 통해 얻는 교훈과 유익이 당장 위로와 안식을 얻는 것보다 더욱 크고 귀중합니다.

③ 모든 신자는 언제나 하나님의 말씀을 그들이 누리는 빛과 위로와 선한 행실의 근원으로 삼았습니다. 이를 통해 어떤 환경에도 굴하지 않고 모든 것을 견뎠습니다. 여러분이 그들 모두보다 지혜롭습니까? 그래서 성경이라고는 거의 펴 보지도 않는 불신자들과 믿음을 조롱하는 자들과 어울리려는 것입니까?

④ 이성과 믿음 중 어느 것을 자신의 행실과 안식과 위로의 원천으로 삼을지를 선택해야 합니다. 이성을 원천으로 삼는다는 것은 성경을 제쳐 두는 것입니다. 믿음을 원천으로 삼는다면, 하나님의 말씀 곧 진리를 굳건히 세우기 위해 이성을 제쳐 두어야 합니다. 믿음은 다른 이의 말을 의지하는 것이기 때문입니다. 이성은 방편일 뿐입니다.

회피주장 지금 나는 너무 눌려 있어서 말씀을 믿지 못하겠다.

| 답변 |

말씀을 거부하는 태도는 여러분에게 해로울 뿐입니다. 그러나 성경을 하나님의 말씀으로 인정하는 것은 여러분에게 전혀 해롭지 않습니다. 하나님의 말씀을 의지하는 것이야말로 가장 안전한 길입니다. 여러분이 불경건한 삶을 원하지 않으며 선한 삶을 선택하고자 한다는 것을 잘 압니다. 그러나 이성이 여러분에게 가르쳐 주는 것들은 전부 하나님의 말씀을 통해서도 충분히 배울 수 있는 것들입니다. 오히려 성경을 통해 더욱 신령하고 경건한 방식으로 배웁니다. 또한 만일 다른 종교들이 참된지에 대해 고민하여 이리저리 휩쓸린다면, 앞에서 말한 것에 근거하여 말할 수 있습니다. 그런 종교들로부터 배울 수 있는 덕들은 무엇이든지 개혁신앙의 믿음을 통해 더욱 경건하고 영적인 방식으로 배울 수 있습니다.

그러므로 스스로에게 다음과 같이 말하십시오. "나는 성경이 오류 없는 하나님의 말씀이라고 결론 내린다. 그러하기에 나는 하나님의 말씀을 나의 믿음과 삶의 토대로 받아들인다. 나는 엄격하게 이 말씀을 따라 행하고, 끊임없이 이 말씀을 읽고, 이 말씀에 정통해질 것이다. 나는 이 말씀을 거슬러 일어나는 모든 생각을 사로잡아 물리칠 것이다. 성경 말씀은 사람이 타락했고 스스로 구원할 수 없음을, 예수 그리스도께서 고난받고 죽임 당하심으로써 자신을 영접한 죄인들을 하나님과 화목하게 하신 대속주이심을, 신자는 하나님을 사랑하고 섬기고 경외하고 그분의 뜻과 규례를 따라 살아야 함을 말한다. 나도 그렇다고 믿으며, 성경이 말하는 바를 따라 살 것이다. 아직 하나님의 말씀의 신성함을 확신하지는 못하지만, 주님께서 더욱 조명하시고 위로를 주실 때까지 단순하게 기도하며 기다릴 것이다." 하나님께서 이런 식으로 많은 신자들을 회복시키셨습니다. 여러분에게도 동일하게 행하실 것입니다. 그때에는 성령께서 자신을 진리의 영으로 증언하실 것입니다.

94

자신의 영적 상태를 불신함

　진실로 은혜 안에 있는 사람이라면 자신이 죄악된 마음과 생각과 행위를 미워함을, 죄악된 이런 모습을 슬퍼함을, 하나님과 화목하게 됨을 사모하며 그분과 화평하고 그분을 경외하며 겸손하게 살고자 합니다. 그러하기에 그는 하나님을 갈망함을, 예수님을 자신의 보증이자 구주로 알고 그분을 사모하며 자신의 보화로 삼고 영접하고 그분께로 돌이키고 순복함을, 은혜언약의 은택에 참여하기 위해 그분을 통해 하나님께로 나아감을 쉽게 확신할 수 있습니다. 은혜 가운데 있는 사람은 자기가 하나님의 뜻을 거스르는 죄를 혐오함을, 하나님께서 기뻐하시는 방식으로 그분 앞에서 거룩하게 살고자 갈망함을, 또 이 갈망을 반복해서 삶의 목적과 의도와 목표로 삼고 있음을, 이따금 하나님 안에서 누리는 달콤한 교제와 안식을 부인하지 못합니다. 그렇습니다. 이런 사실들이 더욱 분명히 드러난다면, 이를 거울로 삼아 우리에게 이와 동일한 것이 있는지 여부를 분명히 인식할 수 있을 것입니다.

　그러나 진실로 은혜 안에 있는 사람이 그런 방식으로 은혜 안에 있는 자신의 상태를 굳게 확신하고, 이 사실로 인해 기뻐하는 것은 저절로 이루어지지 않습니다. 성령께서 특별히 역사해 주셔야만 하기 때문입니다.

"우리가 세상의 영을 받지 아니하고 오직 하나님으로부터 온 영을 받았으니 이는 우리로 하여금 하나님께서 우리에게 은혜로 주신 것들을 알게 하려 하심이라"(고전 2:12).

먼저 성령께서 그들에게 은혜를 주십니다. 그러나 그들이 이 은혜를 받았음을 알기 위해서는 성령께서 명확히 알려 주셔야만 합니다.

"성령이 친히 우리의 영과 더불어 우리가 하나님의 자녀인 것을 증언하시나니"(롬 8:16).

많은 사람들이 어린 사무엘처럼 은혜 안에 있으면서도 하나님께서 부르시는 음성을 분간하지 못합니다. 참된 은혜를 받았는데도 자기 안에 있는 은혜를 깨닫지 못합니다. 은혜와 관련된 무언가를 깨달으면 그것에 반대되는 수많은 반론들이 일어나므로, 그들은 이런 상태에서 감히 자신이 진실로 은혜 아래 있다고 결론 내리지 못합니다.

어떤 사람들은 자신의 영적 상태에 대한 문제로 그다지 힘들어하지 않습니다. 이는 그들이 무지하기 때문일 수도 있고, 목양이나 지도를 제대로 받지 못했기 때문일 수도 있습니다. 그래서 이런 사람들은 신자가 자신의 영적 상태를 확신할 수 있다는 사실조차 모릅니다. 이들은 그저 구원에 이르기를 바라면서 예수님을 사모하고 열심히 기도하며 죄와 싸웁니다.

어떤 사람들은 의기소침한 채로 있으면서 확신에 이르는 길을 알지 못합니다. 자기에게 역사하는 부패의 능력에 힘겨워하면서 신자로서 살아갑니다. 굼뜨고 게으르게 살면서 자신의 상태에 괘념치 않는 사람들이 있는 반면, 자신의 영적 상태를 지나치게 염려하면서 극심한 두려움과 불안에 시달리는 사람들이 있습니다.

자신의 영적 상태를 많이 염려하든 그렇지 않든, 신자가 자기 상태를 확신하지 못한다면 하나님을 즐거워하고 그분께 감사하며 그분을 영화롭게 하기가 어렵습니다. 또한 영적으로 자라 가는 데 방해를 받습니다. 그러하기에 이런 영적 질병의 본질과 원인을 알고, 그것을 치료하고자 애써야 합니다.

그러나 먼저 짚고 넘어갈 것이 있습니다. 지금 우리는 자신에게 은혜가 없는 것도 모르고, 그것에 대해 생각하지도 않으며, 피상적으로 양심을 잠재우고, 계속해서 스스로 구원받았다고 믿으며 살아가는 회심하지 않은 사람들에게 말하는 것이 아닙니다. 양심의 찔림을 받는데도 계속 죄 가운데 살며 그리스도께 진실되게 나아가지 않는 사람들에게 말하는 것도 아닙니다. 이런 사람들은 불평과 은밀한 속임수로 관심을 사고 영적 분별력이 부족한 순진한 목자들의 동정심을 유발합니다. 이런 목사들은 연약한 자를 측은히 여기는 성향이 있는 까닭에 그들이 제기하는 반론들에 답하고 그들이 은혜 받았음을 보여 주느라 애를 먹습니다. 그러나 이 사람들은 영적으로 건강해지고 회개에 이르도록 냉정하게 대하는 편이 낫습니다. 또는 불평을 위한 불평을 일삼을 바에는 그들이 속한 세상으로 돌아가도록 내버려 두어 더는 신자들을 훼방하지 못하게 하고, 목사들로 하여금 이런 사람들을 신경 쓸 시간에 다른 이들을 살피고 복음을 전하게끔 해야 합니다. 이때 그들이 목사들을 향해 영혼을 이해하지 못한다거나 영혼을 돌볼 줄 모른다고 불평하면 내버려 두십시오. 그들이 자신들이 있어야 할 곳으로 돌아가면, 다른 연약한 사람들이 의로운 목사들에게 지도와 목양을 더욱 잘 받게 될 것입니다. 지금 우리도 그런 사람들에게 말하는 것이 아닙니다. 우리는 은혜 안에 있으면서 도움 받기를 원하는 사람들에게 말합니다. 사람들은 저마다 상황이 다릅니다. 어떤 사람은 이 일로, 다른 사람은 다른 일로 힘들어합니다. 그러므로 몇 가지 경우를 상정하여 이야기해 보겠습니다.

의심으로 떨어지는 원인 1. 자신이 택함 받았는지를 의심함

자신의 영적 상태를 불신하게 되는 첫 번째 원인으로, 자신이 택함 받았는지를 의심하는 경우를 들 수 있습니다. 이들은 다음과 같이 의심합니다.

'믿음은 택함 받은 자들만을 위한 것이다. 원하거나 수고한다고 얻는 것이 아니라, 오직 긍휼을 베푸시는 하나님으로부터 나오는 것이다(롬 9:16 참고). 하나님께서 뜻하신 바에 따른 부르심이 있다. 내가 선택받지 않았다면 구원받지도 못한 것이다. 나에게서 믿음과 회개가 어떻게 드러나든 그것은 그런 척 하는 것이므로 올바르지 않으며, 따라서 근거가 될 수 없다. 선택에 대해 곱씹을수록 나는 선택받지 못했다는 생각이 든다. 오히려 하나님께서 나를 정죄하시는 것 같다. 기도하며 예수님께 피하려고 해 보지만, 그럴 때마다 내가 정죄 받았음을 분명하게 느낀다.'

첫째, 하나님께서 자녀들의 오감에 직접 말씀하시는 경우는 매우 드뭅니다. 하물며 하나님께서 정죄하고 버리신 자에게 그렇게 직접 계시하시겠습니까? 그러므로 그것을 하나님의 음성으로 들을 이유가 없습니다. 오히려 그것은 믿지 못하는 여러분 자신의 어리석은 마음이며, 이런 마음을 틈타 마귀가 술수를 부리는 것에 불과합니다. 여러분은 하나님의 경륜을 알 수 없습니다. 그렇다면 하나님의 비밀한 일들은 하나님께 맡기십시오. 하나님께서 말씀을 통해 계시하시지 않은 것을 주제넘게 알려 하지 마십시오. 하나님께서 여러분 외에 또 누가 정죄 받을지를 알려 주신 적이 있습니까? 없습니다! 그렇다면 여러분이 정죄 받을 사람이라고 하나님께서 여러분에게 알려 주셔야 할 이유가 어디 있습니까? 그러므로 잘못된 환상이나 자신만의 생각을 따르지 말고 지혜롭게 행하십시오.

둘째, 많은 사람들이 여러분과 동일한 시험을 겪었습니다. 여러분보다 더 심각한 상황에 놓인 사람도 있었을 것입니다. 그러나 그들은 회복되었습니다. 이제 여러분은 자신이 택함 받은 자이며, 그동안 마귀의 거짓말을 믿고 스스로 정죄 받은 자로 여겨 왔다는 사실을 압니다. 보십시오. 잘못된 생각에 속아 온 여러분 자신이야말로 경건하게 살아가는 데 가장 큰 장애물이었습니다.

셋째, 자기에게 믿음과 사랑과 소망이 있는지를 택하심에 근거하여 판단하지 마십시오. 오히려 이런 덕들에 기초하여 자신이 택함 받았다고 결론 내리는 것이 맞습니다. 자신이 택함 받았음을 부인하면서 이런 덕의 유무를 판단하는 것은 거꾸로 가는 것이요 완전히 잘못된 것입니다. 하나님은 택함 받지 않은 자들에게 믿음과 회개와 생명과 사랑을 주시지 않습니다. 이런 덕들은 오직 택함 받은 자들만을 위한 것입니다. 만일 하나님께서 이런 덕의 원리를 여러분에게 주셨다면, 여러분이 택함 받았다고 확신해도 됩니다.

넷째, 하나님은 어떠한 오류도 없고 절대적으로 확실한 말씀을 주셨습니다. 이 말씀을 따라 우리의 믿음과 삶을 다스려야 합니다. 이 사실에 주목하고, 성경에 담긴 격려와 그리스도의 희생과 하나님께서 기뻐하시는 자들에게 주신 약속들을 깊이 생각하며, 그 사실들을 의지하십시오. 이 모든 사실들을 생각해 볼 때 여러분이 택함 받은 것이 분명하지 않습니까? 자신이 정죄 받고 버림받았다는 사실을 발견할 수 없을 것입니다. 그렇습니다. 설령 아직 돌이키지 않은 상태라 할지라도 그 사실은 변하지 않습니다. 심지어 여러분이 세상에서 가장 가증스러운 자라 할지라도 스스로 하나님께 정죄 받고 버림받았으며 돌이키지 못한다고 결론 내리지 마십시오. 그런 어리석고도 근거 없는 생각을 그치십시오. 더는 그런 상상들 때문에 힘들어하지 말고 하나님의 말씀을 따라 진지하고도 신중하게 살아가십시오.

의심으로 떨어지는 원인 2. 회심하지 않았을까 두려워함

자신의 영적 상태를 불신하게 되는 두 번째 원인은, 자신이 회심하지 않았을지도 모른다고 두려워하는 것입니다.

'내가 회심하지 않은 것 같아서 두렵다. 만일 그것이 사실이라면 내가 가졌다는 믿음은 전혀 근거가 없고, 따라서 내가 무엇을 하든 아무런 의미가 없다. 다음 이유들로 내가 회심했는지를 의심할 수밖에 없다.

① 내가 언제 회심했는지를 모른다.

② 눈먼 자에서 보는 자로, 사망에서 생명으로, 세속적인 마음에서 위의 것을 생각하는 마음으로 변화하는 것이 인지될 정도로 분명하게 회심하지는 않았다.

③ 사도행전 2장과 16장, 그리고 다른 많은 그리스도인들이 말하는 것과는 달리 나는 죄 때문에 그렇게까지 마음이 상하거나 하나님의 진노와 정죄를 깊이 두려워한 적이 없다.

④ 여느 그리스도인들과는 달리 내가 구원을 추구하게 된 것은 하나님의 영광과 그리스도를 향한 사랑과 거룩함과 구원을 갈망했기 때문이 아니라, 자신을 사랑하고 정죄를 두려워했기 때문이다. 따라서 신앙의 토대 자체가 잘못되었다. 결국 내가 신자로서 하는 행동과 생각이 영적 생명을 가진 회심한 마음에서 비롯된 것이

아니므로 본질적으로 피상적인 것일 수밖에 없다.'

첫째, 여러분이 칭의와 성화, 화평과 희락과 복락을 위해 예수 그리스도를 힘입어 하나님을 전심으로 구하고 있는지를 생각해 보십시오. 여기서 중요한 것은 어떻게 신자로 살기 시작했는지가 아닙니다. 회심이 어떠했는지에 근거하여 현재 믿음 생활이 올바른지를 판단할 수 없습니다. 오히려 지금 믿음 생활을 어떻게 하는지에 따라 회심에 관해 추론할 수 있습니다.

둘째, 자신이 회심한 때를 아는 사람은 거의 없습니다. 자신이 처음 회심했다고 생각하는 때 이전에 이미 거듭난 사람들도 있습니다. 회심한 줄 알고 오래 신앙생활을 하였지만, 그것이 한참 뒤에 일어날 회심을 준비하는 예비적인 활동에 불과한 것으로 드러나는 경우도 있습니다.

셋째, 회심이 분명하고도 극적으로 일어나는 경우는 매우 드뭅니다. 오히려 회심은 해가 뜨는 것처럼 아주 점진적으로 이루어집니다. 그래서 어느 정도 시간이 지난 후에야 자신이 달라졌음을 알 수 있습니다. 어떤 사람들은 어린 시절에 회심한 까닭에 회심하지 않은 상태를 기억하지 못합니다. 이런 사람들이 보이는 성장은 대개 회심 이후의 질적인 변화라기보다 신령한 빛과 생명 가운데 자라 가는 모습이라 할 수 있습니다. 불신자로 살다가 성인이 되고 나서야 회심하는 사람들은 죄를 깨닫고 돌이키기 이전과 이후에 드러나는 삶의 변화가 더욱 뚜렷합니다.

넷째, 회심하기 전에 반드시 두려움과 떨림 같은 굉장히 힘든 시간을 지나야 하는 것은 아닙니다. 어떤 사람들은 큰 싸움과 위로 없이 진리를 알아 가며 조용히 변해 갑니다. 어떤 사람들은 복음이 너무도 소중하게 다가와서 삭개오처럼 떨듯이 기뻐하면서 변화를 맞거나, 넘어졌다가 다시 일어나면서 회심을 경험하기도 합니다. 그러므로 회심이 어느 한 가지 형태로만 일어나야 하며 다른 회심은 옳지 않다고 생각하는 것은 잘못입니다.

다섯째, 설령 자기애가 동기가 되었다 하더라도 그것이 회심의 진정성을 의심해야 할 이유는 아닙니다. 이런 측면에서 자기애(모든 자기애가 그렇지는 않지만)는 회심한 많은 사람들에게 회심의 처음 동기를 제공하는 덕스러운 것입니다. 정죄에 대한 두려움 또한 마찬가지입니다. 나아만의 나병, 바디매오의 시각 장애, 삭개오의 호기심, 빌립보 감옥의 간수가 느낀 두려움 등은 이들이 그리스도께로 나아가는 동기가 되었습니다. 따라서 그런 생각에 사로잡히지 마십시오. 참된 은혜를 발견하거든 그것을 인정하고 힘을 얻으십시오.

의심으로 떨어지는 원인 3. 갈등이나 노력 없이 믿게 됨

자신의 영적 상태를 불신하게 되는 세 번째 원인으로 갈등이나 어려움 없이 믿게 되는 경우를 들 수 있습니다.

'사실 나는 별 갈등이나 노력 없이 믿고자 할 때마다 그냥 믿어졌다. 성경이 말하는 하나님의 약속과 은혜를 바라보고 주 예수님께 기꺼이 나를 내드린다. 그래서인지 내게는 뜨거운 열정이나 능력이 없다. 내 죄를 그리 슬퍼하는 것 같지도 않고, 화평과 희락과 거룩함과 언약이 주는 다른 은택들을 열렬히 사모하지도 않는다. 주 예수님께 나를 맡기는 것만으로도 충분하다고 느낀다. 손 마른 사람이 손으로 힘을 쓸 수 없는 것처럼 나도 믿음의 손을 내밀어 믿음의 내용들을 부여잡고자 하지만 힘이 나지 않는다. 어찌 보면 문제가 없는 것 같지만 다르게 생각해 보면 수동적으로 받아들일 뿐이기에 삶에서 위로나 즐거움을 전혀 얻을 수 없다. 믿는 일이 불가능하게 여겨지기도 한다. 예수님을 찾지도 못하고, 그분을 믿음으로 영접하지도 못한다. 예수님과 아무런 상관도 없이 마치 허공을 치는 것처럼 느껴질 때가 많다. 죽음의 위협이나 다른 비참한 상황에 맞닥뜨리면, 내게 있다는 믿음은 그 상황에 금세 압도되어 나는 큰 두려움과 염려에 사로잡히고 만다. 기도하고 부르짖지만 신뢰하는 마음 찾아보기가 어렵고 이로 인해 평강을 잃은 지 오래이다. 예수님께 나아갈 수가 없다. 그분을 믿음으로 영접하지도, 의지하지도 못하겠다. 그분을 전심으로 신뢰할 수가 없다. 내 처지가 이렇다 보니 그리스도를 믿는 것보다 차라리 율법을 완벽하게 지키는 편이 더 수월하리라 여겨진다. 믿음이 가능한지에 관해 생각해 볼 때, 내가 가졌다는 믿음은 혼자만의 생각이고 이성적인 믿음에 불과한 것 같다."

 오히려 이 모든 생각은 여러분이 진실로 믿고 있다는 증거입니다. 따라서 그런 생각 때문에 실망할 필요가 없습니다. 그러므로 힘을 내십시오.

 ① 여러분에게는 비참함을 아는 지식뿐만 아니라 빛과 은혜언약이 주는 신령한 은택이 있습니다. 또한 여러분은 보증이신 예수님을 필요로 합니다.

 ② 그리스도와 상관없이 죄악된 상태에 머무는 것을 진실로 싫어하지 않습니까! 여러분은 하나님과의 화목 및 거기서 비롯되는 모든 것(화평, 희락, 경건)을 기뻐하며 그것들을 갈망합니다.

 ③ 진실로 예수님께로 피하고 있지 않습니까! 그분의 초청과 그분이 주시는 것들을 다 받아들이고 있지 않습니까! 주님께서 기뻐하시는 방식으로 구원에 이르기 위해 그분께 자신을 의탁하고 있지 않습니까!

 ④ 여러분은 자신의 믿음이 매우 연약함을 절감하고 자신이 과연 진실로 믿고 있는지 우려합니다. 이 모든 우려는 믿음이 참되고 진실하고 역동적이기를 갈망하는 마음과 뒤섞여 있습니다.

 ⑤ 세상과 분리되고, 죄를 범하지 않으려 애쓰며, 그리스도와 그분의 뜻과 그분의 백성들과 함께하고자 노력하고 있지 않습니까!

 이 모든 내용이 사실이지 않습니까? 주님 앞에서 "다 맞는 사실이지만, 앞에서 언급된 어려움들 때문에 내 안에 있는 이 모든 문제들이 참된 믿음의 표현이라고는 생각하지 못했다"라고 대답할 수 있다면, 여러분은 믿음을 가진 것과 그것이 드러나는 것이 별개임을 이미 아는 것입니다. 믿음이 있으면 그대로 드러납니다. 믿음의 행위가 드러나는 자리에 믿음이 있는 것입니다. 그러나 때와 상황에 따라 기대하고 바라던 것이 드러나지 않을 수 있습니다. 감정과 정서가 더욱 활발하게 드러나지 않고 지각할 수 있는 방식으로 일어나지 않더라도 새롭게 변한 의지는 마음의 진정한 상태를 드러냅니다. 감정이 일어남으로써 우리의 욕구를 더욱 의식하게 되지만(따라서 초신자와 은혜에 아직 어린 신자들에게 더욱 위로가 됩니다), 의지의 분명한 활동은 일반적으로 더욱 순수한 성격을 띱니다. 그러므로 의지가 외적으로 분명히 활동하고 있음을 의식하고 있다면, 여러분의 감정이 불 일듯 일어나지 않는다고 해서 낙심하지 마십시오.

하나님께서 베푸시는 은혜를 받아들이고 자신을 예수님께 의탁하는 것이 훨씬 수월합니다. 또한 여러분이 바랄 때마다 그렇게 할 수 있다는 것은 여러분 안에 은혜의 성향이 있다는 증거입니다. 이런 성향이 의지가 의식적으로 활동한 결과이고 그리스도 안에서 하나님께서 기뻐하시는 삶을 살고자 하는 내면의 욕구와 함께한다는 사실이, 이런 성향이 참된 것임을 확증합니다. 물론 열심이 부족한 탓에 우유부단하고 위로와 기쁨을 얻지 못하는 경우가 많으며, 이는 마땅히 책망 받아야 합니다. 일상에서 하나님과 친밀히 교제하는 일에 열심을 내지 않는다면 더욱 그러합니다. 그러나 그런 모습을 진리를 믿지 않는 증거라고 할 수는 없습니다. 그러니 위로를 얻고 다시금 분발하십시오.

여러분이 죽을 위험이나 다른 비참한 상황에 처했을 때 믿음이 흔들린다고 표현했는데, 이는 믿음을 저버리는 것과는 다릅니다. 이런 상황들로 말미암아 잠잠함, 평온함, 바라는 결과를 얻으리라는 확신 같은 믿음의 열매들이 잘 드러나지 못하는 것입니다. 그런 상황에서조차 여러분이 예수님을 바라보고, 그분께 자신을 의탁하고, 은혜와 도움을 얻기 위해 그분을 힘입어 기도한다면, 그것이야말로 여전히 믿음이 역사하고 있는 것입니다. 그러나 어쨌든 죽음에 대한 두려움이나 다른 비상한 어려움이 성경을 통해 주신 약속들을 바라보지 못하도록 방해하는 것은 사실입니다. 게다가 불신앙이 그 모습을 드러내 역사할 것이며, 일이 잘못되거나 자신이 구원받지 못할까 봐 두려워하고 염려하게 됩니다.

여러분이 무엇을 바라보느냐에 따라 쉽게만 여겨지던 믿는 일이 너무나 어렵고 불가능하게 다가오기도 합니다. 갈등이나 어려움이 전혀 없고 믿음의 비본질적인 행위들에 집중할 때에는 믿는 것이 매우 쉽습니다. 그런 때에는 하나님과 친밀히 교제하지도 않으며 이 모든 믿음의 행위들을 피상적으로 행할 뿐입니다. 그러나 하나님의 말씀에 기초하여 신앙 행위들의 본질로 뚫고 들어가 그 동기에 집중하게 되면, 믿는 일이 매우 어렵고도 불가능하게만 다가옵니다. 또는 여러분은 믿음의 결과들에만 몰두하며 여러분이 마땅하다고 여기는 정도로 그 열매들을 향유하고자 합니다. 그리고 여러분은 아무런 두려움 없이 그저 평안하기만 할 뿐 의심을 불러일으킬 만한 것에서 완전히 자유로운 확신을 가지는 데에만 열중하게 됩니다. 그러니 당연히 믿는 일이 어렵고 불가능하게 여겨지는 것입니다. 이런 확신은 하나님께서 모든 사람에게 기뻐하시는 뜻대로 나누어 주시는 역사이기 때문입니다. 이 모든 일들로부터 자신의 믿음이 참으로 미약하고도 부족하다는 것을 알 수 있습니다. 그러나 그 믿음이 진실하다는 것은 틀림없습니다. 지금까지 설명한 것들은 이 사실을 여러분에게 보이기 위함입니다. 이로 말미암아 여러분은 움츠러들고 약해진 마음을 고양시키고 계속해서 기쁨으로 의의 길을 갈 수 있을 것입니다.

의심으로 떨어지는 원인 4. 믿음에는 항상 확신이 따른다고 생각함

자신의 믿음을 의심하게 되는 네 번째 원인은 확신을 믿음의 본질로 여기는 것, 또는 믿음에는 확신이 따른다는 생각입니다. 이런 잘못된 생각 때문에 스스로 다음과 같이 주장합니다.

'만약 내 믿음이 진정으로 구원을 얻게 하는 믿음이라면, 나는 구원이 예수님과 관련되어 있다는 것과 구원 그 자체를 확신해야 할 것이다. 그러나 심지어 은혜를 받은 사람이라면 반드시 드러나야 할 표지인 믿음과 회개조차 찾아보기 어려울 때가 있다. 따라서 나에게 참된 은혜가 없다는 결론에 이르게 된다. 내가 이런 은혜의 표지들을 성경이 말하는 대로 바르게 이해하고 있는지도 모르겠다. 하나님께서 내 마음에 인 치시거나 내 영혼에 "내가 너를 구원했다"라고 말씀하신 적도 없다. 나는 항상 슬픔과 억눌림 속에서 살아가기에 하나님 안에서 희락과 기쁨을 누리는 것이 무엇인지 모른다. 그래서 내가 스스로 속고 있는 것은 아닐까 두렵다.'

첫째, 그리스도로 말미암아 구원받았다는 확신이 뚜렷하지 않다고 해도 구원받을 수 있다는 것을 분명히 아십시오. 이런 뚜렷한 확신이 없었던 수많은 성도들이 지금 천국에 있습니다. 그리고 이와 다르지 않은 더 많은 사람들이 계속 천국으로 들어갈 것입니다. 자신의 구원을 확신하는 것은 너무나 달콤하고도 사모할 만한 일입니다. 신자라면 당연히 그런 확신을 사모합니다. 그러나 하나님께서 그런 확신을 주지 않기를 기뻐하셨다면, 신자는 그것마저도 받아들일 수 있어야 합니다. 그리고 믿음의 일들을 더 힘써 행해야 합니다.

둘째, 확신은 믿음의 본질이 아닙니다. 확신을 믿음의 본질이라고 생각하는 것은 심각한 오해입니다. 이는 하나님의 말씀과도, 경험과도 어긋납니다. 성경은 믿음을 가리켜 예수님께로 오는 것, 그분을 영접하는 것, 그분을 바라는 것, 그분께 의탁하는 것이라고 말합니다. 그러나 그리스도 안에서 구원에 참여하거나 영원한 복락을 얻으리라는 확신을 믿음이라고 말하지는 않습니다. 성경은 믿음의 결과로서 누리게 될 지복을 약속하지만, 그것에 대한 확신을 믿음이라고 하지는 않습니다.

셋째, 그리스도 안에서 구원에 참여하리라는 확신은 분명히 사모할 만한 것입니다. 그러나 그것을 믿음이라고 부르지는 않습니다. 예컨대, 앞에서 살펴본 경우와 같이 누군가가 임박한 죽음을 두려워하고 있거나, 물에 빠졌거나, 강도들에게 붙잡혔다고 생각해 보십시오. 이런 처지에 있는 사람이 온 맘으로 그리스도를 의지하고 그리스도를 부르고 그분께 자신을 맡긴다면, 그것이 바로 믿음입니다. 이런 급박하고도 위태로운 상황에 빠진 사람은 구원을 확신하기 위해 자신의 상태나 행위 같은 것을 살필 겨를이 없습니다. 그 상황에서 그대로 죽는다면, 큰 두려움과 불안함 가운데 확신 없이 천국으로 갈 것입니다.

넷째, 끊임없이 믿음을 연습하여 확신을 얻는 것과 그런 확신을 가지고 있다고 의식하는 것은 다릅니다. 선한 양심을 지키기 위해 힘쓰고 간구하는 가운데 예수님을 믿는 믿음을 발휘하고, 또 그렇게 하나님의 약속들을 계속 적용해 가는 동안 여러분의 영혼이 가진 성품을 곰곰이 생각해 보면, 소망이 살아나고 잠잠함과 평안함과 만족과 신뢰가 자리하고 있음을 발견할 것입니다. 그러나 이런 믿음의 역사가 있기 전에 힘겹게 갈등하며 싸우고 있을 때에는 자신의 위치를 돌아보고 확인하기 위해 이런 것들에 주목할 겨를이 없습니다. 그러나 그렇다고 해서 여러분에게 확신이 없다고 말할 필요는 없습니다.

다섯째, 확신에 대한 오해가 있습니다. 어떤 사람들은 하늘의 은택을 지각할 수 있게끔 누리거나, 아무런 방해도 받지 않고 그 상태를 유지하는 것을 확신이라고 이해합니다. 그러나 신자 자신과 그가 가진 믿음은 불완전하며, 이 땅에 사는 한 그럴 수밖에 없다는 사실을 알아야 합니다. 그러므로 믿지 못하는 마음은 신자들 중 가장 탁월한 사람이 누리는 확신에도 의심의 먹구름이 피어오르게 할 수 있습니다. 그럴 때에는 거들떠보지도 말고 그 의심을 거부해야 합니다.

확신은 일종의 삼단논법을 통해 얻을 수 있습니다. 이 논법의 대전제는 구원 얻는 믿음의 본질, 거듭남, 믿음과 그 활동에 관해 말하며 그에 따르는 약속들을 선언하는 하나님의 말씀에서 도출됩니다. 확신을 가진 사람은 이 일과 관련하여 빛을 누리고 진리를 잘 압니다. 하나님의 말씀을 본성이 아니라 영으로써 이해해야 하지만, 말씀 자체가 명시하므로 다음과 같은 비합리적인 주장을 전적으로 거부합니다. "아마도 내가 하나님의 말씀을 잘못 이해하고 있는 듯하다. 하나님의 말씀은 내가 생각하는 것 이상으로 영적인 의미를 가지고 있을 수 있다." 소전제는 전지하신 하나님께서 지켜보시는 우리 마음과 그 마음의 내적인 움직임에서 도출됩니다. 우리는 우리의 상황이 이러저러하다고 선언하고 우리의 양심이 그것을 증언합니다. 물론 우리는 우리 마음의 성향과 행동이 불완전함을 알고 인정합니다. 그러나 우리는 성령께서 우리 마음에 심으신 은혜가 참되다는 것도 압니다. 이로부터 우리는 다음과 같은 결론에 다다릅니다. "그러므로 나는 은혜 아래 있고, 거듭났으며, 믿음이 있다." 이것이 확신입니다.

이 삼단논법의 대전제와 소전제를 분명하게 확인할 수 있는데, 결론이 모호하여 위로나 힘을 거의 얻지 못하는 경우가 있습니다. 반면에 은혜에 참여하였음을 확신함으로 말미암아 분명한 결론에 이르고 위로를 얻을 때도 있습니다. 성령께서 평소보다 더욱 강하게 역사하여 인장을 박은 것처럼 심령에 이 삼단논법의 세 가지 명제를 분명하게 인 치실 때도 있습니다. 이것이 바로 성령의 인치심입니다. 여기에 더하여 성령께서 특별히 빛을 비추어 신자들이 은혜의 일들에 참여하였다는 확신을 주실 뿐만 아니라, 이런 일들의 복락과 달콤함을 누리고 기뻐하게 하십니다. 그리하면 신자들은 이런 달콤함과 복락을 가진 것으로 기뻐하며 언제나 그러하기를 바라게 됩니다. 우리는 신자들이 가지는 이러한 바람을 반대하지 않습니다. 그러나 오직 복락과 달콤함이 있어야만(또는 적어도 이전과 동일한 정도로) 확신이며, 자신에게 이러한 것이 없다면 확신도 없다고 여기는 주장에는 반대합니다. 이러한 주장은 용기를 얻고 기뻐하는 자들을 낙심에 빠트리는 올무입니다. 이런 사람들은 하나님께서 모든 신자에게 언제나 복락과 달콤함으로 특별하게 역사하시지는 않는다는 사실을 알아야 합니다.

신자가 이 삼단논법을 통해 위로나 격려를 얻지 못하는 것은 확신이 없어서가 아닙니다. 이 삼단논법을 전개해 가는 능력 자체가 확신이기 때문입니다. 오히려 이 문제는 역사적인 믿음이 결여되어 있어서 하나님의 말씀을 틀림없는 진리로 분명하고도 즐겁게 깨닫고 받아들이지 못하는 데에서 기인합니다. 영혼이 깊은 어둠 속에 있는 탓에 성경이 말하는 일들의 영광스러움이나 복됨을 제대로 보지 못하기 때문일 수 있습니다. 성령께서 직접 인 치고 은혜 베푸심을 감각적으로만 누리려고 한 나머지, 일상에서 주어지는 은혜들을 소홀히 여기고 낙심하기 때문일 수도 있습니다. 하나님께서 직접 인 치고 계시해 주시기를 바라기 때문일 수도 있습니다. 그리고 여기서 비롯되는 영적인 즐거움을 사모할 수도 있습니다. 그러나 하나님은 자신의 주권적인 뜻에 따라 모든 신자에게, 항상 그렇게 행하지는 않으신다는 것을 기억하십시오. 하나님께서 자녀들을 이끄시는 평범한 방식으로 만족할 수 있어야 합니다.

여러분은 결코 이런 확신을 누려 본 적이 없다고 진지하게 말할 수 있습니까? 믿음의 씨름과 관련하여 양심에 화평과 평안을 누려 본 적이 없습니까? 하나님께서 여러분의 죄를 용서하신 것을 느껴 본 적이 없습니까? 하나님을 여러분의 하나님으로 누려 본 적이 없습니까? 아니라고 말하지 못할 것입니다. 여러분이 느낀 것들은 이런 사실들을 주의 깊게 살피지 않고 소홀히 여겼기 때문일 수도 있습니다. 여러분은 다음과 같이 말할 수도 있습니다. "나는 이런 것들을 어느 정도 누렸다. 그러나 나의 상상인 것 같다. 그렇지 않다면 내가 지금도 그것들을 누리고 있어야 할 것이다." 이에 대해 저는 이렇게 답하겠습니다. 지난날들을 잘 돌아보고 더욱 분발하십시오. 하나님은 변함없이 여러분에게 은혜를 베푸시는 분이요, 변하신 적도 없고 변하실 수도 없는 분임을 확신하십시오. 물론 그분이 자녀들로 하여금 이 사실을 일상적으로 느끼게 하시지는 않음을 기억하십시오.

의심으로 떨어지는 원인 5. 하나님의 은혜를 받아 누린다는 사실에 압도됨

하나님의 은혜를 받는다는 엄청난 사실에 압도되어 자신의 영적 상태를 의심하게 될 수도 있습니다. 어떤 이들은 자기 안에 은혜의 증거들을 발견하고 하나님의 자녀가 되었음을 확신하며 누립니다. 그러나 다른 한편으로 그들은 자신이 죄악된 존재이며, 그런 죄인이 하나님께 은혜를 받아 누린다는 것이 얼마나 엄청난 일인지를 깊이 느낍니다. 그래서 영원한 하나님께 사랑받는 것의 의미를 숙고합니다. 그리스도께서 죄인들을 사랑하기에 죽으셨고, 성령께서 죄인들을 성전 삼아 그 안에 거하신다는 사실을 숙고합니다. 하나님의 자녀가 된다는 것, 위엄이 많고 거룩하며 영광스런 창조자요 천지의 주재이신 하나님을 자기 하나님으로 모시는 것, 상속자로서 이루 헤아릴 수 없는 영원한 지복을 받아 누리는 것이 무엇인지를 깊이 성찰합니다. 거의 모든 사람을 그들의 죄를 따라 정죄하고 비참함 속에 내버려 두시면서도 그중 소수에게 은혜를 베풀어 자기 같은 죄인을 그 소수로 부르신 사실이 너무나 놀라워서 도무지 믿지 못합니다. 그래서 자신이 그 소수에 속한다는 생각이 주제넘고 과분하게 여겨져 감히 자신을 은혜 가운데 있는 자라고 생각하지 못합니다. 자기 안에 있는 은혜의 증거들로 말미암아 당연히 그렇게 생각해야 하는데도 그 일이 얼마나 엄청난지를 잘 아는 까닭에 압도된 나머지 감히 그 사실을 받아들이지 못하는 것입니다.

하나님의 완전하심 때문에 오히려 이처럼 잘못된 결론에 이르는 것이 얼마나 슬픈 일인지 모릅니다. 이런 사람들은 책망받아 마땅합니다. 그러나 이 결론은 겸손하고도 여린 마음에서 비롯된 것입니다. 그러므로 이런 사람들이 확신을 누릴 것을 소망하며 기쁨과 사랑으로 하나님을 자신의 하나님으로 섬기고, 영원한 복락을 즐거이 소망하면서 삶의 경주를 마치고 하나님께 영광과 기쁨을 돌리기를 바랍니다. 이런 사람은 다음과 같은 사실을 기억해야 합니다.

첫째, 하나님의 은혜는 분명 인간이 받고 헤아리기에 너무나 위대하고 엄청나지만, 무한하신 하나님께는 전혀 그렇지 않습니다. 자기 안에 은혜의 증거가 분명히 있는데도 자신이 은혜 안에 있다고 확신하는 것을 뻔뻔하다고 여기면서 자신에 대해 확신하지 못하는 모습은 사실 교만한 것입니다. 자신이 받을 만한 것만 받겠다는 것이요 거저 주시는 은택을 받지 않겠다는 것입니다. 그러나 이런 태도는 위대한 은혜의 수여자를 슬프시게 합니다. 그분은 죄인에게 은혜를 베푸심으로 영광과 기쁨을 누리십니다. 그러므로 그분께서 베푸시는 것을 기쁨과 감사로 받으십시오. 그리고 여러분과 같이 비천한 자에게 이토록 헤아릴 수 없는 은혜 베풀기를 기뻐하시는 하나님께서 놀랍도록 선하심을 인정하고 찬미하십시오.

둘째, 어느 누구도 받을 자격이 있어서 은혜를 받는 것이 아닙니다. 사람이 좋은 성품이나 자질 등으로 하나님을 감동시켜 그분으로 하여금 복을 주시게끔 할 수 없다는 말입니다. 하나님의 은혜를 받은 다른 사람들 또한 여러분과 마찬가지로 은혜 받을 만한 자격이 전혀 없습니다. 그런데도 하나님께서 베푸시는 무한한 은택을 기꺼이 받아 누리고 영원하고도 복된 의무 아래에 들어갑니다. 이 사실로 말미암아 놀라워하고, 하나님의 선하심을 찬양하며, 하나님께 감사와 영광을 돌립니다. 야곱과 더불어 다음과 같이 말합니다.

"나는 주께서 주의 종에게 베푸신 모든 은총과 모든 진실하심을 조금이라도 감당할 수 없사오나"(창 32:10).

또한 다윗과 더불어 다음과 같이 탄복합니다.

"주 여호와여 나는 누구이오며 내 집은 무엇이기에 나를 여기까지 이르게 하셨나이까?"(삼하 7:18)

여러분도 마땅히 그렇게 해야 합니다.

셋째, 여러분을 은혜로 부르시기도 전에 하나님은 여러분이 어떤 사람이며 앞으로 어떤 죄를 지을지 다 아셨습니다. 그런데도 하나님은 복음과 그의 사자들을 보내 여러분을 부르시고, 중보자께로 나아가도록 이끄시고 믿음을 주시고 회심하게 하시고, 신령한 빛과 생명을 주시고, 그렇게 자주 여러분을 사랑함을 보여 주시며 위로하셨습니다. 신령한 생명을 처음 누리기 시작했을 때에는 이 은혜의 일들을 너무나 엄청난 일들이라 그냥 받을 수 없다고 여기지 않고, 오히려 눈물을 쏟으며 그 은혜를 바라고 감히 그리스도께로 달려갔습니다. 그런데 이제는 이 은혜가 너무나 대단하고 과분해서 그냥 받을 수 없다고 거부한단 말입니까? 아니면 하나님께서 처음에는 아무것도 모르는 채 그 모든 은택을 베푸셨다가 여러분이 어떤 사람이며 어떻게 죄를 지었는지를 아시고는 마음을 바꾸셨다는 말입니까? 그것이 아니라면 하나님께서 베푸시는 은혜를 기쁨과 감사로 받고 그분께 영광을 돌리십시오.

넷째, 하나님께서 그토록 많은 사람들은 간과하시면서도 가장 무가치한 죄인들에게 무한하고도 위대한 복락과 은혜를 기쁘게 베푸시는 목적은 자신을 영화롭게 하시기 위함입니다. 하나님은 무한한 은혜를 값없이 베푸시고 지극히 풍성한 사랑과 긍휼을 나타내심으로써 모든 천사들과 택함 받은 백성들이 놀라고 기뻐할 뿐만 아니라 이런 하나님의 완전하심을 주목하고 드높이고, 그리하여 그들에게 복락이 영원토록 더해 가기를 원하십니다. 다음 말씀들을 보십시오.

"이는 그가 사랑하시는 자 안에서 우리에게 거저 주시는 바 그의 은혜의 영광을 찬송하게 하려는 것이라"(엡 1:6).

"그러나 내가 긍휼을 입은 까닭은 예수 그리스도께서 내게 먼저 일체 오래 참으심을 보이사 후에 주를 믿어 영생 얻는 자들에게 본이 되게 하려 하심이라"(딤전 1:16).

이 뜻이 이루어지려면 하나님께서 은혜로 베푸시는 선물들과 죄인 사이에 엄청난 간극과 불일치가 있어야 합니다. 그러므로 자신에게서 이런 엄청난 불일치를 발견할 때, 그것 때문에 하나님의 은혜를 인정하는 데 방해받아서는 안 됩니다. 오히려 하나님의 은혜를 인정하고 참된 은혜를 입증하는 이러한 증거들을 힘입어 구원의 확신을 누림으로써 하나님을 영화롭게 하십시오. 그리하면 사람들과 천사들이 여러분 안에 하나님의 놀라운 은혜가 있음을 보고 하나님께 영광을 돌릴 것입니다.

의심으로 떨어지는 원인 6. 기도하지 못함과 기도에 응답이 없음

여섯 번째로, 신자는 기도가 안 되거나 기도를 응답 받지 못할 때 자신의 영적 상태를 의심하게 됩니다.

'신자들에게는 그리스도의 영이신 성령이 계신다. 성령은 기도의 영이시며, 신자들로 하여금 아빠 아버지라 부르짖도록 하신다. 성령은 신자들을 위해 말할 수 없는 탄식으로 기도하신다. 그러나 나는 기도가 안 된다. 기도하려고 할 때마다 마음이 닫혀 한 마디도 나오지 않으며, 생각이 흐트러진다. 설령 기도하더라도 단지 입술로 주절거리는 행위에 불과할 뿐이다. 마음에는 아무런 감동도 없고 내 기도가 하나님께 상달되는지도 모르겠다. 허공에 대고 말하는 것 같다. 하나님 앞으로 나아가 친밀하게 기도 드릴 수 없을뿐더러 기도할 때 마땅히 가져야 할 합당한 겸손함과 경외함과 믿음이 없는 것 같다. 내가 어떤 문제를 두고 간절하게 계속 기도하더라도, 하나님은 내 기도를 듣거나 응답하시지 않는다. 그런데 하나님은 택하신 자들의 기도를 듣고 응답하시는 분이다. 그러하기에 나는 더 절망스럽고, 과연 내가 은혜 아래 있는 자가 맞는지 의심스럽다.'

첫째, 하나님의 자녀들은 언제든지 이런 상태에 빠질 수 있습니다. 그리스도인이라면 누구나 이를 인정할 것입니다. 그러하기에 그런 생각이 드는 것 자체를 이상히 여기거나, 자신이 하나님의 은혜와 상관없다고 여길 필요가 없습니다. 다른 신자들도 겪는 일이라면 여러분도 동일하지 않겠습니까? 욥, 다윗, 그리고 다른 성도들 또한 자신의 이런 상태를 탄식했습니다.

둘째, 이런 상태로 말미암아 몹시 괴로워하고 경건한 삶이 퇴보하기도 합니다. 그러나 이런 상태가 계속되기 때문에 슬퍼하고 기도하게 되며 하나님께서 기도 들으시기를 간절히 바라는 모습이 그 영혼에 생명이 있다는 사실을 반증합니다.

셋째, 지나온 삶을 돌이켜 보면 언제나 이런 상태는 아니었음을 인정할 수밖에 없을 것입니다. 계속 눈물 흘리며 부르짖고 기도한 때가 있었을 것입니다. 게다가 하나님께서 자녀들이 눈물 흘리며 간구할 때 기뻐하심을 자주 보여 주셨을 뿐만 아니라, 여러분의 기도를 들어주셨습니다. 어쨌든 지금 여러분이 그렇게 기도하지 못하는 이유로 다음 몇 가지를 생각해 볼 수 있습니다.

① 기도를 시작하자마자 친밀함과 영성을 깊이 누리려 하기 때문입니다.

② 곤궁한 죄인으로서 기도할 수 있도록 능력과 기도의 영을 주시기를 구하지 않고 자신의 능력으로 기도를 시작하기 때문입니다.

③ 경건의 시간이 대부분 하나님을 부르고 온 맘으로 그분께 기도하는 것으로 채워지는 것인데도, 이때 비상하고도 특별한 체험을 바라기 때문입니다.

④ 영혼에 드리워진 영적 어둠으로 말미암아 여러분이 소중히 여기고 간절히 바랐을 영적인 일들의 가치를 인식하지 못하기 때문입니다.

⑤ 여러분의 마음이 나뉘어 세상의 것들에 빠져 버렸기 때문입니다.

⑥ 나태하고 게으른 탓에 주님을 찾고 기도하는 데 힘쓰고 싶어하지 않기 때문입니다.

그러므로 여러분을 이렇게 만든 원인을 찾고 제거하십시오. 온전한 마음으로 하나님을 아는 일에 힘쓰십시오. 그리하면 더는 하나님과 소원해지지 않고 피조물에게 매이지 않을 것입니다.

넷째, 어찌 감히 하나님께서 여러분의 기도를 듣지 않으신다고 말할 수 있습니까? 여러분의 마음이 여러분을 책망할 것입니다. 여러분이 기도했으나 응답받지 못하는 이유는 다음과 같습니다.

① 절박하게 기도하지 않기 때문입니다.

② 하나님께서 약속하시지 않은 것들을 구하기 때문입니다.

③ 여러분이 구하는 것이, 주님께서 경건과 구원에 유익이 된다는 조건 아래서만 주겠다고 약속하신 것들이기 때문입니다. 여러분이 가장 좋다고 판단하는 것이 아니라 하나님께서 그분의 지혜로운 판단에 따라 여러분의 생명에 유익한 것들을

주십니다.

④ 여러분을 겸손하게 하고 자신이 벌레같은 자일 뿐임을 알게 하시려는 것입니다. 그러하기에 여러분이 구한 것을 하나님께서 주시지 않아도 아무 말도 할 수 없습니다. 오히려 여러분이 기도할 수 있는 것 자체가 하나님의 무한한 선하심에서 비롯된 것으로 여겨야 합니다.

⑤ 하나님께서 여러분이 무엇을 갈망하는지를 보고 싶어하시기 때문입니다. 그분은 여러분의 눈물을 보고 부르짖는 소리를 듣고 싶어하십니다.

⑥ 하나님은 여러분이 간구하고 바라는 것에 합당하게 준비되어 그것을 받았을 때 더욱 유익하게 누리기를 바라시기 때문입니다.

⑦ 여러분이 구하는 것을 한 번에 모두 주시기보다는 조금씩 주려 하시기 때문입니다.

⑧ 이미 하나님께서 여러분의 기도에 응답하여 바라는 것을 주셨는데도 여러분이 그것을 모르기 때문입니다.

기도가 안 되고(이럴 때 영혼이 슬퍼합니다) 응답받지 못하는 것 때문에 불신앙에 빠지거나 낙담하거나 분을 내서는 안 됩니다. 오히려 이는 하나님께서 지혜와 선하심을 따라 여러분에게 유익이 되도록 일하고 계신다는 증거입니다. 자신이 무의미한 존재로 여겨진다면, 계속 그렇게 벌레처럼 미미한 존재로 남아 있으십시오. 실제로 우리가 그런 존재가 아닙니까! 하나님께서 여러분에게 주기를 기뻐하시는 분량대로 계속 기도하십시오. 단지 본성적인 방식으로 할 수밖에 없다면, 그렇게라도 계속 힘써 기도하십시오. 그렇게 하다 보면 영적인 측면에서도 동일하게 할 수 있을 것입니다. 주님께서 다시금 여러분을 찾아오셔서 기도하도록 가르쳐 주시고, 기도에 응답해 주시며, 영혼의 갈망을 들어주시고, 하나님의 뜻으로 만족하는 마음을 주실 것입니다.

의심으로 떨어지는 원인 7. 자신의 믿음이 교화된 것일 수 있다고 우려함

자신의 영적 상태를 의심하게 되는 일곱 번째 원인은 자신의 모든 신앙이 어려서부터 배운 결과일 수 있다고 두려워하는 것입니다.

'나는 믿는 가정에서 태어나 교회에서 자랐다. 그래서 교리를 잘 안다. 그러나 나는 익숙하기에 동의할 뿐, 교리에 깊이 감동되거나 영향을 받지 못한다. 또한 교리로 말미암아 슬퍼하지도, 진실하게 살지도, 위로를 얻지도 못한다. 나의 마음은 어디에도 없고 아무런 열매도 없다.'

첫째, 지성과 의지와 마음과 감정과 사람이 일반적으로 어떻게 기능하는지를 모를 때 이런 식으로 자신의 믿음을 의심할 수 있습니다. 몇 가지만 알면, 이 문제가 쉽게 해결될 것입니다.

① 사람은 지성을 통해 사물을 인식하고 이해하고 알 뿐만 아니라, 그것이 참되고 선한지를 판단합니다. 사람은 진공 상태에서가 아니라 자기가 아는 대상과 맺는 관계에 기초하여 판단합니다. 다시 말해, 자신이 그것을 추구하느냐 거부하느냐, 또는 어떤 것을 하고자 하느냐 하지 않고자 하느냐에 따라 판단합니다.

② 마음이나 의지는 어떤 일을 향한 기쁨이나 슬픔, 사랑이나 혐오, 열망이나 무관심과 관련됩니다.

③ 사랑은 어떤 일을 추구하거나 회피하는 것으로 드러나는 열망이나 강한 감정입니다.

④ 사람이 무언가를 할 때, 지성이 가장 먼저 작용합니다. 무엇을 하든 사람은 항상 지성을 사용합니다. 이 지성이 의지를 불러일으키고, 의지가 감정을 불러일으킵니다.

둘째, 이 원리를 자신에게 적용하고 그것이 작용하는 방식을 잘 보십시오. 지성 자체는 대상을 관찰하고 그것이 선한지 악한지를 판단합니다. 지성은 불쾌함이나 슬픔이나 바람 같은 것은 알지 못합니다. 사실을 그대로 받으며, 아는 것으로 만족합니다. 만일 여러분이 아는 것으로 그친다면, 뭔가 잘못되었음을 알아야 합니다.

그러나 의지가 지성과 함께하면, 즉 자신에게 부족한 것이 있음을 슬퍼하고 무언가를 누리거나 행하기를 열망한다면, 여러분의 마음이 지성과 함께하는 것입니다. 마음은 지성으로 조명된 의지입니다. 죄를 의지적으로 싫어하고 그리스도와 그분의 구원에서 즐거움을 찾습니다. 그래서 죄에서 떠나고, 그리스도를 찾고, 또 그렇게 행하기로 결정합니다. 만일 여러분이 그러하다면 여러분의 신앙이 단지 사변적일까 봐 염려하지 않아도 됩니다.

셋째, 자신의 감정과 열정을 마음과 혼동하기 때문에 그렇게 염려하게 됩니다. 그래서 감정과 열정이 생기지 않으면 마음이 결여되었다고 여깁니다. 그러나 이는 심각한 오해입니다. 많은 경우 사람의 열정이나 감정은 신체 상태나 체질에서 비롯됩니다. 어떤 사람은 다른 사람보다 다혈질입니다. 감정은 대부분 우리를 오도합니다. 무언가를 열정적으로 행한다고 해서 지성이 개입된 의지를 통해 행하는 것보다 더 진실하지는 않습니다. 사람들은 대부분 두려움이 많은 회심 초기에 매우 열정적입니다. 그러나 시간이 갈수록 그 열정이 점차 가라앉습니다. 그리스도와의 관계를 누리며 구원에 이르는 은밀한 믿음이 자리하기 때문입니다. 또한 영혼이 자발적으로 기능하고, 지성이 왕성하게 활동하며 믿음의 신비들을 묵상하고, 의지로 그 신비들을 받아들이고, 그 안에서 큰 즐거움을 찾습니다. 그러나 나태함이나 낙담이나 영적 어둠에 익숙해지는 까닭에 열정이 식기도 합니다. 그러하기에 열정이 결여되었다면 마땅히 그 상태에서 빨리 벗어나도록 분발해야 합니다. 그러나 열정이 결여되었다는 것이 곧 영적인 상태를 잃어버렸다는 의미는 아닙니다. 감정이 곧 마음은 아니기 때문입니다. 마음은 지성으로 조명된 의지입니다. 그러므로 마음의 경향성이 그리스도를 향하고 칭의와 성화를 위해 의식적으로 그리스도를 추구한다면, 하나님을 경외함으로 그리스도께로 피하고, 그분을 영접하고, 자신을 맡기고, 기도하고, 악을 멀리하고, 하나님께서 기뻐하시도록 선을 추구한다면, 자신이 여전히 은혜 안에 있다고 확신해도 될 뿐만 아니라 그 사실을 즐거워해야 합니다.

의심으로 이끌리는 원인 8. 위선일까 봐 두려워함

여덟 번째로, 자신이 위선을 행하는 것은 아닐까 두려워하기 때문에 자신의 영적 상태를 의심하게 됩니다.

'나는 은혜 아래 있다고 할 수 없다. 내가 무언가를 할 때마다 내 양심이 나에게 위선이라고 비난하기 때문이다. 나는 하나님을 섬기는 것 같지만 실상은 언제나 나를 중심에 둔다. 찬양하고 기도하고 사람들 앞에서 대표로 기도하거나 사람들이 보는 앞에서 무언가를 할 때면, 어김없이 마음이 사람들을 향한다. 사람들에게서 인정과 칭찬과 사랑을 받고 싶어한다. 다른 사람을 의식하는 것이 내 영혼의 돛에 부는 바람이다. 이것이 동기가 되고 이것 때문에 열심을 낸다. 모든 일을 할 때 사람들이 어떻게 생각할지를 먼저 생각한다. 사람들이 칭찬해 주기를 원하며, 그럴 때 만족한다. 사람들에게서 인정과 갈채 받기를 좋아하는 성향이 내 본성 깊이 습관으로 자리한다. 심지어 나 혼자 경건하게 어떤 일을 할 때조차 내 마음은 사람들이 있다면 어떻게 느낄지를 생각한다. 이런 위선자가 또 어디 있단 말인가! 게다가 의인들은 한결같고 신실하지만 위선자는 하는 일마다 정함이 없다. 나야말로 그러하다. 열심을 내다가도 금세 미지근해진다. 진보하는 듯하다가도 어느새 제자리걸음일 뿐이다. 심지어 퇴보하기까지 한다. 용기를 내는 듯하다가도 금세 낙담하고, 무엇이든 이룰 것처럼 의기양양해하다가도 금세 시무룩해진다. 섬세하고 예민한 양심으로 하나님을 경외하며 행하는 듯하다가도 어느새 죄악된 정욕에 이끌린다. 이것이 지금 나의 상태이다. 그러니 이런 내 모습을 보고 어떻게 위선자가 아니라고 할 수 있겠는가? 위선자는 하나님께 진노를 받고 가장 끔찍한 지옥에 떨어지지 않는가!'

첫째, 앞에서 말한 것들은 모두 하나님께 악한 죄이므로 마땅히 책망받아야 합니다. 이런 사람은 지체 말고 하나님 앞에서 자신을 낮추어야 합니다.

둘째, 위선을 강하게 적대시하고 은혜 없는 자로 드러날까 봐 두려워한 나머지 자신을 지나치게 혹평할 수 있습니다. 그러나 앞에서 말한 것들이 사실이요 여러분이 그런 사람이라 치고 다음 물음에 대답해 보십시오.

① 여러분도 그런 이면의 동기들을 좋아하며 즐깁니까? 아니면 무거운 짐으로 느끼며 슬퍼하고 불쾌해합니까?

② 그러한 것들이 여러분이 행하는 신앙 행위의 목적이요 동기입니까? 그것들을 즐깁니까? 아니면 여러분이 바라거나 의도하지 않았는데도 그것들이 몰래 스며 들어왔습니까? 그런 것들이 사라지도록 기도합니까? 그것들 때문에 선행을 통해 누리는 즐거움과 화평을 빼앗깁니까?

③ 여러분이 혼자 있을 때, 즉 하나님과 여러분만 있을 때 신자로서 더 잘 행합니까? 아니면 사람들이 알아줄 때 더 영적인 모습으로 드러납니까? 자신을 추켜세우거나 깎아내리지 말고 하나님 앞에서 이런 물음들에 정직하게 대답해 보십시오. 그리하면 여러분의 마음을 움직이는 원리가 의로운지 위선적인지를 분별할 수 있을 것입니다. 만일 자신을 추구하고 어떻게 일을 이룰까 하는 것이 중심 동기이며, 혼자 있을 때보다 사람들 앞에서 이런 일 행하기를 더 즐거워한다면, 자신이 위선자임을 인정하고 회개해야 합니다. 그러나 그렇게 자신을 추구하는 모습이 싫고 그것 때문에 슬퍼하고 기도한다면, 그 내면의 동기들이 여러분이 바라지 않았는데도 은밀하게 숨어 들어온 것이라면, 그것들 때문에 영혼이 힘들어하고 여러분이 행한 것이 어그러진다면, 사람들 가운데 있을 때보다 혼자 있을 때 더 영적이고 바르고 경건하고 하나님과 친밀함을 누린다면, 용기를 내십시오. 그리고 여러분의 영적 상태를 부인하지 마십시오.

단, 다음 사실들을 기억하십시오.

첫째, 이 땅에 사는 신자들은 부분적으로만 성화를 이루며, 자신 안에 남아 있는 여러 가지 죄에 영향을 받습니다. 우리가 이 땅에 사는 한, 어떤 죄도 다시 고개를 쳐들지 못하도록 완전히 죽이지는 못합니다. 우리에게 남아 있는 부패가 우리 몸의 상태나 다른 환경을 틈타 겉으로 드러납니다. 그러하기에 신자들마다 유난히 자주 넘어지는 죄가 있습니다. 여러분의 경우는 자기를 추구하는 것입니다. 그러나 지금까지 이야기한 것에 비추어 볼 때, 적어도 여러분은 이 죄에 지배당하고 있지 않으며 이 죄와 싸우고 있습니다. 그러하기에 이 죄를 여러분의 원수로 여겨야 합니다. 위선이 여러분의 원수라면 진실함은 하나님의 은혜에서 비롯된 여러분의 새로운 본성이라 할 수 있습니다.

둘째, 자기 추구를 두려워하다가 오히려 더욱 자기 추구에 몰두하는 경우가 많습니다. 이런 두려움으로 말미암아 우리가 정말로 자기를 추구하고 있다고 생각하게 되고, 이런 때를 틈타 마귀가 우리에게 자신을 추구하고 있다는 불온한 상상을 불어넣습니다. 이 사실을 모르는 사람들은 그런 비난이 환상이나 미혹이나 지레짐작으로 두려워한 데서 기인한 것인데도 지나치게 자신을 책망합니다. 그러므로 때때로 숨은 동기에 시달리고 여러분의 의지에 반하는 동기에 피해를 받더라도, 그것 때문에 자신을 위선자로 단정 짓지 말아야 합니다.

셋째, 이 부분에서 흔들리고 주저하면서도 우리 마음이 여전히 주님과 이어져 있다면 위선이라 할 수 없습니다. 실패라는 것이 우리가 슬퍼하는 바 잠깐 잘못 생각하여 판단한 결과일 뿐 하나님과 그분의 뜻을 따르는 데에서 완전히 벗어나는 것을 가리키지 않는다면, 그것을 위선이라고 해서는 안 됩니다. 오히려 이런 흔들림은 성령의 소욕을 따르다가 육신의 소욕에 굴복하는 일이 반복되는 것이요, 성령의 소욕과 육신의 소욕이 싸우고 있다는 증거입니다. 이런 모습이야말로 우리가 원리적으로 견고히 서 있음을 나타냅니다. 성령의 소욕이 계속 이기고 육체의 소욕을 따른 일탈을 슬퍼하고 있기 때문입니다. 그러므로 쉽사리 단정하지 말고, 오히려 믿음에 견고히 서서 담대히 행하십시오. 그리하면 더욱 강건해질 것입니다.

의심으로 이끌리는 원인 9. 죄와 부패의 능력

자신의 영적 상태를 의심하게 되는 아홉 번째 원인은 우리 안에 있는 엄청난 부패와 죄의 능력입니다.

'칭의와 성화는 언제나 함께한다. 거룩한 삶이 없으면 거듭남과 믿음과 칭의 또한 없다. 거룩하지 않은 사람은 은혜 안에 있는 것이 아니다. 나는 거룩하지도 않을

뿐더러 죄로 가득하다. 이처럼 악하고 혐오스러우며 부패한 마음이 내 안에서 활동하는 것을 볼 때, 나처럼 악한 사람이 또 있을까 싶다. 바로 이런 마음에서 죄에 대한 온갖 허탄하고도 부정한 생각이 나온다. 나는 끊임없이 죄를 범한다. 너무나 가증한 죄이기에 입에 담을 수조차 없다. 간혹 어쩌다가 이런 죄에 빠지는 것이 아니라, 오히려 이 죄들에 지배당하는 것 같다. 일단 그렇게 죄를 짓고자 욕망하게 되면, 어느새 나는 그 죄악들을 향해 내달린다. 심지어 그런 마음을 더욱 불러일으켜 견고하게 한다. 이런 일들이 양심을 거슬러 일어난다. 하나님께서 보고 계심을 생각하고 성령께서 마음에 너무나 분명하게 경고하시는데도 고의로 죄의 길을 고집한다. 나는 성령을 거슬렀으며, 영원토록 용서받지 못할 것이라는 생각만 든다. 그러므로 내가 품었던 모든 소망이 한 순간에 사라져 버렸다. 나 역시 정죄 받은 자들 중 하나이다.'

첫째, 하나님과 거룩한 천사들과 사람들 앞에서 부끄러워해야 합니다. 죄악된 인간이여, 부끄러워하십시오! 이 일이 정말 여러분에게 일어나고 그와 반대되는 다른 일을 찾아볼 수 없다면, 스스로 은혜 안에 있다고 생각할 이유가 전혀 없습니다. 그러므로 속히 이 모든 일에서 떠나 회개하십시오. 제가 할 말은 이것뿐입니다.

둘째, 신령한 생명을 가진 사람도 이런 죄의 능력에 잠깐 압도되곤 하지만, 그런 때에라도 그가 가진 신령한 생명이 드러납니다. 그러나 부패에 압도된 사람에게서는 이 생명마저 발견되지 않으며, 이 때문에 믿음과 자신의 영적 상태를 의심하게 됩니다. 그러므로 이런 사람들에게 신령한 생명이 어디서 드러나는지를 보임으로써, 낙심한 자들을 격려하고, 이렇게 죄악된 상태에서 건져 올리며, 경건하게 살도록 회복시키고자 합니다. 영적 질병인 부패의 능력과 신령한 생명의 퇴보에 관해서는 다음 장에서 다루겠습니다. 그러므로 자신의 영적 상태 때문에 낙심한 사람들을 격려하고자 이 문제를 간단하게 살핌으로써, 때때로 넘어지더라도 이 싸움을 통해 어느 정도의 은혜가 여전히 나타남을 보이겠습니다.

셋째, 그러므로 논쟁하지 말고 여러분 안에 무엇이 자리하고 있는지 잘 들어 보십시오.

① 진실로 경건한 사람들에게만 아니라 내면의 신령한 생명 자체에 반감을 가지고 있습니까? 신사적이지만 불경건하고 회심하지 않았으며 죄와 짝하는 사람들과 사귀기를 즐깁니까? 이에 반대하는 마음이 있습니까? 죄인들과 세속적인 사람들은 물론 죄를 하나님의 뜻을 거스르는 악으로 여기며 미워합니까? 하나님의 뜻과 전심으로 하나 되고 경건한 신자들과 사귀기를 기뻐합니까?

② 죄를 범하려 하거나 그런 욕구가 일어날 때 그런 의도와 욕구를 거리끼며 거스르려는 마음이 있습니까? 그런 감정이 일어나지 않을 때에는 하나님과 그리스도를 의식하며 죄를 짓지 않으려고 마음먹습니까?

③ 이처럼 죄악된 마음에 사로잡혀 있을 때 즐겁고 활기에 넘칩니까? 아니면 슬프고, 생명력과 활기를 잃습니까?

④ 죄를 지어도 무감각합니까? 아니면 죄로 말미암아 영혼이 상처입고 슬퍼합니까?

⑤ 계속 죄에 빠진 상태로 남고 싶습니까? 아니면 그 상태에서 벗어나 자유와 기쁨으로 하나님을 섬기고 싶습니까?

⑥ 항상 죄악된 상태로 있습니까? 아니면 하나님 앞에서 눈물 흘리며 깊이 낮아지고, 은혜를 간구하고, 예수님의 피로 용서받고자 그분께로 피하고 그리스도 안에서 하나님과 연합하려고(그것을 확신하지는 못하더라도) 합니까? 이때 자신의 무능함을 절감하고, 힘을 주시도록 하나님께 전심으로 부르짖으며, 앞에서 말한 죄들을 비롯해 다른 모든 죄들을 짓지 않겠노라고 굳게 다짐합니까? 그리스도께 붙어 있으며 하나님을 경외하고 죄를 대적하는 능력을 누리곤 합니까?

잠잠히 이 물음들에 대해 생각하고 대답해 보십시오. 이 물음들이 제기한 선한 것들이 여러분 안에 있다고 확신할 수 있다면, 여러분의 영혼에 여전히 신령한 생명이 있으며 죄가 여러분을 지배하지 못하는 것이 틀림없습니다. 오히려 신령한 생명이(설령 미약하다 할지라도) 죄와 반대되는 것들을 사모하고, 그것들을 바라면서 탄식하고 부르짖으며 거룩한 싸움을 하고 있는 것입니다. '넘어진 사람은 여전히 싸우는 중이다'라는 속담처럼, 죄와 계속 싸우는 한 죄가 완전히 승리한 것은 아닙니다.

이런 사실은 여러분이 성령을 거스르는 죄를 범하지 않았음을 입증합니다.

① 이 사람은 지금 성령을 거스르는 죄를 짓는 것이 아니라, 자신이 고백한 진리를 경험하고 있습니다. 성령을 거스르는 죄는 그리스도의 모든 뜻에 완고히 반대하는 모습으로 드러나기 때문입니다.

② 성령을 거스르는 죄를 범할 때 이 죄를 반대하는 신령한 생명의 원리가 역사하지 않을 것이기 때문입니다.

③ 성령을 거스르는 죄를 범하는 사람은 결코 그 죄를 뉘우치지도 않고 용서를 바라지도 않을 것이기 때문입니다.

자신이 받은 빛과 살아 있는 양심과 성령의 경고를 거슬러 짓는 죄는 매우 극악합니다. 이 죄에 빠져 있는 사람은 마땅히 자신을 더욱 낮추고 미워해야 합니다. 그렇다고 해서 이런 죄가 곧 성령을 거스르는 죄는 아닙니다. 이는 새사람과 구별되는 바 우리 안에 남아 있는 옛 아담의 부패함입니다. 성경은 옛 아담을 원수라고 말하며, 새사람을 그 사람의 인격으로 이야기합니다.

"만일 내가 원하지 아니하는 그것을 하면 이를 행하는 자는 내가 아니요 내 속에 거하는 죄니라"(롬 7:20).

여러분에게 여전히 신령한 생명이 있다면 용기를 내십시오. 여러분 안에서 선한 일을 시작하셨을 뿐만 아니라 그리스도의 날에 반드시 그것을 이루실 하나님의 능력을 힘입어 새로 싸우기 시작하십시오. 모든 연약함을 털어 버리십시오. 하나님은 친히 이루신 일을 버리시지 않습니다. 오히려 "피곤한 자에게는 능력을 주시며 무능한 자에게는 힘을"(사 40:29) 주십니다. 하나님께서 친히 여러분 안에 이루신 선한 것들만 바라보시듯이, 여러분도 그렇게 해야 합니다. 그리고 하나님이 하신 일이라 인정하고 용기를 내십시오.

의심으로 이끌리는 원인 10. 근본이 되는 교리를 믿지 못함

자신의 영적 상태를 의심하는 열 번째 원인은 근본적인 교리들을 믿지 못하는 것입니다.

'소망하지도, 도움을 바라지도 못하는 나는 얼마나 비참한 사람인가! 나는 하나님의 존재와 성경이 하나님의 진리임을 믿지 못한다. 천국과 지옥은 물론이요 영혼이 정말 불멸하는지도 잘 모르겠다. 눈으로 볼 수 없는 것들은 믿지 못하겠다. 맞다. 하나님에 대해 불경한 생각이 많이 든다. 이런 내가 어떻게 거듭난 자라 할 수 있겠는가!'

본 서 14,92,93장을 읽어 보십시오. 물론 참으로 서글픈 상태인 것은 분명하지만, 여러분이 회심하지 않았다고 말할 수는 없습니다. 신자들은 대부분 이런 일을 겪으며, 특히 지성이 예리한 사람들은 더욱 자주 경험합니다. 그러므로 이런 일이 있다고 해서 자신의 상태에 대한 소망을 버려서는 안 됩니다. 이런 의심들은 여러분이 원하지 않는데도 느닷없이 마음에서 일어나곤 합니다. 그 이유는 다음과 같습니다.

첫째, 여러분이 늘 이런 상태로 지내지는 않았습니다. 하나님과 교제하고픈 갈망과 사랑을 나타내기도 했습니다. 하나님만이 여러분의 갈망이요 기쁨입니다. 하나님께서 자기를 감추실 때, 여러분은 가장 슬퍼합니다. 소망을 얻으면 기뻐합니다. 하나님께서 다시금 모습을 나타내시면 여러분은 떨 듯이 기뻐합니다. 하나님을 경외하고, 그분의 뜻을 행하고, 그분 앞에서 겸손히 행하는 것이 여러분 영혼의 생명입니다. 그리스도는 여러분에게 너무나 소중한 분이십니다. 이전에도 그러했으며, 지금도 이따금 그렇지 않습니까? 그러므로 이전에 여러분이 누렸던 경험들을 떠올려 보십시오.

둘째, 이렇게 공격받을 때에도 신령한 생명의 증거들이 드러납니다. 여러분은 무엇 때문에 그렇게 불안해합니까? 여러분의 말대로 눈에 보이지 않는 것들은 존재하지 않고 영혼은 불멸하지 않는데, 그렇게 힘들어할 필요가 어디 있습니까? 먹고, 마시고, 정욕을 따라 맘껏 즐기십시오. 영혼이 불멸하지도 않고, 죄가 없으니 심판받을 필요도 없지 않습니까! 이런 소리를 들으면 하나님을 향한 사랑이 다시금 일어나지 않습니까? 눈물이 나지 않습니까? 이런 모습이야말로 여러분이 이 모든 것을 진리로 믿고 있다는 증거입니다. 그리고 여러분이 부패한 마음의 영향을 받고 마귀에게 공격당한 것임을 드러냅니다. 이런 불경한 생각들 때문에 얼마나 괴로웠는지 생각해 보십시오. 왜 그렇게 괴로웠습니까? 심판받을 것이 두려웠습니까? 이것이 주된 이유가 아님을 알 것입니다. 바로 하나님을 향한 여러분의 사랑이 방해받았기 때문이 아닙니까! 이 사랑 때문에 여러분이 하나님께 합당하지 않은 말을 듣는 것을 너무나 힘들어하지 않았습니까! 그러므로 인내하며 이 어려운 때를 지나가십시오. 하나님께서 사탄을 꾸짖으실 것입니다. 이런 불경한 생각들은 여러분의 죄가 아니라 사탄의 죄입니다. 여러분은 그저 사탄의 속삭임을 듣고서 괴로워한 것입니다. 하나님께서 자신의 말씀을 통해 여러분의 영혼에 새롭게 자신을 나타내 주시고 자신이 살아 계심을 선포하실 것입니다. 성령께서 성경을 통해 말씀하시며 자신이 진리의 영임을 여러분에게 증언하실 것입니다.

의심으로 이끌리는 원인 11. 영적인 어둠과 무감각

자신의 영적 상태를 의심하게 되는 열한 번째 원인으로 영적인 어둠과 무감각을 들 수 있습니다.

'지금 내 상태는 이전보다 더욱 나빠졌다. 나는 죽었다. 자신 안에 갈등이 있다 하더라도 그것을 견딜 수 있는 사람은 차라리 행복하다. 나는 모든 것을 믿지만, 아무런 느낌도 감동도 없다. 하나님의 은혜나 진노에 관해 들어도 아무것도 느끼지 못한다. 천국, 지옥, 경건, 죄 같은 것이 전혀 와닿지 않는다. 모든 것이 그저 허황된 상상처럼 여겨진다. 너무 멀리 있어서 전혀 볼 수 없다. 나는 지금 애굽에 드리웠던 흑암 아래 있는 것인지도 모른다. 경건의 시간을 가지는 습관도 사라졌다. 하나님의 말씀이나 설교에서 아무런 기쁨도 느끼지 못한다. 책망도 소용이 없다. 위로의 말씀도 전혀 기쁘지 않다. 어떤 격려도 나에게 새롭게 시작할 마음을 불러일으키지 못한다. 한마디로 나는 불신자보다도 무감각하고 생명력이 없다. 이런 처지인 내가 어떻게 신령한 생명이나 은혜를 이야기할 수 있겠는가? 지금 나는 가장 불경건한 죄인보다 소망이 없다.'

여러분이 토로하는 어려움에는 충분히 일리가 있습니다. 저도 마음이 아픕니다. 그러나 여러분이 소망마저 잃어버린 상태는 아닙니다. 이에 관해서는 본서 98, 99장에서 더욱 깊이 다루기로 하고, 여기서는 자신이 하나님의 은혜 가운데 있음을 의심하게 만드는 원인을 살펴보겠습니다.

첫째, 수많은 탁월한 신자들 역시 지금 여러분이 토로하는 어려움을 겪었습니다. 그리고 여러분이 이런 어려움을 토로하는 마지막 신자도 아닐 것입니다. 그러므로 여러분만이 이런 어려움을 겪으며, 따라서 아무런 소망도 없다고 생각하지 마십시오. 그럴 이유가 없습니다.

둘째, 여러분은 생각하는 것과 달리 죽은 상태가 아닙니다. 무언가를 민감하게 느끼는 것과 신령한 생명을 동일시하지 마십시오. 이는 아주 심각한 오해입니다. 지식으로 비추인 의지가 예수 그리스도로 말미암은 구원의 길을 통해 하나님을 향해 기능하게 하는 것이야말로 신령한 생명의 주된 활동입니다. 이를 통해 영혼이 하나님과의 연합을 추구해 나갑니다. 만일 여러분이 자신을 공정하게 판단한다면 이런 의지가 기능하고 있음을 깨달을 것입니다.

셋째, 영적으로 죽은 사람은 영적으로 죽은 사람에게 이끌립니다. 유유상종이라는 말처럼 사람은 같은 무리끼리 어울리며 자신과 다른 것을 미워하는 법입니다. 불신자들은 불신자들끼리 있고자 합니다. 교양 있는 사람들은 다른 교양 있는 사람을 찾습니다. 형식적인 신앙을 추구하는 사람들은 마음이 동일한 사람들과 무리 지어 내면이 경건한 사람들을 배척합니다. 여러분이 정말 영적으로 죽었다면, 불신자들이 좋아하는 것을 좋아하고, 그들이 미워하는 것을 미워할 것입니다. 그러나 오히려 그 반대이지 않습니까! 타락한 자들을 싫어하고 하나님을 경외하는 자들을 존경하지 않습니까! 그들을 사랑하지 않습니까! 이것이야말로 여러분이 사망에서 생명으로 옮겨졌다는 증거입니다!

넷째, 스스로 생각하는 것처럼 여러분이 정말 영적으로 죽은 자라면, 현재 상태에 대한 불만족과 슬픔과 탄식은 어디에서 비롯되었습니까? 죽은 자가 자신이 죽은 것을 느낄 수 있습니까? 그러나 여러분은 자신의 무감각과 무정함에 아파합니다. 미약할지라도 이것이야말로 여러분이 살아 있다는 증거가 아닙니까?

다섯째, 예수님과의 달콤한 연합, 그분을 사랑하여 신뢰함, 죄 사함에서 비롯된 양심의 화평, 하나님 앞에서 겸손하고 온유하게 사는 것으로 이루어진 신령한 생명의 가치를 알고 소중히 여기는 것이야말로 여러분이 이 생명을 잘 안다는 증거가 아닙니까? 이전의 소중한 기억들이 떠오르지 않습니까? 한 단어를 택한다면 기꺼이 이 말을 택하지 않겠습니까? 신령한 생명으로 말미암아 이런 성품들을 사랑하니 말입니다! 그렇다면 여러분이 아무리 스스로 죽었다고 느끼더라도 여전히 살아 있는 것이 아닙니까? 따라서 여러분이 죽은 것처럼 느껴진다고 해서 은혜 아래 있는 상태까지 부정해서는 안 됩니다.

의심으로 이끌리는 원인 12. 일상의 시련

자신의 영적 상태를 의심하게 되는 열두 번째 원인으로 육신의 십자가를 들 수 있습니다. 이러한 시련을 겪어 보지 못한 사람은 모든 것이 자신을 대적할 때 생길 일들을 알지 못합니다. 그것은 부모나 자녀가 온갖 비참함과 고통을 지나가는 것을 보고만 있어야 하는 상황일 수도 있고, 부모나 자식 때문에 온갖 슬픔과 불행을 당하는 경우일 수도 있습니다. 사람들에게 조롱과 멸시를 받거나, 너무 가난해서 빚을 갚지 못하여 비천하고도 비굴한 모습으로 사는 것일 수도 있습니다. 심지어 자신과 가족들이 빌어먹게 될 수도 있습니다. 육신의 고통과 불편이 오래 지속되고, 사방에서 부딪쳐 오는 어려움에 압도될 수도 있습니다. 이러한 때에 주님께서 자신을 감추시고 그분에게서 위로나 도움을 얻을 수 없다면, 아무리 강한 그리스도인이라도 떨며 요동할 수밖에 없습니다. 이런 상황에, 사탄의 간교한 공격과 불신앙적이고 죄악되고 원망하는 마음까지 더해진다면, 확신이 심각하게 타격을 입을 수밖에 없습니다. 그리하면 이 모든 것을 하나님께서 진노하신 결과로 단정 짓고는 그분이 자기 자녀들을 이렇게 대하실 리가 없다고 생각하면서, 자신이 하나님의 자녀가 아니라고 결론합니다. 이처럼 하나님의 섭리를 의심하기 시작하면 다른 옳지 않은 생각들과 공격들이 줄줄이 따라옵니다.

첫째, 아무리 그렇다고 해도 우리가 은혜 안에 있음을 부인할 이유가 되지는 않습니다. 욥, 요셉, 다윗, 예레미야, 그 밖에 수많은 성경 인물들이 참된 신자요 은혜 안에 있는 자들이 아니었습니까? 예수님께서 비천한 나사로를 은혜 안에 있는 사람의 실례로 보여 주시지 않았습니까? 그러나 나사로가 겪은 시련은 아주 무겁고도 오래 지속되는 것이 아니었습니다. 그런 상황에서 욥과 다윗이 얼마나 자주 죄를 범했습니까! 어떤 이들은 육신으로 여러분보다 훨씬 비참한 상황을 지나갔습니다. 그런 시련을 인내하지 못하고 불신앙을 드러낸 사람들도 있습니다. 여러분은 그들과 그들의 역사를 들어서 압니다. 여러분은 그들 모두를 은혜 아래에 있지 않은 자로 정죄하렵니까? 그렇게 하지 않을 것입니다. 그렇다면 여러분 역시 지금 자신의 영적 상태를 부정할 이유가 없습니다.

둘째, 게다가 하나님께서 많은 시련을 통해 자기 백성을 이끌겠노라고 선언하셨습니다. 우리는 성경에서 이 선언을 너무나 자주 접합니다.

"의인은 고난이 많으나"(시 34:19).

"우리가 하나님의 나라에 들어가려면 많은 환난을 겪어야 할 것이라"(행 14:22).

"주께서 그 사랑하시는 자를 징계하시고 그가 받아들이시는 아들마다 채찍질하심이라……징계는 다 받는 것이거늘 너희에게 없으면 사생자요 친아들이 아니니라"(히 12:6,8).

이런 말씀을 통해 여러분은 징계와 고난이 하나님의 진노하신다는 표지가 아니라 자기 자녀들을 사랑하시는 표지임을 알게 됩니다. 그리고 이런 의문이 들 것입니다. "하나님의 자녀들에게는 그럴 수 있지만, 내가 하나님의 자녀인지 믿지 못하겠다." 이런 사람들에게는 고난의 정도나 크기나 기간에 기초하여 하나님의 은혜 안에 있는지 여부를 결정할 수 없다는 사실만 말해 줄 수 있을 뿐입니다.

셋째, 시련을 겪는 중에도 여러분의 마음에 있는 하나님의 은혜가 나타납니다. 그러므로 이를 주목하여 힘을 얻어야 합니다. 다음 질문들을 잘 생각해 보십시오.

① 여러분은 무엇 때문에 더욱 슬퍼합니까? 고난 때문입니까? 아니면 여러분이 고난을 제대로 감당하지 못하기 때문입니까? 고난이 너무 버겁고 오래 지속되기 때문입니까? 아니면, 하나님의 전능하신 팔 아래 자신을 낮추지 못하며 인내하지 못하고 원망하는, 하나님의 섭리를 의심하면서 "하나님께서 진정 사람의 곤경을 돌아보고 그가 부르짖는 소리를 들으시는가?"라고 힐문하는 여러분 자신 때문입니까?

② 여러분이 더욱 바라는 것은 무엇입니까? 하나님과 화목하고 죄를 용서받는 것입니까? 고난에서 벗어나는 것입니까? 여러분이 가장 추구하는 것은 무엇입니까? 하나님의 뜻으로 만족하고 순복하는 것입니까? 아니면 하루빨리 고난을 벗어나는 것입니까?

③ 여러분이 택하는 것은 무엇입니까? 고난을 벗어 버리는 것입니까? 아니면 이 고난을 통해 성화되는 것입니까? 맞습니다. 여러분의 성화라는 목적이 이루어질 때까지 이 시련은 사라지지 않을 것입니다.

④ 고난에서 완전히 벗어나거나 그것을 하나님 손에 맡기는 것이 전적으로 여러분의 선택에 달려 있다면 무엇을 택하겠습니까? 전자입니까? 아니면 다음과 같이 말하겠습니까? "내 임의로 고난에서 벗어나기보다 전적으로 하나님의 손에 맡기겠다."

⑤ 고난 때문에 하나님으로부터 더 멀어집니까? 하나님을 찾으며 기도하고 간구하기를 그쳤습니까? 아니면 더욱 주님께로 피하여 그분의 징계에 잠잠히 자신을 맡기고, 주님께서 베푸시는 구원과 도우심을 바라며, 어린아이처럼 모든 짐을 하나님께 내려놓겠습니까? 이렇게 질문하며 자신을 자세히 살필 때, 자신 안에 은혜가 있음을 깨닫게 되지 않습니까? 그렇다면 여러분의 영적 상태를 확신해도 됩니다. 그리하면 고난마저도 가볍게 느껴질 것입니다. 여러분이 더욱 거룩해질 것입니다. 여러분을 위로하고 구원하시는 하나님의 선하신 손길을 발견할 것입니다.

다윗처럼 고백할 것입니다.

"고난당한 것이 내게 유익이라. 이로 말미암아 내가 주의 율례들을 배우게 되었나이다 ……여호와여 내가 알거니와 주의 심판은 의로우시고 주께서 나를 괴롭게 하심은 성실하심 때문이니이다"(시 119:71,75).

의심으로 이끌리는 원인 13. 영적으로 성장하지 않음

자신의 영적 상태를 의심하게 되는 열세 번째 원인은 영적으로 자라지 않는 데 있습니다.

'몇 년 동안 나는 그리스도인으로 살아왔다. 처음 죄를 깨닫고 은혜언약으로 들어온 지 벌써 오래되었다. 그러나 그동안 내가 어떤 모습으로든 자랐는지는 잘 모르겠다. 자라기는커녕 늘 뒤로 미끄러지기만 했다. 회심한 직후에는 나도 열심을 냈고 활기가 넘쳤다. 게으르고 나태한 내 육체를 극복하고, 밤낮으로 힘써 기도하고, 말씀은 읽어도 항상 더 읽고 싶었다. 설교는 달콤했고, 신자들과 함께하는 것이 큰 즐거움이었다. 신자들이 너무나 사랑스럽고 영광스럽게 다가왔다. 하나님 앞에서 여리고 부드러운 마음으로 행했고 불의를 멀리했다. 그러나 지금은 그때와 너무나 다르다. 모든 것이 냉랭하고, 나태하고, 굼뜨고, 생명력 없고, 죄악되고, 공허하게만 느껴진다. 이런 상태에 있는 내가 어떻게 은혜 안에 있다고 할 수 있는가? 성경이 다음과 같이 말하지 않는가?'

"의인의 길은 돋는 햇살 같아서 크게 빛나 한낮의 광명에 이르거니와"(잠 4:18).

"의인은 종려나무같이 번성하며 레바논의 백향목같이 성장하리로다. 이는 여호와의 집에 심겼음이여 우리 하나님의 뜰 안에서 번성하리로다"(시 92:12,13).

첫째, 성도가 배교한다는 생각은 스쳐 지나가는 시험에 불과합니다. 여러분이 이 사실을 더욱 잘 알 것입니다. 이에 관한 내용을 더욱 잘 알아 견고히 서고자 한다면 본 서 100장을 보십시오.

둘째, 하나님께서 신자의 영적 성장을 두고 하신 약속은 각 신자에게 주어진 분량에 따라 크든 작든 항상 이루어집니다. 비옥한 땅에 심긴 나무는 햇빛과 비를 받고 기후가 적당하면 자라기 마련입니다. 신자가 가진 은혜도 마찬가지입니다. 그러나 나무가 계속 깎이고 잘리거나, 사람이나 짐승이 계속 흔들어 대거나, 병충해에 뿌리부터 갉아먹히기 시작하면 잘 자랄 수 없습니다. 은혜를 받은 성도도 마찬가지입니다.

셋째, 성장은 열정의 정도로 가늠할 수 있는 것이 아닙니다. 죽은 자에서 산 자가 되고 흑암에서 빛으로 옮겨지는 변화가 처음 일어났을 때가 다른 때보다 열정이 많기 마련입니다. 그러나 그때의 열정은 지금보다 덜 영적이었고, 지금 생각하는 것만큼 즐겁지는 않았을 것입니다. 다시금 당시 상황으로 돌아간다면 그럴 것이라는 말입니다. 오히려 영적 성장은 그리스도와 연합하는 가운데 자라 가고 이 연합에서 비롯되는 행위로 분별해야 합니다(90장 참고).

넷째, 물론 여러분이 죄로 떨어졌을 수 있습니다. 신자도 퇴보합니다. 이 퇴보는 은혜가 외적으로 드러나는 것뿐만 아니라 영속적으로 지속되는 것에도 관련됩니다(91장 참고). 그러나 뒤로 미끄러진 상태일지라도 신자는 여전히 신자로 남아 있습니다. 하나님은 한번 주신 은혜를 거두어 가시지 않기 때문입니다. 물론 죄로 떨어졌다면 당연히 슬퍼해야 합니다. 그러나 그 전에 은혜와 상관없어졌다고 생각할 이유가 없습니다.

다섯째, 객관적이고도 공평하게 자신을 살펴보면 다음과 같은 사실을 알 수 있을 것입니다.

① 여러분에게는 하나님과 그리스도를 알려 주는 신령한 빛이 있습니다. 그래서 여러분은 신령한 생명이 무엇이며, 은혜언약이 주는 은택의 영적 본질과 핵심이 무엇인지를 압니다. 여러분이 가진 이 지식에 비해 자연인이 가진 지식은 모두 흑암일 뿐임을 압니다.

② 자신의 부족함을 슬퍼하고 애통해합니다. 생명이 있으므로 이런 감정도 느끼는 것입니다.

③ 여러분은 경건하게 살아가기 위해 성령과 위로와 능력을 바라고 간구합니다.

영혼에 생명이 있으면 항상 의에 주리고 목마를 수밖에 없습니다.

④ 여러분은 은혜를 받아 누리는 영혼들이 얼마나 탁월하고 소중한지를 압니다. 그리고 거듭난 자의 본성이 있기에 거듭난 자들과 짝하며 세상이 아닌 그리스도의 편에 섭니다.

여러분이 바로 이런 사람이 아닙니까? 그렇다면 이런 사실을 계속 발견해 가며 더 알아 가야 한다는 사실을 인정하십시오. 하나님께서 은혜로 주신 것이니 소중히 여기십시오. 하나님의 불변하심과 전능하심은 물론 그분께서 주신 많은 소중한 약속들을 따라 이것들이 여러분 안에 보존될 것입니다. 그러므로 죄에 미끄러졌다고 해서 포기하지 말고, 여러분에게 주신 하나님의 은혜를 소중히 간직하며 떨군 고개를 다시금 들고 약해진 무릎을 일으켜 세우십시오.

지금까지 우리는 신자들을 괴롭히고 자신의 영적 상태를 의심하게 하는 주된 원인들과, 그것들을 어떻게 이해하고 다루어야 할지를 살펴보았습니다. 이 밖에도 다른 원인들이 많지만, 지금까지 말한 것들이야말로 우리가 관심을 가지고 살펴야 할 중요한 원인들입니다. 지금까지 말한 대로 이런 의심들과 그 원인들을 다루면 금방 의심을 떨쳐 버릴 수 있을 것입니다.

95

사탄의 공격

마귀는 처음부터 살인한 자입니다. 하나님은 신자들과 마귀가 서로 대적하게 하셨습니다. 마귀는 신자를 해치고 가능하면 죽이기 위해 온갖 술수와 폭력을 동원하며 우는 사자처럼 신자들 가운데 돌아다닙니다. 지금부터 사탄의 공격을 살펴봅시다.

사탄의 공격

하나님의 말씀은 사탄이 신자들을 공격한다고 분명히 증언합니다.
① 하나님께서 그렇게 선언하십니다.
"내가 너로 여자와 원수가 되게 하고 네 후손도 여자의 후손과 원수가 되게 하리니, 여자의 후손은 네 머리를 상하게 할 것이요 너는 그의 발꿈치를 상하게 할 것이니라 하시고"(창 3:15).
② 성경이 사탄을 "원수"(마 13:39), "시험하는 자"(마 4:3), "악한 자"(마 13:19), "대적"(벧전 5:8)이라고 칭하는 것을 통해 알 수 있습니다.

③ 성경은 사탄이 신자들 가운데서 일하는 모습을 다음과 같이 묘사합니다.

"너희 대적 마귀가 우는 사자같이 두루 다니며 삼킬 자를 찾나니"(벧전 5:8).

사탄이 일하는 것을 "마귀의 간계"(엡 6:11)라고 합니다. '사탄이 친다'고도 표현하며(고후 12:7 참고), '불화살을 쏜다'고 묘사하기도 합니다(엡 6:16 참고). '간계로 미혹한다'고도 합니다(고후 11:3 참고).

④ 사탄을 대적하여 전신갑주를 입으라고 권고합니다.

"마귀의 간계를 능히 대적하기 위하여 하나님의 전신 갑주를 입으라"(엡 6:11).

"근신하라 깨어라, 너희 대적 마귀가 우는 사자같이 두루 다니며 삼킬 자를 찾나니"(벧전 5:8).

"그런즉 너희는 하나님께 복종할지어다. 마귀를 대적하라"(약 4:7).

회개하고 예수님께로 돌이키려고 마음먹는 순간부터 마귀가 모든 간계와 사악함을 동원하여 어떻게 해서든지 그것을 막으려고 안간힘을 쓴다는 사실을 알고 대비해야 합니다. 만약 여러분이 돌이키는 것을 막지 못하면 마귀는 여러분이 거룩하고 희락이 넘치는 삶을 살지 못하도록 방해하면서 여러분을 괴롭히는 데 온 힘을 쏟을 것입니다. 그러므로 여러분 편에서도 마귀의 간계와 공격에 지지 않도록 온 힘을 다해야 합니다. 항상 깨어 조심하며 담대하게 마귀를 대적하십시오.

마귀의 술책

마귀가 어떤 간계를 쓰고 어떻게 역사하는지를 아는 만큼 마귀의 공격에 덜 영향받고 더 용감히 싸울 수 있습니다. 그렇다면 지금부터 마귀가 주로 사용하는 몇 가지 술책을 알아보겠습니다. 마귀는 보통 세 가지 방식으로 자신을 나타냅니다. 광명의 천사로 가장하거나, 자신의 정체를 드러내거나, 또는 숨깁니다. 그리함으로써 우리를 오도하여 마귀에 대해 잘못 생각하도록 합니다. 이 중 자신의 정체를 숨기는 방식이 가장 피해를 많이 주며 해롭습니다.

첫째, 사도 바울이 가르친 대로 사탄은 광명의 천사로 다가옵니다.

"이것은 이상한 일이 아니니라. 사탄도 자기를 광명의 천사로 가장하나니"(고후 11:14).

사탄은 결코 광명의 천사가 아니지만, 그렇게 역사하는 것처럼 모습을 꾸밉니다. 사탄은 신자들이 사랑해 마지않는 경건을 가장하고서 나타납니다.

① 사탄은 그 자체로는 선한 것들을 사용하여 우리의 주의를 끌곤 합니다. 이를테면, 달콤한 성경 구절이나 지난날의 감미로운 경험들과 행위들을 사용합니다. 그것들을 많이 생각하도록 이끕니다. 그러나 사탄은 악한 의도를 가지고 가장 합당하지 않은 때에 그렇게 하게 합니다. 예를 들어, 어떤 일에 집중해야 하거나 우리에게 가장 유익하고도 필요한 설교를 듣고 있을 때에 이런 생각으로 주의를 다른 데로 돌려 설교에서 유익을 얻지 못하게 합니다. 우리가 열심히 몰두하는 일의 흐름을 끊어 그 일을 단념하게 하고, 설교 말씀에 주의를 기울이지 않게 합니다. 그리하여 결국 일이나 설교에서 꼭 얻었어야 할 중요한 것들을 놓치고 아무 유익도 얻지 못하게 합니다.

② 신자가 미혹에 빠지지 않을 경우, 사탄은 신자가 품은 의롭고 덕스럽고자 하는 열심을 이용하여 오히려 그를 낙심과 절망과 불신앙과 교만에 빠지게 만듭니다. 심지어 사탄은 이런 열망을(물론 거룩함에 대한 사랑은 경건한 신자 자신의 마음에서 나오지만) 불러일으키기도 합니다. 그리하여 신자로 하여금 특정한 때를 향한 섭리와 다루심에 기꺼이 순복하지 않고, 더 위대하고도 고상한 일들을 끊임없이 추구하게 하여 슬퍼하며 낙담하게 하고 불신앙과 교만에 빠지게 합니다.

③ 심지어 사탄은 덕스럽도록 격려하며 생각과 말과 행동을 주의 깊게 살피게 합니다. 그러나 이는 신자가 다른 데에 주의를 두게 하여 하나님의 부르심이나 놓아두신 삶의 자리에서 벗어난 일들을 행하게 합니다. 아름다운 가면을 쓰고서 하나님의 계명에 반하는 일(광신에 불과한)들로 유인하고, 자기 생각이 모두 하나님으로부터 온 것이라고 착각하게 만듭니다. 사람을 꾀기 위해 사탄은 할 수 있는 모든 일들을 합니다. 하는 일마다 죄책감을 느낄 정도로 사람의 양심을 매우 민감하게 만들어 영적 불안과 염려에 매이게 합니다. 또는 신자 자신이 얼마나 부족한지를 절감하게 하는 동시에 은혜 받은 자라면 그렇게 살 수 없다는 생각을 불어넣어

영적 상태를 부정하게 만듭니다.

④ 사탄은 그리스도와 의롭다 하는 믿음이 아니라 자기만족을 위해 덕스러움을 추구하게 합니다. 그리하여 칭의에서 흘러나오는 참된 만족과 위로를 누리지 못하게 만들고, 거듭나지 못한 사람으로 하여금 아예 천국에서 배제되게 합니다.

사탄의 궤계에 속지 않으려면, 이 사실들을 반드시 기억하십시오.

둘째, 마귀는 자기 모습을 그대로 드러내 두려움과 공포에 사로잡히게 하기도 합니다.

① 환영, 느낌, 소리나 그 밖의 다른 방식으로 자신을 드러냅니다. 그러나 이런 경우는 매우 드물뿐더러, 대개 실제와 환영을 구별하지 못할 때 일어납니다.

② 누군가를 자기에게 굴복시키거나 이와 비슷한 경우에 자신의 정체를 드러냅니다. 어느 정도까지 드러내는지는 오직 그것을 경험한 사람만이 압니다.

③ 누군가를 죽음으로 위협하고 고통을 가할 때 정체를 드러냅니다. 극심한 두려움에 사로잡히게 하는 것입니다.

이처럼 사탄은 마귀로서 사람을 괴롭힙니다. 그러나 자신의 은밀한 궤계를 통해 어떤 결과를 얻지 못하면 수많은 선한 일들을 가로막고 방해할지언정 그다지 해를 입히지는 못합니다.

셋째, 대부분의 경우 마귀는 자신을 감춘 채, 지금 벌어지는 일은 마귀 자신과 아무런 관련이 없고 사람이 마음에서 벌인 일이라고 믿게 만들고자 합니다. 이를 통해 마귀는 선한 일을 이루지 못하도록 방해하고, 선한 일을 더럽히고, 죄를 짓게 하고, 영혼을 혼란에 빠뜨리려고 합니다. 선한 일을 방해하기 위해 많은 간계를 사용하며 믿음과 기도와 말씀 듣는 일과 신자의 성화를 노골적으로 공격합니다.

사탄의 공격 대상

첫째, 사탄은 믿음이 신령한 삶의 원천임을 잘 압니다. 그래서 믿음과 모든 믿음의 행위를 모호하게 만들려고 합니다.

① 사탄은 불쑥 '이 모든 것이 진리일까? 인간이 상상으로 꾸며 낸 것이 아닐까?'라는 비합리적인 생각을 던진 후 이런 생각들에 계속 몰두하고 고민하게 합니다. 그리고 이런 생각에 사로잡히면 답을 요구하는 논쟁을 시작합니다. 논쟁하고 추론하기 시작하면 사탄은 자신이 의도한 대로 주장을 계속 밀어붙이면서 그럴듯하게 보이는 새로운 증거들을 연달아 제시합니다. 그래서 신자가 더는 반론과 답을 제시하지 못하면, 무심코 무신론적인 생각이 떠오르던 상태에서 무신론 자체를 받아들이는 상태로 이끌어 갑니다. 그때부터 신자는 사탄의 올무에 빠져 위로나 평강을 누리지 못하게 되며, 어떤 일을 하든지 격려를 얻지 못합니다. 그러므로 사탄이 무신론적인 생각을 처음 불어넣을 때 아예 주의를 기울이지 마십시오. 이전처럼 그냥 지나가는 생각으로 내버려 두고 하나님의 말씀을 의지하십시오.

② 갑자기 사탄이 '네가 정말 하나님의 자녀인가? 이것이 정말일까? 네가 스스로 속고 있는 것은 아닌가? 네 자신을 살펴보라. 네가 정말 신자라면 무엇이 걱정인가?'라는 생각을 불어넣을 수 있습니다. 믿음 안에서 행복하게 살고 믿음의 행위들을 할 때에나 하나님과의 교제를 누릴 때, 뜬금없이 이런 생각이 일어나기도 합니다. 또는 스스로에 관해 판단을 내리지 못할 때 이런 생각이 일어나기도 합니다. 사탄이 던지는 이런 생각에 주의를 기울이기가 무섭게 믿음은 뒷걸음질치고 계속 진보해 나가기가 어려워집니다. 우리의 토대가 바른지를 살필 때, 사탄은 선한 것을 감추고는 우리 안에 남아 있는 부패만이 두드러지게 합니다. 그러면서 넌지시 다음과 같이 제안합니다. "신자라면 당연히 이러저러해야 하는데, 너는 그런 삶과는 거리가 멀다! 너는 틀림없이 스스로 속고 있다. 네게 있는 것은 이성적이고 사변적인 지식일 뿐이다. 너는 잠시 믿다가 금세 믿음에서 떠날 위선자에 불과하다." 그러면 곧 흔들리기 시작합니다. 그러므로 이런 생각에 귀 기울이지 말고 행위로써 믿음을 드러내는 일에 더욱 진보를 나타내십시오. 이 일에는 속을 염려가 없습니다. 설령 지금까지 스스로 속았다 할지라도 지금부터 바르게 시작하면 됩니다. 기도로 씨름하는 가운데 하나님께 말씀드리고 그분과 교제하며 자기를 살피는 것이 가장 안전합니다.

③ 때때로 사탄은 육신의 고난을 실제보다 훨씬 더 무거운 것으로 보게 합니다. 그래서 신자는 구원받지 못한 것 같다고 생각하며 육신의 고난을 점점 버겁게 느낍니다. 사탄은 그에게 하나님께 사랑받지 못하고 그분의 진노 아래 있기 때문에 이런 일을 당한다고 속입니다. 여러분의 죄악 때문에 이런 일이 생기며, 이 일은 영원한 정죄의 시작일 뿐이라고 말합니다. 사탄은 어떻게 하면 한 마디 한 마디가 권위를 가진 말처럼 여러분의 가슴에 강렬하게 새겨지는지를 잘 압니다. 사탄의 이런 말에 귀 기울이자마자 여러분의 생각이 영향을 받아 믿음이 흔들리기 시작하고, 쉽게 낙담하며, 삶의 시련을 더욱 감당하기 어렵게 느낄 것입니다. 그러므로 사탄이 불쑥불쑥 내던지는 이 모든 생각들을 거부하십시오. 자기 십자가를 지고 예수님을 따르십시오. 여러분을 붙드시고 모든 것을 유익이 되게 하신다는 약속을 의지하십시오.

둘째, 사탄은 신자가 기도할 때 얼마나 큰 능력과 위로와 유익을 얻는지 잘 압니다. 그래서 할 수 있는 한 모든 수단과 간계를 동원하여 기도하지 못하게 막고, 기도하는 중에도 갖가지로 훼방합니다.

① 생각을 분산시키고 기도하기로 정한 시간에 다른 일을 먼저 하게 하여 기도를 미루고 가능한 한 다른 행위들을 많이 하도록 종용합니다. 그래서 이 일 저 일로 분주하게 만듭니다. 그러다 보면 어느새 기도하고자 하는 열망도, 마음도 사라지고 맙니다. 이런 일이 생기거든 원수 마귀가 기도하지 못하도록 훼방하고 있음을 깨닫고 경계를 늦추지 말아야 합니다. '바로 지금 이런 마음과 싸워 이겨야 한다'고 다짐하고 이 모든 장애물을 넘어서기 위해 더욱 힘써야 합니다.

② 지금은 기도하기가 너무 어렵다는 생각을 불어넣습니다. 지금의 모습이 너무나 죄악되므로 기도하기에 전혀 적합하지도 않고 기도할 수도 없으며, 따라서 지금은 기도할 수 있도록 잘 준비하며 기다릴 때라고 생각하게 합니다. 그러나 이렇게 생각하기 시작하는 순간, 이미 사탄이 유리한 입장을 차지합니다. 그러므로 이런 생각이 조금도 틈타지 못하도록 계속 기도에 힘쓰십시오. 기도하기에 적합하지 않으면 그 상태로 기도를 시작하십시오. 그렇게 기도를 마치고 나서 과연 기도가

그렇게 어렵거나 불가능했는지 생각해 보아도 늦지 않습니다. 기도에 대해 다르게 판단하게 될 것입니다.

③ 마귀는 기도가 아무런 효과도, 열매도 없다는 인상을 가지게 하며 다음과 같은 생각을 불어넣습니다. '기도는 믿음에서 나오는 것도 아니고, 지식에서 나오는 것도 아니다. 너는 하나님을 제대로 알지 못한다. 그러므로 너는 알지 못하는 하나님께 기도하는 것이다. 너는 네 자신도 제대로 알지 못한다. 네가 얼마나 죄악되고 무가치한 존재인지 모를뿐더러, 기도하는 사람답지 않게 겸손하지도 않으며 상한 마음을 가지지도 않았다. 기도한다고 하지만, 정작 너는 간절히 기도에 임하지도 않고 그 목적도 거룩하지 않다. 그러므로 차라리 기도를 그만둬라. 하나님께서 네 기도를 전혀 기뻐하시지 않을 것이기 때문이다. 또한 하나님께서 네 기도를 듣지 않으실 것이므로 네 기도는 응답받지 못할 것이다. 너의 기도가 모두 헛되다는 것을 충분히 경험하지 않았느냐? 기도 응답을 받은 적이 있느냐?' 이런 생각에 조금이라도 마음을 빼앗긴다면, 믿음으로 기도할 수 없을뿐더러 끝까지 간절히 기도하지 못합니다. 그러므로 마귀의 궤계를 잘 파악하고 그것을 이기기 위해 더욱 애쓰십시오. 하나님께서 주신 약속들을 붙드십시오. 그리고 하나님께서 여러분의 기도를 들으시는 것은, 여러분의 기도 자체에 가치가 있기 때문이 아니라, 하나님께서 기도를 은혜의 방편으로 정하셨기 때문임을 언제나 기억하십시오. 하나님께서 자신의 때에, 자신의 방식으로, 친히 정하신 분량만큼 여러분의 바람을 이루어 주실 것입니다. 이미 여러분이 이를 경험하지 않았습니까!

④ 바람에 흙먼지가 일듯, 우리가 기도할 때 마귀는 분주하게 움직이며 우리 안에 여러 생각들을 불러일으킵니다. 또한 우리의 마음을 부추겨 분주하고 서두르게 합니다. 기도가 끝난 후 할 일에 신경 쓰느라 차분히 기도하지 못하게 합니다. 평소에는 오랫동안 생각하지도 않았던 일을 갑자기 떠오르게 합니다. 사탄의 이런 궤계를 깨닫고 이를 일고의 가치도 없는 것으로 무시해야 합니다.

셋째, 하나님께서 신자들의 모임과 말씀 사역과 주님의 성찬에 복을 베푸신다는 사실을 아는 마귀는 교회에까지 쫓아와 여러분이 하나님께 복되게 하시는 이런 방편들을 누리지 못하도록 훼방합니다. 여러분이 이런 방편들에 참여하지 말아야 할 여러가지 이유들을 늘어놓고, 온갖 생각으로 산만하게 하며, 나른하고 졸린 상태로 지각이 무뎌지게 하고, 하나님의 말씀이 역사하여 효력을 발휘하지 못하도록 방해하는 수많은 다른 일들을 벌입니다. 이 사실을 기억하고 마귀의 궤계를 잘 알아 경계를 늦추지 마십시오. 항상 마귀를 증오하고 대적하십시오. 어떤 식으로든 마귀와 협력해서는 안 됩니다. 이런 상황이 닥칠 때마다 승리를 위해 싸워야 함을 기억하십시오.

넷째, 마귀는 거룩한 삶이 여러분에게 매우 소중하며, 이런 삶을 통해 하나님을 영화롭게 하고 이웃에게 선한 영향을 미친다는 것을 잘 압니다. 그러하기에 어떻게 해서라도 거룩하게 살지 못하도록 여기저기에 올무를 놓아둡니다. 먼저 내면부터 거룩하게 만들어야 하며 이러저러한 것들은 굳이 할 필요가 없다고 속삭입니다. 아무리 탁월하게 행하여도 불완전한 인간의 마음에서 늘 발견될 수밖에 없는 이면의 동기들을 지나치게 부풀리고 생생하게 드러내면서 '이것이 네 본심이다'라고 합니다. 심지어 이런 동기와 전혀 상관없이 행한 일도 이런 식으로 왜곡합니다. 다른 사람들과 함께 찬양하고 기도할 때, 설교를 듣다가 감동해서 눈물을 흘리거나 사람들을 돕거나 격려 또는 책망을 할 때면 어김없이 '사람들에게 보이려고 그렇게 했다'라고 합니다. 그리하여 선한 일을 지속하지 못하게 하거나, 받아 누렸을 위로를 빼앗아 버립니다. 그러므로 사탄이 얼마나 사악한지를 알고, 그런 마음이 들거든 괘념치 마십시오. 아무리 부족해도 힘닿는 대로 계속 선한 일들에 힘쓰십시오. 주님께서 더욱 힘을 주실 것입니다.

사탄이 공격하는 궁극적인 목적: 죄를 짓게 하는 것

마귀는 여러분의 선행을 망치고 선을 행하지 못하게 하는 것으로 만족하지 않습니다. 사탄의 궁극적인 목적은 신자가 온갖 죄에 빠지는 것입니다. 교만한 마음을 불러일으켜 다윗으로 하여금 인구를 조사하게 하고, 아름다운 밧세바를 그 앞에 두어 간음죄를 범하게 하였습니다. 이처럼 사탄은 신자들을 질투와 험담, 거짓말과 방탕 같은 여러 가지 죄악들에 빠트립니다. 사탄의 목적은 수많은 도구와 궤계를 사용하여 어떻게 해서라도 여러분을 넘어트리는 것입니다.

① 사탄은 처음에는 자신의 목적을 숨기고 그렇지 않은 척 속이기 시작합니다. 느긋하게 살아도 될 것처럼 착각하게 하여 빈둥거리게 하고 쉽사리 공격받게 만듭니다. 합법적인 오락이 있는 것처럼 착각하게 하여 마음놓고 그것을 추구하게 합니다. 그런 다음 장사꾼처럼 '이런 것은 어때?' 하고 많은 것들을 제시하면서 여러분의 마음이 어디로 향하는지를 유심히 살핍니다.

② 처음에는 죄로 여겨지지 않는 작은 일들에서 시작하여 그 이면에 있는 죄악됨을 감춰 둡니다. 작은 죄에 굴복할수록 영혼은 섬세함과 하나님을 경외하는 민감함을 잃어 갑니다. 그럴수록 생각은 작거나 덜 심각한 죄에서 허탄한 것들로 점점 기울고, 현재 짓는 죄악들을 즐거운 것으로 여기게 되며, 급기야 영혼이 죄악으로 치닫고 맙니다. 그러므로 긴장을 늦추지 말고 아무리 작게 보이는 죄라 하더라도 허용하지 마십시오.

③ 이제 사탄은 더 큰 죄악들, 특히 여러분이 가장 자연스레 끌릴 만한 죄악들로 여러분을 이끕니다. 물론 사탄은 사람의 마음을 모릅니다. 그러나 여러분이 가장 빈번하게 범하는 죄를 눈여겨볼 수는 있습니다. 이전에 여러분이 어떤 죄에 가장 쉽게 무너졌는지 알 수 있습니다. 또한 마귀는 여러분이 죄를 고백하는 내용을 듣고 그 죄와 관련된 환경을 살핀 다음, 여러분이 끊지 못하는 은밀한 죄가 무엇인지 결론 내립니다. 그리고 계속 여러분 뒤를 따라다니다가 여러분의 육체가 가장 기뻐할 만한 방식으로 갑작스레 그 죄를 들이밉니다. 그리하면 화약고에 불이 붙은 것처럼 여러분의 마음은 금세 그 죄를 향해 불타오릅니다. 우리가 이겼다고 알고 있던 죄악들이 다시금 힘을 얻고 활개를 칩니다. 결국 영혼은 다시 휘청거리고 이 죄를 깊이 탐닉하게 됩니다. 그러므로 경계를 늦추지 마십시오.

④ 뒤늦게 자신이 한 일들을 깨달아 내면의 화평과 예전의 부드러운 마음과 순전한 마음을 회복하고자 하나님께 돌이키려 할 때, 마귀는 무슨 수를 써서라도 돌

이키지 못하게 막으며 내면에서 조바심, 신경질, 불신앙, 낙심과 같은 다른 죄를 범하게 하려고 안간힘을 씁니다. 그러므로 흔들리지 말고 견고하게 서 있으십시오.

반론

이런 죄는 내 마음에서 나온다. 그러니 마귀를 탓할 수 없다.

답변

어떤 사람은 자신을 변명하고자 지나치게 마귀를 탓합니다. 반면에 마땅히 마귀를 비난해야 하는데도 그러지 않는 사람들도 있습니다. 물론 여러분의 마음은 이런 죄를 지을 만큼 충분히 악합니다. 다음의 자명한 진리를 기억하십시오. 여러분의 바람과 뜻이 무엇이었든지 범죄한 당사자가 죄에 대해 최종 책임을 집니다. 바로 여러분이 죄를 지었으므로 책임도 여러분에게 있습니다.

그러나 이 사실들을 분명히 알고 계속 기억하십시오.

첫째, 마귀는 모든 일에 끼어들어 무슨 수를 써서라도 여러분 자신과 여러분의 의지를 꺾어 특정한 죄를 범하는 자리로까지 내몰려고 합니다.

둘째, 다음과 같은 상황이 일어날 때 마귀가 미혹하는 자임을 생각하십시오.

(1) 앞에서 말한 일들이 특히 분명하게 가장 이익이 되고, 달콤하고, 즐거운 모습으로(다시 말하지만 그렇게 보이는 것일 뿐입니다. 마귀는 의지에 영향을 미치거나 마음이 그것들을 즐거워하게 하지 못하기 때문입니다) 갑자기 일어날 때

(2) 우리의 판단과 의지에 반대되는 것을 향해 동기들이 갑자기 합쳐질 때

(3) 이런 일들이 강제적이고도 위압적으로 다가오고 그런 위협적인 지침에 의지가 압도당할 때

(4) 마음이 불안해질 뿐만 아니라 이상하리만큼 안절부절못하고 정욕이 거세게 일어날 때

악을 행하거나 선을 행하지 않는 데서 비롯된 죄책이 있을 때, 마귀가 그것을 통해 역사한다는 사실을 기억하십시오. 마귀는 미혹하고 선동하는 자입니다. 일단 이런 죄를 짓기 시작하면 그 자리에 마귀도 함께함을 알아야 합니다. 이런 경우 마

귀는 선동자요 여러분은 그를 따르는 자입니다. 깨어 있으십시오. 그리고 이런 선동에 귀 기울이지도, 따라가지도 않을 만큼 마귀를 미워하십시오.

사탄은 죄악된 생각을 불어넣음

그 밖에도 사탄은 순전히 하나님의 자녀들을 괴롭히고자 또 다른 분란을 일으킵니다. 믿음과 소망과 사랑으로 하나님을 섬기는 능력을 스스로 저버리지 않는 한, 하나님의 자녀는 이런 죄를 범하지 않습니다. 이때 하나님의 자녀들은 부정적인 마음을 품는 죄를 지을 뿐입니다. 그러므로 이런 생각을 일으키는 마귀의 소란에도 힘들어하지 않도록 더욱 강건해지십시오. 그러나 이런 생각은 마귀가 불어넣는 것이므로, 이런 생각이 드는 것 자체가 여러분의 죄는 아닙니다. 만약 자신이 이런 생각을 했다고 착각한다면, 마귀를 도와주는 꼴이 되고 여러분은 크게 어려움을 당할 수밖에 없습니다. 그러므로 무엇이 마귀의 것인지를 잘 분별한다면 그것을 손쉽게 물리치고 훨씬 덜 힘들 것입니다.

사탄의 공격은 많은 일들을 통해 다양한 방식으로 이루어지므로 그것을 모두 일일이 나열할 수는 없습니다. 저 역시 그것들을 모두 나열하느니 차라리 이 부분을 그냥 지나치는 편이 낫습니다. 그러나 사탄의 사악함을 드러내고 "이것은 네가 생각한 네 죄이다"라고 사탄이 교묘하게 비방할 때 하나님의 자녀들이 대처할 수 있도록 일반적 의미에서 몇 가지만 언급하겠습니다.

① 어떤 생각은 완전히 유치하고 말도 안 되게 보입니다. 그러나 그 생각이 크게 영향을 미치며 고통스런 결과를 가져옵니다. 이를테면, 마귀는 "이렇게 말하거나 저렇게 말하라"라고 합니다. 한술 더 떠 "이렇게 말하지 않거나 이것을 행하지 않으면 정죄를 받을 것이다. 그러나 이렇게 하면 다 잘될 것이다"라고 합니다. 심지어 이런저런 생각을 묵인하도록 강요하고서 바로 여러분 자신이 그 생각을 받아들였다고 속이며 여러분의 생각을 어지럽히려고 들 것입니다. 이처럼 유치하고 보잘것없어 보이던 것들 때문에 큰 혼란이 생깁니다.

② 마귀는 이해하기 어려운 성경 구절을 스치듯 떠오르게 하여 그것을 가지고 어리석게 하나님을 원망하거나 자신의 영적 상태를 부정하게 만들기도 합니다. 그런데 신자가 진리와 하나님과 자신의 영적 상태를 변호하기 시작하면 마귀는 그를 더욱 붙잡으려고 할 것입니다. 마귀는 교묘하게 공격하며 거짓말하는 자이기 때문입니다. 그러므로 무조건 마귀에게는 대꾸하지 말고 그를 무시하십시오.

③ 가끔 마귀는 어떤 사람으로 하여금 영원한 선택에 관심을 가지게 합니다. 즉, 그 사람으로 하여금 자신이 부르심을 받고 회심한 결과 수많은 사람들이 심판을 받게 된 것에 관심을 가지게 하는 것입니다. 이는 그로 하여금 하나님을 비난하게 하기 위함입니다. 일단 마귀의 제안을 따라 이처럼 영원한 선택에 관해 생각하기 시작하고 하나님을 변호하려는 순간, 이미 마귀의 올무에 빠진 것입니다. 그러므로 그런 생각 자체를 거부하고 대꾸조차 하지 마십시오. 그럴수록 마음이 혼란스럽고 흔들릴 수밖에 없기 때문입니다. 하나님의 뜻은 거룩합니다.

④ 육신의 질고나 영적인 시련을 틈타 사탄이 그 고난에 비할 수조차 없을 정도로 영혼을 짓누르는 온갖 생각들을 불어넣음으로써, 하나님께서 자녀들을 대하시는 방식을 비난하게 하기도 합니다. 그러므로 이런 생각들을 단단히 경계하는 동시에 그 생각들을 무시해야 합니다. 하나님께서 주권자이심을 잊지 말고 견고히 붙잡으십시오. 하나님께서 기뻐하시는 뜻대로 모든 것을 행하시는 것이 마땅합니다. 그분께서 사람에게 그렇게 하시는 이유를 설명하실 필요도 없으며, 설명하지도 않으실 것입니다.

⑤ 마귀는 어떤 사람을 얼마 동안 면밀히 살펴 어떻게 그 사람을 잘못된 길로 이끌어야 할지를 알아냅니다. 그리하여 하나님 앞에 나아가기를 소원하는 사람을 하나님 아닌 다른 것에 몰두하도록 만듭니다. 마귀는 이 사람이 가진 모호한 생각에 역사하여 그로 하여금 자신이 지금까지 하나님이 아닌 다른 것을 향해 기도했다고 느끼게 만듭니다. 마귀의 이런 역사는 신자의 기도를 크게 방해합니다.

⑥ 때때로 마귀는 선지자인 척하면서 '네게 이런저런 일들이 일어날 것이다. 그때 너는 어떻게 될 것이고, 또 어떻게 행동할 것이다'라는 생각을 불어넣습니다. 나

아가 이런 생각이 반드시 실현될 것처럼 느끼게 합니다. 한 번으로 그치지 않고, 마치 예언인 것처럼 이런 예측을 반복하게 합니다. 심지어 꿈에서도 보게 하여 더욱 진짜처럼 느끼게 합니다. 그럴수록 더욱 혼란스럽고 예언처럼 다가온 이런 일들을 두려워한 나머지 몸과 영혼이 모두 크게 괴로워합니다.

⑦ 하나님에 대한 악한 생각을 불화살처럼 쏘아 대기도 합니다. 얼마나 지속적으로 강력하게 쏘아 대는지 일단 공격을 당하기 시작한 영혼은 밤낮으로 쉬지 못합니다. 공격의 강도는 점점 세져서 마귀의 불화살인데도 신자는 마치 자신이 하나님을 그렇게 생각하고 있다고 착각하여 더 큰 비통에 빠지게 됩니다.

마귀는 자신의 정체를 숨긴 채 이런 식으로 공격을 퍼붓습니다. 이때 마귀는 공격당하는 사람들로 하여금 마귀가 이런 생각을 주입한다는 것을 알아채지 못하고 그들 자신의 생각이라 착각하게 만들고자 애씁니다. 은혜 아래 있는 자라면 이런 죄를 지을 수 없다고 믿게 하여 자신이 영원한 정죄 아래 있다고 여기고 자포자기하도록 만듭니다. 주님께서 정하신 때에 개입하여 사탄을 꾸짖지 않으신다면, 어느 누구도 이런 공격에서 헤어나지 못할 것입니다.

사탄이 불어넣은 생각과 자신의 생각을 구별함

▶ 질문

이것이 내가 한 생각인지 마귀가 주입한 생각인지를 어떻게 구별할 수 있는가? 내가 하는 모든 생각은 내 마음에서 나오는 것이 아닌가? 그런 생각들이 내가 한 것이 아니라 마귀가 불러일으키는 것이라면 나는 절반은 구원받았다고 할 수 있다. 마귀가 주는 생각을 내가 알 수 있는가? 만일 그렇다면 어떻게 그것을 알 수 있는가?

대답: 첫째, 불신앙, 낙담, 성마름, 실망과 같은 죄악된 마음들은 모두 그런 마음을 가진 사람의 죄가 맞지만, 그렇다 할지라도 그 마음들은 마귀의 공격으

로 말미암아 일어난 것입니다. 그런 생각은 사람이 아니라 마귀를 통해 처음 시작됩니다. 그러나 사람이 그것을 자신의 생각으로 여기고 마귀에게 활동할 여지를 너무 많이 제공함으로써 지나치게 힘들어하게 됩니다. 여러분은 마귀의 이런 역사에 너무 영향받을 필요가 없습니다.

둘째, 앞에서 말한 그 모든 생각들이 마귀가 아니라 우리 자신의 마음에서 비롯되었다고 해 봅시다. 그리하면 무엇이 달라집니까? 그 죄들을 하나님께 용서받지 못합니까? 그렇지 않습니다. 그리스도는 무거운 죄 짐을 진 모든 자들, 심지어 신성모독자들과 죄인들의 괴수까지도 기꺼이 맞이하십니다(딤전 1:13 참고).

회피주장 나는 성령을 거스르는 죄를 지었기에 용서받지 못한다.

| 답변 |

여러분이 지은 죄는 성령을 거스르는 죄가 아닙니다. 성령을 거스르는 죄를 짓는 자들은 후회라는 것을 모릅니다. 그런데 여러분은 자신의 죄 때문에 슬퍼하고 힘들어하며 기도하고 있습니다!

셋째, 하나님의 자녀들 대다수가 이런 경험을 한다는 사실을 알아야 합니다. 그렇다면 그렇게까지 놀랄 이유가 없지 않습니까?

회피주장 그러나 내 마음의 성향은 완전히 다르다. 내 마음에 앞서 말한 그런 것들이 있는지 모른다. 뿐만 아니라 사실 그런 비슷한 성향에 대해 전혀 듣지도, 읽어 보지도 못했다.

| 답변 |

여러분은 다른 사람이 경험한 것을 모를 수 있습니다. 그러나 "다른 사람은 이를 경험하지 않았다"라고 말할 수는 없습니다. 그러므로 앞에서 묘사한 것들을 찬찬히 살펴보면 여러분 역시 그러한 경험을 했음을 알게 될 것입니다. 그 경험에 관해서는 앞에서 다룬 것 이상으로 자세히 특별하게 다루지 않겠습니다. 그것들을 경

험한 사람이라면 이 정도만 설명해도 충분히 자기 안에서 그런 것들을 발견할 것입니다.

넷째, 앞에서 말한 고발의 내용이 여러분의 죄책에 관한 것이 아니라 마귀의 죄에 관한 것이라는 사실을 다음과 같이 확인할 수 있습니다.

① 그런 생각은 번개 치듯이 예기치 않은 때, 심지어 선하고 거룩한 일을 하고 있을 때 별안간 떠오릅니다. 우리 마음에서 나오는 것들은 모두 추론을 통해 점진적으로 형성되며, 대부분 특정한 상황에 의해 일어나기 때문입니다.

② 그런 생각은 우리의 의지를 거슬러 불가항력적으로 떠오릅니다. 영혼은 그런 생각을 거부하며, 생각하거나 인정하고 싶어하지 않습니다. 그런데도 그런 생각이 계속 불현듯 떠오릅니다. 그러므로 우리 의지로 하는 생각이 아니라, 별안간 얻어맞은 사람처럼 그런 생각에 괴롭힘을 당하는 것입니다. 이런 생각들은 밖에서 날아오는 불화살이 분명합니다. 그러므로 지각을 가지고 합당하게 판단하십시오.

③ 마음으로 치밀하게 죄를 계획할 때와는 반대로 이런 생각은 대개 사람이 평정심을 잃고 차분히 생각하지 못하도록 두려움과 함께 찾아옵니다.

④ 이런 생각은 마귀가 불어넣는 것이므로 거듭난 신자의 본성을 거스르며 매우 부자연스럽게 다가옵니다. 그러므로 여러분이 그렇게 느낀다면, 그런 생각이 드는 것이 여러분의 죄가 아니라 마귀의 죄라고 확신해도 됩니다. 그런 생각 때문에 힘들어할 필요가 없습니다. 오히려 마귀를 경멸하고 대적하십시오.

▶ 질문

그러나 어떤 사람들은 '때때로 이런 생각이 밖에서 들어오는 것이 아니라 내 자신이 생각하는 것으로 느껴진다'라고 여긴다.

대답: 첫째, 사람은 자기 영혼이 어떻게 기능하는지 모를 때가 많습니다. 그리하면 사탄이 불어넣는 생각과 자신이 한 생각을 구별하지 못할 수밖에 없습니

다. 그러나 스스로 이 둘을 구별할 수 있다고 생각하기 때문에, 결국 사탄이 주는 생각들인데도 자기가 생각한 것이라고 믿습니다. 다른 사람이 끔찍한 말을 할 때 여러분은 그 말뜻을 알아듣고 괴로워하지만 자신의 죄라고 생각하지는 않습니다. 여러분이 그 말 때문에 아무리 힘들어할지라도 그 말을 한 사람이 지은 죄임을 너무나 잘 아는 까닭입니다. 여기서도 마찬가지입니다.

둘째, 마귀로부터 비롯된 생각이 사라졌다 하더라도 얼마 동안은 거기서 비롯된 두려움이 남아 있기 마련입니다. 그 두려움은 여러분의 기억에도 여전히 남아 있습니다. 그러나 기억은 기억일 뿐입니다. 마귀가 주는 생각에서 비롯된 두려움과 기억은 죄가 아니며, 오히려 여러분이 하나님을 사랑한다는 것을 나타냅니다. 왜냐하면 여러분이 하나님에 관한 어리석은 말을 듣거나 생각하고 싶어하지 않기 때문입니다.

그렇다면 어떻게 해야 하는가?

마귀가 이 불화살을 쏘았다는 사실을 아는 것만으로는 충분하지 않습니다. 이런 사실을 안다고 해서 마귀의 불화살에서 벗어나는 것은 아니기 때문입니다. 오히려 하나님은 우리가 마귀를 대적하기를 원하시며, 이를 통해 이기게 하십니다. 이에 다음 질문이 생길 수 있습니다. "그렇다면 내가 어떻게 해야 하는가?"

① 가장 좋은 방법은 그런 생각을 무시하고 거부하고 아예 반응하지 않는 것입니다. 그냥 그런 생각을 흘려보내십시오. 창가에 선 사람이 매우 듣기 거북하고 견디기 어려운 말을 계속 쏟아 놓는 것처럼 여기십시오. 아마도 매우 성가시고 속상할 것입니다. 그렇다 할지라도 여러분 자신이 말하는 것처럼 분을 내어서는 안 됩니다.

② 이런 일을 몸이 아픈 것과 같은 일종의 시련으로 여기십시오. 평정심을 유지하고 인내하며 항상 그 일에 깃든 하나님의 손길을 기억하십시오. 하나님께서 그 일을 통해 여러분을 겸손하게 하시고, 그 일이 어느 정도로 어떻게 진행될지까지

도 정하셨기 때문입니다(욥 1:12 참고).

③ 믿음으로 견고히 서십시오. 믿음으로 견고하게 서는 것이 활동적으로 드러나는 일은 아니지만 믿음을 마음 중심에 굳건히 자리하도록 하십시오. 그러므로 이 순간만큼은 자신을 살피는 일을 잠시 멈추고 이전의 경험들을 통해 자신이 하나님의 자녀임을 분명히 하십시오.

④ 주 예수님께서 마귀를 이기시고 그의 머리를 상하게 하셨음을 기억하십시오(창 3:15 참고). 마귀의 권세가 무너졌습니다(히 11장 참고). 그러므로 원수 마귀가 이미 그리스도께 정복되었음을 생각하고 용기를 내십시오.

⑤ 주 예수님께서 우리를 위해 어떻게 중보하시는지를 기억하십시오. "내가 너를 위하여 네 믿음이 떨어지지 않기를 기도하였노니"(눅 22:32).

⑥ 모든 일이 선하게 마무리될 것임을 믿으십시오. 하나님께서 성경을 통해 친히 그렇게 약속하셨습니다. 그리고 이는 여러분이 다른 사람들의 사례와 다른 여러 가지 일들을 통해 경험한 바입니다. 시련이 극심할수록 위로와 화평과 기쁨과 능력을 더하실 것입니다. 그리고 이런 시련을 통해 하나님께서 얼마나 많은 죄와 교만으로부터 여러분을 지키셨는지를 깊이 깨닫게 될 것입니다.

⑦ 힘써 기도하십시오. 열심으로 끝까지 견딜 힘이 부족하고 더 많은 도움이 필요하다고 느껴진다면, 계속 주님을 바라보십시오. 하나님께서 여러분이 탄식하고 절규하며 드리는 기도를 들으시고, 여러분이 계속 주님께로 돌아서는 모습을 보실 수 있도록 말입니다. 여러분을 능히 도우시는 분께로 나아가 쉬지 말고 기도하십시오.

⑧ 이처럼 혼란스럽고 어두운 때를 견뎌 내십시오. 일할 때나 경건한 삶을 추구할 때나 하나님의 말씀을 따르십시오. 언제나 하나님의 말씀을 따라 부지런하십시오. 여러분을 가장 힘들게 할 것은 바로 게으름이기 때문입니다.

⑨ 목회 경험이 많은 목사나 다른 강건한 그리스도인이 있다면, 여러분이 씨름하는 내용을 함께 나누고 같이 싸워 가십시오. 그들이 여러분을 위해 기도하고 여러분이 그들에게 마음을 털어놓고 도움과 위로를 얻는 것은 매우 중요합니다. 여

러분은 이를 통해 용기를 얻고 힘을 낼 수 있습니다.

사탄을 강력하게 대적하라는 권면

그러므로 강력하게 사탄을 대적하겠노라고 마음먹으십시오. 이를 위해 다음 사실들을 숙고하여 용기를 얻고 마음을 고양시키십시오.

첫째, 하나님께서 자기 자녀들이 임금이신 예수님의 깃발 아래 군대로 모여 마귀와 그의 사자들과 싸우기를 뜻하셨습니다. 다음 구절들을 보십시오.

"하늘에 전쟁이 있으니 미가엘과 그의 사자들이 용과 더불어 싸울새 용과 그의 사자들도 싸우나"(계 12:7).

"또 내가 하늘이 열린 것을 보니 보라 백마와 그것을 탄 자가 있으니 그 이름은 충신과 진실이라. 그가 공의로 심판하며 싸우더라……하늘에 있는 군대들이 희고 깨끗한 세마포 옷을 입고 백마를 타고 그를 따르더라"(계 19:11,14).

주 예수님께서 자신의 죽음으로 마귀를 멸하셨습니다. 다시 말해, 자기 백성 위에 드리웠던 마귀의 모든 권세를 멸하신 것입니다. 십자가에서 죽으심으로써 백성의 모든 죄를 대속하셨고, 죄로 말미암아 종 되었던 그들을 폭군의 손아귀에서 건져 내 마귀가 더 자기 백성들에게 권세를 행하지 못하게 하셨습니다. 그러나 하나님은 자신의 지혜와 선하심으로 원수 마귀에게 그리스도의 군대를 제한적으로 공격하도록 허락하고 이 싸움을 통해 훈련된 자녀들이 마귀를 이기게 하심으로써, 자녀들은 영광을 얻고 마귀는 수치를 당하게 하셨습니다. 그러므로 여러분은 전쟁 중인 군대에 속한 용사로서 마땅히 용감하게 싸워야 합니다. 이 군대에 속한 용사들 가운데 원수를 대적하지 않는 비겁한 사람은 없기 때문입니다. 이 군사들은 우리의 대장 되신 분의 지휘를 따라 거룩한 천사들과 함께 싸웁니다. 그러므로 용감하게 힘써 싸우십시오.

둘째, 이 원수의 본질을 생각해 봅시다. 이 원수는 우리가 사랑하는 우리 주 예수님과 여러분을 비롯해 그분을 따르는 사람들을 지독하고도 끔찍하게 증오합니다.

그리하여 사탄은 우는 사자같이 두루 다니며 삼킬 자를 찾아 사납게 날뜁니다(벧전 5:8 참고). 사탄은 교활하고 잔혹하여 여러분이 받아 누리는 모든 특권과 유익을 없애고, 여러분을 해치고, 일상에서 여러분을 방해하는 데 혈안이 되어 있습니다. 그들은 지칠 줄 모릅니다. 그러므로 여러분은 마땅히 이런 사탄을 미워해야 합니다. 다윗이 어떻게 원수를 미워했는지를 보십시오.

"여호와여 내가 주를 미워하는 자를 미워하지 아니하오며 주를 치러 일어나는 자들을 미워하지 아니하나이까. 내가 그들을 심히 미워하니 그들은 나의 원수들이니이다"(시 139:21,22).

이처럼 여러분이 원수 마귀를 증오할 때 마귀는 어떠한 상황에서도 여러분을 장악하거나 이기지 못할 것입니다. 뿐만 아니라 마귀는 여러분 곁에 가까이 오지 못한 채 도망치고 말 것입니다. 마귀를 밟고 그의 궤계를 무력화시킬 때 느끼는 즐거움은 이루 말할 수 없을 것입니다. 하나님께서 여러분에게 마귀를 미워할 능력을 주셨습니다. 이는 거듭난 여러분의 본성입니다. 그러므로 하나님께서 주신 이 증오를 힘입어 맹렬하게 원수를 대적하십시오.

셋째, 그러므로 부주의함과 불신앙과 여러분 안에서 일어나는 정욕을 따름으로 말미암아 마귀에게 승리를 안겨 준다면, 이는 몹시 부끄러운 일입니다. 사탄이 간교하게 모든 일에 관여하고 있다는 사실을 기억하십시오. 주님께로 돌이킨다고 하면서 마귀의 공격에 겁을 먹고 즉각 굴복하거나 마땅히 싸워야 하는 만큼 싸우지 않은 것 때문에 주님께 책망을 받는다면 얼마나 부끄럽겠습니까! 반면에 마귀와 싸우느라 심한 부상을 당하더라도 굴하지 않고 용감히 싸우다가 주님께 나아가면 얼마나 영광스럽겠습니까!

이런 용기를 통해 여러분이 자유롭게 주님께 나아갈 수 있습니다. 비록 미약하더라도 올곧은 마음으로 온 힘을 다해 싸운 여러분의 모습에 주님께서 크게 기뻐하신 것을 알게 되면 매우 기분이 좋을 것입니다! 주님께서 이긴 자들에게 주기로 약속하신 바 감춰져 있던 만나를 여러분에게 주시면 얼마나 기쁘겠습니까! 주님께서 여러분에게 다음과 같이 말씀하신다면 얼마나 행복하겠습니까?

"잘하였도다 착하고 충성된 종아, 네가 적은 일에 충성하였으매 내가 많은 것을 네게 맡기리니 네 주인의 즐거움에 참여할지어다"(마 25:21).

넷째, 마귀는 패배한 원수입니다. 그러므로 우리의 승리는 확실합니다. 주 예수 님께서 여자의 후손으로 마귀의 머리를 상하게 하사고(창 3:15 참고), 십자가 죽음으로 마귀를 멸하셨습니다(히 2:14 참고). 통치자와 권세를 무력하게 하시고, 구경 거리로 드러내시고, 십자가로 이기셨습니다(골 2:15 참고). 그러므로 이처럼 이미 치명상을 입고 고꾸라져 몸부림치는 원수를 무서워한 나머지 공격하지 못하는 사람이야말로 겁쟁이입니다. 하나님께서 이런 마귀가 여전히 발버둥 치도록 허락하신 것은, 가련한 인간의 후손들에게 짓밟히고 치명상을 입어 수치를 당하게 하기 위함입니다. 다시는 마귀가 하나님의 자녀에게 권세를 휘두르지 못할 것입니다. 마귀가 하나님의 자녀에게 상처를 입힐 수는 있을지언정 결국에는 하나님의 자녀가 그리스도의 권세로 마귀를 이기고 승리의 개가를 부를 것입니다.

"이 썩을 것이 썩지 아니함을 입고 이 죽을 것이 죽지 아니함을 입을 때에는 사망을 삼키고 이기리라고 기록된 말씀이 이루어지리라. 사망아 너의 승리가 어디 있느냐. 사망아 네가 쏘는 것이 어디 있느냐. 사망이 쏘는 것은 죄요 죄의 권능은 율법이라. 우리 주 예수 그리스도로 말미암아 우리에게 승리를 주시는 하나님께 감사하노니"(고전 15:54-57).

"또 우리 형제들이 어린양의 피와 자기들이 증언하는 말씀으로써 그(형제들을 고소하는 쫓겨난 마귀)를 이겼으니 그들은 죽기까지 자기들의 생명을 아끼지 아니하였도다"(계 12:11).

그러므로 용감하게 마귀를 대적하십시오. 그러나 자신이 얼마나 연약한지를 알고 자신의 능력을 의지하지 마십시오. 그러다가는 영락없이 넘어지고 맙니다. 우리의 대장이신 예수님 곁에 있으십시오. 그분께로 피하고, 그분의 능력을 의지하고, 그분의 능력을 힘입어 싸우십시오. "시험에 들게 하지 마시옵고 다만 악에서 구하시옵소서"라고 쉬지 말고 기도하십시오. 경계를 늦추지 말고 하나님의 전신갑주를 두르십시오. 진리로 허리띠를 띠고 의의 흉배를 붙이십시오. 평안의 복음이 준비한 것으로 신을 신고, 믿음의 방패를 들고, 구원의 투구를 쓰고, 성령의 검인 하나님의 말씀을 가지십시오. 항상 성령 안에서 모든 기도와 간구를 드리고 이를 위하여 깨어 구하기를 항상 힘쓰십시오(엡 6:13-18 참고).

"네가 죽도록 충성하라. 그리하면 내가 생명의 관을 네게 주리라"(계 2:10).

96

남아 있는 부패의 능력

신자의 내면에 남아 있는 부패야말로 신자가 죄에 넘어지는 가장 강력한 원인입니다. 거듭날 때 하나님은 그리스도와 연합된 자기 백성에게 신령한 생명을 주십니다. 이 생명은 자라게끔 되어 있고, 실제로 계속 자라 갑니다. 여러분이 처음 회심한 때와 지금을 비교해 보면, 이 말이 사실임을 알 수 있을 것입니다. 자연의 영역에서 어떤 사람이 다른 사람보다 키가 크고 힘이 세듯이, 영적인 영역에서도 마찬가지입니다. 또한 육신의 영역에서 사람은 완전히 성장하기까지 계속 자라다가 성장이 멈추는 반면에, 영적인 영역에서는 영원에 이르러서야 성장이 완성됩니다. 이 땅에서는 아무리 완전히 자라기를 갈망하고 그것을 위해 노력하더라도 신령한 생명이 온전히 자라지 못합니다. 자연의 영역에서 어떤 사람은 건강하게 자라 힘이 세지고, 자라는 동안 그 힘을 유지하는 반면에, 어떤 사람은 질병이나 가난 같은 여러 어려움 때문에 제대로 자라지 못하고 힘을 잃습니다. 심지어 성인이 되어서도 어린아이처럼 연약할 수 있습니다. 영적인 영역에서도 마찬가지입니다. 어떤 사람은 건강한 식물처럼 어려서부터 성숙하고 한낮의 빛에 이르는 것처럼 계속 빛을 더해 갑니다. 이런 사람은 계속 강건해지고 종려나무와 레바논의 백향목처럼 성장합니다. 반면에, 어떤 사람들은 많은 것들로부터 방해를 받아 힘을 잃어버립니다. 그중 가장 큰 원인이 바로 지금 우리가 다루려는 내면에 남아 있는 부패입니다.

남아 있는 부패가 신자를 괴롭힘

신자들은 내재하는 부패로 말미암아 슬퍼하고 괴로워합니다. 이는 다음을 통해 분명히 드러납니다.

① 신자들이 내면의 부패로 인해 탄식함

"여호와여 어찌하여 우리로 주의 길에서 떠나게 하시며 우리의 마음을 완고하게 하사 주를 경외하지 않게 하시나이까?"(사 63:17)

"내 지체 속에서 한 다른 법이 내 마음의 법과 싸워 내 지체 속에 있는 죄의 법으로 나를 사로잡는 것을 보는도다. 오호라 나는 곤고한 사람이로다. 이 사망의 몸에서 누가 나를 건져 내랴"(롬 7:23,24).

② 신자들이 내면의 부패가 얼마나 강력한지를 고백함

"죄악이 나를 이겼사오니"(시 65:3).

③ 신자들이 내면의 부패로부터 보호받기를 기도함

"또 주의 종에게 고의로 죄를 짓지 말게 하사 그 죄가 나를 주장하지 못하게 하소서"(시 19:13).

④ 내면의 부패에 관한 경고

"하나님의 성령을 근심하게 하지 말라. 그 안에서 너희가 구원의 날까지 인치심을 받았느니라"(엡 4:30).

"오직 오늘이라 일컫는 동안에 매일 피차 권면하여 너희 중에 누구든지 죄의 유혹으로 완고하게 되지 않도록 하라"(히 3:13).

남아 있는 부패가 신자를 지배하지는 못함

거듭난 신자가 완전해진 것은 아니므로, 옛사람은 항상 거듭난 사람 안에 남아 있습니다. 옛사람은 언제나 그 본성과 무지와 의지와 감정을 가지고 죄를 즐거워하면서 자신이 정직하고 사려 깊고 즐거운 것처럼 가장합니다. 옛사람은 선한 것을 혐오하며, 그것을 바람직하거나 유익하거나 가능한 것으로 여기지 않습니다. 옛사람의 이런 본성으로 말미암아 육체의 소욕과 영의 소욕이 싸웁니다.

"육체의 소욕은 성령을 거스르고 성령은 육체를 거스르나니 이 둘이 서로 대적함으로 너희가 원하는 것을 하지 못하게 하려 함이니라"(갈 5:17).

때로는 육체의 소욕이, 때로는 영의 소욕이 이깁니다. 한쪽이 차지하는 만큼 다른 한쪽이 빼앗깁니다. 영의 소욕이 이기더라도 육체의 소욕을 완전히 내쫓지는 못합니다.

"내가 이미 얻었다 함도 아니요 온전히 이루었다 함도 아니라. 오직 내가 그리스도 예수께 잡힌 바 된 그것을 잡으려고 달려가노라"(빌 3:12).

마찬가지로 육체의 소욕도 영의 소욕을 완전히 내쫓거나 정복하거나 이기지는 못합니다.

"하나님께로부터 난 자마다 죄를 짓지 아니하나니 이는 하나님의 씨가 그의 속에 거함이요 그도 범죄하지 못하는 것은 하나님께로부터 났음이라"(요일 3:9).

"죄가 너희를 주장하지 못하리니 이는 너희가 법 아래에 있지 아니하고 은혜 아래에 있음이라"(롬 6:14).

'주장하다'라는 말은 상대방을 완전히 지배하고 정복하여 복종을 받아 내는 것을 뜻합니다. 그러나 육체의 소욕과 영의 소욕 사이에는 이런 승리나 복종이 없습니다. 육체에는 신체뿐만 아니라 영혼의 본성적 기능을 활성화하는 능력이 있습니다. 이런 능력을 가지고 육체는 영혼에게 제재당하지 않고 원하는 대로 행동합니다. 그러나 원하든 원하지 않든, 거듭난 사람은 단 한 순간도 육체의 소욕에 복종하고자 육체의 소욕을 따라 행하지 않습니다. 거듭난 사람은 항상 육체의 소욕을 거부합니다. 심지어 할 수 있는 일이 육체의 소욕으로 인해 탄식하는 것뿐이라 할지라도 이렇게 탄식함으로써 자신이 얼마나 육체의 소욕을 혐오하는지를 나타냅니다. 어른이 어린아이의 팔을 잡아끌면, 어린아이는 자신의 의지와 상관없이 끌려

갈 수밖에 없습니다. 물론 질질 끌려가지 않는 한 자기 발로 걸으며 끌려갑니다. 그러나 그것은 걷기 위함이 아닌, 넘어지지 않기 위한 행동입니다. 그의 모든 걸음걸음은 저항하는 몸짓입니다. 영혼이 내재하는 부패의 능력에 압도되었을 때에도 이와 같은 일이 일어납니다.

내재하는 부패가 득세하게 되는 원인들

신령한 생명의 원리가 내재하는 부패와 끊임없이 싸울 때, 내재하는 부패는 대개 신자를 미혹하여 악한 일로 향하게 하고 선한 일을 방해하며 더럽힙니다. 그런데 때때로 내재하는 부패가 크게 힘을 얻고 득세하여 신자의 영혼을 압도하기도 합니다. 여기에는 주로 다음과 같은 원인들이 있습니다.

① 사람을 시험하여 겸손하게 하고 예수님을 더욱 소중히 여기게 하고 하나님의 능력을 더욱 의지하게 하고자, 하나님은 일상적으로 베푸시는 은혜의 영향력을 일부 거두시기도 합니다. 이때 신령한 생명은 내재하는 부패의 거대한 힘을 감당하지 못합니다.

② 이전에 겪어 보지 않은 특정한 상황에 처하여 생명이나 명예나 소유를 잃을까 봐 두려움을 느끼기도 합니다. 그리하여 죄악된 열망이 일어나고 특정한 죄에 쉽사리 빠집니다. 봉변을 당하거나 특정한 상황이 오래 지속되어서 이런 상태가 되기도 합니다. 어쨌든 이로 말미암아 신령한 생명이 극도로 위축되고 힘을 발휘하지 못하게 됩니다.

③ 몸 상태가 변하여 고질적인 죄에 더욱 취약해지기도 합니다. 이로 인해 육신은 더욱 그 죄를 짓고 싶어하고 탐닉하게 됩니다. 우리 몸의 상태가 많은 죄를 촉발시키고, 영혼이 육신을 통해 이런 정욕을 탐닉합니다.

④ 마귀가 더욱 자유롭게 활동하게 되어 전혀 예상하지 못하고 경험해 보지 못한 새로운 궤계로 신자를 공격하기도 합니다. 신자는 이러한 공격에 쉽게 압도되고, 이로 말미암아 신령한 생명은 포로가 된 것처럼 제대로 움직이지 못합니다.

내재하는 부패가 초래하는 결과

내재하는 부패의 엄청난 능력으로 말미암아 매우 비참하고 죄악되며 위험한 결과가 초래됩니다. 몸과 영혼의 모든 기능이 이에 영향을 받기 때문입니다.

① 지성이 영향을 받습니다. 지성은 인간이 행위를 시작하는 가장 핵심적인 기능입니다. 그러나 많은 경우 인간이 행동하는 첫 단계에서부터 옛사람의 정욕이 역사합니다. 정욕은 지성을 무감각하게 합니다. 그렇게 지성이 무디어지면 죄의 죄악됨과 죄가 불러오는 해로운 결과를 제대로 인식하지 못할뿐더러 하나님의 전지하심, 편재하심, 선하심, 의로우심에도 주의를 기울이지 않게 됩니다. 급기야 주님을 잊어버리기까지 합니다. 그리고 설령 주님께서 자신을 어느 정도 나타내 주시더라도 거기서 아무것도 느끼지 못하고, 죄를 대적하지도 못합니다.

② 의지가 공격을 받습니다. 새사람은 악한 것을 혐오합니다. 악은 하나님의 뜻을 대적하는 것이기 때문입니다. 반면에 새사람은 선한 일을 기뻐합니다. 선한 일이 하나님을 기쁘시게 하기 때문입니다. 그러나 옛사람은 새사람과 정반대되는 의지를 가집니다. 내재하는 부패로 말미암아 옛사람의 의지가 신자의 의지를 압도하면 새사람은 죄를 혐오하고 덕을 갈망할 힘을 잃어버립니다. 정욕이 강하게 일어날 때, 새사람은 정욕을 극복하려고 애쓰지만 죄악된 욕망이 죄를 범하도록 사납게 잡아끌 경우 끝내 굴복하고 말 것입니다. 그렇게 죄악된 욕망이 행위로 구체화되기 시작하면, 신자가 마치 악을 행하려는 의지로 충일한 것처럼 보입니다. 심지어 정욕이 그렇게 강하게 일어나지 않을 때조차도 이런 죄에서 온전히 떠나 다시는 죄를 짓지 않고 깨어 경계하며 온 힘을 다해 싸우겠노라고 다짐하지 못하기도 합니다. 간혹 그렇게 다짐하더라도 그조차도 마음 깊은 데서 나오는 것이 아니라 나약하고도 피상적인 결심으로 그칠 때가 많은 탓에 금세 흐지부지됩니다. 그렇습니다. 우리는 하나님을 합당하게 대하지 않는 우리 자신을 책망하기도 할 것입니다. 물론 그런 결심에 정직함이 아예 결여된 것은 아닙니다. 그러나 정욕을 쫓아내고 눈에 띌 정도로 전체 의지를 다스리기에는 힘이 부족합니다. 지금까지 결심한 것들이 모두 열매 맺지 못했음을 아는 까닭에 이런 결심을 더해 갈수록 견고하게

서기는커녕 절망만 깊어질 뿐입니다.

③ 이처럼 내재하는 부패를 통해 촉발되고 움직이기 시작한 죄악된 감정은 마음먹은 대로 실행하지 않거나 더디게 행하는 것을 못견디고 그 죄를 향해 미친 듯이 내달립니다. 사람의 본성적 성향들을 모두 불러일으켜 맹렬하게 죄악으로 치닫게 합니다. 우리의 정욕을 채우기 위해 촉발된 감정들이 모든 것들을 가동하고, 어떻게든 그것을 막으려는 새사람을 온 힘을 다해 공격합니다. 다음 말씀들이 이런 사실을 잘 말해 줍니다.

"오직 각 사람이 시험을 받는 것은 자기 욕심에 끌려 미혹됨이니, 욕심이 잉태한즉 죄를 낳고 죄가 장성한즉 사망을 낳느니라"(약 1:14,15).

"영혼을 거슬러 싸우는 육체의 정욕을 제어하라"(벧전 2:11).

④ 내재하는 부패에 속사람이 굴복하면 영혼과 육신의 활동도 부패하게 됩니다. 그는 죄를 생각합니다. 자신은 그런 죄를 생각만 할 뿐 실제 행동으로 옮기지는 않을 것이고 또 그렇게 하고 싶지도 않다고 말하면서 편안하게 그런 생각을 즐깁니다. 그러나 그는 이 죄를 실행하려는 정욕을 불러일으킬 것이며, 이에 발맞추어 내재하는 부패가 이 죄를 실행하도록 부추깁니다. 그리하면 그의 몸의 지체들이 힘을 얻어 눈, 귀, 입, 손, 발 등을 동원하여 구체적으로 죄를 실행합니다. 한 번으로는 만족하지 못하며, 반복해서 죄를 짓습니다.

신자들 역시 이전과 동일한 죄를 범할 수 있음

거듭났다고 해서 어떤 죄에서 완전히 자유로워지는 것은 아닙니다. 어떤 신자도 특정한 죄를 가리키며 "다시는 그 죄를 범하지 않을 것이다"라고 말할 수 없습니다. 어느 누구도 본성적인 부패에서 자유롭지 않습니다. 본성의 부패는 항상 선한 일을 가로막고 더럽힙니다. 늘 정욕을 불러일으킵니다. 부주의함이나 갑작스레 맞닥뜨리는 어떤 사건을 통해 날마다 많은 죄를 범하게 합니다. 어떤 죄는 마음을 사로잡아 떨어지지 않습니다. 몸의 성향이나 상태에 따라 특정한 죄에 쉽게 이끌리는가 하면, 어떤 죄는 몸을 죄로 이끌고자 계속 기회를 틈탑니다. 계속해서 넘어질 정도로 이 죄는 강력합니다. 다른 사람 몰래 은밀하게 범하는 죄일수록 더욱 그러합니다. 세속법으로 큰 형벌을 받아야 할 만큼 심각한 죄를 짓기도 합니다. 그러나 이처럼 큰 죄에 넘어질 때, 보통 우리는 다른 죄들보다 그 죄를 더욱 혐오하게 되며 다시는 그 죄에 넘어지지 않으리라 다짐합니다. 그러나 그렇게 다짐하고 죄를 혐오하더라도 대부분 또다시 그 심각한 죄에 넘어집니다. 특히 몸 상태나 성향으로 촉발된 죄의 경우 더욱 그런 모습을 보입니다. 이는 진심으로 회개하기 전에 죄의 힘에 압도당하여 다시 죄를 짓는 것(이는 죄에 굴복하는 것이라기보다 계속 죄를 짓는 것이라고 볼 수 있습니다)만을 말하지 않습니다. 그리스도로 말미암아 하나님과 화목하게 되고 그 죄와 싸우겠노라 다짐하면서 온 마음으로 이 죄를 슬퍼하더라도, 또다시 그 죄에 빠질 수 있습니다. 때로는 그렇게 돌이키자마자 또 동일한 죄를 짓기도 합니다. 이미 죄를 이긴 것처럼 보이고, 심지어 죄를 죽인 것처럼 더는 죄를 두려워하지 않을지라도, 다시금 동일한 죄를 지을 수 있습니다.

① 아브라함, 이삭, 롯, 베드로에게서, 누구나 예외 없이 동일한 죄에 빠질 수 있음을 배웁니다.

② 여전히 사람 안에 모든 부패의 씨가 존재합니다. 그렇다면 이 부패로 말미암은 죄 역시 여전히 도사리고 있는 것입니다.

③ 성경은 어디에서도 한 번 넘어진 죄에 다시는 넘어지지 않는다고 약속하지 않습니다.

④ 신자들은 다른 죄에도 넘어집니다. 그렇다면 무슨 이유로 동일한 죄에 다시 넘어질 수 없다고 생각할 수 있겠습니까?

⑤ 하나님께서 성령을 거두시면 영적인 삶이 빈약해지므로 다시금 고개를 쳐드는 동일한 죄에 대항하지 못합니다. 특히 이런 죄로 이끄는 모든 기회를 틈타, 몸이 거기에 영향을 받고 마귀가 공격하는 때에 더욱 그러합니다.

반론

회심한 신자라면, 그런 모습으로 살지 않을 것이다. 이런 사람은 당연히 회심하지 않은 자로 여겨야 한다.

> 답변

만일 어떤 사람이 항상 온갖 죄에 이끌리고 죄와 싸우지 않는다면, 이 모든 죄로 말미암아 신음하거나 힘들어하지 않고 죄를 용서받고자 눈물로 간구하지도 않으며 칭의와 성화를 위해 예수님을 영접하지도 않고 계속 돌이키지도 않으며 하나님을 경외하며 살지 않는다면, 마땅히 회심하지 않은 불신자로 여겨야 합니다. 연약해서 죄를 범하는 것이라 둘러대면서 성도도 죄에 빠진다는 사실을 들어 자신을 위로해서는 안 됩니다. 어디에 있든지 중심에 참된 은혜가 있다면, 앞에서 언급한 상태에 빠졌을 때 어떻게 해서든지 다음과 같은 모습을 나타낼 것입니다.

(1) 그들 안에 남아 있는 부패는 모든 죄들과 비교할 때 그다지 강하지는 않습니다. 거듭난 신자들이 죄를 많이 짓지 않는 것은 그들의 본성이 죄악들로 향하지 않거나, 죄로 이끄는 시험이 없거나, 고질적인 죄악들이 주는 즐거움을 모르기 때문이 아닙니다. 이런 점에서 거듭난 신자들도 회심하지 않은 자들과 크게 다르지 않습니다. 거듭난 신자들이 죄를 덜 짓는 것은 그들이 하나님과의 연합으로 말미암아 다른 죄악들과 범죄하게 하는 기회들 및 자극들을 피하고 그것들과 싸우기 때문입니다. 거듭난 신자들은 하나님을 경외하고 그분의 뜻을 사랑합니다. 그러하기에 온갖 형태의 죄에 취약하지는 않습니다. 그러나 고질적인 죄는 너무나 강력합니다. 이미 앞에서 살펴보았듯이 거듭난 신령한 생명이 이 죄를 대항해 싸우기는 하지만, 죄 자체를 완전히 굴복시키지는 못합니다. 죄를 압도하기도 하고 사로잡아 정복하기도 하지만, 완전히 굴복시키지는 못합니다.

(2) 신자 안에 남아 있는 부패가 끊임없이 신자를 따라다니는 죄에 항상 힘을 불어넣는 것은 아닙니다. 부패에 대항해 싸우는 신령한 생명이 우위를 점하고, 넘어졌더라도 다시 일어나고, 시험을 물리치고, 죄지을 기회를 피하고, 간절히 주님의 능력을 의지하고, 주님을 떠나지 않을 때가 많습니다. 설령 죄가 또다시 고개를 쳐들고 영향을 미치려 할지라도 거듭난 신자는 이처럼 주님을 경외하는 가운데 신중하고도 아름답게 진보를 이루고, 이를 통해 길게든 짧게든 이 죄에서 떠납니다.

(3) 불신자들이 거리끼거나 부끄러워하지 않고 정욕을 탐닉하듯이 남아 있는 부패가 우위를 점할 때, 신자는 즐거워할 수도 행복할 수도 없습니다. 그저 슬픔과 아픔을 느낄 뿐입니다. 슬픔에 빠져 무기력하게 살아갑니다. 하나님과 나누는 교제와 화평과 하나님과 화목하게 되었음에 대한 확신을 이 죄로 말미암아 잃어버렸기 때문입니다. 게다가 그의 경건한 삶이 약해지고 자기 자리에서 하나님을 영화롭게 하지 못합니다. 이러한 시련 가운데 정욕이 제멋대로 행하며 더 강력하게 활개 치는 것처럼 보일수록 신자의 영혼은 더욱 슬퍼합니다. 더 나아가 거센 시험이 닥쳐올 때 자신의 고질적인 죄를 피하게 되면, 회심하지 않은 자들처럼 성질부리는 것이 아니라 오히려 기뻐하며, 하나님께 감사합니다. 이런 사실을 통해 우리는 회심하지 않은 불신자가 죄를 범하는 것과 회심한 신자 안에 남아 있는 부패가 은혜와 싸우는 것을 구별할 수 있습니다. 또한 이미 지배적인 죄와 부차적인 죄가 무엇인지에 관해 14장(1권)에서 살펴보았습니다.

이런 사실로부터 과연 죄가 어떤 사람 안에서 지배적으로 역사하는지를 분명히 확인할 수 있습니다. 죄가 여전히 여러분에게 지배적으로 역사한다면, 스스로를 아직 회심하지 않은 자로 여겨야 합니다. 만일 그런 상태로 살다가 그대로 죽는다면, 영원한 멸망만이 여러분을 기다릴 뿐입니다. 그렇다면 속히 죄에서 돌이키고 그리스도를 믿는 믿음을 발휘하여 임박한 진노에서 피하십시오. 아직 구원의 문이 열려 있을 때 서둘러야 합니다.

자주 패배하더라도 죄에 지배당하지 않고, 신령한 생명이 남아 있는 부패와 싸우는 사람은 하나님의 은혜에 감사하고 찬양하며 다시금 용기를 내 이 은혜를 남아 있는 부패와 싸우는 방편으로 삼아야 합니다. 이는 죄에 사로잡혀 사는 것이 얼마나 비참한지, 어떻게 계속 그렇게 죄에 매인 채 불안해하고 두려워하며 비통함 속에서 살아갔는지, 어떻게 하나님께서 자신을 숨기셨는지를 알기 때문입니다. 자신이 육체와 마귀와 세상으로부터 오는 온갖 미혹들에 얼마나 취약한지를 직접 경험했기 때문입니다. 신령한 생명이 가진 성품적 성향이 어떻게 죄 때문에 약해지는지, 신령한 생명이 약해지는 동시에 능력이 더하고 번성하는 남아 있는 부패를 근절하는 것이 불가능함을 알았기 때문입니다. 자신이 하나님의 부르심을 따라 하나님을 영화롭게 하는 일에 얼마나 무능하며, 흑암과 비참함 가운데 죽게 될까 봐 얼마나 두려워하고 있는지를 여실히 알기 때문입니다.

또 다른 측면으로는 여러분 안에 있는 신령한 생명이 이 육신의 장막을 빨리 벗어나 자유로워지기를 갈망하고, 절박하게 도움을 필요로 함을 알기 때문입니다. 여러분은 여러분을 향한 하나님의 사랑이 한결같다는 사실을 잘 압니다. 하나님의 은혜의 성령께서 여러분 안에 거하신다는 사실을 통해 이런 확신을 얻었습니다. 자신의 충만하심으로부터 여러분에게 은혜 위에 은혜를 부어 주고자 하시는 주 예수님의 충만하심도 잘 압니다. 성령께서 거하시는 전인 육신을 정결하게 하고 남아 있는 부패를 몰아내야 마땅하다는 것도 잘 압니다. 회개는 얼마나 즐거운 일인지요! 이 일이 여러분 자신은 물론이요 하나님과 주 예수님과 천사들과 목사들과 다른 신자들 모두에게 큰 기쁨을 가져다줍니다. 우리가 회개할 때 죄는 그 능력을 잃습니다. 모든 일들이 훨씬 수월하게 보이고 그것들을 헤쳐 나갈 수 있는 힘이 더해질 것입니다.

97

영적 어둠

사람은 거듭남으로 말미암아 흑암에서 놀라운 빛으로 옮겨집니다. 어두웠던 총명이 밝아지고 육신의 눈으로 볼 수 없는 실체를 인식합니다. 신령한 빛으로 조명받은 사람은 자연인에게는 감추어진 바 본성의 눈으로 볼 수 없는 이런 실체들을 완전히 다른 방식으로 이해합니다. 흑암 가운데 있었을 뿐만 아니라 어둠 자체였던 사람에게 주님께서 빛을 비추어 일깨우시고, 성령께서 예수 그리스도의 얼굴에 있는 하나님의 영광을 아는 빛을 비추어 주십니다. 이 빛은 비추임을 받은 사람의 마음을 기쁘게 하고, 그의 영혼을 따듯하게 하고 사랑으로 타오르게 하며, 전인을 변화시키고 거룩하게 합니다. 그러므로 이 빛을 보기 시작한 사람들은 이 빛을 너무나 사랑한 나머지 이 빛에 더욱 가까이 이끌리고 싶어합니다. 그러는 가운데 신자들은 대면하여 보는 빛(이 땅에 있는 신자들이 갈망하는 바이지만, 천국에서만 이루어지는)과 믿음으로 보는 빛의 차이에 주목하지 않습니다. 이 땅을 살아가는 신자들은 이 믿음의 빛을 받고 기뻐하며 어두운 세상을 지나갑니다. 그런데 이렇게 구별하지 않는 까닭에 사람들은 믿음의 빛으로 살아가는 것으로 만족하지 못하고 이 땅에서 하나님의 영광의 빛을 대면하며 살기를 바랍니다. 그러나 그 일은 이 땅에 사는 한 불가능하므로 그 영혼은 크게 괴로워하고 자신이 회심하지 않았으며 여전히 흑암 가운데 산다고 여깁니다. 그리하여 아무런 빛도 보지 못할 정도로 믿음의 빛이 흐릿해지고, 그 영혼에 큰 어둠이 드리웁니다.

그러나 이런 영적 어둠은 회심하지 않았기에 완전히 눈먼 자들에게 드리워져 있는 어둠이나 아직 빛이 희미한 초신자가 경험하는 어둠과는 다릅니다. 또한 이런 어둠은 때때로 신자들에게 엄습했다가 쉽게 사라지는 어둠의 파도도 아닙니다.

영적 어둠: 그리스도인의 영적 질병

여기서 영적 어둠이란, 그리스도인으로서 살아가는 데 어느 정도 진보를 이룬 신자의 영적 질병을 가리킵니다. 성령에게서 일상적인 조명을 받지 못할뿐더러 아직 옛 본성에 남아 있는 어둠 때문에 안에 있는 빛이 희미하고 모호해져서 이전에는 그토록 명료하게 보이던 영적인 일들이 아득한 기억처럼 멀고 어렴풋하게 보일 뿐입니다. 이런 상태에서는 기쁨이나 온화함을 느끼지 못합니다. 사막 한가운데 떨어진 사람처럼 어디로 가야 할지를 알지 못한 채 두려움과 염려로 헤매며 살아갑니다.

굳이 다른 사람의 경험을 들 필요도 없이 저마다 자신의 경험을 살펴보더라도 신자가 이런 어둠에 빠진다는 사실을 알 수 있습니다. 그리고 하나님의 말씀 역시 이것이 사실이라는 증거를 풍성히 제시합니다. 그러므로 영적 어둠에 처한 신자는 이런 사실을 잘 알아야 합니다. 그러지 않고 신자는 이런 상태에 빠질 수 없다고 생각한다면, 자신이 이런 상태에 빠졌을 때 분명 스스로를 은혜 없는 자라고 여길 것이기 때문입니다. 믿음의 조상 아브라함도 이런 상황에 빠졌습니다. 그의 후손들도 예외가 아닙니다.

"해 질 때에 아브람에게 깊은 잠이 임하고 큰 흑암과 두려움이 그에게 임하였더니"(창 15:12).

욥도 자신에 대해 이렇게 증언합니다.

"그런데 내가 앞으로 가도 그가 아니 계시고 뒤로 가도 보이지 아니하며, 그가 왼쪽에서 일하시나 내가 만날 수 없고 그가 오른쪽으로 돌이키시나 뵈올 수 없구나"(욥 23:8,9).

교회도 자신들이 처한 이런 상황 때문에 탄식합니다.

"나를 이끌어 어둠 안에서 걸어가게 하시고 빛 안에서 걸어가지 못하게 하셨으며"(애 3:2).

하나님께서 이것을 경고하십니다.

"그가 어둠을 일으키시기 전, 너희 발이 어두운 산에 거치기 전, 너희 바라는 빛이 사망의 그늘로 변하여 침침한 어둠이 되게 하시기 전에 너희 하나님 여호와께 영광을 돌리라"(렘 13:16).

이사야 선지자는 이런 상황에 처한 신자들에게 다음과 같이 말합니다.

"너희 중에 여호와를 경외하며 그의 종의 목소리를 청종하는 자가 누구냐? 흑암 중에 행하여 빛이 없는 자라도 여호와의 이름을 의뢰하며 자기 하나님께 의지할지어다"(사 50:10).

눈멀어 보지 못하는 탓에 어둠에 처하기도 하지만, 위로를 받지 못하고 핍박을 당한 결과 이런 어둠의 때를 지나기도 합니다. 그러나 이런 원인들은 대개 하나님의 자녀들 안에 공존합니다. 외적인 어둠이 내면에 어둠을 드리우기 때문입니다.

영적 어둠의 원인들

물리적으로 시각이 흐려지는 원인은 여러 가지입니다. 해가 져서 어두워지거나, 구름이 짙게 드리우거나, 장애물이 시야를 가로막거나, 눈병이 있거나, 해를 정면으로 응시하는 등 다양한 이유가 있습니다.

① 의의 태양이신 주 예수 그리스도께서 자신을 감추시고, 조명하시는 성령께서 영향력을 거두실 때 신자에게 영적 어둠이 임합니다.

② 마귀가 조명하시는 성령의 빛을 가려 문제를 보지 못하게 만들고, 오류와 이단 사설의 연기를 피워 시야를 흐리고, 속임수로 기만할 때 신자에게 어둠이 임합니다.

③ 신자가 믿음의 빛을 하찮게 여겨 주목하지 않고, 진리에 대한 사랑이 식고, 마땅히 추구해야 할 것 이상을 추구하며, 믿기보다 눈으로 보기를 고집하고, 주님께서 자기 백성을 이끄시는 일반적인 빛이 아니라 다른 빛을 구할 때 영적 어둠에 빠집니다.

④ 정욕에 굴복하고, 눈을 감아 버리고, 눈에 모래를 뿌리듯이 보지 말아야 할 것들로 눈을 더럽히는 등 빛을 회피하여 진리를 그 효력과 가치대로 보지 못할 때 영적 어둠이 임합니다.

⑤ 하나님께서 얼마나 완전하고도 광대하신 분인지를 이해하지 못하고, 영적인 것을 보는 데에만 지나치게 몰입할 때 영적 어둠이 찾아옵니다. 영적인 것을 보는 데 집착할수록 빛이 아니라 어둠에 더 깊이 빠져듭니다. 하나님의 말씀의 빛에서 멀어지고 말씀을 바로 깨닫지 못할 때, 참된 빛을 점점 희미하게 만드는 거짓된 생각이 신자의 영혼을 속이고 우리의 부패한 지성과 분별력 없는 이성이 가장 앞에 나서게 될 것이기 때문입니다.

영적 어둠으로 초래되는 결과

이런 영적 어둠으로 말미암아 신자는 비탄과 죄악된 상태로 떨어집니다. 그 이유는 다음과 같습니다.

① 신자가 절망에 빠지기 때문입니다. 빛은 만족케 하고 마음을 기쁘게 하지만, 어둠은 슬픔을 가져옵니다. 밤은 모든 것을 어둠으로 집어삼키고 마음을 억누릅니다. 빛을 보고, 하나님의 얼굴빛 가운데 행하고, 그 빛으로 즐거워했던 신자라 할지라도 이 빛을 잃어버리고 짙은 흑암에 둘러싸입니다. 이로 말미암아 신자는 괴로워하고 슬픔에 사로잡혀 음울해하며, 그 결과 모든 것이 슬픔의 원인이 됩니다. 이때 신자들은 하나님께서 그들에게 빛을 비추시고 그 빛을 통해 어둠을 지나간 이전 날들을 떠올립니다. 그러나 지금은 그 빛마저 자취를 감추고 비통한 어둠만이 짙게 드리우고 있습니다.

② 어둠이 내리면 들짐승들이 굴에서 기어 나옵니다. 마찬가지로 영적 어둠이

드리우면 불신앙, 낙심, 성마름, 수군거림 같은 온갖 죄악된 행위들이 그 모습을 드러냅니다. 영혼을 더 깊은 어둠에 빠트리려는 온갖 죄악된 추론뿐만 아니라 무신론적인 생각들까지 마음에서 일어납니다.

③ 어둠은 두려운 것입니다. 밤에는 공포가 찾아오고, 낮에는 화살이 날아듭니다(시 91:5 참고). 마찬가지로 영적 어둠이 임하면 은혜를 제대로 분별하지 못할뿐더러 자기 안에 은혜가 있는지를 깨닫지도 못합니다. 우리가 두려워해야 할 것은 하나님의 진노와 정죄입니다. 마귀는 두렵게 하는 화살을 계속 쏘아 댑니다. 생각과 꿈은 우리를 놀라게 합니다. 이럴 때 우리는 안식하거나 피할 곳을 찾지 못합니다.

④ 어두운 밤에 짐승의 발자국이 무수한 황무지를 지나가는 사람은 쉽사리 길을 잃습니다. 영적 어둠 속에서도 마찬가지입니다.

"어둠에 다니는 자는 그 가는 곳을 알지 못하느니라"(요 12:35).

혼자 있을 때에는 이 생각 저 생각으로, 다른 사람들과 있을 때에는 말로 죄를 범합니다. 어떤 일을 하거나 어떤 결정을 내릴 때 항상 잘못을 저지르고 잘못 결정하는 까닭에 아무리 수고해도 좋은 결과를 맺지 못합니다. 어디를 가든 올무에 걸리고, 무엇을 하든 그것의 종노릇합니다.

⑤ 어둠 속을 걷는 사람은 무엇이든 앞에 있는 것에 걸려 넘어질 수밖에 없습니다. 앞을 보지 못하기 때문입니다. 영적 어둠 속에서 행하는 사람도 마찬가지입니다. 그 마음에 더는 하나님의 길이 없으므로 거친 길로 행합니다. 여기저기서 무언가를 보고 듣는 탓에 금세 기분이 나빠집니다. 어디를 가든 교리적인 오류나 죄로 이끄는 유혹에 직면하고 반발을 삽니다. 가는 곳마다 올무가 있지만, 그것을 보지 못합니다. 그래서 쉽게 올무에 걸립니다. 많이 움직일수록 올무에 더 깊이 빠져 들어갑니다. 어디에 발을 디뎌야 할지를 모르는 까닭에 스스로 올무에서 빠져나오지 못합니다.

⑥ 어둠은 열매를 맺지 못하는 때입니다. 한겨울의 어둠 속에서 나무들은 죽은 듯이 황량하게 서 있을 뿐입니다. 남극이나 북극에서는 채소나 풀들이 거의 자라지 못합니다. 파종되었든 심겼든 햇볕이 닿지 않는 곳에서는 모든 것이 자라지 못

하고 칙칙한 상태로 남아 있을 것입니다. 영적 어둠의 때에도 마찬가지입니다. 짙은 어둠에 둘러싸인 영혼은 회개에 합당한 열매를 전혀 맺지 못합니다. 결실하지 못하는 연약한 영혼입니다. 자신을 심으신 주님께 아무런 즐거움도 드리지 못하고, 교회를 아름답게 하지 못합니다. 다른 신자들에게 기쁨이 되지 못할 뿐만 아니라, 불신자들의 마음도 끌지 못합니다. 이처럼 영적 어둠의 때에는 자신을 부르고 구원하신 하나님의 뜻에 전혀 부응하지 못합니다.

⑦ 어두운 밤은 춥습니다. 겨울이나 극지방 근처에서는 모든 것이 얼어붙어 제대로 움직이지 못합니다. 영적 어둠의 때에도 마찬가지입니다. 영적 어둠이 드리워진 영혼은 쉽게 굳으며 냉랭하고 무정해집니다. 이런 무정함에 관해서는 뒷부분에서 더욱 자세히 살펴보겠습니다.

영적 어둠에 빠지지 않기 위한 방편

영적 어둠에 처하는 것이 이처럼 위험하므로 신자라면 누구나 이런 상태에 빠지지 않도록 조심해야 합니다.

① 앞에서 살펴본 대로, 이 상태로 떨어지게 만드는 것들을 조심해야 합니다.

② 아무리 하찮게 보일지라도 여러분에게 있는 빛을 소중히 여겨야 합니다.

③ 하나님과 그리스도와 구원의 길을 아는 것으로 말미암아 기뻐해야 합니다. 게다가 하나님의 말씀에 담긴 신령한 의미를 깨닫고 있다는 사실을 즐거워해야 합니다. 이 빛이 없어서 하나님의 말씀을 깨닫지 못하는 사람들을 많이 보지 않았습니까!

"요한은 켜서 비추이는 등불이라. 너희가 한때 그 빛에 즐거이 있기를 원하였거니와"(요 5:35).

④ 하나님의 말씀에 있는 빛에 주의를 기울이고 그 빛이 이끄는 대로 따라가십시오.

"아직 잠시 동안 빛이 너희 중에 있으니 빛이 있을 동안에 다녀 어둠에 붙잡히지 않게 하라"(요 12:35).

영혼이 어둠에 처하더라도 용기를 잃지 마십시오. 수많은 신자들이 그런 상황을 겪습니다. 여러분이 은혜와 상관없다는 의미가 아닙니다. 멀리 있더라도 여전히 여러분은 하나님과 그분의 길이 무엇인지를 압니다. 여러분은 이런 영적 어둠을 즐기지 않으며, 하루빨리 벗어나고 싶은 무거운 짐으로 여길 뿐입니다. 빛에 거하는 것이 여러분이 바라는 전부입니다. 이 빛으로 말미암아 볼 뿐만 아니라 기뻐하고, 온기를 얻고, 인도를 받고, 거룩해지고자 합니다. 하나님께서 새롭게 하심으로 여러분에게 드리워진 어둠에 빛을 비추실 것입니다. 다시금 자신의 얼굴빛을 여러분에게 비추어 주실 것입니다. 그때가 되면 지금 지나가는 어둠의 시기를 통해 여러분이 많은 것을 배웠음을 알게 될 것입니다. 특히 이 어둠에 지지 말고 거기서 벗어나기 위해 힘쓰십시오. 이 어둠을 지나가는 일이 얼마나 싫고 어려운지, 또한 빛이 여러분에게 얼마나 즐거움을 주는지는 굳이 설명하지 않아도 될 것입니다. 여러분은 이미 빛과 어둠을 겪어 보았기 때문입니다. 그저 몇 가지 지침을 제시하고자 합니다.

첫째, 이전에 누리던 빛으로 곧바로 회복되리라 기대해서는 안 됩니다. 영적 어둠에 처한 여러분에게 잠시 보이는 빛은 장차 임할 어둠을 대비하고 힘을 내라는 위로입니다. 많이 연습하고 훈련해야만 지속적인 성품을 얻을 수 있습니다. 그러므로 즉시 이전 상태로 회복되지 않는다고 해서 낙담하지 마십시오.

둘째, 비록 지금 가지고 있는 빛이 미미하고 기쁨이나 온기를 가져다주지 못한다 하더라도 그 빛을 소중히 여기십시오.

셋째, 자신의 수준을 넘어서는 문제에 매달리기보다는 겸손히 하나님의 말씀에 마음을 두십시오. 하나님의 말씀을 읽거나 성경 구절이 떠오를 때에는 언제나 '이것만이 진리이다'라고 생각하십시오. 또한 약속의 말씀이라면, 그 약속을 소중히 여기고 그 말씀보다 높은 데에 마음을 두지 마십시오. 동시에 하나님을 묵상하되, 하나님의 말씀이 그분에 대해 말하는 바를 넘어서지 마십시오. 믿고 실천해야 할 다른 덕이 있다면 다음과 같이 생각하십시오. '이 말씀이 내 행위의 규범이고, 나는 지금부터 이를 아주 단순하게 행하기를 바랍니다.' 이처럼 겸손히 행함으로써 가장 신중하고도 현명하게 빛으로 나아오게 될 것입니다.

넷째, 여러분이 가진 작은 분량의 빛이라도 신실하게 대하십시오. 여러분의 본성적인 지성으로 이 빛에 대해 판단하지 마십시오. 믿음으로 그것을 인정하고 따르십시오. 겸손하고 정직하게 이 빛 가운데서 행하십시오. 지난 죄들에 집중하지 말고 스스로를 어린아이로 여기십시오. 작은 분량의 빛일지라도 그 빛을 따라 여러분의 삶에 질서를 세우면 더 많은 빛을 얻게 될 것입니다.

"사람이 하나님의 뜻을 행하려 하면 이 교훈이 하나님께로부터 왔는지 내가 스스로 말함인지 알리라"(요 7:17).

"그러므로 예수께서 자기를 믿은 유대인들에게 이르시되 너희가 내 말에 거하면 참으로 내 제자가 되고 진리를 알지니 진리가 너희를 자유롭게 하리라"(요 8:31,32).

다섯째, 정해진 시간에 경건의 시간을 계속 가지십시오. 날마다 경건의 시간을 이어 가지 않으면 더욱 어둠에 빠지고 빛으로부터 멀어지게 됩니다. 그러나 날마다 정해 놓은 시간에 경건의 훈련을 이어 가면 점점 빛 안에서 자라 갈 것입니다. 긴 시간을 정해서 부담스러워하기보다 짧더라도 즉시 행하는 것이 좋습니다. 경건의 시간을 가지는 것을 어떠한 덕을 쌓아 가는 것처럼 여기지 마십시오. 그리하면 이내 실망하게 될 것입니다. 오히려 분명한 목적을 가지고 빛 안에서 자라 가는 방편으로 삼으십시오. 하나님의 말씀을 읽으십시오. 여러분을 아시고 기도를 들으시는 하나님께 기도와 부르짖음으로 나아가십시오. 특별히 빛을 간구하십시오. 하나님만이 비추어 주시는 빛을 얻기 위해 기도하십시오. 하나님은 한 마디 말씀으로 여러분의 지각을 열어 성경을 깨닫게 하실 수 있습니다(눅 24:45 참고). 하나님은 자신에게 구하는 자에게 지혜와 빛을 주겠노라고 약속하십니다(약 1:5 참고). 하나님은 그렇게 하실 수 있고, 그렇게 하기를 원하시며, 그렇게 하실 것입니다. 여러분은 하나님 얼굴의 도우심으로 말미암아 하나님을 찬양하게 될 것입니다. 언젠가는 의로움 가운데 그분의 얼굴을 대하고 만족하게 될 것입니다. 아멘.

98

영적 무감각[1]

신자는 영적인 삶의 모든 측면에서 수많은 도전을 받습니다. 이는 생명력이 있든 없든 모든 영적인 삶에 해당하는 사실입니다. 본성적으로 사람은 완전히 죽어 있으며, 하나님의 생명에서 떠나 있습니다. 마음이 돌과 같아서 아무리 노력해도 열매를 맺지 못합니다. 마음을 더욱 완고히 하여 이전보다 더 무감각하고 무정해지기도 합니다. 죄 위에 죄를 더하고 끊임없이 양심을 거스르며 살다가, 결국 양심에 화인을 맞고 그 마음이 완전히 굳어 버려 무정해지고 맙니다.

하나님은 거듭나게 하실 때 돌 같은 마음을 없애고 살 같은 마음을 주어 부드럽고도 민감해지게 하십니다. 그러나 신령한 생명은 처음 그 생명을 가졌을 때 덜 민감했던 것처럼, 매우 연약해지기도 합니다. 그렇게 되면 은밀한 허물이 많더라도 별로 힘들어하지 않고, 신령한 복을 받아 누리지 못하고 있더라도 크게 슬퍼하지 않습니다. 그러하기에 사람들은 미성숙한 그리스도인과 성숙한 그리스도인을 비교하면서, 미성숙한 그리스도인이 무감각한 모습을 보인다고 쉽게 단정 짓습니다.

---

[1] 영역주 – 네덜란드어로는 'dodigheid'이다. 이 단어는 실제로 죽은 상태라기보다 죽은 것처럼 감각이 없는 상태를 가리킨다.

그러나 반드시 그렇지는 않습니다. 때때로 미성숙한 그리스도인이 성숙한 그리스도인보다 더 생명력이 넘치기도 합니다. 영적인 삶에 어느 정도 진보를 이룬 신자가 생명력 있는 삶에서 다시 미끄러져 죽은 자처럼 되기도 합니다. 심지어 가장 탁월한 그리스도인들조차도 때로는 잠시 동안 그런 상태에 처하기도 합니다. 그래서 죽은 자처럼 아무런 감동 없이 무정하고도 무감각하게 기도를 시작하기도 합니다. 그러나 그들은 그런 상황을 당연한 것으로 받아들이지 않고 이겨 내, 다시금 이전의 생명력을 회복합니다. 어떤 경우에는 생명력 있게 기도를 시작했으나 기도하는 도중에 무감각에 압도되기도 합니다. 그러나 그러한 상황 역시 끝까지 싸우고 거부해야 합니다. 성찬이나 다른 상황에서 그런 마음 상태가 되기도 합니다. 그런 무감각이 오래 지속되어 영혼에 습관처럼 자리 잡기도 합니다. 이와 관련해 우리는 본 장에서 다음 다섯 가지를 살펴볼 것입니다.

- 신자도 이렇게 죽은 것 같은 상태에 떨어짐
- 영적 무감각의 원인들
- 영적 무감각의 본질과 결과
- 영적 무감각에 처한 신자들을 위한 격려
- 이와 관련된 몇 가지 지침들

신자들도 죽은 것 같은 무감각을 경험함

이는 다음과 같은 사실들을 통해 알 수 있습니다.

첫째, 성경이 신자의 이런 상황을 다양하게 언급합니다.

- 우둔하게 됨

"여호와여 어찌하여……우리의 마음을 완고하게 하사 주를 경외하지 않게 하시나이까?"(사 63:17)

"너희가 어찌……아직도……마음이 둔하냐?"(막 8:17)

- 무기력

"내가 잘지라도 마음은 깨었는데"(아 5:2).

"신랑이 더디 오므로 다 졸며 잘새"(마 25:5).

- 상심

"내가 낙심하였음이니이다"(시 40:12).

"에브라임은 어리석은 비둘기같이 지혜가 없어서"(호 7:11).

- 피폐해짐

"내가 음식 먹기도 잊었으므로 내 마음이 풀같이 시들고 말라 버렸사오며"(시 102:4).

- 무감각

"나는……힘없는 용사와 같으며 죽은 자 중에 던져진 바 되었으며"(시 88:4,5).

둘째, 다시 살아나기를 바라는 신자의 기도를 통해 알 수 있습니다.

"주의 말씀대로 나를 살아나게 하소서"(시 119:25).

셋째, 이런 상태를 경고하는 말씀을 통해 알 수 있습니다.

"오직 오늘이라 일컫는 동안에 매일 피차 권면하여 너희 중에 누구든지 죄의 유혹으로 완고하게 되지 않도록 하라"(히 3:13).

넷째, 그 상태에서 일어나라는 권면을 통해 알 수 있습니다.

"잠자는 자여 깨어서 죽은 자들 가운데서 일어나라. 그리스도께서 너에게 비추이시리라 하셨느니라"(엡 5:14).

이와 더불어 수많은 경건한 신자들의 경험이 이를 뒷받침합니다. 이 모든 사실들을 볼 때, 자신을 포함하여 어느 누군가가 이런 상태에 빠지는 것은 이상한 일이 아닙니다. 수많은 하나님의 자녀들이 이것을 경험합니다. 하나님께서 자녀들을 죽은 것 같은 상태를 통해 생명력 있는 상태로 나아가도록 이끄시기 때문입니다.

영적 무감각의 원인들

신자들은 여러 원인들로 말미암아 영적 무감각에 빠지게 됩니다.

첫째, 옛 본성에 남아 있는 부패에서 이런 무감각이 비롯됩니다. 거듭난 신자라 하더라도 그 마음의 많은 부분이 여전히 돌처럼 굳어 있습니다. 뿐만 아니라 옛 본성이 신령한 생명을 거스르고 그 움직임을 막아섭니다. 거듭난 사람은 계속해서 이런 옛 본성을 이기고 신령한 생명을 따라 행합니다. 그러나 때로는 옛사람의 죽은 본성이 그를 장악하고 신령한 생명을 사로잡습니다. 그리하면 사망의 악취에 영혼이 압도되고 영혼의 모든 기능이 영향을 받습니다. 신령한 삶과 생명력이 급격히 패배하여 힘을 잃습니다. 어디든 신령한 생명이 사그라드는 곳에는 죽음 같은 무감각이 득세합니다.

둘째, 신령한 생명을(그것이 얼마나 약하든 상관없이) 그 가치에 합당하게 소중히 여기지 않고 정욕에 굴복할 때, 상대적으로 사소하게 여겨지는 죄악들에 주의를 기울이지 않을 때, 하나의 죄에서 또 다른 죄로 계속 넘어질 때, 계속 똑같은 죄를 범하여 그 죄에 익숙해질 때, 우리의 양심은 영적으로 더욱 무감각해집니다. 더 나아가 심각한 죄악들을 범함으로써 양심이 황폐해지고, 깊은 상처를 입습니다. 그리하여 영혼이 치명적인 질병에 시달리게 됩니다. 이런 죄로 말미암아 하나님께서 은혜의 역사를 거두실 때, 이런 상황이 심각하게 악화되고 결국 신자는 영적으로 죽은 것처럼 됩니다. 이런 상태에서 회복하기 위한 힘을 모조리 잃고 우리의 무감각을 깨닫기까지 이런 일이 계속됩니다.

셋째, 자신의 영적 상태를 믿지 못하여 낙심하고, 낙심하여 무기력해지며, 무기력하여 모든 용기를 잃고 맙니다. 그리고 결국 죽은 것 같은 상태에 이릅니다. 적극적으로 불신앙을 키우고 믿음을 거부할 때도 많습니다. 자신이 은혜 안에 있지 않다고 결론 내리기 위해 가능한 주장을 모두 동원하고는 크게 승리한 것처럼 의기양양해합니다. 단순한 마음으로 그리스도를 믿고 영접하며 그분께 자기 영혼과 구원을 맡기는 일을 소홀히 합니다. 신령한 삶을 사는 방편인 믿음을 발휘하지 않고 오히려 그것을 억누른다면, 너무나 자명하게 영적 무감각에 사로잡힐 수밖에 없습니다.

넷째, 신령한 삶을 오해하는 까닭에 영적으로 무감각해집니다. 영적 생명은 바로 그리스도로 말미암아 하나님과의 연합을 누리는 것입니다. 또한 이 생명은 하나님을 갈망하고 하나님의 뜻과 하나 되며 하나님 앞에서 사는 삶으로 드러납니다. 그러나 이 사실을 모르는 사람들은 감정이나 내적인 느낌이나 하나님께서 그 영혼에게 보여 주시는 분명한 계시에만 주목합니다. 이런 것들만을 생명이 있다는 증거로 여기는 것입니다. 그런데 이것들은 자주 경험할 수 있는 것이 아닙니다. 그래서 그들은 이런 것들을 느끼지 못할 때마다 스스로를 죽은 자로 여기거나, 자신이 죽음을 경험하고 있다고 생각합니다. 물론 실제로는 이 두 경우에 모두 해당되지 않을 수도 있습니다. 그러나 이들이 그렇게 단정 짓는 까닭에 실제로는 그렇지 않은데도 영적으로 죽은 것처럼 살아갑니다.

다섯째, 영혼에 기쁨을 베푸는 유일한 분이신 하나님과 늘 친밀하고 그 곁에 머물기를 소홀히 할 때 영적으로 무감각해집니다. 정기적인 경건의 시간을 거르면서 하나님 알기를 소홀히 합니다. 설령 경건의 시간을 지키더라도, 그것은 하나님과 교제하고 신령한 생명에서 더 자라기 위함이 아니라 양심의 불편함을 무마하기 위함입니다. 신자의 이런 상태는 무기력한 목회와도 관련이 있습니다. 이런 목회는 신자를 진보로 이끄는 것이 아니라 오류에 머물게 합니다. 또한 다른 신자들과의 교제를 통해 자극과 교훈을 얻지 못하는 것도 이런 상태에 빠지는 원인 중 하나입니다. 이글거리는 석탄은 한데 어우러질 때 활활 타오릅니다. 그렇지 않으면 이내 불이 꺼져 재가 되고 맙니다. 신령한 삶도 마찬가지입니다. 우울하고 낙담하는 기질을 가진 사람 역시 쉽게 영적 무감각에 빠집니다. 너무 분주하거나 가족 또는 일과 관련하여 너무나 많은 현세적인 걱정에 둘러싸여 있을 때에도 그리되기가 쉽습니다. 극심한 시련에 압도되거나 피조물, 다른 신자들, 목사들, 이 땅에 속한 것들에 집착할 때에도 쉽게 영적 무감각에 빠집니다. 물론 이 땅에서 이룬 번영 때문에 영적으로 무감각해질 수도 있습니다.

여섯째, 주권자요 모든 일에 거룩하신 하나님께서 기뻐하시는 뜻을 따라 신자에게서 일상적이고도 생명력 있는 성령의 역사를 잠시 거두실 때 신자가 영적으로 무감각한 상태에 떨어지기도 합니다. 하나님은 결코 신자의 마음을 굳게 하지 않으십니다. 이는 그분의 거룩하심에 반대되는 일입니다. 하나님은 신자에게 있는 바 신령한 삶을 향한 경향성을 없애시지 않습니다. 하나님은 신령한 생명을 여전히 은밀하게 보존하십니다. 그러나 하나님은 일상적인 은혜의 역사를 잠시 거두어 신자가 스스로 살아가도록 내버려 두십니다. 더 나아가 원수들이 신자의 신령한 생명을 안팎으로 공격하도록 내버려 두십니다. 이처럼 사방으로 에워싸인 영혼은 생명력을 잃고, 마음에 남아 있는 완고함이 그 자리를 차지합니다.

영적 무감각의 본질과 결과

영적 무감각의 본질과 결과는 다음과 같습니다.

첫째, 영적 무감각의 본질은 영적인 일들과 관련이 있습니다. 활기차게 지내고, 힘 있게 일하고, 사람들과 교류하고, 온갖 일들로 분주하게 지내면서도 영적인 일들에는 무감각할 수 있습니다.

둘째, 영적인 일들에 대해 죽은 것처럼 무감각할지라도 그것이 곧 영적 생명과 느낌을 완전히 상실했음을 뜻하지는 않습니다. 영적 생명은 신자에게 영원토록 남아 있을 것이기 때문입니다. 이런 무감각은 그 기간과 정도와 관련해 부분적이고도 일시적인 죽음이라고 불러야 합니다. 다른 신자보다 저급한 상태로 떨어지는 경우도 있고, 다른 때보다 유독 생명력을 상실하는 경우도 있습니다. 그렇습니다. 대개 죽은 것처럼 무감각하며 힘겹게 살아가다가도 이따금 부드럽고 민감하며 활기차기도 합니다. 이로 인해 자신이 영적인 무감각에서 벗어났다고 착각하기도 합니다. 그러나 이는 그가 앞으로 계속 견뎌 나가도록 어두운 구름 사이로 비치는 햇살일 뿐입니다.

셋째, 영적 무감각은 감정을 느끼지 못하는 것이 아니라, 지식에 근거한 의지가 무력하고도 냉랭해진 것입니다. 영적 무감각에 빠진 사람도 여전히 신령한 지식을 가지고 있으므로 영적인 일들의 본질적인 의미들을 잘 압니다. 그러나 그 의미들이 아득하게만 여겨집니다. 본인도 간절히 영적 생명력과 민감함을 회복하고 싶어 하지만, 그저 바라기만 할 따름입니다. 차분히 지식에 근거한 의지를 발휘할 수 있다면, 자신이 영적으로 죽은 것처럼 된 것을 불평해서는 안 됩니다. 느낄 수 있을 정도로 감정이 일어나지 않더라도, 그의 행위만큼은 느낄 수 있을 정도로 감정이 일어나는 때보다 오히려 영적 본질을 더 많이 담고 있을 수 있기 때문입니다. 그러나 자신이 알고 있는 영적인 일들을 통해서도 사랑의 마음이 일지 않고, 영적인 일들을 생각하거나 실행하기로 결정할 때조차도 마음이 닫혀 있으며, 신자의 의무를 행하는 데 무기력하고 굼뜨거나(그래서 결국 소홀해집니다) 모든 것이 한낱 상상으로 끝나고, 또 이런 모습들이 일시적이지 않고 지속되며 지배적이 되어 결국 선한 것들을 모두 망각해 버리고, 자신이 그렇게 무정하고 무감각해졌으며 수많은 날들을 무력하게 허비한다고 느껴질 뿐이라면, 이것이야말로 영적 무감각에 빠졌다는 분명한 증거라 할 수 있습니다.

넷째, 이런 영적 무감각으로 인해 어떤 결과가 초래되는지 살펴봅시다. 이전에 부드러운 마음을 가지고 하나님 앞에서 사랑이나 중심의 갈망이나 그분의 자애로우신 얼굴을 바라거나 자기에게 남아 있는 부패로 인해 감미로운 눈물을 쏟을 줄 알았던 사람이, 이제는 냉랭하고 무정해집니다. 이미 오래전에 눈에서는 눈물이 말랐으며, 마음에는 탄식이 사라졌습니다. 모든 것이 돌덩이처럼 굳어졌습니다. 하나님의 자애로운 임재 앞에서만 살 수 있었던 사람이 자신의 생명이요 사랑이었던 그분을 떠나 이리저리 헤맵니다.

이전에는 하나님의 말씀 앞으로 나가는 것이 너무나 즐거웠지만, 이제는 죽은 문자를 대하는 것처럼 번거로울 뿐입니다. 약속의 말씀을 들어도 힘이 나지 않으며 경고의 말씀을 들어도 괴롭지 않습니다. 책망하는 말씀에 마음이 더욱 완고해지고 권면의 말씀에서도 전혀 감동을 얻지 못합니다. 설교를 들을 때 집중하지 못하고 머릿속이 온통 산만한 생각들로 가득하며, 심지어 예배를 마치고 집에 돌아가자마자 하게 될 허탄한 일들을 생각하느라 여념이 없습니다. 어떤 말씀을 들어도 마음에 감동이 없습니다. 예배당에 들어올 때의 마음 그대로 예배당을 나섭니다. 아니, 예배당을 나설 때에는 마음이 더 완악해져 있습니다. 이전에는 그토록 즐거워했던 기도를 하려고만 하면, 멀쩡하던 평소 모습과 달리 의욕이 사라지고 무기력해집니다. 하나님을 경외하고 겸손한 모습을 찾아볼 수 없습니다. 한 마디도 기도하지 못하고 자리를 박차고 일어나기가 일쑤입니다. 아니면 기도한답시고 간절함이나 절박함도 없이 자기의 바람이나 어떤 일을 두고 사변적으로 공허하게 주절거립니다. 그들이 기도하는 모습을 보면 더는 천국을 사모하지도 않고, 정죄를 두려워하지도 않는 것 같습니다. 내면의 화평, 위로, 사랑, 죄, 덕, 영혼을 돌아보는 것이 더는 그들에게 아무런 영향도 미치지 못하는 것 같습니다.

영적 생명력으로 활기차게 살아가는 신자들의 무리가 부담스럽고, 동료 신자들을 향한 사랑이 점점 식어 갑니다. 사람들과 함께 있기를 싫어하고 혼자 있으려 합니다. 자신처럼 영적으로 무감각해진 사람들과만 어울리려고 하므로 서로 냉랭해지고 영적으로 더욱 무감각해질 뿐입니다. 성찬을 바라지도 않을뿐더러 경외함으로 성찬에 임하지도 않습니다. 그래서 성찬을 아예 회피하거나, 양심의 괴로움 때문에 마지못해 참여합니다. 그렇게 결정한 뒤에도 성찬을 제대로 준비하지 않습니다. 성찬에 참여하여 받아 누릴 은혜를 사모하거나 간절히 바라지 않습니다. 믿음으로 주 예수님을 받아들일 때 자기를 드리면서도 예수님께서 자신을 받으셨다는 사실을 믿지 않습니다. 그러하기에 성찬에 참여하더라도 자신의 정죄를 먹고 마신다는 생각에 꺼림칙해합니다. 성찬을 준비하고 참여하는 과정을 통해 잠시 생기를 띠기도 하지만, 곧바로 열매 없는 황무한 상태로 돌아갑니다.

어느 것에서도 즐거움을 얻지 못하고 영적 무감각만이 남아 있을 뿐입니다. 정신이 혼미해져 가는데도 자기를 혼자 내버려 달라는 사람이나 마찬가지입니다. 더 정신을 잃지 않고 회복하기 위한 방편을 즐거워하기는커녕 오히려 그것을 괴로워할 뿐입니다. 이런 사망의 잠에서 깨기 위한 노력을 하지 않습니다. 자신도 회복될 수 있음을 믿지 않습니다. 자신은 선택받지 못했고, 영원한 생명이나 은혜도 없고, 하나님의 진노만을 기다리며 영원히 멸망당하리라고 믿습니다. 이런 생각 때문에 염려하고 두려워하면서도 오히려 마음이 더욱 굳어집니다. 한마디로 너무 비참해서 통탄할 만한 상태입니다. 그 어떤 은혜의 방편들도 전혀 소용이 없습니다. 사람들의 도움도 쓸데없습니다. 그러나 하나님은 그를 어떻게 도와야 할지를 아시고 은밀히 붙드십니다. 그리고 다시금 살리실 것입니다.

영적 무감각에 빠진 자들을 위한 격려

이처럼 영적 무감각으로 고통받는 자들을 격려해야 합니다. 죽은 것 같은 상태에 있는 자들은 아무 힘이 없으므로 모든 방편들이 소용없고, 환자가 약을 달가워하지 않듯이 모든 위로와 격려를 은근히 싫어하고 반감을 가지고 있는 것이 사실이라 하더라도, 주님께서 영적 무감각으로 고통받는 자를 회복시키실 방편을 기뻐하시는 때에 사용하시기 때문입니다. 게다가 이런 사람은 마음으로 할 수만 있다면 그런 소망과 권면을 통해 회복되기를 열망합니다. 가장 효과적인 수단은, 그런 상태에 있다고 하더라도 하나님의 은혜와 상관없는 것이 아니며, 여전히 은혜의 표지를 발견할 수 있음을 보여 주는 것입니다.

첫째, 이를 위해 하나님께서 수많은 사랑하는 자녀들을 영적 무감각으로 이끄신다는 사실을 알아야 합니다. 하나님은 다른 사람들을 유익하게 하기 위해 든든히 세우려는 사람들을 친히 이런 상태로 이끌어 힘겨운 시험을 겪게 하십니다. 이는 그들로 하여금 자신이 누구인지를 알고 하나님께서 성령을 거두시면 아무런 능력도 발휘할 수 없음을 절감하게 하시려는 것입니다. 이를 통해 그들이 항상 겸비하고 겸손하게 하시며, 은혜를 가장 드높이게 하십니다. 그들이 자기 감정에 휘둘리지 않고 오히려 믿음으로 살며, 하나님의 말씀을 더 소중히 여기고 더 큰 확신으로 말씀을 의지하고 신뢰하게 하십니다. 그리고 이런 상태에 있는 자들을 판단하지 않고 오히려 그런 비참함에서 벗어나도록 도와주고 지혜롭게 행하게 하십니다. 그러므로 혹시 이런 상태에 빠지더라도 이상한 일을 당한다고 여길 것이 아니라, 하나님께서 일하고 계시며 이 모든 일들을 통해 가장 유익하게 하실 것임을 믿어야 합니다.

둘째, 받은 은혜를 감사할 줄 모르고 부인하는 것(이는 하나님의 선하심을 욕되게 하는 것입니다)을 두려워하면서 잠잠히 하나님 앞으로 나아온다면, 자신이 여전히 은혜 안에 있다고 생각해도 됩니다. 다음 사안들을 잘 숙고해 보면, 자신의 상태에 대해 결론 내릴 수 있을 것입니다.

① 지난날들을 잠시 떠올려 보십시오. 이전에 가졌던 확신과 민감함과 간절함과 눈물과 간구들을 생각해 보십시오. 주 예수님을 바라고 영접하며 죄를 슬퍼하고 하나님의 말씀을 즐거워하며 하나님 앞에서 겸손히 행했던 때를 돌이켜 보십시오. 또한 여러분이 누렸을 화평과 희락과 확신을 생각해 보십시오. 이전에 자신이 그 모든 것들을 실제로 누렸을 뿐만 아니라, 더 나아가 하나님께서 친히 베푸신 모든 은사와 부르심을 후회하지 않으신다는 것도 잘 알 것입니다. 설령 지금 이 모든 것들을 이전의 마음과 같이 생명력 있게 반추하지는 못한다 할지라도, 그것들이 본성에서 비롯되었을리는 없으므로 성령께서 행하신 일임을 알 것입니다. 진실로 이 모습들이 발견된다면, 자신이 하나님의 은혜 가운데 있음을 의심하지 않고 믿어도 될 것입니다.

② 현재 상태와 관련해 말하자면, 구속 역사를 통해 자신을 계시하신 대로 하나님을 알고 있지 않습니까? 주 예수님을 구원의 보증으로 알고 있지 않습니까? 은혜 안에 있는 사람의 모습이 어떠한지를 알고 있지 않습니까? 자신이 받은 빛, 믿음의 역사, 죄를 미워하고 하나님을 사랑하는 것, 하나님 앞에서 경건하게 행하고 하나님께서 기뻐하시는 방식으로 그분을 섬기기를 갈망하는 것들이 무엇인지 잘 알고 있지 않습니까? 은혜 안에 있는 자의 이런 성품을 알고 기뻐하며 소중히 여길 뿐만 아니라, 그런 모습으로 살아가기를 사모하지 않습니까? 가장 좋은 상태에 있는 자연인과 가장 나쁜 상태에 처했으나 은혜 안에 있는 사람의 차이가 밤과 낮만큼이나 크다는 것을 알고 있지 않습니까? 은혜 안에 있으나 아직 어린 자들에게 마음이 향하지 않습니까? 자연인의 상태를(설령 가장 자유로운 상태에 있는 자연인이라 할지라도) 혐오하지 않습니까? 신령한 빛 가운데 있지 않은 사람이 이런 사실을 충분히 인지할 수 있다고 봅니까?

③ 비록 당장은 내면의 움직임이 무디고 굼뜨고 무기력하지만 생명력이 아주 없는 것은 아니지 않습니까? 다시 말해 지금 자신의 상황을 힘겨워하면서도, 모든 신

령한 일들에 생명력 있게 임하고 여전히 은혜언약의 은택을 갈망하지 않습니까? 지금 자신이 영적으로 무감각한 상태에 처해 있다는 사실을 무겁게 받아들이고 있지 않습니까? 이는 단지 심판이 두려워서가 아니라, 신령한 일들과 관련해 무기력하고 죽은 자처럼 되었기 때문이 아닙니까? 지금 자신의 상태를 가장 버거운 짐으로 느끼지 않습니까? 여러분의 영혼이 무엇으로 위로받을 수 있습니까? 잠시 있다가 사라질 것들입니까? 아니면 그리스도 안에서 다가오시는 하나님뿐입니까? 생명이 있다면, 느낄 수 있습니다. 영적으로 죽은 것 같은 무감각한 상태를 예민하게 느끼는 것 자체가 생명이 있다는 증거입니다. 우리는 지금 여러분이 그 생명을 얼마나 강하고 생명력 있게 누리고 있느냐를 시금석으로 삼아 여러분을 판단하는 것이 아닙니다. 여러분에게 있는 이런 것들이 과연 참된지를 기준으로 판단하는 것입니다.

④ 여러분에게 경건의 행위와 역사가 전혀 없습니까? 아니면 다시금 화목하게 되고 살아나기 위해 여전히 탄식하고 기도하면서 예수님께로 피합니까? 간헐적이더라도 여전히 강한 열망을 품고 눈물 흘리며 온 맘으로 기도합니까? 여전히 미미하고 불안정하지만 이런 물음들에 그렇다고 대답할 수 있다면, 자신에게 신령한 생명이 있음을 알아야 합니다. 아무리 중환자라 하더라도 손과 머리를 움직이고, 숨을 쉬고, 심장이 뛴다면 아직 생명이 있는 것입니다. 신령한 생명을 가졌다면 용기를 내십시오. 이 생명은 결코 사라지지 않습니다. 하나님께서 여러분을 새롭게 하시고 생기 있게 하실 것입니다.

영적 어둠으로 신음하는 자들을 위한 지침

영적으로 무감각한 신자들은 자신의 인위적인 능력으로 회복되려 해서는 안됩니다. 게다가 영적 어둠에 처한 사람은 그렇게 할 수도 없습니다. 오히려 마음으로 묵상하고 잠잠히 자신을 돌아봄으로써 다시 살아날 수 있습니다.

첫째, 여러분은 생명력 없이 영적으로 무감각한 상태가 얼마나 슬픈 것인지를 잘 압니다. 여러분은 생명력 있고 의욕적인 마음 상태를 잘 기억하고 떠올릴 수 있을 것입니다. 그러하기에 지금 제가 여러분이 해야 할 것과 하지 말아야 할 것에 관해 말할 필요가 없습니다. 저는 단지 이 두 가지 상태를 잠잠히 숙고해 보라고 당부할 따름입니다. 그러는 가운데 하나님께서 기뻐하시는 뜻을 따라 마음을 다시 살리시는 것을 느끼면, 그렇게 마음이 다시 고양되게 하십시오.

둘째, 주 예수님께서 문을 두드리며 여러분을 깨우시는 소리를 듣고 아가서의 신부가 한 말을 깊이 숙고해 보십시오.

"내가 잘지라도 마음은 깨었는데 나의 사랑하는 자의 소리가 들리는구나. 문을 두드려 이르기를 나의 누이, 나의 사랑, 나의 비둘기, 나의 완전한 자야 문을 열어 다오. 내 머리에는 이슬이, 내 머리털에는 밤이슬이 가득하였다 하는구나"(아 5:2).

아직 일어나지 않은 신부가 이렇게 대답합니다.

"내 사랑하는 자가 문틈으로 손을 들이밀매 내 마음이 움직여서……그가 말할 때에 내 혼이 나갔구나"(아 5:4,6).

이 말은 자신의 나태함 때문에 어려움이 초래되고 신랑이 떠나갔음을 생각하면서, 신랑의 다정한 초청에 응하지 않은 자신의 태도를 안타까워하는 것입니다. 그래서 신부는 다시 신랑을 찾기 시작합니다. 주 예수님께서 여러분에게 이렇게 말씀하신다고 생각해 보십시오. "나는 너를 영원한 사랑으로 사랑했다. 지금도 너를 그렇게 사랑하며 앞으로도 그렇게 사랑할 것이다. 너를 위한 구속자가 되어 세상에서 너를 이끌어 낸 내가 너를 지킬 것이다. 너를 나에게 이끌어 지복을 누리게 할 것이다. 그러니 나를 떠나지 말고, 낙심하지도 말고, 불신앙으로 나를 대하지 말라. '네 청년 때의 인애와 네 신혼 때의 사랑을 기억하노니 곧 씨 뿌리지 못하는 땅, 그 광야에서 나를 따랐음이니라'(렘 2:2). 네가 회심했을 때 내가 어떠한 사랑과 친절을 네게 보여 주었는지 지금도 분명히 기억한다. 그리고 이 기억으로 인해 너를 다시금 살리고자 한다. 그러니 너도 나의 처음 사랑을 기억하고 내가 네게 보여 준 그 사랑과 자애로움을 기억하라. 그리하면 내가 네게 사랑으로 새겨 준 기억들로 말미암아 네 영혼이 다시 살아날 것이다. 나는 예나 지금이나 동일한 하나님이다. 그러므로 내 사랑을 입은 자로 다시 깨어 일어나라."

다시 말하지만, 이런 기억들을 불신앙으로 거부하지 말고 시간을 들여 깊이 묵상하십시오. 하나님께서 허락하시는 만큼 하나님의 자애로우심을 다시 떠올리며 마음을 새롭게 하십시오.

셋째, 이전에 풍성하게 누리던 성령의 새롭게 하시는 역사뿐만 아니라 영적 어둠 가운데 느껴지는 그분의 세미한 역사도 소중히 여겨야 합니다. 성령의 이런 역사를 거스르지 마십시오. 그마저도 사라질 것입니다. 오히려, 이런 세미한 역사를 진정한 은혜의 역사로 인정하십시오. 이 역사를 통해 성령께서 여러분을 다시금 신령한 행위로 불러일으키실 것이기 때문입니다. 이런 세미한 역사를 은혜로 인정한다고 해서 해를 입지는 않을 것입니다. 이 역사를 통해 여러분이 주님께로 이끌릴 것이기 때문입니다. 아무리 미미하다 할지라도 여전히 일상적으로 느껴지는 성령의 가장 작은 움직임조차도 소중히 여기십시오. 여러분 안에서 짓눌려 있으나 자유로워지려는 신령한 생명의 움직임으로 여길 뿐만 아니라, 성령께서 여러분을 붙들고 새롭게 하시는 역사로 여기십시오. 이런 역사로 인해 하나님께 감사하십시오. 여러분은 이런 역사를 달가워하지 않았습니다. 그렇지 않았다면 여러분에게 이런 역사가 있었을 것이며, 지금도 그 역사 가운데 있을 것입니다. 하나님께서 능력을 주시는 대로 이 역사에 잠잠히 순복하십시오.

넷째, 지금 당장 은혜의 방편들을 통해 유익을 얻지 못하더라도 그 방편들에 끊임없이 힘써 참여하십시오. 잘 느껴지지 않을지라도 그 수고로 말미암아 여러분의 신령한 생명이 지탱되고, 이따금 달콤하고 민감하게 움직이며, 주님께 가까이 있고, 마침내 여러분이 회복될 것이기 때문입니다. 말씀을 듣고 읽고, 기도하고, 노래하고, 함께 나누십시오. 이때 자신을 완전히 궁핍하고 무능한 자로 여기십시오. 주님께서 이를 방편 삼아 여러분을 거룩하게 하심을 믿고 행하십시오. 그것이 쉽지 않고 육체가 계속 무기력하게 지내려 하겠지만, 마음을 다잡고 계속 말씀에 착념하십시오. 주님께서 이 방편들을 통해 일하실 수 있도록 말입니다. 하나님의 약속이 여러분 안에서 이루어질 수 있도록 하십시오. 여러분이 고통당하고 힘겨워한 날들만큼 기뻐할 것입니다. 그리하면 여러분은 하나님께 이런 송영을 돌려드릴 것입니다.

"내가 여호와를 기다리고 기다렸더니 귀를 기울이사 나의 부르짖음을 들으셨도다"(시 40:1).

99

성도의 견인

지금까지 성화, 은혜 안에서 자라 가는 것, 영적 질병으로 인해 퇴보하는 것에 관해 살펴보았습니다. 이제 은혜 안에서 이루어지는 성도의 견인에 관해 살펴보겠습니다.

하나님 편에서 성도의 견인이란, 하나님께서 성도들을 보호하고(τηρεῖν[테레인, 요 17:15 참고], φυλάσσειν[퓔라세인, 요 17:12 참고], φρουρεῖν[프루레인, 벧전 1:5 참고]), 강건하게(στηρίζειν[스테리제인, 딤후 3:3 참고]) 하고, 견고하게(βεβαιῶν[베바이온, 고전 1:8 참고]) 하시는 것입니다. 신자의 입장에서 성도의 견인이란, 견디고(롬 2:7 참고) 인내하는(눅 8:15 참고) 것입니다. 이 주제와 관련해 우리는 다음 네 가지에 주목할 것입니다.

- 보호받는 대상
- 성도들 안에 보호되는 내용
- 성도들이 보호받는 원인과 방편
- 성도들이 보호받는 목적

하나님께서 신자를 보호하심

우선 하나님은 신자들을 보호하십니다. 이는 신자들 안에 있는 어떤 것을 보호하신다는 의미입니다. 하나님은 친히 창조하신 모든 것을 유지하고 보호하십니다. 또한 선한 천사들을 택함 받은 상태 그대로 보호하십니다(딤전 5:21 참고). 그런데 본 장에서는 하나님께서 택하여 거듭나게 하신 참된 신자들을 보호하심에 관해 살펴보고자 합니다. 즉, 이 땅에서 하나님의 군대인 교회로 존재하면서 마귀와 세상과 육체 같은 원수들로부터 공격받는 신자들을 보호하시는 것입니다. 거듭난 신자일지라도 이 땅에서는 부분적으로만 새롭게 되므로 날마다 죄를 짓습니다. 엄밀히 말해 이런 죄악들은 영원한 정죄를 받아 마땅하므로, 신자라 하더라도 스스로의 힘으로는 자기 자신은 물론 믿음과 신령한 생명을 지키지 못하고 원수에게 굴복할 수밖에 없습니다. 그러할지라도 신자들은 끝까지 보호받습니다. 그 일은 오직 외부에서 오는 능력에 의해서만 가능합니다.

"너희는 말세에 나타내기로 예비하신 구원을 얻기 위하여 믿음으로 말미암아 하나님의 능력으로 보호하심을 받았느니라"(벧전 1:5).

"그는 넘어지나 아주 엎드러지지 아니함은 여호와께서 그의 손으로 붙드심이로다"(시 37:24).

거듭날 때 성령께서 주신 신령한 생명이 바로 이 능력을 통해 보호됩니다. 사방으로 에워싸여 공격받을 때 신령한 생명은 심히 약해져서 오로지 하나님만 바라며 탄식하고 갈망을 쏟아 놓을 수밖에 없기도 합니다. 그렇습니다. 신령한 생명이 전혀 드러나지 않을 정도로 신자도 기진하고 약해질 수 있습니다. 그러나 신령한 생명의 본질인 그리스도와의 연합은 여전히 그대로 남아 있습니다. 그리스도와의 연합은 결코 사라지지 않습니다.

"하나님께로부터 난 자마다……하나님의 씨가 그의 속에 거함이요"(요일 3:9).

신자들이 이렇게 끝까지 견고하게 보호받는 유일한 원인은 바로 전능하고도 미쁘신 하나님입니다. 하나님께서 신자들 안에 있는 신령한 생명을 보호하신다는 사실은 모든 신자에게 해당됩니다. 신자들을 끝까지 안전하게 보호하는 것이 성부의 뜻이라고 예수님께서 말씀하십니다.

"나를 보내신 이의 뜻은 내게 주신 자 중에 내가 하나도 잃어버리지 아니하고 마지막 날에 다시 살리는 이것이니라"(요 6:39).

하나님께서 반드시 그렇게 하실 것입니다. 성경의 약속들이 그렇게 증언합니다.

"하나님은 약속을 기업으로 받는 자들에게 그 뜻이 변하지 아니함을 충분히 나타내시려고 그 일을 맹세로 보증하셨나니, 이는 하나님이 거짓말을 하실 수 없는 이 두 가지 변하지 못할 사실로 말미암아 앞에 있는 소망을 얻으려고 피난처를 찾은 우리에게 큰 안위를 받게 하려 하심이라"(히 6:17,18).

사도 베드로도 하나님께서 실제로 신자를 끝까지 지키신다고 말합니다.

"너희는 말세에 나타내기로 예비하신 구원을 얻기 위하여 믿음으로 말미암아 하나님의 능력으로 보호하심을 받았느니라"(벧전 1:5).

하나님께서 신자를 보호하시는 방편

하나님께서 자연의 영역에서 역사하실 때와 마찬가지로 은혜의 역사를 이루실 때에도 방편을 사용하십니다. 성도들을 보호하시는 역사도 이와 다르지 않습니다. 그러나 이 말은 방편들 자체나 신자들이 방편들을 사용하는 것 자체에 어떤 효험이 있다는 의미가 아닙니다. 신자들이 방편을 사용하는 것과 그에 따르는 결과 역시 오로지 하나님께 달려 있습니다.

"너희 안에서 행하시는 이는 하나님이시니 자기의 기쁘신 뜻을 위하여 너희에게 소원을 두고 행하게 하시나니"(빌 2:13).

"나를 떠나서는 너희가 아무것도 할 수 없음이라"(요 15:5).

하나님은 다음과 같은 방편을 통해 자기 백성들을 보호하십니다.

① 말씀을 통한 교훈과 지도

"청년이 무엇으로 그의 행실을 깨끗하게 하리이까? 주의 말씀만 지킬 따름이니이다……

주의 말씀은 내 발에 등이요 내 길에 빛이니이다"(시 119:9,105).

② 위로와 약속

"이 말씀은 나의 고난 중의 위로라, 주의 말씀이 나를 살리셨기 때문이니이다……주의 법이 나의 즐거움이 되지 아니하였더면 내가 내 고난 중에 멸망하였으리이다"(시 119:50,92).

③ 격려

"제자들의 마음을 굳게 하여 이 믿음에 머물러 있으라 권하고"(행 14:22).

"시험에 들지 않게 깨어 기도하라"(마 26:41).

④ 책망

"이 증언이 참되도다. 그러므로 네가 그들을 엄히 꾸짖으라"(딛 1:13).

"너희에게 이르노니 아니라 너희도 만일 회개하지 아니하면 다 이와 같이 망하리라"(눅 13:3).

"너희가 육신대로 살면 반드시 죽을 것이로되 영으로써 몸의 행실을 죽이면 살리니"(롬 8:13).

⑤ 징계

"고난당한 것이 내게 유익이라. 이로 말미암아 내가 주의 율례들을 배우게 되었나이다"(시 119:71).

"오직 하나님은 우리의 유익을 위하여 그의 거룩하심에 참여하게 하시느니라. 무릇 징계가 당시에는 즐거워 보이지 않고 슬퍼 보이나 후에 그로 말미암아 연단 받은 자들은 의와 평강의 열매를 맺느니라"(히 12:10,11).

⑥ 성례를 통한 인침

"그러므로 우리가 그의 죽으심과 합하여 세례를 받음으로 그와 함께 장사되었나니 이는 아버지의 영광으로 말미암아 그리스도를 죽은 자 가운데서 살리심과 같이 우리로 또한 새 생명 가운데서 행하게 하려 함이라"(롬 6:4).

"우리가 축복하는 바 축복의 잔은 그리스도의 피에 참여함이 아니며 우리가 떼는 떡은 그리스도의 몸에 참여함이 아니냐?"(고전 10:16)

⑦ 교회의 권징

"이런 자를 사탄에게 내주었으니 이는 육신은 멸하고 영은 주 예수의 날에 구원을 받게 하려 함이라"(고전 5:5).

이 모든 방편들이 신자를 보호하여 마침내 구원에 이르게 하는 데 사용됩니다.

"또 미리 정하신 그들을 또한 부르시고 부르신 그들을 또한 의롭다 하시고 의롭다 하신 그들을 또한 영화롭게 하셨느니라"(롬 8:30).

"너희는……구원을 얻기 위하여……하나님의 능력으로 보호하심을 받았느니라"(벧전 1:5).

하나님의 궁극적인 목적은 하나님의 선하심, 오래 참으심, 미쁘심, 한결같으심, 지혜, 능력을 나타내는 것입니다.

"그날에 그가 강림하사 그의 성도들에게서 영광을 받으시고 모든 믿는 자들에게서 놀랍게 여김을 얻으시리니 이는(우리의 증거가 너희에게 믿어졌음이라)"(살후 1:10).

이런 사실로부터 다음과 같이 말할 수 있습니다. 성도의 견인은 하나님께서 참으로 회심한 자들에게 있는 신령한 생명과 믿음을 신자 스스로 파괴하거나 원수들(마귀, 세상, 육체 등)의 공격으로 사라지거나 소멸되지 않도록 보호하여 마침내 신자로 하여금 영원한 복락에 이르도록 하시는, 은혜롭고도 능력 있는 역사입니다.

다른 진리들과 마찬가지로, 충만한 위로를 가져다주는 이 교리를 대적하는 자들이 예나 지금이나 있습니다. 교황주의자, 소시니안, 재세례파, 알미니안, 루터파 등 교회의 모든 분파들이 성도의 견인이라는 진리에서 크든 작든 어느 정도 벗어나 있으며 어떤 식으로든 이 교리를 반대합니다.

▶ 질문
진실로 거듭난 참된 신자라도 신령한 생명과 믿음에서 떠나 멸망 받을 수 있는가?

대답: 모든 다른 교파들은 그럴 수 있다고 단정 지어 말합니다. 루터파는 참된 신자도 신령한 생명과 믿음을 완전히 잃어버릴 수 있지만 하나님께서 그들을

이런 사망의 상태에서 회복시키고 구원하실 것이라고 말합니다. 다시 말해 루터파는 신자가 완전히 배교할 수 있다고 말하면서도 최종적으로 배교할 가능성은 부인하는 셈입니다. 다른 교파들은 참된 신자라 하더라도 완전하고도 최종적인 배교에 이를 수 있다고 주장합니다. 그러나 우리는 이 두 가지 가능성을 모두 배제하며 다음과 같이 주장합니다. 신령한 생명이 신자에게서 잠시 드러나지 않거나 크든 작든 방해를 받을 수는 있지만, 본질적으로 그 생명은 항상 신자 안에 자리하며 마침내 신자가 영원한 지복의 상태에 이를 때까지 보호됩니다.

【증명 1】 성경이 성도의 견인을 증언합니다.

다음 본문들이 이런 사실을 구체적으로 증언합니다.

① "그는 넘어지나 아주 엎드러지지 아니함은 여호와께서 그의 손으로 붙드심이로다"(시 37:24).

이 본문은 신자도 여전히 넘어지며 죄를 짓는다고 말합니다. 실제로 신자는 날마다 많은 일들에 넘어집니다. 신자가 정죄를 받는다면 신자 자신의 죄 때문일 것입니다. 그러나 본문은 신자가 자기 죄 때문에 정죄 받는 일은 없을 것이라고 말하면서 그 이유를 덧붙입니다. 이는 신자가 스스로 회복하고 일어날 것이기 때문이 아닙니다. 하나님께서 그를 붙들어 아주 엎드러지지 않도록 지키시기 때문입니다. 따라서 신자는 분명히 끝까지 정죄를 당하지 않고 보호받습니다.

회피주장 본문은 신자가 죄에 떨어지는 것이 아니라, 일시적인 시험 때문에 넘어지는 것에 관해 말하고 있다. 아주 엎드러지지 않는다는 말은 이런 고난과 시련 가운데 멸망하는 것과 관련된 말이 아니다.

| 답변 |

❶ 일반적으로 신자들은 불신자들보다 더 많은 시련을 겪으며, 심지어 그 고난 가운데서 죽어 갑니다.

"의인이 죽을지라도"(사 57:1).

그러하기에 이 약속은 절대적인 의미에서 궁극적인 회복과 관련되어 있다고 보아야 합니다.

❷ 일시적인 의미에서 신자가 항상 남아 있고 복을 받는다면, 경건에서도 신자가 끝까지 견딘다고 말해야 할 것입니다. 무언가가 산출하는 결과가 긍정적이면, 그것 자체는 더욱 긍정적인 것이 됩니다.

❸ 본문이 신자가 악한 환경으로 떨어지는 것을 말한다면, 이것이야말로 신자가 보호받는다는 교리를 강력히 증언합니다. 사도 바울 또한 지금 시편 기자가 말하는 바를 동일하게 증언합니다.

"누가 우리를 그리스도의 사랑에서 끊으리요 환난이나 곤고나……내가 확신하노니 사망이나 생명이나 천사들이나 권세자들이나……우리를……하나님의 사랑에서 끊을 수 없으리라"(롬 8:35,38,39).

❹ 시편 기자는 지금 경건을 훈련하는 것에 관해 말하고 있습니다. 뿐만 아니라 하나님께서 신자들의 의를 빛과 같이 나타내실 것이라고(시 37:3-6 참고) 말하는 동시에, 신자들이 여전히 불완전하여 걸려 넘어지는 존재라고 선언합니다(시 37:24 참고). 그러할지라도 신자들이 아주 엎드러지는 일은 없을 것입니다. 하나님께서 신자들을 붙드시기 때문입니다.

② "거짓 그리스도들과 거짓 선지자들이 일어나 큰 표적과 기사를 보여 할 수만 있으면 택하신 자들도 미혹하리라"(마 24:24).

마태복음 24장은 택함 받은 자들을 박해하고 속이는 이중적인 폭력에 관해 말합니다. 그러나 택함 받은 자들이 박해나 핍박 때문에 신령한 생명을 잃어버리거나 신령한 삶에서 떠나는 일은 불가능하다고 못 박으며, 신자들의 영적 상태가 안전하다고 말합니다.

회피주장 1 '불가능하다'는 말은 '어렵다'는 의미이다(마 19:26, 26:39; 행 20:16; 롬 12:18 참고).

| 답변 |

'불가능하다'는 말은 결코 '어렵다'는 의미가 아닙니다. 이는 회피주장이 인용하는 본문들에도 해당됩니다.

회피주장 2 마태복음 24장 24절은 거짓 선지자들이 할 수 없는 것에 관해서가 아니라, 그들이 할 수 있는 것에 관해 말하고 있다.

| 답변 |

❶ 신자들은 모든 외적인 영향력에서 가장 자유로운 자들입니다. 따라서 신자들이 자신의 지성과 의지와 행위로 그리스도와 믿음과 경건을 저버리는 일은 없습니다. 사람은 본성적으로 자기 바깥의 어떤 대상을 바라고 욕망합니다. 그러나 거듭난 신자들의 욕망을 불러일으켜 은혜에서 떠나게 할 대상이 더는 존재하지 않습니다. 그러므로 신자들은 분명히 안전한 상태에 있습니다.

❷ 본문은 신자들이 가진 신령한 생명이 영원한 선택에 기초하므로 신자들이 속아서 배교에 이를 수 없다고 말합니다. 자기 자신 때문이든 다른 원인에 의해서든 신자들은 배교로 떨어질 수 없습니다.

회피주장 3 본문에서 그리스도는 거짓 선지자들의 역사와 그들의 목적에 관해 말씀하실 뿐, 택자들이 거기에 속을지 여부와 같은 결과에 관해서는 말씀하시지 않는다. 그러하기에 신자들이 속아서 배교에 이를지 여부는 여기서 논할 수 없다.

| 답변 |

이러한 이해는 본문의 본래 의미와 분명히 어긋납니다. 오히려 본문은 그런 속임이 택자들에게 어떤 결과를 초래하는지에 관해 말합니다. 그러하기에 택하신 자들을 덧붙여 강조하신 것입니다.

회피주장 4 본문은 모든 그리스도인들이 아니라 몇몇 탁월한 그리스도인들을 가리켜 말하고 있다.

| 답변 |

❶ 본문은 하나님께서 택하신 자들을 모두 가리켜 하신 말씀이므로, 모든 그리

스도인에게 해당됩니다.

❷ 그러므로 속지 않는 사람도 있음을 알 수 있습니다.

❸ 본문은 신자들 자신의 능력이나 연약함이 아니라 하나님의 영원한 선택이 확실함의 토대라고 말합니다.

회피주장 5 택자라 할지라도 회심하기 이전은 물론이요 회심한 이후에도 속을 수 있다.

| 답변 |

회심하기 전에는 어느 누구도 속임 당하지 않습니다. 그때는 죄 가운데 있으며 다른 이들과 마찬가지로 죄에서 시작되어 죄를 더해 갈 뿐인 상태, 즉 그 속에 선한 것이 없으므로 보호될 것이 전혀 없는 상태이기 때문입니다. 그러나 회심한 이후 신자는 영혼과 생명을 모두 가질 뿐만 아니라, 그 생명이 보호될 것을 약속받습니다. 그리고 이 생명은 결코 제거되지 않습니다.

회피주장 6 택함 받은 자들이 속을 수 없다는 것은 그들이 자신의 의무를 행하고 끝까지 믿음과 경건에 힘쓰는 한 그러하다는 말이다.

| 답변 |

❶ 본문은 아무런 조건도 언급하지 않습니다. 이 약속은 바로 믿음으로 말미암아 보호받는 사실에 관한 것입니다.

❷ 위의 회피주장은 다음과 같이 말하는 것과 같습니다. '택함 받은 자들이 속지 않으면 속을 수 없다. 또한 그들이 견디면 믿음과 소망과 사랑에 끝까지 머물 것이다.' 이런 식의 주장은 '사람은 죽지 않으면 안 죽을 것이다'라고 말하는 것이나 마찬가지이므로, 아무 의미도 없습니다.

③ "누가 우리를 그리스도의 사랑에서 끊으리요 환난이나 곤고나 박해나 기근이나 적신이나 위험이나 칼이랴……내가 확신하노니 사망이나 생명이나 천사들이나 권세자들이나 현재 일이나 장래 일이나 능력이나 높음이나 깊음이나 다른 어떤 피조물이라도 우리를 우리 주 그리스도 예수 안에 있는 하나님의 사랑에서 끊을 수 없으리라"(롬 8:35,38,39).

본문은 택함 받은 자들에 관해 말합니다. 어떤 피조물도, 피조물을 통해 촉발된 어떤 사건도 그리스도를 향한 신자의 사랑을 없앨 수 없고, 신자를 향한 하나님과 그리스도의 사랑을 없앨 수 없다고 말합니다.

회피주장 본문에서 바울은 죄가 아니라 고난과 시련에 관해 말하고 있다. 바울이 지금 말하는 바는 죄가 아니라 고난과 시련이 신자들을 하나님의 사랑에서 끊을 수 없으며 그들을 하나님께서 미워하시는 대상이 되게 할 수 없다는 것이다. 다시 말해, 고난과 시련은 그럴 능력이 없다는 의미이다.

| 답변 |

❶ 지금 바울은 그 어떤 시련도 하나님을 향한 신자들의 사랑을 없애지 못한다고 말합니다. 어떤 시련도 신자를 배교로 이끌지 못한다는 것입니다. 신자들이 믿음과 소망과 사랑을 저버리고 하나님에게서 떠나게 할 수도 있는 이 시련들이 경건한 신자들을 목표로 삼고 있음을 생각한다면, 지금 사도 바울이 하나님을 향한 신자들의 사랑에 대해 말하는 것이 분명해집니다. 그러나 이런 시련은 하나님께는 전혀 해당되지 않습니다. 그러므로 이런 시련 때문에 신자들을 향한 하나님의 사랑이 달라질 것이라는 생각은 아무런 의미가 없습니다. 로마서 8장 37절에서 사도 바울은 신자들이 저마다 당하는 시련을 넉넉히 이긴다고 말합니다. 시련 때문에 신자들이 그리스도를 향한 사랑을 저버릴 가능성은 전혀 없기 때문입니다. 그러므로 본문에서 사도는 시련이 신자를 사망에 이르는 죄에 빠트릴 수 없다고 선언하며, 분명히 하나님의 사랑을 저버리는 죄에 관해 말하고 있습니다.

❷ 여기서 하나님의 사랑을 택자들을 향해 가지신 사랑을 가리킨다고 본다면, 또한 여기서 말하는 바가 어떤 시련도 하나님께서 택하신 자들을 향해 가지신 사랑을 없애거나 미움으로 바꿀 수 없음을 뜻한다면, 신자들이 이런 시련 때문에 죄에 떨어져야만 그들을 향한 하나님의 사랑이 끊어질 수 있을 것입니다. 오직 죄만이 신자들을 향한 하나님의 사랑을 제거할 수 있기 때문입니다. 그러나 택하신 자들을 향한 하나님의 사랑은 결코 사라질 수 없습니다. 따라서 시련은 신자들을 그

런 상태와 죄로 떨어트리지 못합니다.

❸ 본문은 사람들이 하나님의 사랑을 어떻게 생각하든 상관없이, 택자들을 향한 하나님의 사랑이 변하지 않고, 세상의 어떤 것도 이 사랑을 바꿀 수 없다고 증언합니다.

④ "하나님께로부터 난 자마다 죄를 짓지 아니하나니 이는 하나님의 씨가 그의 속에 거함이요 그도 범죄하지 못하는 것은 하나님께로부터 났음이라"(요일 3:9).

사도 요한은 지금 교회(언제나 신자와 불신자가 섞여 있기 마련인)의 회원들에게 자신이 무슨 죄를 짓더라도 어차피 구원을 받는다고 생각하면서 스스로를 속이지 말라고 경고합니다. 오히려 진정 거듭난 사람은 죄를 짓지 않고, 죄를 지을 수도 없습니다. 하나님에게서 난 자들은 그 속에 하나님의 씨를 가졌고, 계속 그렇게 남아 있을 것이기 때문입니다. 물론 이 말은 거듭난 신자가 죄를 짓지 않으며 지을 수도 없다는 의미가 아닙니다. 사도들은 신자도 죄를 짓는다고 말합니다(요일 1:8; 약 3:2 참고). 그러나 여기서 '죄를 짓는다'는 말은 죄 가운데 사는 것을 뜻합니다. 다시 말해, 죄를 즐거워하고 좋아하는 것입니다. 사도 요한은 불신자들이 죄를 그렇게 대한다고 말합니다.

"죄를 짓는 자는 마귀에게 속하나니"(요일 3:8).

마귀에게 속한다는 것은 죄에 지배당하는 것을 가리킵니다. 그러나 거듭난 사람은 죄에 지배당하지 않습니다.

"죄가 너희를 주장하지 못하리니 이는 너희가 법 아래에 있지 아니하고 은혜 아래에 있음이라"(롬 6:14).

이처럼 사도 바울은 신자를 가리켜, 죄를 짓지 않고 하나님의 씨를 그 속에 가졌으며, 죄를 지을 수도 없고 하나님으로부터 난 자들이라고 증언합니다. 사도는 이렇게 말하며 바로 신자의 견인을 강력히 주장하고 있는 것입니다. 그러나 교황주의자들과 알미니안들과 루터파 교인들은 이와 다르게 주장합니다.

회피주장 1 교황주의자들은 다음과 같이 주장한다. "하나님으로부터 난 자들은 하나님으로부터 난 이상 죄를 지을 수 없다. 그러나 자기 안에 있는 하나님의 씨를 잘 지키지 않고 소홀히 하면 완전히 죄에 빠질 수 있다."

| 답변 |

'하나님으로부터 난 이상'이라는 말을 신자가 거듭났다는 특징을 뜻하는 것으로 이해한다면, 위 주장은 우리의 주장과 다르지 않습니다. 거듭난 사람에게서는 어떤 죄도 나올 수 없기 때문입니다. 그러나 이 대목을 하나님의 씨를 끝까지 보존해야 한다는 조건을 말하는 것으로 이해한다면, 본문이 말하는 바와 배치될 뿐만 아니라 이 문제 자체와도 모순됩니다.

무엇보다도 본문과 배치됩니다. 본문은 조건에 관해 전혀 말하지 않습니다. 본문은 '하나님의 씨를 보존한다면' 또는 '계속해서 하나님으로부터 난 자로 남아 있다면'이라고 말하지 않습니다. 오히려, '하나님의 씨가 그 속에 있기 때문에,' '하나님으로부터 난 자들이기 때문에'라고 말합니다. 본문이 말하는 절대적 명제는 거듭난 자들이 죄를 짓지 않고, 죄를 지을 수도 없다는 것입니다. 이 명제는 그들이 하나님의 씨를 그 속에 가지고 있으며 하나님으로부터 난 자라는 주장을 통해 확고하고도 절대적으로 뒷받침됩니다. 따라서 이 대목을 조건으로 보는 주장은 자가당착일 뿐입니다. 죄를 짓지 않으면 죄를 지을 수 없다는 말 자체가 성립되지 않습니다.

회피주장 2 알미니안들은 다음과 같이 주장한다. "이 본문은 단지 죄를 짓는 것이 참으로 거듭난 자들에게 주어진 성향 및 습관과 배치된다는 사실을 말할 뿐이다. '하나님으로부터 났다'는 표현은 참된 신자들이 죄를 짓지 못하게 하는 특징을 말하는 것이 아니라, 일생 동안 하나님을 닮아 간다는 뜻으로 말하는 '죄를 짓지 않는다'와 동일한 표현이다. 게다가 신자들 안에 하나님의 씨가 남아 있다는 말은 하나님의 씨가 그 속에 있는 것을 말할 뿐이다. 결국 본문이 말하는 바는 다음과 같다. 은혜의 성향은 죄의 성향과 공존할 수 없으므로 죄의 성향이 득세하면 은혜의 성향은 사라지게 될 것이다. 따라서 사도는 신자들이 배교에 이를 수 없다고 말하는 것이 아니다. 사도 바울도 로마서 6장 14절에서 신자들 역시 죄에 지배당하여 배교에 이를 수 있다고 말한다."

| 답변 |

❶ 이런 견해와 주장은 모두 명백히 본문을 곡해하는 것입니다. 이런 주장은 즉시 부정해야 합니다. 사도는 지금 죄의 성향이 아니라 죄의 행위에 관해 말합니다. 죄가 신자들이 가진 성향과 상반된다거나 신자가 죄를 미워한다고 말하는 것이 아니라, 신자가 죄를 짓지도 않고 지을 수도 없다고 말합니다. 이는 신자들이 죄를 혐오하기 때문이라기보다(물론 이는 사실입니다), 하나님으로부터 난 그들 안에 하나님의 씨가 남아 있기 때문입니다.

❷ 하나님으로부터 났다는 말은 거듭날 때부터 신자 안에 심긴 특질을 가리키는 것이 분명합니다. 이로 말미암아 신자가 새로운 피조물이 되고(고후 5:17 참고) 신의 성품에 참여하게 되기 때문입니다(벧후 1:4 참고).

❸ '남아 있다'라는 동사는 단순히 '존재한다'라는 뜻이 아닙니다. 이는 견고하고도 확실하게 자리 잡음을 가리키며, 제거되거나 사라지지 않고 끝까지 남아 있음을 의미합니다. 이는 어린아이도 알 만한 사실입니다. 다음 말씀에서 이런 사실을 확인할 수 있습니다.

"요한이 또 증언하여 이르되 내가 보매 성령이 비둘기같이 하늘로부터 내려와서 그의 위에 머물렀더라"(요 1:32).

"내 안에 거하라 나도 너희 안에 거하리라……나의 사랑 안에 거하라"(요 15:4,9).

❹ 사도 바울에 따르면 지배적인 죄의 성향이 은혜의 성향과 공존할 수 없고 하나님의 씨(은혜의 성향)가 거하는 곳에는 어디나 죄의 성향이 존재할 수 없으며, 그러하기에 하나님의 씨가 그 속에 거하는 신자는 죄를 지을 수 없습니다.

❺ 참된 신자들도 죄에 지배당하며 종노릇할 수 있다는 사실을 강력히 부인합니다. "형제를……사랑하지 아니하는 자는 사망에 머물러 있느니라"(요일 3:14)라는 말씀을 제시하여 주장을 뒷받침해서는 안 됩니다. 이 말씀은 형제를 사랑하는 회심한 신자들과 구별되는 회심하지 않은 자들을 가리킵니다. 사도는 형제를 사랑하

지 않는 자들이 사망에 머물러 있으며 전혀 생명에 이르러 본 적이 없다고 증언합니다. 진정한 신자들도 큰 죄에 빠질 수 있습니다. 이는 부인할 수 없는 사실입니다. 그러나 죄에 지배당하지는 않습니다. 그들은 여전히 죄와 싸웁니다. 거듭난 신자가 잠시 죄에 굴복할 수는 있어도 죄를 주인으로 모시는 일은 없습니다. 신자는 항상 다시 일어납니다. 그리고 그 속에 하나님의 씨가 남아 있을 것입니다.

회피주장 3 루터파 교인들은 완전히 배교할 가능성을 인정하지만, 최종적으로 배교할 가능성은 부인한다. 그들은 다음과 같이 주장한다. "이 본문에서 신자들이 죄를 지을 수 없다는 말은 하나님의 씨가 그 속에 있는 동안 신자가 자신을 불경건에 내버려 두거나 죄 가운데 사는 것을 즐길 수 없다는 뜻이다. 요한일서 3장 9절에서 "이는(for)"이라는 말은 신자가 죄를 지을 수 없는 이유를 제시하는 것이 아니라 단순히 앞에서 한 말을 재진술하는 것이며, 따라서 '하나님으로부터 나고 하나님의 씨가 그 속에 머무는 한'이라고 해석해야 한다.

| 답변 |

❶ 우리는 거듭난 사람이 앞서 언급된 방식으로는 죄를 범하지 않음을 인정합니다. 이는 그들에게 하나님의 씨가 있고 그들이 하나님으로부터 났음을 전제로 합니다. 죄는 거듭난 사람의 영이 아니라 육에서 비롯되기 때문입니다(롬 7장 참고). 그러나 사도는 거듭난 신자가 가진 하나님의 씨는 저절로 사라지거나 제거되지 않는다고 말합니다. 그러므로 거듭난 신자는 결코 죄에 지배당하지 않습니다.

❷ '거듭난 신자는 그 속에 하나님의 씨가 머무는 한 죄를 짓지 않을 것이다'라고 하면서 '그 씨가 사라지면 죄를 지을 수밖에 없다'라고 은근슬쩍 주장하는 것은 아무런 의미가 없습니다. 이는 '차가워지기까지 불은 계속 뜨거울 것이다'라고 말하는 것이나 마찬가지이기 때문입니다.

❸ 여기서 "이는"이라는 말은 순접(and)이 아니라, 거듭난 신자가 죄를 짓지도 않고 지을 수도 없는 이유를 가리킵니다. 그러므로 거듭난 신자가 결코 배교에 이를 수 없다는 것은 확고한 진리입니다.

【증명 2】 영원한 선택이 불변하므로 신자가 끝까지 이깁니다.

성도의 견인에 관한 두 번째 증거는 영원한 선택이 변하지 않는 다는 특성에서 비롯됩니다. 영원한 선택은 홀로 지혜롭고도 전능하신 하나님께서 작정하신 것이므로 변하지 않습니다.

"택하심을 따라 되는 하나님의 뜻이 행위로 말미암지 않고 오직 부르시는 이로 말미암아 서게 하려 하사"(롬 9:11).

"하나님은 약속을 기업으로 받는 자들에게 그 뜻이 변하지 아니함을 충분히 나타내시려고 그 일을 맹세로 보증하셨나니"(히 6:17).

"그러나 하나님의 견고한 터는 섰으니 인침이 있어 일렀으되 주께서 자기 백성을 아신다 하며"(딤후 2:19).

그러하기에 사도 바울이 영원한 선택에서 영화까지를 필연적인 관계로 연결하는 것입니다.

"또 미리 정하신 그들을……또한 영화롭게 하셨느니라"(롬 8:30).

하나님은 불변하시는 분이므로 친히 작정하신 일을 변개치 않으실 것입니다.

"나 여호와는 변하지 아니하나니"(말 3:6).

"빛들의 아버지께로부터 내려오나니 그는 변함도 없으시고 회전하는 그림자도 없으시니라"(약 1:17).

사람은 하나님의 경륜을 폐하지 못합니다. 사람이 택함 받은 것은 사람에게 어떠한 조건이 있어서가 아닙니다. 하나님은 문자 그대로 무조건적으로 택하십니다. 하나님께서 택하신 자를 구원에 이르기까지 반드시 인도하실 것입니다. 어떤 피조물도 하나님께서 작정하신 것을 폐하지 못합니다.

"만군의 여호와께서 경영하셨은즉 누가 능히 그것을 폐하며 그의 손을 펴셨은즉 누가 능히 그것을 돌이키랴"(사 14:27).

하나님은 불변하고도 영원한 작정을 따라 친히 택하신 자들을 구원하기를 원하시며, 그들을 구원하실 것입니다. 그러하기에 하나님께서 기뻐하시는 이런 뜻을 따라 부르심을 입은 자들은 신령한 생명과 믿음에서 배교할 수도 없고, 멸망하지도 않을 것입니다(1권 6장 참고).

【증명 3】 그리스도의 대속과 중보와 보호하심을 통해 성도들이 마침내 구원에 이릅니다.

성도의 견인은 그리스도의 대속과 중보와 보호하심의 효력에서 비롯됩니다.

① 그리스도의 대속은 원죄와 자범죄(사람이 죽을 때까지 짓는 모든 죄) 모두에 대해 완전하게 성취되었습니다. 이 사실은 오직 택함 받은 자들에게만 적용됩니다. 사람에게는 이 일과 관련된 어떠한 조건도 전혀 주어지지 않았습니다.

"예수의 피가 우리를 모든 죄에서 깨끗하게 하실 것이요"(요일 1:7).

그리스도의 대속으로 말미암아 하나님께서 자신이 택한 모든 자들과 화목하게 되셨습니다.

"곧 우리가 원수 되었을 때에 그의 아들의 죽으심으로 말미암아 하나님과 화목하게 되었은즉"(롬 5:10).

이런 신자들은 그리스도 안에서 완전하며(골 2:20 참고), 하나님의 의가 되었습니다(고후 5:21 참고). 이 의는 영원히 이어질 것입니다.

"그가 거룩하게 된 자들을 한 번의 제사로 영원히 온전하게 하셨느니라"(히 10:14; 본서 1권 22장 참고).

② 그리스도의 중보는 효력이 있으며, 결코 거부될 수 없습니다. 그리스도의 대속이 지니는 효력에 근거하여 이루어지기 때문입니다.

"만일 누가 죄를 범하여도 아버지 앞에서 우리에게 대언자가 있으니 곧 의로우신 예수 그리스도시라"(요일 2:1).

그래서 예수님께서 "항상 내 말을 들으시는 줄을 내가 알았나이다"(요 11:42)라고 하셨습니다. 성부는 예수님이 요구하시는 것을 주겠노라고 약속하십니다.

"내게 구하라. 내가 이방 나라를 네 유업으로 주리니 네 소유가 땅 끝까지 이르리로다"(시 2:8).

그리고 그리스도는 하나님께 택하신 자들을 구원하고 보호하시기를 간구드립니다.

"거룩하신 아버지여, 내게 주신 아버지의 이름으로 그들을 보전하사……아버지여, 내게 주신 자도 나 있는 곳에 나와 함께 있어 아버지께서 창세전부터 나를 사랑하시므로 내게 주신 나의 영광을 그들로 보게 하시기를 원하옵나이다"(요 17:11,24).

"그러므로 자기를 힘입어 하나님께 나아가는 자들을 온전히 구원하실 수 있으니 이는 그가 항상 살아 계셔서 그들을 위하여 간구하심이라"(히 7:25).

그리스도는 택함 받은 자들이 구원받고 보호받도록 기도하시고, 하나님은 언제나 아들의 기도를 들으십니다. 그러므로 그들은 배교에 이르지 않습니다.

③ 그리스도께서 신자를 보호하시는 것이 확실합니다.

"내 양은 내 음성을 들으며 나는 그들을 알며 그들은 나를 따르느니라. 내가 그들에게 영생을 주노니 영원히 멸망하지 아니할 것이요 또 그들을 내 손에서 빼앗을 자가 없느니라. 그들을 주신 내 아버지는 만물보다 크시매 아무도 아버지 손에서 빼앗을 수 없느니라"(요 10:27-29).

그리스도의 음성을 듣고 따르는 자들이 그분의 양입니다. 목자의 음성을 듣고 따르는 것이 양의 본성입니다. 주 예수님께서 자기 양들을 아시고, 그들에게 영생을 주십니다. 그러므로 그들은 멸망에 이르지 않습니다. 어느 누구도 그리스도와 성부의 손에서 그들을 빼앗아 가지 못합니다. 그들의 영적 상태가 이처럼 확실하고도 안전하므로 그들은 결코 구원에서 떨어져 나갈 수 없습니다. 앞의 본문들이 말하는 것보다 더 자명하게 말할 수는 없을 것입니다.

회피주장 신자들은 그리스도의 양으로 남아 있을 때에만 보호받을 것이다.

| 답변 |

❶ 그리스도는 신자들이 계속 자신의 양으로 남아 있을 것이라고 말씀하십니다. 한번 양이 되면, 다시 말해 그리스도의 영원한 생명을 얻은 사람은 멸망하지 않고 계속 그리스도의 양으로 남아 있을 것이라는 말입니다.

❷ 그리스도는 그 무엇도 신자들을 자신의 손에서 빼앗지 못한다고 말씀하십니다. 여기에는 어떠한 조건도 없습니다. 그리스도를 목자로 모신 사람은 틀림없이 영원토록 보호받을 것입니다.

❸ 그리스도는 선한 목자이십니다. 목자가 양들을 늑대와 도적에게서 지키더라도, 양들이 자기 마음대로 다니며 헤매지 않도록 지키지 않는다면 선한 목자라 할 수 없습니다. 그러나 신실한 목자이신 예수님은 성부께서 자기에게 주신 양들을 모든 악으로부터 끝까지 지켜 마침내 영생을 얻도록 하십니다.

"나를 보내신 이의 뜻은 내게 주신 자 중에 내가 하나도 잃어버리지 아니하고 마지막 날에 다시 살리는 이것이니라"(요 6:39).

이 모든 사실을 종합해 볼 때, 그리스도께서 신자를 위하여 완전한 대속을 이루셨고, 그들이 보호받고 영생을 얻도록 기도하시며, 큰 능력으로 보호하시므로 신자는 신령하고도 영원한 생명을 잃을 수 없습니다. 배교에 빠져 영원한 멸망으로 떨어지지 않습니다.

【증명 4】 성도들은 내주하시는 성령의 역사로 말미암아 보호받습니다.

성도의 견인은 신자들 안에서 일하시는 성령의 역사로 증명됩니다.

① 성령은 영원히 신자들과 함께하십니다.

"내가 아버지께 구하겠으니 그가 또 다른 보혜사를 너희에게 주사 영원토록 너희와 함께 있게 하리니"(요 14:16).

② 성령께서 신자들의 구원을 보증하십니다.

"그 안에서 너희도 진리의 말씀 곧 너희의 구원의 복음을 듣고 그 안에서 또한 믿어 약속의 성령으로 인치심을 받았으니, 이는 우리 기업의 보증이 되사 그 얻으신 것을 속량하시고 그의 영광을 찬송하게 하려 하심이라"(엡 1:13,14).

"하나님의 성령을 근심하게 하지 말라. 그 안에서 너희가 구원의 날까지 인치심을 받았느니라"(엡 4:30).

③ 성령께서 신자들 안에서 모든 역사를 영속적으로 행하십니다.

"하나님의 은사와 부르심에는 후회하심이 없느니라"(롬 11:29).

회피주장 이 본문은 유대인들의 회심에 관해 말한다.

| 답변 |

본문은 하나님의 긍휼을 드러내는(롬 11:32 참고) 은혜의 선택을 힘입어(롬 11:5 참고) 영원한 복락을 누리는 것에 관해 말합니다. 지금 사도는 하나님께서 택하신 유대인들에게 베푸신 은혜의 선물들에 관해 말합니다. 택함 받은 유대인들에게 영원한 것이라면, 택함 받은 신자들에게도 영원합니다.

이런 사실로부터 다음과 같이 결론 내릴 수 있습니다. 성령께서 영원한 복락의 보증으로 신자 안에 영원히 거하시면서 구속의 날까지 신자에게 인 치시고, 결코 바뀔 수 없는 영원한 역사를 행하십니다. 그러므로 신자는 최종적인 배교에 빠질 수 없으며, 분명히 구원받습니다. 이는 모든 신자들에게 적용되는 분명한 사실입니다.

【증명 5】 성도는 은혜언약의 불변성을 힘입어 보호받습니다.

언약의 불변성이 성도의 견인에 관한 또 다른 증거입니다.

① 이사야서의 다음 말씀이 이 사실을 확증합니다.

"산들이 떠나며 언덕들은 옮겨질지라도 나의 자비는 네게서 떠나지 아니하며 나의 화평의 언약은 흔들리지 아니하리라. 너를 긍휼히 여기시는 여호와께서 말씀하셨느니라"(사 54:10).

회피주장 이 본문은 언약이 하나님 편에서 불변함을 말하고 있다. 하나님은 결코 언약을 거스르지 않으신다. 그러나 이 본문에 근거하여 신자들 역시 이 언약을 거스르지 않을 것이라고 주장할 수는 없다.

| 답변 |

❶ 은혜언약은 하나님께서 자기 자녀들을 위해 성취되어야 하는 모든 것을 약속

하고 이루시는 것입니다. 따라서 은혜언약은 사람 편에서도 조건적이지 않습니다.

"또 새 영을 너희 속에 두고 새 마음을 너희에게 주되 너희 육신에서 굳은 마음을 제거하고 부드러운 마음을 줄 것이며, 또 내 영을 너희 속에 두어 너희로 내 율례를 행하게 하리니 너희가 내 규례를 지켜 행할지라"(겔 36:26,27).

그러므로 은혜언약이 하나님 편에서 불변하다는 사실만으로도 충분합니다. 하나님께서 친히 자기 자녀들이 구원의 길을 가도록 이끄실 것이기 때문입니다.

❷ 은혜언약은 하나님께서 노아와 맺으신 언약만큼 견고합니다(사 54:9 참고). 하나님께서 노아와 맺으신 언약은 사람, 죄, 인간의 의지나 능력으로 바뀌지 않습니다. 마찬가지로 은혜언약 역시 불변합니다. 하나님께서 은혜언약이 노아와 맺으신 언약만큼 확실하다고 말씀하시기 때문입니다.

② 다음 말씀들 역시 은혜언약이 불변함을 증언합니다.

"그러나 그날 후에 내가 이스라엘 집과 맺을 언약은 이러하니 곧 내가 나의 법을 그들의 속에 두며 그들의 마음에 기록하여 나는 그들의 하나님이 되고 그들은 내 백성이 될 것이라"(렘 31:33).

"내가 그들에게 복을 주기 위하여 그들을 떠나지 아니하리라 하는 영원한 언약을 그들에게 세우고 나를 경외함을 그들의 마음에 두어 나를 떠나지 않게 하고"(렘 32:40).

이 언약은 파기될 수 없으며, 파기되지도 않을 것입니다. 이것은 하나님 편에서 볼 때 사실입니다. 미쁘신 하나님께서 어떤 조건도 없이 순전한 은혜로 이 언약을 약속하셨기 때문입니다. 사람 또한 이 언약을 파기하지 않을 것입니다. 하나님께서 사람이 그리하지 못하도록 막으실 뿐만 아니라, 백성들이 그분의 뜻에 따라 살도록 하시기 때문입니다. 심지어 그들의 행위는 언약의 조건이 아닙니다. 이 언약은 며칠이나 몇 년 동안만 효력을 발휘하는 것이 아닌 영원한 언약입니다. 따라서 은혜언약은 영원토록 견고히 남아 있을 것입니다.

회피주장 1 본문은 영원한 복락이 아니라 가나안 땅에서 유대 나라가 회복되는 것에 관해 말한다.

| 답변 |

❶ 히브리서 8장 8절과 마찬가지로, 예레미야 31장 33절은 너무나 분명하게 신약 시대를 언급합니다.

❷ 예레미야 32장 40절은 가나안 땅에서 교회가 회복될 것과 관련 있기는 하지만, 주로 은혜언약이 가진 영원하고도 신령한 은택에 관해 말하고 있습니다. 바로 이에 기초하여 가나안 땅이 회복됩니다. 이 언약의 보증이 가나안 땅에서 태어나셔야 했기 때문입니다. 이 말씀들은 오직 하나의 언약, 즉 은혜언약을 가리킵니다. 바로 이 언약에 세상에서 누리는 일시적인 복이 택함 받은 자들에게 약속된 구원으로 이끄는 방편과 도구로서 더해진 것입니다.

회피주장 2 이 약속은 유대 나라 전체에 주어진 것이다. 그러나 유대인들이 모두 구원받은 것은 아니다. 따라서 이 약속을 신자의 견인과 연관 지을 수 없다.

| 답변 |

❶ 모든 유대인이 가나안 땅으로 돌아오지는 않았습니다. 따라서 동일하게 논증하자면 이 약속이 유대 나라와 관련되지 않았다고 말해야 할 것입니다. 그러나 이런 주장은 위의 회피주장만큼이나 말이 되지 않습니다.

❷ 이 말씀은 하나님을 하나님으로 모시는 것, 하나님을 경외하는 것, 하나님을 떠나지 않는 것, 하나님의 율법이 마음에 새겨지는 것 등 은혜언약이 가져다주는 신령한 은택을 직접 언급합니다. 은혜언약이 가져다주는 은택들과 이 언약으로 말미암아 성도들이 견인된다고 반복해서 말합니다.

❸ 하나님께서 이런 약속들을 자신의 교회에게 주실 때, 이 약속은 '교회를 다니기만 할 뿐인' 사람들을 포함하지 않습니다. 이 약속은 교회를 구성하는 참된 신자들에게만 해당됩니다.

"그러나 하나님의 말씀이 폐하여진 것 같지 않도다. 이스라엘에게서 난 그들이 다 이스라엘이 아니요 또한 아브라함의 씨가 다 그의 자녀가 아니라. 오직 이삭으로부터 난 자라야 네 씨라 불리리라 하셨으니, 곧 육신의 자녀가 하나님의 자녀가 아니요 오직 약속의 자녀가 씨로 여기심을 받느니라"(롬 9:6-8).

분명히 모든 유대인이 구원받지는 않았으나 교회(유대인이든 이방인이든)에게 주신 하나님의 언약은 언제나 있을 것입니다. 이 교회는 변하지 않으며 파괴될 수 없는 하나의 교회입니다.

> 회피주장 3 이 언약은 이전에 존재한 적이 없는 것을 약속한다. 그러므로 이 약속은 성도의 견인을 가리키는 것일 수 없다. 견인은 처음부터 신자들에게 없어서는 안 될 중요한 요소였기 때문이다.

| 답변 |

❶ 이 언약의 본질은 세상이 시작할 때부터 끝날 때까지 변하지 않은 채 동일하게 남아 있습니다. 그러나 이 언약이 시행되는 측면에서 차이가 발생합니다. 그런 점에서 이 언약을 새언약이라고 부릅니다.

❷ 하나님은 친히 하신 약속들을 장래에 언젠가 이루실 것이라고 자주 말씀하셨습니다. 그리고 앞서 이 땅에서 살았던 신자들에게 약속들을 이루심으로써, 말세의 신자들로 하여금 그분 자신이 그들을 위하여 이 약속들을 이루실 것임을 더욱 분명히 확신하게 하셨습니다. 약속들을 되풀이한다는 것은 앞서 한 약속들을 부정한다는 뜻이 아닙니다. 그러므로 신자들이 결코 배교에 이를 수 없다는 진리는 흔들리지 않습니다.

반론 1

"그 속에 뿌리가 없어 잠시 견디다가"(마 13:21).
그러므로 신자도 분명히 배교에 빠질 수 있다.

| 답변 |

(1) 모든 믿음이 구원하는 믿음은 아닙니다. 만약 모든 믿음이 구원하는 믿음이라면, 아그립바도 신자라고 해야 할 것입니다. 그도 성경을 믿었기 때문입니다(행 26:27 참고). 이처럼 일시적으로 믿는 자들도 역사적인 믿음을 고백합니다. 그러나

이들이 구원하는 믿음을 가진 것은 아닙니다. 가시덤불과 좋은 땅의 극명한 대조 및 좋은 땅(참된 신자들)과 길가의 대조에서도 이 사실이 분명히 드러납니다.

(2) 돌밭으로 비유되는 이들의 마음 역시 옳지 않습니다. 신자들은 돌 같은 마음이 제거된 사람들입니다(겔 36:26 참고).

(3) 참된 신자들은 그리스도 안에 뿌리박고 있으나, 일시적인 신자들에게는 그런 뿌리가 없습니다(골 2:7 참고).

(4) 일시적인 신자들은 열매 맺지 못합니다. 그래서 이들의 믿음은 죽은 믿음입니다(약 2:17 참고). 신자들은 많은 열매를 맺습니다(마 13:23 참고). 그리고 이들이 가진 믿음은 사랑으로 역사합니다(갈 5:6 참고).

반론 2

"무릇 내게 붙어 있어 열매를 맺지 아니하는 가지는 아버지께서 그것을 제거해 버리시고……사람이 내 안에 거하지 아니하면 가지처럼 밖에 버려져 마르나니"(요 15:2,6).

본문은 그리스도에게 붙어 있으나 그리스도 안에 거하지 않고 열매를 맺지 못하여 버림받을 가지들을 말한다. 이처럼 참된 신자들도 배교에 이를 수 있다.

답변

(1) 하나님의 포도원은 회중을 가리킵니다(사 5장 참고). 회심하지 않은 많은 사람들이 교회에 있으며, 그들은 그리스도께 뿌리를 박은 것처럼 보입니다. 이런 사람들은 언제라도 자신의 상태에서 떨어지고 쫓겨날 수 있습니다. 그러나 지금 우리는 이런 사람들에 관해 논하고 있지 않습니다.

(2) 이렇게 포도원에서 쫓겨나는 것으로 묘사된 자들은 결코 참된 신자가 아닙니다. 그들이 열매 맺지 못하는 죽은 믿음을 가졌기 때문입니다.

(3) 본문의 내용은 비유입니다. 비유에 등장하는 것 하나하나에 의미를 부여하려고 해서는 안 됩니다. 오히려 이 비유에서 분명히 드러나는 목적에 집중해야 합니다. 이 비유는 신자들에게 신실하게 남아 있으라는 촉구이자, 겉으로만 교회에 속하고 그리스도를 고백하는 것으로 만족하는 자들을 향한 경고입니다. 열매 맺지

못하는 자들은 쫓겨날 것입니다. 이 땅에서는 교회에서 쫓겨날 것이고, 이후로는 천국에 이르지 못할 것입니다.

(4) 본문은 여기에 등장하는 사람들이 참으로 그리스도 안에 있었다고 말하지 않습니다. 이 본문은 그리스도 안에 있으나 열매를 맺지 못하는 사람들에 관해 말합니다. 그리스도 안에 있었던 적이 없기에 그리스도 안에서 열매를 맺어 본 적이 없는 회심하지 않은 사람들처럼 말입니다. 이들이 그리스도 안에 거하지 않고 있다는 사실이, 그들이 그분 안에 있었던 적도 없고 결코 참된 신자였던 적도 없음을 입증합니다.

"그들이 우리에게서 나갔으나 우리에게 속하지 아니하였나니 만일 우리에게 속하였더라면 우리와 함께 거하였으려니와 그들이 나간 것은 다 우리에게 속하지 아니함을 나타내려 함이니라"(요일 2:19).

반론 3

"믿음과 착한 양심을 가지라. 어떤 이들은 이 양심을 버렸고 그 믿음에 관하여는 파선하였느니라"(딤전 1:19).

그러므로 믿음과 선한 양심을 가진 자들도 그것을 잃어버릴 수 있고, 그런 점에서 신자들 역시 배교에 이를 수 있다.

답변

지금 사도는 디모데에게 믿음과 선한 양심의 참된 가르침에 전념하고 굳게 남아 있으라고 권면하고 있습니다. 여기서 믿음이란 참된 교리를 가리킵니다. 이런 용례가 많이 있습니다. 다음 말씀들에서 그런 용례를 찾아볼 수 있습니다.

"그러나 성령이 밝히 말씀하시기를 후일에 어떤 사람들이 믿음에서 떠나 미혹하는 영과 귀신의 가르침을 따르리라 하셨으니"(딤전 4:1).

"성도에게 단번에 주신 믿음의 도를 위하여 힘써 싸우라"(유 1:3).

"진리에 관하여는……어떤 사람들의 믿음을 무너뜨리느니라"(딤후 2:18).

반론 4

"한번 빛을 받고 하늘의 은사를 맛보고 성령에 참여한 바 되고 하나님의 선한 말씀과 내세의 능력을 맛보고도 타락한 자들은 다시 새롭게 하여 회개하게 할 수 없나니 이는 그들이 하나님의 아들을 다시 십자가에 못 박아 드러내 놓고 욕되게 함이라"(히 6:4-6).

여기에 해당하는 자들은 다름 아닌 진실로 회심한 참된 신자들이다. 그러므로 참된 신자들도 배교하고 하나님의 아들을 십자가에 못 박을 수 있다. 그리고 이런 자들은 다시 돌이켜 회개할 수 없다.

답변

(1) 여기서 바울은 조건을 사용하여 말합니다. 그러나 그 조건이 사실을 구성하는 것은 아니며, 그런 일이 있을 것이라는 의미도 아닙니다. 바울은 이런 식으로 말하고 있는 것입니다.

"그러나 우리나 혹은 하늘로부터 온 천사라도 우리가 너희에게 전한 복음 외에 다른 복음을 전하면 저주를 받을지어다"(갈 1:8).

이런 조건적 명제는 사실을 서술하는 것이 아니라, 죄를 짓지 말라고 긴급하게 경고하고 촉구하는 것입니다.

(2) 지금 바울은 회심하지 않은 까닭에 마음에 선한 것이 전혀 없는 사람을 가리켜 말하고 있음이 분명합니다. 이어지는 바울의 말을 통해 그것을 알 수 있습니다.

"땅이 그 위에 자주 내리는 비를 흡수하여 밭 가는 자들이 쓰기에 합당한 채소를 내면 하나님께 복을 받고, 만일 가시와 엉겅퀴를 내면 버림을 당하고 저주함에 가까워 그 마지막은 불사름이 되리라"(히 6:7,8).

배교자들은 가시와 엉겅퀴를 내는 척박한 땅과 같습니다. 지금 우리는 배교자들에 관해 논하고 있지 않으며, 이 본문 역시 신자들이 배교에 이를 수 없다는 우리의 이해와 전혀 어긋나지 않습니다.

(3) 여기서 언급된 것들이 모두 거듭남과 믿음의 참된 표지인 것은 아닙니다. 회심하지 않은 사람들도 이런 모습을 자주 보이며, 복음 진리를 이해할 만큼 비추임을 받을 수 있습니다. 발람은 다음과 같이 말했습니다.

"하나님의 말씀을 듣는 자, 전능자의 환상을 보는 자, 엎드려서 눈을 뜬 자가 말하기를"(민 24:4).

눈이 밝아진 자는 하늘의 은사를 맛볼 수 있습니다(히 6:4 참고). 고린도전서 12장에서 바울은 이런 은사들을 나열합니다. 회심하지 않은 자들도 이런 은사들을 맛보고 즐거워할 수 있습니다. 심지어 육신에 속한 자들도 장래 일들에 대한 계시, 지혜, 병든 자를 고치는 것, 여러 언어를 말하고 이해하고 해석하는 것 등의 은사를 받아 누리기를 즐거워합니다. 이런 은사들은 하늘에 속한 것이며, 성령께서 하늘로부터 주시는 것들입니다.

"이 모든 일은 같은 한 성령이 행하사 그의 뜻대로 각 사람에게 나누어 주시는 것이니라"(고전 12:11).

이런 은사를 받아 누린다는 의미에서 회심하지 않은 자들 역시 성령에 참여합니다. 이들은 "하나님의 선한 말씀과 내세의 능력"을 맛보기도 합니다. 누구든지 이전에 알지 못하던 것을 알게 될 때 즐거워합니다. 특히 하나님의 자녀들이 누리는 영광스런 상태와 은혜언약의 은택과 그리스도 안에 있는 구속과 최후의 심판 때 그리스도의 우편에 서고 영원한 영광으로 들어가는 것과 같은 사실에 익숙한 사람이라면 더욱 그러합니다. 이런 복을 깊이 생각하여 맛보게 될 때 마음으로 크게 즐거워하고 행복해합니다. 회심하지 않은 사람들 가운데 많은 이들이 이런 즐거움과 행복을 맛봅니다. 일시적인 신자들 역시 말씀을 기쁨으로 받습니다(눅 8:13 참고). 헤롯은 세례 요한의 말을 달갑게 들었습니다(막 6:20 참고). 회심하지 않은 사람들 중 많은 이들이 이 모든 것들을 잘 알고 있었습니다. 그러나 이는 성령으로 말미암아 거듭남과 믿음과 소망과 사랑에 참여하고, 은혜언약이 주는 모든 은택에 참여하였음을 스스로 확신하고, 영광의 소망에 즐거워하는 것과는 완전히 차원이 다릅니다. 어떤 성도들은 이 땅에서 이미 이 영광을 어느 정도 맛봅니다. 그러나 이 영광은 지금 사도가 본문에서 언급하는 사람들에게는 해당되지 않습니다.

(4) "다시 새롭게 하여 회개하게" 한다는 말은 이런 자들이 이전에 진실로 회개했었음을 전제하지 않습니다. 오히려 이 말은 그들을 참된 회개로 이끄는 것이 불

가능하다는 뜻입니다. 이미 그들의 마음이 굳어졌기 때문입니다. 더욱이 하나님께서 그들에게서 은혜를 거두십니다. 그러하기에 그들은 참된 회개에 이르지 못합니다. '새롭게 하다'라는 말은 무언가를 이전 상태로 되돌리는 것, 즉 낡고 오래된 것을 그저 더 낫게 만드는 것을 의미하지 않습니다. 오히려 처음보다 훨씬 탁월한 상태로 만드는 것을 말합니다. 다음 말씀들이 이런 사실을 입증합니다.

"너희는……오직 마음을 새롭게 함으로 변화를 받아"(롬 12:2).

"우리를 구원하시되……성령의 새롭게 하심으로 하셨나니"(딛 3:5).

'다시'라는 말 역시 이전의 어떤 상태로 되돌리는 것을 뜻하지 않습니다. 오히려 이전에 없는 상태가 되는 것을 말합니다. 헬라어 $πάλιν$(팔린)은 어떤 사람이 영적 사망에서 신령한 생명으로 처음 옮겨지는 것 즉 거듭남을 말할 때 사용됩니다. 다음 구절들이 그것을 증언합니다.

"우리를 구원하시되……중생의 씻음과"(딛 3:5).

"세상이 새롭게 되어 인자가 자기 영광의 보좌에 앉을 때에 나를 따르는 너희도"(마 19:28).

(5) 그러므로 "다시 새롭게 하여 회개하게"라는 말이 이전의 상태로 회복된다는 의미라면, 이는 일시적인 신자의 상태로 돌아가는 것을 가리킵니다. 회개라는 말이 항상 거듭남을 가리키지는 않으며, 외적인 변화를 가리킬 수도 있기 때문입니다.

"심판 때에 니느웨 사람들이 일어나……그들이 요나의 전도를 듣고 회개하였음이거니와"(마 12:41).

반론 5

"하물며 하나님의 아들을 짓밟고 자기를 거룩하게 한 언약의 피를 부정한 것으로 여기고 은혜의 성령을 욕되게 하는 자가 당연히 받을 형벌은 얼마나 더 무겁겠느냐? 너희는 생각하라"(히 10:29).

본문은 그리스도의 피로 거룩하게 된 자가 하나님의 아들을 짓밟고 은혜의 성령을 욕되게 하는 것을 말한다.

> 답변

(1) 바울의 이 말은 조건적입니다. 그러므로 이 말은 사실을 언급하려는 것이 아니라, 권면하려는 것으로 보아야 합니다.

(2) 누군가가 이 본문에 근거하여 참된 신자도 배교에 이른다고 믿는다면, 아마도 "자기를 거룩하게 한 언약의 피"라는 구절에서 "거룩하게 한"이라는 말이 성령께서 이루시는 진정한 성화만을 뜻한다고 믿기 때문일 것입니다. 거룩하게 한다는 말은 성화 외에도 거룩하게 사용하기 위해 구별하거나 외적으로 언약에 참여함으로써 외적으로 구별되는 것을 뜻하기도 합니다.

"너는 여호와 네 하나님의 성민이라. 네 하나님 여호와께서 지상 만민 중에서 너를 자기 기업의 백성으로 택하셨나니"(신 7:6).

"믿지 아니하는 남편이 아내로 말미암아 거룩하게 되고 믿지 아니하는 아내가 남편으로 말미암아 거룩하게 되나니 그렇지 아니하면 너희 자녀도 깨끗하지 못하니라. 그러나 이제 거룩하니라"(고전 7:14).

히브리서 10장 29절에 근거하여 성도들도 배교에 이른다고 말하기 전에 '거룩하게 하다'라는 말이 참된 성화, 즉 사람이 하나님의 형상으로 새롭게 되는 것을 가리킨다는 사실을 증명해야만 합니다. 그러나 그러지 못할 것입니다. 본문에서 '거룩하게 하다'라는 말은 단지 외적인 구별을 가리킨다고 보아야 합니다. 성도가 배교하는 것 자체가 불가능하기 때문입니다.

추가 반론 그리스도의 피로 거룩하게 된다는 것은 참된 성화를 가리킨다.

| 답변 |

그렇게 말할 수 없습니다. 그리스도는 자기 피로 온 피조물과 모든 사람을 하나님의 뜻에 따라 하나님의 영광과 택자들의 유익을 위해 사용할 수 있는 모든 권세와 권한을 받으셨습니다. 불경건한 자들을 정죄하는 하늘과 땅의 심판자이심을 자신의 피로 인증하셨습니다(요 5:27 참고). 그리스도께서 십자가에서 죽기까지 성부

께 순종하심으로써 모든 무릎이 그분 앞에 꿇어 엎드리게 되었습니다(빌 2:8-10 참고). 이로 말미암아 하늘과 땅의 모든 권세를 받으셨습니다(마 28:18 참고). 또한 이를 통해 택함 받지 않은 자들에게도 병을 고치고, 선지자로서 그들의 영혼에 복음을 전파하고, 그들을 불러 외적으로 자신의 교회에 들여 외적으로 거룩하게 하시고 구별하시는 등 외적이고도 일시적인 복을 베푸실 권세를 얻으셨습니다. 그러므로 그리스도의 피로 거룩하게 되는 것은 참된 회심이나 은혜 안에서 자라는 것이나 하나님의 형상을 소유하고 나타내는 것을 가리키지 않습니다. 오히려 그 말은 외적으로 그리스도의 교회에 속하고, 주 예수님을 아는 지식을 통해 세상의 부패와 현저한 죄를 피하는 것을 가리킵니다. 물론 이런 자들이 배교에 이르는 것은 전혀 이상한 일이 아닙니다.

반론 6

"그러나 백성 가운데 또한 거짓 선지자들이 일어났었나니 이와 같이 너희 중에도 거짓 선생들이 있으리라. 그들은 멸망하게 할 이단을 가만히 끌어들여 자기들을 사신 주를 부인하고 임박한 멸망을 스스로 취하는 자들이라"(벧후 2:1).

여기서 그리스도가 샀다는 말은, 그리스도께서 자기 피로 말미암아 죄책과 형벌에서 그들을 건져 그분의 소유로 삼으셨음을 뜻한다(계 5:9 참고). 그러나 이런 사람도 배교에 이르고 잃어버린 자가 될 수 있다.

답변

(1) 그들은 처음부터 참신자가 아니요, 저주받을 이단을 가만히 끌어들이는 거짓 선생들이었습니다. 그러므로 본문은 우리의 논의와 아무런 관계가 없습니다.

(2) 그리스도께서 자기에게 속한 자들을 사서 구원에 이르게 하시는 한편, 그 기쁘신 뜻대로 사용하고자 다른 자들을 사십니다. 이 사실은 다섯 번째 반론을 다루면서 히브리서 10장과 관련하여 이미 설명하였습니다. 그릇을 사는 사람은 귀하게 쓸 그릇과 천하게 쓸 그릇을 모두 삽니다. 그리스도께서 자신의 공로에 참여한 것처럼 보이는 이런 거짓 선생들을 목사로는 사셨지만 구원으로는 사지 않으셨습니

다. 어떤 것을 사는 많은 이유와 그것이 쓰이는 용도는 다양합니다.

반론 7

아담의 타락을 비롯해 타락한 천사들이 마귀가 된 것같이, 성도의 견인 교리와 어긋나는 배교의 예들이 많다. 아담이나 천사가 이렇게 되었다면, 신자들 역시 배교에 빠질 수 있다.

답변

(1) 우리는 지금 신자가 그리스도 없이 혼자 있을 때 일어날 법한 일을 가정하여 논하고 있지 않습니다. 우리는 하나님의 능력으로 보호받는 신자에게 일어날 수 없는 일을 논하고 있습니다.

(2) 하나님은 천사들과 아담에게는 보호하겠다고 약속하신 적이 없습니다. 그러나 신자에게는 보호하겠노라고 분명히 약속하셨습니다.

추가 반론 1

다윗은 간음을 저지르고 계획적인 살인을 범했다. 이는 믿음 및 영적인 삶과 양립할 수 없는 죄들이다.

| 답변 |

❶ 그의 회개와 회복, 또한 그가 받은 견인의 은혜는 그의 말년을 묘사한 곳뿐만 아니라, 시편 51편에 명확히 드러나 있습니다.

❷ 심각한 죄악을 범했을 때 믿음과 영적인 삶이 무감각한 상태에 이를지라도, 하나님의 씨는 신자 안에 남아 있습니다.

추가 반론 2

솔로몬도 말년에 우상 숭배에 빠졌다.

| 답변 |

❶ 솔로몬은 하나님께서 사랑하시는 자라는 뜻의 여디디야라고 불렸습니다. 하나님의 사랑은 변하지 않습니다(렘 31:3; 요 13:1 참고).

❷ 솔로몬이 어느 정도로 우상 숭배에 빠졌는지는 정확히 나와 있지 않습니다. 우상을 섬기는 여인들을 아내로 맞아들인 것일 수도 있고, 외적인 예배 행위만을

가리켜 말한 것일 수도 있습니다. 솔로몬이 불경건한 왕들 중 하나가 아니라 다윗처럼 여호와 앞에 마음이 온전한 왕들 중 하나로 일컬어지기 때문입니다(왕상 11:4 참고). 그러므로 솔로몬은 하나님에게서 떠나지 않았습니다.

❸ 죽은 뒤에 솔로몬은 그의 아버지 다윗과 더불어 다른 왕들의 모범으로 일컬어집니다.

"무리가 삼 년 동안을 다윗과 솔로몬의 길로 행하였음이더라"(대하 11:17).

그러므로 솔로몬이 경건한 왕으로 죽었다고 말해야 할 것입니다.

❹ 모든 것이 세세히 기록되지 않았으며, 따라서 그가 돌이켰다고 직접 언급되지 않은 것을 이유로 삼아 섣불리 결론 내려서는 안 됩니다.

추가 반론 3 베드로는 그리스도를 세 번이나 부인했다. 은혜 가운데 있는 사람은 그리스도를 부인할 수 없다.

| 답변 |

주 예수님은 분명히 베드로에게 사탄이 그를 밀 까부르듯 할 것이라고 말씀하셨으나, 그가 믿음을 저버릴 것이라고 하시지는 않았습니다(눅 22:32 참고). 게다가 베드로는 자신이 급작스레 지은 죄를 급히 털고 일어나 밖으로 나가 심히 통곡했습니다(마 26:75 참고). 신자라 하더라도 외적으로 신앙을 부인할 수 있습니다.

추가 반론 4 가룟 유다는 사도였지만 배신하였다. 게다가 그리스도는 요한복음 17장 12절에서 유다를 제외한 모든 사도들을 지켰다고 말씀하신다. 그러므로 성부가 그리스도께 주신 자들 중에 적어도 유다는 잃어버린 것이다.

| 답변 |

하나님은 유다를 그리스도의 피로 구속 받도록 그리스도께 주시지 않았습니다.

"나는 내가 택한 자들이 누구인지 앎이라. 그러나 내 떡을 먹는 자가 내게 발꿈치를 들었다 한 성경을 응하게 하려는 것이니라"(요 13:18).

그는 예수님을 배반하기 이전부터 마귀요 도적이었습니다(요 6:70, 12:6 참고). 그는 회심한 적이 없습니다. 요한복음 17장 12절에서 유다는 성부께서 구원을 얻도록 주신 숫자에 포함되지 않습니다. 뿐만 아니라 성부께서 그리스도께 주신 자들은 유다와 대조를 이룹니다. 예수님은 성부께서 자기에게 주신 자들을 보호하셨습니다. 오직 지옥의 자식인 유다만이 멸망에 이르렀습니다. 유다가 사도들 가운데 있었던 유일한 목적은 그를 통해 하나님의 작정이 이루어지는 것이었습니다.

추가 반론 5 데마는 세상을 사랑하여 바울을 버리고 떠났다(딤후 4:10 참고). 성경은 세상을 사랑하는 자들 속에 하나님의 사랑이 없다고 말한다. 그렇다면 데마는 신자이면서도 배교로 떨어진 분명한 증거이다(요일 2:15 참고).

| 답변 |

우선 데마가 진실로 거듭난 신자였는지가 입증되어야 합니다. 성경은 그에 관해 아무런 증거도 제시하지 않습니다. 데마가 바울을 따랐다는 것 자체가 회심의 증거는 아닙니다. 그리스도를 따랐던 많은 사람들이 결국 그리스도를 떠났습니다(요 6:66 참고).

알렉산더와 후메내오는 믿음의 교리를 저버렸습니다. 이 둘에 관해서는 앞에서 이미 살펴보았습니다.

추가 반론 6 고린도전서에서 볼 수 있듯이 근친상간을 저지른 자도 신자였다. 그가 회개한 것을 볼 때 그 사실을 분명히 알 수 있다(고후 2:7 참고). 그는 신자였으나 사탄에게 넘겨질 정도로 깊이 타락했다(고전 5:5 참고). 이처럼 신자도 완전히 타락할 수 있다.

| 답변 |

❶ 그런 죄를 짓기 전에 그가 신자였다는 증거가 없습니다. 그렇게 주장하려면 그가 신자였다는 사실 여부를 먼저 판가름해야 합니다.

❷ 깨달음과 양심의 후회로 말미암아 크게 슬퍼할 수 있고, 이로 인해 출교되었다가도 다시 교회에 받아들여질 수 있습니다.

❸ 출교로 인해 참된 회심에 이르렀을 수 있습니다.

❹ 출교되기 전에 진실로 회심하였다면, 출교된 후에도 하나님의 씨가 여전히 그 속에 남아 있을 것입니다. 어떤 죄에 빠졌다고 해서 완전히 배교하였다고 단정 지어서는 안 됩니다. 어떤 죄에 넘어지는 것이 곧 죄에 지배당하는 것은 아닙니다.

이 사람이 출교를 계기로 회개하고 죄를 버리게 되었다고 말할 수도 있습니다.

견인 교리가 주는 위로

지금까지 성도의 견인 교리를 확증했습니다. 이제 거룩한 길을 가는 신자들을 위로하고 거룩함으로 그 마음을 불러일으키고자 이 교리의 효력에 대해 살펴보겠습니다.

첫째, 성도의 견인 교리는 신자들이 다른 믿음의 교리들로부터 얻는 모든 위로를 더욱 분명히 누리게 합니다. 내일 다시 마귀와 지옥의 자식으로 떨어질 수도 있다면, 거듭나고 하나님의 자녀로 입양되고 죄를 용서받는다는 사실에서 무슨 위로를 얻겠습니까? 그러나 은혜를 받는 동시에 하나님의 은혜로 자신이 보호받을 것이고, 자신이 참여한 언약이 불변하며, 이미 영원한 복락에 참여한 것과 마찬가지라는 사실을 안다면 그 마음에서 기쁨이 넘쳐 나고, 하나님을 향한 사랑이 더 크게 일어날 뿐만 아니라, 이전 것은 다 잊어버리고 앞에 있는 것을 잡으려고 달려갈 것입니다.

"푯대를 향하여 그리스도 예수 안에서 하나님이 위에서 부르신 부름의 상을 위하여 달려가노라"(빌 3:14).

세상에서 신자들은 죄악되고 슬픈 일들을 많이 경험합니다. 그러할지라도 성도의 견인이라는 교리를 잘 이해하고 믿고 적용한다면, 그 모든 역경 속에서 더욱 용기를 낼 수 있을 것입니다. 그러나 자신에게 지나치게 집중한 채 신령한 복들을 누리는 데서 모든 위로를 얻고자 하고, 그런 복들을 과도하게 바라는 신자들은 이런 모습을 보이지 못합니다. 그들은 이런 복을 누리지 못하게 되면(하나님은 신자가 이런 복을 항상 인식하고 누리는 것을 뜻하지 않으실 수 있습니다), 금세 낙담합니다. 이 때문에 신자들이 금세 그렇게 우울해지는 것입니다. 그러나 하나님께서 변치 않으시며 그분의 언약과 약속이 불변하다는 사실에 더욱 관심을 기울인다면 주어진 삶을 신자로서 기쁘게 살아갈 수 있을 것입니다. 그럴 때, 신자는 자신의 삶으로 하나님께 더욱 영광을 돌리고 이웃의 유익과 경건을 증진시킬 것입니다. 그러므로 이 교리를 온전히 붙들고 스스로 훈련하여 이 교리를 통해 끊임없이 용기와 위로를 얻으십시오. 그리하면 성화가 더욱 진보하였음을 보게 될 것입니다.

둘째, 성도의 견인 교리를 힘입어 살아갈 때 영적 무감각에서 벗어날 수 있습니다. 신자라고 해서 언제나 제자들과 함께 거룩한 산에 오르거나, 바울과 더불어 삼층천에 오르거나, 주 예수님의 입맞춤과 사랑의 포옹 가운데 사는 것이 아닙니다. 오히려 주님께서 자애로운 얼굴을 가리시고, 멀리 떨어져 계시며, 기도를 단 한 번도 전달받지 않은 것처럼 구름으로 자신을 감추시고, 기도에 관심이 없으신 것처럼 전혀 응답하지도 않으시며, 신자들을 향한 긍휼의 역사를 그치시고, 그들 위에 깊은 어둠을 드리우시며, 때때로 그들에게 진노하고 그들을 쫓아내시는 것같이 느껴질 때가 자주 있습니다. 그러나 성도의 견인 교리는 참된 신자들이 위로를 얻는 토대입니다. 하나님께서 신자인 여러분을 변함없이 사랑하시고, 자신의 부르심과 은사를 후회하거나 번복하지 않으시기 때문입니다. 그러므로 믿음을 발휘하여, 여러분에게 가장 다정하고도 자애로운 모습으로 찾아오신 분으로 하나님을 기억하십시오. 사실 하나님은 무한히 그러한 분이십니다. 하나님께서 분명히 여러분을 다시 찾아오실 것입니다. 하나님께서 친히 그렇게 말씀하시기 때문입니다.

"내가 잠시 너를 버렸으나 큰 긍휼로 너를 모을 것이요, 내가 넘치는 진노로 내 얼굴을 네게서 잠시 가렸으나 영원한 자비로 너를 긍휼히 여기리라. 네 구속자 여호와께서 말씀하셨느니라"(사 54:7,8).

"오직 시온이 이르기를 여호와께서 나를 버리시며 주께서 나를 잊으셨다 하였거니와, 여인이 어찌 그 젖 먹는 자식을 잊겠으며 자기 태에서 난 아들을 긍휼히 여기지 않겠느냐. 그들은 혹시 잊을지라도 나는 너를 잊지 아니할 것이라. 내가 너를 내 손바닥에 새겼고 너의 성벽이 항상 내 앞에 있나니"(사 49:14-16).

"나 여호와는 변하지 아니하나니 그러므로 야곱의 자손들아 너희가 소멸되지 아니하느니라"(말 3:6).

셋째, 성도의 견인 교리를 붙듦으로써 사탄의 공격을 이깁니다. 하나님께서 여자의 후손들(그리스도와 그분의 모든 지체)과 사탄의 후손인 불신자들 사이에 결코 타협할 수 없는 적개심을 두셨습니다. 마귀는 하나님의 자녀들이 마귀의 올무에서 벗어나 그리스도의 나라로 옮겨 가자마자 그들을 핍박할 것입니다. 평강을 누리지 못하도록 간교하게 속여 하나님의 자녀들을 꾀어 죄를 짓게 합니다. 불화살을 쏘아 그들을 놀라게 하고, 폭력으로 몸을 해치기도 합니다. 이렇게 사탄에게 공격받으며 신자는 이리저리 내동댕이쳐지기도 하고, 믿음이 흔들리기도 합니다. 그러나 이렇게 악한 폭력을 행사하고 간교를 부리더라도 원수 마귀는 단 한 사람의 신자도 그리스도의 품에서 빼앗아 가지 못할 것이며, 심지어 가장 연약한 양조차도 배교로 미끄러트리지 못할 것입니다. 신자를 배교로 미끄러트리기는커녕 마귀 자신이 신자들의 발에 밟힐 것입니다.

"평강의 하나님께서 속히 사탄을 너희 발아래에서 상하게 하시리라"(롬 16:20).

그러므로 신자들은 진리와 하나님의 능력으로 마귀를 넉넉히 이길 것입니다.

"내가 또 들으니 하늘에 큰 음성이 있어 이르되 이제 우리 하나님의 구원과 능력과 나라와 또 그의 그리스도의 권세가 나타났으니 우리 형제들을 참소하던 자 곧 우리 하나님 앞에서 밤낮 참소하던 자가 쫓겨났고, 또 우리 형제들이 어린양의 피와 자기들이 증언하는 말씀으로써 그를 이겼으니 그들은 죽기까지 자기들의 생명을 아끼지 아니하였도다"(계 12:10,11).

넷째, 성도의 견인 교리로 말미암아 세상의 적대감에 맞섭니다. 하나님의 자녀들은 세상을 버리고, 자신들의 빛과 선행으로 이 세상의 죄를 드러냅니다. 그래서 세상은 끊임없이 성도를 미워하며 믿음과 경건의 길에서 떠나게 하려고 혈안이 되어 있습니다. 이를 위해 안목의 정욕, 육신의 정욕, 이생의 자랑으로 신자들을 꾀거나, 신자들에게 위로가 되는 것들을 빼앗겠다고 위협하거나, 잔인한 핍박과 죽음으로 을러댑니다. 그리하여 신자는 시험을 지나가는 동안 자신이 끝까지 남지 못할까 봐 염려하고 불안해합니다. 그러나 신자 여러분, 두려워하지 마십시오. 달콤한 정욕의 속삭임이나 핍박이나 그 무엇으로도 세상은 여러분을 우리 주 예수 그리스도 안에 있는 하나님의 사랑에서 끊지 못합니다(롬 8:38,39 참고).

"이것을 너희에게 이르는 것은 너희로 내 안에서 평안을 누리게 하려 함이라. 세상에서는 너희가 환난을 당하나. 담대하라 내가 세상을 이기었노라"(요 16:33).

"자녀들아 너희는 하나님께 속하였고 또 그들을 이기었나니 이는 너희 안에 계신 이가 세상에 있는 자보다 크심이라"(요일 4:4).

그러므로 우리는 환난 중에도 즐거워합니다. 이는 환난은 인내를, 인내는 연단을, 연단은 소망을 이루는 줄 알기 때문입니다(롬 5:3-5 참고). 그러므로 담대히 세상과 싸우고 사도와 더불어 승리를 외치십시오.

"누가 우리를 그리스도의 사랑에서 끊으리요 환난이나 곤고나 박해나 기근이나 적신이나 위험이나 칼이랴……그러나 이 모든 일에 우리를 사랑하시는 이로 말미암아 우리가 넉넉히 이기느니라"(롬 8:35,37).

다섯째, 성도의 견인 교리로 말미암아 죄와 힘써 싸웁니다. 신자는 부분적으로 새롭게 됩니다. 거듭난 신자라도 그 안에 옛 아담이 그 본성과 욕망과 더불어 여전히 남아 있습니다. 이 욕망들이 영혼을 대적하여 넘어트리고 자빠트리며, 심지어 죄에 사로잡히게 합니다. 이로 인해 영혼은 슬픔에 빠지고, 칭의가 성화와 분리될 수 없다는 사실을 생각하여 많은 의심과 괴로움에 사로잡힙니다. 행위가 없는 믿음은 죽은 믿음임을 아는 까닭에 그 영혼은 스스로 은혜에서 떨어진 것이 아닌가 의아해합니다. 그러나 신자들이여! 결코 그렇지 않습니다. 미약한 힘으로나마 여전히 죄와 싸우고 있다면, 계속 회복하고 새롭게 싸우기 시작한다면, 죄와 싸우기 위해 쉬지 않고 기도하고 있다면, 그리고 힘을 얻기 위해 주 예수님께로 피하고 있다면 용기를 내십시오. 여러분의 바람과는 달리 죄악들이 여전히 여러분 안에 남아 있지만, 그 죄악들이 여러분을 그리스도의 손에서 빼앗지 못합니다. 또한 그 죄 때문에 그리스도께서 여러분을 내버리시지도 않을 것입니다. 그리스도께서 여러분을 부르시기도 전에, 여러분을 돌이키고 위로하시기도 전에 이미 여러분이 어떤 사람이었으며 앞으로 어떻게 행동할지를 다 아셨습니다. 그리고 그분이 주권적인 은혜로 여러분을 붙잡아 주시며 "나는 너를 사랑하기를 원하고, 또 끝까지 사랑할 것이다"라고 말씀하셨습니다.

"그는 넘어지나 아주 엎드러지지 아니함은 여호와께서 그의 손으로 붙드심이로다"(시 37:24).

"위에 있는 하늘을 측량할 수 있으며 밑에 있는 땅의 기초를 탐지할 수 있다면 내가 이스라엘 자손이 행한 모든 일로 말미암아 그들을 다 버리리라. 여호와의 말씀이니라"(렘 31:37).

여섯째, 성도의 견인 교리를 통해 믿음의 연약함과 영혼이 가진 모든 부정적인 본성과 어둠을 물리칩니다. 때때로 하나님의 자녀들의 믿음은 마귀, 영적 침체, 육신의 어려움, 죄, 어둠 등 온갖 공격을 받습니다. 그러할 때 그들은 당황하며 자신에 대해 제대로 판단하지 못하고 자신이 진정으로 믿고 있는지부터 생각합니다. 극심한 어둠 속에 있는 신자들은 예수님을 발견하지도 못할뿐더러, 예수님과 올바른 관계를 누리지도 못하기 때문입니다. 그래서 낙심하고 기운을 잃고 죽은 사람처럼 무력해진 나머지 모든 것을 포기한 사람처럼 보입니다. 그러할지라도 하나님께서 자녀들 마음에 있는 믿음을 지키시고, 계속 다시금 믿음을 발휘하게 하십니다. 그렇게 믿음이 다시 발휘되면, 경험을 통해 자주 배우고 확인하는 바와 같이 주 예수님께서 신자들의 믿음이 떨어지지 않도록 기도하시고(눅 22:32 참고), 신자들이 하나님의 능력으로 보호하심을 받는다는(벧전 1:5 참고) 사실에서 위로를 얻습니다. 그러므로 어둠 속에 있다 할지라도 용기를 내고 바울과 같이 고백하십시오.

"내가 믿는 자를 내가 알고 또한 내가 의탁한 것을 그날까지 그가 능히 지키실 줄을 확신함이라"(딤후 1:12).

일곱째, 성도의 견인 교리를 확신하며 사망에 대한 두려움을 극복합니다. 공포의 임금인 사망은 본성과 배치됩니다. 영적으로 잘 지내는 신자라 할지라도 죽음에 몰입하기 시작하면 그 속에서 두려움과 떨림이 일어납니다. 때때로 육신의 죽음을 맞이하는 동안 이런 두려움을 느낄 것입니다. 영원한 복락과 정죄가 얼마나 크게 다른지를 깨닫고는 소스라치게 놀랄 때도 있을 것입니다. 그리고 자신이 얼마나 연약하고 미약한지를 숙고하는 가운데 이런 생각이 들 것입니다. '내게 믿음이 있는가? 내가 가졌다는 믿음이 가치 있다는 근거가 있는가? 과연 나는 거룩한

가? 결국 믿음이 있다고 속는 것이 아닐까!' 이처럼 사망에 대한 두려움이 일어날 것입니다. 그러나 이런 와중에도 자기 백성을 이 땅에 사는 동안은 물론이요 숨을 거두는 순간까지도 은혜 아래 보전하시는 하나님의 미쁘심과 한결같으심으로 말미암아 견고한 위로를 얻습니다.

"이 썩을 것이 썩지 아니함을 입고 이 죽을 것이 죽지 아니함을 입을 때에는 사망을 삼키고 이기리라고 기록된 말씀이 이루어지리라. 사망아 너의 승리가 어디 있느냐? 사망아 네가 쏘는 것이 어디 있느냐? 사망이 쏘는 것은 죄요 죄의 권능은 율법이라. 우리 주 예수 그리스도로 말미암아 우리에게 승리를 주시는 하나님께 감사하노니"(고전 15:54-57).

여덟째, 성도의 견인 교리는 강력하고도 견고한 위로를 주는 동시에 성화를 위한 강력한 동기를 제공합니다. 이 교리에 반대하는 자들은 이 교리 때문에 사람들이 더욱 부주의해진다고 생각합니다. 이는 은혜의 본질도 알지 못할뿐더러 은혜를 맛보지 못한 자들이 하는 소리입니다. 오히려 그 반대입니다. 은혜 자체와 이 은혜가 항상 존재한다는 사실만큼 달콤하고도 순전하게 신자를 성화로 불러일으키는 것도 없습니다. 하나님의 사랑이 그 사랑을 입은 자들의 마음에 사랑을 불러일으키기 때문입니다.

"우리가 사랑함은 그가 먼저 우리를 사랑하셨음이라"(요일 4:19).

구원에 대한 견고한 소망과 분명한 기대는 거룩함을 향해 달음박질하게 하는 강력한 동기가 됩니다.

"주를 향하여 이 소망을 가진 자마다 그의 깨끗하심과 같이 자기를 깨끗하게 하느니라"(요일 3:3).

그러하기 때문에 사도는 하나님께서 베푸시는 긍휼에 근거하여 성도들을 권면합니다.

"그러므로 형제들아 내가 하나님의 모든 자비하심으로 너희를 권하노니 너희 몸을 하나님이 기뻐하시는 거룩한 산 제물로 드리라"(롬 12:1).

① 여러분의 영혼이 확실하게 안전한 상태임을 고백하십시오. 그리하면 하나님의 변치 않으심과 미쁘심과 오래 참으심과 능력과 선하심과 주권적인 은혜를 보게

될 것입니다. 하나님께서 너무나 죄악되고 사방으로 에워싸여 공격받는 자기 백성의 신령한 생명과 믿음을 그들이 완전히 구속 받는 날까지 보호하실 것입니다. 이 사실로 말미암아 하나님을 더욱 사랑하며, 영화로운 하나님의 완전하심을 찬양하고 예배할 것입니다.

② 아무리 혼란스러워도 용기를 내십시오. 여러분의 모든 것을 완전하게 하시고, 경륜을 통해 여러분을 인도하시고, 여러분을 영광으로 들이실 하나님을 의지하십시오.

③ 하나님께서 안전하게 보호하심을 믿고 용감하게 싸우십시오. 마귀를 대적하십시오. 여러분을 떠나갈 것입니다. 세상과 그것이 가진 모든 가짜 영광을 버리십시오. 이것이 바로 믿음이 세상에 대해 역사하는 방식입니다(요일 5:4 참고). 여러분의 삶의 마지막이 불확실하고 여러분의 싸움과 분투가 허공을 치는 공허한 것이 되지 않도록, 영혼을 대적하며 활동하는 육신의 정욕을 피하십시오. 다음 말씀을 기억하십시오.

"깨어 믿음에 굳게 서서 남자답게 강건하라"(고전 16:13).

"그러므로 내 사랑하는 형제들아 견실하며 흔들리지 말고 항상 주의 일에 더욱 힘쓰는 자들이 되라. 이는 너희 수고가 주 안에서 헛되지 않은 줄 앎이라"(고전 15:58).

종말론

Eschatology: The Doctrine of Last Things

100

죽음 및 그 이후 영혼의 상태

하나님은 친히 택하신 자들을 지금까지 살펴본 수많은 삶의 여정을 통해 인도하시며 각자의 때에 맞게 정하신 경륜을 다 이루신 후에, 그들을 자신과 함께 있을 영원한 복락으로 불러 모으십니다. 그러나 시간에서 영원으로, 죄악된 삶에서 완전한 거룩함으로, 슬픔에서 기쁨으로, 분투에서 영광으로 변화하기 위해서는 공포의 임금이라는 사망의 음침한 골짜기를 지나야 합니다. 예외로 처음에는 에녹이, 두 번째로는 엘리야가 이 세상에서 사망이라는 골짜기를 지나지 않고 천국에 이르렀습니다. 그러나 이 두 사람 외에는 모두가 천국에 이르기 위해 이 불쾌한 관문을 지나야만 합니다. 신자들과 불신자들이 최후에 다다르는 곳은 이루 헤아릴 수 없을 만큼 다를지라도 모두 동일하게 사망을 경험해야만 합니다. 이는 "온 세상이 가는 길"(수 23:14)입니다.

"누가 살아서 죽음을 보지 아니하고 자기의 영혼을 스올의 권세에서 건지리이까?"(시 89:48)

어린아이나 청년이나 노인이나 모두 죽습니다. 모든 사람의 최후는 "그가 죽었더라"가 될 것입니다. 하나님께서 이를 확고부동하게 명령하셨습니다.

"한 번 죽는 것은 사람에게 정해진 것이요 그 후에는 심판이 있으리니"(히 9:27).

이는 하나님께서 범죄한 인간에게 내리신 선고입니다.

"너는 흙이니 흙으로 돌아갈 것이니라"(창 3:19).

이 사실에 대해 모든 사람이 경험으로 확증하므로 따로 증명할 필요는 없지만, 언제나 기억해야 합니다. 죽음 앞에서는 이 땅에서 잠시 누리는 좋은 것들이 아무 소용이 없습니다. 어리석은 나발이나 지혜로운 솔로몬이나, 가냘프고 아름다운 라헬이나 힘센 삼손이나, 시력이 약한 레아나 디나나, 거지 나사로나 부자나 모두 똑같이 죽었습니다. 거지가 움막에서 갑작스레 숨을 거두는 것처럼 임금도 예기치 않은 때에 왕좌를 떠나야 합니다.

"거기서는 악한 자가 소요를 그치며 거기서는 피곤한 자가 쉼을 얻으며, 거기서는 갇힌 자가 다 함께 평안히 있어 감독자의 호통 소리를 듣지 아니하며, 거기서는 작은 자와 큰 자가 함께 있고 종이 상전에게서 놓이느니라"(욥 3:17-19).

사람이 반드시 죽을 뿐만 아니라, 태어남과 죽음 사이가 매우 짧다는 것도 사실입니다.

"내 나이가 얼마 못 되니"(창 47:9).

"여인에게서 태어난 사람은 생애가 짧고 걱정이 가득하며"(욥 14:1).

"우리의 연수가 칠십이요 강건하면 팔십이라도 그 연수의 자랑은 수고와 슬픔뿐이요 신속히 가니 우리가 날아가나이다"(시 90:10).

사람의 평생이 순식간에 신속히 날아갑니다(시 90:9,10 참고). 우리의 날들은 베틀의 북보다 빠르고 구름이 사라져 가는 것처럼 음부로 사라집니다(욥 7:6,9 참고). 인생은 풀과 같고, 그 영화가 들의 꽃과 같습니다(시 103:15 참고). 인생의 날은 "한 뼘 길이"(시 39:5)에 불과합니다. 해가 완전히 저물 때까지 남은 시간이 짧다는 말입니다. 인생의 날은 달리기 선수보다 빨리 지나가고, 빠른 배와 먹이를 움키려고 날아내리는 독수리와도 같습니다(욥 9:25,26 참고). 삶은 안개요(약 4:14 참고), 연기처럼 날아올라 금세 사라져 버립니다(시 102:4 참고). 얼른 걷어야 하는 목자의 장막처럼 금세 걷어지며, 직공이 베를 걷어 말듯이 순식간에 끊어집니다(사 38:12 참고).

신자에게 죽음은 형벌이 아님

모든 사람이 공통으로 죽음을 경험하지만 신자의 죽음과 불신자의 죽음 사이에는 엄청난 간극이 있습니다. 불신자는 죽음을 죄에 대한 형벌이자 기소자로 맞이합니다. 불신자에게 죽음은 영원한 사망으로 내려가는 통로입니다.

"죄의 삯은 사망이요"(롬 6:23).

신자들도 죽음을 맞습니다. 그러나 이는 형벌이 아니라 징계일 뿐입니다.[1] 주 예수님께서 신자들의 모든 죄를 담당하여 그들을 모든 죄에서 건지셨기 때문입니다.

"또 그리스도께서 너희 안에 계시면 몸은 죄로 말미암아 죽은 것이나 영은 의로 말미암아 살아 있는 것이니라"(롬 8:10).

신자에게 죽음은 영생으로 가는 길일 뿐입니다.

"이에 그 거지가 죽어 천사들에게 받들려 아브라함의 품에 들어가고 부자도 죽어 장사되매"(눅 16:22).

"주 안에서 죽는 자들은 복이 있도다"(계 14:13).

여기서 우리는 다음 질문에 답해야 합니다. '그리스도와 상관없이 신자들이 이 땅에서 겪는 비참함과 죽음은 의로운 재판장이신 하나님께서 진노로 말미암아 심판으로 내리시는 것이 아닌가?'

오늘날 어떤 사람들은, '신자들이 이 땅에서 당하는 비참함과 죽음은 문자 그대로 심판의 결과'라는 소시니안의 오류들을 주장하면서 영혼을 지옥에 떨어트리고 있습니다. 반면에 우리는 신자가 이 땅에서 당하는 비참함이나 죽음은 심판의 결과가 아니라, 아버지께서 자녀를 징계하시는 것이라고 주장합니다. 여기에는 다음과 같은 명백한 근거가 있습니다.

첫째, 그리스도께서 구원을 완전히 이루셨습니다. 그분께서 신자들에게 돌아갈 죄책이나 형벌을 전혀 남겨 두지 않으셨습니다. 그러하기에 신자에게 죽음은 문자

---

1) 역자주 - 형벌(punishment)은 죄에 대한 응당한 대가를 가하는 것을 목적으로 하는 반면, 징계(chastisement)는 교정을 목적으로 주어지는 것이다.

적인 의미의 형벌이 아닙니다. 만약 하나님께서 자신의 택자들과 완전하고도 온전하게 화해하지 않으셨고 여전히 진노하는 의로운 재판장으로서 신자들을 심판하셔야 한다면, 그리스도는 완전한 구원자도 아니요 신자들의 모든 죄책과 형벌을 없애지 못하신 것입니다. 그러므로 신자가 이 땅에서 당하는 여러 가지 비참한 일들이나 죽음을 하나님의 심판으로 여기는 것은, 그리스도께서 완전한 구원자이심을 공개적으로 부정하는 태도입니다.

둘째, 이 땅에서 겪는 어려움과 죽음이 말 그대로 하나님께서 자신의 의로우심을 따라 신자들에게 내리시는 형벌이라면 그 정도로 끝나지 않을 것입니다. 형벌은 죄의 크기에 합당해야 하기 때문입니다. 만일 그렇다면 신자가 이 땅에서 당하는 비참한 일들과 죽음은 다음 세 가지 경우 중 하나일 것입니다.

① 신자가 짓는 죄에 대한 형벌은 신자가 이 땅에서 감당할 수 있는 능력을 넘어서며, 이 땅에서 당하는 어떤 형벌과도 관련이 없어야 합니다.

② 그리스도께서 속죄를 이루시지 못했으며 이 땅에서 신자에게 형벌을 더하지 않을 만한 죄들이 남아 있어야 합니다.

③ 그리스도께서 당하지 않고 값을 치르지 않았기에 신자들이 직접 담당하고 값을 치러야 하는 분량의 형벌이 남아 있어야 합니다.

이 논란들 자체만 보면, 위의 세 가지 가능성을 인정해야만 합니다. 그러나 이 가능성들은 모두 옳지 않습니다.

① 모든 죄는 설령 죄의 파편일지라도 저마다 마땅히 이 땅에서, 그리고 영원토록 가장 극심한 형벌을 받아야 합니다.

② 가장 혐오스러운 죄를 가장 많이 범한 신자들 또한 마땅히 이 땅에서 가장 큰 형벌을 받아야 합니다. 그러나 실제로는 그 반대인 경우가 많습니다. 게다가 그 형벌이 육신의 죽음으로 가해질 때에는 아무런 차이도 없습니다.

③ 그리스도도 특정한 사람을 위해 다른 사람보다 더 많은 죗값을 치르셨을 것입니다. 반면에 이 땅에서는 가장 죄를 적게 범한 신자가 가장 극심한 고통을 겪기도 합니다.

이 세 가지 가능성은 모두 그릇되었고, 불합리할 뿐만 아니라 하나님 말씀에도 어긋납니다. 따라서 이 땅에서 신자가 겪는 어려움과 죽음은 죄에 대한 형벌이 아닙니다.

셋째, 이 땅에서 겪는 비참함과 죽음이 해결되지 않고 남아 있는 죄책에 대한 형벌이라면, 그 형벌을 견딤으로써 남은 죄책을 속할 수 있거나 완전한 속죄가 없이도 죄가 용서될 수 있을 것입니다. 만일 전자가 맞다면, 사람이 스스로 자신의 죄를 속할 수 있다는 말이 됩니다. 사람이 단 한 가지의 죄라도, 아니 죄의 단편이라도 스스로 속할 수 있다면, 이 땅에서 고통을 더 많이 당할수록 죄책을 더 많이 속할 수 있다는 뜻이 됩니다. 만일 후자가 사실이라면, 그리스도께서 완전한 속죄를 이루실 필요도 없을 것이고, 고난당하실 필요도 없었을 것입니다. 단 하나의 죄라도 완전한 속죄에 근거하지 않은 채 용서될 수 있다면, 다른 모든 죄도 동일하게 용서될 것입니다. 한 사람이 범죄함으로 말미암아 모든 사람이 죄인이 된 것처럼 말입니다(약 2:10 참고). 두 견해 모두 하나님의 말씀에 배치됩니다. 하나는 로마 가톨릭적인 주장이고, 다른 하나는 소시니안의 주장입니다.

넷째, 에녹과 엘리야 역시 죄인들이었으나 죽음을 맛보지 않았습니다. 그들은 이른바 문자적인 형벌을 받지 않은 것입니다. 이 형벌은 그들도 다른 사람들과 동일하게 받아야만 하는 것이었습니다. 만일 죄를 속하지 않고도 죄의 형벌에서 자유로워졌다고 한다면 구속이 없이도 모든 죄의 형벌로부터 벗어날 가능성이 있다는 뜻이 되는데, 그렇다면 그리스도가 필요 없어지고 맙니다. 아니면 그리스도께서 다른 사람들을 위해서는 죽음의 형벌을 감당하지 않으셨지만, 그들을 위해서는 죽음의 형벌을 감당하신 것이 됩니다.

더 나아가 순교자들을 생각해 보십시오. 죽음이 신자의 죄에 대한 형벌이라면 순교자들의 죽음도 형벌인 것입니다. 그러나 그렇게 주장하는 사람들조차도 그들의 죽음을 죄에 대한 형벌로 인정하지는 못할 것입니다. 그렇다면 순교자들은 모든 인간에게 공통적으로 적용되는 죄의 형벌인 죽음에서 어떻게 건짐 받습니까? 그들의 순교가 죽음이라는 형벌에 합당한 죄책을 속합니까? 그들은 죄를 속하지 않아도 자신들의 죄에서 자유로워지는 것입니까? 아니면 그리스도께서 그들의 죄를 위해 이루신 속죄 사역이 다른 사람들을 위한 것보다 더 탁월하단 말입니까? 더구나 살아 있을 때 세상의 마지막 날을 맞을 신자들은 이전의 신자들과 달리 죄의 형벌로서의 죽음을 맛보지 않을 것이 아닙니까? 그러므로 이런 주장은 그리스도의 속죄 사역의 필요성을 약화시키는 오류입니다.

다섯째, 신자들이 이 땅에서 경험하는 모든 고난은 그들의 하늘 아버지이시자 그들을 너무나 사랑하시는 하나님께서 허락하신 것입니다(히 12:10; 계 3:19 참고). 그러므로 신자가 이 땅에서 겪는 고난과 어려움을 죄에 대한 형벌이라고 할 수 없습니다.

여섯째, 그리스도 역시 이 땅에서 죽기까지 육신의 고난을 당하셨습니다. 그렇다면 그리스도의 고난과 죽음이 아무런 가치나 효력이 없든지, 이를 통해 신자가 이 땅에서 당할 수밖에 없는 형벌들을 그리스도께서 없애셨든지 둘 중 하나일 것입니다. 전자는 전혀 기독교의 가르침이 아니므로 후자가 맞습니다.

"그가 채찍에 맞으므로 우리는 나음을 받았도다"(사 53:5).

그리스도로 말미암아 신자가 죄를 용서받음으로써 이 땅에서 신자가 당하는 육신의 질병과 역경은 더 이상 죄의 형벌이 아니게 되었습니다.

"그러나 인자가 세상에서 죄를 사하는 권능이 있는 줄을 너희로 알게 하려 하노라 하시고 중풍병자에게 말씀하시되 일어나 네 침상을 가지고 집으로 가라 하시니"(마 9:6).

일곱째, 신자들의 몸은 그리스도의 지체입니다(고전 6:15,19,20 참고). 그러므로 신자의 육신과 영혼이 모두 죄의 형벌에서 건짐 받은 것입니다. 그러할진대 어떻게 그리스도의 지체가 여전히 하나님의 의로우신 진노 아래 있으며, 문자적인 의미의 죄의 형벌 아래 있을 수 있단 말입니까? 이는 모순일 수밖에 없습니다.

여덟째, 신자가 이 땅에서 겪는 육신의 고통과 죽음이 죄에 대한 형벌이라면, 영혼이 당하는 어려움 또한 죄에 대한 형벌로 보아야 할 것입니다. 육신이 곤경과 어려움을 겪을 때마다 영혼은 그 이상으로 고통받기 때문입니다. 그렇다면 신자들은 이 땅에서 그리스도로 말미암은 은택을 전혀 얻지 못하고 죽은 후에나 그것을 기대할 수 있을 것이며, 결국 이 땅에 사는 동안에는 그리스도께 어떤 소망도 두지 못할 것입니다.

반론

이런 오류들은 교황주의자들의 오류(본 서 1권 22장 참고)와 매우 유사하다. 따라서 당시에 우리가 반박했던 것과 동일한 반론들이 여기서도 제기될 것이다. 결국 이런 오류의 내용은 육신의 곤경과 비참함을 죄의 형벌로 보는 것으로 요약될 수 있다(욥 6:4; 시 88:17; 미 7:9 참고).

답변

(1) 이 땅에서 신자가 겪는 육신의 어려움과 죽음이 죄에 대한 형벌이라고 말하려면, 성경에서 그렇게 말하는 대목이 한 군데라도 있어야 할 것입니다. 그러나 성경 어디도 그렇게 말하는 대목을 찾아볼 수가 없습니다. 따라서 그렇게 주장할 성경적 근거가 전혀 없습니다.

(2) 성경에서 화, 진노, 보응, 형벌과 같은 말들은 의로운 재판장이신 하나님이나 사랑이 많은 아버지이신 하나님께 모두 관련되기 때문에 이중적으로 해석할 수 있습니다. 재판장이 범죄에 합당한 형벌을 내리는 것처럼 아버지도 자녀에게 분노하고 징계를 내릴 수 있습니다. 범죄자가 재판장의 선고에 따라 형벌을 받는 것처럼 자녀도 아버지의 징계로 인해 고통받을 수 있습니다. 그러므로 이런 단어들은 이 두 가지 경우에 모두 사용될 수 있습니다. 이는 성경뿐만 아니라 사람들 사이에서도 동일합니다. 그러므로 우리는 어느 특정한 단어의 의미를, 그 단어가 사용된 문맥과 상관없이 어감에 따라 일방적으로 단정지어서는 안 됩니다. 이런 단어들의 경우 사용된 문맥에 따라 문자 그대로 죄에 대한 형벌을 가리키는지, 아니면 자녀를 향한 징계를 뜻하는지를 분별해야 합니다.

(3) 성경에서 '징계'와 '책망'은 신자가 당하는 곤경이나 어려움을 지칭합니다. "여호와여 주의 분노로 나를 책망하지 마시오며 주의 진노로 나를 징계하지 마옵소서"(시 6:1).

"내가 사랑하는 자를 책망하여 징계하노니"(계 3:19).

"너희가 참음은 징계를 받기 위함이라"(히 12:7).

이처럼 징계와 책망은 신자가 당하는 곤경과 관련하여 동일한 것을 가리킵니다. 따라서 책망이라는 단어에 근거하여 앞의 오류를 주장할 수 없을뿐더러, 그 주장이 잘못된 것임이 분명히 드러납니다.

모든 사람이 죽는다는 현실을 실천적으로 적용함

앞에서 우리는 '인간은 누구나 죽는다'는 엄연한 현실을 살펴보았습니다. 이처럼 죽음이라는 현실의 확실성은 우리로 하여금 신자와 불신자와 우리 자신에 대해 다른 태도를 가지게 합니다.

첫째, 여러분과 신자들은 모두 반드시 죽습니다. 그러므로 여러분은 신자들을 선대하고 그들과 교제함으로써 많은 유익을 얻어야 합니다.

① 함께 있는 신자들을 선대하십시오. 그들이 이 땅에서 여러분과 함께할 날이 그리 길지 않습니다. 가난한 신자를 도우십시오. 그들이 음식을 먹어 기운을 차리고 옷을 입을 수 있게 하십시오. 그리스도는 그분의 지체를 선대하고 유익하게 하는 일을 기뻐하십니다. 만일 그들이 여러분보다 먼저 죽는다면, 나중에 영원한 장막으로 여러분을 맞아들일 것입니다. 육신적으로는 도움을 필요로 하지 않더라도 영적으로 연약한 신자들을 위로하고 붙잡아 주십시오. 그들이 영적인 위기를 잘 지나가도록 도와주고, 곁길로 빠지면 사랑으로 회복시키고 권면하십시오. 영적으로 건강하게 살아가는 신자들에게 사랑과 우정으로 그들의 마음을 기쁘게 하고, 그들이 비방을 받을 때 그들을 변호해 주십시오.

② 신자들이 아직 우리와 함께 있을 때 그들에게서 많은 유익을 얻어야 합니다. 그들 역시 이내 죽을 것이기 때문입니다. 그들이 가진 선한 덕들에 주의하며 그들이 특정한 환경에서 어떻게 행하는지를 눈여겨보십시오. 그들의 겸손, 온유함, 지혜, 품위, 다정함 같은 덕들이 아직 빛을 발할 때 그 모습을 모범으로 삼고 본받으

십시오. 이런 모범을 계속 주목하면서 자신의 영혼도 그런 성품과 덕을 갖추도록 쉬지 말고 배우십시오. 그들이 목사나 성숙하고도 은사가 많은 성도라면 부지런히 그들에게 지도를 받아 하나님께서 자녀들을 어떻게 대하시는지를 잘 배우고, 곤경에 처하거나 양심이 괴로울 때 빛을 얻으십시오. 우리는 매우 어리석기에 무엇을 잃어버리고 나서야 그것이 좋은 것이었음을 깨닫습니다. 언제나 기회가 있으리라 생각하며 좋은 목회자들을 두고 있다는 사실을 누리지 못합니다. 그러다가 그들이 세상을 떠나면 그제서야 물어보고 싶어했던 많은 질문들을 떠올리고, 지금까지 그들을 누리지 못한 것을 후회합니다. 그러므로 아직 경건한 신자들이 곁에 있을 때 그들을 누리십시오. 그들은 이내 우리를 떠날 것이기 때문입니다.

둘째, 여러분과 불신자들 모두 죽을 것입니다. 그러하기에 그때가 오기 전에 여러분이 불신자들을 위해 무언가를 해야 합니다. 여러분의 친척, 이웃, 지인, 동료 가운데 불신자가 있습니다. 그리고 하나님께서 여러분에게 그들의 회심을 위한 방편으로 사용될 기회를 주셨습니다. 그들 중 이미 많은 사람이 죽어서 지옥에 있다는 사실을 슬퍼해야 합니다. 여러분은 그들이 회심하지 않아서 지옥을 향해 가고 있음을 알기에 그들에게 복음을 전해야 할 뿐만 아니라 경고하며 구원의 길을 제시하여 그들을 그리스도께로 이끌어야 합니다.

다시금 말하지만, 여러분은 그들의 운명 때문에 슬퍼해야 합니다. 심지어 정죄받은 상태로 있고 지옥으로 내려가는 그들 때문에 죄책감을 느껴야 합니다. 그러므로 더는 가인처럼 "내가 내 아우를 지키는 자니이까?"라고 반문하지 마십시오. 그들을 불쌍히 여기고 너무 늦기 전에 불속에서 재빨리 건져 내야 합니다. 그들은 아직 살아 있으므로 회심과 구원의 기회가 있습니다. "주님, 보십시오. 저와 주님께서 제게 주신 자녀들이 여기 있습니다!"라고 말할 수 있다면 얼마나 좋겠습니까? 설령 그들이 여러분이 전하는 복음과 경고를 귀담아듣지 않더라도 여러분은 선한 양심을 유지할 수 있습니다. 여러분을 통해 하나님께서 자신의 의로우신 심판을 행하시며 영광을 받으실 것입니다.

그러므로 여러분의 마음이 소중한 영혼들을 향한 연민과 동정으로 가득해야 합니다. 그리스도와 구원의 길에 대해 말하기를 부끄러워하지 마십시오. 상대방의 지혜, 사회적 지위, 재물, 악함이나 선함 때문에 주눅 들 필요가 없습니다. 여러분이 두려워하는 것과는 달리 그들은 여러분이 복음을 전한다고 기분 나빠하지 않을 것입니다. 오히려 아부하고 면전에서 듣기 좋은 말만 하는 사람들보다 시간이 갈수록 여러분을 더욱 신뢰할 것입니다. 당장은 여러분이 전하는 복음이 효과가 없을지라도 하나님께서 구원의 도구로 사용하시면 그들이 수년 후에 여러분이 전한 복음을 다시금 떠올리고 돌이키게 될 것입니다.

셋째, 여러분도 죽을 것이므로 자신과 관련해 해야 할 일이 있습니다. 아직 회심하지 않았다면 죽음을 두려워하십시오. 신자라면 비참한 생이 그 끝을 향하고 있으며 이제 죽음이 여러분을 위해 복락의 삶으로 향하는 문을 열어 줄 것에 기뻐하십시오. 그러므로 여러분이 어떤 사람이든 곧 세상을 떠날 것을 준비해야 합니다.

회심하지 않은 자를 향한 권면

여러분이 아직 회심하지 않았다면, 돌이켜 생명에 이르라고 여러분에게 말하고자 합니다. 두더지처럼 캄캄한 땅속을 헤집고 살아가면서 눈에 보이는 것만 인정하고 감각으로 느껴지는 것만 바라고 오로지 그런 것에만 집중하는 여러분, 제 말을 잘 들어 보십시오. 여러분의 지성과 욕망은 온통 그런 것에 쏠려 있고 모든 행위가 결국 그런 것들로 귀결됩니다. 게으르고 탐욕스럽게 살아가고, 먹고 마시고 즐기는 것과 영예와 온갖 허탄한 것들에서 즐거움을 찾으며 이런 것들만 행하며 살아가는 여러분, 제 말을 잘 들어 보십시오. 불경한 신성 모독자들, 노름꾼들, 술 취한 자들, 간음자들, 음란한 자들, 거짓말하는 자들, 험담하는 자들, 불의한 자들, 시기와 질투로 사악하게 살아가는 여러분, 제 말을 잘 들어 보십시오.

첫째, 회심하지 않은 여러분은 지옥으로 향하는 넓은 길을 가고 있습니다. 여러분이 죽을 날이 그리 멀지 않습니다. 당장 내일이라도 죽을 수 있습니다. 공포의 임금이 여러분의 영혼과 몸을 갈라놓으면 여러분이 탐닉하는 진미, 술, 카드놀이, 도박 같은 것도 즉시 끝납니다. 여러분이 모은 재산, 이익, 영예, 지위, 명품 옷, 그 밖에 여러분이 애지중지하는 모든 것들이 여러분과 상관없어집니다. 그날에 여러분은 이것들을 지킬 수 없으며, 여러분이 그토록 소중히 여기던 것들이 이렇게 외치며 떠나갈 것입니다. "지옥으로나 가라. 우리는 더 이상 너희와 상관없다. 우리는 더 이상 너희를 위해 존재하지 않는다." 이런 것들이 두려워 떠는 여러분의 영혼을 더는 즐겁게 하지도 위로하지도 못합니다. 오히려 여러분을 고발할 것이며, 여러분은 억눌렸던 양심의 무게를 감당하지 못할 것입니다.

둘째, 기쁨이 사라진 자리에 두려움이 자리할 것입니다. 지금은 여러분이 강인한 정신력을 가진 위대한 영웅처럼 죽음과 마귀와 지옥을 무서워하지 않고서 살아갑니다. 그러나 죽음이 찾아오면 지금 여러분이 보이는 용기는 순식간에 사라져 버릴 것입니다. 벨사살이 당한 일을 여러분도 당할 것입니다. 여러분의 눈앞에 그 역사를 거울 삼아 비추어 본다면, 이 거울에 여러분의 장래가 드러날 것입니다.

"이에 왕의 즐기던 얼굴빛이 변하고 그 생각이 번민하여 넓적다리 마디가 녹는 듯하고 그의 무릎이 서로 부딪친지라"(단 5:6).

죽음의 사자가 와서 "사십 일 뒤에 네 생이 끝날 것이다"라고 하거나 "오늘 밤 네 영혼을 가져가겠다"라고 해도 그렇게 즐거워할 것입니까? 그때가 되면 여러분의 양심이 완전히 깨어나고, 하나님의 진노와 영원한 정죄가 지금과는 완전히 다르게 다가올 것입니다. 하나님이 두려워서 여러분의 머리카락마다 땀방울이 송글송글 맺힐 때 여러분은 어디로 피하렵니까? 이전의 불경건한 친구들을 찾아가 보십시오. 모두 여러분에게서 황급히 도망칠 것입니다. 여러분 앞에 차려진 온갖 진미를 소화하기는커녕 두려움 때문에 제대로 목구멍으로 넘기지도 못할 것입니다. 그렇게 악착같이 모은 재물을 가지고 이리저리 다녀 보십시오. 돈 자루의 금화 소리야말로 가장 비참한 소리임을 알게 될 것입니다! 온갖 명품 옷으로 치장하더라도 오히려 여러분은 "지금 이런 누더기가 무슨 소용이란 말인가" 하며 탄식할 것입니다. 여러분이 아는 모든 창녀들을 여러분의 침대로 불러 보십시오. 그때 여러분은 그들에게 "더는 꼴도 보기 싫으니 저리 가라"라며 정색할 것입니다. 그리고는 이렇게 말할 것입니다. "세상아, 나를 떠나라. 나는 너를 혐오한다." 대답해 보십시오. 그때에는 어떻게 하렵니까? 어디로 피하렵니까? 하나님께로 피하겠습니까? 그러나 어리석은 다섯 처녀들처럼 하늘 문이 닫힌 것을 확인하고는 절망할 것입니다. 지금은 눈에 들어오지도 않고 마음에 들지도 않는 진리가, 그때에는 처절하게 진리로 다가올 것입니다.

"내가 불렀으나 너희가 듣기 싫어하였고 내가 손을 폈으나 돌아보는 자가 없었고, 도리어 나의 모든 교훈을 멸시하며 나의 책망을 받지 아니하였은즉, 너희가 재앙을 만날 때에 내가 웃을 것이며 너희에게 두려움이 임할 때에 내가 비웃으리라. 너희의 두려움이 광풍같이 임하겠고 너희의 재앙이 폭풍같이 이르겠고 너희에게 근심과 슬픔이 임하리니, 그때에 너희가 나를 부르리라 그래도 내가 대답하지 아니하겠고 부지런히 나를 찾으리라 그래도 나를 만나지 못하리니, 대저 너희가 지식을 미워하며 여호와 경외하기를 즐거워하지 아니하며"(잠 1:24-29).

하나님께서 여러분의 모든 죄를 심판하실 때 여러분은 어디로 피하렵니까? 하나님께서 마귀에게 여러분을 데리고 지옥으로 내려가라고 명령하시면 어디로 피하렵니까? 그때 여러분은 여러분에게 없는 것 때문에 짐승같이 울부짖으며 통한의 눈물을 흘릴 것입니다. 그러나 아무도 여러분을 불쌍히 여겨 도와주지 않을 것이므로 여러분은 끝없는 절망과 고통의 나락으로 영원히 내동댕이쳐질 것입니다. 그러므로 구원하시는 주님의 음성을 아직 들을 수 있는 지금, 주님의 말씀을 듣게 되면 마음을 완고하게 하지 마십시오.

"그러므로 이르시기를 잠자는 자여 깨어서 죽은 자들 가운데서 일어나라. 그리스도께서 너에게 비추이시리라 하셨느니라"(엡 5:14).

반면 여러분이 신자라면 불신자들과는 달리 죽음을 두려워할 필요가 없습니다. 오히려 이 땅에 계속 머물지 않아도 된다는 사실에 위로를 얻어야 합니다. 죽음과 동시에 여러분의 모든 슬픔도 그칠 것입니다. 불만족과 불안함, 연약함과 고통, 가난과 염려, 죄와 부패는 모두 죽음이 이를 때까지만 있을 것입니다. 죽음과 동시에 여러분은 이 모든 것들을 뒤로하고 떠날 것이며, 이 모든 것들 역시 여러분을 놓아

줄 수밖에 없습니다. 이것들과 결별할 수 있다니, 이 얼마나 복된 일입니까! 우리의 고난과 시련이 곧 사라진다는 말입니다. 이제 조금만 더 눈물지으면 됩니다. 분명히 죽음 자체는 두려운 것입니다. 그러나 동시에 죽음은 매우 유익합니다. 슬프고 죄악된 모든 시련들이 일순간에 끊어집니다. 그리고 우리 영혼은 이전까지 그 진실한 모습을 그릴 수 없었을 영원한 복락의 상태로 순식간에 옮겨집니다. 죽음은 삼손이 죽인 사자와 같아서 우리가 살아 있을 때에는 무섭기 그지없지만, 죽은 후에는 꿀처럼 달콤합니다. 또한 죽음은 이스라엘의 자녀들을 바로의 손아귀에 있었던 애굽에서 벗어나게 한 홍해와 같습니다. 신자에게 죽음은 곧 이곳을 떠나 평강 가운데 하나님과 함께 거하는 것이요 그리스도와 함께 사는 것입니다. 그러므로 신자 여러분, 자기 십자가를 지고 가거나 죽음을 대면할 때 그리스도의 공로를 힘입고 용기를 내십시오. 이 땅을 떠나 그리스도와 함께 있기를 소망하십시오. 믿음으로 견고해져 다음과 같이 외치며 마지막 원수를 이기십시오.

"사망아 너의 승리가 어디 있느냐? 사망아 네가 쏘는 것이 어디 있느냐? 사망이 쏘는 것은 죄요 죄의 권능은 율법이라. 우리 주 예수 그리스도로 말미암아 우리에게 승리를 주시는 하나님께 감사하노니"(고전 15:55-57).

죽음을 맞을 준비

사람은 누구나 죽습니다. 따라서 여러분도 죽을 것입니다. 불신자나 경건한 신자나 죽음을 맞는다는 사실에는 차이가 없습니다. 그렇다면 죽음을 준비하는 것이야말로 가장 필요한 일이 아니겠습니까? 여러분이 죽음을 준비하는 마음을 품을 수 있도록 몇 가지를 권면하고자 합니다.

첫째, 이 글을 읽는 여러분에게 주님께서 이렇게 말씀하십니다.

"너는 집을 정리하라. 네가 죽고 살지 못하리라"(왕하 20:1).

제 말은 '내일 죽을 것이니 준비하라'는 뜻이 아닙니다. 본문은 내일까지 살지 못하고 오늘 밤에 당장 영혼을 잃을 것이라는 의미도 되기 때문입니다. 죽음은 부지불식간에 옵니다. 죽음을 전혀 생각하지 못할 정도로 분주하게 살아가고 있을 때 찾아오는 경우도 허다합니다.

"이러므로 너희도 준비하고 있으라 생각하지 않은 때에 인자가 오리라……생각하지 않은 날 알지 못하는 시각에 그 종의 주인이 이르러"(마 24:44,50).

둘째, 언제 죽을지 모르는 것처럼 어떻게 죽을지도 알 수 없습니다. 사고나 심장마비나 다른 예기치 않은 일로 순식간에 세상을 떠나게 될 수도 있습니다. 질병에 시달리다가 정신적 기능을 상실하거나 의식이 없는 채로 죽는다면, 앞에서 말한 것처럼 전혀 준비하지 못한 채 순식간에 숨을 거두는 것과 마찬가지입니다. 매우 극심한 고통과 두려움에 사로잡혀 신음하느라 한 순간도 차분히 하나님에 대해 생각하지 못하다가 영원의 문지방을 넘어가야 할 수도 있습니다.

셋째, 죽음으로 모든 것이 끝입니다. 죽은 후에는 쓰러진 나무처럼 아무것도 할 수 없습니다. 회심하지 않은 채로 죽는다면, 여러분의 영혼은 지옥으로 내려갈 것입니다. 회심하여 신자로서 죽으면, 그 즉시 여러분의 영혼은 천국의 영원한 복락으로 들어갑니다. 다시 말해, 신자의 구원은 그가 마지막 순간에 어떤 상태로 죽느냐가 아니라, 어떤 원리를 따라 살다가 죽느냐에 따라 결정됩니다. 그 안에 신령한 생명이 있었다면, 많은 어둠과 믿음의 연약함과 씨름 가운데 숨을 거둘지라도 그 마지막은 평안입니다. 죽을 때 어떤 모습으로 죽느냐(괴로워하며 죽음을 맞느냐 자면서 편안하게 죽음을 맞느냐)에 따라 구원 여부가 달라지지 않습니다. 죽을 때 영혼의 내면 상태가 어땠는지에 따라, 즉 신자가 희락과 확신 가운데 숨을 거두었는지 많은 염려와 두려움 가운데 숨을 거두었는지에 따라 구원 여부가 달라지지도 않습니다.

넷째, 뒤늦은 회심이 좋은 회심인 경우는 드뭅니다. 모든 방편들이 주어졌는데도 완고하게 정욕을 따라가느라 주어진 삶을 허비하는 사람들에게 대개 하나님은 자신을 감추시고, 그리스도 역시 은혜를 베풀지 않으십니다. 이런 사람들이 가진 슬픔은 대부분 지옥에 대한 두려움에서 비롯됩니다. 은혜를 위한 간구 역시 대부분 지옥에 대한 두려움과 염려에서 비롯된 것입니다. 그리스도께로 피하려는 노력도 지옥의 영원한 죽음을 피하려는 몸부림일 뿐입니다. 그러므로 마지막 순간까지 미루다 돌이키려 하지 마십시오. 그러나 많은 사람들이 마지막 순간에조차 자신이 얼마나 심각한 지경에 처했는지를 알지 못하며 인생의 마지막 순간으로 치닫고 있다는 사실에 무감각합니다. 이런 자들의 마지막은 얼마나 끔찍하겠습니까!

다섯째, 세속적인 사람은 사람이 계속 죽음에만 매달리면 어떻게 제대로 생활할 수 있겠느냐고 생각합니다. 맞습니다. 어느 누구도 죄 가운데 화평을 누리며 살지 못합니다. 죄는 기쁨을 가져다주지 않을뿐더러 모든 기쁨을 앗아 갈 것입니다. 그러나 세속적으로 말하거나 생각하는 사람은 구원의 길을 걸어 본 적이 전혀 없을 것입니다. 아직 기회가 있을 때 회개하기보다 부주의하게 지옥으로 내려가려는 사람입니다. 그러나 신자들은 죽음의 때를 준비하는 삶이야말로 진정 지혜로울 뿐만 아니라 가장 즐거운 삶이라는 사실을 압니다. 이런 사람 앞에서는 세상이 그 아름다움을 잃습니다. 그는 현재 처한 고난이 이내 끝날 것을 압니다. 양심의 화평을 누리고, 영광의 소망으로 기뻐하며, 적극적으로 성화를 추구하고, 마음속에서 모든 것이 명확해집니다. 바울이 다음과 같이 말할 때 얼마나 기뻤겠습니까?

"나는 선한 싸움을 싸우고 나의 달려갈 길을 마치고 믿음을 지켰으니, 이제 후로는 나를 위하여 의의 면류관이 예비되었으므로 주 곧 의로우신 재판장이 그날에 내게 주실 것이며 내게만 아니라 주의 나타나심을 사모하는 모든 자에게도니라"(딤후 4:7,8).

여섯째, 기쁘게 임종을 맞이하기 위해 우리가 무엇인들 못 하겠습니까! 은혜의 때를 저버리고 죽는 즉시, 오로지 지옥으로 떨어지는 것만 예상할 수밖에 없다면 임종이 얼마나 끔찍하고도 괴롭겠습니까! 캄캄한 흑암 속에서 죽거나 혼란스러워하고 당혹스러워하면서 마지막 숨을 거두는 것은 신자에게도 너무나 비참한 일입니다! 반면에 믿음으로 강건하고, 그리스도 안에서 하나님과 화목하게 되었으며 그리스도의 의로 옷 입었음을 알고, 하늘이 열려 예수님께서 그의 영혼을 맞이하기 위해 기다리고 계신 것을 보고, 이 땅에서 영원한 희락의 시작을 맛본다면 그 임종이 얼마나 복되겠습니까! 그러할 때, 죽음은 더 이상 죽음이 아닙니다! 그러나 대부분 이 땅에 살아 있을 때 언제나 죽음을 준비해 온 사람들이 이런 복된 임종을 맞이합니다. 물론 평생 죄에 시달리느라 하나님을 찾는 일에 무기력해지고 두려워하던 연약한 그리스도인이 마지막에 예기치 않게 기쁨이 넘치는 임종을 맞기도 하고, 반대로 평생 강건하게 믿음으로 살아온 그리스도인이 흑암 가운데 죽음을 맞기도 합니다. 그러나 이 두 가지는 예외적인 경우입니다. 죽음을 맞이하는 모습은 대부분 죽음을 준비하는 것에 따라 달라집니다. 이 땅에서 얼마나 안락하게 살았는지가 아니라 얼마나 영적으로 살았는지에 따라 달라집니다. 살아가면서 연약한 믿음 때문에 많이 분투하고, 많은 어둠을 경험하고, 남아 있는 부패한 세력과 많이 씨름한 사람들이 대개 믿음 가운데 숨을 거둡니다. 그러므로 소망 넘치는 임종을 맞고자 한다면, 죽음을 준비하는 데에 많은 시간을 들여야 할 것입니다.

▶ **질문**
어떻게 죽음을 준비해야 하는가? 죽음을 준비하기 위해 무엇을 해야 하는가?

대답: ① 지금 당장 세상과 절연하십시오.

"너희는 스스로 조심하라. 그렇지 않으면 방탕함과 술 취함과 생활의 염려로 마음이 둔하여지고 뜻밖에 그날이 덫과 같이 너희에게 임하리라"(눅 21:34).

아직 이 땅에 깊이 뿌리내리지 않은 어린 묘목은 쉽게 뽑아낼 수 있으나, 깊이 뿌리내린 나무를 뽑아내려면 많이 파헤쳐 잡아당겨야 합니다. 세상과 깊이 짝하고 살아가는 사람도 그러합니다. 그들은 생각이 세상의 것들에 사로잡혀 있으며, 부분적으로든 전체적으로든 마음이 그런 것들로 채워져 있습니다. 이렇게 되면 세상의 것들을 위해 시간을 많이 사용할 수밖에 없고, 전혀 준비하지 못한 채 당혹스럽고 혼란스러운 가운데 임종을 맞을 수밖에 없습니다. 그러므로 세상의 모든 것을 헛되고 불만족스러우며 위험하고 일시적인 것으로 여길 줄 알아야 합니다. 그리고 이렇게 세상과 절연한 상태로 모든 것을 사용해야 합니다. 눈에 보이는 것들을 끊어 내려면 늘 많이 훈련하고 노력해야 합니다. 그러나 일단 이런 성품을 얻고 지켜 가는 사람은 죽음을 더욱 수월하게 맞이할 수 있을 것입니다. 이미 이전에 자기 영혼에서 세상의 모든 것들을 버렸기 때문입니다.

② 하나님의 말씀만 의지하는 믿음으로 살기를 배우십시오. 하나님은 이 땅에서 자녀들을 눈에 보이는 것을 통해 인도하기를 기뻐하지 않으십니다. 믿음으로 사는 것으로 만족하지 않거나 그 방식에 순복하지 못하여 눈에 보이는 것을 지나치게 욕망하다가는 죽음을 맞이할 때 심히 당황할 것입니다. 그러나 믿음으로 산 사람은 대개 그 반대입니다. 믿음 가운데 기뻐하고 즐거이 그리스도를 의지하는 것을 미리 배우지 않는다면, 나이 들어 죽음이 가까워 올수록 배우기가 더욱 어려워질 뿐입니다. 아니, 거의 배우지 못합니다. 그러나 그리스도를 의지하며 믿음으로 살기를 배워 온 사람이라면 바울처럼 다음과 같이 말하며 세상을 떠날 수 있을 것입니다.

"이로 말미암아 내가 또 이 고난을 받되 부끄러워하지 아니함은 내가 믿는 자를 내가 알고 또한 내가 의탁한 것을 그날까지 그가 능히 지키실 줄을 확신함이라"(딤후 1:12).

③ 하나님과 화목하게 된 선한 양심을 힘써 유지하십시오. 여러분은 계속 죄를 지을 것입니다. 그렇다 하더라도 양심이 혼란스러운 채 계속 그 죄에 머물러 있지 말아야 합니다. 그런 양심의 상태로 계속 살아간다면, 믿음이 가장 격렬하게 공격당하는 임종의 순간에, 결국 양심이 혼란스러운 채로 숨을 거둘 수밖에 없습니다. 그러니 넘어지자마자 털고 일어나 그리스도의 피로 계속 깨끗해져야 합니다. 화목하고 선한 양심을 회복하기까지 쉬지 않고 그리해야 합니다. 이렇게 행할 때에, 임종의 순간에 세상 모든 죄를 지고 가신 하나님의 어린양께 자신의 모든 죄를 맡겨드리는 법을 배울 수 있습니다. 자신의 양심이 모든 사망의 일에서 깨끗해지고 하나님의 아들 예수의 피로 모든 죄가 씻겨졌음을 알게 될 것입니다. 또한 자신이 그리스도의 의로 옷 입어 완전해졌음도 알게 될 것입니다. 죽은 후에 심판을 당하리라는 두려움 없이 담대하게 그리스도께 나아갈 수 있을 것입니다.

④ 항상 죽음을 생각하고 인식하면서 살아가십시오. 이를 쉽사리 배우지는 못할 것입니다. 우리는 본성적으로 죽음을 싫어하고 가능한 한 죽음을 잊고 살려 하기 때문입니다. 이따금 죽음을 떠올리기는 해도, 죽음을 대하는 합당한 성향으로 발

전시키지 못하기 때문에 죽음을 준비하는 지혜를 얻지도 못합니다. 이교도들은 죽음에 대해 적극적으로 생각하는 데 익숙합니다. 죽음을 숙고함으로써 지혜롭게 살 수 있다고까지 말합니다. 어떤 사람들은 매일 아침마다 "네가 사람이라는 사실을 기억하고 언젠가 죽을 것임을 잊지 말라"라고 되뇌기까지 합니다. 그리스도 또한 자신의 죽음에 대해 자주 말씀하셨습니다. 성도들은 죽음을 대하는 합당한 태도와 성향을 가지기 위해 기도했습니다.

"여호와여 나의 종말과 연한이 언제까지인지 알게 하사 내가 나의 연약함을 알게 하소서. 주께서 나의 날을 한 뼘 길이만큼 되게 하시매 나의 일생이 주 앞에는 없는 것 같사오니 사람은 그가 든든히 서 있는 때에도 진실로 모두가 허사뿐이니이다"(시 39:4,5).

모세도 똑같이 기도했습니다.

"우리에게 우리 날 계수함을 가르치사 지혜로운 마음을 얻게 하소서"(시 90:12).

죽음에 대한 생각에 익숙해지십시오. 모든 일을 행할 때, 사는 날 동안 할 수 있는 마지막 일이라고 생각하며 행하십시오. 고난이 닥치면, 당장 오늘 저녁에라도 죽음을 통해 그 고난을 벗어 버릴 수 있음을 생각하고 그 고난을 감당하십시오. 그리할 때 우리가 얼마나 인내를 잘 발휘할 수 있을지 생각해 보십시오. 어떤 일을 행할 때 더는 명예와 사람들의 사랑과 인정과 사사로운 유익을 바라지 않을 것입니다. 이미 오랫동안 여러분이 날마다 죽음을 대면하고 바라며 살아왔기에 임종의 때가 닥쳐도 그것을 위해 잘 준비된 사람으로 드러날 것입니다! 그러므로 '지금부터라도 죽음을 맞을 준비를 해야 한다'라고 생각하며 죽음을 준비하겠노라고 결심하십시오.

⑤ 여러분이 마땅히 해야 할 일들을 힘써 행하여 마치십시오. 죽을 때에 완수되었기를 바라는 일들을 지금 행하십시오. 마치지 못한 일들이 아직 많으나 남은 시간이 적습니다. 이미 믿음이 충분합니까? 이미 마음이 사랑으로 뜨겁습니까? 싸우고 이겨야 할 죄가 더는 남아 있지 않습니까? 이미 눈에 보이는 것들을 끊어 내고 보이지 않는 것들을 위해 살아가고 있습니까? 이미 겸손, 온유, 인자, 경건, 이웃 사랑에서 본을 보이며 살아가고 있습니까? 여러분의 자녀나 후손들이 여러분의 삶

을 가리켜 "얼마나 본받을 만한 삶인가! 그의 발자취를 따라 살 수 있다면!"이라고 감탄합니까? 그러할지라도 여전히 현저하게 부족함을 느끼고 주어진 시간이 얼마 남지 않음을 의식하면서 주어진 일들에 매진합니까? 여러분도 마지막 때에 히스기야처럼 말할 수 있다면 죽음의 순간이 얼마나 복되겠습니까?

"여호와여 구하오니 내가 주 앞에서 진실과 전심으로 행하며 주의 목전에서 선하게 행한 것을 기억하옵소서"(사 38:3).

그러므로 죽음의 때를 준비하십시오!

"시험에 들지 않게 깨어 기도하라"(마 26:41).

"만물의 마지막이 가까이 왔으니 그러므로 너희는 정신을 차리고 근신하여 기도하라"(벧전 4:7).

"허리에 띠를 띠고 등불을 켜고 서 있으라"(눅 12:35).

등불을 밝힐 기름을 준비하고 신랑을 기다렸던 지혜로운 다섯 처녀처럼 믿음, 소망, 사랑을 가지고 이 땅을 떠나 신랑을 대면할 준비를 하십시오.

"주인이 와서 깨어 있는 것을 보면 그 종들은 복이 있으리로다"(눅 12:37).

"주인이 올 때에 그 종이 이렇게 하는 것을 보면 그 종이 복이 있으리로다"(마 24:46).

죽음 이후의 영혼의 상태

모든 사람이 죽는다는 사실을 살펴본 지금, '죽음과 동시에 몸과 분리된 영혼은 어떻게 되는가?'라는 질문에 대한 답을 살펴보겠습니다. 10장(1권)에서 우리는 영혼의 본질, 영혼의 기능, 이 기능들을 통한 영혼의 작용 등과 같이 사람의 영혼에 대해 포괄적으로 다루었습니다. 하나님께서 사람을 육신과 영혼을 가진 존재로 지으셨습니다. 죄를 짓지 않았다면, 몸과 영혼은 영원토록 분리되지 않았을 것입니다. 그러나 죄를 범함으로 말미암아 영혼과 육신이 분리되는 죽음이 세상에 들어왔습니다. 이로 인해 영혼이 잠시 몸과 분리되고, 그동안 육신은 흙으로 돌아갑니다. 그러나 영혼은 몸 없이도 존재하는 독립적인 개체이자 불멸하는 존재입니다.

육신과 분리된 후에도 영혼의 본질은 계속 존재하며, 지성과 의지와 같은 영혼의 기능들이 계속 작용합니다. 죽은 직후 사람의 영혼은 셋째 하늘에 계시는 하나님 앞으로 이끌려 갑니다. 영혼이 육신과 다시금 연합하고 나면 영원토록 거하며 모든 것을 누릴 것입니다. 지성은 하나님을 직접 대면하여 아는 것으로 채워집니다. 의지는 사랑과 완전한 거룩함과 말할 수 없는 기쁨으로 채워집니다. 그러나 이런 것들을 어느 정도로 누리는지에 대해서는 알려진 바가 없습니다. 분명한 것은 죽음과 동시에 천국에 이르러(눅 16:22; 고후 5:1 참고) 하늘의 복락을 누리고(계 14:13 참고), 승리한 교회와 연합하고, "온전하게 된 의인의 영들"(히 12:23)과 함께 있으며, 그리스도와 연합하고(빌 1:23 참고) 그분 안에서 모든 즐거움을 누린다는 사실입니다(살전 4:18 참고).

회심하지 않은 자들의 영혼 또한 지성과 의지의 기능을 유지한 채 그 본질이 계속 존재합니다. 그러나 동시에 형벌과 고통을 당합니다(눅 16:23 참고). 이들은 "영원한 불의 형벌"(유 1:7)을 받으며 "옥에 있는 영들"(벧전 3:19)입니다.

죽음으로써 몸과 분리된 영혼의 상태와 관련하여 몇몇 이단들이 가증한 이론을 내세웁니다. 교황주의자들은 죽음 후에 육신과는 달리 영혼의 본질이 계속 존재한다고 말하지만, 대죄(mortal sin)를 범하지 않고 죽은 영혼은 교황주의자들이 꾸며 낸 장소인 연옥으로 가고 세례 받지 않고 죽은 아이들의 영혼은 천국도 지옥도 아닌 특정한 곳에서 고통도 기쁨도 없이 영원토록 존재한다고 가르칩니다. 재세례파는 심판 날까지 영혼의 본질이 계속 존재하지만, 그때까지 영혼은 잠이 들어 고통이나 기쁨을 비롯해 아무것도 모르는 상태에 있다고 말합니다. 알미니안 가운데 많은 사람들이 재세례파처럼 이해하며, 죽음 이후에 영혼이 어떤 정신적인 기능도 수행하지 않는다고 주장합니다. 교양 있는 이교도들과 다를 바 없어(에피쿠로스주의자들과 공통점이 많습니다) 그리스도인이라고 부를 수도 없는 소시니안들 중에도 영혼에 관해 재세례파처럼 이해하는 사람들이 있습니다. 이들 중 많은 이들이(모두는 아니지만) 영혼은 신적 기운으로서 체력이나 손재주와 같이 사람이 가진 기능 가운데 하나일 뿐이며, 사람이 죽으면 신적 기운인 영혼이 짐승들의 혼과 마찬가지로 다시금 하나님께 돌아간다고 말합니다. 게다가 부활할 때에 의로운 사람은 이전과는 전혀 다르게 새로 만들어진 육신과 기운(또는 활력)을 받아 영생을 누릴 것이라고 합니다. 이들 중 어떤 이들은 다소 다르게 주장하지만 결국 같은 생각으로 귀결됩니다. 이들이 과연 부활을 믿는지 물어봐야 합니다. 분별력 있는 사람이라면, 그렇게 받은 새로운 몸과 영혼이 이전에 선과 악을 행하며 살던 존재와는 다를 것이라고 생각합니다. 몸의 부활이나 최후의 심판을 믿지 않고도 얼마든지 이렇게 주장할 수 있습니다. 따라서 그들이 과연 부활이나 심판을 믿고 있는지 의심할 수밖에 없습니다.

영혼은 죽은 후에도 불멸함

우선 앞에서 언급된 주장에 맞서 영혼이 불멸하며 천국이나 지옥에서 희락이나 고통을 경험한다는 사실을 증명하겠습니다. 다음으로 연옥에 있는 모든 영혼들을 "건져 내"보겠습니다.

> ▶ **질문**
> 사람은 죽은 뒤에도 그 영혼이 인격적이고도 이성적이며 살아 있는 존재로 계속 남아 있어, 신자는 천국에서 영원히 즐거움을 누리고 회심하지 않은 자의 영혼은 지옥에서 영원한 고통을 당하는가?

대답: 이미 앞에서 그렇다는 사실을 살펴보았습니다. 소시니안들은 이 사실을 모조리 거부합니다. 재세례파는 알미니안과 더불어 회심하지 않은 영혼의 상태에 관한 사실에 반대합니다. 그러나 다음과 같은 이유로 우리의 입장은 확고합니다.

첫째, 다음 성경 구절들이 죽음 이후에도 영혼이 계속 존재한다고 증언합니다.

① "인생들의 혼은 위로 올라가고 짐승의 혼은 아래 곧 땅으로 내려가는 줄을 누가 알랴"(전 3:21).

히브리어 רוּחַ(루아흐)는 영, 마음, 숨, 바람, 혼 등을 가리킵니다. 또한 이 말은 신성의 제삼위이신 성령을 가리키거나(시 33:6 참고), 천사들을 가리키거나(시 104:4 참고), 사람의 영혼을 가리킵니다.

"내가 나의 영을 주의 손에 부탁하나이다"(시 31:5).

전도서 3장 20절은 죽음 후에 영혼이 육신과 결별하는 것에 관해 말합니다. 사람과 짐승의 육체가 모두 흙으로 돌아간다는 점에서 사람과 짐승의 육체적 운명은 크게 다르지 않습니다. 그러나 전도서 3장 21절은 죽음과 더불어 짐승의 혼은 땅으로 내려가고 인생의 혼은 그들에게 영혼을 주신 하나님께로 올라가 사망이나 생명으로 판결받는다고 말합니다. 전도자가 이런 구별 없이 인생의 영이 위로 올라간다고 말하는 것은 악인과 선인 모두의 영혼에게 공통되게 일어나는 일을 짐승의 혼과 대비하는 것입니다. 이는 악인이나 선인 모두 하나님께 받아들여져 천국의 복락으로 들어간다는 의미가 아닙니다.

② "몸은 죽여도 영혼은 능히 죽이지 못하는 자들을 두려워하지 말고 오직 몸과 영혼을 능히 지옥에 멸하실 수 있는 이를 두려워하라"(마 10:28).

만약 죽음과 더불어 영혼이 더는 영혼으로 존재하지 않는다면, 신자를 죽이는 사람들은 신자의 영혼까지 죽이는 셈입니다. 그러나 그들은 신자의 몸만 죽일 수 있을 뿐, 영혼은 죽이지 못합니다. 따라서 영혼은 분명히 육신이 죽은 뒤에도 계속 살아 있습니다.

③ "나는 아브라함의 하나님이요 이삭의 하나님이요 야곱의 하나님이로라……하나님은 죽은 자의 하나님이 아니요 살아 있는 자의 하나님이시니라"(마 22:32).

아브라함, 이삭, 야곱은 죽은 뒤에도 살아 있습니다. 그들이 이 땅에서 살아갈 때와 마찬가지로 죽은 뒤에도 여전히 하나님께서 그들의 하나님이시기 때문입니다. 그들의 몸은 그렇지 않습니다. 그러나 죽은 이후에도 그들의 영혼은 여전히 살아 있습니다.

④ "내가 그리스도 안에 있는 한 사람을 아노니 그는 십사 년 전에 셋째 하늘에 이끌려 간 자라(그가 몸 안에 있었는지 몸 밖에 있었는지 나는 모르거니와 하나님은 아시느니

라)……그가 낙원으로 이끌려 가서 말로 표현할 수 없는 말을 들었으니 사람이 가히 이르지 못할 말이로다"(고후 12:2,4).

지금 사도는 영혼이 몸 밖에서도 존재하며 사물을 인식하고 분별할 수 있다고 말합니다. 그렇지 않다면, 그 일이 자신의 몸 밖에서 일어났는지 안에서 일어났는지 사도가 의심할 이유조차 없었을 것입니다. 따라서 사람이 죽으면 몸은 흙으로 돌아가지만, 영혼은 셋째 하늘로 올라가 말로 다 표현할 수 없는 것들을 알고 누리며 계속 살아 있음을 알 수 있습니다.

⑤ "그러나 너희가 이른 곳은 시온산과 살아 계신 하나님의 도성인 하늘의 예루살렘과 천만 천사와 하늘에 기록된 장자들의 모임과 교회와 만민의 심판자이신 하나님과 및 온전하게 된 의인의 영들과"(히 12:22,23).

신자들이 이르는 곳에 실제로 존재하는 영혼들은 모두 온전하게 된 의인들의 영혼입니다. 따라서 죽은 후에도 영혼은 실재합니다.

⑥ "다섯째 인을 떼실 때에 내가 보니 하나님의 말씀과 그들이 가진 증거로 말미암아 죽임을 당한 영혼들이 제단 아래에 있어, 큰 소리로 불러 이르되 거룩하고 참되신 대주재여 땅에 거하는 자들을 심판하여 우리 피를 갚아 주지 아니하시기를 어느 때까지 하시려 하나이까 하니, 각각 그들에게 흰 두루마기를 주시며 이르시되 아직 잠시 동안 쉬되 그들의 동무 종들과 형제들도 자기처럼 죽임을 당하여 그 수가 차기까지 하라 하시더라"(계 6:9-11).

여기서 제단은 그리스도를 가리킵니다(히 13:10 참고). 순교자들의 영혼은 그리스도의 화목하게 하심으로 가려져 안전하게 그리스도께 보호받습니다. 이처럼 순교자들의 영혼은 죽임 당한 후에도 실재합니다. 이 영혼들은 하나님께서 자기 자녀들이 흘린 피를 보응하심으로써 그분의 정의를 드높이시기를 열망합니다. "큰 소리로 불러 이르되"라는 말이 그들의 열망을 표현합니다. 순교자들의 영혼이 흰 두루마기를 받았다는 말은 그리스도께서 그들을 영화롭게 하셨음을 뜻합니다. 그리고 그들은 앞으로 이루어질 일에 대해 듣습니다. 이 모든 사실을 통해, 죽임 당한 후에도 영혼이 계속 살아 있고 지각하며 행동한다는 것을 알 수 있습니다. 우리가 이해할 수 있도록 본문은 육신적이고도 물리적인 단어들을 사용하여 지금 천국에서 이루어지는 내용들을 묘사하고 있지만, 그 모든 내용이 천국에 있는 영혼들을 가리킨다고 해석해야 합니다.

회피주장 성경은 아벨의 피가 보응을 부르짖으며(창 4:10 참고), 죽은 후에도 그가 지금까지 말하고 있다고 언급한다(히 11:4 참고). 그러나 이는 아벨이 살아 있을 당시 겪은 고통과 행한 일들을 가리키기 때문에 문자적으로 해석해서는 안된다. 따라서 요한계시록 6장 9-11절도 동일한 맥락에서 해석해야 한다.

| 답변 |

위의 주장은 증거가 부족하므로 받아들이기 어렵습니다. 게다가 요한계시록 본문은 그런 주장과 완전히 상반되는 의미를 전합니다. 본문은 죽임 당한 영혼들이 죽기 전에 행한 일뿐만 아니라 죽은 후에 그들이 받은 응답과 이루어질 일들에 관해 말하고 있습니다. 그러므로 본문이 가리키는 것은 순교자들이 겪은 고통과 그들의 행위가 아니라 죽은 후에도 살아 있는 영혼들입니다. 이 사실은 죽임 당한 영혼들이 죽은 후에 잠자는 것이 아니라 여전히 이성과 지각을 가지고 살아 있음을 증언합니다.

둘째, 성도들이 죽기를 사모한다는 사실과 죽음 이후 신자들의 상태에 관한 성경의 묘사를 통해 신자들의 영혼이 육신의 죽음 이후에 기뻐함을 분명히 알 수 있습니다.

"또 내가 들으니 하늘에서 음성이 나서 이르되 기록하라 지금 이후로 주 안에서 죽는 자들은 복이 있도다 하시매 성령이 이르시되 그러하다 그들이 수고를 그치고 쉬리니 이는 그들의 행한 일이 따름이라 하시더라"(계 14:13).

본문은 주 안에서 죽는 자들이 죽은 뒤에 누리는 복에 관해 이야기합니다. 그렇다면 죽은 후에도 영혼은 실제로 계속 존재한다는 말입니다. 죽은 후 영혼이 존재할 수 없으면 복을 누리는 것은 물론이요 그것과 관련해 무언가를 말하는 것 자체가 불가능하기 때문입니다. 영혼이 잠자는 것을 두고 죽음 이후 영혼이 복을 누린다고 말하지 않습니다. 더욱이 잠자는 것은 죽은 육신의 상태를 가리킵니다. 영혼이 안식을 누린다는 말 역시 잠을 잔다는 의미가 아닙니다. 그리스도와 그의 백성들 모두 깨어 있으면서 안식을 누립니다. 이 땅에서의 고된 일들을 그치고 자유를 누리는 것을 '안식'이라는 말로 표현합니다.

"만일 땅에 있는 우리의 장막 집이 무너지면 하나님께서 지으신 집 곧 손으로 지은 것이 아니요 하늘에 있는 영원한 집이 우리에게 있는 줄 아느니라"(고후 5:1).

죽음과 더불어 신자들의 영혼은 이 땅의 장막인 육신을 벗고 천국에 이르러(벧후 1:13 참고) 지극한 행복을 누립니다.

"우리가 담대하여 원하는 바는 차라리 몸을 떠나 주와 함께 있는 그것이라"(고후 5:8).

죽는 동시에 영혼이 사라진다면 주와 함께 있을 수도 없습니다. 무엇보다 신자들이 이 세상을 떠나 주와 함께 있기를 강하게 열망하는 것은 이 땅에서 살 때보다 죽은 이후에 영혼들이 훨씬 더 복된 상태에 있음을 말해 줍니다. 따라서 죽음과 동시에 영혼이 잠든다고 말할 수 없습니다. 다음 본문에서도 이런 강한 열망이 드러납니다.

"내가 그 둘 사이에 끼었으니 차라리 세상을 떠나서 그리스도와 함께 있는 것이 훨씬 더 좋은 일이라"(빌 1:23).

물론 죽음 자체는 바랄 만한 것이 아닙니다. 살아 있는 개가 죽은 사자보다 훨씬 낫습니다. 바울은 슬픔을 견디지 못하여 차라리 죽는 편이 더 낫다고 생각할 만큼 나약하고 우울한 사람이 아니었습니다. 바울은 자족하기를 배웠으며 그에게 힘을 주시는 그리스도로 말미암아 모든 것을 할 수 있었기 때문입니다(빌 4:11,13 참고). 그렇습니다. 하나님께서 바울을 붙드심으로 말미암아 그는 약한 것들과 능욕과 궁핍과 박해와 곤고를 기뻐할 줄 알았습니다(고후 12:10 참고). 그러나 다른 한편으로 그는 죽기를 열망했습니다. 그리스도와 함께 있기를 원했기 때문입니다. 바울은 그것을 훨씬 나은 것으로 여겼습니다. 그는 자신이 죽은 후에도 영혼이 계속 살아 있을 것임을 알았고, 죽은 후에 그리스도와 살아가는 것이 이 땅에서 살아가는 것보다 훨씬 낫다는 사실도 알았습니다.

죽음 이후 신자들의 영혼만 계속 존재하는 것이 아닙니다. 죽음과 더불어 신자들의 영혼이 천국에서 기뻐하는 것처럼, 불경건한 자들의 영혼은 지옥으로 내려가 영원한 고통을 당합니다.

"그가 또한 영으로 가서 옥에 있는 영들에게 선포하시니라. 그들은 전에 노아의 날 방주를 준비할 동안 하나님이 오래 참고 기다리실 때에 복종하지 아니하던 자들이라"(벧전 3:19,20).

그리스도께서 자신의 영으로 노아를 통해 불순종하는 세상 사람들에게 선포하셨습니다. 그러나 그들의 영혼은 죽음과 더불어 감옥으로, 즉 지옥으로 던져졌습니다.

"소돔과 고모라와 그 이웃 도시들도 그들과 같은 행동으로 음란하며 다른 육체를 따라가다가 영원한 불의 형벌을 받음으로 거울이 되었느니라"(유 1:7).

홍수 이전에 불순종하던 영혼들과 소돔과 고모라의 불경건한 영혼들이 그들의 불순종에 대한 보응으로 감옥에서 영원히 타오르는 불 가운데서 괴로워하고 있습니다. 그렇다면 그들의 영혼 역시 죽은 후에도 여전히 살아서 영원한 고통과 형벌을 당하고 있는 것입니다(마 25:46 참고). 여기에 부자와 나사로 비유를 덧붙일 수 있습니다(눅 16:23,24 참고). 이 비유는 사람들이 죄를 짓지 않고 선을 행하도록 하기 위해 죽은 뒤에 영혼이 어떤 상태에 있는지를 묘사합니다. 그래서 이 비유는 나사로의 영혼은 천국에서 위로를 누리는 반면 불경건한 부자의 영혼은 지옥에서 비통해하고 있는 것으로 묘사합니다.

셋째, 다음의 예시들 또한 이 세상을 떠난 영혼들의 상태에 대해 반박할 수 없도록 입증합니다. 예수님께서 십자가에서 "아버지, 내 영혼을 아버지 손에 부탁하나이다"(눅 23:46)라고 큰 소리로 외치신 후 숨을 거두셨습니다. 또한 곁에 있는 강도에게 "오늘 네가 나와 함께 낙원에 있으리라"(눅 23:43)라고 말씀하셨습니다. 낙원은 셋째 하늘입니다(고후 12:2,4 참고). 그러므로 그리스도와 강도 모두 숨을 거두자마자 셋째 하늘로 올려졌습니다. 그렇게 그들의 영혼은 복락으로 가득한 천국에 계속 존재합니다. 순교자들의 영혼도 마찬가지입니다(계 6:9-11, 7:9,10,14, 14:13 참고). 이 모든 사실들이 육신의 죽음 이후에도 영혼이 천국에서 즐거워하든 지옥에서 고통을 받든 계속 살아 움직인다는 것을 분명히 증언합니다.

넷째, 사람이라면 누구나 죽은 뒤에도 영혼이 계속 살아 있다는 사실을 본유적(innate)으로 압니다. 이교도들도 이 사실을 알았습니다. 그래서 그들은 사람이 죽은 후 영혼이 다른 피조물로 들어간다고 믿었습니다. 영혼이 기쁨으로 가득한 어떤 장소나 들판에 거주한다는 생각 역시 사람들이 영혼이 계속 살아 있음을 본유적으로 아는 데서 비롯되었습니다. 오늘날까지 미개한 이교도들조차 죽음 이후에도 영혼이 계속된다는 생각을 막연하게나마 가지고 살아갑니다.

반론 1

전도서 3장 19-21절을 보라.

답변

이 본문에 대해서는 이미 앞에서 살펴보았습니다.

반론 2
다음 구절들을 보라.

"내가 떠나 없어지기 전에"(시 39:13).

"라헬이……자식이 없어져서 위로받기를 거절하는도다"(렘 31:15).

답변

이 말은 죽음으로 모든 것이 끝난다는 뜻이 아니라, 산 자들이 존재하는 이 땅에 자식이 없음을 뜻합니다.

반론 3

"만일 그리스도 안에서 우리가 바라는 것이 다만 이 세상의 삶뿐이면 모든 사람 가운데 우리가 더욱 불쌍한 자이리라"(고전 15:19).

바울은 죽은 자가 부활함을 입증하는 데 초점을 두면서 무엇보다 부활이 없다면 신자들이 가장 비참하고도 불행한 자들이라고 증언한다. 그런데 신자가 부활하기 이전에 죽음과 더불어 천국의 복락 가운데 있다면 바울이 이렇게 말할 필요가 없었을 것이다. 지금 누리고 있는 복을 위해 마지막 날에 부활하기를 기다릴 필요가 없기 때문이다. 이 말은 곧 마지막 날에 부활하기 전에는 신자들이 천국의 복락을 누리지 못한다는 뜻이다.

답변

(1) 지금 바울은 이 땅에서 사는 것의 비참함에 관해 말하고 있으며, 마지막 부활의 날까지 비참하다고 말하고 있지 않습니다.

(2) 지금 바울은, 사람이 죽으면 몸과 영혼이 모두 소멸하므로 살아 있을 때 모든 즐거움을 누려야 한다고 주장하는 자들에게 말하고 있습니다. "죽은 뒤에는 어느 누구도 노래할 수 없으니 살았을 때 먹고 마시고 즐기라"라는 속담도 이런 생각에서 비롯되었습니다. 그러나 사도 바울은 그런 생각을 거부하고 내세에 복락이 있을 것임을 보여 줍니다. 그러하기에 그리스도께 소망을 둔 자들은 죽은 뒤에 결코 비참하지 않다고 말하는 것입니다.

반론 4

"땅의 티끌 가운데에서 자는 자 중에서 많은 사람이 깨어나"(단 12:2).

이 구절은 죽은 자들이 자고 있다고 말한다. 따라서 죽은 영혼도 잠들어 있는 것이다.

답변

성경은 죽음을 잠자는 것으로 표현할 때가 많습니다.

"우리 친구 나사로가 잠들었도다……예수는 그의 죽음을 가리켜 말씀하신 것이나 그들은 잠들어 쉬는 것을 가리켜 말씀하심인 줄 생각하는지라"(요 11:11,13).

이는 죽음과 잠자는 것이 많은 부분에서 유사하기 때문입니다. 그러나 영혼들에 대해서는 잠잔다고 말하지 않습니다. 잠이라는 행위가 영혼의 본질과 맞지 않기 때문입니다. 잠은 육신의 특징입니다.

연옥의 허구성

이제 연옥이라는 허구에 대해 살펴봅시다.

> ▶ 질문
> 죽음과 동시에 신자들의 영혼은 육신과 분리되어 개인의 고행이나 기도, 미사, 성인들의 공로를 힘입어 정화되기 위해 연옥으로 가는가? 아니면 신자의 영혼은 죽음과 동시에 천국으로 들어가는가?

　　　대답: 이 논의는 불신자들의 죽음과 아무런 상관이 없습니다. 불신자들은 죽음과 동시에 지옥으로 가기 때문입니다. 개혁파 신자들이 연옥에 가는지 여부도 논점이 아닙니다. 자신들이 연옥으로부터 건짐 받았다고 선언하는 이들은 교황주의자들 뿐이기 때문입니다. 문제는 교황주의자들이 연옥으로 가느냐 하는 것입니다. 교황주의자들 만이 연옥이라는 말도 안되는 장소에 관해 말합니다. 그러므로 교황주의자들은 앞서 제기된 질문들 중 첫 번째 질문에는 '그렇다'고 답하지만, 두 번째 질문에는 '그렇지 않다'고 답합니다. 반대로 우리는 첫 번째 질문에는 아니라고 답하고 두 번째 질문에는 그렇다고 답합니다. 다음 두 가지를 우리의 답변에 대한 증거로 제시할 수 있습니다.

　첫째, 성경은 그 어디에서도 연옥을 언급하지 않습니다. 교황주의자들조차 연옥에 대해 어떻게 말해야 할지를 모릅니다. 연옥에 대한 성경 구절이 어디에 있는지 마귀에게 물어보기라도 해야 할 것 같습니다(실제로 그들 중에 그렇게 한 자가 있었습니다).

　둘째, 성경은 인간의 길과 운명이 생명과 정죄, 천국과 지옥 두 가지 뿐이라고 말합니다(마 7:13,14; 눅 16:22,23 참고).

■ 반론

연옥으로 가는 자들은 결국 천국에 이를 것이다.

> **답변**

죽음 이후에는 두 가지 운명만이 존재합니다. 연옥은 성경이 말하는 인간의 두 가지 운명이 아닌, 제삼의 길입니다. 따라서 연옥을 거부해야만 합니다.

셋째, 연옥이 존재할 필요가 없습니다. 연옥은 죄를 없애지도 못하고, 영혼을 깨끗하게 만들지도 못합니다. 오직 주 예수님만이 자기 백성들을 모든 죄에서 깨끗하게 하십니다. 그리스도 안에서 그들은 완전하게 되며 하나님의 의가 됩니다.

"그 아들 예수의 피가 우리를 모든 죄에서 깨끗하게 하실 것이요"(요일 1:7).

"너희도 그 안에서 충만하여졌으니"(골 2:10).

"우리로 하여금 그 안에서 하나님의 의가 되게 하려 하심이라"(고후 5:21).

이처럼 그리스도로 말미암아 모든 죄에서 깨끗해졌는데, 연옥이 무엇을 더할 수 있단 말입니까? 무엇보다도, 연옥은 죄를 없애지 못합니다. 피 흘림이 없이는 죄 사함이 없습니다. 물리적인 불은 영혼을 깨끗하게 하지 못합니다.

성인들의 기도와 망자를 위한 미사도 허구일 뿐입니다. 성인들의 공로라는 것은 아무런 효력도, 가치도 없습니다. 이 모든 것은 결국 돈과 관련 있습니다. 그러나 천국 문은 결코 돈으로 열리지 않습니다. 멸망 받을 죄와 용서받을 죄를 구분하는 것도 성경적이지 않습니다. 성경은 모든 죄가 멸망에 이르는 죄이며, 성령을 거스르는 죄만 용서받을 수 없다고 증언합니다.

넷째, 성경은 죽음과 동시에 신자들의 영혼이 천국으로 들어간다고 분명히 말합니다. 우리는 이 땅에서 육신의 장막을 벗는 동시에 천국을 기업으로 받을 것입니다(고후 5:1 참고). 신자의 영혼이 몸을 떠나는 것은 곧 주와 같이 있는 것을 말합니다(고후 5:8 참고). 이 땅을 떠나 그리스도와 함께 있는 것이 이 땅에서 사는 것보다 더 좋습니다(빌 1:23 참고). 그러나 마지막 날까지 이 땅에 있는 것이 연옥(그런 것이 있다면)에 있는 것보다 더 나을 것입니다. 지금 이후로 주 안에서 죽는 자들은 복됩니다(계 14:13 참고). 이 말씀이 주어진 그때 이후에만 그러하다는 말이 아닙니다. 그보다 먼저 그리스도 안에서 죽은 자들 역시 구원을 받았기 때문입니다.

회심한 강도는 십자가에서 죽는 바로 그날, 이미 예수님과 함께 낙원에 있었습니다.

"오늘 네가 나와 함께 낙원에 있으리라"(눅 23:43).

그리스도께서 "진실로"라는 말로 이 사실을 확증하셨습니다. 오늘이라는 바로 그날 예수님께서 강도에게 그렇게 말씀하셨다는 것이 아니라, 바로 그날 그 강도가 낙원에서 그리스도와 함께 있으리라는 것을 의미합니다. 전자에 대해서는 예수님께서 굳이 그렇게 확인해 주실 필요가 없었습니다. 그러므로 이 말씀은 예수님께서 강도의 요청에 답하신 것으로 보아야 합니다. 그렇게 예수님께서 강도에게 그가 죽는 그때에 바로 낙원을 누리리라고 약속하시는 것입니다.

반론 1

"또 너로 말할진대 네 언약의 피로 말미암아 내가 네 갇힌 자들을 물 없는 구덩이에서 놓았나니"(슥 9:11).

답변

(1) 여기서 말하는 물 없는 구덩이가 연옥과 전혀 상관없다는 사실은 의심할 여지가 없습니다. 그 당시에는 연옥이라는 개념이 존재하지 않았기 때문입니다. 그렇다면 오히려 연옥은 그리스도께서 오실 때까지 구약의 신자들이 있게 된다는 가공의 장소를 가리키는 것입니다.

(2) 지금 스가랴 선지자는 바벨론 감옥에서 풀려나는 것을 말하고 있습니다. 감옥을 구덩이라고 표현한 것은 지금처럼 당시에도 대개 땅에 구덩이를 파거나 땅에 있는 웅덩이를 감옥으로 썼기 때문입니다. "물 없는 구덩이"라는 말은 그 구덩이에 갈증을 해소할 물이 없다는 의미입니다.

반론 2

"너를 고발하는 자와 함께 길에 있을 때에 급히 사화하라. 그 고발하는 자가 너를 재판관에게 내어 주고 재판관이 옥리에게 내어 주어 옥에 가둘까 염려하라"(마 5:25,26).

> 답변

이 비유는 돈이 없는 채무자가 채권자에게 어떻게 행해야 하는지를 말합니다. 이 비유를 통해 그리스도께서 회개하지 않는 죄인들에게 영원한 정죄가 기다리고 있다고 말씀하십니다. 죄책을 완전히 갚기 전까지는 결코 이 정죄에서 벗어날 수 없습니다. 뿐만 아니라 이 죄책은 영원토록 갚지 못하는 것입니다.

> 반론 3

"또 누구든지 말로 인자를 거역하면 사하심을 얻되 누구든지 말로 성령을 거역하면 이 세상과 오는 세상에서도 사하심을 얻지 못하리라"(마 12:32).

이 구절에 따르면, 내세에서도 용서를 기대할 수 있다. 이 용서는 오직 연옥에서만 가능하다.

> 답변

오히려 이 말씀은 내세에서 사죄를 기대할 수 없음을 말합니다. 오는 세상에서도 죄를 용서받지 못한다고 분명히 말하지 않습니까? 이 말씀은 내세에서 용서가 가능하다는 어떠한 암시도 주지 않으며, 오히려 이생이 아니면 죄를 용서받지 못한다고 말합니다.

> 반론 4

"각 사람의 공적이 나타날 터인데 그날이 공적을 밝히리니 이는 불로 나타내고 그 불이 각 사람의 공적이 어떠한 것을 시험할 것임이라. 만일 누구든지 그 위에 세운 공적이 그대로 있으면 상을 받고, 누구든지 그 공적이 불타면 해를 받으리니 그러나 자신은 구원을 받되 불 가운데서 받은 것 같으리라"(고전 3:13-15).

누구나 불로 시험을 받는다는 것은 곧 불을 통해 구원받는다는 의미이다.

> 답변

(1) 이 말씀에 근거하여 연옥을 주장하려면, 먼저 죽음 이후에 불을 통한 시험과 구원이 있다고 증명해야 합니다. 그러나 사도는 지금 이생에서 겪는 것을 가리켜

말합니다.

(2) 여기서 불을 사람의 영혼과 행위에 영향을 줄 수 있는 물리적인 불로 이해해서는 안 됩니다. 이 불은 세상에서 말씀 때문에 당하는 박해와 압제를 가리킨다고 보아야 합니다(슥 3:2; 말 3:2,3 참고).

"내가 불을 땅에 던지러 왔노니 이 불이 이미 붙었으면 내가 무엇을 원하리요"(눅 12:49).

사도는 지금 핍박을 통해 각 사람이 복음의 기초 위에 어떻게 집을 지었는지가 확연히 드러날 것이라고 말합니다. 박해가 올 때, 진리의 터 위에 집을 지은 사람만이 고난을 능히 견디며, 복음에 기초하지 않은 주변적인 것들을 모조리 거부할 것입니다. 그리하여 이 불이 그를 구원할 것입니다. 복음의 토대 위에서 진실하게 살아온 사람은 고난 가운데서도 담대할 것이며, 오히려 시험의 때에 그가 가진 의가 더 확연히 드러날 것입니다.

반론 5

"하늘에 있는 자들과 땅에 있는 자들과 땅 아래에 있는 자들로 모든 무릎을 예수의 이름에 꿇게 하시고"(빌 2:10).

연옥에 있는 자들이 아니고서는 어느 누구도 땅 아래에서 예수님을 영화롭게 하지 못한다. 따라서 연옥은 반드시 존재한다.

답변

실제로 이 땅 아래에 피조물들이 있고, 그곳에 마귀도 있습니다. 그러나 그리스도께서 자신의 고난과 죽음으로 하늘과 땅의 모든 권세를 얻으셨으므로 만물이 그분께 복종합니다. 예수님께서 떠나라고 명령하시자, 즉시 마귀가 떠났습니다. 여기서 무릎을 꿇는다는 말을 문자 그대로 이해해서는 안 됩니다. 연옥에 있다는 영들에게는 꿇을 무릎이 없기 때문입니다. 이 말은 그리스도께 굴복하는 것을 뜻합니다. 자발적으로든 강제적으로든 만물이 그분 앞에 무릎을 꿇습니다. 그렇다면 연옥은 없는 것입니다. 그러므로 교황주의자들의 모든 영혼들도 연옥과 상관이 없습니다.

   교황주의자들은 아주 부실하고도 위험한 근거를 가지고 연옥 외에 땅 아래에 두 가지 장소를 더 만들어 냅니다. 하나는 구약성경의 족장들을 위한 장소입니다. 교황주의자들은 그리스도께서 지옥으로 내려가시는 동안 이곳에서 족장들을 구원하셨다고 생각합니다. 그러나 구약의 족장들은 이런 장소와 상관없이 이미 분명히 구원받았습니다. 따라서 이 문제에 일일이 대응하며 시간을 허비할 필요는 없을 듯합니다. 또 다른 장소는 세례 받지 못하고 죽은 자녀들 및 교황주의자들이 보기에 천국과 지옥 어디에도 가지 못할 자들이 고통도 즐거움도 없이 영원히 격리되어 존재하는 곳입니다. 이미 앞에서 이런 곳은 없다고 밝혔습니다. 성경이 그런 곳에 관해 전혀 말하지 않기 때문입니다. 언약에 속한 자들의 자녀들은 구원의 약속을 받았습니다. 어른이 아이들로 하여금 세례를 받게 하는지 여부에 따라 그들이 구원받을지 멸망당할지가 결정되지 않습니다.

   이처럼 영혼은 연옥이라는 곳으로 내려가는 것이 아니라, 육신의 죽음 이후에도 계속 지성과 의지를 가지고 실재합니다. 하나님의 진노 아래 영원토록 지옥의 모든 고통과 두려움을 겪거나, 온전해진 영혼들과 천사들 앞에서 완전한 사랑과 거룩함으로 하나님과 직접 교제하는 가운데 할렐루야를 부르며 말할 수 없는 즐거움과 행복을 누릴 것입니다. 이 모든 것이 사실입니다. 여러분이 회심하지 않았다면 두려워하십시오! 연옥에서 깨끗해져 구원받을 수 있다는 소망이 아직 남아 있다고 착각해서는 안 됩니다. 교황주의자들이 말하는 연옥은 꾸며 낸 이야기일 뿐입니다. 구원받을 소망이 전혀 없이 영원토록 고통만 당할 지옥에 이르러서야 자신이 속았음을 깨닫겠지만, 그때는 이미 너무 늦습니다.

   신자 여러분, 죽음을 두려워하지 마십시오. 진리의 하나님께서 주신 약속대로 여러분의 영혼은 죽음과 동시에 곧바로 영광과 기쁨의 나라로 옮겨집니다. 이 땅을 떠나 그리스도와 함께 있기를 간절히 소망하십시오. 그것이 여러분에게 훨씬 나은 일입니다. 자신이 모든 죄와 어둠과 고통으로부터 완전히 자유롭게 되어 의로움 가운데 하나님의 얼굴을 대면하고 그분의 자애로우심에 흡족해하는 모습으로 순식간에 바뀌었음을 깨달을 것입니다. 이처럼 영혼은 마지막 날까지 보존될 것입니다. 그날에 영혼은 자신의 육신과 다시금 연합하여 하나님께서 자기를 사랑하는 자들을 위하여 예비하신 바, 눈으로 보지 못하고 귀로 듣지 못하고 사람의 마음으로 생각하지도 못할 모든 영광과 즐거움을 몸과 영으로 영원토록 누릴 것입니다(고전 2:9 참고). 아멘.

101

죽은 자들의 부활

죽음 이후에 몸은 흙으로 돌아가고, 영혼은 낙원 또는 지옥에서 마지막 날까지 있습니다. 그리고 마지막 때에 몸의 모든 입자가 원래 상태로 돌아가 이전과 동일한 몸을 이루고 영혼과 다시금 결합합니다. 성경에서 죽음이나 무덤에서 다시 일어난다는 말은 종종 다음을 의미합니다.

• 큰 압제에서 벗어남

"내 백성들아, 내가 너희 무덤을 열고 너희로 거기에서 나오게 하고 이스라엘 땅으로 들어가게 하리라"(겔 37:12).

• 새로워짐

"허물로 죽은 우리를 그리스도와 함께 살리셨고(너희는 은혜로 구원을 받은 것이라) 또 함께 일으키사"(엡 2:5,6).

"잠자는 자여 깨어서 죽은 자들 가운데서 일어나라"(엡 5:14).

그러나 대개 이 말은 죽었다가 실제로 다시 살아나는 것을 가리킵니다. 주 예수님께서 마지막 날에 세상을 심판하러 다시 오실 때 모든 사람이 죽음에서 일어나는 것을 말합니다. 특별히 신약성경과 구약성경 모두에서 이 말은 사람이 기적적으로 다시 살아나는 일을 가리킵니다. 여기서 우리는 예수님께서 재림하실 때 죽은 자들이 다시 살아나는 것에 관해 살펴보려고 합니다.

성경은 불신자들에게는 큰 두려움을 주지만 신자들에게는 더없이 위로가 되는 이 교리를 선명하게 계시합니다. 그러나 이 가르침은 자연적인 본성을 통해서는 결코 생각해 낼 수 없는 것이므로 이방인들은 비웃으며 이단들은 거절합니다. 사도 바울이 이 교리를 전했을 때와 마찬가지로 그들은 여전히 이 교리를 거부하고 부인합니다.

"너희 중에서 어떤 사람들은 어찌하여 죽은 자 가운데서 부활이 없다 하느냐?"(고전 15:12)

마지막 부활의 본질

부활은 자연적으로 일어나는 일이 아닙니다. 자연적인 원인에 의해 일정 기간 동안 특정한 활동과 변화와 변형을 거친 후 생명이 다시 몸에 주어지는 것과는 다릅니다. 천사나 그 어떤 피조물도 할 수 없는, 하늘과 땅을 지으신 하나님께서 전능하심으로 이루실 역사입니다.

"하나님은 죽은 자를 살리시며 없는 것을 있는 것으로 부르시는 이시니라"(롬 4:17).

"아버지께서 죽은 자들을 일으켜 살리심같이 아들도 자기가 원하는 자들을 살리느니라"(요 5:21).

창조와 마찬가지로 부활에도 이차적인 동인이 없으며, 있을 수도 없습니다. 죽은 자의 부활은 그 어떤 유한한 능력과도 관계없는 전능한 역사이기 때문입니다. 천사는 부활 자체에 아무것도 기여하지 못합니다. 그러나 하나님께서 천사들을 통해 부활한 자들을 심판하시는 보좌 앞으로 불러 모으십니다.

"그가 큰 나팔 소리와 함께 천사들을 보내리니 그들이 그의 택하신 자들을 하늘 이 끝에서 저 끝까지 사방에서 모으리라"(마 24:31).

예수님께서 외적인 표지를 사용하여 이적을 더욱 분명하게 드러내신 것처럼, 죽은 자들이 부활할 때에도 천하만국이 다 듣도록 울려 퍼지는 나팔 소리와 같은 외적인 표지를 사용하실 것입니다.

"나팔 소리가 나매 죽은 자들이 썩지 아니할 것으로 다시 살아나고 우리도 변화되리라"(고전 15:52).

"주께서 호령과 천사장의 소리와 하나님의 나팔 소리로 친히 하늘로부터 강림하시리니 그리스도 안에서 죽은 자들이 먼저 일어나고"(살전 4:16).

에녹과 엘리야는 죽지 않았기 때문에 부활하지 않을 것입니다. 그리스도께서 부활하실 때 무덤에서 일어난 자들과 더불어 예수님께서 오시는 날을 살아서 맞이할 자들 역시 부활하지 않을 것입니다. 살아서 주님을 맞이할 자들은 죽지 않고 홀연히 변화될 것이기 때문입니다(고전 15:51,52 참고). 그러나 이러한 자들 외에 세상이 시작된 이래 태어나고 죽은 모든 사람들은(출생하기 전에 죽었든 그 후에 죽었든) 큰 자와 작은 자, 신자와 불신자를 막론하고 다시 살아날 것입니다. 불에 타 죽었든, 바다에 빠져 죽었든, 짐승이나 사람에게 잡아먹혔든, 평범하게 죽어서 흙으로 돌아갔든 상관없습니다. 그날에는 그때까지 죽지 않고 보존된 그들의 영혼이 이전에 살던 때와 동일한 몸과 다시금 하나가 될 것입니다. 그러나 몸이 가진 물리적인 본질은 달라집니다. 불신자들의 몸은 지옥의 가장 극심한 고통을 영원토록 견딜 불멸하는 몸으로 달라집니다. 신자들의 몸은 하나님의 형상으로 완전하게 변화하며 그리스도의 영광의 형체와 같이 되어(빌 3:21 참고) 부패하지 않고 죽지 않으며 영광과 능력과 신령함을 덧입을 것입니다(고전 15:42,44,53,54 참고).

죽은 자들이 모두 마지막 날에 다시 살아날 것입니다. 천년왕국주의자 또는 천년기주의자들이 요한계시록 20장을 해석하며 만들어 낸 이론과는 달리, 마지막 날 이전에 순교자들이 그리스도와 함께 다스리고자 몸을 가지고 부활하는 일은 없을 것입니다. 오히려 그리스도께서 세상을 심판하러 오실 때 모든 죽은 자들이 동시에 일어납니다.

"마지막 날 부활 때에는 다시 살아날 줄을 내가 아나이다"(요 11:24).

"나팔 소리가 나매 죽은 자들이 썩지 아니할 것으로 다시 살아나고"(고전 15:52).

"마지막 날에 내가 이를 다시 살리리라"(요 6:40).

죽은 자들이 다시 살아나 이 땅에 설 때 각 사람의 몸의 모든 입자들이 다시금 본래 모습으로 모이고 모든 뼈가 저마다 관절과 마디를 찾아 결합하는 모습이 얼마나 놀랍겠습니까!

죽은 자들이 다시 살아나는 것과 관련하여 특별히 다음 두 가지 사항을 더 살펴보아야 합니다.

- 죽은 자들이 반드시 부활함
- 이전의 몸 그대로 부활함

신자와 불신자가 모두 부활함

▶ 질문
정말로 신자와 불신자가 모두 부활하는가?

대답: 소시니안들은 사람이 죽으면 더는 영혼이 존재하지 않으며 살았을 때의 몸 그대로 부활하지도 않을 것이라고 주장합니다. 뿐만 아니라 불신자들이 부활하는 일은 결코 없을 것이라고 합니다. 다시 말해, 그들은 부활을 전혀 믿지 않습니다. 그러나 우리는 죽은 자들(악인과 선인 모두)의 부활이 논란의 여지가 없는 진리라고 믿습니다.

많은 성경 본문이 부활을 증언합니다.

첫째, 욥기 19장 25-27절입니다.

"내가 알기에는 나의 대속자가 살아 계시니 마침내 그가 땅 위에 서실 것이라. 내 가죽이 벗김을 당한 뒤에도 내가 육체 밖에서 하나님을 보리라. 내가 그를 보리니 내 눈으로 그를 보기를 낯선 사람처럼 하지 않을 것이라. 내 마음이 초조하구나."

① 지금 욥은 자신이 당하고 있는 비참함에서 물리적으로 회복되는 것이 아니라, 마지막 날에 부활하는 것을 가리켜 말합니다.

"마침내 그가 땅 위에 서실 것이라."

② 지금 욥은 자신이 죽어서 벌레가 자신의 피부와 살을 먹고 흙으로 돌아간 후에 있을 일을 기대하고 있습니다.

③ 욥은 그리스도께서 마지막 날에 땅 위에 서실 것이라고 말합니다. 다시 말해, 그분이 자신을 다시 살리실 것이라고 말합니다.[1]

④ 욥은 자신이 육신을 입고 눈으로 직접 하나님을 볼 것이라고 말합니다.

이 모든 것이 분명히 가리키는 바는 지금 당하는 비참한 고통에서 벗어나 육신적으로 회복되는 것이 아니라, 마지막 날에 죽은 자들이 부활하리라는 것입니다.

둘째, 다니엘서 12장 2절을 보십시오.

"땅의 티끌 가운데에서 자는 자 중에서 많은 사람이 깨어나 영생을 받는 자도 있겠고 수치를 당하여 영원히 부끄러움을 당할 자도 있을 것이며."

앞에서도 말한 대로, 이 구절은 바벨론이나 안티오쿠스(Antiochus)의 압제에서 해방되는 것을 가리키지 않습니다. 오히려 다니엘은 이후에 어떤 일이 일어날지에 관해 말하고 있습니다. 다시 말해, 주 예수님을 가리키는 미가엘('누가 하나님과 같은가'라는 의미)이 전에 없던 가장 괴로운 때에 다시 일어날 것을 말합니다. 이때는 곡과 마곡이 성도들의 진과 사랑하시는 성을 에워쌀 때를 가리킬 것입니다(계 20:9 참고).

① 바로 그때 주 예수님께서 심판하러 오실 것입니다. 다시 말해, 모든 죽은 자들이 다시 살아날 것입니다(계 20:11-15 참고). 요한계시록도 다니엘서와 같은 일들을 동일한 순서로 서술한다는 점을 볼 때, 동일한 일을 언급하는 것임을 알 수 있습니다. 그러나 요한계시록 20장은 심판하러 오시는 그리스도와 죽은 자들의 부활을 더욱 분명히 말합니다. 그러므로 다니엘서 12장 2절 역시 이때 일어날 일을 기술하고 있다고 보아야 합니다.

---

[1] 영역주 - 스타턴퍼탈링은 이 구절을 KJV와 다르게 번역한다. KJV는 "그가 마지막 날에 땅 위에 서리라"라고 하지만, 스타턴퍼탈링은 "그가 마지막 날에 흙으로 돌아간 내 몸을 다시 일으키실 것이라(Hij zal de laatste over het stof opstaan)"라고 표현한다.

② 그때에는 "지혜 있는 자는 궁창의 빛과 같이 빛날 것이요 많은 사람을 옳은 데로 돌아오게 한 자는 별과 같이 영원토록"(단 12:3) 빛날 것입니다. 이 말은 바벨론이나 안티오쿠스 치하에서 벗어나는 것을 의미하지 않습니다. 그 제사장들이 악했기 때문입니다.

③ 이 부활과 더불어 영원한 생명이나 영원한 수치가 뒤따를 것인데, 이 일은 세상이 끝날 때 일어날 것입니다.

④ 그때에는 죽은 자들이 살아날 것입니다. 여기서 "모든"이 아니라 "많은"이라고 말한다고 해서 모든 사람들이 부활할 것이 아니라고 이해할 필요는 없습니다. 오히려 이 말은 죽은 자들이 많다는 뜻이거나, 구원받는 자들과 영원히 잃어버린 자들이 분리된다는 뜻입니다. 많은 사람들이 영생으로 일어나고, 또 많은 사람들이 영벌로 일어날 것입니다. 성경의 다른 구절에서도 이런 용례를 찾아볼 수 있습니다.

"그러나 이 은사는 그 범죄와 같지 아니하니……더욱 하나님의 은혜와 또한 한 사람 예수 그리스도의 은혜로 말미암은 선물은 많은 사람에게 넘쳤느니라……한 사람이 순종하지 아니함으로 많은 사람이 죄인 된 것같이 한 사람이 순종하심으로 많은 사람이 의인이 되리라"(롬 5:15,19).

이사야서 26장 19절 또한 이 사실을 확증합니다.

셋째, 요한복음 6장 39,40절을 보십시오.

"나를 보내신 이의 뜻은 내게 주신 자 중에 내가 하나도 잃어버리지 아니하고 마지막 날에 다시 살리는 이것이니라. 내 아버지의 뜻은 아들을 보고 믿는 자마다 영생을 얻는 이것이니 마지막 날에 내가 이를 다시 살리리라."

소시니안들은 이 본문에 근거하여 죽고 나면 더는 존재하지 않고 부활을 통해 완전히 새로운 존재가 된다고 결론 내립니다. 그러나 오히려 본문은 죽은 자들이 존재한다고 말합니다. 마지막 날에 부활하기 이전부터 이미 영생을 가졌기 때문입니다. 존재하지 않는 자가 부활할 수는 없습니다. 따라서 부활은 죽은 자가 부활하기 이전부터 살아 있지는 않으나 계속 존재한다는 것을 가리킵니다.

넷째, 로마서 8장 11절도 보십시오.

"예수를 죽은 자 가운데서 살리신 이의 영이 너희 안에 거하시면 그리스도 예수를 죽은 자 가운데서 살리신 이가 너희 안에 거하시는 그의 영으로 말미암아 너희 죽을 몸도 살리시리라."

소시니안들은 이 말씀에 근거하여 부활이란 다른 이가 죽은 자를 대신하는 것이라고 주장합니다. 그러나 부활은 죽어서 썩은 몸이 회복되는 것을 의미합니다. 이 부활로 말미암아 죽을 수밖에 없는 우리 몸이 죽지 않을 몸으로 다시 살아납니다. 그러므로 부활은 다른 사람이 죽은 자를 대신하는 것과 아무런 상관이 없습니다.

다섯째, 불신자들도 다시 살아납니다.

① 다니엘서 12장 2절이 그것을 증언합니다.

"땅의 티끌 가운데에서 자는 자 중에서 많은 사람이 깨어나 영생을 받는 자도 있겠고 수치를 당하여서 영원히 부끄러움을 당할 자도 있을 것이며."

② 주님도 그것을 말씀하십니다.

"선한 일을 행한 자는 생명의 부활로, 악한 일을 행한 자는 심판의 부활로 나오리라"(요 5:29).

소시니안들은 이 구절이 영적 부활을 가리킨다고 주장할 것입니다. "무덤 속에 있는 자"(요 5:28)라는 말씀을 생각해 보십시오. 여기서 '무덤에 있다'라는 말이 회심하지 않은 상태를 가리키는 것도 아니고, 무덤에서 나온다는 말이 회심을 뜻하는 것도 아닙니다. 게다가 무덤에 있는 자들은 거듭날 수도, 회심할 수도 없습니다. 그러하기에 이 본문은 거듭남과 아무런 상관이 없습니다.

반면에 요한복음 5장 25절은 영적인 부활을 말합니다. 여기서 죽은 자들은 회심하지 않은 자들을 가리킵니다. 그리스도의 음성을 듣고 살아난 자들이 그리스도의 음성을 듣지 않는 자들과 대비됩니다. 게다가 부활에는 생명에 이르는 부활뿐만 아니라 정죄를 위한 부활도 있습니다. 그러므로 본문이 말하는 부활은 거듭남이 아닙니다. 거듭남은 오직 생명에 이르는 행위와 관련되기 때문입니다. 생명 아니면 정죄라는 두 가지 최종 운명은 선을 행한 자들과 악을 행한 자들에게 각각 돌아갑니다. 그러므로 본문은 거듭남이 아니라 죽은 자들의 부활에 관해 말하고 있습니다.

③ 사도행전 24장 15절은 불신자들의 부활에 대해 가장 분명하게 언급합니다.

"그들의 기다리는 바 하나님께 향한 소망을 나도 가졌으니 곧 의인과 악인의 부활이 있으리라 함이니이다."

회피주장 이 구절은 오직 의인의 부활에 관해서만 말한다. 지금 사도가 자신이 부활하기를 기다린다고 말하기 때문이다. 악인이라는 말은, 지금은 의인이 된 사람들이 회심하기 전에 악인이었음을 가리킨다.

| 답변 |

그런 논리를 따른다면, 지금 사도 바울이 회심하기 이전부터 의로운 사람들도 있다고 말하는 것으로 이해해야 할 것입니다. 사도가 부활하는 사람들을 의인과 악인으로 구분하고 있기 때문입니다. 게다가 의인의 부활은 바울이 고대하는 바 분명히 위로가 넘치는 소망의 내용입니다. 그러나 지금 사도는 의인과 악인의 부활, 곧 일반적인 성격을 띠는 바 모든 사람을 포괄하는 부활에 관해 선포하고 있습니다.

④ 고린도후서 5장 10절에서도 이런 사실이 드러납니다.

"이는 우리가 다 반드시 그리스도의 심판대 앞에 나타나게 되어 각각 선악 간에 그 몸으로 행한 것을 따라 받으려 함이라."

모든 사람이 그리스도의 심판대 앞에 서야 한다면, 의인들이 먼저 일어나야 할 것입니다. 또한 악인들도 심판대 앞에 서서 저지른 죄악에 따라 형벌을 받을 것입니다. 그러므로 악인들 역시 부활하는 것이 맞습니다.

회피주장 "우리가 다"라는 말은 마지막 날까지 살아 있을 자들을 가리키는 것으로 이해해야 한다.

| 답변 |

바울은 이 편지를 받아 볼 당시 살아 있던 모든 사람들을 가리켜 말하고 있습니다. 뿐만 아니라 여기에는 모든 사람이 포함됩니다. 사람은 누구나 죽고 때가 되면 다시 살아날 것이기 때문입니다. 그러므로 여기서 말하는 사람들을 마지막 때에 살아 있을 사람들로 제한해서는 안 되며, 의인과 악인 곧 모든 사람을 가리키는 것으로 보아야 합니다. 이처럼 성경은 모든 사람이 부활한다고 말합니다.

동일한 몸으로 부활함

> ▶ 질문
> 죽었을 때의 몸과 동일한 몸으로 부활하는가?

대답: 소시니안들은 그렇지 않다고 답합니다. 그러나 우리는 다음 내용들에 근거하여 동일한 몸으로 부활한다고 주장합니다.

첫째, '일어나다'와 '부활하다'라는 말에 근거하여 그렇다고 답할 수 있습니다. 만일 죽었을 때와 다른 몸으로 살아나는 것이라면 부활도, 다시 일어나는 일도 없을 것입니다.

둘째, 성경은 분명히 지금 우리가 입고 있는 것과 동일한 몸으로 다시 살 것이라고 증언합니다.

① 욥기 19장 25-27절에 이 사실이 분명히 드러납니다. 이 말씀에 관해 앞에서 언급한 내용을 보십시오. 우리는 육신을 입고 자기 눈으로 하나님을 볼 것입니다.

② 고린도전서 15장 42-44,53절 또한 이 사실을 증언합니다.

"죽은 자의 부활도 그와 같으니 썩을 것으로 심고 썩지 아니할 것으로 다시 살아나며, 욕된 것으로 심고 영광스러운 것으로 다시 살아나며 약한 것으로 심고 강한 것으로 다시 살아나며, 육의 몸으로 심고 신령한 몸으로 다시 살아나나니 육의 몸이 있은즉 또 영의 몸도 있느니라……이 썩을 것이 반드시 썩지 아니할 것을 입겠고 이 죽을 것이 죽지 아니함을 입으리로다."

이 말씀에서 사도 바울은 현재 우리 몸과 성격이 다르지만 동일한 몸으로 우리가 부활할 것이라고 말합니다. 썩을 몸이 썩지 않을 몸으로 살아나리라고 증언합니다. 죽어서 썩을 수밖에 없는 몸이 썩지 않고 죽지 않는 몸을 입을 것이라는 뜻입니다. 지금 바울은 죽을 때의 몸과 부활할 때의 몸의 차이에 관해 말할 뿐, 언급하는 대상 자체는 동일합니다. 그렇지 않다면 바울이 "이 몸"이라고 표현하지 않았을 것입니다.

③ 빌립보서 3장 21절도 보십시오.

"그는 만물을 자기에게 복종하게 하실 수 있는 자의 역사로 우리의 낮은 몸을 자기 영광의 몸의 형체와 같이 변하게 하시리라."

지금 바울은 우리의 몸과 우리의 타락한 몸에 관해, 그리고 부활의 때에 이 몸에 벌어질 일에 관해 말합니다. 부활하는 날에 우리의 몸은 그리스도의 영광스러운 몸의 형체와 같이 변할 것입니다.

회피주장 지금 바울은 우리가 또 다른 몸을 입을 것에 관해서만 말하고 있다. 이는 오월에 꽃이 다시 피는 것과도 같다.

| 답변 |

물론 잎이 돋는다고 할 때 어느 누구도 떨어진 잎이 다시 돋아난다고 생각하지 않습니다. 꽃에 관해 말할 때에도 동일한 방식으로 이해합니다. 단, 같은 뿌리에서 같은 종류의 꽃이 피리라 생각하며 그렇게 말하는 것입니다. 그러나 여기서 바울이 사용한 말들은 분명히 다릅니다. 바울은 여기서 우리의 몸, 이 몸, 낮은 몸이라고 분명히 표현하고 있습니다.

셋째, 그리스도의 부활 역시 동일한 몸으로 부활할 것을 말합니다. 그리스도는 죽을 때와 동일한 자신의 몸으로 부활하셨습니다. 무덤에 뉘였던 바로 그 몸으로 무덤에서 나오셨습니다. 그래서 천사들이 다음과 같이 말합니다.

"그가 여기 계시지 않고……살아나셨느니라"(마 28:6).

부활하신 후 예수님께서 제자들에게 오셔서 이렇게 말씀하셨습니다.

"내 손과 발을 보고 나인 줄 알라. 또 나를 만져 보라. 영은 살과 뼈가 없으되 너희 보는 바와 같이 나는 있느니라"(눅 24:39).

그리스도께서 죽고 부활하셨을 때, 성도들이 부활한 것 또한 그 사실을 입증합니다. 무덤에 묻힌 바로 그 몸으로 다시 살아나는 것입니다.

"무덤들이 열리며 자던 성도의 몸이 많이 일어나되"(마 27:52).

이처럼 부활은 죽었던 그 몸으로 다시 살아나는 것입니다.

넷째, 신자들이 동일한 몸을 입고 부활하는 것은 의인들에게 복을 베풀고 불신자들에게 벌을 줄 것을 요구하는 하나님의 의로우심에 합치합니다. 이생에서는 항상 그러하지 않더라도 내생에서는 반드시 그래야만 합니다.

"너희로 환난을 받게 하는 자들에게는 환난으로 갚으시고, 환난을 받는 너희에게는 우리와 함께 안식으로 갚으시는 것이 하나님의 공의시니 주 예수께서 자기의 능력의 천사들과 함께 하늘로부터 불꽃 가운데 나타나실 때에, 하나님을 모르는 자들과 우리 주 예수의 복음에 복종하지 않는 자들에게 형벌을 내리시리니"(살후 1:6-8).

그리스도의 날에 이런 의로운 보응과 강압과 위로가 있을 것입니다. 그러나 이 일은 죽었던 바로 그 몸으로 부활할 때에라야 일어날 것입니다. 그렇지 않으면 이생에서 고난당한 사람들에게 돌아가야 할 안식이 다른 자들에게로 돌아갈 것이고, 이는 하나님의 의에 어긋납니다. 부활 후에는 이생에서 고난과 핍박을 당하던 몸이 더는 괴로워하지 않으며 맹렬한 불 심판을 당하지 않을 것입니다. 사도 바울 역시 죽었던 그 몸에 이 모든 일이 일어날 것이라고 분명히 말합니다.

"이는 우리가 다 반드시 그리스도의 심판대 앞에 나타나게 되어 각각 선악 간에 그 몸으로 행한 것을 따라 받으려 함이라"(고후 5:10).

이 모든 사실들을 볼 때, 죽었던 그 몸이 다시 살아나는 것이 분명합니다.

반론 1

"장정이라도 죽으면 소멸되나니 인생이 숨을 거두면 그가 어디 있느냐. 물이 바다에서 줄어들고 강물이 잦아서 마름같이 사람이 누우면 다시 일어나지 못하고 하늘이 없어지기까지 눈을 뜨지 못하며 잠을 깨지 못하느니라"(욥 14:10-12).

답변

(1) 이 말씀은 사람이 살았을 때와 죽었을 때 어떻게 되는지를 비교합니다. 죽음과 동시에 사람은 더 이상 산 자의 땅에 존재하지 않고, 사람들과 더불어 있지도 않을뿐더러, 소멸되어 더는 볼 수가 없습니다.

(2) 죽은 자는 돌아오지도, 더 이상 사람들 가운데 머물지도 못합니다. 사람이 죽으면 자연적으로든 자신의 능력으로든 다시 일어나지 못합니다.

(3) 거대한 소리와 함께 하늘이 사라지는(벧후 3:10 참고) 마지막 날이 오기 전까지는 죽음에서 일어나지 못합니다. 모두가 이 사실을 기꺼이 인정합니다. 그러나 이 말이 곧 마지막 날에도 사람들이 다시 일어나지 못할 것이라는 뜻은 아닙니다.

반론 2

"인생이 당하는 일을 짐승도 당하나니 그들이 당하는 일이 일반이라. 다 동일한 호흡이 있어서 짐승이 죽음같이 사람도 죽으니 사람이 짐승보다 뛰어남이 없음은 모든 것이 헛됨이로다"(전 3:19).

답변

이생에서 사람이 짐승보다 많은 부분에서 훨씬 뛰어날지라도 죽은 뒤에 몸이 흙으로 돌아간다는 점에서는 서로 다르지 않습니다. 그러나 그들 사이에는 큰 차이가 있습니다. 죽으면 짐승의 혼은 아래로 내려가 소멸되는 반면에, 사람의 영혼은 위로 올라가 계속 존재합니다. 게다가 사람의 몸은 마지막 날에 다시 살아나 영혼과 다시금 하나가 됩니다. 여기서 전도자는 짐승과 사람의 공통점으로 죽음만을 언급할 뿐, 다시 살아나는 것에 대해서는 말하지 않습니다. 이 점에서 짐승과 사람은 완전히 다른 결국을 맞습니다.

반론 3

"형제들아 내가 이것을 말하노니 혈과 육은 하나님 나라를 이어받을 수 없고 또한 썩는 것은 썩지 아니하는 것을 유업으로 받지 못하느니라"(고전 15:50).

"음식은 배를 위하여 있고 배는 음식을 위하여 있으나 하나님은 이것저것을 다 폐하시리라"(고전 6:13).

답변

(1) 지금 사도 바울은 몸의 본질이 아니라, 부활과 더불어 사라질 몸의 연약함과 부패함에 관해 말하고 있습니다. 부활할 때 우리는 부패함과 연약함과 수치 대신에 썩지 않을 것과 영광과 강함을 받을 것입니다(고전 15:42-44,53,54 참고).

(2) 하나님께서 폐하실 것이라는 배는 음식을 섭취하는 본성을 뜻합니다. 배는 죽음과 더불어 폐해지고, 부활과 더불어 더 이상 음식을 소화하는 일을 위해 있지 않을 것입니다.

반론 4

"그들은……천사와 동등이요"(눅 20:36).

답변

이 말은 본질적으로 천사와 똑같다는 뜻이 아니라 죽지도, 결혼하지도, 출산하지도 않는다는 뜻입니다.

반론 5

"어리석은 자여, 네가 뿌리는 씨가 죽지 않으면 살아나지 못하겠고 또 네가 뿌리는 것은 장래의 형체를 뿌리는 것이 아니요 다만 밀이나 다른 것의 알맹이뿐이로되, 하나님이 그 뜻대로 그에게 형체를 주시되 각 종자에게 그 형체를 주시느니라. 육체는 다 같은 육체가 아니니 하나는 사람의 육체요 하나는 짐승의 육체요 하나는 새의 육체요 하나는 물고기의 육체라. 하늘에 속한 형체도 있고 땅에 속한 형체도 있으나 하늘에 속한 것의 영광이 따로 있고 땅에 속한 것의 영광이 따로 있으니, 해의 영광이 다르고 달의 영광이 다르며 별의 영광도 다른데 별과 별의 영광이 다르도다"(고전 15:36-41).

지금 바울은 죽었을 때와 동일한 몸으로 다시 살아나는 것이 아니라 하나님이 완전히 다른 몸을 주실 것이라고 말한다.

> **답변**

(1) 바울은 "죽은 자들이 어떻게 다시 살아나며 어떠한 몸으로 오느냐"(고전 15:35)라는 물음에 대답하고 있습니다. 이런 식으로 바울은 죽은 자들의 부활을 확증합니다. 죽은 자들은 살았을 때와 동일한 몸으로 부활합니다. 그렇지 않다면 부활이라고 말할 수 없습니다. 단, 새로운 피조물로서 부활합니다. 여기서 사도 바울이 하는 질문은 어떤 성질의 몸으로 부활하는지보다 부활의 몸이 어떻게 기능하는지에 관한 것입니다.

(2) 주 예수님도 자신의 부활에 관해 동일하게 비교하여 말씀하십니다(요 12:24 참고). 그리스도 또한 장사되시기 전에 유대 땅을 다니셨던 때와 동일한 몸으로 부활하셨습니다.

(3) 사도 바울은 부활하기 위해서는 반드시 죽어야 한다고 말합니다. 그렇게 씨앗이 죽어야 다시 살아나며, 바로 그 씨에서 동일한 싹과 곡식이 나온다고 말합니다. 사람의 몸도 마찬가지입니다. 죽은 몸이 그대로 다시 살아나는 것입니다. 고린도전서 15장 40절 등에서 이미 살펴본 대로, 본질은 같지만 성질이 완전히 다른 몸으로 다시 살아납니다. 죽었던 그 사람이 다시 살아나는 것입니다. 죽은 사람이 이전의 몸과 그 본질은 같지만 성격이 완전히 다른, 더욱 영광스런 특징을 가진 탁월한 몸으로 다시 살아납니다.

> **반론 6**

그동안 많은 사람들이 죽어서 이미 흙이 되었다. 또한 사람이나 짐승에게 잡아먹힌 경우도 많다. 그러므로 죽었을 때와 동일한 몸으로 다시 살아날 수는 없다.

> **답변**

"너희가 성경도, 하나님의 능력도 알지 못하는 고로 오해하였도다"(마 22:29).

하나님은 전지하시므로 몸의 입자가 각각 어디에 있는지 다 아십니다. 또한 우리가 이해하지 못하더라도 그 입자들을 다시 모으실 만큼 전능하십니다. 철가루를 구리, 주석, 납 등의 조각들과 함께 모래에 섞어 보십시오. 무지한 사람은 용기에 넣고 녹이지 않는다면 그 혼합물에서 철가루를 분리할 수 없다고 말할 수도 있습니다. 그러나 이렇게 불가능해 보이는 일도 쉽고 간단하게 해결할 수 있습니다. 혼합물에 자석을 굴리면 철가루만 자석에 붙으며, 따라서 철가루를 섞이기 이전과 같은 무게로까지 모을 수 있습니다.

지금까지 우리는 가장 위로가 넘치는 부활 교리를 많은 증거와 예를 들어 입증했습니다.

불신자에게는 두려움을, 신자에게는 위로를 주는 부활 교리

부활 교리는 불경건한 자들에게는 두려움 자체입니다. 자신들이 가꾸고 만족시키기 위해 애지중지하며 종노릇하던 자신의 육체가 지옥에서 영원히 고통당하는 것을 의미하기 때문입니다. 여러분이 자신의 더러운 정욕을 불러일으키는 데 악용하고, 마음의 분노와 교만과 허영을 드러내는 데 사용하는 두 눈으로 의로운 재판장이신 주 예수님을 두려움 가운데 목도하고 더는 어떤 빛도 보지 못하게 될 것이기 때문입니다. 온갖 허탄한 말들, 죄악된 호기심을 충족시키는 말들, 음란한 말들, 어리석은 말들, 험담을 즐겨 듣던 두 귀가 두려움 가운데 "저주를 받은 자들아 나를 떠나라"라는 재판장의 최종 선고를 들을 것이기 때문입니다. 끔찍하게 드러난 하나님의 진노뿐만 아니라 여러분과 함께 정죄 받은 자들이 내지르는 비명 소리를 고막이 터질 정도로 영원히 듣게 될 것이기 때문입니다. 지금 저주와 욕설, 거짓말과 험담, 허탄한 말과 아첨하는 말을 일삼고 술을 들이키고 간음하는 여러분의 입과 혀가 신음 소리와 비명으로 채워지고, 여러분이 비통함과 후회로 혀를 깨물 수밖에 없을 것이기 때문입니다. 다른 사람들에게 자신이 얼마나 대단하고도 매력적인지를 나타내고 성적으로 자극하여 음란한 마음을 불러일으키고자 뿌리던 향수 냄새 대신에 도무지 견딜 수 없는 역겨운 냄새가 여러분의 코를 채울 것이기 때문입니다. 가난한 사람들의 냄새를 경멸하는 여러분이 그날에는 악취 그 자체로 드러날 것이기 때문입니다. 지금은 카드와 주사위를 만지작거리고 불의와 온갖 술수를 자행하는 데 능숙한 두 손이 그날에는 고통으로 뒤틀릴 것이기 때문입니다. 그렇습니다. 세상과 죄를 섬기기 위해 불의의 병기로 사용한 여러분의 모든 지체가 영원한 불못으로 떨어질 것이기 때문입니다. 이 얼마나 끔찍한 상태인지요! 회심하지 않는 여러분이 이런 자신의 운명을 조금이라도 알아챌 수 있기를 바랍니다! 하나님에 대한 두려움 때문에라도 믿고자 하기를 바랍니다!

　죽은 자들의 부활은 불신자들에게 큰 두려움으로 다가가는 만큼, 신자들에게 큰 위로를 줍니다. 이생에서 신자들은 큰 슬픔을 당하며, 육신으로도 괴로움을 겪습니다. 많은 신자들이 몸이 연약하며, 고통과 질병을 만나고 사고를 당합니다. 고통과 슬픔으로 신음합니다. 세상의 불경건과 불의 때문에 탄식합니다. 수없이 조롱 당합니다. 대적들에게서 모욕과 험담과 비방을 들어야 합니다. 굶주림과 추위와 헐벗음과 억울한 일을 겪습니다. 무엇보다 자신들의 썩어질 육신이 영혼에 짐이 됩니다. 그들의 이 땅 장막이 근심으로 가득 찬 마음을 짓누릅니다. 그러나 신자는 다음 사실을 기억해야 합니다. 이생에서 이처럼 많은 고난을 겪을 수밖에 없는 육신이 마침내 한 날에 건짐 받을 것입니다. 그날에는 주님께서 신자들의 눈에서 모든 눈물을 닦아 주시고 이 썩을 몸을 그리스도의 영광스런 몸과 같이 변화시키실 것입니다. 그리하면 신자들의 몸은 별과 같이 빛나고 궁창과 같이 찬란하게 드러날 것입니다. 지극히 사랑하는 예수님과 천국에서 드러날 모든 영광스러운 것들을 두 눈으로 보고 즐거워할 것입니다. 하늘에서 울려 퍼지는 할렐루야를 듣고 기뻐할 뿐만 아니라 천국의 송영으로 함께 노래할 것입니다. 하나님께서 성도의 몸이 즐거워하도록 마련하신 모든 것들을 영원토록 누릴 것입니다. 그날 그곳에서 일어날 변화는 얼마나 놀랍겠습니까! 그러므로 육신을 괴롭히는 모든 것들을 잘 견디십시오. 도래할 영광을 고대하며 지금 겪는 모든 어려움과 고통에 맞서십시오.

몸을 하나님의 영광을 위해 사용해야 함

신자들이여, 여러분의 몸을 위해 이처럼 놀라운 영광이 기다리고 있습니다. 그러므로 지금부터 여러분의 몸을 하나님을 섬기는 데 사용하십시오.

"그러므로 너희는 죄가 너희 죽을 몸을 지배하지 못하게 하여 몸의 사욕에 순종하지 말고, 또한 너희 지체를 불의의 무기로 죄에게 내주지 말고 오직 너희 자신을 죽은 자 가운데서 다시 살아난 자같이 하나님께 드리며 너희 지체를 의의 무기로 하나님께 드리라"(롬 6:12,13).

"너희 몸은 너희가 하나님께로부터 받은 바 너희 가운데 계신 성령의 전인 줄을 알지 못하느냐? 너희는 너희 자신의 것이 아니라 값으로 산 것이 되었으니, 그런즉 너희 몸으로 하나님께 영광을 돌리라"(고전 6:19,20).

속사람은 눈에 보이지 않지만 육신을 통해 분명히 드러납니다. 하나님께서 영광을 받으시도록 우리가 빛으로 드러나야 한다면, 우리의 육신을 통해 빛을 발해야 합니다. 그러므로 전체 몸의 됨됨이를 잘 살피십시오. 여러분의 행실이 결코 가식이나 속이는 것으로 드러나서는 안 됩니다. 언제나 바르고 도덕적이고, 자연스럽고, 지혜롭고, 품위 있고, 기쁨을 주는 것으로 드러나야 합니다. 하나님의 역사에 주목하며 하나님의 말씀을 펼쳐 읽으십시오. 여러분이 보는 것으로 공격당하거나 범죄하지 않도록 경계하십시오. 여러분이 눈이 무정하고, 성내고, 거만하고, 꾀를 부리고, 부끄러움을 모르고, 음란하고, 신기한 것을 찾고, 이리저리 휘둘리지 않도록 지키십시오. 오히려 지혜와 품위와 영예와 정직함이 배어나며, 대상에 따라 호의나 연민을 보일 수 있도록 진지하게 움직이게끔 눈을 다스려야 합니다.

"네 눈은 바로 보며 네 눈꺼풀은 네 앞을 곧게 살펴"(잠 4:25).

"내 눈을 돌이켜 허탄한 것을 보지 말게 하시고"(시 119:37)라고 날마다 기도해야 합니다.

어리석고 허탄하고 경박하고 뒤에서 비난하고 죄악된 호기심을 부추기는 말들에는 귀를 닫아 버리십시오. 오히려 주님의 말씀에 귀 기울이고, 가난하고 슬퍼하는 자들의 소리를 귀담아듣고 차분히 이해하려고 해야 합니다. 여러분의 혀를 하나님의 영광을 위해 사용하십시오. 다시 말해 하나님을 찬양하고, 그분의 완전하심을 선포하며, 이웃에게 유익이 되는 말을 하십시오.

"무릇 더러운 말은 너희 입 밖에도 내지 말고 오직 덕을 세우는 데 소용되는 대로 선한 말을 하여 듣는 자들에게 은혜를 끼치게 하라"(엡 4:29).

"생명을 사모하고 연수를 사랑하여 복 받기를 원하는 사람이 누구뇨? 네 혀를 악에서 금하며 네 입술을 거짓말에서 금할지어다"(시 34:12,13).

다윗과 같이 결심하십시오.

"나의 행위를 조심하여 내 혀로 범죄하지 아니하리니 악인이 내 앞에 있을 때에 내가 내 입에 재갈을 먹이리라"(시 39:1).

쉬지 말고 다음과 같이 기도하십시오.

"여호와여, 내 입에 파수꾼을 세우시고 내 입술의 문을 지키소서"(시 141:3).

또한 부지런히 손을 놀려 여러분의 직업에서 인정받으십시오.

"또 너희에게 명한 것같이 조용히 자기 일을 하고 너희 손으로 일하기를 힘쓰라"(살전 4:11).

이 썩을 몸이 썩지 않을 몸을 입고, 죽을 몸이 죽지 않을 몸을 입고, 헛된 몸이 영광의 몸을 입기까지 몸을 다스리고, 육신의 삶을 통해 경건을 아름답게 꾸미고 다른 사람에게 모범이 되고 하나님께 영광이 돌려지도록 노력하십시오.

102

최후의 심판과 종말

하나님의 작정에 따라 태어나기로 된 모든 사람은 생명을 받아 이 땅을 살아갑니다. 그중에서 하나님께서 택하신 자들은 회심에 이릅니다. 그리고 하나님께서 정하신 날이 이르면, 모든 사람들이 하나님의 심판대 앞에 설 것입니다. 하나님께서 땅 위의 모든 사람들을 다스리고 통치하십니다. 그분은 이미 이 땅에서 불경건한 자들을 벌하며, 자기 자녀들을 징계하고 계십니다. 이 일 역시 심판이라고 불립니다.

"내 육체가 주를 두려워함으로 떨며 내가 또 주의 심판을 두려워하나이다"(시 119:120).

또한 하나님은 죽어서 영원으로 돌아간 각 사람을 심판하시고, 각자의 곳으로 보내십니다.

"한 번 죽는 것은 사람에게 정해진 것이요 그 후에는 심판이 있으리니"(히 9:27).

그러나 하나님께서 모든 사람을 한꺼번에 자기 앞에 세우시는 때가 있습니다. 특별히 이 일을 가리켜 영원한 심판이라 부릅니다(히 6:2 참고).

최후의 심판에 대한 성경의 증거

자연은 이처럼 공개적이고도 총체적인 심판이 있을 것을 확증하지 않습니다. 오직 성경만이 이런 심판을 증언하며, 믿음으로만 그 심판이 있을 것을 확증할 수 있습니다. 또한 인간의 양심이 이교도들에게 이생이 다한 후에는 하나님께 심판을 받을 것이고, 이를 통해 영광에 이르거나 정죄를 당할 것을 증언합니다(롬 2:15 참고). 사람은 누구나 하나님께서 의인에게 복을 베푸시고 악인에게 벌을 내리신다는 사실을 인식합니다. 솔로몬 역시 이 지식이 각 사람의 본성에 어느 정도 새겨져 있다고 말합니다.

"죄인은 백 번이나 악을 행하고도 장수하거니와 또한 내가 아노니 하나님을 경외하여 그를 경외하는 자들은 잘될 것이요 악인은 잘되지 못하며 장수하지 못하고 그날이 그림자와 같으리니 이는 하나님을 경외하지 아니함이니라"(전 8:12,13).

그러나 이생에서는 이런 일이 항상 그대로 이루어지지는 않기에 사람들은 내생에서 그렇게 이루어지리라고 생각합니다. 그러할지라도 오직 성경만이 공개적이고도 총체적인 심판에 관해 말합니다.

다음 말씀들을 포함하여 성경의 수많은 구절들이 이런 심판을 증언합니다.

"아담의 칠 대손 에녹이 이 사람들에 대하여도 예언하여 이르되, 보라 주께서 그 수만의 거룩한 자와 함께 임하셨나니 이는 뭇 사람을 심판하사 모든 경건하지 않은 자가 경건하지 않게 행한 모든 경건하지 않은 일과 또 경건하지 않은 죄인들이 주를 거슬러 한 모든 완악한 말로 말미암아 그들을 정죄하려 하심이라 하였느니라"(유 1:14,15).

"그러나 하나님이 이 모든 일로 말미암아 너를 심판하실 줄 알라"(전 11:9).

"하나님은 모든 행위와 모든 은밀한 일을 선악 간에 심판하시리라"(전 12:14).

"내가 너희에게 이르노니 사람이 무슨 무익한 말을 하든지 심판 날에 이에 대하여 심문을 받으리니"(마 12:36).

"이는 우리가 다 반드시 그리스도의 심판대 앞에 나타나게 되어 각각 선악 간에 그 몸으로 행한 것을 따라 받으려 함이라"(고후 5:10).

"하나님 앞과 살아 있는 자와 죽은 자를 심판하실 그리스도 예수 앞에서 그가 나타나실 것과 그의 나라를 두고 엄히 명하노니"(딤후 4:1).

위의 구절들만으로도 신자들은 성경이 공개적이고도 최종적인 심판에 대해 분명하게 말하고 있음을 충분히 확인할 수 있습니다. 논의를 계속해 가면서 다른 구절들도 살펴보겠습니다.

예수 그리스도의 인격을 통해 이루어진 최후의 심판

천지를 지으신 하나님께서 재판장이 되십니다. 아브라함은 하나님을 "세상을 심판하시는 이"(창 18:25)라고 불렀으며, 다윗과 바울은 "의로우신 재판장"(딤후 4:8)이라고 일컬었습니다. 이 심판은 "만민의 심판자"(히 12:23)이신 하나님께서 행하시는 "하나님의 의로우신 심판"(롬 2:5)입니다.

주 예수님께서 이 심판을 누구나 볼 수 있도록 행하실 것입니다.

"또 인자 됨으로 말미암아 심판하는 권한을 주셨느니라"(요 5:27).

하나님의 아들이신 예수 그리스도께서 인간의 본성을 입으시고, 십자가에서 죽기까지 성부께 복종하시고, 택한 자들을 구속하는 위대한 역사를 이루셨기 때문입니다. 그 결과 자신의 손으로 하나님의 선하신 뜻을 이루셨습니다(사 53:10 참고). 이것이 바로 예수님께서 요한복음 5장 22절에서 말씀하신 바입니다.

"아버지께서 아무도 심판하지 아니하시고 (이는 아들이 행하는 심판과 별개로 심판하지 않으신다는 말입니다) 심판을 다 아들에게 맡기셨으니"(요 5:22).

사도행전 17장 31절도 이런 사실을 나타냅니다.

"이는 정하신 사람으로 하여금 천하를 공의로 심판할 날을 작정하시고 이에 그를 죽은 자 가운데서 다시 살리신 것으로 모든 사람에게 믿을 만한 증거를 주셨음이니라 하니라."

주 예수님께서 심판자로 하늘에서 오실 것입니다. 전천년주의자들이 꿈꾸는 것처럼 이 땅에서 천 년 동안 다스리기 위해 오시는 것이 아닙니다. 그들의 주장은 요한계시록 20장을 오해한 결과입니다. 주 예수님은 겸손이 아닌 영광과 권능으로 옷 입고 어느 누구도 상상할 수 없는 장엄한 모습으로 구름을 타고 오실 것입니다. 이미 한 번 그리스도께서 거룩한 산에서 세 제자들이 보는 가운데 영광스런 모습으로 변화되신 적이 있습니다. 이때 제자들은 그리스도께서 하나님으로부터 받은 위엄과 영광을 목격했습니다(마 17:5; 벧후 1:17,18 참고).

그리스도께서 거룩한 천사들의 섬김을 받으며 자신의 본질적인 영광과 성부의 영광 가운데 오실 때의 모습은 무한히 영광스러울 것입니다. 다음 구절들을 통해 이런 사실들을 알 수 있습니다.

"누구든지 나와 내 말을 부끄러워하면 인자도 자기와 아버지와 거룩한 천사들의 영광으로 올 때에 그 사람을 부끄러워하리라"(눅 9:26).

"그때에 사람들이 인자가 구름을 타고 능력과 큰 영광으로 오는 것을 보리라"(눅 21:27).

다음과 같은 말씀들을 통해 이런 사실들을 짐작할 수 있습니다.

① 하나님의 나팔 소리

"주께서 호령과 천사장의 소리와 하나님의 나팔 소리로 친히 하늘로부터 강림하시리니 그리스도 안에서 죽은 자들이 먼저 일어나고"(살전 4:16).

② 구름 위에서 그리스도께서 재판장으로 좌정하실 왕좌의 장엄함

다니엘이 환상을 통해 이 왕좌가 얼마나 장엄한지를 보았습니다.

"그의 보좌는 불꽃이요 그의 바퀴는 타오르는 불이며"(단 7:9).

이 보좌에 대해 주 예수님께서 자신이 영광의 보좌에 앉을 것이라고 말씀하십니다(마 25:31 참고).

③ 주 예수님의 종으로서 그곳에 함께 자리할 수많은 거룩한 천사들

"인자가 자기 영광으로 모든 천사와 함께 올 때에 자기 영광의 보좌에 앉으리니"(마 25:31).

주 예수님께서 위대한 재판장으로 나타나시는 날은 얼마나 엄위하고도 영광스럽겠습니까!

또한 성경은 성도들이 심판할 것이라고 말합니다.

"세상이 새롭게 되어 인자가 자기 영광의 보좌에 앉을 때에 나를 따르는 너희도 열두 보좌에 앉아 이스라엘 열두 지파를 심판하리라"(마 19:28).

"성도가 세상을 판단할 것을 너희가 알지 못하느냐?"(고전 6:2)

그러나 성도들이 법적인 권위와 권세를 가지고 심판하는 것은 아닙니다. 오히려 그리스도의 지체로서, 특별히 그리스도의 심판이 의롭다고 인정함으로써 자신들의 머리이신 분의 영광과 역사를 드높일 것입니다.

"또 내가 들으니 제단이 말하기를 그러하다 주 하나님 곧 전능하신 이시여 심판하시는 것이 참되시고 의로우시도다 하더라"(계 16:7).

성도들은 그날에 밝히 드러날 자신들의 행실로 심판할 것입니다. 노아가 당대에 그러했듯이, 그들의 경건한 모습이 불경건한 자들을 정죄할 것입니다(히 11:7 참고).

심판의 대상

심판의 대상은 다음과 같습니다.

① 마귀들

하나님께서 그들을 지옥에 던져 넣고 어두운 구덩이에 두시고는 심판 때까지 지키게 하실 것입니다(벧후 2:4 참고). 하나님께서 자기 처소를 떠난 천사들을 큰 심판의 날까지 영원히 결박하여 흑암에 가두셨습니다(유 1:6 참고).

"우리가 천사를 판단할 것을 너희가 알지 못하느냐. 그러하거든 하물며 세상 일이랴"(고전 6:3).

② 모든 사람

크든 작든, 젊든 늙든, 부유하든 가난하든, 왕이든 거지이든 차별이 없고 예외가 없습니다. 성품이 어떠한지도 전혀 고려되지 않습니다. 사람은 누구나 심판을 받을 것입니다.

"모든 민족을 그 앞에 모으고"(마 25:32).

"이는 우리가 다 반드시 그리스도의 심판대 앞에 나타나게 되어"(고후 5:10).

"우리가 다 하나님의 심판대 앞에 서리라"(롬 14:10).

"살아 있는 자와 죽은 자를 심판하실 그리스도 예수"(딤후 4:1).

"이는 정하신 사람으로 하여금 천하를 공의로 심판할 날을 작정하시고"(행 17:31).

심판을 견디지 못할 악인들도 그 자리에 있을 것입니다(시 1:5 참고). 정죄를 당하지 않고 사망에서 생명으로 옮겨질 신자들도 이 총체적인 심판의 자리에 같이 있을 것입니다(마 25:34 참고).

심판의 시행

이 심판을 시행하는 것과 관련하여 의로운 심판이 가지는 모든 요소들인 소환, 출두, 심문, 선고, 집행에 관해 생각해 봅시다.

소환

소환 또는 소환장 발부는 천사장의 소리와 하나님의 큰 나팔 소리와 더불어 일어납니다(살전 4:16; 마 24:31 참고). 이 소환장은 다음의 내용을 담고 있습니다. "죽은 자들아, 일어나 심판 자리로 나아오라."

출두

죽은 자들이 소환되면, 곧바로 죄인들이 심판대 앞으로 나아옵니다. 어느 누구도 하나님께서 불의한 재판장인 양 이 소환을 거부하거나 회피하거나 상황을 완화시킬 수 없습니다. 아무도 이 소환을 피해 숨거나 심판을 거부할 수 없습니다. 잊혀서 누락되는 자도 없을 것입니다. 전지하고 전능하신 하나님께서 각 사람을 심판대 앞으로 나아오게 하실 뿐만 아니라 천사들이 각 사람을 심판의 보좌 앞으로 불러 모을 것이기 때문입니다. 주 예수님께서 양들은 오른편에, 염소는 왼편에 두심으로써 선한 자들과 악한 자들을 나누실 것입니다. 선한 자들은 구름 가운데서 그리스도를 뵙기 위해 끌어올려지나, 악인들은 땅에 그대로 남아 있을 것입니다.

"그 후에 우리 살아남은 자들도 그들과 함께 구름 속으로 끌어올려 공중에서 주를 영접하게 하시리니 그리하여 우리가 항상 주와 함께 있으리라"(살전 4:17).

이러한 분리에 관해 성경은 다음과 같이 말합니다.

"모든 민족을 그 앞에 모으고 각각 구분하기를 목자가 양과 염소를 구분하는 것같이 하여, 양은 그 오른편에 염소는 왼편에 두리라"(마 25:32,33).

천사들이 이 일을 돕습니다.

"그가 큰 나팔 소리와 함께 천사들을 보내리니 그들이 그의 택하신 자들을 하늘 이 끝에서 저 끝까지 사방에서 모으리라"(마 24:31).

"세상 끝에도 이러하리라. 천사들이 와서 의인 중에서 악인을 갈라 내어"(마 13:49).

심문

출두 이후에 세세하고도 정확한 심문이 이어집니다. 각 사람의 모든 죄가 낱낱이 드러납니다. 심문에는 다음과 같은 것들이 포함됩니다.

① 각 사람이 했던 모든 생각과 더불어 각 영혼이 가장 친근하게 품었던 마음의 성향이 심문을 받습니다.

"하나님이 예수 그리스도로 말미암아 사람들의 은밀한 것을 심판하시는 그날이라"(롬 2:16).

"그가 어둠에 감추인 것들을 드러내고 마음의 뜻을 나타내시리니"(고전 4:5).

② 각 사람이 내뱉었던 모든 말들이 심문을 받습니다.

"내가 너희에게 이르노니 사람이 무슨 무익한 말을 하든지 심판 날에 이에 대하여 심문을 받으리니"(마 12:36).

"이는 뭇 사람을 심판하사 모든 경건하지 않은 자가 경건하지 않게 행한 모든 경건하지 않은 일과 또 경건하지 않은 죄인들이 주를 거슬러 한 모든 완악한 말로 말미암아 그들을 정죄하려 하심이라"(유 1:15).

③ 은밀하게, 또는 공개적으로 행한 모든 행위, 다른 사람과 관련하여 행한 모든 행위가 심문을 받습니다. 눈, 귀, 혀, 손, 발 등 몸의 각 지체로 행한 것은 물론 몸의

지체들의 움직임 하나까지 심문을 받습니다. 각자가 맡은 일을 어떻게 행했으며 행실이 어떠했는지는 물론 옷, 집, 가구, 정원, 음식 등의 소유를 어떻게 모았고 어떻게 사용했는지 심문을 받습니다. 은혜의 방편, 곧 우리가 들은 모든 설교, 매번 받아 누린 확신, 우리가 가정에서 받은 하나님의 말씀을 어떻게 사용했는지도 심문을 받을 것입니다. 우리의 일생 및 한 해, 한 달, 하루, 한 시간을 어떻게 보냈는지 심문을 받을 것입니다. 크든 작든, 잘하였든 못하였든 이 모든 것들이 심문의 대상입니다. 포괄적인 측면에서뿐만 아니라 세부적인 것들까지 모두 심문 받을 것입니다. 이 일이 각 개인의 양심에서뿐만 아니라 모두가 볼 수 있게 행해질 것입니다.

"하나님은 모든 행위와 모든 은밀한 일을 선악 간에 심판하시리라"(전 12:14).

심문의 기준은 율법입니다. 하나님께서 이 율법을 각 사람의 마음에 새겨 놓으셨으며(롬 2:14,15 참고), 성경을 통해 교회에 명백하게 선언하셨습니다. 이 율법에 따라 각 사람은 그들의 상태와 관련하여 심판을 받을 것입니다.

"무릇 율법 없이 범죄한 자는 또한 율법 없이 망하고 무릇 율법이 있고 범죄한 자는 율법으로 말미암아 심판을 받으리라"(롬 2:12).

사도가 "곧 나의 복음에 이른 바와 같이 하나님이 예수 그리스도로 말미암아 사람들의 은밀한 것을 심판하시는 그날이라"(롬 2:16)라고 할 때, 사도가 말하는 바는 이 심문이 복음을 기준으로 하여 이루어지고, 산 자와 죽은 자들이 이 복음을 통해 심판을 받으리라는 것이 아닙니다. 복음이 이들 대부분에게 전해지지는 않을 것이기 때문입니다. 오히려 지금 사도는 사람들에게 복음을 선포하는 동시에 총체적인 심판이 있으리라 선포하며 다시 오실 심판주를 두려워하며 회개하라고 촉구합니다(고후 5:11 참고). 복음은 회심하지 않은 자들의 죄를 극대화하는 동시에 그들의 정죄를 더욱 심각한 것으로 만들 것입니다.

"심판 날에 두로와 시돈이 너희보다 견디기 쉬우리라"(마 11:22).

그러나 신자들은 복음으로 말미암아 용서를 받을 것입니다. 신자들은 모두 주 예수님의 속죄와 거룩함에 참여하였으며 율법이 각자에게 요구하는 의로움이 그리스도 안에서 성취되었기 때문입니다(롬 8:4 참고). 그러므로 율법은 사람의 성품과 생각과 말과 행실을 심판할 기준입니다. 이 심문의 때에 하나님의 영원한 작정의 책은 물론이요 각 사람의 양심의 책과 하나님의 전지하심의 책이 열립니다.

"또 내가 보니 죽은 자들이 큰 자나 작은 자나 그 보좌 앞에 서 있는데 책들이 펴 있고 또 다른 책이 펴졌으니 곧 생명책이라. 죽은 자들이 자기 행위를 따라 책들에 기록된 대로 심판을 받으니"(계 20:12).

▶ 질문
신자들의 죄 역시 심판 때 드러나는가?

대답: 이 물음에 어떤 사람은 그러하다고, 어떤 사람은 그렇지 않다고 대답합니다. 그런데 심판 때 신자들의 죄가 드러나는지 여부는 근본적인 믿음의 교리가 아니므로 이와 관련하여 서로를 향해 의심을 품을 필요는 없습니다. 물론 우리는 심판 때 신자들의 죄가 드러날 것이라고 주장합니다. 그러나 그 방식은 용서받지 못한 자들의 죄가 드러나는 것과는 다를 것입니다. 다음 사실들을 근거로 그렇게 주장할 수 있습니다.

① 이 심판이 모든 사람을 포괄한다는 선언을 볼 때, 신자들의 죄도 예외가 될 수 없습니다.

"이러므로 우리 각 사람이 자기 일을 하나님께 직고하리라"(롬 14:12; 전 12:14; 행 17:31 참고).

성경이 예외를 허락하지 않는다면, 우리도 예외를 두지 말아야 합니다.

② 신자와 불신자 모두 하나님의 심판대 앞에 서리라는 사실을 볼 때, 주님께서 불신자는 물론이요 신자에게도 심판주로 서실 것임을 알 수 있습니다. 의로운 재판장이라면 피고에게 유리한 것과 불리한 것을 모두 면밀히 살필 것입니다. 그렇다면 심판주이신 주 예수님은 분명 신자들의 행실도 면밀히 살피실 것입니다.

"죽은 자들이 자기 행위를 따라 책들에 기록된 대로 심판을 받으니"(계 20:12).

③ 신실한 목사들이 영혼을 "청산할 자"처럼 살펴본다는 말씀을 볼 때(히 13:17

참고), 심판 때 신자들의 죄가 드러난다는 주장이 맞습니다. 그러나 어떤 일은 그 행위의 맥락을 전체적으로 찬찬히 살펴보아야만 바르게 판단할 수 있습니다. 따라서 신자들의 불완전한 것들과 실패들 역시 드러날 수밖에 없습니다.

④ 죄책과 죄책에 대한 만족이 서로 대립할 경우, 신자들에게 무죄를 선언해야만 하나님의 의로우심이 분명히 드러날 수 있다는 점을 생각할 때, 신자의 죄가 드러난다고 볼 수 있습니다.

⑤ 그리스도께서 값을 치르신 신자들의 죄악이 분명히 드러나야만 그리스도의 대속의 크기와 효력 역시 온전히 드러납니다. 이 사실을 생각할 때, 신자의 죄도 드러나는 것이 맞습니다.

⑥ 구원의 목적은 하나님의 영광스러운 은혜와 긍휼을 찬양하는 것입니다. 그리고 이는 긍휼을 받는 그릇들이 저지른 죄악들이 드러나야만 깨달을 수 있습니다. 이 두 가지 사실을 미루어 신자들의 죄도 드러난다고 보아야 합니다.

⑦ 신자들이 불신자들과 함께 죄를 짓는다는 점을 생각할 때 그렇게 주장할 수 있습니다. 신자와 함께 저지른 불신자의 죄가 드러난다면, 그와 관련된 신자의 죄 역시 드러날 수밖에 없습니다.

반론 1

재판장 자신이 신자들의 죄를 위한 대속을 이루었다. 그런데 무슨 이유로 그들의 죄를 다시금 들추어내 고소한단 말인가?

답변

신자들은 심판 자리에서 드러난 죄 때문에 고소당하지 않을 것입니다. 뿐만 아니라 그 죄는 용서받지 못한 자들의 죄와는 다른 방식으로 드러날 것입니다. 분명히 신자들이 저지른 죄는 드러나지만, 불신자들의 죄와는 달리 중보자를 통해 이미 용서받은 죄로 드러날 뿐입니다.

반론 2

하나님께서 이미 신자들의 죄를 모두 용서했다. 성경은 하나님께서 그들의 죄를 자신의 등 뒤 바다 깊은 곳으로 던져 버리고 더는 기억하지 않는다고 말한다. 신자들의 죄는 가려진다(시 32:1 참고). 그렇다면 신자들의 죄가 더 이상 드러나서는 안 된다.

답변

'죄를 기억하지 않는다'는 말은 '죄 때문에 벌을 받지 않는다,' '죄인으로 대하지 않는다'는 의미입니다. 하나님은 무언가를 잊어버리는 분이 아니시기 때문입니다. '가린다'라는 말은 '숨긴다'는 뜻이 아닙니다. 하나님과 천사들과 다른 경건한 신자들과 불신자들이 이미 그 죄를 보았기 때문입니다. 그 말은 하나님께서 그 죄로 인해 신자들을 심판하지 않으실 것이라는 의미로 보아야 합니다.

반론 3

자신이 지은 모든 죄를 다시금 대면하는 것은 신자들에게 너무나 수치스럽고도 슬픈 일일 것이다.

답변

신자들은 자신이 어떤 죄인이었는지가 명확하게 드러나기를 바랄 것입니다. 이를 통해 오히려 그리스도께서 자신들을 위해 이루신 속죄는 물론이요 하나님의 긍휼과 정의의 영광이 분명하게 드러날 것이기 때문입니다. 신자들은 하나님과 화목하게 되었으므로 수치나 슬픔을 당하는 것에 개의치 않습니다.

반론 4

심판 날에 신자들의 악행은 전혀 언급되지 않고 선한 행실만이 드러날 것이다. "내가 주릴 때에 너희가 먹을 것을 주었고 목마를 때에 마시게 하였고 나그네 되었을 때에 영접하였고 헐벗었을 때에 옷을 입혔고 병들었을 때에 돌보았고 옥에 갇혔을 때에 와서 보았느니라"(마 25:35,36).

> 답변

인용한 마태복음 말씀은 지금 우리가 논의하는 법정적인 선고도 아니요 심문하는 말도 아닙니다. 선고할 때 재판장은 먼저 신자들이 그리스도를 사랑했고, 그리스도로 말미암아 구속함을 받았고, 신자로 살아왔다는 사실을(신자들이 하나님께 택함 받은 자라고 말할 수 있는 이유와 증거로서) 나열할 것입니다. 사랑은 믿음의 열매요(갈 5:6 참고), 하나님께서 그들을 사랑하신다는 증거이기 때문입니다(요일 4:19; 고전 8:3 참고). 그들의 선한 행위는 구원을 얻는 공로가 아니라(신자들은 천국을 기업으로 받았기 때문입니다), 그리스도의 의에 참여한 자라는 증거로 제시될 것입니다. 칭의와 성화는 서로 긴밀하게 연결되어 있으므로 결코 분리될 수 없습니다.

판결

우리는 이 심판에서 피고인으로 선 신자들과 불신자들에게 각각 선포될 판결에 대해서도 생각해 보아야 합니다.

"그때에 임금이 그 오른편에 있는 자들에게 이르시되, 내 아버지께 복 받을 자들이여 나아와 창세로부터 너희를 위하여 예비된 나라를 상속받으라……또 왼편에 있는 자들에게 이르시되, 저주를 받은 자들아 나를 떠나 마귀와 그 사자들을 위하여 예비된 영원한 불에 들어가라"(마 25:34,41).

우선 불신자들 앞에서 신자들을 영화롭게 하기 위해 신자들에게 판결이 선고되고, 이로 말미암아 불신자들이 수치와 슬픔을 더 크게 느낄 것입니다.

집행

마침내 선고한 대로 형이 집행될 것입니다. 불신자들은 영원토록 고통받을 지옥에 던져질 것입니다. 반면, 신자들은 하나님께서 계시는 낙원인 셋째 하늘로 인도되어 그곳에서 하나님과 직접 친교를 나누면서 영원한 즐거움과 만족을 누릴 것입니다.

"그들은 영벌에, 의인들은 영생에 들어가리라 하시니라"(마 25:46).

최후의 심판이 이루어지는 장소, 때, 기간

교황주의자들은 최후의 심판이 여호사밧 골짜기에서 이뤄질 것이라고 주장합니다. 그러나 이는 요엘서를 잘못 해석한 결과입니다.

"내가 만민을 모아 데리고 여호사밧 골짜기에 내려가서 내 백성 곧 내 기업인 이스라엘을 위하여 거기에서 그들을 심문하리니……민족들은 일어나서 여호사밧 골짜기로 올라올지어다. 내가 거기에 앉아서 사면의 민족들을 다 심판하리로다"(욜 3:2,12).

본문은 하나님의 백성들에게 이루어지는 특별한 구원과 그들의 원수들에게 행해지는 특별한 심판을 가리킵니다. 이는 여호사밧 시대에 하나님께서 이스라엘을 특별히 구원하시고 그 원수들을 심판하신 사건과 비슷합니다. 여호사밧은 이 구원 역사를 이루신 하나님을 찬양하였고, 그곳은 찬양의 골짜기라는 뜻의 "브라가 골짜기"라고 불렸습니다(대하 20:26 참고).

최후의 심판은 구름 속 공중에서 이루어질 것입니다.

"그들이 인자가 구름을 타고 능력과 큰 영광으로 오는 것을 보리라"(마 24:30).

"그 후에 우리 살아남은 자들도 그들과 함께 구름 속으로 끌어올려 공중에서 주를 영접하게 하시리니"(살전 4:17).

"볼지어다, 그가 구름을 타고 오시리라"(계 1:7).

최후의 심판이 이루어지는 때는 이 세상의 마지막 날입니다. 그날에 세상은 삽시간에 멸망할 것입니다. 그러나 사람은 이날이 얼마나 오랜 시간이 흐른 후에 올지에 대해 알지 못합니다. 다만 이날이 예상치 못한 때에 갑작스레 임하리라는 것은 압니다.

"그러나 그날과 그때는 아무도 모르나니 하늘에 있는 천사들도, 아들도 모르고 아버지만 아시느니라"(막 13:32).

"그런즉 깨어 있으라. 너희는 그날과 그때를 알지 못하느니라"(마 25:13).

"이날은 온 지구 상에 거하는 모든 사람에게 임하리라"(눅 21:35).

"이르시되 때와 시기는 아버지께서 자기의 권한에 두셨으니 너희가 알 바 아니요"(행

1:7).

이 말씀이 있은 이래로 이날이 언제일지를 계산하려고 애쓰고 그때를 선언하려는 호기심 많고 대담한 사람들이 항상 있어 왔습니다. 그러나 그 시도로 인해 그들은 어김없이 수치를 당했습니다. 유대인에게는 여전히 다음과 같은 이야기가 있습니다. 창세기의 첫 절에는 천을 뜻하는 히브리어 אלף(엘레프)의 첫 글자인 א(알레프)가 여섯 번 나오며, 따라서 이 세상이 육천 년 동안 지속되리라는 것입니다. 그러나 기초가 잘못되면 그 위에 들어선 건물 역시 잘못되는 법입니다.

하나님은 우리에게 정확한 때를 알려 주지는 않으셨으나, 그리스도께서 심판하기 위해 재림하시기 전에 일어날 몇 가지 징조들을 말씀을 통해 알려 주십니다. 그중 어떤 것들은 이미 광범위하게 이루어졌습니다. 예컨대, 많은 이단들과 거짓 선지자들이 행하는 그럴듯한 속임들, 배교, 무서운 전쟁들, 지진, 홍수, 교회를 향한 끔찍한 압제와 박해, 만연한 불경건과 무정함, 온 세상에 복음이 전파됨, 적그리스도의 출현 등이 그러합니다. 그러나 그리스도께서 심판주로 재림하시기 전에 이루어져야 할 일들이 아직 남아 있습니다. 짐승이 왕 노릇 하는 로마가 멸망하는 것(계 16:13 참고), 바벨론의 음녀가 망하고 벌거벗겨지고 버림받는 것(계 17:16 참고), 큰 음녀가 심판받아 멸망하는 것(계 18장, 19:2 참고), 온 유대 민족이 회심하고 예수님을 메시아로 인정하는 것(롬 11:15 참고), 이 땅에서 교회가 천 년 동안 영광스럽게 통치하는 것, 이어서 곡과 마곡이 반역하고(계 20장 참고) 포위하며 잔혹하게 압제하는 것 등이 있습니다. 그 이후에 생각하지 못한 때에 주 예수님께서 심판하러 오실 것입니다. 이 모든 사실로부터 우리는 최후의 심판 날이 아직 임박하지 않았음을 짐작할 수 있습니다. 그러나 모든 각 사람에게는 이날이 가까이 있습니다. 심판날 각 사람이 죽을 때의 상태 그대로 드러날 것이기 때문입니다.

그리스도의 재림과 함께 일어날 또 다른 징조가 있습니다. 인자가 구름을 타고 능력과 큰 영광으로 오시는 것입니다(마 24:30 참고). 성경은 이 표징의 특징에 대해 아무것도 언급하지 않습니다. 사람들은 이에 관해 저마다 다르게 생각하고 믿습니다. 그리스도께서 친히 오신다거나, 그리스도의 영광의 보좌가 선다거나(마 25:31

참고), 이루 말할 수 없는 탁월하고도 영화로운 광채로 드러난다거나, 우렁찬 최후의 나팔 소리가 들릴 것이라는 등 말입니다. 미신적인 교황주의자들은 거대하고도 영광스런 십자가가 될 것이라고 믿습니다. 그러나 그 징조가 어떤 모습으로 일어나든 분명한 사실은 모든 산 자들이 그것을 보고 "드디어 재판장이 심판하기 위해 오시며, 종말이 이르렀구나"라고 인정할 것이라는 점입니다.

심판이 이루어지는 기간 역시 알려진 바가 없습니다. 다만 지금까지 말한 내용들을 볼 때, 분명히 이 심판은 잠잠히 진행되지 않을 것입니다. 또한 한 시간 또는 몇 시간 만에 이루어지거나 심지어 사람들이 흔히 생각하듯이 하루 동안 이루어지지도 않을 것입니다. 오히려 이 심판은 이천 년에 걸쳐 아주 오랫동안 이루어질 것입니다. 그러하기에 시간이 부족하여 서둘러 심판하는 일은 없을 것입니다. 신자들은 이미 영광과 지복의 상태를 누리고, 불신자들은 도무지 견딜 수 없는 두려움과 염려 속에서 차라리 그리스도 앞에서 사라지기만을 바랄 것입니다. 어찌되었든 심판의 기간 역시 확실하지 않습니다.

최후의 심판은 불경건한 자들에게 큰 두려움이 될 것임

앞에서 이야기한 것들을 총체적으로 숙고하며 새롭고 진지하게 관심을 기울이십시오. 그리스도께서 심판주로 오실 것입니다. 그분은 누구나 볼 수 있게 오실 것이며, 모든 눈이 그분을 볼 것입니다. 위대한 영광 가운데 하늘과 땅을 심판하는 재판장으로 오실 것입니다. 모든 사람을 자기 앞으로 부르고 선인과 악인을 가르실 것입니다. 각 사람을 면밀히 살펴 모든 행위를 드러내실 것입니다. 각 사람의 행위가 생명에 해당하는지 사망에 해당하는지 선고를 내려, 불신자는 지옥에 가두고 신자는 천국으로 맞아들이실 것입니다.

이런 사실을 알고 불신자들은 머리가 쭈뼛 설 만큼 두려워해야 합니다. 불신자들에게 이날은 끔찍하고도 두려운 날이 될 것이기 때문입니다! 이날은 "주의 크고 영화로운 날"(행 2:20)입니다.

"만군의 여호와가 이르노라. 보라, 용광로 불 같은 날이 이르리니 교만한 자와 악을 행하는 자는 다 지푸라기 같을 것이라. 그 이르는 날에 그들을 살라 그 뿌리와 가지를 남기지 아니할 것이로되"(말 4:1).

이날에 그들은 다음과 같이 기록된 일을 경험할 것입니다.

"시온의 죄인들이 두려워하며 경건하지 아니한 자들이 떨며 이르기를 우리 중에 누가 삼키는 불과 함께 거하겠으며 우리 중에 누가 영영히 타는 것과 함께 거하리요 하도다"(사 33:14).

그리하면 그들은 이렇게 말할 것입니다.

"산들과 바위에게 말하되 우리 위에 떨어져 보좌에 앉으신 이의 얼굴에서와 그 어린양의 진노에서 우리를 가리라. 그들의 진노의 큰 날이 이르렀으니 누가 능히 서리요"(계 6:16, 17).

장래에 자신에게 무슨 일이 일어날지 알고 싶어하고 자손들의 삶은 물론 자신의 노후를 위해 전전긍긍하며 대비하는 사람들이 정작 최후의 심판과 같은 두려운 날에는 전혀 관심이 없다는 사실이 정말 놀라울 따름입니다. 그들의 양심이 죄를 확증하고 있으므로, 그들이 양심의 찌르는 소리에 조금이라도 귀를 기울인다면 임박한 진노를 두려워하게 될 것입니다. 그러나 많은 사람들이 심판의 날에 관심을 두지 않습니다. 그날이 어떠할지에 관한 것은 물론, 심판 날 자체를 생각하려 하지 않습니다. 아예 생각하지 않으면 그런 일이 없을 것처럼 그저 무시할 뿐입니다. 마귀들도 이날 때문에 두려워 떨며, 벨릭스도 바울이 임박한 심판에 대해 말하는 것을 듣고서 심히 두려워했습니다. 그러나 오늘날 주의 두려운 날을 믿고 두려워 떠는 자가 있습니까? 죄 가운데 살면서도 이 위대한 심판의 날을 두려워하지 않는 것은 진정 비참한 표지입니다.

경박하고, 무정하고, 죄짓는 데 익숙하고, 육신적이고, 세상적으로 생각하고, 이 땅의 것들을 생각하고, 부도덕하고, 음란하고, 간음하고, 거만하게 자랑하고, 노름하고, 술 취하고, 거짓말하고, 험담하고, 외식하고, 복음을 거부하며 불순종하는 여러분, 잘 들으십시오. 그러고도 어떻게 괜찮으리라고 생각할 수 있습니까? 심판대 앞에 지금 여러분의 모습 그대로 불려 갈 것입니다. 자신의 영광 가운데 여러분의 심판자로 좌정하신 주 예수님을 볼 것입니다. 여러분을 향해 "아담아 어디 있느냐? 네가 무엇을 했느냐?"라고 부르는 소리가 들려올 것입니다. 그리하면 두려움 가운데 떨면서 앞으로 나아가 여러분이 살아온 역사를 마주할 것입니다. 공적으로나 사적으로 지은 모든 죄가 읽히고 여러분은 할 말을 잃을 것입니다. 심판주께서 진노 가운데 여러분을 내려다보시며 저주받은 자라고 선언하실 것입니다. 신자들이 여러분을 경멸하고 정죄 받아 마땅하다고 여길 것입니다. 여러분은 극심한 두려움과 고통 속에서 이 모든 것들을 오랫동안 감내해야 할 것입니다. 그날에 여러분은 여러분에게 멸시당하던 자들이 영광 가운데서 여러분을 심판하는 것을 견디지 못할 것입니다. 이 일 후에 여러분은 유황으로 이글거리는 영원한 불못에 던져지고 그곳에서 슬피 울며 이를 갈 것입니다. 그곳에서 여러분은 영원히 피어오르는 연기에 괴로워하며, 여러분의 양심의 벌레들에게 맹렬하게 뜯어먹힐 것입니다. 그러나 여러분은 결코 죽지 못할 것입니다. 너무나 괴로워 죽기를 구하나 그곳에서는 죽음을 찾을 수 없습니다. 절망과 좌절과 슬픔으로 혀를 깨물게 될 것입니다. 여러분은 이 모든 일을 하나도 빠짐없이 당해야 합니다. 그때에는 어디로 피하렵니까? 그때는 모든 은혜가 거두어진 뒤입니다. 그곳은 어디에도 숨을 데가 없고, 모든 회복과 상태의 변화와 휴식 같은 것이 그치는 곳입니다. 오직 여러분의 몸과 영혼이 끝없이 고통당하며 슬픔만 계속될 곳입니다. 이와 같이 불신자에게 임할 주의 날에 대한 두려움 때문에라도 여러분이 제 말에 귀를 기울이고 구원에 이르기를 바랍니다. 아직 하나님의 진노를 피할 기회가 있습니다. 지금은 그리스도께서 복음 안에서 여전히 길이요 진리요 생명으로 주어지는 때이기 때문입니다. 그러므로 지금 회개하고 주 예수님을 믿으십시오. 그리하면 구원을 얻을 것입니다. 전능하신 하나님께서 여러분으로 하여금 떨며 즉시 주님과 그분의 선하심으로 나아오게 하시기를 바랍니다. 그리하여 여러분도 그리스도께서 영광 가운데 오시는 마지막 날에 위대한 자유와 기쁨으로 인자 앞에 설 수 있기를 바랍니다.

신자들이 고대하는 최후의 심판

예수님 안에서 칭의와 성화를 추구하는 신자들은 주님의 재림을 두려워하지 않습니다. 오히려 그것을 갈망하고 기쁨으로 고대합니다. 주님께서 나타나시기만을 바랍니다(딤후 4:8 참고).

"너희도 길이 참고 마음을 굳건하게 하라 주의 강림이 가까우니라"(약 5:8).

재림에 대한 약속을 가지고 당당히 서서 서로를 격려하십시오(살전 4:16-18 참고). 여러분이 구속받을 날이 가까워지고 있습니다(눅 21:28 참고). 마땅히 그리해야 하지 않습니까?

첫째, 그때에는 우리 주 예수님께서 모든 사람과 천사들과 마귀가 보는 앞에서 영광을 받으실 것입니다. 예수님은 이 땅에 계실 때 지극히 낮아지셨습니다. 그분은 모든 비참함 가운데 시험을 당하시고 사람들에게 멸시받고 거절당한 질고의 사람이셨습니다. 하나님의 진노와 사람들의 조롱 가운데 십자가에서 죽으셨습니다. 지금도 그리스도가 설교되는 곳마다 사람들은 그리스도를 영접하고 경외하고 두려워하는 것이 아니라, 멸시하고 거부하고, 심지어 그 몸의 지체들까지 핍박하며 조롱합니다. 그러나 마지막 심판 날에는 예수님께서 자기 영광 가운데 나타나시고, 만물을 심판하는 재판장으로서 영광의 보좌에 좌정하실 것입니다. 그러므로 주 예수님을 사랑하는 사람들은 주님께서 다시 오심을 기뻐해야 합니다. 그날에는 예수님께서 자신의 모든 성도들 가운데서 영광을 받으시고 모든 믿는 자들에게서 놀랍게 여김을 받으실 것입니다(살후 1:10 참고).

둘째, 그날에는 여러분이 새로워질 것입니다(행 3:19 참고). 모든 비참함에서 건짐 받을 것입니다(눅 21:28 참고). 혼인 잔치에 들어갈 것입니다(마 25:6 참고). 의의 면류관을 쓸 것입니다(딤후 4:8 참고).

셋째, 그날에는 선인과 악인이 나뉠 것입니다. 슬픈 현실이지만, 지금은 교회 안에 선인과 악인이 함께 있으므로 "의인과 악인을 분별하고 하나님을 섬기는 자와 섬기지 아니하는 자를 분별"(말 3:18)해야 합니다. 그러나 그날에는 모든 신자들이 그리스도의 오른편에 한 무리로 모일 것입니다. 그 무리에서 불경건한 자나 외식하는 자는 단 한 사람도 발견되지 않을 것입니다. 오히려 불경건한 자들은 그리스도의 왼편에 한 무리로 자리하게 될 것입니다.

넷째, 그날에 신자들은 모든 불경건한 자들과 교회를 압제하는 자들에게 하나님의 의로운 진노가 부어지는 것을 목도할 것입니다. 그날에 주님께서 "하나님을 모르는 자들과 우리 주 예수의 복음에 복종하지 않는 자들에게 형벌을"(살후 1:8) 내리기 위해 오십니다.

다섯째, 그날에 주님께서 여러분의 구속주로서 여러분을 사랑하심을 천사들과 모든 사람들 앞에서 고백하실 것입니다. 주님으로 말미암아 모든 죄에서 구속 받은 여러분은 영생의 후사입니다. 이 위대한 심판자께서 여러분을 자신의 신부라고 부르시고 빛과 영광과 거룩함과 즐거움으로 충만한 성부의 집으로 맞아들이시는 그날은 얼마나 영광스럽겠습니까? 그러므로 지금 당하는 모든 슬픔에 굴복하지 말고 그것들을 딛고 즐거워하십시오.

"그러므로 너희가 이제 여러 가지 시험으로 말미암아 잠깐 근심하게 되지 않을 수 없으나 오히려 크게 기뻐하는도다. 너희 믿음의 확실함은 불로 연단하여도 없어질 금보다 더 귀하여 예수 그리스도께서 나타나실 때에 칭찬과 영광과 존귀를 얻게 할 것이니라"(벧전 1:6,7).

신자들에게 주는 책망과 격려

그리스도께서 심판주로 오신다는 사실에 대해 신자들이 크게 기뻐하지 않고, 현재 자신의 영적 상태와 현실 상황에서 그 사실로 말미암아 큰 위로를 얻지 못하는 것은 너무나 비통한 일입니다. 신자들이 이런 모습을 보이는 이유를 묻는다면, 다음과 같이 대답하겠습니다.

① 심판 날에 일어날 그 일이 지금 당장 일어난다면 주 예수님과 교회와 자신에게 훨씬 더 영광스러운 일이 될 것이라고 잘못 생각하기 때문입니다.

② 불신앙 때문입니다. 자신이 하나님의 자녀 무리가 아니라 왼편에 선 악인들의 무리 가운데서 발견될까 봐 두려워하기 때문입니다. 자신이 은혜 아래에 있음을 받아들이고 누릴 이유가 많은데도 왜 계속 자신의 상태를 의심합니까? 사망에서 생명으로 옮겨졌음을 믿으면서도 그리스도와 함께한 후사로서 생명 가운데 행하지 않고 그것을 기뻐하지 않는 것은 매우 위험한 일입니다.

③ 역사적 믿음이 약하기 때문입니다. 주 예수님께서 심판주로 오실 것을 생각으로만 믿습니다. 그러나 그리스도의 재림에 대한 역사적 믿음이 굳건하다면, 그 날에 더욱 초점을 맞추고 그것을 삶의 실체로 의식하며 살아갈 것이므로 그 믿음에 걸맞게 행하게 됩니다.

④ 부주의하기 때문입니다. 베드로가 이 땅에 천막을 치면 좋겠다고 생각한 것처럼, 땅의 일들을 너무 많이 생각하고 몸과 영혼을 즐겁게 하려 합니다. 그러하기에 그다지 사모할 만하게 보이지 않는 장래의 일을 한 순간도 생각하지 않습니다. 여러분이 이 위대하고도 영광스러운 날에 관해 깊이 생각하지 않고 그날을 자신의 기쁨과 위로와 영광으로 여기지 않는데, 또한 마지막 날에 관해 이야기하면서 다른 사람들을 위로하지 않는데, 주님께서 재림하시는 날을 소중히 여기지 않거나 기대하지 않는 것이 당연합니다.

⑤ 그리스도에 대한 사랑이 결여되어 있기 때문입니다. 여러분이 만일 그리스도의 영광을 더 사모하고, 예수님께서 영광 가운데 오시는 것을 보기를 원하고, 신랑과 함께 있기를 갈망한다면, 그만큼 그분이 오실 날을 더 많이 생각하고 더 고대할 것이기 때문입니다.

주 예수님께서 심판하러 오실 것이므로 다음과 같이 행하십시오.

① 자신의 삶의 장부와 죄의 빚을 면밀히 살피십시오. 그러나 그 모든 계산보다 그리스도께서 여러분의 모든 죄책을 갚고 구속하신 것을 가장 앞에 두십시오. 그리스도의 피로 여러분의 모든 죄가 정산되었음을 믿으십시오.

② 이때를 준비하면서 영화로운 혼인 예복인 주 예수님의 의로 스스로를 단장하십시오. 구원의 옷과 의의 예복으로 옷 입은 자신을 그리스도 안에서 완전한 자요

하나님의 의로 여기십시오. 그리고 그날을 마음껏 대망하십시오.

③ 알지 못하는 순간에 이날을 맞이하지 않도록 항상 깨어 있으십시오. 신랑이 오기를 간절히 바라며 등에 기름을 채우고, 허리에 띠를 띠고 등불을 켜고(눅 12:35 참고), 기도하십시오.

"이러므로 너희는 장차 올 이 모든 일을 능히 피하고 인자 앞에 서도록 항상 기도하며 깨어 있으라"(눅 21:36).

맡겨진 일에 힘쓰고 부지런히 선을 행하십시오.

"주인이 올 때에 그 종이 이렇게 하는 것을 보면 그 종이 복이 있으리로다"(마 24:46).

그날 주님께 칭찬 듣기를 바란다면 지금부터 그리하십시오.

"그때에 임금이 그 오른편에 있는 자들에게 이르시되 내 아버지께 복 받을 자들이여 나아와 창세로부터 너희를 위하여 예비된 나라를 상속받으라. 내가 주릴 때에 너희가 먹을 것을 주었고 목마를 때에 마시게 하였고 나그네 되었을 때에 영접하였고 헐벗었을 때에 옷을 입혔고 병들었을 때에 돌보았고 옥에 갇혔을 때에 와서 보았느니라"(마 25:34-36).

세상의 마지막

불경건한 자들이 지옥에 영원히 갇히면, 심판장께서 자신의 택자들과 사라지지 않을 천국으로 들어가실 것입니다. 처음 세상은 하나님께서 지으신 지, 1656년이 지난 후에 물로 멸망했습니다. 창세기 6-8장이 그 역사를 말해 줍니다. 그 후 하나님께서 다시는 물로 세상을 멸망시키지 않겠노라고 약속하시고 그 징표로 무지개를 보여 주셨습니다(창 8:21,22, 9:9-17; 사 54:9 참고). 더는 세상이 물로 멸망되지 않겠지만, 다시금 세상과 그 안에 있는 모든 것이 멸망할 날이 올 것입니다.

"주께서 옛적에 땅의 기초를 놓으셨사오며 하늘도 주의 손으로 지으신 바니이다. 천지는 없어지려니와 주는 영존하시겠고 그것들은 다 옷같이 낡으리니 의복같이 바꾸시면 바뀌려니와"(시 102:25,26).

하늘과 땅이 불로 멸망할 것입니다.

"이제 하늘과 땅은 그 동일한 말씀으로 불사르기 위하여 보호하신 바 되어 경건하지 아니한 사람들의 심판과 멸망의 날까지 보존하여 두신 것이니라……그러나 주의 날이 도둑같이 오리니 그날에는 하늘이 큰 소리로 떠나가고 물질이 뜨거운 불에 풀어지고 땅과 그중에 있는 모든 일이 드러나리로다……하나님의 날이 임하기를 바라보고 간절히 사모하라. 그날에 하늘이 불에 타서 풀어지고 물질이 뜨거운 불에 녹아지려니와"(벧후 3:7,10,12).

하늘과 땅은 멸망하나 소멸되지 않음

> ▶ 질문
> 마지막 때에 하늘과 땅의 구조와 체계가 모두 사라지는가? 아니면 불로 깨끗해져 원래의 순전함과 아름다움과 영광으로 회복되는가?

대답: 이 부분에 대해서도 사람들이 저마다 다르게 생각합니다. 첫 번째처럼 생각하는 사람이 있는가 하면, 두 번째처럼 생각하는 사람도 있습니다. 그러나 저는 이 문제가 논쟁할 만한 사안이 아니라고 생각합니다. 어쨌든 우리는 하늘과 땅이 정결해지고 원래의 아름다움으로 회복된다고 믿습니다.

【증명 1】 "하나님이 영원 전부터 거룩한 선지자들의 입을 통하여 말씀하신 바 만물을 회복하실 때까지는 하늘이 마땅히 그를 받아 두리라"(행 3:21).

마지막 때는 다름 아닌 그리스도께서 심판하러 오시는 때입니다. 우리는 그때보다 미리 그리스도께서 하늘로부터 오시기를 기대하지 않습니다. 천년왕국은 만물이 회복되는 때가 아닙니다. 세상이 남아 있는 한 죄와 부패도 여전히 남아 있을 것입니다. 그리스도께서 심판하러 오시는 때가 "만물을 회복하실 때"라고 불립니다. 베드로후서가 언급하는 대로 '만물'은 사람이라기보다는 온전히 회복될 하늘과 땅 및 그 안에 있는 모든 것들을 가리킵니다. 그것들의 형질은 계속되고, 특질만 달라집니다.

【증명 2】 "피조물이 고대하는 바는 하나님의 아들들이 나타나는 것이니 피조물이 허

무한 데 굴복하는 것은 자기 뜻이 아니요 오직 굴복하게 하시는 이로 말미암음이라. 그 바라는 것은 피조물도 썩어짐의 종노릇한 데서 해방되어 하나님의 자녀들의 영광의 자유에 이르는 것이니라. 피조물이 다 이제까지 함께 탄식하며 함께 고통을 겪고 있는 것을 우리가 아느니라. 그뿐 아니라 또한 우리 곧 성령의 처음 익은 열매를 받은 우리까지도 속으로 탄식하여 양자 될 것 곧 우리 몸의 속량을 기다리느니라"(롬 8:19-23).

여기서 피조물은 신자들을 가리키지 않습니다. 다음과 같은 사실들을 그 이유로 제시할 수 있습니다.

① 피조물과 신자들이 구별됩니다. 피조물이 하나님의 아들들이 나타나기를 고대하기 때문입니다. 피조물이 허무한 데 굴복한 원인은 자신들의 행위나 죄책이 아니라 다른 존재, 즉 사람의 죄책입니다. 이 죄책 때문에 하나님께서 이 땅을 저주하셨습니다(창 3:17; 창 5:29 참고). 신자들은 다른 모든 사람들과 더불어 자신들의 행위로 말미암아 허무한 데 굴복합니다.

"그뿐 아니라 또한……우리까지도 속으로 탄식하여"(롬 8:23).

이처럼 이 말씀은 피조물과 신자들을 분명히 구별합니다. 그러므로 여기서 피조물은 신자들을 가리키지 않습니다. 게다가 사도들 역시 허무한 데 굴복했기 때문에 사도들을 가리키지도 않습니다. 물론 이는 신자들의 죄책 때문이 아닙니다. 오히려 다른 모든 신자들처럼 사도들도 자신의 죄책 때문에 굴복한 것입니다.

② 사도들이나 신자들은 '피조물'로 지칭된 적이 없습니다. 오히려 모든 신자들이 저마다 새로운 피조물이라 불립니다(고후 5:17 참고). 그러나 신자들이 회심하기 이전에 자연인으로 있던 상태에 대해서는 피조물이라고 지칭할 수 있습니다. 신자들 자신만을 일컫든, 다른 사람들과 비교하여 말하든 상관없이 신자들을 피조물이나 '전체 피조물'로 부른 경우가 없기 때문입니다. 그러나 다른 자연인들에 대해서는 신자들과 대조하여 피조물이라 부릅니다.

"그가 그 피조물 중에 우리로 한 첫 열매가 되게 하시려고"(약 1:18; 막 13:19; 롬 8:39; 히 4:13 참고).

이처럼 피조물이나 피조된 세상은 신자들이 아니라 하늘과 땅의 체계와 구성을 가리킵니다. 피조된 세상은 그것의 본질에 반하여 허무한 데 굴복하고 죄악된 인간에게 복종해야 합니다. 그러나 이 올무에서 해방될 날이 옵니다. 본문은 이 피조물이 탄식하며 하나님의 아들들이 영광스런 자유를 누리게 되는 것처럼, 피조물도 피조된 대로 존재할 수 있도록 자유로워질 날을 소망한다고(만물이 박수하고 기뻐한다는 것처럼) 은유적으로 말합니다. 그러므로 하늘과 땅의 본질은 파괴되어 없어지지 않고 그대로 남아 있을 것입니다.

【증명 3】"그것들은 멸망할 것이나 오직 주는 영존할 것이요, 그것들은 다 옷과 같이 낡아지리니 의복처럼 갈아입을 것이요, 그것들은 옷과 같이 변할 것이나 주는 여전하여 연대가 다함이 없으리라"(히 1:11,12).

천지는 낡아지고 달라지고 변하지만, 본질은 계속됩니다. 게다가 멸망한다는 것이 곧 소멸한다는 뜻은 아닙니다. 오히려 그 상태와 성격이 변하는 것을 말합니다. 그래서 우리는 사람이 바다에 빠져 죽었을 때 그가 사라졌다고 말합니다. 마찬가지로 사도 베드로 역시 처음 세상이 사라졌다고 말합니다. 그러나 그 본질은 여전히 남아 있습니다.

【증명 4】"이로 말미암아 그때에 세상은 물이 넘침으로 멸망하였으되 이제 하늘과 땅은 그 동일한 말씀으로 불사르기 위하여 보호하신 바 되어……심판과 멸망의 날까지 보존하여 두신 것이니라……그러나 주의……날에는 하늘이 큰 소리로 떠나가고 물질이 뜨거운 불에 풀어지고 땅과 그중에 있는 모든 일이 드러나리로다. 이 모든 것이 이렇게 풀어지리니……그날에 하늘이 불에 타서 풀어지고 물질이 뜨거운 불에 녹아지려니와, 우리는 그의 약속대로 의가 있는 곳인 새 하늘과 새 땅을 바라보도다"(벧후 3:6,7,10-13).

"또 내가 새 하늘과 새 땅을 보니 처음 하늘과 처음 땅이 없어졌고 바다도 다시 있지 않더라"(계 21:1).

① 이 모든 표현들이 엄청난 변화를 가리키지만, 소멸을 말하지는 않습니다. 세상의 모든 것이 사라지고 불타고 녹아 없어지더라도 본질은 그대로 남아 있습니다. 세상의 상황과 성격이 변하고, 체질이 풀어집니다. 그러나 본질 자체는 사라지지 않습니다. 그러므로 이런 표현을 근거로 하늘과 땅이 소멸된다고 생각할 필요

는 없습니다.

② 홍수 이전의 처음 세상은 멸망했으나, 소멸되지 않았습니다. 세상은 멸망하겠지만, 새 하늘과 새 땅이 있을 것입니다. 우리가 알다시피 새롭게 된 것은 무엇이나 새것이라 불립니다(요 13:34; 갈 6:15 참고). 세상이 멸망한 후 새 하늘과 새 땅이 있으리라는 사실은 부정할 수 없습니다. 그런데 그 일이 어떻게 일어나겠습니까? 새로운 창조가 있을까요? 성경에는 그런 말이 없습니다. 그렇다면 지금 존재하는 세상이 멸망할지라도 본질은 그대로 남아 새로운 상태와 새로운 성격의 세상이 될 것입니다. 바다에 관해서는 다른 표현을 찾아보기가 어렵습니다. 바다는 더 이상 있지 않을 것이라고 합니다. 우리는 이 말이 바다의 본질을 가리키는지 성격을 가리키는지 모릅니다. 앞에서 언급된 은유에 반하는 주장이 제시될 수도 있지만, 그것에 관해서는 이미 다루었습니다.

사람들은 호기심을 품고 많은 것에 질문을 던집니다. 하나님께서 새로운 사람, 동물, 나무 등을 만드시는가? 의가 땅에 거한다는 말을 볼 때 사람들은 아담보다 더 낫고 죄를 짓지 않을 것인가? 그곳에 동물들이 있겠는가? 그곳에서도 짐승들과 식물들이 죽는가? 짐승들이 새끼를 낳을 것인가? 이런 어리석은 질문들에는 대답하고 싶지 않습니다. 아무런 의미 없이 하늘과 땅이 계속될 리 없습니다. 하늘과 땅은 창조주의 영광을 위해 존재합니다. 천사들과 인간들은 아마도 하늘과 땅을 왕래할 수 있을 것입니다. 지금 천사들이 땅위에 있을 때에도 하늘에서 없어지지 않는 것처럼, 그때에는 영화롭게 된 신자들 역시 이 땅에서 하나님의 역사를 음미하고 누리더라도 하늘에서 사라지거나 하나님과 교제하기를 멈추지 않을 것입니다. 오히려 하나님께서 천지를 지으실 때 천사들이 그러했듯이 신자들은 땅에서 하나님께 영광을 돌릴 것입니다(욥 38장 참고).

그러므로 우리는 하나님의 후사요 그리스도와 함께한 후사가 되기를 열망해야 합니다. 영원한 기업을 소망하며 더욱 힘써 경건하게 살다가, 이 땅에 속한 것은 모두 불경건한 자들에게 남겨 주고 떠나야 합니다.

"이 세상이나 세상에 있는 것들을 사랑하지 말라. 누구든지 세상을 사랑하면 아버지의 사랑이 그 안에 있지 아니하니……이 세상도, 그 정욕도 지나가되 오직 하나님의 뜻을 행하는 자는 영원히 거하느니라"(요일 2:15,17).

"이 모든 것이 이렇게 풀어지리니 너희가 어떠한 사람이 되어야 마땅하냐. 거룩한 행실과 경건함으로 하나님의 날이 임하기를 바라보고 간절히 사모하라. 그날에 하늘이 불에 타서 풀어지고 물질이 뜨거운 불에 녹아지려니와"(벧후 3:11,12).

103

영원한 영광

택자들이 받는 복된 분깃

주 예수님은 불경건한 자들을 심판하고 지옥으로 보내는 동시에 택자들을 영원한 영광으로(시 73:24 참고), 거할 곳이 많은 성부의 집으로(요 14:2 참고), 손으로 짓지 않은 하늘에 있는 영원한 집으로(고후 5:1 참고), 셋째 하늘 곧 낙원으로(고후 12:2,4 참고), 하나님이 계획하시고 지으실 터가 있는 성으로(히 11:10 참고), 주님의 즐거움으로(마 25:21 참고), 하늘나라로(딤후 4:18 참고) 영접해 들이실 것입니다. 그들에게 영원한 생명을 주시고(요 10:28 참고), 의의 면류관과 생명의 면류관을 씌우시고(딤후 4:18; 약 1:12 참고), "썩지 않고 더럽지 않고 쇠하지 아니하는 유업"(벧전 1:4)을 잇는 자들로 삼으실 것입니다. 게다가 그들은 주 예수님께서 그들을 위해 얻고 간구하신 것들을 누리게 될 것입니다.

"아버지여, 내게 주신 자도 나 있는 곳에 나와 함께 있어 아버지께서 창세전부터 나를 사랑하시므로 내게 주신 나의 영광을 그들로 보게 하시기를 원하옵나이다"(요 17:24).

홀로 전능하고 지혜롭고 자비로우신 하나님께서 자기에게 복 받을 자들을 위해

(마 25:34 참고) 친히 셋째 하늘을 지으셨고(히 11:10 참고) 창세로부터 그 나라를 마련하셨습니다. 하나님께서 처음부터 그들을 구원으로 택하셨고(살후 2:13 참고), 자기 백성을 구원하기 위해 독생자를 세상에 보내셨습니다(마 1:21 참고). 하나님께서 그들에게 하늘나라를 주기를 기뻐하십니다(눅 12:32 참고).

"이는 만물이 주에게서 나오고 주로 말미암아 주에게로 돌아감이라. 그에게 영광이 세세에 있을지어다. 아멘"(롬 11:36).

성자이신 우리 주 예수 그리스도께서 하나님이 택하신 자들을 위해 구원을 이루셨습니다.

"죄의 삯은 사망이요 하나님의 은사는 그리스도 예수 우리 주 안에 있는 영생이니라"(롬 6:23).

그분은 하나님의 백성들을 위한 "구원의 창시자"요 "항상 살아 계셔서 그들을 위하여 간구"하시는 분입니다(히 2:10, 7:25 참고). 이런 주님께서 다음과 같이 말씀하셨습니다.

"나는 양을 위하여 목숨을 버리노라……내가 그들에게 영생을 주노니"(요 10:15,28).

그러하기에 예수님은 구주라 불리십니다. 사람은 구원을 위해 아무 일도 할 수 없으며, 오직 예수님께서 이루신 구원으로 이끌리어 구원에 참여할 뿐이기 때문입니다.

"여호와가 우리 하나님이신 줄 너희는 알지어다. 그는 우리를 지으신 이요 우리는 그의 것이니 그의 백성이요 그의 기르시는 양이로다"(시 100:3).

"하나님이 우리를 구원하사 거룩하신 소명으로 부르심은 우리의 행위대로 하심이 아니요 오직 자기의 뜻과 영원 전부터 그리스도 예수 안에서 우리에게 주신 은혜대로 하심이라"(딤후 1:9).

그러므로 마땅히 다음과 같이 부르짖어야 합니다.

"여호와여 영광을 우리에게 돌리지 마옵소서, 우리에게 돌리지 마옵소서. 오직 주는 인자하시고 진실하시므로 주의 이름에만 영광을 돌리소서"(시 115:1).

하나님께서 미리 택함하신 자들이 구원에 참여하게 됩니다.

"또 미리 정하신 그들을 또한 부르시고……또한 영화롭게 하셨느니라"(롬 8:30).

그들은 아버지께 복 받은 자들입니다.

"내 아버지께 복 받을 자들이여, 나아와 창세로부터 너희를 위하여 예비된 나라를 상속 받으라"(마 25:34).

또한 그들은 성부께서 그리스도께 주신 자들입니다.

"아버지여 내게 주신 자도 나 있는 곳에 나와 함께 있어 아버지께서 창세전부터 나를 사랑하시므로 내게 주신 나의 영광을 그들로 보게 하시기를 원하옵나이다"(요 17:24).

또한 그들은 신자입니다.

"아들을 믿는 자에게는 영생이 있고"(요 3:36).

오직 그들만이 영원한 지복을 누릴 자들이며, 그들 모두가 영원한 지복을 누립니다.

신자들마다 천국에서 누리는 영광이 다름

> ▶ 질문
> 천국에서 누릴 영광은 신자마다 다른가?

대답: 어떤 사람들은 그렇지 않다고 하는 반면, 또 다른 사람들은 신자마다 누리는 분량이 다르다고 말합니다. 영화롭게 된 모든 사람들은 저마다 지복을 넘치도록 받아 누릴 것입니다. 다시 말해, 모두가 지복을 흡족하게 받아 누립니다. 그러므로 지복을 더 바라지도 않을뿐더러 더 받아 누릴 수도 없습니다. 그만큼 흡족하게 받아 누릴 것이기 때문입니다. 아무도 부족함을 느끼지 않을 것입니다. 천국에는 무언가가 부족해지는 일이 있을 수 없습니다.

"나는 의로운 중에 주의 얼굴을 뵈오리니 깰 때에 주의 형상으로 만족하리이다"(시 17:15).

그러나 충만히 흘러넘치는 그릇일지라도 그릇마다 담기는 정도가 다른 것처럼 신자들도 받아 누릴 영광의 분량이 저마다 다를 것입니다. 이런 차이는 신자들 각자의 공로에 따라 생기는 것이 아닙니다. 이 세상에서 공로를 많이 쌓은 처녀들과 수도사들과 목사들과 순교자들이 천국에서도 탁월할 것이라는 주장은 교황주의자들이 말하는 바입니다. 그러나 그렇지 않습니다. 하나님은 값없이 베푸시는 은혜를 따라 그리스도의 이름을 증언하는 데 많이 수고하고 고난받은 신자들을 영광 가운데 높이십니다. 다음 말씀들이 그것을 증언합니다.

① "지혜 있는 자는 궁창의 빛과 같이 빛날 것이요 많은 사람을 옳은 데로 돌아오게 한 자는 별과 같이 영원토록 빛나리라"(단 12:3).

선지자는 다니엘서 12장 2절에서 신자들이 똑같이 받아 누리는 영생에 대해 말합니다. 그리고 3절에서 목사들을 비롯해 많은 사람들을 옳은 데로 돌아오게 한 자들을 구별하여 언급합니다. 이들은 특별히 궁창의 빛과 별처럼 영원히 빛날 것입니다.

② "해의 영광이 다르고 달의 영광이 다르며 별의 영광도 다른데 별과 별의 영광이 다르도다. 죽은 자의 부활도 그와 같으니 썩을 것으로 심고 썩지 아니할 것으로 다시 살아나며"(고전 15:41,42).

사도 바울은 하늘의 별들마다 영광이 다른 것처럼, 신자 개개인의 영광도 다르다고 말합니다. 어떤 신자는 다른 신자보다 더욱 영광스럽습니다. 해와 달과 별들의 빛이 다를 뿐만 아니라 별들조차도 광채가 서로 다릅니다.

③ "이것이 곧 적게 심는 자는 적게 거두고 많이 심는 자는 많이 거둔다 하는 말이로다"(고후 9:6).

이생에서는 이 약속이 언제나 그대로 적용되지는 않습니다. 오히려 이 약속은 내세에서 그대로 적용됩니다. 사도 바울은 다음 말씀을 통해 이 사실을 확증합니다.

"자기의 육체를 위하여 심는 자는 육체로부터 썩어질 것을 거두고 성령을 위하여 심는 자는 성령으로부터 영생을 거두리라"(갈 6:8).

"적게"와 "많이"가 대비를 이루는데, 이 부사들은 결핍이 아니라 분량의 차이를 가리킵니다.

④ "그 종 열을 불러 은화 열 므나를 주며 이르되 내가 돌아올 때까지 장사하라 하니라……열 고을 권세를 차지하라……다섯 고을을 차지하라"(눅 19:13,17,19).

이 말씀은 충성된 종들이 상급을 받을(마 25:21,23이 말하는 것처럼)뿐만 아니라, 상급의 분량이 그 각 사람이 거둔 이익에 따라 다르게 돌아간다는 사실을 말합니다. 열 고을이나 다섯 고을에 대한 권세를 준다는 표현을 통해 이 사실을 은유적으로 나타냅니다.

⑤ "심는 이와 물 주는 이는 한가지이나 각각 자기가 일한 대로 자기의 상을 받으리라"(고전 3:8).

이 말씀은 신자와 불신자, 선인과 악인을 대조하거나, 선인은 상을 받고 악인은 벌을 받는다는 것을 말하지 않습니다. 바울은 지금 신실한 종들(바울과 아볼로)과 그들이 저마다 맡은 일에 관해 말하고 있습니다. 특정 지역에 교회를 개척하는 일은 그 교회가 자라 감에 따라 이루어지는 목회의 일에 비해 상대적으로 더 많이 일할 것을 요구합니다. 그렇다 하더라도 한 사람은 심고 다른 사람은 물을 줍니다. 바울은 심는 자나 물 주는 자나 자라게 하지는 못하지만, 저마다 일한 분량에 따라 상급을 받을 것이라고 말합니다.

⑥ "또 너희에게 이르노니 동서로부터 많은 사람이 이르러 아브라함과 이삭과 야곱과 함께 천국에 앉으려니와"(마 8:11).

"이에 그 거지가 죽어 천사들에게 받들려 아브라함의 품에 들어가고 부자도 죽어 장사되매"(눅 16:22).

"세상이 새롭게 되어 인자가 자기 영광의 보좌에 앉을 때에 나를 따르는 너희도 열두 보좌에 앉아 이스라엘 열두 지파를 심판하리라"(마 19:28).

이 말씀들은 천국에 관해 말합니다. 아브라함, 이삭, 야곱은 지금 이 땅의 교회에 없기 때문입니다. 나사로는 죽은 후에 아브라함과 함께 앉는 영광을 누렸습니다. 그리스도께서 영광의 보좌에 앉으시는 그날에 사도들 역시 열두 보좌에 앉을 것입니다. 이어지는 말씀에서는 아브라함, 이삭, 야곱과 그들과 함께 앉을 많은 신자들, 아브라함과 나사로, 사도들과 다른 신자들이 구분됩니다. 다시 말해, 사도들은 열두 보좌에 앉지만, 신자들에 대해서는 그렇게 언급되지 않습니다. 이런 사실들을 볼 때, 내세에서 누리는 영광의 분량이 신자들마다 다름을 알 수 있습니다.

반론 1

"저물매 포도원 주인이 청지기에게 이르되 품꾼들을 불러 나중 온 자로부터 시작하여 먼저 온 자까지 삯을 주라 하니, 제십일 시에 온 자들이 와서 한 데나리온씩을 받거늘 먼저 온 자들이 와서 더 받을 줄 알았더니 그들도 한 데나리온씩 받은지라"(마 20:8-10).

이 말씀은 많이 수고한 자나 적게 수고한 자나 같은 품삯을 받는다고 말한다. 그러므로 천국에서 누리는 영광의 분량에 차이가 없음을 알 수 있다.

답변

(1) 이 말씀은 상급이 사람의 공로가 아니라 값없이 은혜로 주어지는 것임을 나타냅니다.

(2) 데나리온은 영생을 가리키지 않습니다. 천국에는 악한 눈을 가지고 투덜거리는 자가 없을 것이기 때문입니다.

반론 2

모든 신자는 동일하게 선택받고, 그리스도의 구속과 칭의와 양자 됨과 후사에 동일하게 참여한다. 그러하기에 영화에도 동일하게 참여할 것이다. 다시 말해, 영화롭게 되어 누리는 분량 역시 동일할 것이다.

답변

이런 주장은 설득력이 없습니다. 그렇게 말한다면 모든 신자들은 서로 동일하게 성화되어야 할 것입니다. 그러나 성경과 우리의 경험을 볼 때 전혀 그렇지 않습니다. 동일한 신자일지라도 이생에서는 그리스도 안에서 아비도 있고, 젊은이도 있고, 자녀도 있습니다. 이생에서 은혜의 분량과 성취한 일의 정도가 다른 것처럼, 상급도 다를 것입니다. 그러나 가장 작은 자일지라도 자기 분량에 따라 충만한 영광과 복락을 영원히 누릴 것입니다. 이런 사실을 통해 우리는 그리스도를 위해 더 많이 일하고 고난받을 동기를 얻습니다.

천국에서는 성도들이 서로를 알아볼 것임

> ▶ 질문
> 천국에서 성도들이 서로를 알아볼 수 있는가?

   대답: 천국에서 서로를 아는 지식은 지금 이 땅에서 서로를 아는 지식과 다를 것입니다(이 땅에서의 관계는 육신적 관계 및 감정과 관련 있습니다). 그러나 우리가 믿는 바에 따르면, 목사들은 자신이 섬긴 교회의 지체들을 알아보고, 지체들은 자신의 목사를 알아볼 것입니다. 남편은 아내를, 아내는 남편을, 부모는 자녀를, 자녀는 부모를 알아볼 것입니다. 친지들과 지인들을 알아볼 것입니다. 뿐만 아니라, 성경의 모든 유명한 인물들과 교회사에서 탁월했던 사람들 역시 알아볼 것입니다. 천국에서는 모든 성도들이 하나님의 계시를 통해 서로를 친근히 알고, 서로 영원한 교제를 누릴 것입니다. 기억을 잃어버리는 일이 없을 것이므로 낯선 사람이 전혀 없을 것이며, 어느 누구도 낯설게 여겨지지 않을 것입니다.

  무지는 연약함입니다. 그러나 천국에 불완전함이란 없습니다. 그러하기에 서로 완전히 교제할 것입니다. 서로를 모르고 교제하는 일은 없을 것입니다. 하나님께서 자신을 어떻게 인도하셨는지를 서로에게 이야기할 것이며, 각자 걸어온 길에서 드러난 하나님의 완전하심을 찬양하고 드높일 것입니다. 하나님만 직접 바라보느라 서로를 생각하지 못하는 일도 없을 것입니다. 오히려 영화롭게 된 성도들은 서로 친근히 교제하는 가운데 연합함으로써 하나님을 영화롭게 할 것입니다. 변화산에서 제자들은 모세와 엘리야를 알아보았습니다(마 17:3 참고). 가난한 자는 자기를 도와준 자들을 알고 그들을 영원히 거할 처소로 영접할 것입니다(눅 16:9 참고). 친지들이 천국에서 보이지 않는다고 슬퍼하지 않을 것입니다. 천국은 모든 육신적 관계와 그로부터 비롯된 감정이 그치는 곳이기 때문입니다. 하나님의 선하심만큼이나 그분의 의로우심이 성도들로 하여금 하나님을 기뻐하고 그분께 영광을 돌리게 할 것입니다.

천국에서는 말하지 못하는 사람이 하나도 없을 것입니다. 말 못 함은 불완전함을 의미하는데 천국은 모든 불완전함과 상관없는 곳이기 때문입니다. 그렇지 않다면 어떻게 그들이 하나님을 노래할 수 있겠습니까? 모세와 엘리야는 그리스도와 함께 하나님을 영화롭게 하는 것에 관해 이야기를 나누었습니다. 언어가 서로 통하지 않는 일은 없을 것입니다. 언어가 갈린 것은 죄의 결과이기 때문입니다. 그러나 천국에서 어떤 언어가 사용될지에 대해서는 알려진 바가 없습니다. 아담이 사용한 언어일 수도 있습니다. 죄로 말미암아 언어가 혼란에 빠지기 전까지(거의 이천 년 동안) 유일하게 사용된 언어(히브리어)이기 때문입니다. 그 언어는 일반적으로 이 땅의 일들에서 비롯되었으며, 지금 우리가 쓰는 언어보다 하늘에 속한 일들의 본질을 잘 표현할 것입니다. 그러나 천국에서 어떤 언어를 사용하든 하나님을 영화롭게 하는 언어일 것이라는 점만은 분명합니다.

하나님의 자녀들이 누리는 영광의 핵심 요소

이제 본 장의 중심 주제, 곧 무엇이 하나님의 자녀들의 영광을 이루는지를 살펴보겠습니다. 이 영광이 말로 다 표현될 수 없다는 점에서, 천국에서 하나님의 자녀들이 누릴 영광이 얼마나 위대한지를 짐작할 수 있습니다. 누구든지 이 영광을 힐끗 엿보거나 살짝이라도 맛본다면 할 말을 잃고 펜을 놓을 수밖에 없을 것입니다. 그것을 형용할 말을 도무지 찾을 수 없기 때문입니다. 설령 그것을 형용해 보려고 하더라도 자신이 맛본 것과 너무나 멀기 때문에, 오히려 부끄러움과 좌절감을 느낄 것입니다. 다윗은 하나님의 자녀들이 누리는 영광을 표현하려고 했지만, 그저 다음과 같이 외칠 수 있을 뿐이었습니다.

"주를 두려워하는 자를 위하여 쌓아 두신 은혜 곧 주께 피하는 자를 위하여 인생 앞에 베푸신 은혜가 어찌 그리 큰지요"(시 31:19).

셋째 하늘로 올려졌던 바울만큼 이 영광을 표현하기에 적합한 사람이 또 있겠습니까? 그러나 바울 역시 다음과 같이 말할 수밖에 없었습니다.

"말로 표현할 수 없는 말을 들었으니 사람이 가히 이르지 못할 말이로다"(고후 12:4).

그러므로 하나님의 자녀들이 천국에서 누리는 영광은 사람의 말로 다 형용하지 못할 것입니다. 설령 누군가가 이 영광을 더욱 구체적으로 묘사할 수 있다 할지라도 듣는 사람이 그것을 이해할 만한 하늘의 성향을 가지지 않았다면 그 말을 이해하지 못할 것입니다. 이 영광의 본질을 말로 다 표현할 수 없으며 헤아리기도 어렵다고 해서 구원을 덜 생각해서는 안 됩니다. 오히려 더 큰 영광을 꿈꾸고 생각해야 합니다. 그러나 하나님께서 자기 자녀들이 기꺼이 모든 시련을 견디고 이 구원에 참여하기를 전심으로 갈망할 수 있도록 말씀을 통해 천국의 많은 것들을 계시해 주셨으며, 자기 자녀들의 영혼으로 하여금 깨닫게 하십니다.

둘째, 홀로 지혜롭고 전능하신 하나님께서 사람을 지복을 누리는 수준으로까지 높이고 이루 헤아릴 수 없는 영광과 기쁨으로 채우며, 성도들 가운데 자신을 영화롭게 하고 모든 믿는 자들에게서 놀랍게 여김 받으며(살후 1:10 참고) 지극한 영광을 받기로 계획하셨습니다. 그래서 천지의 주재이신 하나님을 천국의 계획자요 건축자라고 일컫습니다(히 11:10 참고).

셋째, 하나님께서 자기 자녀들을 구원으로 이끄신다는 사실로 미루어 그렇게 생각할 수 있습니다. 누구든지 자녀를 위해 가장 좋은 것을 남겨 둡니다. 명성 있는 사람들은 자기 자녀들에게 물려줄 큰 유업을 남겨 둡니다. 위대한 하나님께서 사랑하는 자녀들을 위해 예비하신 것들은 그야말로 가장 탁월한 것들이 아니겠습니까?

"자녀이면 또한 상속자 곧 하나님의 상속자요 그리스도와 함께한 상속자니"(롬 8:17).

넷째, 자녀들을 위해 이 구원을 획득한 방편이 지닌 무한한 가치를 생각해 볼 때, 이 영광이 어떠한 것인지가 분명히 드러납니다. 그 방편은 바로 하나님의 아들 예수 그리스도의 보혈입니다. 작은 행복을 위한 것이었다면 하나님의 아들이 그토록 엄청난 고난을 당할 필요가 없었을 것입니다. 그런데 이처럼 비싼 대가를 치르고 얻은 이 구원이 얼마나 위대하겠습니까!

"그러므로 만물이 그를 위하고 또한 그로 말미암은 이가 많은 아들들을 이끌어 영광에 들어가게 하시는 일에 그들의 구원의 창시자를 고난을 통하여 온전하게 하심이 합당하도다"(히 2:10).

다섯째, 하나님께서 자녀들에게 이 위대한 복과 더불어 영생을 약속하신다는 사실을 더 생각해 보아야 합니다.

"이기는 그에게는 내가 하나님의 낙원에 있는 생명나무의 열매를 주어 먹게 하리라……이기는 자는 둘째 사망의 해를 받지 아니하리라……이기는 그에게는 내가 감추었던 만나를 주고 또 흰 돌을 줄 터인데 그 돌 위에 새 이름을 기록한 것이 있나니 받는 자밖에는 그 이름을 알 사람이 없느니라"(계 2:7,11,17).

"이기는 자는 이와 같이 흰옷을 입을 것이요 내가 그 이름을 생명책에서 결코 지우지 아니하고 그 이름을 내 아버지 앞과 그의 천사들 앞에서 시인하리라……이기는 자는 내 하나님 성전에 기둥이 되게 하리니……새 예루살렘의 이름과 나의 새 이름을 그이 위에 기록하리라……이기는 그에게는 내가 내 보좌에 함께 앉게 하여 주기를 내가 이기고 아버지 보좌에 함께 앉은 것과 같이 하리라"(계 3:5,12,21).

"이기는 자는 이것들을 상속으로 받으리라"(계 21:7).

여섯째, 구원은 신자들에게 소망과 위로를 가져다줍니다. 이 구원을 간절히 사모하고 열망하는 까닭에 신자들은 모든 형태의 괴롭힘과 잔인한 죽음을 기꺼이 감당합니다.

"그리스도를 위하여 받는 수모를 애굽의 모든 보화보다 더 큰 재물로 여겼으니 이는 상 주심을 바라봄이라"(히 11:26).

"차라리 세상을 떠나서 그리스도와 함께 있는 것이 훨씬 더 좋은 일이라 그렇게 하고 싶으나"(빌 1:23).

이 모든 사실을 볼 때, 신자가 장래에 맞이할 지복이 형용할 수 없을 만큼 위대한 것임을 짐작할 수 있습니다. 신자들이여, 도래하는 이 위대한 미래에 여러분의 모든 것을 맡겨야 하지 않겠습니까? 세상의 모든 것을 기꺼이 버리고, 모든 고난을 감내하고, 이 영광을 위한 모든 싸움에 용감하게 임하지 않으렵니까? 여러분이 단지 추론을 통해 이 영광을 유추할 수 있을 뿐이라 하더라도 기꺼이 그리할 만하지 않습니까? 그렇습니다. 믿음이 살아 역사하기만 한다면, 여러분은 이 영광을 사모하고 갈망할 이유를 충분히 발견할 것입니다.

지복을 경험함

경건한 독자라면 지복의 상태에 관해 더욱 구체적으로 듣고 싶어할 것입니다. 그러나 저에게는 그런 기대와 열망을 충족시킬 능력이 없습니다. 지복에 관해 듣는 것이 아니라 지복 자체를 경험하는 것에 이미 마음이 가 있는 여러분을 만족시킬 재주가 없습니다. 이 지복은 인간의 말로는 도저히 형언할 수 없는 영광이기 때문입니다. 그러할지라도 몇 가지만 언급해 보겠습니다. 하나님께서 이 글에 복을 베푸셔서 이 글을 읽는 누군가가 이 영광을 바라보고 맛보기 시작할 수 있게 되기를 바랍니다. 먼저, 이 지복에 포함되지 않는 것에 관해 살펴보고 나서, 우리가 몸과 영혼을 통해 무엇을 경험할지에 관해 살펴보겠습니다.

이 지복에는 이생에서 몸과 영혼을 불안하게 하고 근심하게 하던 요소가 전혀 없을 것입니다. 지각을 우둔하게 하는 어둠과 영혼을 오염시키는 죄악된 것이 없을 것입니다. 영혼이 더는 버림받지 않을 것이며, 육신과 세상과 마귀와 싸우지도 않을 것입니다. 슬픔, 근심, 가슴 아픈 일, 염려, 두려움이 모두 사라질 것입니다. 더는 가난, 적대, 압제, 고통, 굶주림 등 영혼과 육신을 힘들고 비통하게 하는 일들이 없을 것입니다.

"모든 눈물을 그 눈에서 닦아 주시니 다시는 사망이 없고 애통하는 것이나 곡하는 것이나 아픈 것이 다시 있지 아니하리니 처음 것들이 다 지나갔음이러라"(계 21:4).

"그들이 다시는 주리지도 아니하며 목마르지도 아니하고 해나 아무 뜨거운 기운에 상하지도 아니하리니"(계 7:16).

비참함 대신에 영혼과 육신을 만족시키는 모든 것이 있을 것입니다. 육신은 영광으로 옷 입고 그리스도의 영광의 몸의 형체와 같이 변할 것입니다(빌 3:21 참고).

게다가 육신이 보고 듣는 일에 완전해질 것이므로 무엇 하나 신자를 행복하게 하는 데 부족함이 없을 것입니다. 그곳에 모든 것이 존재할 것이며, 그 모든 것들이 하나님의 영광에 부합할 것입니다. 그러나 그곳에서 신자의 눈과 귀가 보고 들을 것이 우리에게는 아직 감추어져 있기에, 우리는 그저 그곳에서 보고 듣는 모든 것이 놀랍고 즐겁고 황홀할 것이라고 두루뭉술하게 말할 수밖에 없습니다.

장소로서의 천국은 말할 수 없이 위대하며 하나님의 영광으로 충만한 곳입니다. 요한계시록 21장이 이를 은유적으로 묘사하여, 천국의 영광을 이 땅에서 가장 탁월하다고 할 수 있는 환경에 빗대어 그립니다.

"그 성은 네모가 반듯하여 길이와 너비가 같은지라 그 갈대 자로 그 성을 측량하니 만 이천 스다디온이요 길이와 너비와 높이가 같더라……그 열두 문은 열두 진주니 각 문마다 한 개의 진주로 되어 있고 성의 길은 맑은 유리 같은 정금이더라……그 성은 해나 달의 비침이 쓸 데 없으니 이는 하나님의 영광이 비치고 어린양이 그 등불이 되심이라"(계 21:16,21,23).

그곳에서 나눌 교제는 곧 기쁨이 더해 가는 것을 의미합니다.

"네가 내 집을 다스릴 것이요 내 뜰을 지킬 것이며 내가 또 너로 여기 섰는 자들 중에 왕래하게 하리라"(슥 3:7).

모든 성도들(그들은 저마다 자신의 영광과 기쁨과 사랑스러움 가운데 있습니다), 아담의 때부터 그리스도의 날에 이르는 모든 신자들, 모든 족장들과 선지자들과 사도들, 모든 순교자들과 진리를 위해 영웅적으로 싸운 모든 사람들이 서로 교제하고 함께 이야기하며 한목소리로 하나님의 이름을 찬양할 것입니다.

"큰 소리로 외쳐 이르되 구원하심이 보좌에 앉으신 우리 하나님과 어린양에게 있도다 하니, 모든 천사가 보좌와 장로들과 네 생물의 주위에 서 있다가 보좌 앞에 엎드려 얼굴을 대고 하나님께 경배하여, 이르되 아멘 찬송과 영광과 지혜와 감사와 존귀와 권능과 힘이 우리 하나님께 세세토록 있을지어다 아멘"(계 7:10-12).

지복의 정수: 하나님을 대면하여 그분과 교제함

그러나 영혼은 앞에서 말한 것들로 만족하지 못합니다. 영혼이 가지는 갈망은 무한하며, 무한한 존재를 누림으로써만 채워지기 때문입니다. 그래서 영혼은 더 높은 곳으로 올라가야 합니다.

첫째, 천국에서 신자들은 영원히 주님과 함께합니다. 주님과 멀리 떨어져 사는 것이야말로 이 땅에 사는 신자들이 가장 슬퍼하는 바입니다. 그러하기에 신자들은 많은 눈물을 흘립니다. 그들의 모든 열망과 바람과 즐거움은 하나님과 누리는 교제에 집중되어 있습니다.

"내가 항상 주와 함께하니……하나님께 가까이함이 내게 복이라"(시 73:23,28).

그러나 천국에서 하나님과 누리는 교제는 직접적이고도 영원합니다. 이 사실로 말미암아 신자들은 이생에서도 위로를 누립니다.

"그 후에 우리 살아남은 자들도 그들과 함께 구름 속으로 끌어올려 공중에서 주를 영접하게 하시리니 그리하여 우리가 항상 주와 함께 있으리라. 그러므로 이러한 말로 서로 위로하라"(살전 4:17,18).

이것이 바울이 갈망하는 바였습니다.

"내가 그 둘 사이에 끼었으니 차라리 세상을 떠나서 그리스도와 함께 있는 것이 훨씬 더 좋은 일이라 그렇게 하고 싶으나"(빌 1:23).

이는 미쁘신 우리 예수님께서 약속하신 바이기도 합니다.

"나 있는 곳에 나를 섬기는 자도 거기 있으리니"(요 12:26).

또한 주님은 이를 위해 기도하셨습니다.

"아버지여, 내게 주신 자도 나 있는 곳에 나와 함께 있어 아버지께서 창세전부터 나를 사랑하시므로 내게 주신 나의 영광을 그들로 보게 하시기를 원하옵나이다"(요 17:24).

성경이 이 영광을 묘사합니다.

"그러므로 그들이 하나님의 보좌 앞에 있고 또 그의 성전에서 밤낮 하나님을 섬기매 보좌에 앉으신 이가 그들 위에 장막을 치시리니"(계 7:15).

전능하고 선하며 사랑이 많고 자존하며 자비로우신 하나님의 날개 그늘 아래 영원히 있으면 얼마나 좋겠습니까!

둘째, 지복은 하나님을 뵈올 때 이루어집니다. 육신의 눈으로는 하나님을 보지 못합니다. 하나님은 보이지 않는 분이시기 때문입니다(딤전 6:16; 히 11:27 참고). 천국의 모든 시민들은 육신을 입으신 예수님을 바라보며 넘치는 기쁨과 사랑으로 압도될 것입니다. 예수님 안에 신성의 충만이 육체로 거하여 눈에 보이게 드러날 것이고, 이로 말미암아 그분 안에서 하나님의 영광이 두 눈으로 볼 수 있게 빛날 것입니다. 신자들은 영화롭게 되신 예수님을 뵙고 그분과 서로 얼굴을 대하며 이야기를 나눌 것입니다. 그러나 오직 총명으로 각성된 눈으로만 하나님을 볼 수 있습니다. 지금 신자들은 멀리서 미세한 빛을 통해서만 하나님을 봅니다. 그것도 극히 드문, 아주 짧은 순간일 뿐입니다. 그러나 잠시 누리는 이런 흐릿한 빛만으로도 영혼은 뛸 듯이 기뻐합니다. 하나님을 본 경험은 금세 사라지지만, 그것을 엿보고 맛본 사람의 마음에는 슬픔이 밴 강한 열망이 남습니다. 그래서 이렇게 아뢰기만을 반복할 수밖에 없습니다.

"여호와여 어찌하여 멀리 서시며 어찌하여 환난 때에 숨으시나이까?"(시 10:1)

"여호와여 어느 때까지니이까 나를 영원히 잊으시나이까? 주의 얼굴을 나에게서 어느 때까지 숨기시겠나이까?"(시 13:1)

"주께서 어느 때나 내게 임하시겠나이까?"(시 101:2)

"주의 영광을 내게 보이소서"(출 33:18).

그러나 천국이 이르면 새벽 미명을 깨우는 찬란한 햇빛과 같이 환하게 비칠 것입니다.

"우리가 지금은 거울로 보는 것같이 희미하나 그때에는 얼굴과 얼굴을 대하여 볼 것이요 지금은 내가 부분적으로 아나 그때에는 주께서 나를 아신 것같이 내가 온전히 알리라"(고전 13:12).

"나는 의로운 중에 주의 얼굴을 뵈오리니 깰 때에 주의 형상으로 만족하리이다"(시 17:15).

다윗은 이 영광에 대해 다음과 같이 증언합니다.

"주의 앞에는 충만한 기쁨이 있고 주의 오른쪽에는 영원한 즐거움이 있나이다"(시 16:11).

하나님께서 직접적이고도 내적인 방식(지금은 하나님께서 우리에게 알리지 않으신 방식)으로 자신의 영화로운 완전하심을 자녀들에게 계시하시고, 영혼으로 하여금 하나님을 자신의 기업으로 경험하게 하실 것입니다. 그리고 이로 말미암아 영혼이 흡족함을 누려야만 우리는 하나님의 다정하고, 영화롭고, 사랑이 많고, 거룩하고, 흡족케 하시는 얼굴을 뵙는 것이 무엇을 의미하는지를 알게 될 것입니다.

셋째, 하나님의 영광을 목도하는 삶은 단순히 그것을 반영하는 것으로 이루어지거나 끝나지 않습니다. 그 삶에는 서로 완전한 사랑을 누리는 데서 비롯되는 즐거움이 함께합니다.

"하나님은 사랑이심이라"(요일 4:8).

이 무한한 사랑이 영혼을 감싸고 채우며, 이 무한한 사랑의 온기와 달콤함을 경험한 영혼은 그 경험에 합당한 사랑으로 반응합니다. 서로 이런 사랑을 누리는 가운데 헤아릴 수 없는 달콤함을 맛보며 기쁨으로 말미암아 영원히 만족합니다.

"사랑은 언제까지나 떨어지지 아니하되"(고전 13:8).

넷째, 완전한 사랑은 완전히 거룩합니다. 지성이 하나님을 완전하게 목도하고, 의지가 완전한 사랑과 즉각 연합하기 때문에, 하나님을 누리는 자리에는 불완전이 들어설 수 없습니다.

"온전한 것이 올 때에는 부분적으로 하던 것이 폐하리라"(고전 13:10).

하나님의 형상이 모든 신자들에게서 저마다 완전하게 드러날 것입니다.

"나는 의로운 중에 주의 얼굴을 뵈오리니 깰 때에 주의 형상으로 만족하리이다"(시 17:15).

그들은 신성한 성품에 완전히 참여할 것이며(벧후 1:4 참고), 해와 달과 별들처럼 저마다 거룩한 빛을 발할 것입니다. 이런 완전함은 영화롭게 된 성도들이 완전한 사랑 가운데 연합하여 나눌 모든 교제에서 확연히 드러날 것입니다.

다섯째, 지복과 희락만이 있을 것입니다.

"네 주인의 즐거움에 참여할지어다"(마 25:21).

영혼이 하나님을 완전히 목도하고 주님의 영광에 둘러싸여 영원히 그분의 얼굴빛 가운데 걸어갑니다. 하나님께서 모든 충만함으로 영혼을 채우시고, 자신의 사랑으로 감싸시고, 자신의 모든 완전함으로 덮으십니다. 이때 그 영혼은 모든 지각에 뛰어난 평강과 영혼을 황홀하게 하는 앙모함과 이루 말할 수 없는 즐거움 가운데 기뻐하고, 하나님 안에서 자신을 완전히 잊어버릴 수밖에 없습니다! 모든 천사들과 하나님께서 택하신 자들과 더불어 하나님을 경외하며 그분 앞에 머리 숙여 경배하고 영원히 할렐루야를 외치며 기뻐하는 일은 얼마나 놀랍겠습니까!

여섯째, 이때까지 여러분이 하나님에 관하여 깨달은 모든 것들을, 맛보았던 모든 즐거움과 평강을, 하나님과 누렸던 교제와 연합을, 하늘로 고양되는 듯했던 모든 경험들을 떠올려 보십시오. 뿐만 아니라 지금까지 여러분이 들었던 감격스러운 모든 설교들을, 다른 사람들과 이야기를 나눈 모든 좋은 체험들을, 성도들의 모임을 통해 누렸던 모든 사랑을 생각해 보십시오. 그리고 그 모든 희미한 빛들과 천국의 완전한 상태에서 누리게 될 지복과 희락을 비교해 보십시오.

"기록된 바 하나님이 자기를 사랑하는 자들을 위하여 예비하신 모든 것은 눈으로 보지 못하고 귀로 듣지 못하고 사람의 마음으로 생각하지도 못하였다 함과 같으니라"(고전 2:9).

이러한 천국의 영광이 없어지거나 끝날까 봐 두려워할 필요가 없다는 사실이 이 모든 복락을 더욱 증진시킵니다. 어느 누구도 그것을 방해하거나 공격하거나 빼앗을 수 없기 때문입니다. 오히려 천국의 영광은 영원토록 계속될 것입니다. 이 생명은 "영원한 생명"(요 10:28 참고)이요, "영원한 기업"(히 9:15)이요, "영원한 영광"(벧전 5:10)입니다. 하늘에 있는 집은 영원합니다(고후 5:1 참고).

촉구와 권면

이 영광과 복락은 신자들을 위해 예비된 것입니다. 그러므로 여러분이 회심하지 않았다면, 그리스도를 믿어 이 구원에 참여하십시오. 그러지 않으면, 여러분은 여러분을 기다리는 영원한 멸망으로부터 도망치기 위해 애써야 합니다. 이 구원이 지금 여러분에게 주어졌습니다. 너무 늦기 전에 그것을 꼭 붙잡으십시오. 그러지 않을 것이라면, 신자들이 참여하는 모든 것들, 특히 신자들이 감당하는 분투와 시련에 대해 더 이상 놀랄 필요가 없습니다. 그것들을 더는 착각이나 완고함이나 고집 정도로 치부하지 마십시오. 오히려 신자들이 이미 이 영광과 그 속에 있는 즐거움에 관해 잘 알고 있다는, 그것을 기뻐한다는, 그 면류관을 얻고자 애쓰고 있다는 사실을 잘 생각하십시오.

여러분이 신자로서 이처럼 위대한 구원을 고대한다면, 이 구원의 후사답게 살아가야 합니다.

첫째, 세상에 있는 모든 것들을 덧없고 무의미한 것으로 여기십시오. 이 땅의 번성, 재물, 명예, 쾌락에 마음을 두지 마십시오. 이런 것들은 앞에서 말한 여러분의 기업에 비하면 입에 담을 가치조차 없습니다. 이런 것들로부터 돌아서, 천국의 면류관을 추구하는 여러분에게 걸림돌이 되지 않도록 하십시오. 그리스도의 이름 때문에 역경과 압제와 핍박과 죽음을 만나거든, 너무 힘겨워하지 마십시오. 여러분이 받을 하늘 기업에 비하면 이런 것들은 아무것도 아닙니다.

"생각하건대 현재의 고난은 장차 우리에게 나타날 영광과 비교할 수 없도다"(롬 8:18).

그렇습니다. 고난을 잘 감당하면, 그 고난이 우리로 하여금 더 큰 영광을 준비할 수 있게 합니다.

"우리가 잠시 받는 환난의 경한 것이 지극히 크고 영원한 영광의 중한 것을 우리에게 이루게 함이니"(고후 4:17).

환난을 당할 때, 낙심하거나 굴복하지 말고 오히려 기뻐하십시오.

"시험을 참는 자는 복이 있나니 이는 시련을 견디어 낸 자가 주께서 자기를 사랑하는 자들에게 약속하신 생명의 면류관을 얻을 것이기 때문이라"(약 1:12).

주님께서 십자가 대신에 진정 풍성하고도 영원한 위로를 주실 것입니다. 요한계시록 7장 13-17절이 이 사실을 증언합니다. 이 말씀은 작고한 저의 아버지께서 마지막으로 설교한 본문입니다. 본문 전체를 인용해 보겠습니다.

"장로 중 하나가 응답하여 나에게 이르되 이 흰옷 입은 자들이 누구며 또 어디서 왔느냐. 내가 말하기를 내 주여 당신이 아시나이다 하니 그가 나에게 이르되 이는 큰 환난에서 나오는 자들인데 어린양의 피에 그 옷을 씻어 희게 하였느니라. 그러므로 그들이 하나님의 보좌 앞에 있고 또 그의 성전에서 밤낮 하나님을 섬기매 보좌에 앉으신 이가 그들 위에 장막을 치시리니 그들이 다시는 주리지도 아니하며 목마르지도 아니하고 해나 아무 뜨거운 기운에 상하지도 아니하리니, 이는 보좌 가운데에 계신 어린양이 그들의 목자가 되사 생명수 샘으로 인도하시고 하나님께서 그들의 눈에서 모든 눈물을 씻어 주실 것임이라."

둘째, 여러분이 이처럼 놀라운 구원을 진정으로 고대한다면 장래에 얻을 기업을 기뻐하십시오.

"소망 중에 즐거워하며"(롬 12:12).

많은 신자들이 궁핍한 까닭에 현세의 일들에 지나치게 몰두합니다. 어려움이 없도록 이 세상에서 조금만 더 잘 살 수 있기를 바랍니다. 다른 때에는 자신이 과연 은혜의 상태에 있는지 궁리하면서 오로지 자기 영혼의 상태를 염려합니다. 계속 자신을 살펴 자신이 은혜의 상태에 있는지를 확인할 수 있어야 한다고 주장합니다. 자기가 은혜의 상태에 있음을 더 분명히 인식하고 능력이 더 많아야 죄와 싸울 수 있다고 주장합니다. 그렇게 시간을 보내면서도 그들은 자신이 기대하고 바라야 할 위대한 천국의 영광을 고대할 만큼 충분히 마음을 고양시키지는 않으며, 잠깐 지나가는 생각으로 천국의 영광을 떠올릴 뿐입니다.

그러나 그런 자들은 영원과 자신이 받아 누릴 천국이라는 기업의 실체와 확실성을 더 깊이, 더 많이 생각하면서 이 기업에 계속 집중해야 합니다. 천국에서 주님이 얼마나 영광스럽게 자신을 나타내실지, 어떻게 천사들이 그분께 절할지, 그분이 영화롭게 된 성도들을 얼마나 친밀하게 대하실지에 집중하십시오. 성도들이 하나님과 얼마나 명랑하고도 친밀한 교제를 누릴지, 어떻게 하나님과 그리스도와 천사들과 서로를 향해 지극한 행복으로 채워지고 황홀해할지, 얼마나 아름답고도 사랑스러운 소리로 주님을 찬양할지, 하나님의 완전하심과 자신들의 완전한 상태로 말미암아 얼마나 놀라고 감격할지를 믿음으로 바라보면서 천국을 조망할 수 있어야 합니다!

그러할 때, 어느새 우리는 자신을 생각하고 있지 않을 것입니다. 다시 말해, 자신이 영화롭게 된 허다한 무리 가운데 있음을 발견할 것입니다. 우리는 그들과 더불어 주님께 절하고 영광을 돌릴 것입니다. 이 땅으로 돌아와 우리는 자신이 바라본 영광을 기억하고 기쁨으로 이 땅에서 살아가면서 어떤 영적 어려움에도 넘어지지 않을 것입니다. 뿐만 아니라, 천국의 위대한 기업을 향해 길을 나선 사람들로서 비록 지금은 가난하고 궁핍하지만 어떤 어려움도 견디고 이길 것입니다. 그러므로 여러분에게 다시금 말합니다. 영광을 소망하는 가운데 즐거워하십시오.

"소망의 하나님이 모든 기쁨과 평강을 믿음 안에서 너희에게 충만하게 하사 성령의 능력으로 소망이 넘치게 하시기를 원하노라"(롬 15:13).

셋째, 이 영광을 여러분의 유일한 목적으로 추구하십시오. 이 목적으로 말미암아 일꾼이 깨어나며, 이 목적을 더 열렬히 기뻐할수록 더 진지하게 추구합니다. 그러므로 그 어떤 세상적인 목적도 추구하지 마십시오. 이 땅의 어떤 것에서도 안식을 찾지 마십시오. 여러분이 원하는 것이 사라지거나 여러분이 바라는 만큼 영혼이 번성하지 못하더라도 너무 심각하게 받아들이지 마십시오. 지금은 바울과 함께 셋째 하늘로 올라갈 때가 아니라 전쟁하며 고난을 겪을 때입니다. 그러므로 앞을 내다보며 이 영광만을 바라십시오. 좌로나 우로나 치우치지 말고 게으르지 마십시오. 오히려 이 영광을 목적으로 삼고 이 영광에 이르기까지 부지런히 힘쓰십시오. 바울이 우리에게 좋은 모범을 보여 줍니다.

"형제들아, 나는 아직 내가 잡은 줄로 여기지 아니하고 오직 한 일 즉 뒤에 있는 것은 잊어버리고 앞에 있는 것을 잡으려고 푯대를 향하여 그리스도 예수 안에서 하나님이 위에서 부르신 부름의 상을 위하여 달려가노라"(빌 3:13,14).

우리 주 예수님께서 하신 일을 해야 합니다. 히브리서 기자는 우리 주님에 대해 다음과 같이 말합니다.

"믿음의 주요 또 온전하게 하시는 이인 예수를 바라보자. 그는 그 앞에 있는 기쁨을 위하여 십자가를 참으사 부끄러움을 개의치 아니하시더니 하나님 보좌 우편에 앉으셨느니라"(히 12:2).

모세 역시 "그리스도를 위하여 받는 수모를 애굽의 모든 보화보다 더 큰 재물로"(히 11:26) 여겼습니다. 그러므로 항상 천국을 바라보고, 믿음의 선한 싸움을 싸워 우리가 부름받은 대로 영생을 취하십시오(딤전 6:12 참고).

"좁은 문으로 들어가기를 힘쓰라"(눅 13:24).

넷째, 천국의 영광을 고대함으로써 자신에게 천국을 바라며 살아갈 거룩한 동기를 부여하십시오. 본향을 향해 가는 나그네로서 이생을 살아가십시오(히 11:9,10, 13-16 참고). 끊임없이 이 땅의 것들 너머를 바라보면서 보이지 않는 실체를 힘입어 현재를 살아가십시오. 천국 시민으로서 스스로를 정결하게 하고, 천국을 향해 가는 삶을 사십시오.

"우리가 잠시 받는 환난의 경한 것이 지극히 크고 영원한 영광의 중한 것을 우리에게 이루게 함이니, 우리가 주목하는 것은 보이는 것이 아니요 보이지 않는 것이니 보이는 것은 잠깐이요 보이지 않는 것은 영원함이라"(고후 4:17,18).

"우리의 시민권은 하늘에 있는지라"(빌 3:20).

천국의 영광을 고대하며 항상 눈앞에 두고 주목하는 사람은 그 소망으로 말미암아 천국을 준비하는 데 더욱 분발할 것입니다.

"사랑하는 자들아, 우리가 지금은 하나님의 자녀라. 장래에 어떻게 될지는 아직 나타나지 아니하였으나 그가 나타나시면 우리가 그와 같을 줄을 아는 것은 그의 참모습 그대로 볼 것이기 때문이니, 주를 향하여 이 소망을 가진 자마다 그의 깨끗하심과 같이 자기를 깨끗하게 하느니라"(요일 3:2,3).

신자 여러분, 이제 곧 이 영광을 여러분의 기업으로 받게 될 것입니다. 이를 기대하십시오. 그러므로 맡은 일을 속히 마치고, 경건과 믿음과 용기의 좋은 본이 되며, 이 영광의 소망을 힘입어 살아가십시오. 이 영광과 이 영광에 이르는 길을 다른 사람들에게 전하여 그들도 이 복락에 이르도록 이끌어 주십시오. 여러분도 주 예수님처럼 하나님께 다음과 같이 말씀드릴 수 있도록 말입니다.

"아버지께서 내게 하라고 주신 일을 내가 이루어 아버지를 이 세상에서 영화롭게 하였사오니 아버지여……나를 영화롭게 하옵소서……내가 아버지의 이름을 나타내었나이다"(요 17:4-6).

할렐루야!

부록

The Administration of the Covenant of Grace
in the Old and New Testaments

부록

신약과 구약에서 은혜언약의 시행

"세월이 지난 후에 가인은 땅의 소산으로 제물을 삼아 여호와께 드렸고 아벨은 자기도 양의 첫 새끼와 그 기름으로 드렸더니, 여호와께서 아벨과 그의 제물은 받으셨으나 가인과 그의 제물은 받지 아니하신지라"(창 4:3-5).

"성령이 이로써 보이신 것은 첫 장막이 서 있을 동안에는 성소에 들어가는 길이 아직 나타나지 아니한 것이라. 이 장막은 현재까지의 비유니 이에 따라 드리는 예물과 제사는 섬기는 자를 그 양심상 온전하게 할 수 없나니 이런 것은 먹고 마시는 것과 여러 가지 씻는 것과 함께 육체의 예법일 뿐이며 개혁할 때까지 맡겨 둔 것이니라. 그리스도께서는 장래 좋은 일의 대제사장으로 오사 손으로 짓지 아니한 것 곧 이 창조에 속하지 아니한 더 크고 온전한 장막으로 말미암아 염소와 송아지의 피로 하지 아니하고 오직 자기의 피로 영원한 속죄를 이루사 단번에 성소에 들어가셨느니라"(히 9:8-12).

"이 예언의 말씀을 읽는 자와 듣는 자와 그 가운데에 기록한 것을 지키는 자는 복이 있나니 때가 가까움이라"(계 1:3).

부록 1

아담에서 아브라함까지의 교회

지금까지 우리는 인간의 구속이라는 은혜로운 사역의 본질과 특성을 포괄적으로 살펴보았습니다. 이제 이 구속 사역이 그리스도의 성육신 이전과 이후에 각각 어떻게 다르게 시행되었는지를 살펴보겠습니다. 그리스도께서 오시기 이전에 시행된 것을 옛언약(Old Covenant) 또는 구약(Old Testament)이라고 부릅니다. 반면에 성육신 이후에 시행된 것을 새언약(New Covenant) 또는 신약(New Testament)이라고 부릅니다. 성경이 ברית(베리트)와 διαθηκη(디아데케)만을 사용하므로, 저 역시 '유언(testament)'뿐만 아니라 '언약(covenant)'이라는 단어를 사용했습니다. 이는 언약과 유언을 구별함으로 말미암아 발생하는 잘못된 견해들이 아무런 근거도 없는 것임을 보여 주기 위함입니다. 은혜언약이 구약과 신약에서 시행되는 방식은 다음 말씀에 근거하여 구별됩니다.

"새언약의 일꾼"(고후 3:6).

"구약을 읽을 때에"(고후 3:14).

"저 첫 언약이 무흠하였더라면 둘째 것을 요구할 일이 없었으려니와"(히 8:7).

"새언약이라 말씀하셨으매 첫 것은 낡아지게 하신 것이니 낡아지고 쇠하는 것은 없어져 가는 것이니라"(히 8:13).

구약은 보증이요 구원자가 되는 분이 오신다는 약속이 주어진 체제였습니다. 그러므로 아담에서부터 그리스도까지의 시기는 약속의 시대였고, 그때에는 구원자의 모습이 그분의 특징들(natures)과 고난과 죽음을 통해 예시되었습니다. 이는 이스라엘 백성이 구원자를 더 잘 알고 믿도록 하기 위한 것이었습니다. 사도가 그림자라고 부른 수많은 제사들이 바로 이 목적을 이루기 위한 것이었습니다. 제사들은 그리스도를 선명하게 묘사했고, 백성들은 자신에게 있는 육신의 눈을 통해 고난받고 죽으시는 그리스도를 날마다 목격하고 바라보았던 것입니다.

"이 장막은 현재까지의 비유니"(히 9:9).

제사는 아직 성육신하지 않은 그리스도를 가리키는 것입니다.

또한 히브리서 저자는 이러한 의식들(ceremonies)[1]을 모형(types)이라고 부릅니다. 모든 모형은 하나님께서 지시하신 대로 세워졌는데, 이는 오실 그리스도를 정확하게 예시하였습니다. 그 모형을 통해 백성들이 오실 그리스도를 바라보았던 것입니다.

"그들이 섬기는 것은 하늘에 있는 것의 모형과 그림자라"(히 8:5).

의식들은 그림자라고도 불렸습니다. 이는 그 의식들이 실체를 어둡게 하고 가리고 희미하게 만들기 때문이 아니라, 아직 나타나지 않은 그 실체를 가능한 한 선명하게 묘사하기 때문입니다. 이것은 태양이 찬란하게 빛나고 있을 때, 울타리 한쪽에 서 있는 사람이 다른 쪽에 서 있는 사람의 그림자를 볼 수 있는 것에 비유할 수 있습니다. 울타리에 막혀서 그 사람을 직접 볼 수는 없지만, 우리는 울타리 너머로 길게 드리워진 그림자를 볼 수 있습니다. 게다가 이 그림자를 통해 아직 보이지 않으나 어떤 사람이 그곳에 있다는 사실을 유추할 수 있을 뿐만 아니라, 이 사람이 어린아이인지 어른인지도 구별할 수 있습니다. 또한 옷의 형태를 보고서 그가 남자

---

[1] 역자주 - KJV에서 'ceremonies'라는 단어는 민수기 9장 3절에만 등장하는데, 개역개정 성경은 이를 '규례'로 번역한다. 본질적으로 이 규례는 외적인 의식(ceremony)에 대한 규정(ordinance)을 가리킨다. 따라서 본 서에서는 ceremonies를 문맥에 따라 '규례들' 또는 '의식들'로 번역한다.

인지 여자인지도 알 수 있습니다. 당연히 그 사람이 움직이고 있는지, 가만히 서 있는지, 서 있다면 제대로 서 있는지 거꾸로 서 있는지도 알 수 있으며, 그가 무엇을 하고 있는지까지도 알 수 있을 것입니다. 구약성경에 등장하는 제사가 바로 이러한 그림자입니다.

"이것들은 장래 일의 그림자이나 몸은 그리스도의 것이니라"(골 2:17).

이러한 제사는 보통 '의식들(ceremonies)'이라고 불리지만, 성경에는 이 단어가 나오지 않습니다.[2] 의식은 말이나 몸짓을 동원하여 외적으로 시행하는 것입니다. 그러나 성경이 이 단어를 사용하지 않으므로, 여기서는 이 단어 때문에 오히려 독자들이 가까이 있는 실체를 이해하지 못하거나 오해할 수 있다는 정도만 말해 두고자 합니다. 그러므로 성경의 표현을 사용하는 것이 좋습니다. 앞으로도 성경의 표현을 따라 기술해 나가겠습니다.

구약의 은혜언약은 낙원에서 시작됨

옛언약 또는 구약은 낙원에서 복음이 선포된 시점부터 그리스도께서 오시기까지의 모든 시대를 포함합니다. 이 기간 동안 은혜언약은 일관되게 약속과 상징이라는 방식을 통해 시행되었습니다. 그러나 당시 은혜언약이 시행된 대상과 관련하여 시기적으로 아브라함 이전과 이후의 교회로 구분할 수 있습니다. 아브라함 이전의 교회는 다양한 나라들로 구성되었습니다. 이는 신약 시대의 교회도 마찬가지입니다. 그러나 하나님은 아브라함과 그의 자손을 자신의 교회로 삼으셨습니다. 그 결과 아브라함 시대 이후부터 다른 국가는 참된 신앙에서 급속히 배제되었으며, 아브라함의 자손들에 의해 이 순결한 신앙이 보존되었습니다. 그러므로 국가 언약에 관해 말한다면, 우리는 그것을 반드시 이 특정한 민족과 세운 은혜언약으로 이해해야 합니다. 여기서 은혜언약은 그 이상을 의미하지 않습니다.

---

2) 역자주 - KJV의 경우, 민수기 9장 3절에 ceremonies라는 단어가 등장한다.

성경은 아담에서 아브라함의 시대까지 교회가 어떤 상태였는지에 관해 많이 언급하지 않습니다. 그러나 성경은 그 시대에도 복음과 참된 신앙이 잘 알려져 있었고 아브라함 시대 이후와 마찬가지로 실제로 실천되고 있었다는 사실을 충분히 보여 줍니다. 주 예수님께서 아담의 자손이라고 불리는 것은 혈통에 따른 것입니다. 그분이 중보자가 되시기 위해서는 아담의 가계에 속해야 했기 때문입니다. 또한 그분이 메시아라는 사실을 인정받기 위해서도 아담의 자손이라는 사실이 반드시 알려져야 했습니다. 아담에서 아브라함까지의 시간은 약 이천 년 정도 되고, 모세가 이 사실을 첫 번째 책에 기록하였습니다. 이제 그 시기에서 가장 중요한 사실에 관해 간략하게 살펴본 다음, 몇 가지 질문에 답하겠습니다.

아담과 하와가 행위언약을 깨뜨린 후에, 주님(Lord)[3]께서 새로운 언약, 곧 은혜언약을 다음과 같이 선언하셨습니다.

"내가 너로 여자와 원수가 되게 하고 네 후손도 여자의 후손과 원수가 되게 하리니 여자의 후손은 네 머리를 상하게 할 것이요 너는 그의 발꿈치를 상하게 할 것이니라"(창 3:15).

이 구절은 본 서 앞부분에서 설명하였습니다. 본문은 적은 단어로 기록되었지만, 죄인의 구속이라는 위대한 사역에 관한 내용을 담고 있습니다. 뿐만 아니라 택자에 대한 사탄의 지배가 깨지리라는 사실 및 하나님의 자녀들과 사탄의 자녀들이 서로 적대하며 전쟁한다는 내용도 모두 포함합니다. 나아가 이 본문은 이 모든 것들을 성취하실 한 분, 남자의 후손이 아니라 여자의 후손이라 불릴 한 분을 가리킵니다. 바로 그리스도이십니다. 아브라함과 이삭과 야곱과 다윗과 마리아의 자손이시요 자신의 죽음을 통해 사탄을 무너트리신(히 2:14 참고) 분입니다. 하나님께서 이 사실을 아담과 그 이후에 올 거룩한 사람들에게 더욱 분명하게 설명하셨습니다. 아담은 930년 동안 교회에 남아 있었습니다. 유다서 1장 14,15절에 따르면, 에녹은 심판의 날을 선포한 선지자였습니다. 노아는 의에 대해 설교하였습니다. 베드로전서 3장 19-21절은 그가 그리스도에 대해 설교하였음을 증언합니다. 또한 노아는 셈의 자

---

3) 역자주 - 영역본과 KJV에 "Lord"로 번역된 하나님의 명칭은 한글 성경에서 "여호와," "주," "주님" 등과 같은 단어로 번역된다. 따라서 이 책에서도 필요에 따라 이와 같은 단어들을 선택적으로 사용할 것이다.

손이 거부된 이후에 이방인들이 부름받을 것이라고 예언했습니다(창 9:27 참고). 하나님은 들의 소산과 정결한 가축과 그들의 첫 새끼로 드리는 제사에 대한 믿음을 통하여 이러한 신자들을 가르치시고, 그들에게 힘을 주셨습니다(창 4:4, 8:20 참고).

이를 통해 백성들은 구원의 신비에 관한 지식을 얻었고, 그리스도를 믿도록 인도받았습니다. 하와가 가인을 낳았을 때, 그녀의 눈은 그리스도를 향하고 있었습니다. 사실 하와는 가인의 출생이 그리스도께서 나오실 모든 출생 과정의 시작이라고, 또는 가인이 바로 구속주가 될 것이라고 잘못 생각하였습니다. 이는 그녀가 셋(Seth)을 낳았을 때 다음과 같이 말한 것을 통해 알 수 있습니다.

"이는 하나님이 내게 가인이 죽인 아벨 대신에 다른 씨를 주셨다 함이며"(창 4:25).

하와는 하나님께서 가인과 그의 자손들을 거부하고 저주하셨다는 사실을 알았으며(창 4:26 참고), 셋에게서 구세주가 나올 것이라고 믿었습니다. 아벨은 의로웠고(마 25:35 참고) 좋은 믿음을 가졌기에 하나님을 기쁘시게 했습니다(히 11:5 참고). 에녹은 하나님과 동행하였으며 하나님을 기쁘시게 했다는 증거를 남기고는 죽음을 겪지 않고 하나님께로 갔습니다. 에노스 때에 이르러 신자들은 자신들을 불신자들과 분리했고, 다른 신자들과 교제를 나누며 여호와의 이름을 불렀습니다(창 4:26 참고).

그러나 그 후 교회는 타락하고 교회에 속한 사람들이 불신자들과 결혼했습니다. 이로 인해 교회는 더욱 타락하였습니다. 이런 까닭에 하나님께서 자기 백성들이 다른 민족들과 결혼하는 것을 원하지 않으시는 것입니다(단 7:3; 고후 6:14 참고). 이처럼 세상은 점점 타락해 갔습니다. 교만한 라멕이 이를 더욱 가속화하였습니다. 라멕은 최초로 두 명의 부인을 가졌으며, 자기 아들의 칼을 자랑스럽게 여겼습니다. 또한 난폭한 거인들이 자신의 힘과 명성을 의지하며 폭력으로 세상을 다스렸고, 스스로 자신의 이름을 드높였습니다(창 6:4 참고). 이처럼 세상과 교회가 극도로 불경건해졌기에, 하나님께서 홍수를 통하여 사람들은 물론, 땅에서 움직이는 모든 것들을 멸하셨습니다.

그러나 노아와 그의 아내를 비롯하여 그의 세 아들들과 며느리들과 모든 종류의 생물을 대표하는 것들은 방주 안에 있었으므로 생명을 보존할 수 있었습니다. 홍수가 끝난 후 노아는 포도나무를 심었고, 포도로 만든 술에 취했습니다. 아마도 홍수 기간 동안 포도주를 마시지 못해서 너무 마시고 싶었거나, 포도주에 익숙하지 않았거나, 이전에 마셨던 포도주보다 더 독해서 그만큼 빨리 취했을 수도 있습니다. 어쨌든 핵심은 그가 일단 취한 뒤에 잠에 빠졌다는 것입니다. 술로 인해 몸이 더웠던 까닭에, 그는 자는 동안 덮고 있던 덮개를 걷어 버리고 벗은 채로 누워 있었습니다. 이때 노아의 아들 함이 장막으로 들어와 아버지가 벌거벗은 모습을 보고 밖으로 나가 두 형제에게 그 사실을 알렸습니다. 그러자 형제들은 뒷걸음으로 아버지에게 다가가 덮개를 취하여 아버지의 몸을 덮었습니다. 함의 죄는 단순히 아버지의 벌거벗은 몸을 본 것이 아닙니다. 만약 움직이다가 그 장면을 무심결에 보았고 재빨리 떠났더라면, 그는 죄를 범하지 않았을 것이고 아버지로부터 저주를 받지 않았을 것입니다. 그러나 그는 그 장면을 보고 조롱하였습니다. 함이 아버지를 조롱하였거나, 함의 아들인 가나안이 할아버지가 벌거벗은 채로 누워 있는 모습을 보고 멈춰 서서 할아버지를 조롱했을 것입니다. 실제로 저주를 받은 것은 함과 그의 모든 자손이 아니라, 함의 아들 가나안이었습니다. 그러므로 가나안이 노아를 조롱했거나, 가나안이 형벌을 받음으로써 그의 아버지인 함이 벌을 받았을 것입니다. 그런데 이것이야말로 아버지에게 가장 고통스러운 벌입니다. 또한 이 둘이 모두 죄를 범했을 가능성도 있습니다. 왜냐하면 셈과 야벳은 아버지 노아의 축복을 받았으나, 함은 축복을 받지 못했기 때문입니다.

함의 계보는 야벳과 셈의 계보와 함께 언급됩니다. 함의 계보에 니므롯이 등장하는데, 다음과 같이 기록되어 있습니다.

"그가 여호와 앞에서 용감한 사냥꾼이 되었으므로"(창 10:9).

본문은 불경건한 사람에 대한 묘사로 해석될 수 있습니다. 하나님과 사람을 전혀 신경 쓰지 않는 잔인한 독재자와 같은 사람 말입니다. 반대로 이 표현은 하나님을 두려워하고 사람들에게 안전한 피난처를 제공하고자 하는 사람에 대한 묘사일 수도 있습니다. 구체적으로 말해, 특별히 니므롯이 자기 가족들의 생계를 위하여 맹수들을 죽이고 쫓아내는 사람이었을 수 있는 것입니다. 당시에 야생 동물들이 급증하여 사람들이 조용하고 평화롭게 사는 데 큰 방해가 되었습니다. 따라서 그가 사냥한 동물은 겁이 많은 산토끼나 사슴이 아니라 사자나 곰이나 호랑이나 늑대 같은 맹수들이었을 것입니다. 이러한 동물을 사냥하기 위해 그에게는 용기가 필요했고, 언제나 위험을 직면하고 있었기에 자신의 안전을 위해 하나님께 달려가야만 했을 것입니다. 그리하여 그가 하나님의 도우심으로 그런 맹수들의 위협을 극복할 수 있었을 것이며, 이를 통해 사람들이 안전하게 거주할 수 있었던 것입니다.

이들은 높은 탑을 쌓아 자기 이름을 드높이고자 했고, 흩어지지 않기 위해 봉화대를 세웠습니다. 그러나 언어가 혼잡해진 결과, 그들의 계획은 좌절되었고 그들은 온 땅에 흩어질 수밖에 없었습니다. 성경은 처음 이천 년 동안 이런 일들이 일어났다고 상세히 기록합니다. 그다음에 모세는 아브라함에게로 시선을 돌립니다. 이는 아브라함 이후에 교회가 오직 그의 가족들로 한정되기 때문입니다.

모형을 결정하는 여섯 가지 규칙

그리스도께서 오시기 전에, 사람들은 약속과 그림자가 성취되기를 간절히 바라면서 실체가 오기를 구했습니다. 그러나 빛이요 실체인 분이 오신 지금, 사람들은 그림자와 모형을 찾고 있습니다. 그리고 그들은 자신이 그림자를 발견했다고 믿으면서 즐거워합니다. 사람들은 어둠 속에 있을 때 빛을 구했으나, 빛이 온 지금은 모두 어둠을 찾습니다. 이런 현상은 학자들이 학문을 연구하는 것과 같습니다. 모든 사람들이 새로운 무언가를 찾아야 한다는 강박관념에 사로잡혀 있습니다. 이처럼 새로운 것을 추구하는 데에는 규칙이 있는데, 그것은 이름과 사건과 환경에 유사점이 있어야 한다는 것입니다. 이런 것을 찾거나 이러한 내용을 구성해 나가는 사람은 자신이 어떤 모형을 찾았다고 믿게 됩니다. 아담에서 아브라함에 이르는 기간 동안 존재했다고 여겨지는 모형에 대해 논의하기 전에, 어떤 것이 이런 모형에 해당되는지 설명하겠습니다.

첫째, 바울은 사람이 반드시 지혜롭게 생각해야 하며 자신에 대해 생각해야 할 수준보다 높게 생각해서는 안 된다고 권면합니다(롬 12:3 참고). 이 문제를 대할 때 사람은 두렵고 떨리는 마음으로 행해야 하며, 하나님께서 기록으로 주신 거룩한 말씀이 의미하는 바와 다른 의미를 그 말씀에 부여해서는 안 됩니다. 그러나 사람들은 거의 모든 것을 풍유적으로 해석하고, 사람이 생각할 수 있는 예언과 모형을 최대한 많이 꾸며 내 하나님의 말씀으로부터 그 신성함과 영적인 의미를 제거할 것입니다.

둘째, 여러 이름들이나 그 이름들의 의미가 유사하고 특정한 대상들 사이에 일치하는 부분이 있으며 해석이 본문의 정황과 모순되지 않고 믿음의 규칙과도 어긋나지 않을지라도, 그것들은 모형을 결정하는 규칙이 될 수 없습니다. 그 이유는 다음과 같습니다.

① 하나님의 말씀 어디에 그런 규칙들이 기록되어 있습니까? 만일 어떤 사람이 자신만의 규칙을 세운다면, 그 규칙에 따른 해석은 결국 자기 생각대로 만들어 낸 것일 뿐입니다. 그러므로 저는 이런 규칙들을 받아들일 수 없습니다. 먼저 그 규칙들이 유효하다는 사실이 입증되어야 합니다. 성경 전체를 해석하는 도구로 사용되려면 마땅히 반박할 수 없는 증거가 제시되어야만 하지 않겠습니까?

② 만일 자신이 세운 규칙을 통해 모형임을 확인해야 한다면, 그 규칙을 따르지 않는 그 어떤 모형도 받아들일 수 없게 될 것입니다. 설령 하나님께서 의심할 여지 없이 분명하게 모형이라고 지명하신 것이라 하더라도 말입니다.

③ 사람이 자신의 규칙을 채택한다면, 성경 전체가 그 사람의 뜻에 따라 왜곡될 수 있습니다. 태양과 샛별, 사자, 암탉, 지렁이는 물론이요 포도나무와 나무, 집을 짓는 데 필요한 기초, 곡식의 낟알, 문, 도로와 샛길을 비롯한 많은 것들이 모두 그리스도의 모형이 될 수 있습니다. 왜냐하면 이 모든 것들의 이름이 그리스도를 가리키는 데 사용되기 때문입니다. 실제로 이런 것들과 그리스도 사이에 약간의 일치점과 유사성이 있긴 합니다. 뿐만 아니라 이런 것들은 그 본문의 배경과 마찰을 일으키지도 않고 믿음의 규정 원리에 어긋나지도 않습니다. 그러나 우리는 이 모

든 것들을 모형이라고 부르는 것이 어리석은 행위임을 쉽게 알 수 있습니다. 그런데도 사람들은 이것들이 앞에서 언급한 규칙과 일치한다는 이유로, 이것들을 모형이라고 부릅니다. 따라서 이를 통해 이러한 규칙들이 어떤 사건을 모형이라고 부를 수 있도록 하는 증거나 기초를 전혀 제공하지 않는다는 사실을 분명히 알 수 있습니다.

어떤 이들은 어떤 사건들 사이에 있는 정확한 일치점이 우연히 생기지 않는다고 말할 것입니다. 전지하고 가장 지혜로우신 하나님께서 어떤 것이 다른 것의 모형이 되기를 의도하시며 사물을 주관하시기 때문이라는 것입니다. 이에 대해 저는 다음과 같이 대답하겠습니다. 하나님께서 어떤 것들이 정확하게 일치하는 일이 일어나도록 하시는 것은, 거기서 어떤 모형을 발견하게 하시려는 것이 아닙니다. 그렇지 않다면, 성경에 나오는 대부분의 것들을 모형이라고 부를 수 있을 것이며, 성경 전체가 하나의 풍유가 되어 버리고, 결국 성경 전체가 단지 수많은 비유들에 불과한 것으로 여겨질 수 있습니다. 초상화는 그 그림을 그린 화가가 마음에 품고 있던 사람뿐만 아니라 다른 사람을 닮을 수도 있습니다. 이는 그 두 사람이 서로 닮았거나, 그림이 화가의 의도와는 상관없이 실제 대상보다 다른 사람과 더 닮게 그려진 경우일 것입니다. 그러나 그렇다고 해서 화가가 처음부터 다른 사람을 그렸다고 결론 내릴 수 있습니까? 바로 이와 같은 경우입니다. 비록 하나님께서 서로 닮은 어떤 것들을 알고 계신다 하더라도, 하나님의 의도는 그중 어떤 하나가 다른 것을 나타내거나 그것의 모형이 되는 것이 아닙니다.

뿐만 아니라 신약성경에는 나중에 있을 사건 및 사람과 유사하거나 비슷한 것에 대한 묘사가 등장합니다. 그러나 단지 이런 유사점이 있다고 해서 신약성경에 언급된 사건들이 미래에 있을 사건들의 모형이라고 과연 어느 누가 결론 내릴 수 있겠습니까? 뿐만 아니라 백 년 전, 또는 이백 년 전에 일어난 일들과 관련된 상황이나 사람과 유사한 것들이 지금도 매일 나타납니다. 게다가 이 모든 것들이 하나님의 섭리 안에서 일어납니다. 그렇다면 먼저 있었던 것들이 나중에 일어날 것들의 모형이라고 결론 내려야 합니까? 분명한 사실은 무언가가 단지 유사하다는 이유만으로 모형이 될 수 없으며, 하나님께서 모형으로 정하셔야 한다는 것입니다.

셋째, 모형(또는 예시)이라는 단어가 반드시 오실 그리스도를 가리키는(미래에 대한 묘사로서) 대상을 의미하는 것은 아닙니다. 오히려 예시는 적용을 통해 경고하거나 본(emulation)을 보이거나 설명하기 위해 주어진 것입니다. 그 결과 사람들이 유비(analogy)라는 방법을 통해 현재 주어진 사건을 더 분명히 이해할 수 있습니다. 그러나 이 말은 예시로 사용되는 것들이 어떤 사건을 예언하고 묘사하기 위한 것이라는 의미가 아닙니다. 도리어 예시로 사용되는 것들은 적용을 통해 과거를 돌아보는 데 사용됩니다.

① 우리에게 경고로 주어진 예시가 있습니다.

"이러한 일은 우리의 본보기가 되어 우리로 하여금 그들이 악을 즐겨 한 것같이 즐겨 하는 자가 되지 않게 하려 함이니"(고전 10:6).

"그들에게 일어난 이런 일은 본보기가 되고 또한 말세를 만난 우리를 깨우치기 위하여 기록되었느니라"(고전 10:11).

"소돔과 고모라 성을 멸망하기로 정하여 재가 되게 하사……본을 삼으셨으며(히 8:5 참고)"(벧후 2:6).

분명히 이런 예시들은 그리스도의 모형이 아니며, 사도 시대를 상징하지도 않습니다. 이 예시들은 적용이라는 방법을 통해 과거를 회상할 때 경고로 사용되었습니다. 그리고 이는 모든 시대에 일어날 수 있고, 또 실제로 일어나는 일입니다.

② 본보기로 주어진 예시가 있습니다.

"형제들아, 너희는 함께 나를 본받으라. 그리고 너희가 우리를 본받은 것처럼 그와 같이 행하는 자들을 눈여겨보라"(빌 3:17).

③ 무언가를 설명하기 위해 유비라는 방법을 통해 주어진 예시가 있습니다.

"아담은 오실 자의 모형이라"(롬 5:14).

로마서 5장에서 아담은 그에게 속한 모든 사람들 곧 온 인류가 죽어야 하는 이유로 등장합니다. 또한 그리스도는 그분께 속한 모든 사람 곧 택자들을 살리시는 분으로 묘사됩니다. 그리스도는 죄를 처리하기 위해 오셨습니다. 그런데 타락 이

전에는 처리해야 할 죄가 존재하지 않았으므로 그때의 아담 역시 오실 그리스도에 대한 묘사가 아니었다는 사실에 대해서는 논쟁할 필요도 없습니다. 그때에는 그리스도께서 오실 필요가 없었으니, 당연히 그분이 오실 것에 대한 약속도 없었습니다. 마찬가지로 타락할 당시의 아담 역시 죄를 없애기 위해 오시는 그리스도의 모형이 아닙니다. 타락할 당시에는 그 어떤 은혜언약도 계시되지 않았고, 그리스도에 대한 약속도 없었으며, 그에 대한 어떤 예시도 없었기 때문입니다. 물론 타락 이후에도 아담은 구약 교회에 그리스도의 모형으로 주어지지 않았습니다. 분명한 사실은 우리가 이 본문에서 볼 수 있는 것들이 모두 비교라는 것입니다. 사도가 지금 다루는 내용은 유비와 대조를 통해 설명됩니다. 즉, 아담이 죄와 정죄의 근본적이고도 유일한 원인인 것처럼, 그리스도께서 아담 안에서 죽은 모든 택자들의 속죄와 영원한 행복의 근본적이고도 유일한 원인이라는 것입니다. 예레미야 33장 20-26절에도 동일한 원리가 적용됩니다.

"여호와께서 이와 같이 말씀하시니라. 너희가 능히 낮에 대한 나의 언약과 밤에 대한 나의 언약을 깨뜨려 주야로 그때를 잃게 할 수 있을진대 내 종 다윗에게 세운 나의 언약도 ……파할 수 있으리라."

비록 다윗과 세운 언약이 낮과 밤을 영원히 세운 것에 비유되고 있지만, 하나님께서 낮과 밤을 영원히 정하신 것 자체는 다윗과 세우신 언약의 모형이 아닙니다. 오히려 낮과 밤은 하나님께서 다윗과 세우신 언약이 불변할 것이라는 사실을 강조하기 위한 비유와 적용으로 기능합니다.

넷째, 표지(sign)라고 해서 모두 반드시 모형(type)이 되는 것은 아닙니다. 모든 모형은 표지이지만, 모든 표지가 모형인 것은 아닙니다. 구유에 누워 있는 것과 포대기에 싸여 있는 것은 그 아기가 메시아라는 표지입니다(눅 2:12 참고). 그러나 그것들이 모형은 아닙니다. 동방박사들을 앞에서 인도하다가 요셉과 마리아가 머물던 장소 위에 멈춰 선 별은 새로운 왕이 그곳에 있다는 표지이지만, 모형은 아니었습니다. 모형은 미래의 어떤 것을 가리킵니다. 반면, 표지는 과거든 현재든 미래든 상관없이 특정한 사건이나 물체를 가리키고, 우리가 이해할 수 있도록 밝혀 주는 역할을 합니다. 그런 의미에서 주 예수님은 요나를 자신이 무덤에 묻힐 것을 가리키는 표지로 제시하셨습니다.

"악하고 음란한 세대가 표적을 구하나 선지자 요나의 표적밖에는 보일 표적이 없느니라. 요나가 밤낮 사흘 동안 큰 물고기 뱃속에 있었던 것같이 인자도 밤낮 사흘 동안 땅속에 있으리라"(마 12:39,40).

그 어디에서도 요나가 구약 교회에 그리스도의 매장에 대한 예시로 주어지거나 지정되지 않았습니다. 따라서 구약 교회가 요나를 그리스도의 매장에 대한 모형으로 인식하지도 않고 믿지도 않았던 것을 죄악이라고 말할 수 없습니다. 뿐만 아니라, 그리스도 또한 요나가 구약 교회에 그분에 대한 모형으로 주어졌다고 말씀하시지 않았습니다. 대신에 주 예수님은 당시 유대인들에게 요나를 표지로 주셨던 것입니다. 신약성경은 그 어디에서도 요나에게 일어난 모든 일들이 그리스도에게 일어날 일들에 대한 모형이었다고 말하지 않습니다. 따라서 이 구절들은 요나를 유비로 사용하여 예수님께 일어날 일에 관해 설명합니다. 그 결과, 이 일이 일어날 때, 그들은 그분이 참으로 메시아였다는 사실을 확신하게 됩니다.

다섯째, 신약성경에 등장하는 표현들과 사건들은 암시(allusion)라는 방식으로 구약으로부터 전해져 온 것인데, 이는 머지않아 일어날 사건을 설명하기 위한 것입니다. 그러나 이것이 모형이 되지는 않습니다. 요한계시록 2장 7절과 22장 1,2절을 생각해 보십시오. 그 구절에서 주 예수님은 생명나무로 일컬어집니다. 물론 이 생명나무가 낙원에 있었던 것으로서 행위언약을 상기시키는 증표였던 그 생명나무를 가리킨다는 점은 의심할 여지가 없습니다. 그러나 분명한 사실은 아담이 그리스도에 대해 듣지 못했고, 언약의 보증을 필요로 하지도 않았으며, 그리스도를 믿음의 대상으로 가지지도 않았다는 것입니다. 그러므로 생명나무는 아담에게 그리스도를 보여 주지 않았습니다. 타락 이후에 행위언약이 깨짐으로 인해 아담은 더 이상 생명나무를 보거나 만지지 못하게 되었습니다. 이후 생명나무가 구약 교회에 약속된 그리스도에 대한 모형으로 기능하지 못했으므로, 구약 교회는 생명나무를 통해서는 결코 그리스도를 믿을 수 없었습니다. 따라서 신약성경에서 그리스도를 생명나무라고 부르는 경우는 바로 암시와 적용이라는 방식을 사용하는 것입니다. 아담은 날마다 이 나무를 보고 날마다 그 나무의 열매를 먹으며, 이를 통해 영원한 생명의 약속을 기뻐했습니다. 마찬가지로 신자들도 그리스도를 누리고 즐거워하면서, 그분 안에서 기쁘게 살아갈 것입니다. 이 모든 것으로부터 우리는 다음 사실을 발견할 수 있습니다. 어떤 것이 어느 정도 그리스도와 유사하거나 그리스도께 적용할 수 있다고 해서 곧바로 그것을 그리스도의 모형으로 간주해서는 안 된다는 것입니다.

여섯째, 다음 사실을 주의 깊게 생각하십시오. 하나님께서 구약 시대에 일으키신 사건들 중 어떤 것들은, 그 사건들을 통해 훗날 자신의 지혜와 흠모할 만한 섭리가 드러나고, 그리하여 그 사건들이 풍유적으로 적용될 수 있게 하고자 의도하신 것입니다. 실제로 하나님께서 그런 유사점이 있게끔 의도하셨기 때문에 둘 사이에 어떤 유사점이 생겨난(또는 생길 수 있었던) 것입니다. 그러하기에 사도는 하갈과 사라를 풍유적인 의미로 제시합니다(갈 4:24 참고). 풍유에 해당하는 헬라어는 $\dot{\alpha}\lambda\lambda\eta\gamma o\rho o \upsilon \mu \varepsilon \nu \alpha$ (알레고루메나)입니다. 그러나 하갈은 구약을 가리키는 모형이 아니었습니다. 왜냐하면 구약이 어떤 모형적인 언약을 가리키는 말이므로, 하갈이 구약의 모형이라면 한 모형이 다른 어떤 모형에 대한 모형이 되기 때문입니다. 설령 이렇게 가정하지 않더라도 하갈이 구약에 제시된 그러한 모형들의 모형이 된다는 것인데, 이는 완전히 터무니없는 이야기입니다. 게다가 사도는 그녀를 모형이라고 말하지 않습니다. 대신에 그는 하갈과 사라를, 유비를 통해 어떤 한 의미에서 다른 의미로 전환되는 물건이나 사건을 상징하는 '알레고루메나'라고 말했습니다. 그러므로 그 상황 속에서 하나님께서 본래 의도하셨던 바를 확실히 단정 지을 수 없을지라도, 많은 물건이나 사건에 담겨 있던 의미가 다른 물건이나 사건으로 옮겨질 수는 있습니다. 결과적으로 하나님께서 모리아산을 아브라함에게 이삭을 제물로 바칠 장소로 정해 주셨고, 그 후 수백 년 뒤에 그곳에 솔로몬의 성전이 건축되고 제사가 이루어졌다는 사실을 볼 때, 우리는 그 하나님의 명령 속에서 발견되는 그분의 지혜로운 섭리를 기뻐할 수 있습니다. 우리는 다른 많은 상황들 속에서 그와 비슷하게 행할 수 있습니다. 그러나 그것들의 모형을 만들어서는 안 됩니다. 그것이 모형에 대한 서로 다른 견해들을 없애는 한 가지 방법이라고 믿습니다.

성경적으로 엄밀한 의미의 모형

모형이란 그리스도께서 오시기 전에 하나님께서 오실 구세주를 예시하도록 지정하신 것입니다. 모형은 구세주가 오시기 전까지 하나님의 교회를 가르치고, 그 교회를 그리스도에 대한 믿음으로 인도하기 위한 것입니다. 무언가를 모형이라고 일컬으려면 반드시 다음의 사항들이 포함되어야 합니다.

① 반드시 하나님께서 모형으로 지정하신 것이어야 합니다. 모형은 신앙에서 핵심 요소이며, 이스라엘 백성들이 모형을 통해 그리스도에 대한 믿음을 가지도록 부름받았기 때문입니다. 그러나 그들의 신앙은 인간의 의지에 기초한 예배 및 인간의 교훈과 완전히 작별을 고해야만 했습니다.

② 모형들은 구약 시대의 교회가 그리스도를 바라보고 그분을 믿을 수 있도록 구약 교회에 주어진 것입니다. 다음 말씀이 이를 증언합니다.

"이 장막은 현재까지의 비유니"(히 9:9).

③ 모형들은 신앙의 실천을 위해 구약 교회에 주어졌습니다. 그러므로 이러한 모형들을 미래에 오실 메시아를 알고 믿으려는 이 목적에 따라 사용하지 않는 사람들은 모두 죄를 범한 것입니다.

다음 경우들은 분명히 모형이라고 할 수 있습니다.

① 구약이나 신약에서 모형으로 지명된 사람이나 물건
② 그런 사람이나 물건이 등장했고, 그것이 구약 교회에 모형으로 주어진 경우
③ 누군가가 이 주어진 모형을 사용하는 데 실패하여 죄를 범한 경우

만일 이 세 기준이 없다면, 그 어떤 것도 모형이라 말하거나 지정해서는 안 됩니다. 그러므로 이런 기준을 따를 때, 하나님의 거룩한 말씀을 높이고, 건전한 신앙을 즐거워하는 모든 사람들의 양심에 확신을 주어, 그들이 모형을 세우고 지정할 때

더욱 신중을 기하게 할 것이라고 믿습니다.

지금까지 논의된 사항을 볼 때, 다음과 같은 사실이 분명해집니다.

① 아담, 아벨, 에녹, 노아 같은 사람들은 주 예수님의 모형이 될 수 없습니다. 그들이 모형으로 지정되었다는 증거도 없고, 구약 교회에 모형으로 주어지지도 않았기 때문입니다. 뿐만 아니라 교회가 이런 사람들을 모형으로 사용하지 않는 것이 죄악이라는 증거도 없습니다.

② 아담과 하와의 가죽옷도 신자들이 입고 있는 그리스도의 의를 가리키는 모형이 될 수 없습니다. 하나님의 말씀이 이와 관련해 아무것도 언급하지 않는다는 사실은 둘째 치더라도, 가죽옷을 모형으로 지정하는 근거 자체가 타당하지 않습니다. 여기서 그 근거란, 이 옷들이 아담이 희생 제물로 바친 동물들의 가죽으로 만들어졌다는 것입니다. 그러나 그 당시에도 아담은 여전히 낙원에 있었고, 하나님은 아담과 하와에게 죄를 책망하신다는 것을 보여 주는 옷을 지어 입히실 때조차도 조롱하면서 "보라 이 사람이……우리 중 하나같이 되었으니"(창 3:22)라고 말씀하셨습니다.

③ 동일한 이유로 노아의 방주도 그리스도의 모형이 아닙니다. 유사하다고 해서 무조건 모형이 되는 것은 아니기 때문입니다.

④ 대홍수는 은혜언약의 증표도 아니고, 거룩한 세례에 대한 모형도 아닙니다. 성경 어디에서도 그렇게 지정되었다고 말하지 않습니다. 대홍수가 증표나 모형이라는 주장은 그저 대홍수와 그것들이 유사하다는 사실에 의존하고 있을 뿐입니다.

반론

대홍수는 은혜언약의 증표로 지정되었다.

"이는 내게 노아의 홍수와 같도다. 내가 다시는 노아의 홍수로 땅 위에 범람하지 못하게 하리라 맹세한 것같이 내가 네게 노하지 아니하며 너를 책망하지 아니하기로 맹세하였노니"(사 54:9).

게다가 거룩한 세례가 대홍수의 본형(antitype)으로 인정되었다.

"물은 예수 그리스도께서 부활하심으로 말미암아 이제 너희를 구원하는 표니[4] 곧 세례라"(벧전 3:21).

마찬가지로 세례의 방식도 홍수와 홍해에 대하여 '이런 것들을 통하여 세례가 상징되었다'고 말한다.

> 답변

이사야 54장 9절은 시간 속에서 실제로 일어난 홍수에 대해 말하고 있지 않습니다. 오히려 본문은 그 홍수 이후에 밝혀진 무언가에 관해, 곧 하나님께서 노아의 제사에 대해 다시는 홍수로써 세상을 멸하지 않겠노라 맹세하신 것에 관해 말하고 있습니다. 홍수 역시 증표나 모형으로 정해지지 않았으며, 유대인들도 이 홍수를 모형으로 지정하거나 사용하지 않았습니다. 대신 이 말씀은 하나님께서 노아의 홍수 이후에 하신 행동이 무엇을 의미하는지를 선언하시는 것입니다. 그 선언의 내용은 자신이 홍수 이후에 맹세한 것을 신실하게 지킨 것처럼, 자신이 교회에 대해 진노하지 않으리라는 약속을 신실하게 지키겠노라는 것입니다.

베드로전서 3장 21절도 노아의 홍수를 세례의 그림자나 모형으로 정하는 본문이 아닙니다. 비록 거룩한 세례와 성찬식이 구약에 등장하는 증표로 기능하지만, 구약의 증표들이 신약에 나오는 성례들의 모형은 아닙니다. 더욱이 홍수는 신약에 등장하는 성례에 대한 모형이 아닙니다. 성경의 어느 본문이 홍수가 모형으로 지정되었다고 말하고 있습니까? 이 홍수가 구약에서 모형으로서의 목적을 위해 사용되고 있습니까? 바로 이 사실이 증명되어야 합니다. 그러나 그런 내용이 단 한 단어도 발견되지 않는다는 사실을 기억하십시오. 이미 우리는 예시가 무언가의 모형이 되지는 않는다는 점을 증명했습니다. 그러므로 여기서 거룩한 세례는 설명을 위한 본형으로 지정되어 있습니다. 다시 말해, 노아가 물에서 보호될 때 방주를 띄운 물을 통해 보호받은 것처럼, 구원의 수단인 그리스도의 피가 속죄를 확증하고 세례가 신자로 하여금 그것을 확신하게 하는 것입니다. 세례의 양식은 홍수가 세

---

[4] 역자주 - 아 브라켈이 본 서를 집필할 때 사용한 스타턴퍼탈링은 본형을 의미하는 'tegenbeeld'라는 단어를 사용한다.

례의 모형이라고 말하지 않습니다. 홍수는 세례를 상징하고 있을 뿐입니다. 우리는 이미 앞에서 이 홍수의 부차적인 의미 또한 언약을 가정하지 않는다는 사실을 밝혔습니다.

무지개는 은혜언약의 증표가 아님

▶ **질문**
무지개는 은혜언약의 증표인가?

대답: 어떤 사람은 무지개가 언약의 징표(token)이므로 이 질문에 '그렇다'라고 대답하고 싶을 것입니다(창 9:12,13 참고). 그러나 우리는 다음과 같은 이유로 이 질문에 '아니다'라고 대답합니다.

① 무지개는 하나님과 세상, 곧 모든 사람들(선하든 악하든) 및 노아와 함께 방주 안에 있었던 모든 살아 있는 동물들 사이에 맺어진 언약의 징표입니다(창 9:9-17 참고).

② 여호와께서 무지개를 통해 인 치고 확증하신 것은, 그리스도 안에 있는 어떤 영적인 복이 아니라 오직 세상에 대한 복이었습니다. 세상에 대한 이 복은 땅 위에 홍수가 없을 것이라는 내용을 담고 있습니다. 그러나 은혜언약은 영적인 약속들을 담고 있습니다.

③ 언약과 무지개는 세상 끝 날까지 남아 있을 것입니다. 그러므로 질문대로라면, 결국 우리에게 세 개의 신약의 성례(sacraments)가 있다는 의미가 됩니다. 이 경우 무지개가 첫 번째 성례가 됩니다. 그러나 이는 터무니없는 생각입니다.

④ 언약이 언제나 실제 의미의 언약만을 가리키지는 않습니다. 예레미야 33장 20절에서 보듯이, 언약이 변하지 않는 약속이나 제도를 가리킬 수도 있습니다.
"여호와께서 이와 같이 말씀하시니라. 너희가 능히 낮에 대한 나의 언약과 밤에 대한 나의 언약을 깨뜨려 주야로 그때를 잃게 할 수 있을진대."

이 경우 언약은 변함없는 약속과 제도로 해석되어야 합니다.

반론

요한계시록 4장 3절은 그리스도께서 앉아 계시는 보좌 둘레에 무지개가 있다고 말한다. 이는 우리로 하여금 노아와 맺은 언약의 무지개를 떠올리게 한다. 이때 이 무지개가 그리스도를 가리킨다.

답변

(1) 이는 예언적인 환상이며, 반드시 그 이상으로 해석되어서는 안 됩니다.

(2) 무지개는 보좌에 앉아 계시는 분의 광채를 반영합니다. 태양 빛이 수증기를 통과하여 두꺼운 구름에 비추임으로써 무지개가 생기는 것과 같은 이치입니다. 확실하지는 않지만 설령 이 무지개가 노아의 무지개를 가리킨다고 하더라도, 이는 요한에게 계시될 일들이 변하지 않으며 확실하다는 사실을 알려 주는 것입니다. 이는 노아의 무지개가 다시는 전 지구적인 홍수가 없을 것이라는 사실을 확증하는 것과 같습니다. 그러나 본문은 무지개를 통하여 인침 받는 은혜언약을 전혀 언급하지 않습니다.

옛언약은 호렙산에서 시작되지도 않았고, 가나안 땅을 상속하는 것도 아님

▶ **질문**

옛언약은 낙원에서 주어진 첫 번째 약속과 더불어 시작되었는가? 아니면 호렙산에서 시작되었으며, 그 본질은 천국의 모형으로서 주어지는 가나안을 상속하는 것인가?

대답: 어떤 사람들은 호렙산 이전을 약속의 시대로, 호렙산 이후를 옛언약으로 부르며 두 시기로 나눕니다. 그리고 그들은 유언(testament)과 언약(covenant)을 구별하기 때문에 구약을 언약이라고 부르지 않습니다. 그들은 첫 번째 시기를 자유의 시기로 부르고, 그 이후는 멍에 아래에서 속박당한 시기라고 말합니다. 그들에 따르면, 이 두 번째 시기는 가나안 상속을 본질로 하고, 그리스도를 통한 구원의 약속이 제시되지도 않았으며, 은혜언약도 아닙니다.

첫째, 이에 대해 우리는 성경이 언약과 유언을 구별하지 않는다고 대답합니다. 언약을 언급할 때 구약성경은 베리트를, 신약성경은 디아데케를 사용하며, 나아가 성경은 이 두 단어를 전혀 구별하지 않기 때문입니다. 심지어 이들이 구약으로 부르고 싶어하는 바로 그 시대도 성경은 언약이라고 언급합니다.

"내가 그들의 열조의 손을 잡고 애굽 땅에서 인도하여 내던 날에 그들과 맺은 언약과 같지 아니하도다. 그들은 내 언약 안에 머물러 있지 아니하므로 내가 그들을 돌보지 아니하였노라"(히 8:9).

상속자는 유언을 취소할 수 없으나, 언약의 참여자는 그 언약을 깨뜨릴 수 있습니다. 그들은 바로 이러한 구별에 근거하여 자신들의 전체 주장을 세웠기 때문에 유언과 언약을 구별합니다. 만일 옛언약이 유언을 가리킨다고 말하려면, 아브라함과 이삭과 야곱을 약속의 시대로 불리는 첫 번째 시기에 포함시켜야만 합니다. 그러나 이들을 이 유언에 포함시키면, 옛언약은 가혹한 속박의 시대라는 이름을 가질 수도 없고, 그 실체가 가나안의 상속으로 제한되지도 않습니다. 그들은 그들의 자손들이 가나안을 소유하리라는 약속만 가졌을 뿐, 아직 가나안을 자신들의 소유로 가지지 못했기 때문입니다. 그러나 이미 우리가 적당한 곳에서 밝혔듯이, 언약과 유언이 구별된다는 주장에는 근거가 없습니다.

둘째, 우리는 옛언약의 본질이 천국에 대한 보증(pledge)으로서 가나안을 상속하는 데 있지 않다고 주장합니다.

① 가나안이 천국의 보증이라고 주장하려면 하나님의 말씀을 통해 이를 증명해야 할 것입니다. 천국은 안식으로 불리며(히 4:1 참고), 가나안 역시 안식으로 불립니다(히 3:18 참고). 그러나 단지 똑같이 불린다는 이유만으로 어떤 것이 다른 것의 모형이라고 단정 지을 수는 없습니다. 뿐만 아니라 바울은 가나안과 천국을 비교

하려 하지도 않았습니다. 그는 이스라엘 백성들이 불신앙으로 말미암아 광야에서 맞이한 나쁜 결과를 보고 자극을 받아 믿음으로 말미암아 천국에 들어가기를 힘쓰라고 가르칩니다. 이스라엘 백성들은 불신앙으로 말미암아 하나님의 진노를 불러일으켰고, 결국 가나안에 들어가지 못했습니다. 그러므로 그들은 경고하는 본보기로 주어진 것입니다(고전 10:11 참고).

② 만일 가나안이 천국에 대한 보증이라면, 가나안에 살고 있는 모든 불경건한 유대인들도 천국에 대한 약속을 분명히 받은 셈이며, 결국 그들도 확실히 구원을 받은 것입니다. 왜냐하면 하나님께서 보증을 주신 자에게 틀림없이 그 실체도 주실 것이기 때문입니다.

③ 반대자들은 유대인들이 가나안을 잃을까 봐 두려워하며 살았다고 주장합니다. 만일 가나안이 참으로 천국에 대한 보증이라면, 이런 불경건한 유대인들이 죽음을 두려워하며 살지 않았을 것입니다. 보증은 실체와 비교가 불가능하기에, 사람들은 보증을 그것이 상징하는 실체와 기꺼이 맞바꾸어 버립니다. 그러나 가나안은 천국에 대한 보증이 아니므로 옛언약의 본질이 '천국에 대한 보증이 되는' 가나안을 상속받는 데 있다는 말은 틀리다고 결론 내릴 수 있습니다. 따라서 '보증으로서'라는 말을 없애고, 옛언약의 본질은 가나안의 상속에 있다고 말해야 합니다. 그리고 가나안은 그 본성이 육신적이므로, 육신적으로 끝나게 됩니다.

이 점은 다음과 같이 증명됩니다.

① 하나님은 자신의 본성으로 말미암아, 외적인 순종에 대해 세상적인 복만을 약속하는 외적인 언약을 세우실 수 없는 분입니다. 우리는 제1권 16장에서 이에 대하여 폭넓게 다루었습니다. 만일 하나님께서 사람과 외적인 언약을 세우실 수 없는 분이라면, 옛언약의 본질은 가나안을 상속받는 것일 수 없습니다.

② 옛언약의 본질이 가나안에 대한 약속인지, 그 가나안을 소유하는 것인지는 중요한 문제가 아닙니다. 만일 약속이 그 본질이라면, 옛언약은 호렙산에서가 아니라 그보다 430년 전에 약속을 받은 아브라함과 더불어 시작했다는 말이 됩니다. 이 경우 아브라함과 이삭과 야곱도 옛언약에 포함됩니다. 그러나 반대자들은 이

사실을 부인합니다.

③ 만일 옛언약의 본질이 가나안의 소유라면, 옛언약은 호렙산에서가 아니라 가나안에 입성한 순간부터 시작되었을 것이며, 이는 결국 호렙산보다 40년 이후가 됩니다. 그렇다면 이스라엘이 바벨론에 있던 시기는 어떻게 설명해야 하겠습니까? 포로기 동안 이스라엘 백성은 옛언약의 바깥에 있었던 것입니까?

따라서 우리는 외적이고도 육신적인 측면에서, 가나안에 대한 보증으로서나 구약은 그 본질이 가나안의 상속에 있지 않고, 오히려 가나안이 은혜언약에서 흘러나오는 세상적인 약속에 속한다고 결론 내리게 됩니다. 또한 신약에서도 은혜언약은 세상적인 복을 포함합니다. 그러하기에 사도 바울이 가나안에 대한 약속을 이 땅에 대한 약속으로 변경한 것입니다.

"이로써 네가 잘되고 땅에서 장수하리라"(엡 6:3).

셋째, 우리는 옛언약이 호렙산에서가 아니라 낙원에서 아담에게 처음 주어진 복음에 대한 약속과 더불어 시작되었다고 주장합니다. 이에 대해 다음과 같은 근거들이 있습니다.

① 앞서 말한 내용이 이를 뒷받침합니다. 옛언약은 그 본질이 가나안의 상속에 있지 않습니다. 그러므로 당연히 아브라함과 더불어 시작되거나, 호렙산에서 시작되거나, 가나안의 입성과 더불어 시작되지 않았습니다.

② 모세가 기록한 첫 번째 책은 이스라엘 자손들의 출애굽 이전에 존재했던 교회의 상태에 관해 설명합니다. 사도가 이 책도 구약의 한 책임을 확증합니다.

"오늘까지도 구약을 읽을 때에 그 수건이 벗겨지지 아니하고 있으니……오늘까지 모세의 글을 읽을 때에 수건이 그 마음을 덮었도다"(고후 3:14,15).

여기서 바울은 모세의 책들에 관해 언급하면서, 나중의 네 권뿐만 아니라 첫 번째 책도 함께 다룹니다. 모세의 첫 번째 책도 구약에 속한 책이므로, 따라서 옛언약은 호렙산에서 시작된 것이 아니라 아담과 더불어 시작되었습니다.

③ 구약 시대에 그리스도는 제사 제도를 통해 모형적으로 묘사되었고 제물이 되었습니다. 이를 통해 사람들은 당시에는 죄에 대한 대가가 치러지지 않았으며, 실

제로 여자의 후손이 언젠가 죗값을 치를 것임을 이해했고 고백했습니다. 사도는 이 시기를 첫 번째 언약이라고 부릅니다.

"저 첫 언약이 무흠하였더라면……새언약이라 말씀하셨으매 첫 것은 낡아지게 하신 것이니"(히 8:7,13).

그런데 첫 번째 언약 또는 유언이 무엇을 가리킵니까? 곧 모형과 제사로 시행된 언약을 가리킵니다. 그 이유는 다음과 같습니다.

우선 다른 구절에서는 첫 번째 언약과 새언약이 대조되지 않으나 이 구절만 대조하여 말하고 있습니다. 다음으로 같은 장에서 사도가 이 사실을 보여 줍니다.

"그들이 섬기는 것은 하늘에 있는 것의 모형과 그림자라"(히 8:5).

그러므로 그리스도께서 모형으로 예시되고 묘사된 시기 전체가 옛언약입니다.

그러나 그리스도는 모세 시대와 그 이후뿐만 아니라 그 이전, 곧 아브라함 시대에도 제사 제도 안에서 그림자를 통해 묘사되고 희생되었습니다. 그때 이미 그들은 제단을 세웠고, 들판의 첫 수확을 비롯하여 정결한 짐승의 첫 새끼를 제물로 바쳤습니다. 우리는 이를 가인과 아벨(창 4:3,4 참고), 노아(창 8:20 참고), 아브라함(창 12:7,8 참고), 이삭을 제물로 드리는 것과 이삭을 대신한 숫양(창 22:13 참고), 이삭(창 26:25 참고), 하나님의 명령을 따라 제단을 쌓은 야곱(창 35:1-7 참고)을 통하여 확인할 수 있습니다. 이 모든 것들에서 그리스도는 그들을 위하여 묘사되었습니다. 그러므로 그리스도께서 "죽임 당하신 어린양"(계 13:8)으로 불리시는 것입니다. 옛언약이 그림자들의 사역으로 이루어졌고, 이 그림자들의 사역이 아담 이후로 가능해 왔습니다. 그러므로 옛언약은 아담과 더불어 시작된 것입니다.

④ 그리스도께서 성육신하시기 이전에 그분을 통하여 죄가 속량되던 시기가 옛언약에 속합니다. 히브리서 9장 15절이 이 사실을 분명히 밝힙니다.

"이로 말미암아 그는 새언약의 중보자시니 이는 첫 언약 때에 범한 죄에서 속량하려고 죽으사 부르심을 입은 자로 하여금 영원한 기업의 약속을 얻게 하려 하심이라."

그러나 그리스도께서 단지 모세 이후에 저질러진 죄만 속량하신 것이 아니라, 그 이전인 아담 시대 이후에 범한 죄도 속량하셨습니다. 이는 논쟁할 여지가 없는 사실입니다.

회피주장 실제로 그리스도께서 그러한 죄를 속량하셨다. 그러할지라도 사도는 출애굽한 교회와 더불어 시작된 옛언약에 대해서만 말하고 있다. 따라서 사도는 죄 사함을 그 시기로 제한하고 있는 것이다.

| 답변 |

❶ 우리의 반대자들은 가나안의 유업이 옛언약의 본질이라고 믿습니다. 그러므로 사도는 반대자들이 주장하는 옛언약과 관련된 죄악들에 대해서만 말해야 했을 것입니다. 그러나 그들의 주장은 터무니없고 사도가 의도한 바와 반대됩니다.

❷ 성경은 그리스도께서 오시기 이전의 시대를 모세 이전의 약속의 시대와 반대자들이 유일하게 옛언약이라고 부르는 모세 이후의 시대로 나누지 않습니다. 성경에는 오직 두 시기, 바로 어제와 오늘만 있습니다. 어제는 그리스도께서 오시기 이전의 모든 시기를, 오늘은 그리스도께서 오신 이후의 시대를 가리킵니다. 그리고 이러한 구분은 그리스도의 죽음이 이 두 시기에서 동일한 효과를 가진다는 사실을 선언합니다.

"예수 그리스도는 어제나 오늘이나 영원토록 동일하시니라"(히 13:8).

❸ 사도는 히브리서 9장에서 자신이 속죄를 모세 이후의 시대로 제한하지 않음을 보여 줍니다. 오히려 사도는 그리스도 이전에 있었던 신자의 모든 죄악을 염두에 둡니다. 따라서 이는 세상이 창조된 이후에 저질러진 죄악들을 의미합니다. 다음 구절에서 이 사실이 분명하게 드러납니다.

"그리하면 그가 세상을 창조한 때부터 자주 고난을 받았어야 할 것이로되"(히 9:26).

이는 그리스도께서 드리신 한 번의 제사가, 세상의 기초가 놓인 이후부터 자신의 택자들이 저지른 모든 죄악을 제거하는 데 충분하다는 의미입니다. 그러므로 아담에서부터 그리스도까지의 시기가 옛언약 시대임이 분명합니다.

⑤ 옛언약은 바로 이 시기를 일컫는데, 이 시기에 있었던 제사와 이 제사 제도의

모형적인 사역은 그 그림자들의 실체이신 그리스도를 통해 성취되었으므로 중지되고 폐지되어야 했습니다.

"새언약이라 말씀하셨으매 첫 것은 낡아지게 하신 것이니 낡아지고 쇠하는 것은 없어져 가는 것이니라"(히 8:13).

여기서 사도가 모세 시대만을 염두에 두면서 그 시대를 첫 번째 언약으로 부른다고 주장할 수 없습니다. 게다가 어느 누구도 모세 이전에 사용되었던 제사 제도와 다른 그림자들이 모세 이전에 폐지되었다고 입증할 수 없을 것입니다. 그러나 모세 이전에 사용되었던 모든 제사들과 그림자들 역시 제거되어야 할 "진동할 것들"(히 12:27)에 속합니다. 이 모든 것들이 모세 시대와 그 이후에 사용되었던 것과 마찬가지로 제거되었습니다. 결국 아담 이후의 제사들도 옛언약에 속한다는 뜻입니다. 이때도 모세 이후의 시기와 동일하게 옛언약에 속합니다.

반론 1

"우리 하나님 여호와께서 호렙산에서 우리와 언약을 세우셨나니, 이 언약은 여호와께서 우리 조상들과 세우신 것이 아니요 오늘 여기 살아 있는 우리 곧 우리와 세우신 것이라"(신 5:2,3).

그러므로 옛언약은 호렙산에서 시작되었다.

답변

그때에 이스라엘은 요단강 앞에서 가나안으로 들어갈 준비를 마친 상태였습니다. 모세는 당시 살아 있던 이들에게 설교하면서 그들과 그들의 조상을 비교했습니다. 하나님은 그곳에서 그들과 세운 언약을 그들의 조상들과는 맺지 않으셨습니다. 여기서 그들의 조상은 어떤 사람들입니까? 바로 광야에서 40년간 유랑하는 동안 죽은 이들입니다. 출애굽한 사람들 중 이십 세 이상은 가나안에 들어가지 못하리라는 하나님의 경고대로 그들은 죽음을 맞이했습니다. 여호와는 호렙산에서 이스라엘이라는 국가와 언약을 맺으셨는데, 이 언약에 참여했던 이들은 이미 죽었기 때문에 가나안의 약속이 성취되는 모습을 보지 못했습니다. 반면에 당시에 살아 있던 이들이 가나안을 소유할 것이며, 하나님께서 바로 이들과 언약을 맺으신 것입니다.

이 언약의 본질은 하나님께서 아브라함과 이삭과 야곱과 맺으신 언약 및 호렙산에서 이스라엘과 맺으신 언약과 다르지 않습니다. 사실 본질상 이 모든 언약은 하나이며, 동일한 언약입니다.

"네 하나님 여호와께서 네 조상들에게 맹세하신 언약을 지켜 네게 인애를 베푸실 것이라"(신 7:12).

그러나 언약을 체결하던 환경과 그 언약에 포함된 사람들이 달랐습니다. 이 언약의 대상은 요단강을 건너 가나안에 입성할 준비를 끝낸 백성이었습니다. 이 언약은 조상들이 맺은 언약을 엄숙하게 갱신하는 것으로서, 그들의 조상들이 아니라 바로 이들과 맺어졌습니다. 환경이 상황을 변화시킵니다. 그러므로 어떤 문제는 다른 용어를 통해 언급되며, 이로 말미암아 그 정도와 방식에 관한 한 이전에 있었던 것을 무효로 합니다. 요한복음 7장 39절에서 이 사실을 관찰해 보십시오.

"성령이 아직 그들에게 계시지 아니하시더라."

그러나 성령은 영원히 계셨고, 신자들은 그리스도께서 오시기 이전에도 성령께 참여했습니다. 로마서 16장 25,26절도 생각해 보십시오.

"영세 전부터 감추어졌다가 이제는 나타내신 바 되었으며."

에베소서 3장 5절에서 더욱 분명하게 나타납니다.

"이제……나타내신 것같이 다른 세대에서는 사람의 아들들에게 알리지 아니하셨으니."

신명기 5장 2,3절이 말하려는 바도 동일합니다. 바로 우리의 조상들이 아니라 우리와 언약을 맺었다는 것입니다. 첫 번째 본문을 반박하기 위한 주장으로 사용하려는 이들은 이 본문도 그렇게 생각할 수밖에 없습니다. 왜냐하면 그들은 옛언약이 이스라엘 백성들이 요단강 앞에서 엄숙하게 언약을 갱신하던 순간이 아니라 출애굽이나 호렙산에서 시작했다고 보기 때문입니다.

반론 2

"이 언약은 내가 그들의 조상들의 손을 잡고 애굽 땅에서 인도하여 내던 날에 맺은 것과 같지 아니할 것은"(렘 31:32).

하나님께서 출애굽 때 옛언약을 세우셨다. 그러므로 옛언약이 출애굽 이후나 그 이전이 아니라, 그때에 시작되었다고 말해야만 한다.

답변

(1) 이에 대해서는 이미 답변했습니다. 다시 말해, 그 본질이 이미 존재하던 것이 그 이후에 발생했다는 말은, 그것이 정도와 방식의 면에서 다르게 일어났다는 것을 의미합니다. 호렙산에서 맺은 언약은 그 본질이 이미 이전부터 존재했습니다. 그것이 곧 하나님께서 아브라함과 이삭과 야곱과 더불어 맺은 언약이기 때문입니다. 바로 그 언약으로 말미암아 하나님께서 이스라엘을 가나안으로 인도하고자 애굽에서 구원하셨으며(출 2:24 참고), 호렙산과 요단강에서 이스라엘과 언약을 맺으셨습니다.

"오늘 너희(가)……다 너희의 하나님 여호와 앞에 서 있는 것은 네 하나님 여호와의 언약에 참여하며 또 네 하나님 여호와께서 오늘 네게 하시는 맹세에 참여하여 여호와께서 네게 말씀하신 대로 또 네 조상 아브라함과 이삭과 야곱에게 맹세하신 대로 오늘 너를 세워 자기 백성을 삼으시고 그는 친히 네 하나님이 되시려 함이니라"(신 29:10-13).

그렇습니다. 다음 장에서 증명하겠지만, 이 언약이 바로 은혜언약 그 자체였습니다. 그런데도 출애굽 시기를 언급하는 것은, 그때 이 언약이 공식적으로 시행되고 출범되었기 때문입니다. 이는 그 본질과는 전혀 관련이 없습니다. 그러므로 할례의 경우처럼 모세 시대 훨씬 이전에 제정된 것들을 모세에게 돌리는 것입니다.

"모세가 너희에게 할례를 행했으니"(요 7:22).

이처럼 제단과 제사, 정결한 짐승과 부정한 짐승의 구분, 할례는 이미 모세 시대 이전에 세워져 사용되었으나, 모세 시대에 이르러 이 그림자의 사역이 가장 탁월하고도 영광스럽게 전개되었습니다. 그러하기에 그림자로서의 율법이 모세 때 시작되었다고 간주하는 것입니다.

반론 3

"이 여자들(하갈과 사라)은 두 언약이라. 하나는 시내산으로부터 종을 낳은 자니 곧 하갈이라"(갈 4:24).

그러므로 옛언약은 분명히 시내산에서 시작되었다.

답변

사도가 시내산을 언급하는 것은 옛언약이 시내산에서 시작되었다고 말하기 위함이 아닙니다. 시내산에서 옛언약이 공식적으로 승인되고 엄숙하게 출범했기 때문입니다. 이는 본질에 관한 한 옛언약이 그 이전부터 존재했기 때문입니다. 만약 하갈이 옛언약이었다면, 결국 옛언약이 그녀와 더불어 시작된 것입니다. 그러나 적용이라는 방법을 통하여 하갈이 거꾸로 언약으로 언급되었습니다. 게다가 그녀와 옛언약 간에 몇몇 공통점이 있기도 합니다(앞에서 다룬 '성경적으로 엄밀한 의미의 모형' 부분을 참고하십시오). 이 본문은 다른 곳에서 더욱 포괄적으로 다루겠습니다. 앞서 언급된 내용을 통해서도 이 본문이 옛언약이 시내산에서 시작되었다고 기술하고 있지 않다는 사실을 충분히 밝혔습니다.

반론 4

"이러므로 첫 언약도 피 없이 세운 것이 아니니"(히 9:18).

"세운"(dedicated)이라는 말은 어떤 새로운 것을 건축하였다는 의미이다. 그러므로 시내산에서 옛언약이 시작되었다고 보아야만 한다. 그곳에서 이 언약이 피로써 승인되어 거대한 체계가 되었다. 사도는 바로 이때를 가리키고 있으며, 이는 뒤따르는 구절들을 통해 분명해진다.

답변

(1) '세운다'는 말은 이전에는 존재하지 않았던 것이 새롭게 생겨난다는 의미가 아닙니다. 왜냐하면 이 용어가 어떤 것이 개선되거나 갱신되는 데에도 사용되기 때문입니다. 이와 동일한 단어가 다음 말씀에서는 '갱신'이라는 의미로 사용되었습니다.

"예루살렘에 수전절(feast of dedication)⁵⁾이 이르니 때는 겨울이라"(요 10:22).

(2) 첫 번째 언약이 이미 아담의 때에 첫 번째 제사를 통해 승인되었습니다. 노아도 방주에서 나올 때 이 언약을 피로써 승인했습니다. 이 언약이 아브라함 및 그의 후손과 더불어 세워질 때에도 피로써 엄숙하게 승인되었습니다(창 15:8,9 참고).

(3) 사람들은 결혼 예식을 공식적으로 거행하기 전에 오랫동안 준비할 것입니다. 그러나 이 공식적인 예식이 다른 혼인 관계를 만들어 내지는 않습니다. 또한 왕은 이미 왕이기에, 대관식을 치르기 전부터 다스리기 시작할 수 있습니다. 대관식이 그를 새로운 왕으로 만들지는 않으며, 그 대관식으로 말미암아 그가 왕이 되는 것도 아닙니다. 여기서도 마찬가지입니다. 시내산에서 선언된 언약은 이미 존재하던 언약이며, 그 전에도 여러 번 시행되었습니다. 이러한 사실을 배경으로 하지만, 지금 완전히 다른 환경 속에서 이 언약이 모습을 드러내고 있습니다. 즉, 이미 그들의 조상인 아브라함과 맺어진 언약에 대한 종합적이고도 공개적인 승인인 것입니다. 이제 그림자들과 모형들이 다른 질서 아래 조정되고 배치되었으며, 이 국가 안에 있는 교회가 참된 신앙에 대하여 신실함을 유지할 수 있도록 기여할 것입니다. 그러므로 이미 존재했고 출범한 동일한 언약이 흥겨운 의식들을 통하여 갱신된 것입니다. 따라서 본문은 옛언약이 시내산에서 시작되었다고 말하지 않습니다.

모세와 의식법 이전부터 제사에서 피를 흘림으로써 죄 사함을 받았음

우리는 옛언약이 시내산에서 시작된 것이 아니라, 아담과 더불어 시작되었음을 밝혔습니다. 또한 옛언약의 본질이 천국의 예시와 보증이 되는 가나안을 상속받는 데 있지 않다는 사실도 보았습니다. 그러므로 더는 아담에서 모세까지의 시기를 약속의 시대라고 부르거나 시내산 이후의 시기와 대조시켜서는 안 됩니다. 아담에서

---

5) 역자주 - 수전절은 유대 지역을 통치하던 안티오쿠스 왕조에 대해 유다인 마카비가 봉기를 일으켜 독립을 쟁취한 역사를 배경으로 한다. 독립한 유대인들은 이방인에 의해 더럽혀진 성전을 정결케 하고 제단을 다시 쌓아 성전 제사를 회복하였으며, 이를 기념하여 수전절이라는 절기를 세웠다. 수전절에 해당하는 헬라어 ἐγκαίνια(엥카이니아)가 '새로움'을 뜻하는 καινος(카이노스)에서 파생되었다.

그리스도까지의 모든 시기가 바로 약속의 시대입니다. 히브리서 11장 13절에서 바울이 구약의 족장들에 관해 말하는 내용은 분명히 모든 시대의 신자들에게도 해당됩니다.

"이 사람들은 다 믿음을 따라 죽었으며 약속을 받지 못하였으되 그것들을 멀리서 보고 환영하며."

모세 이전의 시기만을 약속의 시기로 보면서 모세 이후의 시기를 옛언약으로 구분하는 가정(假定)은 또 다른 가정을 낳습니다. 바로 아담에서 모세까지의 시기 동안 행해진 제사가 의무 또는 명령이 아니라 사람들이 하고 싶을 때 자원하여 드린 것이라는 생각입니다. 이 견해에 따른다면, 이런 제사들은 사람이 죄와 변상하지 못한 채무에 대해 책임을 져야 하지만 개인적으로 죗값을 치를 수 없음을 선언하기 위한 것도 아니고, 그들이 드린 모형적 제사를 성취하는 본형이신 그리스도의 유일한 제사로 그들을 인도하기 위한 것도 아니라고 결론 내릴 수밖에 없습니다.

이에 대해 우리는 다음과 같이 답합니다.

첫째, 누군가가 그 시대에 제사 제도가 세워지지도 않았고 그 제사가 의무도 아니었다고 주장하는 것을 상상할 수조차 없습니다. 그 이유는 다음과 같습니다.

① 어떻게 사람이 고안해 낸 것이 그리스도의 모형들과 이토록 절묘하게 어울릴 수 있으며 그와 같은 목적으로 정결한 짐승과 불결한 짐승을 구별할 수 있겠습니까? 모세 이전의 제사 역시 시내산 이후에 하나님께서 명하신 것들과 동일한 모형이었습니다.

② 만약 그들의 주장대로라면, 모세 이전의 제사들은 본질적으로 신앙의 요소가 없었을 것이며 인간들이 자신의 뜻대로 세운 종교 의식에 불과할 것입니다. 그런데 이런 신앙이야말로 하나님께서 금지하신 것이요, 주 예수님께서 헛되다고 말씀하신 것입니다(마 15:9 참고).

③ 그렇다면 모세 이전의 사람들은 믿음으로 제사를 드릴 수 없었는데도 제사를 드린 것이 됩니다.

"믿음으로 아벨은 가인보다 더 나은 제사를 하나님께 드림으로"(히 11:4).

그 경우 하나님께서 그들의 제사를 기뻐하지 않으셨을 텐데도 그들이 제사를 드린 것이 됩니다.

"여호와께서 그 향기를 받으시고"(창 8:21).

④ 하나님께서 제단을 쌓으라고 분명히 명령하셨습니다.

"하나님이 야곱에게 이르시되……거기서 제단을 쌓으라"(창 35:1).

하나님께서 제단을 쌓으라고 명령하셨다면, 당연히 제사를 드리라고도 명령하신 것입니다. 왜냐하면 제사가 제단을 쌓는 목적이기 때문입니다.

둘째, 하나님은 자신이 세우고 명령한 모든 종교 의식이 실천되기를 원하십니다. 하나님은 사람에게 의무적인 신앙 활동을 행할지 말지를 결정할 자유를 주시지 않았습니다. 하나님의 명령에 따르지 않는 것은 그분께 불순종하는 것입니다. 뿐만 아니라 하나님은 강제로 드리는 예배를 원하시지도 않습니다. 모든 예배는 믿음과 사랑에서 비롯되어야 하며, 이 믿음과 사랑이 있는 곳에 자발적인 순종이 있을 것입니다. 자신의 마음에 반하여 강제로 드리는 그 어떤 종교 행위도 하나님을 기쁘게 해 드릴 수 없습니다.

"순종이 제사보다 낫고"(삼상 15:22).

성막을 세우는 데 필요했던 것들도 모두 자발적으로 드려진 것입니다. 이는 하나님께서 명하신 방법입니다.

"온전한 마음과 기쁜 뜻으로 섬길지어다"(대상 28:9).

하나님께서 제사를 명하셨고 모든 사람들은 그에 순종해야 합니다. 하나님은 사람들이 순종할 수 있도록 동기들을 사용하십니다. 어떤 경우에는 약속을 주시고, 또 어떤 경우에는 경고를 주십니다. 경고의 경우 하나님은 자신의 율법을 어긴 사람들을 교회 밖으로 쫓아냄으로써 벌하고자 하셨습니다. 또한 하나님께서 신앙을 실천하는 한 백성(회중 또는 교회)을 모세와 아브라함 이전 시기에 이미 구별하셨기에, 당연히 거기에 명령이 있을 수밖에 없었습니다. 그러므로 그들이 불순종했거나 계속 불순종할 경우 하나님께서 그들을 책망하고 교회에서 출교하신 것입니다.

하나님께서 모세 이전과 이후 모든 시기에 그림자들을 주신 것은 벌을 내리시기 위함이 아닙니다. 다시 말해, 성가시고 힘들게 하는 짐으로 주시지 않았다는 뜻입니다. 이 그림자들은 복음을 구성하는 것으로서, 그들에게 그리스도에 대하여 알려 주고 그들을 그분께로 인도하는 것입니다. 하나님께서 그들에게 더 많은 모형을 주실수록, 그들에게 더 많은 유익을 주시며 더 분명하게 그리스도를 알려 주십니다. 그러므로 우리는 모세 이전의 제사들이 귀찮게 하는 짐으로 주어진 것이 아니라는 사실을 기꺼이 인정합니다. 모세 이후에 주어진 제사도 마찬가지입니다. 그리스도 이전에 있었던 규례들 중 할례보다 더 어렵고 고통스러운 것은 없었습니다. 그래서 베드로가 이를 "우리 조상과 우리도 능히 메지 못하던 멍에"(행 15:10)라고 불렀던 것입니다. 할례는 모세가 태어나기 수백 년 전에 이미 정착된 제도였습니다. 그러나 하나님의 뜻을 따라 그분을 즐거이 섬겼던 이들은 기쁨으로 수월하게 이 규례를 따랐습니다.

셋째, 모든 제사들은 그리스도를 가리킵니다. 제사는 이 목적과 분리된 채 세워지지 않았습니다. 그리고 하나님은 외적인 예배를 기뻐하지 않으시므로 이 목적과 분리된 예배도 기뻐하지 않으십니다. 그러므로 모세 이전의 제사들 역시 그리스도를 바라보았으며, 바로 이러한 이유로 그리스도께서 "세상의 기초가 놓인 이래로 죽임 당한 어린양"(계 13:8, KJV)[6]으로 불리신 것입니다. 게다가 그 제사들은 믿음으로 드려졌으며, 이는 언제나 그리스도를 가리켰습니다. 따라서 모세 이전의 제사도 그리스도를 상징하였다고 보아야 합니다.

넷째, 모든 제사들은 제사를 드리는 사람들로 하여금 죄를 다시금 기억하도록 하여 겸손하게끔 합니다. 어떠한 제사도 죄에 대한 책임을 만족시키지 못하며, 오직 대속하는 보증이신 예수 그리스도만이 만족을 이루실 수 있다는 사실을 선언합니다. 뿐만 아니라 모든 제사는 제사를 드리는 사람도, 제사 자체도 죄를 제거할 수

---

6) 역자주 - 여기서는 원문의 의미를 살리기 위해 아 브라켈이 사용한 스타턴퍼탈링과 어순이 동일한 KJV 본문을 직역하였다. 한글 개역개정은 이 본문을 "죽임을 당한 어린양의 생명책에 창세 이후로 이름이 기록되지 못하고 이 땅에 사는 자들"로 번역한다. 개역개정에서는 "창세 이후"(또는 "세상의 기초가 놓인 이후")라는 말이 "땅에 사는 자들"을 수식하지만, 스타턴퍼탈링은 문장 구조상 이 문구가 "죽임 당한 어린양" 바로 뒤에 있어 "어린양"을 수식하는 것처럼 보인다. 그러나 어떤 역본을 인용하든, 어린양의 죽음의 효력이 모세 이후의 신자들뿐만 아니라 모세 이전의 신자들에게도 미친다는 점은 동일하며, 바로 이것이 아 브라켈이 전달하고자 한 바이다.

없으며 단지 그림자로서 제사의 실체를 가리킨다고 선언합니다. 이 모든 것이 제사의 특징입니다. 이런 특징이 없는 것은 제사가 될 수 없습니다. 결국 모든 제사는 죄와 이 죄가 제거되는 것을 가리킵니다. 이 사실을 레위기 1장 4절에서 확인할 수 있습니다.

"그는 번제물의 머리에 안수할지니 그를 위하여 기쁘게 받으심이 되어 그를 위하여 속죄가 될 것이라."

그러므로 아브라함의 자손이 아니고 분명히 모세보다 먼저 살았을 욥의 제사도 죄와 속죄를 가리켰습니다. 이는 그가 번제를 드리면서, "혹시 내 아들들이 죄를 범하여"(욥 1:5)라고 말한 사실을 통해 알 수 있습니다. 모든 제사는 본질적으로 동일합니다. 성경은 그 어디에서도 모세 이전의 제사와 이후의 제사를 구분하지 않습니다. 모세 이전이든 이후이든 제사는 동일하게 죄와 속죄를 가리킵니다. 심지어 신약성경에서도 거룩한 세례와 성찬이 구약에 등장하는 제사보다 더욱 분명하게 죄와 속죄를 가리킵니다. 이 모든 것을 통해 다음 사실이 분명해집니다. 모세 이전이든 이후이든 신앙은 그 본질과 성질이 다르지 않다는 것입니다. 뿐만 아니라 모세 이전 교회의 상태와 이후 교회의 상태에도 아무런 차이가 없습니다.

부록 2

아브라함에서 시내산(율법)까지의 교회

아브라함 이전 약 이천 년에 이르는 세월 동안 교회는 어떤 특정한 국가나 지역에 국한되지 않고 다양한 국가나 민족들로 차별 없이 구성되어 있었습니다. 그러나 아브라함 때부터 하나님께서 여러 나라들을 구별하기 시작하셨습니다. 하나님은 가나안이라는 특정한 지역에, 그리고 아브라함의 자손들 가운데 교회를 세우셨습니다. 이를 통해, 오실 그리스도에 대해 더욱 크게 확신하며 알 수 있게 되었습니다. 혈통을 따를 때, 그리스도는 아담의 자손이었으며, 따라서 약속된 여자의 후손이었습니다. 그 이후에 이 후손은 아브라함의 후손으로 제한되었고, 다음으로 이삭과 야곱과 유다로, 마지막으로 다윗의 자손으로 특정되었습니다. 다윗 이후에는 더는 구체적으로 특정되지 않았습니다.

종교적인 실천에 관해서는 아브라함 이전 교회와 이후 교회가 구분되지 않습니다. 사실 이 둘은 동일한 하나입니다. 아브라함 이후의 교회는 한 국가로 제한되었다는 사실로 말미암아 아브라함 이전의 교회와 구분됩니다. 교회는 아브라함의 자손으로 특정된 후에도 시기에 따라 여러 가지로 변화해 왔습니다. 이 변화를 여섯 가지로 구분할 수 있습니다.

- 아브라함에서 모세까지
- 모세에서 사사 시대까지
- 사사 시대에서 왕정 시대까지
- 왕정 시대에서 바벨론 포로 시대까지
- 바벨론 포로가 된 때부터 가나안으로 귀환할 때까지
- 가나안 귀환 이후부터 그리스도께서 오시기까지

이 모든 시기는 대략 이천 년 정도입니다.

아브라함 시대에서 모세 시대까지의 교회

데라의 아들인 아브라함 및 그의 조상들인 나홀, 르우, 벨렉, 에벨, 셀라, 아르박삿, 셈, 노아는 메소포타미아(두 강의 사이라는 의미)의 우르(Ur)라는 도시에 살았습니다(훗날 이 도시에 갈대아 사람들이 살게 됩니다). 홍수가 일어나고 얼마 지나지 않아 셈의 시대에 참된 신앙이 부패하였습니다. 셈은 그리스도께서 오시기까지 교회를 구성했던 이들의 조상입니다. 아브라함의 선조들은 매우 타락했고 우상을 섬겼는데, 이는 아브라함도 마찬가지였습니다(수 24:14,15 참고). 그러므로 이들의 계보를 통해서는 참된 신앙이 회복될 가능성이 조금도 없었으며, 그들의 자손들 가운데 교회가 존재할 수 있는 가능성은 더욱 적었습니다. 그러나 모든 일에서 자신의 주권을 드러내시는 하나님께서 특별한 방법으로 아브라함을 부르셨고, 그에게서 메시아가 나올 것이라는 사실을 그에게 계시하셨습니다. 그러고는 그에게 그의 나라와 친척들을 떠나라고 명하셨습니다. 그리하여 아브라함은 다른 땅으로 가야 했습니다. 하나님은 아브라함에게 그 땅이 어디인지에 대해서는 그 자리에서 말씀하지 않으시고, 그 땅이 어디인지를 친히 알려 줄 것이라고만 하셨습니다. 아브라함은 이에 순종하여 우르를 떠나 메소포타미아 지방의 하란(Haran)이라는 곳에서 일정 기간 머물렀다가, 그의 아버지가 죽자 아내 사라와 조카 롯과 함께 그에게 속한 모든 것들, 곧 자신의 소유물과 종과 여종들을 이끌고 하란을 떠나 유브라데강을 건넜습니다. 한참을 방랑한 뒤 아브라함은 가나안 땅 세겜 근처에 이르러 정착했는데, 당시 그는 이 땅이 하나님께서 자신에게 보여 주실 땅임을 알지 못했습니다. 하나님은 그곳에서 그에게 나타나셨으며, 그의 후손이 이 땅을 물려받으리라고 약속하셨습니다. 이에 응답하여 아브라함은 감사한 마음을 표현하고자 제단을 쌓고 주님께 제사를 드렸습니다. 이는 노아가 방주에서 나왔을 때 제단을 쌓았던 모습과 같습니다. 그런데 가나안 땅에 일어난 기근으로 말미암아 아브라함은 그 땅을 떠나 애굽으로 떠납니다. 이후 애굽에서 다시 자신이 제단을 쌓았던 가나안으로 돌아왔으나, 아브라함은 가나안 땅에서 자신의 소유라고는 단 한 뼘도 가지지 못한 나그네로 살았습니다.

아브라함과 그 일행이 소유한 가축이 많아지자, 아브라함과 롯은 더 이상 함께 살 수 없었습니다. 아브라함은 롯에게 살고 싶은 곳을 선택하라고 하였고, 롯은 소돔과 고모라가 있는 지역을 선택했습니다. 그 땅에서 롯이 어느 정도 살았을 때, 그돌라오멜이 그 지역을 정복하고 사람과 짐승들을 포로로 잡아갔는데, 롯도 그 포로들 중에 있었습니다. 이 소식을 듣고서, 아브라함은 자신의 집에서 태어난 군사 318명을 이끌고 가 그돌라오멜을 물리치고 롯을 구출했습니다. 롯은 그 도시들과 주변 지역이 멸망할 때까지 그곳에서 살았습니다. 그 도시들이 멸망할 때 하나님께서 천사들을 보내 롯을 구해 주셨고, 그는 아내와 두 딸과 함께 소돔에서 떠납니다. 그러나 그의 아내는 하나님의 명령을 어기고 소돔을 뒤돌아보는 바람에, 즉시 하나님께 벌을 받아 소금 기둥이 되고 말았습니다. 이 소금 기둥은 돌처럼 단단하여 녹아내리지 않았습니다. 이후에 롯의 딸들이 수치스러운 일을 행하여 두 악한 민족이 탄생하고, 이 두 민족은 이 세상에서 이스라엘 자손들을 위협하는 대적들이 됩니다.

아브라함은 전투에서 승리하여 돌아오는 길에 살렘 왕 멜기세덱을 만났고, 멜기세덱은 아브라함에게 먹을 것을 줍니다. 이 멜기세덱의 정체와 그가 어떤 사람의 모형이 되는지에 관해서는 이미 제1권 20장에서 다루었습니다. 그 이후에 하나님은 다시금 아브라함에게 나타나 이전에 주신 약속, 곧 메시아가 오고 그의 후손이 번성할 것이라는 약속을 갱신하셨습니다. 또한 그와 맺은 은혜언약을 특별한 방법을 통해 확증하셨습니다. 그때 하나님은 아브라함에게 그의 자손들이 낯선 땅에서 400년 동안 압제를 당하며, 그 시간이 지나야 그들이 가나안 땅으로 돌아와 그 땅을 유업으로 소유하리라는 사실을 보여 주셨습니다.

그러나 아브라함은 사라에게서 메시아와 수많은 자신의 후손이 나오리라는 것을 알지 못했을 것입니다. 그리하여 아브라함은 사라의 조언을 받아들여 그녀의 몸종인 하갈과 동침하여 하갈을 통해 이스마엘을 얻습니다.

다시금 하나님께서 아브라함에게 나타나 동일한 약속을 반복하셨습니다. 이에 덧붙여 그 약속이 아브라함의 아내 사라에게서 태어나는 아들을 통해 성취될 것이라고 말씀하면서 그 아들을 이삭으로 이름 지으라고 명하셨습니다. 뿐만 아니라 하나님은 아브람을 아브라함으로, 사래를 사라로 부르심으로 그들에게 새로운 이름을 주십니다. 그리고 갱신한 언약을 할례라는 징표를 사용하여 확정하셨습니다. 하나님은 아브라함에게 그의 자손들 가운데 모든 남자들이 태어난 지 팔 일째 되는 날 할례를 받게 하라고 명령하셨습니다. 이 명령과 더불어, 누구든지 할례를 받지 않으면 아브라함의 백성에서 제외되고 아브라함의 자손이나 언약 백성으로 인정받지 못할 것이라고 경고하셨습니다.

① 할례는 은혜언약을 인 치는 표입니다. 이는 오실 메시아를 통해 신자들에게 주어질 용서를 확증합니다.

"그가 할례의 표를 받은 것은 무할례 시에 믿음으로 된 의를 인 친 것이니"(롬 4:11).

② 할례는 인간의 본성에 부정함이 있음을 지적하여 겸손해지게끔 합니다. 하나님께서 마음의 포피로 표현된 이 부정함을 불쾌하게 여기시므로, 이 부정함이 제거되기를 원하셨습니다.

"그러므로 너희는 마음에 할례를 행하고 다시는 목을 곧게 하지 말라"(신 10:16).

"이스라엘은 마음에 할례를 받지 못하였느니라"(렘 9:26).

③ 할례는 이스라엘 자손들에게 의무를 부과하며, 그들이 거룩하게 되어야 한다는 사실을 확증합니다.

"유다인과 예루살렘 주민들아, 너희는 스스로 할례를 행하여 너희 마음 가죽을 베고 나 여호와께 속하라"(렘 4:4).

"또 그 안에서 너희가 손으로 하지 아니한 할례를 받았으니 곧 육의 몸을 벗는 것이요 그리스도의 할례니라"(골 2:11).

④ 할례는 구별해 주는 명확한 표시로서 이스라엘 백성들과 외인들에게 동일하게 적용되었습니다. 왜냐하면 할례는 그들이 주님과 언약 관계를 맺고 있으며, 아브라함의 자손으로서 교회에 속해 있다는 사실을 가리키기 때문입니다.

약속과 확증된 언약에 따라, 사라는 자연법칙을 뛰어넘어 임신하였고 90세에 이삭을 낳았습니다. 아브라함은 100세에 얻은 이삭으로 말미암아 크게 기뻐하였습니다. 그러나 이삭의 출생은 아브라함에게 큰 시험이었습니다. 하나님께서 그에게 이 귀한 아들을 모리아산에서 제물로 바치라고 명령하셨기 때문입니다. 그는 자신이 직면한 이 말할 수 없이 중요한 문제 앞에서 하나님께 순종했습니다. 이를 행할 때 그가 얼마나 크게 괴로워했을지를 상상하기란 어렵지 않습니다. 그러나 아브라함은 자신이 이 아들을 죽이더라도, 메시아가 이 아들에게서 나올 것을 믿었습니다. 하나님께서 이 아들을 재에서 다시 살아나게 해서라도 그리하시리라 믿었습니다. 하나님은 아브라함이 아들을 제물로 바치지 못하게 막으시고, 아들을 대신할 제물로 나무 덤불에 뿔이 걸린 양을 그에게 주심으로써 제물로 바치게 하셨습니다. 뿐만 아니라 하나님은 앞서 친히 약속하신 복들, 곧 메시아가 올 것이며 이삭을 통해 그의 자손들이 번성할 것임을 새롭게 확증하셨습니다. 아브라함이 사라의 요청과 하나님의 명령에 따라 이미 이스마엘을 멀리 떠나보냈기 때문입니다. 사라가 죽은 뒤, 아브라함은 에브론의 밭을 구입하여 그곳에 있는 막벨라 굴에 사라를 장사하였습니다. 훗날 아브라함 자신은 물론, 이삭과 야곱도 그곳에 묻혔습니다. 이전에 아브라함은 가나안 땅을 단 한 뼘도 소유하지 못했습니다. 그러나 바로 여기서 가나안 땅에 대한 약속이 원론적으로 성취된 것입니다. 마찬가지로 야곱도 가나안 땅 한 구획을 사서 매우 소중히 여겼습니다. 야곱은 그 땅을 빼앗기자 무력을 동원하여 되찾았고, 이를 요셉에게 물려줄 일종의 귀중한 계약금으로 여기며 귀중히 보존하였습니다.

　이삭은 아버지 아브라함의 뜻을 따라, 그리고 아브라함의 종인 엘리에셀의 신실함으로 말미암아 브두엘의 딸이자 라반의 여동생인 리브가를 아내로 맞이합니다. 그런데 리브가는 아이를 낳지 못했습니다. 그러나 하나님께서 이삭의 기도를 들으셨고, 리브가는 임신하여 에서와 야곱을 낳습니다. 하나님은 이들이 태어나기 전에 리브가에게 큰 자가 작은 자를 섬기리라는 사실을 알려 주셨으며, 제단을 쌓고 자신의 이름을 부른 이삭에게 아브라함과 맺은 언약과 그 안에 있는 약속을 새롭게 하셨습니다. 한편 경건하지 못한 에서는 자신의 장자권을 야곱에게 팝니다. 뿐만 아니라 늙어서 앞을 보지 못했던 이삭은 자신이 에서를 축복한다고 생각했으나, 리브가의 교묘한 책략으로 말미암아 자신도 모르게 야곱을 축복하고 그에게 장자권을 줍니다.

　이삭은 리브가의 조언대로 야곱을 메소포타미아로 보냅니다. 하나님은 특별한 방법으로 야곱에게 자신을 드러내셨고, 그에게 영광스러운 복을 약속하셨습니다. 이 복은 가나안을 유업으로 받으리라는 것과 그의 자손이 번성하리라는 것이었습니다. 메소포타미아에 도착한 후에 야곱은 하나님의 특별한 섭리로 말미암아 라헬을 만나게 되었고, 그녀를 통해 그녀의 아버지인 라반도 알게 되었습니다. 라반은, 야곱에게 7년 동안 일을 한다면 그 대가로 자신의 딸을 주겠노라고 약속하고서는 야곱을 속이고 몰래 레아를 들여보내 야곱과 동침하게 했습니다. 결국 야곱은 라헬을 얻기 위하여 7년을 더 일해야 했습니다. 그래서 그는 자신의 의도와는 상관없이 두 명의 아내를 거느리게 됩니다. 그리고 이 두 아내와 그들의 하녀들을 통해 열두 명의 아들들을 얻고, 그들과 함께 가나안으로 돌아가게 됩니다. 가나안으로 가는 여정 가운데 그는 주님과 씨름합니다. 그때 그분은 야곱의 이름을 이스라엘로 바꾸시고 그에게 큰 복을 베푸셨습니다. 그 후 야곱은 자기 가족들 가운데 있던 우상을 제거하고 주님께 제단을 쌓았으며, 정직하게 그분을 섬겼습니다.

　형제들의 질투로 인해 요셉은 상인들에게 노예로 팔렸으며, 다시 그 상인들에 의해 애굽에 노예로 팔렸습니다. 많은 부침(浮沈)을 겪은 후, 요셉은 바로에게 인정받아 매우 높은 자리에 앉게 됩니다. 바로는 요셉이 아버지와 모든 식솔들을 애굽에 데려와 7년간 계속되는 기근을 무사히 넘길 수 있도록 하였습니다. 이스라엘 백성들은 처음에는 애굽에서 환대를 받았습니다. 그러나 하나님께서 아브라함에게 예언하신 대로, 시간이 지나자 애굽인들은 이스라엘 백성들을 노예로 부리며 혹독하게 압제하였습니다. 이 시기 동안 모형으로 불릴 수 있는 것에 관해서는 앞 장에서 이미 논의하였습니다.

압제가 절정에 이르러, 새로 태어난 남자아이를 죽여 이스라엘을 완전히 제거하고자 모든 수단이 동원되었습니다. 그때 주님께서 이스라엘을 해방하기로 하시고 바로의 손에서 그들을 구원하셨습니다. 주님은 그들을 가나안으로 인도하셨으며, 반복하여 말씀하셨던 약속을 계속 성취하셨습니다.

모세의 부모는 잠시 모세의 생명을 보존하였으나 더는 숨길 수 없음을 깨닫고, 모세를 갈대 상자에 넣어 강가의 큰 풀들 가운데 두었습니다. 그때 바로의 딸과 그녀의 시종이 모세를 발견하여 건져 냅니다. 바로의 딸은 모세의 누이에게 추천을 받아 모세를 그의 친부모에게 맡겨 양육하도록 했으며, 이후에 모세를 자신의 아들로 입양합니다. 하나님은 모세를 불러 이스라엘을 구원하게 하셨습니다. 이 일은 모세가 한 애굽 사람을 벌하는 사건을 통해 시작되었습니다. 그러나 이스라엘 백성들은 그가 자신들을 구원할 사람임을 깨닫지 못했습니다. 결국 모세는 도망쳤고, 미디안의 제사장이자 통치자였던 이드로의 딸 십보라와 결혼했습니다.

그 후 하나님께서 호렙산에서 장인의 양 떼를 돌보던 모세에게 나타나셨습니다. 이때 하나님은 타지 않는 불이 붙은 가시덤불 속에서 자신의 모습을 나타내시면서, 이스라엘을 구원하도록 모세를 보내셨습니다. 그러나 모세는 이 일을 감당하고 싶어하지 않았습니다. 이때 하나님께서 징표를 보여 주심으로써 그를 강하게 하셨고 달변인 모세의 형 아론을 그에게 붙여 주셨습니다. 이 일 직후에 모세는 그곳을 떠나 바로에게로 가서 이스라엘 백성들을 놓아 달라고 요청했습니다. 그러나 바로는 계속 그의 요청을 거절했습니다. 이에 대한 보응으로 바로는 열 가지 재앙을 맛보아야 했으며, 그 이후에야 비로소 이스라엘 백성들이 떠나도록 허락했습니다. 뿐만 아니라 하나님의 백성들도 열 재앙 이후에야 떠나려는 마음을 가지게 되었습니다. 하나님은 애굽의 많은 보물을 이스라엘 백성들의 노역에 대한 대가로 주셨습니다. 그들은 애굽 사람들에게 은과 금을 요구했고, 애굽 사람들은 이스라엘 백성들을 빨리 내보내려는 마음에 그 요구를 기꺼이 받아들였습니다.

마지막 재앙은 애굽 사람들의 모든 장자가 죽는 것이었습니다. 이 재앙이 하나님의 백성들에게 임하지 않도록, 하나님은 이스라엘 백성들에게 그 전날 밤에 흠 없는 일 년 된 어린양을 그들의 집에서 잡고 그 양의 피를 집 양쪽 문설주와 인방에 바르라고 명하셨습니다. 뿐만 아니라 하나님은 그들에게 그 어린양 전체를 불에 구우라고 명령하셨습니다. 이때 그들은 양의 뼈를 꺾어서는 안 되었습니다. 또한 그들은 그날 밤에 허리를 동이고 발에 신을 신고 손에는 지팡이를 잡고서 그 양을 쓴 나물과 함께 먹어야 했습니다. 이는 긴 여행을 떠날 준비가 된 모습을 의미합니다. 그들은 어린양을 남기지 말고 모조리 신속히 먹어야 했습니다. 하나님은 애굽의 모든 장자를 죽일 천사가 문에 어린양의 피가 묻어 있는 모든 집을 지나쳐 그 집의 장자가 죽지 않으리라 약속하셨으며, 이는 실제로 그 밤에 그대로 이루어졌습니다. 이 재앙이 일어나자 바로는 모세와 아론에게 떠나라고 명령했습니다. 그렇습니다. 애굽 백성들이 이스라엘 백성들에게 떠나 달라고 촉구했고, 이스라엘 백성들은 바로 그날 밤에 애굽을 나옵니다. 급히 서둘렀는데도 그들은 다섯 명 단위로 모여 질서 정연하게 떠날 수 있었습니다.

여호와는 매년 첫째 달 14일 저녁에 어린양(죽음의 천사에게서 이스라엘 백성들을 구하기 위해 문지방에 바른 피를 흘린)을 잡도록 정하셨습니다. 하나님은 이날을 '지나가다'라는 뜻의 유월절로 부르셨습니다. 이때 어린양의 피가 방편이 되었으므로 그 양은 유월절 양으로 불렸습니다.

"유월절 양으로 잡고"(출 12:21).

"유월절 양을 잡을 무교절 날이 이른지라"(눅 22:7).

이와 관련하여 다음과 같은 구체적인 내용들을 볼 수 있습니다.

① 하나님께서 달(months)을 바꾸셨습니다. 그분은 일곱 번째 달을 첫 번째 달로

정하셨습니다. 이스라엘 백성들은 아빕월의 열 번째 날에 양 떼 중에서 어린양 한 마리를 취하여 제십사 일이 될 때까지 격리했습니다. 그리고 그들은 제십사 일 저녁이 가까워질 때 그 양을 잡았습니다(출 13:6 참고).

② 양이나 염소 중에서 흠이 없는 일 년 된 수컷을 그 어린양으로 택해야 했습니다(출 12:5 참고).

③ 이스라엘 백성들은 이 양을 자신의 집에서 잡았습니다. 하나님께서 모형이 사역할 장소를 정하실 때까지 그리하였습니다. 그러나 모형이 사역할 장소가 지정된 이후에는 더 이상 집이 아니라 성전에서 잡았습니다(신 16:5,6 참고). 성전에서는 그 피를 제단에 뿌려야 했습니다(대하 35:11 참고). 유월절 양이 제물이었기 때문입니다. 유월절 양은 여호와의 유월절 제사(출 12:27 참고), 유월절 제물(대하 35:7-9 참고), 헌물(민 9:7,13 참고)로 불리기도 합니다.

④ 그 어린양은 삶아서도 안 되고, 날것으로 먹어서도 안 되었습니다. 반드시 전체를 불에 구워야 했으며, 그 뼈를 꺾는 것도 금지되었습니다(출 12:9 참고).

⑤ 구운 어린양을 무교병과 쓴 나물과 함께 먹어야 했습니다(출 12:8 참고).

⑥ 이 어린양을 아무것도 남기지 말고 모조리 먹어야 했습니다. 그러므로 가족의 숫자가 너무 적다면 전부를 먹을 수 있도록 이웃과 함께 모여서 먹어야 했습니다. 만약 남으면, 그것을 반드시 불에 태워야 했습니다(출 12:10 참고).

⑦ 나그네들과 할례 받지 못한 자들과 부정한 사람들은 어느 누구도 이 양을 먹을 수 없었습니다. 남자와 여자는 물론이요 어린아이들 중에서도 할례를 받았고 정결한 이들만 유월절 양을 먹도록 허락되었습니다(출 12:45-47 참고). 만약 어떤 사람이 특별하고도 불가피한 상황이나 다른 어떤 이유로 먹을 수 없게 되면, 반드시 다음 달 십사 일에 유월절을 지켜야 했습니다(민 9:11 참고).

⑧ 그들은 신을 신고 지팡이를 쥐고 허리를 동여(당시 애굽에서는 긴 겉옷을 입었기 때문입니다) 떠날 준비를 한 채 유월절 양을 급히 먹어야 했습니다. 어느 누구도 집을 떠날 수 없었습니다(출 12:11,12 참고). 그러나 이스라엘 백성들은 유월절 양을 먹자마자 곧바로 애굽을 떠나야 했습니다. 그러므로 이러한 구체적인 사항들 가운

데 어떤 것들은 오직 첫 유월절에만 해당되었을 수 있습니다.

하나님께서 이스라엘에 세우신 유월절 양은 제물로서, 의식법이라고도 불리는 그림자로서의 율법(the law of shadows)에 속했습니다. 모든 제사와 마찬가지로 이 유월절 어린양도 그리스도를 가리키는 모형이었습니다. 그러므로 그리스도께서 다음과 같이 불리십니다.

"우리의 유월절 양 곧 그리스도께서 희생되셨느니라"(고전 5:7).

"세상 죄를 지고 가는 하나님의 어린양이로다"(요 1:29).

베드로는 우리가 "오직 흠 없고 점 없는 어린양 같은 그리스도의 보배로운 피로"(벧전 1:19) 구속 받았다고 말합니다. 그리스도는 사람의 아들이었습니다. 그분은 흠 없고 거룩하며 가장 건강할 때 죽임 당하신 슬픔의 사람이었습니다. 그분의 뼈는 단 하나도 부러지지 않았으며, 그분은 자신이 흘리고 뿌린 피로 말미암아 모든 자기 백성을 모든 재앙에서 구원하고, 그들에게 영원한 생명을 주셨습니다.

유월절 양을 먹은 후에 이스라엘 백성들은 도망치듯 서둘러 애굽을 떠났습니다. 그런 와중에도 그들은 다섯 명씩 무리 지어 질서 정연하게 떠났습니다. 그런데 그들은 애굽에서 나가는 일반적인 경로에서 벗어난 길로 향했습니다. 이 사실을 듣고서 바로는 그들을 떠나보내려던 결심을 뒤집어 신속히 군사들을 모으고 처량한 양 떼를 쫓듯 이스라엘 백성들을 추격했습니다. 이스라엘 백성들은 이 소식을 듣고 혼란에 빠졌습니다. 그들 앞에는 홍해가 있고 양옆에는 산이 있어서 지날 수 없었으며, 뒤에는 무장한 군사를 이끌고 그들을 추격해 오는 바로가 있었습니다. 여기서 벗어날 수 있는 길은 없었습니다. 모세는 하나님께 부르짖었습니다. 이에 하나님은 바다를 갈라 물이 양옆에 벽처럼 서 있게 하심으로써 응답하셨습니다. 이스라엘 백성들은 바다의 마른 바닥을 걸어서 반대편에 도착하였습니다. 반면에 바로가 그들을 뒤쫓아 그 길로 들어서자, 양옆에 서 있던 물이 도로 합쳐져 바로와 그의 군대를 덮었고, 그들은 모두 익사했습니다. 바다를 건넌 이 사건은 그리스도 안에 있는 구속을 신자들에게 확증하는 것으로 이스라엘 백성들에게 증표(sacrament)가 되었습니다(고전 10:2 참고). 이스라엘 백성들은 기쁨에 벅차 여호와를 찬양했고 계속 나아갔습니다. 그들이 매우 작은 어려움 앞에서 여호와를 의심하고 불평하여도 여호와는 그들을 도우셨습니다. 그들에게 먹을 것이 없을 때 하나님은 매일 밤마다 하늘에서 만나를 내리셨고, 마실 것이 없을 때에는 바위를 갈라 물이 강물처럼 솟아나 홍수처럼 흐르게 하셨습니다.

이윽고 그들은 호렙산에 도착했습니다. 그곳에서 하나님은 그들이 엄숙하게 하나님을 경배하도록 정하셨습니다. 바로 여기 등장하는 만나와 바위는 그들의 영적 생명과 그리스도 안에 있는 그들의 구속에 대한 증표였습니다(고전 10:3,4 참고). 바로 이곳에서 그들이 하나님과 언약을 맺었고, 하나님께서 그들에게 생명의 법이 되는 십계명을 주셨으며, 하나님의 명령에 따라 성막이 세워졌고, 예배 의식 규정이 정돈된 형태로 주어졌습니다. 이러한 것들에 관해서는 이후에 더욱 자세하게 논의하겠습니다.

이스라엘 백성들이 호렙산에 도착한 후에, 모세는 그 산에 올라갔습니다. 하나님은 자신을 대신해 모세로 하여금 과연 백성들이 언약 안에 머물고 하나님께 순종하기 원하는지를 그들에게 물어보도록 명하셨습니다(출 19:3 참고). 모세는 이 메시지를 백성들에게 전달했고, 백성들은 즉시 대답했습니다.

"여호와께서 명령하신 대로 우리가 다 행하리이다"(출 19:8).

바로 여기서 우리는 참으로 언약을 체결하는 모습을 보게 됩니다. 하나님께서 언약을 제시하고 약속을 추가하셨으며, 백성들은 이를 받아들였습니다.

호렙에서 체결된 언약: 은혜언약의 확증

위의 사실은 다음과 같이 질문하게 합니다. '호렙에서 체결된 언약이 은혜언약 그 자체인가? 아니면 국가적이고 외적이며 모형적인 언약으로서 오직 가나안을 유업으로 주겠다는 약속만 있으며, 그 결과 바로 이 언약을 통하여 옛언약이 시작되는 것인가?' 이에 대해 우리는 다음과 같이 대답합니다.

① 이 언약은 은혜언약 그 자체입니다. 이 언약의 체결은 아담 이후의 모든 신자

들이 참여한 언약을 갱신하는 것입니다. 하나님께서 이 언약을 아브라함과 그의 후손과 더불어 갱신하시면서, 할례라는 증표를 통해 확증하셨습니다.

② 국가언약(national covenant)이라는 용어 때문에 이에 대해 잘 알지 못하는 사람들이 혼란을 느끼곤 합니다. 앞서 신자들과 세운 언약은 은혜언약입니다. 그러나 아브라함 이후에는 이 언약이 아브라함의 자손으로 제한되었습니다. 다른 뜻이 아닌 오직 이런 의미에서만 이 언약이 국가언약이라고 불릴 수 있을 것입니다. 그러나 사실 성경에는 '국가'라는 단어가 등장하지 않습니다.

③ 외적인 순종 여부와 관련된 세상적인 약속으로 이루어진 외적인 언약(external covenant)이 세워진 적은 없습니다. 하나님과 인간 사이에 그런 언약은 없습니다. 우리는 이에 대해 제1권 16장에서 광범위하게 다루었습니다(부록 5장의 '구약 신자들의 상태' 참고).

④ 은혜언약이 모형적인 언약이기에 그렇게 불릴 수도 있습니다. 은혜언약이 그리스도를 가리키는 모형들에 의해 시행되었기 때문입니다. 그러므로 이 언약의 시행이 때때로 언약으로 불렸습니다(창 17:4; 렘 31:31 참고). 이 언약을 모형적인 언약이라고 부를 때, 이 언약에 고유한 영적인 약속이 없다는 의미로 사용해서는 안 됩니다. 다시 말해, 이 언약을 단순히 영적인 유익에 대한 모형, 특별히 신약의 유익에 대한 모형으로 보아서는 안 된다는 뜻입니다. 하나님의 말씀에서 이 사실을 입증하는 증거는 단 하나도 찾을 수 없습니다. 따라서 이런 개념은 말도 꺼내지 말아야 합니다.

⑤ 옛언약은 은혜언약이 구체화된 모습 자체로서, 그림자를 통해 시행되었던 이전 방식을 말합니다. 만일 옛언약이 은혜언약이 아닌 다른 것이라면 예수 그리스도가 아닌 유언자가 죽어야 했을 것입니다. 유언자가 죽지 않으면 그 어떤 유언도 확정되지 않기 때문입니다(히 9:16,17 참고). 뿐만 아니라 앞 장에서 자세히 보았듯이, 옛언약은 아담 시대 이후부터 존재했으므로 호렙산에서 시작한 것이 아니며, 가나안의 상속이 그 본질인 것도 아닙니다.

우리는 지금까지 서론의 형태로 이 내용을 전반적으로 서술했습니다.

옛언약은 아담과 더불어 시작되었으므로 호렙에서 시작한 것도, 그 본질이 가나안의 상속인 것도 아니며, 외적인 언약도 아닙니다. 그러므로 호렙산에서 체결된 언약이 바로 은혜언약 그 자체라고 결론 내릴 수밖에 없습니다. 다음과 같은 근거로 이 사실을 증명할 수 있습니다.

첫째, 호렙산에서 세워진 언약은 새로운 언약이 아니라, 이미 체결된 언약을 갱신한 것입니다. 이는 출애굽기 19장 및 이스라엘 백성들이 호렙산에 있는 동안 하나님께서 그들을 다루시는 모습을 통해 분명하게 드러납니다. 여기에는 새로운 언약(이전에 존재하지 않던 언약을 말합니다)을 세우는 것이 그 비슷한 모습조차도 언급되지 않으며, 일관되게 이전부터 존재하던 언약을 다루고 있습니다. 출애굽기 19장의 처음 부분에서 이 사실을 확인하십시오.

"세계가 다 내게 속하였나니 너희가 내 말을 잘 듣고 내 언약을 지키면 너희는 모든 민족 중에서 내 소유가 되겠고, 너희가 내게 대하여 제사장 나라가 되며 거룩한 백성이 되리라 너는 이 말을 이스라엘 자손에게 전할지니라……백성이 일제히 응답하여 이르되 여호와께서 명령하신 대로 우리가 다 행하리이다"(출 19:5,6,8).

여기서 우리는 이 언약이 엄숙하게 확증되는 모습을 봅니다. 하나님께서 그들에게 요구 사항을 말씀하시고, 그에 따른 약속도 제시하십니다. 모든 이스라엘 백성들이 이를 묵묵히 따릅니다. 하나님은 가나안이나 어떤 새로운 것에 대해 전혀 언급하지 않으십니다. 하나님께서 제안하시는 가운데 '나의 언약'에 대해 말씀하십니다. 이 언약은 이미 존재하던 것이며, 이스라엘 백성들도 알고 있던 것입니다. 그들이 바로 이 언약에 일시에 엄숙하게 동의한 것입니다. 그러므로 이 언약은 이미 존재하던 언약이었습니다.

이 사실에 기초하여 다음과 같은 사항들이 뒤따릅니다.

① 하나님께서 그들의 하나님으로서 그들에게 십계명을 율법으로 주셨습니다(이 율법이 은혜언약을 담은 선언이라면, 이 언약의 내용을 강력하게 확증할 것입니다).

② 예수 그리스도의 모형을 통한 질서 있는 예배 제도가 확립되었습니다.

그러므로 이 언약은 호렙산에서 최초로 세워진 것이 아니라, 이전부터 존재하던 것입니다. 그런데 호렙산 이전에는 은혜언약이 아닌 다른 언약이 존재하지 않았습니다. 따라서 호렙산에서 갱신된 언약은 은혜언약입니다.

둘째, 하나님께서 아브라함과 이삭과 야곱과 맺으신 언약은 은혜언약이었습니다. 그런데 그분이 호렙산에서 맺으신 언약도 아브라함과 이삭과 야곱과 맺은 언약과 동일합니다. 따라서 호렙산에서 세워진 언약은 은혜언약입니다.

다음과 같은 이유로 아브라함과 맺으신 언약은 분명히 은혜언약입니다.

① 이 언약에는 그리스도께서 중보자로 계십니다(창 12:2,3; 갈 3:17 참고).

② 이 언약에서 하나님은 방패이자 큰 상급으로 계십니다(창 15:1, 17:8 참고).

③ 이 언약을 통해 아브라함이 모든 신자들의 조상으로 세워졌습니다(창 17:2,4; 롬 4:11 참고).

④ 이 언약은 믿음으로 품어야만 합니다(창 35:6, 17:3; 롬 4:18-20 참고).

⑤ 이 언약은 믿음으로 말미암는 의에 대한 증표로서 할례를 포함합니다(롬 4:11 참고).

호렙산에서 세워진 이 언약이 하나님께서 아브라함과 맺으신 언약과 동일한 언약이라는 사실은, 이 두 언약의 약속이 동일하며 동일한 생명의 법이 있고 경배의 방식이 동일하게 제시된다는 사실을 통해 분명하게 드러납니다.

① 이 언약은 동일한 영적·세상적 약속을 포함합니다. 영적인 약속은 하나님께서 그들의 하나님이 되시고 그들은 하나님께 속한 백성이 되리라는 것입니다.

"나는……네 하나님 여호와니라"(출 20:2).

"내가 이스라엘 자손 중에 거하여 그들의 하나님이 되리니"(출 29:45).

"너희는 모든 민족 중에서 내 소유가 되겠고"(출 19:5).

이것이 은혜언약의 핵심이라는 사실이 고린도후서 6장 16절에 분명하게 드러납니다.

"내가 그들 가운데 거하며 두루 행하여 나는 그들의 하나님이 되고 그들은 나의 백성이 되리라."

뿐만 아니라 이스라엘 백성들은 왕 같은 제사장이며 거룩한 나라였습니다.

"너희가 내게 대하여 제사장 나라가 되며 거룩한 백성이 되리라"(출 19:6).

"너희는……왕 같은 제사장들이요 거룩한 나라요"(벧전 2:9).

한편 세상적인 약속들도 동일합니다. 가나안에 관한 약속을 예로 들 수 있습니다. 하나님께서 그 땅을 아브라함에게 주셨습니다.

"내가 너와 네 후손에게 네가 거류하는 이 땅 곧 가나안 온 땅을 주어"(창 17:8).

"네가 누워 있는 땅을 내가 너와 네 자손에게 주리니"(창 28:13).

그러므로 가나안이 아브라함과 이삭과 야곱에게 계속 주어졌으며, 그들의 자손들은 이 땅을 그들의 조상으로부터 전해지는 유산으로 상속받았습니다. 부모의 소유는 그들의 자녀를 위한 것입니다.

② 이 언약은 동일한 생명의 법을 포함합니다. 이 생명의 법은 여호와를 사랑하고 두려워하며 믿고 신뢰하라는 하나님의 뜻을 가리킵니다. 이 모든 것이 언약의 명령에 담겨 있습니다.

"너는 내 앞에서 행하여 완전하라"(창 17:1).

마찬가지로 하나님께서 호렙산에서 십계명의 율법을 반포하심으로써 동일한 명령을 이스라엘 백성들에게 주셨습니다.

③ 이 언약에는 동일한 예배의 방식이 들어 있습니다. 바로 그림자를 통한 방식입니다. 아브라함과 이삭과 야곱은 땅에 제단을 쌓았고, 이전에 가인과 아벨과 노아와 동일한 방식으로 제사를 드렸습니다. 그들에게는 משמר(미쉬모르), מצוה(미쯔바), חקה(하카), 그리고 תורה(토라)가 있었습니다. 이 단어들은 일반적으로 도덕법과 의식법을 포함하는 율법을 가리킵니다.

"이는 아브라함이 내 말을 순종하고 내 명령과 내 계명과 내 율례와 내 법도를 지켰음이라 하시니라"(창 26:5).

그들은 할례를 언약의 증표로 가졌습니다. 마찬가지로 이스라엘 백성들도 동일한 율례와 동일한 증표를 가졌습니다. 이처럼 모든 것들이 동일하므로 이스라엘 백성들은 하나님께서 아브라함과 세우신 언약과 동일한 언약을 가진 것이라 할 수 있습니다.

하나님께서 이스라엘 백성들과 맺으신 언약이 아브라함과 맺으신 언약과 동일하다는 사실은 이스라엘 백성과 맺은 언약에 대한 언급에서 아브라함과 맺은 언약이 계속 거론된다는 사실을 통해 분명해집니다. 이는 이 두 언약이 하나로 동일하다는 선언이라고도 할 수 있습니다.

"그런즉 너는 오늘 내가 네게 명하는 명령과 규례와 법도를 지켜 행할지니라. 너희가 이 모든 법도를 듣고 지켜 행하면 네 하나님 여호와께서 네 조상들에게 맹세하신 언약을 지켜 네게 인애를 베푸실 것이라"(신 7:11,12).

"그런즉 너희는 이 언약의 말씀을 지켜 행하라……오늘 너희……다 너희의 하나님 여호와 앞에 서 있는 것은 네 하나님 여호와의 언약에 참여하며 또 네 하나님 여호와께서 오늘 네게 하시는 맹세에 참여하여, 여호와께서 네게 말씀하신 대로 또 네 조상 아브라함과 이삭과 야곱에게 맹세하신 대로 오늘 너를 세워 자기 백성을 삼으시고 그는 친히 네 하나님이 되시려 함이니라"(신 29:9-13).

그러므로 그 약속과 유익이라는 측면에서도 하나님께서 이스라엘 백성들과 세우신 언약은 아브라함과 세우신 그 언약과 동일합니다. 따라서 이 언약은 바로 은혜언약입니다.

회피주장 이 본문들은 하나님께서 호렙산에서 이스라엘 백성들과 맺으신 언약이 아브라함과 이삭과 야곱의 자손들과 세우는 것이라고 조상들에게 맹세하셨다는 것만 말할 뿐, 호렙산의 언약이 조상들과 맺으신 언약과 동일한 언약이라고 말하지 않는다.

| 답변 |

❶ 이 주장은 억측에 불과하므로 그 결론을 받아들일 수 없습니다.

❷ 이 주장은 하나님께서 이 언약을 아브라함과 이삭과 야곱과 더불어 세우셨으며, 그들의 자손인 이스라엘 백성과 동일한 언약을 맺음으로써 이를 확증하셨다고 선언하는 성경 본문들과 분명히 반대됩니다.

❸ 이 주장은 여호와께서 아브라함은 물론, 그를 통해 그의 자손들과 언약을 맺

으셨다고 말하는 창세기 17장 7절의 말씀과도 반대됩니다. 이 언약은 동일한 하나의 언약으로 선포되고 있습니다. 게다가 가나안은 아브라함과 이삭과 야곱에게 그들의 땅으로 주어졌습니다.

"내가 너와 네 후손에게……이 땅 곧 가나안 온 땅을 주어"(창 17:8).

"네가 누워 있는 땅을 내가 너와 네 자손에게 주리니"(창 28:13).

아브라함은 가나안 땅에 대한 소유권을 가졌습니다. 그리고 이스라엘 백성들은 그들의 조상으로부터 가나안 땅을 유업으로 물려받았습니다. 그 결과 이스라엘 백성들은 그 권리에 근거하여 가나안 땅을 소유하게 되었는데, 이는 여호와께서 아브라함에게 그리하겠노라고 약속하신 내용에 따른 것입니다.

셋째, 개혁신앙을 따르는 사람이라면 어느 누구도 그리스도를 보증이자 중보자로 가지는 언약이 은혜언약임을 부정하지 않을 것입니다(그렇게 할 수도 없습니다). 호렙산에서 체결된 언약도 마찬가지입니다. 호렙산 언약도 그리스도를 중보자로 여기기 때문입니다. 이는 이 언약이 피로 말미암아 승인되었다는 사실에서 분명히 드러납니다.

"모세가 그 피를 가지고 백성에게 뿌리며 이르되 이는 여호와께서 이 모든 말씀에 대하여 너희와 세우신 언약의 피니라"(출 24:8).

"이러므로 첫 언약도 피 없이 세운 것이 아니니, 모세가 율법대로 모든 계명을 온 백성에게 말한 후에 송아지와 염소의 피 및 물과 붉은 양털과 우슬초를 취하여 그 두루마리와 온 백성에게 뿌리며"(히 9:18,19).

하나님은 인간의 죄를 속하기 위해 피를 주셨습니다.

"육체의 생명은 피에 있음이라. 내가 이 피를 너희에게 주어 제단에 뿌려 너희의 생명을 위하여 속죄하게 하였나니 생명이 피에 있으므로 피가 죄를 속하느니라"(레 17:11).

그러나 그 효력은 주 예수님의 피에서 발견됩니다.

"이 예수를 하나님이 그의 피로써 믿음으로 말미암는 화목 제물로 세우셨으니"(롬 3:25).

"우리는 그리스도 안에서……그의 피로 말미암아 속량 곧 죄 사함을 받았느니라"(엡 1: 7).

구약에서 제물로 드려진 짐승들의 피는 그리스도의 피를 가리키는 모형이었습니다. 이는 전체 율법이 그림자일 뿐 그 자체로 본질이 아니며 미래의 유익을 가리키는 것과 같습니다(히 10:1 참고). 특히 히브리서 9장이 이 사실을 잘 보여 줍니다. 사도는 계속해서 송아지와 염소의 피를 주 예수님의 피와 비교하는데, 이는 모형과 본형을 비교하는 것입니다(히 9:12-14,20,25 참고). 그리고 이에 대하여 다음과 같이 말합니다.

"그러므로 하늘에 있는 것들의 모형은 이런 것들로써 정결하게 할 필요가 있었으나 하늘에 있는 그것들은 이런 것들보다 더 좋은 제물로 할지니라"(히 9:23).

그러므로 모세가 그 두루마리와 그 백성들에게 피를 뿌린 것처럼, 그리스도의 피도 "뿌린 피"로 불립니다(히 12:24; 벧전 1:2 참고). 결국 언약의 두루마리와 백성들에게 피를 뿌리는 행위는 그리스도의 피를 뿌리는 것을 가리키며, 곧 그 언약을 승인하고 적용하는 것입니다. 따라서 피를 뿌리는 행위는 은혜언약을 확증하는 것임이 분명하고도 확실합니다. 결국 그리스도께서 시내산 언약의 중보자가 되시므로, 시내산 언약은 은혜언약입니다.

넷째, 이 언약은 은혜언약 자체로서 은혜의 증표들(sacraments)을 그 인장(sacraments)으로 가집니다. 인장은 언약을 확증합니다. 그리고 특정한 인장은 오직 특정한 언약만을 확증합니다. 그 인장을 그 언약에서 분리하여 내용이 완전히 다른 언약에 적용하는 것은 불성실함의 극치입니다. 그러나 시내산 언약은 은혜언약의 인장을 통해 확증되었습니다. 할례와 유월절 양이 이 언약을 확증합니다. 이스라엘 자손들은 이 두 인장을 엄격하게 행하라는 명령과, 그렇게 하지 않을 경우 그 민족에서 쫓겨나리라는 경고를 함께 받았습니다. 이는 하나님의 회중과 언약에서 추방당한다는 의미입니다. 할례와 유월절 양이 은혜언약의 인장이었다는 사실은 앞 장에서 확증하였습니다. 이 둘은 호렙산에서 언약이 맺어지기 전에 세워진 것입니다. 여기에 이의를 제기하는 이들도 은혜언약이 이미 존재했다는 사실에는 동의합니다. 결국 이 두 인장은 은혜언약을 확증하는 것으로서, 할례는 믿음으로 말미암는 의에 대한 확증이요(롬 4:11 참고), 유월절 양은 그리스도에 대한 확증입니다(고전 5:7 참고).

앞에서 제시된 세 가지 증거들과 더불어, 이 증거가 호렙산 언약이 은혜언약이었음을 입증합니다.

호렙산 언약이 은혜언약임을 반대하는 의견에 대한 논박

반론 1

하나님의 말씀은 언제나 호렙산 언약과 은혜언약을 구별한다. 그러므로 호렙산 언약은 은혜언약이 아니라 외적인 언약일 뿐이며, 천국의 유익을 상징하는 가나안을 약속하는 것이다. 이 사실은 신명기 5장 3절에서 분명하게 드러난다.

"이 언약은 여호와께서 우리 조상들과 세우신 것이 아니요 오늘 여기 살아 있는 우리 곧 우리와 세우신 것이라."

이 말씀은 호렙산 언약이 맺어질 때 있었던 이들과 당시에 존재하지 않았던 사람들을 대조한다. 이를 볼 때, 호렙산 언약은 당시에 존재하지 않은 그들의 조상들과 맺어진 것이 아니라는 사실이 분명히 드러난다. 그러므로 호렙산에서 맺어진 언약은 은혜언약과는 다른 언약이다. 호렙산 언약과는 달리, 은혜언약에는 그들의 조상들이 참여하고 있다. 뿐만 아니라 은혜언약은 아담 이후부터 세상이 끝날 때까지 동일한 언약으로 남아 있을 것이다.

답변

(1) 출애굽 이전의 조상들은 본문이 대조하는 대상이 아닙니다. 본문은, 호렙산에서 언약을 맺을 때 있었으나 하나님의 경고대로 광야에서 죽은 조상들과 지금 현재 모압 평지에 살아 있으며 호렙산 언약 이후 사십 년이 지난 후에 요단강을 건너 가나안에 들어갈 준비가 되어 있는 이들을 대조합니다. 가나안에 들어가려는 바로 이때에 하나님께서 엄숙하게 언약을 갱신하셨습니다. 그러므로 앞의 반론은

아무 의미가 없습니다.

(2) 모압에서 맺어진 언약은 호렙산 언약과 그 본질이 동일하나, 언약이 맺어진 때와 방식과 언약 당사자와 관련해서는 차이가 있습니다. 바로 이러한 맥락 가운데 하나님께서 광야에서 죽은 그들의 조상들과 언약을 맺지 않았다고 말씀하신 것입니다. 이와 동일한 방식으로 성경이 어떠한 환경에서 존재하지 않은 것에 대해 언급하거나 부인하는 것을 자주 볼 수 있습니다(요 7:39; 롬 16:25; 엡 3:5; 부록 1장 참고).

(3) 여기서 누군가가 그 조상들이 아담과 노아와 아브라함과 같은 이들을 가리킨다고 해석하려 할지라도, 이 말씀은 언약의 본질이 아니라 언약을 맺을 당시의 환경을 대조합니다. 언약을 확증하는 다음 말씀에서 드러나듯, 언약의 본질은 하나이기 때문입니다.

"너희가 이 모든 법도를 듣고 지켜 행하면 네 하나님 여호와께서 네 조상들에게 맹세하신 언약을 지켜 네게 인애를 베푸실 것이라"(신 7:12).

그러나 이 구절은 조상들이 아니라 호렙산을 언급하고 있습니다.

반론 2

"여호와의 말씀이니라. 보라, 날이 이르리니 내가 이스라엘 집과 유다 집에 새언약을 맺으리라. 이 언약은 내가 그들의 조상들의 손을 잡고 애굽 땅에서 인도하여 내던 날에 맺은 것과 같지 아니할 것은 내가 그들의 남편이 되었어도 그들이 내 언약을 깨뜨렸음이라. 여호와의 말씀이니라. 그러나 그날 후에 내가 이스라엘 집과 맺을 언약은 이러하니 곧 내가 나의 법을 그들의 속에 두며"(렘 31:31-33).

이 말씀은 호렙산 언약과 신약 시대의 새언약을 대조한다. 이 대조는 환경이 아니라 본질 그 자체에 관한 것이다. 신약에서 하나님은 율법을 그들의 마음에 기록하실 것이다. 그리고 예레미야 31장 33,34절에 약속된 대로 그분은 그들의 불의함을 용서하시고, 그들의 죄를 더는 기억하지 않으실 것이다. 논의 중인 이 본문은 이 내용들 가운데 그 어떤 것도 호렙산 언약과 연결시키지 않는다. 그러므로 호렙산 언약은 은혜언약이 아니라 외적이고도 모형적인 언약이며, 이 언약의 약속은 오직 가나안의 상속으로 국한된다.

> 답변

실제로 옛언약과 새언약은 구분됩니다. 뿐만 아니라 새언약은 분명히 구약 시대에는 존재하지 않았고 그 이후에 주어졌습니다. 옛언약은 새언약이 옛언약을 대체함으로써 그 역할이 끝났습니다. 더 나아가 새언약은 은혜언약으로서 그리스도 안에 있는 영적 유익을 포함합니다. 그리고 이 본문은 그들의 마음에 율법이 기록되리라는 것, 하나님을 그들의 하나님으로 소유하게 되리라는 것(렘 31:33 참고), 또한 하나님을 아는 그들의 눈이 밝아지고 죄를 용서받으리라는 것(렘 31:34 참고)을 은혜언약의 내용으로 기록하고 있습니다. 뿐만 아니라 옛언약은 은혜언약에 담긴 모든 유익과 은혜언약 자체를 포함합니다. 이 내용에 대해서는 앞으로 이어지는 장들에서 밝힐 것입니다.

은혜언약이 아담 이후로 존재했으며, 세상이 끝날 때까지 그 본질을 동일하게 유지하며 존재할 것이라는 사실에는 동의가 이루어졌습니다. 우리의 견해대로 옛언약이 낙원에서 주어진 첫 번째 약속과 더불어 시작되었다는 사실을 이미 이전 장에서 반박할 수 없을 만큼 명백하게 증명하였기 때문입니다. 결국 옛언약과 새언약의 차이는 본질에 관한 것이 아니라는 결론에 도달하게 됩니다. 반론의 주장대로 새언약만이 은혜언약이라면, 무엇보다 새언약이 구약 시대에는 존재하지 않았고 그 이후에야 존재하게 되었으며, 옛언약을 대신하고 그 기능을 폐지한 것이 됩니다. 그러므로 신약 시대 이전에 살았던 모든 사람들은 은혜언약을 가지지 못했던 것이 됩니다. 그렇다면 그들에게는 하나님에 대한 두려움도, 구원의 신비에 대한 지식도, 죄 사함도 없었을 것입니다. 그러나 이와 반대로, 구약 백성들은 참으로 구원을 받았고 은혜언약의 모든 유익을 소유했습니다.

그러므로 대조되는 사항은 언약이 체결되는 환경, 언약의 시행 방식, 빛과 믿음과 소망과 사랑의 분량일 뿐입니다. 구약 신자들은 그들의 마음에 기록된 율법을 가지고 있었고, 하나님을 그들의 하나님으로 소유했으며, 구원의 신비에 대한 지식도 가지고 있었을 뿐만 아니라, 죄 사함도 받았습니다. 그러므로 옛언약은 그림자와 본보기를 통해 시행된 은혜언약입니다. 물론 새언약은 그림자가 없이 시행된 은혜언약입니다. 한 언약이 "옛(舊)언약"이라고 불리는 이유는 그것이 먼저 있었고 본래의 언약이기 때문입니다. 그러므로 이 언약은 오래된 언약이고 사라진 것입니다. 반면에 다른 한 언약이 "새(新)언약"이라고 불리는 이유는 연대기적으로 옛언약 이후에 주어졌으며, 옛언약과는 다른 방식으로 시행되기 때문입니다. 성경은 이미 존재한 것이 갱신되었을 때 새로운 것이라고 부릅니다.

"새 계명을 너희에게 주노니 서로 사랑하라"(요 13:34).

추가 반론 사람은 은혜언약을 취소할 수 없다. 그러나 유대인들은 옛언약을 무효로 만들었다(렘 31:32 참고). 그러므로 옛언약은 은혜언약이 아니다.

| 답변 |

❶ 참으로 은혜언약에 들어간 사람은 하나님의 불변하심과 보존하시는 그분의 은혜로 말미암아 그 언약을 깰 수 없습니다. 이는 예레미야 32장 40절에 등장하는 약속에 따른 것입니다. 그러나 회심하지 않은 유대인들은 옛언약, 곧 구약을 행위언약으로 만들어 버렸습니다. 그래서 그들은 의식적인 행위를 통해 의롭게 되기를 원했으며, 동물들의 피로써 자신들의 죄를 없앨 수 있다고 믿었습니다. 결국 그들은 옛언약을 파기하여, 그 언약의 시행과 목표를 바꾸고 왜곡시켜 그 의식적인 행위들이 세워진 본래 목적과 완전히 달라지게 만들었습니다.

❷ 회심하지 않은 유대인들은 은혜언약에 단지 외적으로만 들어갔을 뿐 결코 온전하게 들어간 적이 없었으며, 그 결과 은혜언약의 유익에 참여하지 못했습니다. 그들은 이 사실을 자신들의 불경건한 삶을 통해 드러내 보였습니다. 그러므로 이 언약의 파기는 그들과 그들의 행위와 관련이 있습니다.

❸ 만일 옛언약이 가나안 상속에 관한 것이며 회심하지 않은 유대인들이 그 언약을 취소하고 무효로 만들어 버렸다면, 그들은 가나안을 상속받는 것도 무효로 만들었을 것이며 가나안 땅을 상속받지 못했을 것입니다. 그러나 그들은 이러한 내

용을 받아들이지 않을 것입니다.

반론 3

"율법은 모세로 말미암아 주어진 것이요 은혜와 진리는 예수 그리스도로 말미암아 온 것이라"(요 1:17).

이 말씀은 모세와 그리스도를 명확히 대조한다. 이는 율법을 진리 및 은혜와 대조하는 것이기도 하다. 모세는 옛언약의 중보자였으며, 그리스도는 새언약의 중보자이시다. 율법 곧 옛언약에는 은혜가 없으며 오직 가나안 상속에 대한 약속만이 있을 뿐이다. 그러나 새언약에는 진리와 은혜가 있다. 그러므로 호렙산 언약은 은혜언약이 아니다.

답변

(1) 저는 그리스도를 높이기 위하여, 모세가 옛언약의 중보자였다는 주장을 단호히 배격합니다. 왜냐하면 이러한 주장이 그리스도의 중보자 직분에 심각한 위협을 가하기 때문입니다. 그리스도는 새언약뿐만 아니라 옛언약에서도 유일한 중보자이십니다. 예수 그리스도는 어제나 오늘이나 동일하신 분입니다(히 13:8 참고). 또한 그리스도는 "(창세 이후로) 죽임을 당한 어린양"이십니다(계 13:8 참고).

(2) 모세는 천사들이 그의 손에 율법을 주었기에 전달자로서 그 율법을 전달하였습니다. 그러하기에 갈라디아서 3장 19절이 그를 단순히 중보자라고 부르는 것입니다. 그러나 모세는 결코 옛언약의 중보자라고 불린 적이 없으며 가나안 땅에서도 중보자가 아니었습니다. 왜냐하면 이스라엘이 가나안 땅에 들어오기 전에 그가 죽음을 맞이했기 때문입니다. 그렇다면 모세가 천국에서 중보자 역할을 감당한단 말입니까? 그는 현재의 우리를 위한 중보자가 아닌 것처럼 이스라엘 자손들을 위한 중보자도 아니었습니다. 뿐만 아니라 그들과 마찬가지로 우리도 모세를 통해 전달된 율법을 가지고 있습니다.

(3) 이 본문은 율법을 은혜 및 진리와 대조하는 데 초점을 맞추고 있으며, 이 대조를 통하여 여러분이 아무리 율법을 넓게 해석하더라도 율법으로는 구원을 얻을

수 없다는 사실을 전달합니다.

"그러므로 율법의 행위로 그의 앞에 의롭다하심을 얻을 육체가 없나니"(롬 3:20).

"율법은 장차 올 좋은 일의 그림자일 뿐이요 참형상이 아니므로 해마다 늘 드리는 같은 제사로는 나아오는 자들을 언제나 온전하게 할 수 없느니라"(히 10:1).

모든 그림자는 본체와 분리될 때 가치가 없어집니다. 또한 본체와 분리되도록 세워지지도 않았습니다. 그림자의 목적은 그리스도께로 인도하여 그분을 믿게 하는 것입니다. 그리스도는 그림자들의 참된 형상이요 구체화된 모습입니다. 또한 그분의 희생으로 말미암아 신약과 구약의 신자들이 모두 은혜를 얻습니다. 본문은 바로 이것을 대조합니다. 그렇다면 이 본문에 외적인 언약에 관환 사항이 하나라도 남아 있습니까? 또 무슨 근거로 호렙산 언약이 은혜언약이 아니라고 주장하는 것입니까?

반론 4

고린도후서 3장 말씀을 생각해 보라. 이 본문은 옛언약과 새언약을 대조하고 있다. 사도는 옛언약을 "죽이는 것"(고후 3:6), "돌에 써서 새긴 죽게 하는 율법 조문의 직분"(고후 3:7), "정죄의 직분"(고후 3:9)이라고 부른다. 반면에 새언약을 "영의 직분"(고후 3:8), "의의 직분"(고후 3:9)으로 칭한다. 그러므로 옛언약은 분명히 은혜언약이 아니다.

답변

(1) 본문이 돌판에 기록된 십계명을 말하고 있음은 자명합니다. 의식법은 돌판에 기록되지 않았기 때문입니다. 그런데도 반대자들은 십계명이 은혜언약을 선언하는 것이라고 생각합니다. 그렇다면 어떻게 이들이 스스로 모순되는 결과를 피할 수 있겠습니까? 은혜언약의 내용이 죽음과 정죄의 사역이란 말입니까? 그러므로 반대자들은 그들이 내세우는 반대 생각에 관해 대답해야 합니다.

(2) 옛언약이 정죄의 사역이라면, 거기에는 약속이 없을 것이며 가나안이 유업으로 주어지지 않아야 합니다. 그럴 경우라야 옛언약이 정죄의 사역이 될 수 있습니

다. 그렇다면 도대체 어느 누가 정죄의 언약에 들어가기를 원하고 그것을 기뻐하겠습니까? 또한 그렇다면 구약의 신자들이 정죄의 언약에 참여했다는 말이 됩니다. 만약 그들이 정죄의 언약에 참여한 자들이라면, 모세 시대 이후의 신자들은 모두 구원에 이르지 못하였고, 정죄당했을 것입니다. 그러므로 반대자들은 이 본문을 사용하여 스스로를 부정하며, 더 나아가 성경과 하나님의 자녀들을 부정하고 있습니다.

(3) 본문은 옛언약과 새언약을 구별하거나 대조하지 않습니다. 본문은 도덕법과 의식법(넓은 의미로 생각하여)이 그리스도와 분리되어 시행되는 모습을 비교하고 대조합니다. 바로 유대인들이 의식법을 이와 같이 여기고 사용했습니다. 이 내용이 갈라디아서와 히브리서 전반에 걸쳐 기록되어 있습니다. 뿐만 아니라 이 내용은 로마서 9장 31,32절에서 바울이 말하려는 바이기도 합니다.

"의의 법을 따라간 이스라엘은 율법에 이르지 못하였으니 어찌 그러하냐. 이는 그들이 믿음을 의지하지 않고 행위를 의지함이라 부딪칠 돌에 부딪쳤느니라."

그래서 바울은 그리스도와 분리되어 시행되는 율법이 죽은 조문에 불과한 것으로서 죽음과 정죄의 사역일 뿐이라고 선언합니다. 왜냐하면 어느 누구도 그러한 방법으로는 의롭게 될 수 없기 때문입니다. 그리고 그리스도와 분리된 채 율법의 외적 체계만을 지키려는 사람들은 모두 정죄를 당할 뿐이기 때문입니다. 그리스도가 없으면 구원도 없습니다.

"무릇 율법 행위에 속한 자들은 저주 아래에 있나니 기록된 바 누구든지 율법 책에 기록된 대로 모든 일을 항상 행하지 아니하는 자는 저주 아래에 있는 자라 하였음이라"(갈 3:10).

그는 이러한 율법을 그리스도 및 그리스도에 대한 선언과 비교하며 후자를 성령의 사역이요 의의 사역으로 부릅니다. 모든 신자들은 옛언약과 새언약에 있는 복음을 통하여 그리스도께로 부르심을 받으며, 그리스도를 믿는 자는 의롭게 되기 때문입니다. 그러므로 여기에는 외적인 언약을 지지하거나 옛언약이 은혜언약이라는 사실을 부정하는 내용이 전혀 없습니다.

반론 5

"여종에게서는 육체를 따라 났고 자유 있는 여자에게서는 약속으로 말미암았느니라. 이것은 비유니 이 여자들은 두 언약이라. 하나는 시내산으로부터 종을 낳은 자니 곧 하갈이라. 이 하갈은 아라비아에 있는 시내산으로서 지금 있는 예루살렘과 같은 곳이니 그가 그 자녀들과 더불어 종노릇하고 오직 위에 있는 예루살렘은 자유자니 곧 우리 어머니라"(갈 4:23-26).

이 말씀에서는 옛언약과 새언약이 대조된다. 하갈과 그녀의 아들 이스마엘로 비유되는 옛언약은 시내산에서 세워졌다. 이 언약은 당시에 육체적이고도 외적인 언약(가나안이 유업으로 약속되었으나 참되고도 영적인 유익에 대한 약속은 없는)으로 세워졌으며, 의식들을 통해 그들을 속박했다. 반면에 사라와 이삭으로 비유되는 새 언약은 영적인 언약으로서 자유의 언약이며, 영적이고도 영원한 유익을 약속한다. 그러므로 시내산 언약은 은혜언약이 아니다.

답변

이 반론에 답변하기 위하여 먼저 본문을 주해하고, 그 후에 이 본문에 근거하여 반론을 재반박하겠습니다.

본문은 아브라함을 역사적인 배경으로 합니다. 그는 사라의 요청에 따라 하갈과 동침하여 이스마엘을 낳았습니다. 그러므로 이스마엘은 육신적으로는 아브라함에게서 나왔습니다. 이후에 아브라함은 아내 사라를 통해 이삭이라 이름할 아들을 얻게 되리라는 구체적인 약속을 받았습니다. 또한 그는 이삭을 통해 수많은 후손 및 메시아가 나오리라는 약속도 받았습니다. 이스마엘은 이삭이 태어나자 온 힘을 다하여 그를 미워하고 조롱하고 핍박했습니다(갈 4:29 참고). 갈라디아서 4장 30절은 이스마엘이 어머니 하갈과 더불어 아무런 유산도 받지 못하고 쫓겨났다고 기록합니다. 그러나 경건한 이삭은 집에 있었고 모든 것을 유업으로 받았습니다.

사도는 본문에 등장하는 것들을 예시[1]로 제시하지 않습니다. 왜냐하면 그것들

---

1) 역자주 - 아 브라켈은 '예시'라는 말을 앞에서 등장하는 '모형'과 같은 의미로 사용하는 듯하다.

은 예시라는 말의 참된 의미에 해당하지 않기 때문입니다. 여기 등장하는 것들은 예배 체계의 일부가 아니었으며, 의식법에 속한 것도 아니었습니다. 그렇게 될 경우 예시들에 대한 예시가 있는 꼴이 되고, 그것들은 다시금 다른 것들에 대한 예시가 되기 때문입니다. 결국 하갈이 옛언약에 대한, 나아가 예루살렘에 대한 예시가 될 것입니다(갈 4:25 참고). 그러나 사도는 그것들을 가리켜 알레고루메나라고 부릅니다. 이는 어떤 것들과 유사하거나 일치하기 때문에 다른 것들과 의미들에도 적용될 수 있는 것들을 가리킵니다(이전 장을 참고하십시오).

사도는 하갈과 사라를 두 개의 언약이라고 부릅니다. 하나님은 아담 안에서 인류와 행위언약을 맺으셨으며, 이 언약이 요구하는 바는 십계명의 율법을 통해 다시금 제시되고 있습니다. 하나님께서 죄로 말미암아 효력을 상실해 버린 행위언약을 은혜언약의 모습으로 다시금 세우셨는데, 이 은혜언약은 아담의 때로부터 세상이 끝날 때까지 그 본질을 동일하게 가지며 존재할 것입니다. 그러나 이 언약의 보증은 이 언약이 시작될 때가 아니라 이 언약이 시작된 지 약 사천 년이 지난 후에 오셨습니다. 그러므로 그리스도께서 오시기 전까지 이 언약은 약속된 보증을 가리키는 예시들과 그림자들을 통해 시행되어야 했습니다. 또한 하나님께서 자신의 지혜와 선하심을 따라 자신의 언약을 그러한 방식으로 시행하기를 기뻐하셨습니다. 그러나 그리스도께서 오시고 나자 더는 그런 것들이 필요하지 않게 되었습니다. 이는 그리스도께서 그런 것들 없이 언약을 시행하시기 때문입니다. 그러므로 옛언약과 새언약은 이 은혜언약의 시행 방식과 관련해 구분될 뿐, 본질은 동일합니다.

그러므로 옛언약이나 새언약이라고 부르는 것은 그 언약의 본질에 관한 것이 아니라, 시행에 관한 것입니다. 이는 다음 내용을 통해 분명하게 드러납니다.

(1) 옛언약은 외적인 순종에 따라 외적인 유익을 약속하는 외적인 언약이 아닙니다. 옛언약은 시내산에서 시작된 것도, 가나안을 상속받는 것도 아닙니다. 오히려 옛언약은 은혜언약 자체입니다. 이미 앞 장에서 이에 대한 모든 내용을 밝혔습니다. 결국 이 언약이 '옛'언약이라고 불리는 이유는 이 언약의 시행 방식과 관련이 있습니다.

(2) 마찬가지로 새언약도 본질과 관련된 이름이 아닙니다. 이 언약 역시 아담 이후부터 역사해 온 은혜언약 자체이기 때문입니다. 이 언약이 새언약으로 불리는 이유도 이 언약의 시행 방식과 관련됩니다. 새언약 또는 새 유언은 옛언약 또는 옛 유언에 뒤이어 세워졌으며 이전에 있던 언약을 대신하였지만, 옛언약이 역사하는 한 새로운 것이 아니었습니다. 구약 시대에 새언약은 존재하지 않았으나, 은혜언약은 존재했습니다. 결국 은혜언약이 단지 시행 방식에 따라 새언약 또는 새 유언으로 불리는 것입니다. 본문에서 사도는 은혜언약의 이중적인 시행에 관해 말하고 있으며, 그러한 이중적인 시행을 일컬어 두 언약이라고 부르고 있습니다.

사도는 은혜언약의 두 가지 시행 방식 중 하나를 시내산 언약이라고 부릅니다. 그러나 이는 은혜언약이 그때 시작되었다는 의미가 아닙니다(이에 대해서는 앞 장을 참고하십시오). 이는 그때 은혜언약이 엄숙하게 출범했으며, 가장 큰 영광과 광채에 이르렀다는 뜻입니다. 그러나 하갈이 이스마엘을 낳았듯이 시내산 언약은 속박 또는 예속을 낳았습니다. 예속은 좋은 것일 수도 있고, 나쁜 것일 수도 있습니다. 선한 예속은 하나님의 뜻을 따라 영과 진리로 그분을 섬기는 것입니다. 그러하기에 경건한 사람들은 자주 하나님의 종이요 의의 종이라고 불립니다(롬 6:18 참고). 그들은 그들의 "지체를 의에게 종으로 내주어"(롬 6:19) "하나님께 종"(롬 6:22)이 됩니다. 이러한 빛 아래서 바울은 자신에 대하여 다음과 같이 증언합니다.

"내가 내 몸을 쳐 복종하게 함은 내가 남에게 전파한 후에 자신이 도리어 버림을 당할까 두려워함이로다"(고전 9:27).

이것이 바로 하나님께서 의식에 대한 규례들을 주실 때 생각하신 예배의 모습이었습니다. 이 규례들이 이러한 목적을 위해 옛언약의 내용으로 주어졌습니다. 반면에 죄를 섬기고 죄의 노예가 될 때에는 악한 예속이 됩니다.

"너희가 너희 지체를 부정과 불법에 내주어 불법에 이른 것같이"(롬 6:19).

하나님께서 명하신 바와 반대되는 방식으로 하나님을 섬기려 할 때, 이러한 악한 예속이 일어납니다.

"이런 것들은 자의적 숭배……(에)는 지혜 있는 모양이나"(골 2:23).

이스마엘이 서자였듯, 속박을 불러온 시내산 언약은 사생아를 낳았습니다. 그러나 이는 이 언약의 본성에 따른 결과가 아니었습니다. 왜냐하면 하나님께서 이 언약을 예배를 위한 체제로 세우셨기 때문입니다. 하나님께서 이 언약을 기뻐하셨고, 따라서 경건한 사람들은 이 언약에서 큰 기쁨을 찾았고 이 언약으로 말미암아 여호와를 찬양하고 여호와께 감사했습니다. 그러나 인간의 타락으로 말미암아 옛 체제였던 이 복음적인 방식의 예배가 행위언약으로 바뀌어 버린 것입니다. 그러므로 본형인 그리스도께서 모형들과 분리되어 버렸고, 이로 말미암아 모형들에게서 영혼이 제거되어 버렸습니다. 결국 사람들은 율법의 외적 행위에 집착하며 거기에서 의를 찾게 되었습니다. 이 시내산은 "지금 있는 예루살렘과 같은 곳"이며 "그 자녀들과 더불어 종노릇"하는 곳입니다(갈 4:25 참고). 바로 이것이 바울이 갈라디아서를 쓰던 당시 예루살렘의 본질적인 처지였습니다. 그 결과 여호와께서 예레미야 31장 32절에서 증언하시듯, 파기된 시내산 언약을 지킬 이유가 없었던 것입니다. 그리하여 이 언약은 주님께서 본래 주신 것과 다른 언약, 곧 행위언약으로 변질되어 버렸습니다. 그리고 그들은 바로 이 행위언약을 통하여 의를 얻으려 했습니다.

"하나님의 의를 모르고 자기 의를 세우려고 힘써 하나님의 의에 복종하지 아니하였느니라"(롬 10:3).

"율법 안에서 의롭다함을 얻으려 하는 너희는 그리스도에게서 끊어지고 은혜에서 떨어진 자로다"(갈 5:4).

그들은 외형적인 것들의 함정에 빠진 까닭에 하나님을 섬기지 않았던 것입니다. 이는 그들이 규례들을 하나님께서 본래 의도하신 목적과 다르게 지켰기 때문입니다. 따라서 규례에 예속되는 것은 곧 악한 예속을 의미합니다. 하나님은 결코 이 언약을 통해 이들이 이러한 외적인 규례에 예속되는 것을 의도하지 않으셨습니다. 그래서 사도는 이에 대해 경고합니다.

"다시는 종의 멍에를 메지 말라"(갈 5:1).

"어찌하여 다시 약하고 천박한 초등 학문으로 돌아가서 다시 그들에게 종노릇하려 하느냐?"(갈 4:9)

그러므로 자신을 이러한 속박 가운데 처하게 하는 이들은 모두 이스마엘과 같은 상태에 처해 있었습니다. 종의 아들인 이스마엘은 그 관계로 말미암아 종의 멍에를 써야 했습니다. 그들은 육체를 따라서는 분명히 아브라함에게서 나왔으나, 약속의 자녀들이 아니었습니다. 그들에게는 그 어떤 영적인 은혜도, 영적인 유산도 주어지지 않았습니다.

"이스라엘에게서 난 그들이 다 이스라엘이 아니요 또한 아브라함의 씨가 다 그의 자녀가 아니라. 오직 이삭으로부터 난 자라야 네 씨라 불리리라 하셨으니 곧 육신의 자녀가 하나님의 자녀가 아니요 오직 약속의 자녀가 씨로 여기심을 받느니라"(롬 9:6-8).

이스마엘이 이삭을 비방하고 핍박했듯이, 속박 아래 있는 유대인들이 성령을 따라 태어난 은혜 가운데 있는 영혼들을 비방하고 핍박했습니다(갈 4:29 참고). 또한 이스마엘이 쫓겨난 것과 마찬가지로 하나님께서 유대인들을 거부하셨습니다. 그리하여 예루살렘성이 허물어지는 것과 더불어 이미 그들에게도 멸망이 임박했던 것입니다. 이처럼 하갈과 그녀의 아들 이스마엘이 가리키는 이들은 이 언약에 외적인 의미로만 속해 있는 사람들입니다. 바로 이것이 하갈과 시내산과 예루살렘이 의미하는 바입니다.

이미 언급했듯이, 이 본문의 문맥에서는 새언약이 사라로 비유되며 시내산 언약과 대조되고 있습니다. 그러나 새언약은 그 본질에 관한 한 구약에도 존재했습니다. 모든 거룩한 사람들이 이 언약에 참여했고, 이를 통하여 구속과 영원한 유산을 얻었습니다. 언약의 시행 방식과 관련하여, 새언약은 그리스도의 수난과 죽음과 부활과 승천과 더불어 시작되었다고 할 수 있습니다. 그러나 본질에 관한 한 새언약은 옛언약과 동일한 하나의 언약입니다. 즉, 새언약은 은혜로운 언약으로, 하늘의 유익과 유산에 관한 것이며, 자유로운 천국의 자녀를 낳습니다.

"오직 위에 있는 예루살렘은 자유자니 곧 우리 어머니라"(갈 4:26).

새로운 방식으로 시행되는 새언약은 자유롭고도 영적인 자녀들을 많이 낳을 것입니다.

"잉태하지 못한 자여 즐거워하라, 산고를 모르는 자여 소리 질러 외치라. 이는 홀로 사는 자의 자녀가 남편 있는 자의 자녀보다 많음이라"(갈 4:27).

이것이 사라와 위에 있는 예루살렘입니다. 바울이 이러한 내용을 기록한 이유는 유대인이 그들의 오류를 버리고, 유대인 신자들이 이러한 오류에 빠지지 않게 하는 것이었습니다. 그들은 끊임없이 이러한 외적인 의식으로 돌아가고자 하였습니다. 유대인 신자들은 메시아이신 그리스도께서 이미 오셨다고 믿었습니다. 그 때문에 이 의식들을 모형으로 사용하려 하지 않고, 오히려 이러한 의식과 예배를 위한 활동들을 사용하여 의를 얻고자 했습니다.

이제 이 본문에 근거하여 제기되는 반대 주장, 곧 시내산 언약은 은혜언약이 아니라는 주장을 반박하겠습니다. 이 주장의 전체 요지는 시내산 언약이 하갈과 이스마엘을 통해 묘사되고, 노예언약으로 불리며, 사라와 이삭을 통해 묘사되는 바 하늘의 유익을 약속하는 새언약과 대조된다는 내용에 기초합니다.

(1) 반대자들은 옛언약이 가나안을 약속한다고 주장합니다. 그런데 이 본문은 가나안에 대해 단 한 마디도 언급하지 않습니다. 뿐만 아니라 이 언약은 아무런 유산도 상속받지 못한 채 쫓겨난 하갈과 이스마엘이 상징하는 내용과 일치하지도 않습니다.

(2) 이 본문에서는 옛언약이 시내산에서 시작되었다고 말하지 않습니다. 시내산이 언급된 것은 그곳에서 옛언약이 엄숙하게 출범하였고, 옛언약의 모든 광채와 영광이 찬란하게 빛났기 때문입니다. 그러나 이 언약은 앞 장에서 증명했듯이 이미 아담의 시대 이후부터 존재했습니다. 이것은 할례가 모세보다 훨씬 이전에 살았던 아브라함에게 이미 주어졌는데도 모세를 통해 주어졌다고 기록된 것과 같은 이치입니다.

(3) 바울이 옛언약을 하갈과 비교하는 것은 옛언약이 오래되었기 때문이 아니라 행위언약으로 변질되었기 때문입니다. 그러하기에 바울이 이 서신을 기록할 당시에 이 언약이 예루살렘에 있었다고 말한 것입니다. 왜냐하면 당시 예루살렘은 언약의 올바른 제정 원리에서 완전히 벗어나 있었기 때문입니다. 그러므로 이 반론은 타당하지 않습니다.

(4) 또한 속박이라는 단어는 우리의 주장을 전혀 반박하지 못합니다. 우리의 육신은 하나님께 예속되는 것을 슬퍼할 수 있습니다. 그러나 그 예속은 거룩한 일이며, 모든 영적인 유익과 구원을 약속합니다. 이는 결코 세상적인 약속만 가지는 외적인 언약에 대한 표현이 아닙니다. 오히려 이 속박은 그들이 복음을 왜곡한 결과입니다. 바로 이것이 규례들이 의미하는 바입니다. 또한 그들은 복음을 행위언약으로 만들어 그것을 통하여 의롭게 되고자 하였습니다. 그러므로 이 멍에는 우리가 감히 질 수 없는 짐이었습니다.

(5) 하갈이 시내산 언약이라는 외적인 언약을 묘사한다는 것은 사실일 수 없습니다. 왜냐하면 경건한 사람들도 시내산 언약에 포함되어 있었으므로 그들이 하갈과 사라에게서 동시에 나온 것이 되기 때문입니다. 결국 그들은 불경건한 이스마엘, 조롱하는 자, 성령으로 난 자들을 핍박하는 자, 상속받지 못한 자, 쫓겨날 자인 동시에 아들이요 자유자요 상속자가 되는 것입니다. 따라서 앞의 반론은 실체가 없습니다. 앞에서 본문을 해석한 내용을 여기에 추가하면 그 사실이 더욱 분명히 드러날 것입니다.

반론 6

"이와 같이 예수는 더 좋은 언약의 보증이 되셨느니라"(히 7:22).

"그는 더 좋은 약속으로 세우신 더 좋은 언약의 중보자시라"(히 8:6).

새언약은 더 좋은 약속들이 있고 예수님께서 중보자로 계시는 더 좋은 언약이다. 그러므로 옛언약은 예수님께서 중보자로 계시지 않고 세상적인 약속이 있는 외적인 언약이다.

답변

(1) 이 반론을 따를 때 내릴 수 있는 최선의 결론은, 옛언약이 그다지 좋은 언약이 아니고 좋은 약속이 없긴 하지만 단지 세상적인 약속만을 가진 외적인 언약은 아니라는 것입니다. 그러나 분량이 다르다고 해서 본질까지 다르지는 않으며, 환경이 다르기 때문에 본질이 다르다고 할 수도 없습니다. 결국 이 언약들의 본질은

하나이며 동일합니다. 은혜언약 자체적으로 그 시행 방식의 명확성과 범위가 다를 뿐입니다. 그러하기에 한 언약이 다른 언약보다 더 좋다고 말하는 것입니다.

(2) 사도는 본문을 통해 그리스도께서 그분 자신과 그분이 담당한 사역에서 제사장과 제사장들이 담당한 사역 및 구약에 등장하는 다른 모형들보다 얼마나 탁월하신지를 보이고자 합니다. 바울은 지금 이 모든 모형들에 관해, 특히 그것들이 본형이 되시는 그리스도와 분리되어 존재할 경우에 어떠했을지에 관해 말하고 있습니다. 당시의 유대인들이 그림자들의 모든 사역을 이러한 방식으로 바라보았습니다. 그리하여 그들은 이 그림자의 사역을 행위언약으로 여겼고, 그것을 통해 의롭게 되고자 했습니다. 사도는 이런 사람들을 반대합니다. 그는 이 모든 그림자의 사역이 그리스도와 분리된다면 아무런 효력도 없으며 아무런 유익도 가져다줄 수 없다는 사실을 그들에게 보여 주었습니다. 이 모든 사역이 유대인들에게 효력도 없고 쓸모도 없는 결점투성이였습니다.

사도는 이 결점투성이 그림자와 반대되는 자리에 그림자들의 본형이요 은혜언약의 중보자이신 주 예수님을 둡니다. 반면에 반대자들은 언약의 외적인 시행 자체를 은혜언약 및 그 언약의 중보자이신 그리스도와 반대되는 것으로 둡니다. 이는 마치 세례의 물과 성만찬의 빵과 포도주를 그것들이 가진 영적 의미와 분리시키는 것과 같습니다. 이때 그들은 이러한 성례의 요소들을 성례 자체로 여기면서, 주 예수님은 물론 그분의 충만하심과 대조한 것입니다. 실제로 은혜언약은 언약의 모든 외적인 시행보다 탁월합니다. 이는 곧 짐승을 죽여 드리는 모든 제사보다 뛰어나다는 뜻입니다. 바로 예수님께서 더 뛰어난 이 언약의 보증이요 중보자이십니다. 이 언약에는 언약의 외적인 시행보다, 또 본형과 분리된 것으로 보일 때보다 더 좋은 약속이 있습니다. 그러므로 이러한 분리는 무익한 일입니다. 이 언약이 본형과 별도로 세워진 것이 아니기 때문입니다.

반론 7

"너희는 만질 수 있고 불이 붙는 산과 침침함과 흑암과 폭풍과 나팔 소리와 말하는 소리가 있는 곳에 이른 것이 아니라. 그 소리를 듣는 자들은 더 말씀하지 아니하시기를 구하였으니 이는 짐승이라도 그 산에 들어가면 돌로 침을 당하리라 하신 명령을 그들이 견디지 못함이라……그러나 너희가 이른 곳은 시온산과 살아 계신 하나님의 도성인 하늘의 예루살렘과 천만 천사와……이 또 한 번이라 하심은 진동하지 아니하는 것을 영존하게 하기 위하여 진동할 것들 곧 만드신 것들이 변동될 것을 나타내심이라"(히 12:18-20,22,27).

우리는 이 본문이 이 두 언약을 매우 뚜렷하게 구분하고 있음을 볼 수 있다. 한 언약은 매우 두려운 것인 반면, 다른 언약은 아주 사랑스러운 것이다. 백성들은 한 언약은 감추어지기를 원한 반면, 다른 언약은 소유하기를 간절히 원했다. 뿐만 아니라 한 언약은 도저히 감당할 수 없는 것이나, 다른 언약은 아주 가볍고도 부드러우며 달콤한 것이다. 한 언약은 유한한 반면, 다른 언약은 영원히 지속되는 것이다. 결국 이 모든 구분들이 분명히 가리키는 바는, 바로 한 언약, 곧 옛언약이 외적인 언약일 뿐이라는 것이다.

답변

(1) 이 반론은 그 자체로 모순됩니다. 히브리서 12장 18-20절은 십계명을 수여하는 것에 대해서만 언급할 뿐입니다. 그러나 의식법들은 십계명과는 다른 방식으로 주어졌습니다. 뿐만 아니라 반대자들은 십계명의 율법이 은혜언약의 형식이라고 여깁니다. 이는 은혜언약이 무시무시한 방식으로 선포되었으리라는 의미입니다. 이렇게 말하는 반대자들이, 어떻게 시내산 언약이 이런 무서운 사건에서 비롯되었기 때문에 은혜언약이 될 수 없다고 결론 내릴 수 있습니까?

(2) 이 본문은 어떤 언약도 언급하지 않습니다. 아무 이름도 거론되지 않으며, 언약과 관련하여 언급되는 사건이나 물체도 없습니다. 따라서 본문에서는 그 어떤 외적인 언약도 찾아낼 수 없습니다.

(3) 이 본문에 언급된 것들은 모두 십계명 사건이나 십계명의 내용을 가리키지 않습니다. 이는 그들이 성취하거나 실천할 수 없는 것들이었습니다. 본문은 십계명이 주어진 방식과 그들이 그 방식을 감당할 수 없었음을 말할 뿐입니다. 그래서 그들은 하나님께서 더는 자신들에게 직접 말씀하시지 말고, 모세를 통하여 말씀해 달라

고 간구한 것입니다.

(4) 옛언약에 속한 것들이 진동한다는 사실이(히 12:27 참고) 어떤 외적인 언약을 가리키지는 않습니다. 오히려 은혜언약이 시행되는 구체적인 방식이 정지되어야 했습니다. 왜냐하면 그 모형들이 그림자로서 가리키던 실체가 왔기 때문입니다. 그러므로 새언약의 시행도 언젠가는 그칠 것입니다. 그렇다고 해서 새언약이 은혜언약이 아니라는 의미가 되는 것입니까? 따라서 시행 방식의 변경은 언약의 변경을 의미하지 않습니다.

반론 8

경건한 사람이든 아니든 한 국가의 백성이라면 모두 들어가야만 했고, 들어갔으며, 저마다 참여해야 했던 것을 표증으로 가졌으며, 깨어지고 취소될 수 있는 언약은 은혜언약이 아니라 외적인 언약이다. 그런데 시내산 언약이 바로 그런 언약이었다. 그러므로 시내산 언약은 외적인 언약이다.

답변

(1) 옛언약과 새언약으로 부르심을 입은 사람들은 모두 복음의 목소리를 청종하고 이 언약에 들어가야 할 의무를 집니다.

(2) 옛언약에 들어가는 행위와 옛언약 자체는 다릅니다. 옛언약에 들어가는 행위에는 외적인 속성과 기만할 만한 특징도 있습니다. 그렇다고 해서 옛언약이 외적인 언약이 되지는 않습니다. 이 언약에 올바른 방식으로 들어가지 않은 사람들은 가장 무서운 죄를 범한 것입니다. 왜냐하면 그들은 모두 이 언약에 정직한 마음으로 들어가야 했기 때문입니다.

(3) 모든 신자들은 저마다 언약의 표증들을 사용하고, 연합을 상징하는 성례를 통하여 그들의 자녀들을 인 쳐야 할 의무를 집니다. 마찬가지로 불경건한 사람도 믿어야 할 의무를 지며, 믿는 동안에는 언약의 표증들을 사용해야 합니다. 그러나 지금 계속 불경건한 상태에 머무는 사람이 세례를 받거나 성찬에 참여할 수 없는 것처럼 그들은 더 이상 유월절 양을 먹거나 제사 드릴 수 없습니다.

(4) 일시적인 신자는 떨어져 나갈 수 있습니다. 그러나 그가 은혜언약 밖으로 떨어져 나간다고 말할 수는 없습니다. 왜냐하면 처음부터 그가 은혜언약 안에 있지 않았기 때문입니다. 이 언약을 실제로 깨려면 그가 이 언약에 들어와 있어야만 합니다. 앞에서 밝혔듯이, 이 언약은 외적으로 들어갈 수 있으므로 외적으로 깰 수 있습니다. 이 모든 내용들을 고찰해 볼 때, 앞의 반론이 제시하는 첫 번째 전제가 성립되지 않으므로 전체 삼단논법 역시 성립되지 않습니다.

반론 9

모든 면에서 볼 때 시내산 언약은 외적인 언약이다. 피, 명령들, 순종, 약속들, 속죄, 모세와 같은 중보자, 표증들, 성소, 예배의 방법 등 모든 요소가 외적인 것들이다. 그러므로 이 언약은 외적인 언약이다.

답변

(1) 만일 이 모든 것이 독립적으로 존재하고 본형을 가리키지도 않으며 본형과 연합되어 있지도 않았다면, 그리고 하나님께서 실제로 이런 것들을 통하여 언약을 세우셔야 했다면, 이 반박을 받아들일 수 있을 것입니다. 그러나 반론이 언급한 것들은 모두 사실이 아닙니다.

(2) 반론처럼 주장을 펼친다면, 새언약도 외적인 언약이라고 결론 내려야 합니다. 새언약에도 외적인 물, 외적인 빵과 포도주, 외적인 설교, 외적인 고백이 있으며, 말씀과 더불어 외적이고도 육체적 활동을 통해 하나님을 영화롭게 하며, 외적이고도 세상적인 약속이 있기 때문입니다. 그리하여 결국 새언약이 외적인 언약이 되는 것입니다. 그러나 이 논증은 이 반론이 얼마나 허약한 근거 위에 있는지를 입증합니다.

(3) 예배의 모든 외적인 요소들과 형태는 본형이신 그리스도께 속합니다. 그분과 분리되면 이것들은 아무런 의미도 없습니다. 뿐만 아니라 그것들은 단독으로 제정되지 않고 본형과 연합되어 있습니다. 그러므로 예배의 방식은 영적이며, 속죄와 속죄에 대한 확증은 진리 안에 있습니다. 또한 약속들은 그 본질과 관련해 현세적

일 뿐만 아니라, 은혜언약의 모든 영적 유익들과도 관련됩니다. 그리고 앞에서 증명한 대로 모세는 이 언약의 중보자가 아니라, 이 언약을 중간에서 전달한 사람일 뿐입니다. 그리고 하나님은 외적인 예배에 만족하지 않고 마음을 원하십니다. 따라서 이 반론은 스스로를 논박합니다.

부록 3

시내산에서 주어진 의식법과 시내산에서 그리스도까지의 교회

하나님과 이스라엘 백성들이 엄숙하게 언약을 체결한 후에, 하나님께서 자신의 언약에 참여한 이들에게 율법을 주셨습니다. 하나님과 이스라엘 백성은 모두 이 율법을 따라야 했습니다. 이때 주어진 율법은 다음과 같이 구분됩니다. 첫째는 도덕법으로서 모든 사람들이 거룩하게 살도록 인도합니다. 둘째는 의식법으로서 미래에 오실 메시아를 믿음으로 예배하게 하며, 이를 통해 사람을 다스립니다. 셋째는 시민법으로서 사회가 공화정의 형태로 다스려지게 하는데, 특별히 신앙을 존속시키는 데 초점을 둡니다.

우리는 제3권 45-55장에서 도덕법을 수여하는 것과 도덕법의 내용에 관해 폭넓게 다루면서, 다음 질문들에 관해 살펴보았습니다.

- 도덕법은 행위언약인가?
- 십계명의 율법은 은혜언약의 양식인가?
- 율법, 곧 호렙산 언약은 행위언약과 은혜언약의 일부가 혼합된 언약인가?
- 호렙산 언약은 외적이고 모형적이며 국가적인 언약으로서 은혜언약과 구분되는가?

이러한 질문들에 대한 대답은 제1권 16장과 제3권 45장에서 다루었습니다. 그러므로 여기서 우리는 율법에 대해서는 더 이상 논의하지 않을 것입니다.

의식법은 당대의 환경과 조화를 이루며 신앙을 주관했습니다. 이는 그림자들을 통하여 미래의 메시아와 그분의 사역을 알림으로써 이스라엘이 그 메시아를 믿고 구원에 이르도록 하기 위한 것이었습니다. 이러한 율법들은 세 개의 표제로 정리될 수 있습니다.

- 장소: 의식적인 예배의 행위가 공개적으로 이루어진 곳으로서, 처음에는 성막이었고 이후에는 성전이었습니다.
- 사람들: 이러한 의식들을 수행한 사람들로서 제사장이 있습니다.
- 의식들: 실제 의식 자체와 그것들이 수행된 방식을 말합니다.

이스라엘의 예배 의식 장소: 성막과 성전

예배 의식은 첫 번째로는 성막에서, 그 이후에는 성전에서 진행되었습니다. 성막을 지으라는 명령과 더불어 그것을 짓는 방법에 대한 가르침을 받은 후에 모세는 성막이 완성될 때까지 진영 밖에 한 장막을 세워 사람들이 종교적인 예배를 드리게 하였습니다(출 33:7 참고). 다윗도 법궤를 안치할 장막을 지었고, 오벳에돔의 집에서 법궤를 가져와 아들 솔로몬이 성전을 완공할 때까지 그곳에 보관하였습니다(삼하 6:17; 대상 16:1 참고). 성막과 관련하여 다음 사항에 주목해야 합니다.

- 성막이 지어진 양식
- 성막의 재료
- 성막의 구조와 성막을 짓는 데 사용한 도구

성막의 양식은 모세나 다른 지혜로운 건축자가 고안해 낸 것이 아닙니다. 하나님께서 가장 큰 것에서 가장 작은 것까지 성막의 모든 것을 구체적으로 규정하셨습니다. 하나님은 이를 통하여 적절한 방식으로 분명하게 메시아를 표현하셨습니다. 따라서 그리스도께서 의식의 규례들을 따르신 것이 아니라, 그 규례들이 그리스도를 따라 만들어진 것입니다. 하나님은 인간에게서 아무것도 취하지 않으셨으며, 이 성막을 짓는 데 인간에게 속한 것이 전혀 사용되지 않도록 뜻하셨습니다. 이는 의식들이 신앙의 영역에 속하기 때문입니다. 즉, 인간이 개입할 여지가 전혀 없는, 오직 하나님만 법을 제정하실 수 있는 영역입니다. 하나님께서 모세에게 모든 것을 일일이 계시하셨습니다. 또한 하나님께서 규정하신 대로 정확하게 만들어야 한다고 모세에게 강력히 명령하셨습니다.

"너는 삼가 이 산에서 네게 보인 양식대로 할지니라"(출 25:40).

마찬가지로 하나님은 다윗에게 성령을 통하여 성전 건축과 관련된 모든 것들의 양식을 자세하게 명령하셨습니다. 그리고 다윗은 그 양식을 아들 솔로몬에게 전해 주면서 다음과 같은 확신을 주었습니다.

"여호와의 손이 내게 임하여 이 모든 일의 설계를 그려 나에게 알려 주셨느니라"(대상 28:19).

성막은 가장 귀한 재료로 지어졌습니다. 그 재료들은 다음과 같습니다. 조각목(성막은 돌이 아니라 나무로 만드는 집이었으므로 이 재료들이 더 효과적으로 운송될 수 있었습니다), 금, 은, 보석, 구리, 가는 베, 가늘게 꼰 베실, 가장 탁월한 색깔들(하늘색, 보라, 주홍), 붉게 물든 양가죽, 사슴 가죽, 염소 털, 성소 내부를 장식할 다양한 물품들, 그리고 성소 외부를 장식할 다양한 물품들입니다. 하나님께서 성막 건축을 위하여 브살렐과 오홀리압이라는 정교한 장인들에게 탁월한 지혜를 부여하시고 그들의 손을 통해 이 모든 재료들을 가장 근사하게 준비하셨습니다. 모든 사람들이 자원하여 이 재료를 너무나 풍성하게 가져온 까닭에 더는 재료를 가져오지 않아도 된다고 선언해야 할 정도였습니다. 이처럼 자발적으로 드려진 물품들은 그 가치가 금 수백만 개에 해당했습니다. 게다가 계수된 이스라엘 남성들은 모두 성소의 세겔로 반 세겔을 냈습니다. 어느 누구도 이보다 더 많이 내거나 더 적게 낼 수 없었습니다. 계수된 남자의 숫자가 도합 603,550명이었는데, 이 모든 것들의 총합은 하나님께서 말씀해 주시지 않았다면 이스라엘 백성들이 상상할 수조차 없을 정도로 큰 숫자였습니다.

이스라엘 백성들이 광야에서 떠돌고 있었다는 사실을 생각해 볼 때, 왕실보다 더 많은 이 보물들이 어디에서 났을까요? 아마도 목재는 근처의 숲에서 베어 냈을 것입니다. 뿐만 아니라 하나님께서 이스라엘이 압제를 당하기 전에 그들에게 아주 특별하게 복을 베푸셨으며, 출애굽할 당시에는 애굽에서 가장 귀한 것들을 주셨습니다. 출애굽기 35,36장에는 이스라엘이 출애굽할 때 어떤 재물들을 가지고 나왔는지가 잘 기록되어 있습니다.

한편 출애굽기의 나머지 부분은 성막이 세워지는 전체 공정에 대해 묘사합니다. 여기서 우리는 모든 사람들이 하나님의 교회를 세우는 데 반드시 기여해야 한다는 사실을 알 수 있습니다. 가장 좋은 것만큼이나 극히 하찮은 것도 필요합니다. 이 모든 것들이 강제가 아니라 자발적으로 진행되었습니다. 하나님은 어떤 사람에게 다른 사람보다 은사를 더 많이 주십니다. 그러나 하나님은 여인들이 짠 직물을 브살렐의 재능만큼이나 기뻐하셨습니다. 금과 은은 영혼을 구속하는 데 아무런 소용도 없었습니다. 예수님은 모든 영혼에 대해 동일한 값을 지불하셨습니다.

성막의 전체 구조에 대하여 설명하고자 합니다. 우선 성막의 각 부분 및 거기에 속한 가구와 도구를 함께 소개하겠습니다. 그리고 거기에 몇 가지 적용을 더하겠습니다. 그런데 먼저 밝혀 두는 바는, 신약성경이 우리를 위하여 설명하는 재료들에 대해서만 확실하게 말할 수 있다는 사실입니다. 그 밖의 다른 모든 경우는 우리의 판단과 생각에 따라 설명하겠습니다. 저는 이에 대해 논쟁하려는 생각이 없습니다. 왜냐하면 이 성막의 기초가 분명하기 때문입니다. 바로 하나님께서 성막과 성막에 있는 모든 것들을 의식을 통한 사역을 위하여 세우셨다는 사실입니다.

먼저 성막 뜰과 성막 자체를 살펴보겠습니다.

성막 뜰은 길이가 일백 규빗이고 너비가 오십 규빗이며, 성막을 둘러싸는 넓은 공간이었습니다. 그물망으로 짠 휘장이 성막 뜰을 둘렀으므로 그 안으로 들어오는 것이 허락되지 않았으나, 성막 뜰 둘레에 서서 제사장이 그 안에서 무엇을 하는지는 볼 수 있었습니다. 이처럼 사람들도 복음, 곧 그리스도와 구원에 관한 신비들을 멀리서나마 볼 수 있습니다. 이 휘장들은 높이가 다섯 규빗이었으며, 은을 입힌 56

개의 기둥이 이들을 떠받치고 있었습니다. 이렇게 성막 뜰은 외부의 모든 것들과 분리되었습니다. 마찬가지로 교회도 분리하고 보존하는 벽에 둘러싸여 세상과 분리되어 있습니다. 성막에는 뜰이 하나만 있었던 반면, 성전에는 두 개의 뜰이 있었습니다. 하나는 제사장들을 위한 뜰이고, 다른 하나는 백성들을 위한 뜰이었습니다. 헤롯은 이 두 뜰을 둘러싸는 뜰을 만들고는 '이방인의 뜰'이라고 불렀습니다.

성막은 바로 이 성막 뜰 안에 있었습니다. 아마도 성막은 성막 뜰의 중간에 자리하지 않았을 것입니다. 놋 제단과 물두멍은 성막 뜰로 들어서는 문과 성막 사이에 있는 동쪽 끝에 위치했습니다. 바로 여기서 제사가 이루어졌으므로, 더 많은 공간이 필요했던 것입니다. 우리가 이 문과 성막 사이의 거리를 오십 규빗으로, 성막 자체의 길이를 삼십 규빗으로 계산하면, 서쪽 끝에 이십 규빗이 남습니다. 따라서 이를 모두 합하면 일백 규빗이 됩니다. 이 이십 규빗의 거리는 성막의 양쪽에 남은 십구 규빗보다 일 규빗이 더 넓습니다. 성막의 한쪽에 십구 규빗의 공간이 있고, 성막 자체가 십이 규빗이며, 다른 한쪽에 십구 규빗이 있으니 모두 합하면 오십 규빗이 됩니다. 그리고 성막 뜰 안(문과 성막 사이)에는 놋쇠로 만든 제단과 물두멍이 있었습니다.

다음으로 성막의 기물들을 살펴보겠습니다.

놋(구리) 제단은 조각목으로 만들어졌으며 안팎을 구리로 입혔습니다. 놋 제단의 가운데에는 구리로 만든 쇠창살이 있었는데, 여기로 공기가 흘러 들어와 제물이 훨씬 더 잘 타게 할 뿐만 아니라 타고 남은 재도 그 사이로 잘 빠져나갈 수 있었습니다. 제단은 정사각형이었고 각 면은 너비가 오 규빗, 높이가 삼 규빗이었습니다. 각 모서리에는 제물이 되는 짐승을 묶어 두는 뿔이 있었습니다(시 118:27 참고). 제단에 속한 도구들도 모두 구리로 만들어졌으며, 이는 불을 지속시키기에 적합했습니다. 여기에 금이나 은은 적합하지 않았습니다. 제단은 성막 뜰의 문과 성막의 문 사이의 개방된 공간에 서 있었습니다. 이 제단에서 제물을 태우고, 피를 뿌렸습니다. 주 예수님께서 제단으로 불리셨습니다(히 13:10 참고). 외적인 측면에서 그분은 전혀 영광스러워 보이지 않았습니다. 그러나 그분은 완전했고, 모든 사람의 눈앞에서 공개적으로 드리신 자신의 희생으로 말미암아 택자와 하나님을 화해시키실 수 있었습니다. 또한 예수님은 그분의 힘을 의지하는 모든 사람에게 피난처가 되십니다. 그분과 관계를 맺지 않고서는 어느 누구도 천국에 들어가지 못합니다. 그러므로 자신을 힘입어 하나님께로 나아가는 모든 사람들을 온전히 구원하실 수 있는 그분을 통하여 천국에 들어가는 것입니다.

물두명도 성막 뜰의 문과 성막의 문 사이에 있었습니다. 이것 역시 구리로 만들어졌는데, 경건한 여인들이 사용하던 거울을 재료로 사용했다는 사실에 주목해야 합니다. 그들은 우리처럼 유리가 아니라, 잘 연마하여 광을 낸 구리로 거울을 만들었는데, 이것으로 모습을 비출 수 있었습니다. 거울은 사람의 몸에 흠이 없는지, 옷이 잘 정돈되었는지를 살피기 위한 것입니다. 물두명은 정화를 위해 사용된 것을 재료로 하여 그와 동일한 목적으로 만들어진 것입니다. 물두명에는 언제나 물이 가득 있어서 제사장들이 자기 몸을 씻고 제물이 되는 동물들을 깨끗이 준비할 수 있었습니다. 마찬가지로 예수님의 보혈을 통하여 의롭게 되지 않으며 성령으로 말미암아 거룩하게 되지 않고서는 천국에 들어갈 수 없습니다. 그리스도는 죄와 부정함을 이기기 위해 열린 샘의 근원이십니다.

성막은 하나의 덮개 아래 두 개의 방으로 나뉘어 있었습니다. 성막 덮개의 외부에는 해달의 가죽으로 만든 층이 있어서 안쪽의 덮개를 보호했습니다. 해달 가죽 층 아래에는 붉게 물든 숫양의 가죽으로 만든 층이 있었고, 그 아래에는 염소 털로 만든 층이 있어서 장막 자체를 구성했습니다. 또한 가장 좋은 조각목 판자로 만든 벽이 은으로 된 발판 위에 서 있었습니다. 이 판자들은 순금으로 입혀져 가장 탁월한 기교로 꾸며져 있었습니다. 성막은 길이가 삼십 규빗, 너비가 십이 규빗, 높이가 십 규빗이었으며 동서 방향으로 자리 잡고 있었습니다. 성막의 입구는 성막 뜰을 향해 동쪽으로 나 있었고, 놋 제단과 물두명을 지나 이 문을 통해 성소라 불리는 첫 번째 방으로 들어갈 수 있었습니다. 이 방에서 계속 나아가면 지성소라 불리는 두 번째 방으로 들어가게 됩니다. 이 두 방은 값지고도 예술적인 문양이 새겨진 휘장이라는 직물을 통해 분리되어 있습니다.

성막과 성막에 있는 모든 것들은 당대에 적합한 모형이었습니다. 하나님은 본질상 땅에 거하시지 않으며, 하늘과 하늘들의 하늘이라도 하나님을 담지 못합니다. 그런데도 하나님께서 땅에 있는 성소에 거하신다고 합니다. 특별히 그분은 속죄소(mercy seat) 위에 있는 그룹들 사이에 특별한 방식으로 임재하셨습니다. 그렇습니다. 하나님 자신이 바로 자기 백성들을 위한 성소입니다. 마치 교회가 하나님께서 은혜와 더불어 거하시는 주님의 성소라고 불리는 것과 같습니다. 신자들은 하나님의 성전이며, 성령께서 그들 안에 거하십니다. 그러나 신성의 모든 충만하심이 여호와의 이름을 품고 계시는 그리스도 안에 거합니다. 말씀이 육신이 되어 우리 가운데 거하셨습니다(헬라어로는 '장막을 치셨다'라는 말입니다). 자신을 희생 제물과 번제물로 내주시고 이를 통해 하나님께 달콤한 향기가 되신 분께서 더 크고도 완전한 성막으로 들어가셨습니다. 성막 전체가 그리스도의 모형일 뿐만 아니라 성막의 각 부분과 그 안에 있는 것들이 모두 그리스도를 가리킵니다. 이제 이 사실에 관해 생각해 봅시다.

성소에는 촛대와 진설병 상과 향단이 있었습니다. 등잔대는 북쪽에 있었습니다.[1] 이 등잔대는 순금 한 덩이로 만들었는데, 양쪽으로 세 개씩 모두 여섯 개의 가지가 있었으며, 곧게 뻗은 축이 일곱 번째 가지를 이루었습니다. 모든 가지의 끝단에는 등잔이 있었으며, 여기에 날마다 감람유를 가득 채워 두었습니다. 이 등잔들은 저녁에 불을 붙이고 다음 날 아침에 그 불을 껐으며, 그곳에 불똥 집게와 불똥 그릇도 함께 두었습니다. 주 예수님은 자신의 교회를 비추시는 촛불이요, 태양이요, 샛별이십니다. 또한 그분은 진리의 기둥이자 터입니다. 예수님은 자신 안에 빛을 가지신 등잔대이시며, 이 불빛을 나타내는 분이십니다. 그분은 성령으로 말미암아 켜지는 불빛이며, 성령으로 기름 부음을 받으셨습니다.

진설병의 상은 남쪽에 있었습니다.[2] 이는 조각목으로 만들어졌고, 순금으로 덮

---

[1] 역자주 - 이는 출애굽기 40장 24절의 기록과 다르다. "그는 또 회막 안 곧 성막 남쪽에 등잔대를 놓아 상과 마주하게 하고"(출 40:24).

[2] 역자주 - 진설병의 상은 아 브라켈이 말하는 것과 달리 남쪽이 아니라 북쪽에 있었다(출 40:22 참고).

여 있었습니다. 진설병 상 주위에는 금테를 둘렀으며, 그 주위에 손바닥 너비만 한 턱을 만들고 역시 금테를 둘렀습니다. 이 상은 길이가 두 규빗, 너비가 한 규빗, 높이가 한 규빗 반이었습니다. 또한 대접과 숟가락과 병과 붓는 잔을 두고 그것을 덮어 두었습니다. 이 모든 것들도 금으로 만들어야 했습니다. 여러 덩이의 떡이 항상 상 위에 두 줄로 놓여 있었으며, 매 안식일마다 새로운 떡으로 교체되었습니다. 주 예수님께서 바로 생명의 떡이십니다. 그분께서 귀중한 복음을 통하여 언제나 상 위에 진열되고 제공되십니다. 원하는 이는 누구든지 와서 믿음으로 예수 그리스도를 떡으로 먹을 수 있으며, 만족을 누리게 될 것입니다.

향단은 성소의 중심에서 약간 안쪽에, 휘장 뒤에 있는 언약궤의 반대 방향에 자리하였습니다. 향단 역시 조각목으로 만들어져 겉은 순금으로 덮여 있었으며, 주위에는 금테가 둘러져 있었습니다. 향단은 가로세로가 일 규빗으로 정사각형 모양이었으며, 높이가 이 규빗이었습니다. 매일 아침 제사장이 등잔의 불을 끄고 청소하고 다시 기름을 채운 후 이 향단 위에 있는 향에 불을 붙였으며, 저녁이 되어 등잔에 불을 붙일 때에도 향에 불을 붙였습니다. 영원하신 성령으로 말미암아 그리스도께서 십자가에서 자신을 속죄 제물로 드리실 때, 모든 사람이 그분을 보았습니다. 그러나 아무도 보지 못하는 하늘에서 지금도 자기 백성들을 위하여 기도하시는 것과 같이, 그분은 이 땅에 계시는 동안 자기 백성들을 위하여 더욱 자주 은밀히 기도하셨습니다. 보좌 앞에 있는 금 향단에 불을 붙여 향을 피우는 것처럼 우리의 기도도 그리스도 안에서 하나님 앞에 드려져 하나님을 기쁘게 해 드립니다. 하늘로 가고자 하는 이는 반드시 여호와의 회중에게 가야 합니다. 그곳에서 그들은 그리스도께서 성전에 거하시듯 그 회중들 가운데 계심을 발견할 것입니다. 또한 그곳에서 불을 받을 것이며, 힘을 얻고 달콤한 위로를 누리게 될 것입니다.

지성소는 대제사장이 일 년에 한 번 들어가는 곳이며, 그리스도께서 천국에 들어가시는 것을 상징합니다. 여기서 우리는 휘장과 지성소에 있는 물건들에 관해 생각해 보아야 합니다.

휘장은 매우 아름다운 색으로 정교하고도 아름다운 무늬를 수놓은 직물입니다.

휘장은 하늘색, 보라색, 주홍색 실과 가늘게 꼰 베실로 그룹을 정교하게 수놓아졌으며, 네 기둥에 걸쳐 있었습니다. 조각목으로 만든 이 네 기둥은 겉을 금으로 입혔고 은으로 된 발판 위에 세워져 있었습니다. 휘장은 각 기둥 끝에 있는 금 고리에 걸려 한쪽 벽에서 반대쪽 벽까지 걸쳐 있었습니다. 휘장은 높이가 십 규빗, 너비가 십이 규빗이며, 성소와 지성소를 분리하는 역할을 했습니다. 휘장에는 입구가 있어 대제사장이 그곳을 통해 지성소로 들어갔을 것입니다. 또는 대제사장이 지성소로 들어갈 때 휘장 한쪽을 들어 올려야 했을 것입니다. 특별히 휘장은 그리스도의 인성을 가리킵니다. 주 예수님께서 죽으셨을 때 휘장이 위에서 아래로 찢어졌습니다. 그리스도께서 자기 죽음으로 말미암아 영원한 영광을 얻으시고 자기 백성들이 천국에 들어갈 수 있게 하셨습니다. 그러므로 우리는 "예수의 피를 힘입어 성소에 들어갈 담력을 얻었나니, 그 길은 우리를 위하여 휘장 가운데로 열어 놓으신 새로운 살 길이요 휘장은 곧 그의 육체"(히 10:19,20)인 것입니다. 동시에 이 휘장은 길이요 진리요 생명이신 그리스도께서 아직 완전히 나타나시지 않았음을 상징합니다. 다시 말해, 당시에 그분이 아직 육체로 오시지 않았다는 뜻입니다. 실체가 오면 그림자가 사라지는 것처럼, 그리스도께서 이 땅에 오심으로 말미암아 모든 의식들이 폐지되었습니다. 이 모든 외적인 표현들은 그분이 오시기 전까지 교회의 유익을 위해 주어진 것이기 때문입니다.

지성소 안에는 언약궤가 있었습니다. 언약궤는 조각목으로 만들어진 상자로, 완전히 금으로 입혀졌으며 순금으로 된 테가 주위를 둘러싸고 있었습니다. 언약궤는 길이가 두 규빗 반, 너비가 한 규빗, 높이가 한 규빗 반이었습니다. 언약궤에는 속죄소라고 불린 순금 덮개가 있었습니다.[3] 이 속죄소의 양 끝에는 순금으로 만들어진 그룹이 있었는데, 이 그룹들은 서로를 향해 날개를 접고 속죄소를 바라보고 있었습니다. 바로 이곳에 하나님께서 은혜롭게 임재하신 것입니다. 그래서 그분을 그룹들 사이에 계시는 분이라고 일컫습니다.

---

3) 역자주 - 네덜란드어로는 'verzoendeksel,' 즉 '속죄의 덮개'이다.

언약궤 안에는 하나님께서 십계명을 적으신 두 돌판, 한 오멜의 만나가 담긴 금 항아리, 아론의 싹 난 지팡이가 들어 있었습니다. 열왕기상 8장 9절은 율법이 기록된 두 돌판만 언급하는 반면에, 히브리서 9장 4절은 금 항아리와 아론의 지팡이도 함께 언급합니다. 이는 히브리서에서 바울이 성막에 대해 말하고 있는 반면, 열왕기상 8장 9절은 성전에 대해 언급하기 때문입니다. 또한 바울은 금향로가 지성소에 있었다고 가정합니다. 이 금향로는 지성소에 있다가 대속죄일에 다른 곳으로 옮겨졌거나, 오직 지성소에서만 사용할 수 있도록 엄격하게 제한된 것 같습니다. 주 예수님은 $ἱλαστήριον$(힐라스테리온), 다시 말해 '자신의 피로 말미암는 속죄'이십니다. 그분은 율법의 저주에서 자기 백성들을 구원하고, 그들을 위하여 율법을 성취하고, 그들을 거룩함으로 옷 입히는 분이십니다. 성부께서 언약의 보증이 되시는 예수님을 기뻐하십니다. 그러하기에 하나님께서 속죄소의 그룹들 사이에 거하신다고 말하는 것입니다. 그 천사들도 그리스도께서 보증직을 수행하시는 것을 보고 싶어합니다. 그리고 바로 그곳에서 그들이 하나님의 완전하심을 바라보고 그에 반응하며 그분을 영화롭게 하며, 우리를 가르쳐 우리 역시 계속 예수님을 바라보도록 합니다.

의식들을 수행하는 사람들: 제사장들과 레위인들

예배 의식이 일어나는 장소에 대해 고찰해 보았으니, 이제 이 의식을 집행하는 제사장과 그들이 시행하는 봉사의 직무에 대해 살펴봅시다. 우리가 아는 한, 모세 이전에는 누가 이 거룩한 일들을 시행하는지를 규정하는 율법이 없었습니다. 일반적으로 각 가정의 아버지가 이 일을 수행했습니다. 그러나 이 일은 장자뿐만 아니라 모든 사람이 자유롭게 행할 수 있었습니다. 하나님은 애굽의 장자들을 죽이고 이스라엘의 자녀들을 살려 주신 이후에 장자는 하나님 자신을 위한 것이라고 선언하셨습니다. 그러나 이는 그들로 하여금 이 거룩한 사역을 수행할 수 있도록 하려는 것은 아니었습니다. 왜냐하면 이때 하나님께서 짐승들의 첫 새끼도 자신을 위한 것이라고 선언하셨기 때문입니다. 이처럼 하나님께서 인간의 장자들과 짐승들의 첫 새끼를 자신의 것이라고 하셨으므로 그들은 이스라엘의 회중으로 계수되지 않았습니다. 그리고 주님께서 레위 지파를 택하신 후에는 돈을 지불하여 사람과 짐승의 첫째를 여호와로부터 사야만 했습니다.

금송아지를 만든 죄를 지었는데도 하나님은 장자를 거부하지 않으셨습니다. 이는 금송아지 사건이 있기 이전에 이미 아론과 그의 아들들이 제사장직을 감당하도록 선택되었다는 사실에서 분명해집니다. 또한 그 이후에도 그들은 제도적으로 영구히 하나님의 것으로 남아 있었습니다. 그렇지 않고서는 그들을 속량할 방법이 없었기 때문입니다. 뿐만 아니라 장자들에게 이 죄에 대한 책임이 있다고 언급되지도 않습니다. 당시 작고 어렸던 장자들은 그 죄악을 범할 수 없었습니다. 그러므로 이 죄악으로 말미암아 그들이 거부되는 일도 없었던 것입니다. 게다가 성경 그 어디에도 금송아지를 만든 죄악으로 말미암아 하나님께서 장자들을 거부하셨다는 말이 등장하지 않습니다. 그렇다면 이 죄로 말미암아 하나님께서 소의 처음 난 것도 거부하셨습니까? 이제 그것들이 더는 제단에 제물로 사용될 수 없게 되었습니까? 이스라엘이 죄악을 범했는데도, 레위인들이 소유한 짐승의 처음 난 것들이 모든 처음 난 짐승들을 대신했습니다(민 3:41 참고).

"보라, 내가 이스라엘 자손 중에서 레위인을 택하여 이스라엘 자손 중에 태를 열어 태어난 모든 자를 대신하게 하였은즉"(민 3:12).

이 말씀을 볼 때, 이는 성소에서 행할 사역에 대한 언급이라기보다 소유권에 대한 언급입니다. 왜냐하면 레위 지파 전체가 제사를 드리고 성소에 들어가도록 선택받지는 않았기 때문입니다. 그 일은 오직 아론과 그의 아들들에게만 해당하는 것입니다. 하나님은 이스라엘 자손들이 가진 짐승들 중 처음 난 것들을 대신하는 짐승들을 레위인들에게 주셨습니다. 그러할지라도 그 짐승들은 주님의 것으로 남아 있었습니다. 이 짐승들 중 부정한 것들만 대속되어야 했습니다. 정결한 짐승은 모두 성막으로 가져가야 했기 때문에 대속되지 않았으며, 그곳에서 도살당하여 일부는 제단에 제물로 드려졌고 다른 부위는 여호와 앞에서 음식이 되어야 했습니다

(민 18:17; 신 12:6-17, 14:23 참고). 뿐만 아니라 가나안에서 장자들이 얻은 유업에 따르면, 레위인들은 성소 사역을 수행하는 역할을 맡지 않았으므로 이 직무를 맡을 수 없었습니다. 그러므로 이것은 분노로 장자들을 거부하는 것이 아니라 도리어 치켜세우는 것입니다.

거룩한 사역을 위해 선택받은 레위 지파는 일반적인 레위인들과 제사장들로 나뉩니다. 일반적인 레위인들은 성소에 들어가지 않고 제사장들을 돕는 역할을 했습니다. 또한 그들은 가나안에서 유업을 가지지 않았는데, 여호와께서 그들의 유업이 되셨기 때문입니다. 그들은 성소에서 나오는 것으로 살았습니다. 제사장직은 적법한 결혼을 통해 출생한 아론의 자손들만이 담당했습니다. 이는 여호와께서 그들과 그들의 아들들을 이 직분으로 부르셨기 때문입니다. 하나님께서 아론의 지팡이에 꽃이 피고 살구 열매가 맺히게 하심으로써 그들을 이 직분으로 부르셨음을 확증하셨습니다. 그러므로 제사장들은 그들의 혈통을 유지하는 일에 매우 신경을 썼습니다. 바벨론 포로 생활이 끝난 뒤, 제사장 가문에 속한다고 주장하는 사람들이 있었으나 그들의 혈통을 유지하지는 못했습니다. 이는 그들이 부정한 사람들이었으므로 하나님께서 제사장직을 감당하지 못하게 하신 것입니다. 제사장이 되려면 아론의 자손이어야 할 뿐만 아니라 신체가 흠 없고 완전해야 했습니다. 누군가가 눈에 보이거나 숨겨진 흠을 가지고 있다면, 아론의 자손일지라도 제사장직을 수행하는 것이 허락되지 않았습니다. 제사장은 결혼 후에 남편에게 버림받은 적이 있는 부정한 여인이나 창녀를 아내로 취해서는 안 되었습니다. 더 나아가 대제사장은 과부를 아내로 맞이할 수도 없었으며, 오직 처녀와 결혼할 수 있었습니다.

일반 제사장들과 한 명뿐인 대제사장(the high priest)도 서로 구분되었습니다. 하나님께서 다윗에게 분명히 명령하신 대로 일반 제사장들은 스물네 반차로 나누어져 있었습니다. 반차는 훌륭하고 탁월한 순서가 아니라 오직 사역의 때와 순서에 따라 나뉜 것이었습니다. 각 반차에는 우두머리(a chief priest)[4]가 있었습니다. 반

---

[4] 역자주 - 한글 개역개정 성경은 신약에서 'high priest'와 'chief priest'를 모두 "대제사장"으로 번역한다. 그러나 장자에게 대대로 상속되는 대제사장(high priest)과 24반차의 우두머리인 대제사장(chief priest)은 구별되어야 한다.

면에 대제사장은 전임자가 죽으면 새로 뽑히는 직분이 아니었습니다. 전임 대제사장의 아들이, 아들이 없을 경우 가장 가까운 친척이 혈통을 따라 그 자리를 이어받았습니다.

제사장의 지위가 선서를 통해 공식적으로 시작되는 것은 아니었지만, 취임식은 매우 엄숙하게 거행되었습니다. 아론과 그의 아들들은 이스라엘 회중들이 모인 성막 문으로 인도되었습니다. 거기서 모세는 물두멍에 있는 물로 그들을 씻기고 거룩한 옷을 입혔습니다. 모세의 명령에 따라 그들은 암송아지의 머리에 안수하였습니다. 그리고 그 소를 속죄제의 제물로, 그다음에는 숫양을 죽여 번제를 드렸습니다. 그 후에 다른 숫양을 앞으로 내보냈고, 아론과 그의 아들들이 이 숫양의 머리에 안수한 뒤에 죽였습니다. 모세는 이 양의 피를 아론과 그의 아들들의 귓불과 오른손 엄지와 오른발 엄지에 바르고 그 피를 그들과 그들이 입은 옷에 뿌린 후에 위임식 숫양을 제물로 바쳤습니다. 그다음에 모세는 가장 탁월한 향료인 몰약과 육계와 창포와 계피 등으로 만들어 잘 준비해 둔 거룩한 기름을 그들에게 발랐습니다. 어느 누구도 이 거룩한 기름을 흉내 내어 만들거나, 자신에게 발라서는 안 되었습니다. 임직과 자격을 상징하는 이 기름의 향은 하나님께서 명하신 사람 말고는 어느 누구에게도 뿌려져서는 안 되었습니다. 아론과 그의 아들들은 그들 자신의 직분에 취임한 것인 동시에 그들의 자손들을 모두 포함하는 제사장직 전체로 취임한 것이었습니다. 그러하기에 그들에게 매번 새롭게 기름을 붓지 않았습니다.

그러나 아론이 대제사장으로서 기름 부음 받은 것과 그의 아들들이 일반 제사장으로서 기름 부음 받은 것에는 다음과 같은 차이가 있었습니다. 아론이 머리에 기름 부음 받을 때에는 기름이 너무나 많이 부어져 그의 수염을 타고 내려와 목 언저리에 있는 예복의 가장자리에까지 흘러내렸습니다. 그러나 그의 아들들에게는 양의 피를 뿌렸을 때처럼 기름을 뿌리기만 했습니다. 아마도 각 사람에게 따로 뿌렸거나 한꺼번에 뿌렸을 것입니다. 뿐만 아니라 대제사장의 옷과 일반 제사장들의 옷도 달랐습니다. 이들은 제사장 옷을 옷장에 보관하다가 직무를 감당할 때에만 입었습니다. 이 옷은 매우 정교하고도 뛰어난 방식으로 제작되었습니다. 일반 제사장들이 입는 옷은 세마포로 된 긴 옷 한 벌이었으나, 대제사장이 입는 옷은 두 종류였습니다. 한 벌은 세마포로 만들어졌으며, 대속죄일에 지성소에 들어갈 때에 입었습니다. 반면에 대속죄일이 아닌 다른 날에 성소로 들어갈 때에는 금으로 장식되고 가장 탁월하고 아름다우며 우아한 옷을 입었습니다. 이 옷은 석류와 순금 방울이 끝단에 달린 겉옷, 어깨 부분에 두 돌이 달린 에봇, 에봇에 부착된 것으로 이스라엘 열두 지파의 이름이 새겨진 열두 돌, 우림과 둠밈이 달린 흉패, 정교하게 제작된 허리띠, 아름다운 관, '여호와께 성결'이라는 문구를 새겨 이마에 두른 순금 패로 구성되어 있습니다.

사도가 히브리서에서 우리에게 알려 주듯이, 제사장 직분 전체, 그중에서도 대제사장은 주 예수 그리스도를 가리키는 영광스러운 모형이었습니다. 또한 개별적인 것들도 저마다 구체적인 의미가 있었습니다. 그러나 우리는 그것들을 일일이 해설해 주는 사람이 아닙니다. 우리는 이 주제와 관련하여 나름의 견해를 가졌으며, 이를 묵상하는 일이 기쁜 작업이라는 사실을 압니다. 그러할지라도 이에 관해 우리가 확실히 말할 수는 없으므로, 모든 사람이 저마다 자유롭게 생각할 수 있는 여지를 남겨 놓고자 침묵하려 합니다. 저는 그 생각들에 동의하지도, 반대하지도 않을 것입니다. 왜냐하면 우리가 언제나 모든 일에 의견을 같이할 수는 없기 때문입니다.

의식들 자체

지금까지 의식들이 어디에서 이루어졌으며 어떤 사람들이 모형의 역할을 했는지에 대해 언급했습니다. 이제 제사로 이루어진 그 의식들 자체를 살펴보겠습니다. 특히 희생 제물들과 제사 자체를 집중적으로 다룰 것입니다.

첫째, 제물은 다음과 같이 구성되었습니다.

① 암소와 수소, 젖소, 양, 염소처럼 네발로 다니는 정결한 짐승

② 비둘기나 집비둘기 같은 새

③ 생이삭과 마른 곡물 가루와 기름과 유향과 소금과 포도주와 같은 밭의 소산

둘째, 제사하는 방식이 매우 다양했습니다.

① 제사의 방법과 목적이 다양했습니다. 하늘에서 내려와 꺼지지 않고 유지되었던 불로 태우는 화제(火祭)가 있었는데, 이 화제에는 번제, 소제, 전제, 위임식 제사, 속죄제, 속건제, 감사제, 화목제, 의심의 소제(memorial offering)가 있었습니다.

② 제사 드리는 때가 다양했습니다. 매일 아침저녁뿐만 아니라 안식일, 초하루, 축제일, 대속죄일에도 제사를 드렸습니다. 뿐만 아니라 때때로 죄를 짓거나 부정하게 되었을 때마다 부정함을 씻기 위해 제사를 드렸습니다. 또는 누군가가 여호와께 서원제를 드리고 싶을 때에도 드렸습니다.

③ 제사를 드리는 사람도 다양했습니다. 제사장들이나 장로들, 이스라엘 회중 전체나 일반인들, 부자나 가난한 사람들을 위한 제사가 있었습니다. 이런 사람들은 희생 제물을 가지고 성막 뜰에 들어가 놋 제단까지 갔습니다. 거기서 자신의 죄를 고백하는 동시에 희생 제물에게 안수하고, 그 후에 제사장이 그 제물을 취하여 제사 규례에 따라 제사를 드렸습니다. 어떤 것들은 완전히 불태웠고 어떤 것들은 일부만 불태웠습니다. 후자의 경우 남은 것들은 제사장과 그 제물의 죽음의 혜택을 보는 사람을 위한 음식이었습니다. 그러하기에 이들은 하나님께서 계시는 곳 앞에서 남은 부분들을 먹었습니다.

④ 이 모든 제사보다 상위의 제사가 있었는데, 바로 대속죄일에 대제사장이 드리는 제사였습니다. 대제사장은 물로 자신을 씻고, 아름다운 옷 대신 거룩한 세마포 옷을 입으며, 그 후에 자신과 자기 가정을 위하여 암소 한 마리를 취해야 했습니다. 또한 그는 회중들에게서 염소 두 마리를 취하여 제비를 뽑아 하나는 속죄제의 제물로 드리고 다른 하나는 산 채로 여호와께 드렸습니다. 그 후 대제사장은 그 염소를 광야로 보냈습니다. 다음으로 그는 암소를 죽여 그 소의 피와 향로를 가지고 지성소로 들어갔습니다. 그곳에서 그는 먼저 그 향을 향로 안에 있는 불에 놓아 연기를 피웁니다. 그리고 암소의 피를 속죄소 위와 그 앞에 뿌리며, 이를 통해 자신과 자기 가정을 위한 화해를 이루어 냈습니다. 이 일을 마친 뒤 대제사장은 밖으로

나와 백성들을 위한 숫양을 취하여 죽인 뒤 그 피와 향로를 가지고 다시금 지성소로 들어갔습니다. 그다음에 그는 숫양의 피를 속죄소 위와 앞에 뿌렸으며, 이를 통해 백성들의 죄를 위한 화해를 이루어 냈습니다. 그 후에 암소와 숫양의 피를 자신의 손가락에 찍어 제단의 뿔을 향해 일곱 번 뿌렸습니다. 이렇게 하여 대제사장은 성소의 사역을 완수했습니다. 이때 성막에는 대제사장이 들어갈 때부터 나올 때까지 어느 누구도, 심지어 제사장도 함께 있을 수 없었습니다. 그 이후에 그는 산 염소를 취하여 그것의 머리에 안수하고 나서 어떤 사람을 시켜 그 염소를 광야로 내보냈습니다. 그러므로 대제사장은 이날과 관련하여 일 년에 단 한 번만 지성소에 들어갔습니다. 대속죄일 외에는 그 어떤 날에도 지성소에 들어갈 수 없었습니다. 그런데 대속죄일에 그는 지성소에 두 번 들어갔는데, 첫 번째는 자신을 위함이었고, 그 후에는 백성들을 위함이었습니다.

하나님은 이러한 율법 말고도 모든 개인의 행동과 관련해 많은 규례들을 주셨습니다. 이 규례들은 의복과 음식, 정한 짐승과 부정한 짐승, 오염과 순결에 관한 것들이었습니다. 이 모든 율법은 백성들의 육신적인 건강을 보존하는 동시에 영혼이 부정하게 되는 것에 대해 가르치기 위한 것이었습니다.

지금까지 예배 의식에 속한 것들 중 가장 중요한 요소에 대해 간략하게 설명했습니다. 이 모든 의식들은 하나님 앞에서 의롭게 되기 위해서가 아니라, 이러한 행위를 통해 하나님을 기쁘시게 하기 위해 주어진 것이었습니다. 사도는 히브리인들에게 보낸 편지에서 이를 명시합니다. 이러한 의식들은 오실 구세주를 묘사하기 위해 주어졌습니다. 그분을 드러내되, 그분의 거룩한 본성과 수난과 죽음을 비롯하여 그분이 신자들을 하나님과 화목하게 하고 영원한 구원을 공로로 얻으시는 것을 생생하게 드러냅니다. 바로 여기서 하나님의 측량할 수 없는 지혜, 두려운 거룩하심, 놀라운 선하심, 양자로 삼은 자녀들을 향한 신실한 돌보심이 드러납니다. 주님께서 제사장과 선지자들에게 지식과 능력을 주시고, 그들을 백성들에게 계속 보내 모형들에 대해 설명하고 그리스도께 이끌 수 있도록 하셨습니다. 그래서 경건한 이들이 실제로 그 모형들을 잘 알고, 그 결과 그리스도를 믿은 것입니다. 우리는 이미 제1권 20장 "그리스도의 대제사장직"에서 이 문제에 대해 이야기하며, 그리스도를 그분의 제사장직과 관련하여 소개했습니다. 이에 대해 다음 장에서 더욱 자세하게 설명하겠습니다. 우리는 이러한 모형들이 금송아지를 만든 죄악을 범하기 전에 이미 세워졌다는 사실과 그 후에 따로 다른 형태의 모형이 주어지지 않았다는 사실을 제시할 것입니다. 그 모형들은 금송아지 죄악으로 말미암아 주어진 형벌이 아니라, 독립적으로 존재했고 복음적인 복으로 남아 있었습니다. 하나님께서 그토록 풍성한 선하심과 오래 참으심을 그 백성들에게 보여 주셨습니다. 그러나 그들은 사악함과 불신앙과 의혹과 우상숭배로 응답했습니다. 그러하기에 이러한 그들의 모습이 기록된 부분을 읽을 때 그들은 정서적으로 동요될 수밖에 없을 것입니다.

하나님께서 원하시는 바는, 친히 세우신 이 예배가 아무 변화 없이 유지되다가 그림자들의 실체이신 그리스도께서 오심으로 말미암아 그 목적을 달성하고 폐지되는 것이었습니다. 그러나 광야 교회의 모습, 사사들이 다스렸던 가나안에서의 교회의 모습, 왕정 당시 교회의 모습, 바벨론 포로기와 귀환한 후, 그리고 그리스도 당시까지 있었던 교회의 모습을 간략하게나마 살펴본다면 이러한 의식을 준수한 결과가 얼마나 보잘것없었는지가 분명하게 드러날 것입니다.

자신들의 복음적 특권을 거스른 이스라엘의 극악한 행위

이스라엘은 여호와께서 애굽에 행하신 수많은 놀라운 행위를 보았습니다. 바다가 갈라지고, 마른땅을 걸어 그 바다를 건넜으며, 그 바다에 바로와 그의 신하들이 빠져 죽는 모습도 보았습니다. 뿐만 아니라 하나님의 손이 쓴물을 단물로 바꾸시는 것, 씨를 뿌리고 추수하지 않았는데도 그 손이 날마다 하늘로부터 신선한 식품을 공급하시는 것, 바위에서 물이 흘러넘치게 하신 것, 한 달 동안 메추라기를 공급하여 그들을 만족시키신 것, 아말렉에게 목자 없는 양처럼 도륙당할 수밖에 없었던 그들의 눈앞에서 아말렉을 물리치신 것을 보았습니다. 더 나아가 이들은 불과 얼마 전에 그토록 엄숙하게 자신들의 하나님과 언약 관계를 맺었으며, 그 직후에 십계명을 선포하시는 하나님의 음성도 들었습니다. 그런데 그 백성들은 곧바로 돌이켜 우상을 숭배하였습니다. 그 이유가 무엇입니까? 모세가 시내산에 올라가 사십 일 동안이나 내려오지 않자, 백성들은 그가 결코 내려오지 않으리라고 여긴 것입니다. 그들은 자신들이 좋아하는 방식으로 하나님을 섬기고자 했습니다. 눈에 보이는 대상을 통해 하나님을 섬기려 했던 것입니다. 그래서 그들은 아론에게 이렇게 말합니다.

"우리를 위하여……신을 만들라"(출 32:1).

그들은 아론에게 자신들이 소유한 금귀고리를 주었고, 아론은 이것을 녹여 금송아지를 만들었습니다. 이는 백성들을 조롱하기 위함이거나 애굽의 우상숭배를 흉내 내기 위함입니다. 또한 그는 금송아지를 위한 제단을 만들었고, 백성들은 거기서 번제와 화목제를 드리고 앉아서 그 제물을 먹었고 일어나 춤추고 놀았습니다. 이후에 진영으로 들어온 모세가 여호와를 향한 불타는 열정으로 말미암아 여호와께서 율법을 새겨 주신 두 돌판을 깨트려 버렸습니다. 이는 백성들이 그들의 하나님과 맺은 언약을 깨트렸기 때문이었습니다. 그런 다음 모세는 그 금송아지를 갈아서 가루로 만들어 물에 뿌린 뒤, 백성들로 하여금 그 물을 마시게 했습니다. 우상숭배자들을 벌하라는 명령이 주어지자, 여호와께 열심이 있는 사람들이 이스라엘 진영으로 가 이스라엘 백성 삼천 명을 죽였습니다. 이후에 하나님은 이스라엘 백성들과 함께 올라가기를 거절하셨습니다. 그러나 하나님은 모세가 탄원할 수 있는 기회를 주셨습니다. 그리하여 모세는 하나님의 명령을 좇아 두 돌판을 들고 다시금 시내산에 올라갔습니다. 거기서 또 사십 일이 지난 뒤 하나님은 그 돌판에 자신의 율법을 기록하셨습니다. 그 후 모세는 양손에 새로운 돌판을 들고 산에서 내려왔는데, 그때 그의 얼굴은 백성들이 그를 쳐다보기를 두려워할 만큼 자신도 모르게 빛나고 있었습니다. 그들이 그 얼굴에서 나는 빛을 감당할 수 없었던 탓에, 모세는 그들과 이야기할 때 자신의 얼굴에 수건을 덮었습니다.

광야 사십 년 동안의 구약 교회

시내산에서 일어난 이 모든 일이 끝난 뒤 모세는 이스라엘 백성들과 더불어 가나안을 향해 나아갔습니다. 가나안을 눈앞에 두고 모세는 가나안으로 정탐꾼들을 보냈습니다. 정탐꾼들이 가나안에서 돌아와 그곳 백성들은 너무 강하고 그 성들은 이스라엘 백성들이 정복하기에는 너무 견고하다는 나쁜 소식을 보고하자, 이스라엘은 즉시 불평하고 반역하기 시작했습니다. 그들은 자신들을 애굽으로 인도할 지도자를 다시 임명하고 모세를 돌로 쳐 죽이려 했습니다. 이에 하나님께서 그 백성들을 죽이려 하셨으나 한 번 더 모세의 탄원을 들어주셨습니다. 그러나 하나님은 백성들이 가나안으로 들어가지 못하도록 낙담시킨 정탐꾼들을(여호수아와 갈렙을 제외하고) 죽이셨습니다. 그 후 하나님은 이스라엘 백성들이 사십 년 동안 광야에서 방황하다가 모두 광야에서 죽게 되리라고 말씀하시며 그들의 자손들에게 가나안 땅을 주겠노라고 선언하셨습니다. 이 말씀을 듣자, 이스라엘 백성들은 모세의 경고를 무시하고 가나안 땅을 침략하고자 했습니다. 그들은 이제 용기를 가졌으나 처절하게 패했습니다.

목이 곧은 이 백성들이 하나님께 대항하여 반감을 품고 불평하는 신세로 전락한 것은 오래전 일이 아니었습니다. 고라와 드단과 아비람이 백성들을 선동하여 모세와 아론에게 대항하게 했습니다. 이에 대한 형벌로 그들은 가족과 모든 소유와 함께 산 채로 땅에 묻혔습니다. 백성들은 여호와를 두려워하기보다는 모세와 아론이 그들을 죽였다고 말하며 모세와 아론에게 저항하려고 반기를 들었습니다. 그러자 하나님께서 이스라엘 진영에 역병이 돌게 하여 한순간에 14,700명을 죽이셨습니다. 그러나 여호와께서 다시 한 번 탄원할 수 있는 기회를 주셨습니다. 하나님은 역병을 멈추시고, 여호와 앞에 다른 지파의 지팡이와 더불어 놓인 아론의 지팡이에서 꽃이 피고 살구 열매가 맺히게 하심으로써 아론을 제사장직으로 부르셨음을 확증하셨습니다.

그런데도 이스라엘 백성들은 계속 여호와께 불평하며 모세를 대적했습니다. 이에 하나님은 그들 가운데 불뱀을 보내 수많은 사람들이 죽게 하셨습니다. 모세가 다시금 탄원하자, 하나님은 그에게 놋뱀을 만들라고 명하셨습니다. 이 놋은 연할 뿐만 아니라 그 특유의 색깔 때문에 불뱀과 매우 비슷했습니다. 하나님은 이 놋뱀을 장대 위에 달게 하여 불뱀에 물린 사람이 누구든지 이 놋뱀을 보면 살 수 있게 하셨습니다. 이처럼 죄는 본성적으로 형벌을 받을 수밖에 없습니다. 이 놋뱀을 볼 때마다 이스라엘은 뱀의 유혹에 넘어간 데서 말미암은 첫 번째 죄가 생각났을 것입니다. 바로 이 죄에서 그들의 타락이 비롯되었습니다. 그리고 바로 이 타락에서 여호와께 대한 그들의 모든 악한 행위가 시작된 것입니다. 그들이 불뱀의 벌을 받은 이유가 바로 여기에 있습니다.

동시에 장대 위에 높이 달아 올린 놋뱀은 그들이 오실 구속자를 기다리게 하는 역할을 하기에 적합했습니다. 실제로 주 예수님께서 놋뱀이 자신을 가리킨다고 설명하시면서, 모세가 광야에서 뱀을 높이 들었던 것처럼 인자도 높이 들려야 하리라고 말씀하셨습니다. 다시 말해, 그리스도께서 십자가라는 장대에 매달리신다는 말입니다. 여기서는 뱀 자체에 대해 고려할 필요가 없습니다. 왜냐하면 이 뱀은 그리스도의 모형이 아니며, 그분을 암시하지도 않기 때문입니다. 단지 뱀이 들려진다는 것과 그리스도께서 십자가에 못 박히신다는 점이 서로 유사할 뿐입니다.

이스라엘 백성들은 광야에서 오랫동안 방황한 후 다시 가나안으로 향했습니다. 이전과는 다른 방향이었습니다. 오래 방황하는 동안 그들은 여호와께 반감을 품고 그분을 시험하였으나, 하나님은 그 사십 년 동안 엄청난 인내심으로 그들을 오래 참아 주셨습니다. 하나님은 그들에게 끊임없이 하늘로부터 떡을 공급하셨으며, 바위를 통해 물을 공급하셨습니다. 뿐만 아니라 낮에는 작열하는 태양에서 그들을 구름 기둥으로 보호하셨고, 밤에는 다시 불기둥으로 그들을 밝히셨습니다. 그들의 삶은 기적의 연속이었습니다.

그때 모압 왕 발락이 발람을 고용하여 이스라엘을 저주하게 했습니다. 발람은 선지자였으나 불의한 보수(報酬)를 좋아하며 불경건하게 살았습니다. 이처럼 돈을 사랑하는 자였으나, 발람은 하나님께서 원하시지 않는다면 함께 가지 않으려 했습니다. 발람은 계속해서 하나님께 허락을 구했고, 그러자 하나님은 그가 발락과 함께 가도록 허락하셨습니다. 그와 길을 가는 동안 발람은 자신을 죽이려는 한 천사를 만납니다. 발람이 타고 있던 나귀는 그 천사를 보고서 할 수 있는 한 계속 피하려고 하였습니다. 결국 나귀는 주저앉았고, 발람이 나귀를 때리자 나귀는 인간의 말로 발람을 꾸짖었습니다. 이때 발람에게도 그 천사가 보였고, 발람은 다시 돌아가기로 마음먹습니다. 그런데 그는 한 가지 조건을 달고 계속 나아가도 된다고 허락을 받았습니다. 그 조건은 가서 여호와께서 그에게 시키는 것만 말해야 한다는 것이었습니다. 그리하여 이스라엘을 저주하러 왔던 발람이 정반대로 그들을 축복하게 되었습니다. 자리를 옮겨 가면서 이스라엘을 저주할 수 있도록 허락을 받으려 했으나, 그는 계속 이스라엘을 축복할 수밖에 없었습니다. 자신이 돈을 받지 못하리라는 사실을 깨닫자, 발람은 이스라엘을 유혹하여 육체적이고도 영적인 죄악, 곧 우상숭배를 범하게 만들라고 발락에게 악한 조언을 합니다. 이러한 죄를 전한 뒤 그는 훗날 벌을 받아 이스라엘의 자녀들의 칼에 죽임 당하고 맙니다.

그러나 그의 조언은 효과가 있었습니다. 이스라엘 백성들이 모압의 딸들과 간음하였으며, 바알브올을 섬기며 우상과 관계를 맺고, 그 우상들에게 절했습니다. 하나님은 범죄한 사람들이 반드시 죽어야 한다고 명하셨습니다. 그리하여 이러한 범죄를 저지르는 데 앞장섰던 백성의 우두머리들은 아침 해가 뜰 때 교수형을 당했고, 다른 사람들도 사형에 처해졌습니다. 엘리에셀의 아들 비느하스가, 이스라엘 백성 중 한 사람이 모압 여인과 동침하고 있다는 소식을 듣고 그들의 장막으로 들어갔습니다. 그는 거룩한 열정에 사로잡혀 그 두 사람을 죽였고, 이런 사람들의 죽음을 명하신 하나님께서 이를 기뻐하셨습니다. 모압이 이스라엘을 유혹한 까닭에 하나님은 모압 사람들과 싸우라고 명하셨고, 바산 왕 옥과 헤스본 왕 시혼을 이스라엘의 손에 붙이셨습니다. 이스라엘 백성들은 모든 것을 죽이고, 장악한 도시들을 모두 파괴했으며, 그들의 땅과 가축을 빼앗았습니다. 르우벤 지파와 갓 지파가 그 땅을 자신들에게 유업으로 달라고 요청하였습니다. 이들은 자신들이 요단강 건너편을 유업으로 상속받지 않겠다고 맹세하며, 다른 지파들이 요단강 건너편을 정복하는 것을 돕겠다고 약속했습니다. 모세는 이 두 나라를 르우벤 지파와 갓 지파와 므낫세 지파 중 절반에게 유업으로 주었습니다. 이때 처음으로 이스라엘 백성들에게 유업이 주어진 것입니다.

그 후에 모세는 비스가산 꼭대기에 올라갔습니다. 그곳에서 하나님은 그에게 가나안 땅을 보여 주셨습니다. 그는 멀리서 그 땅을 바라보며 그곳에 들어가게 해 달라고 간청했습니다. 그러나 하나님은 그의 요청을 거부하셨습니다. 이스라엘 백성들을 인도하는 자신의 직무를 완수하고 자신이 죽을 것임을 그들에게 알린 후, 모세는 비스가산 꼭대기에 있는 느보산에 올라갔습니다. 그리고 기력이 쇠하지 않았는데도 그곳에서 120세로 생을 마쳤습니다. 하나님은 어느 계곡에 모세를 묻어 어느 누구도 그가 어디에 묻혔는지를 알지 못하게 하셨습니다. 사탄이 그의 시신을 파내려는 것을 천사장 미가엘이 막았습니다. 모세는 자신에게 주어진 위대한 사역과 삶을 완수했습니다. 히브리서 3장 5절에서 바울은 모세의 신실함을 칭송합니다. 그러나 모세가 주 예수님의 모형으로서 그것을 완수한 것은 아니었습니다. 오히려 그는 종이요 주인이신 그리스도를 닮은 사람이었습니다. 돌이켜 보면, 실제로 모세와 그리스도 사이에 여러 유사점들이 있습니다. 그러나 어떤 것과 유사하다고 해서 그것의 모형이 되는 것은 아닙니다. 반드시 하나님께서 모형이라고 지정하신 것만이 모형이 됩니다. 모세의 경우에는 그 부분이 결여되어 있습니다.

사사 시대의 구약 교회

모세가 죽은 뒤 사사들이 이스라엘을 다스렸습니다. 첫 번째 사사는 여호수아였습니다. 모세가 살아 있을 때, 하나님은 이미 여호수아를 모세의 후계자로 정하셨습니다. 여호수아가 살아 있는 동안에는 이스라엘에 속한 모든 것들이 평안했고, 사람들은 하나님께서 정하신 예배의 모습을 준수하며 살았습니다.

여호수아는 여리고성에 두 명의 정탐꾼을 보냈습니다. 이들은 여리고성에 도착한 첫날 밤을 라합의 집에서 보냈습니다. 라합은 여리고 사람들이 얼마나 당황하고 있는지를 그들에게 알려 주고, 그들에게 잠자리를 제공했습니다. 그리고 그들에게서 이스라엘이 여리고를 정복할 때 그녀를 비롯해 그녀의 집에 있는 사람은 누구든지 살려 주겠다는 약속을 받고 그들이 몰래 도망할 수 있게 해 주었습니다. 그리하여 정탐꾼들은 이스라엘 진영으로 돌아와 여호수아에게 모든 것을 보고했고, 여호수아는 하나님의 명령을 따라 백성들과 함께 전진했습니다.

제사장들이 운반하던 언약궤가 선두에 섰습니다. 제사장들의 발이 물에 닿자 요단강이 갈라졌으며, 이스라엘 백성들은 홍해에서 경험한 것처럼 발을 적시지 않고 그 강을 건넜습니다. 그때 여호수아는 요단강에서 열두 개의 돌을 가져다가 강둑 근처에 기념으로 세워 두었습니다. 이 돌을 둔 장소는 길갈('굴러간다'라는 뜻)이라 불립니다. 여호와께서 그들에게서 애굽의 수치를 떠나가게 하시고 그들을 영예롭고 존귀하게 높이셨기 때문입니다. 길갈에서 이스라엘의 모든 남성들이 할례를 받았습니다. 이는 광야 기간 동안 할례를 행하지 못했기 때문입니다. 또한 그곳에서 그들은 무교병으로 유월절을 지키고 그 땅의 곡식을 먹었는데, 그때에 만나가 그쳤습니다.

여호수아는 주 예수님께서 자신에게 모습을 나타내신 것에 힘을 얻어 가나안을 정복하기 위해 전진했습니다. 여리고에 도착하여 언약궤와 군사들은 엿새 동안 그 성을 하루에 한 바퀴씩 돌았습니다. 그들은 제칠 일에 일곱 바퀴를 돌았는데, 그때 성벽이 저절로 무너져 내렸습니다. 그들은 여리고성을 정복하였고, 보이는 것을 모두 파괴했습니다. 살아남은 것은, 오직 라합과 그 집에 있던 사람들뿐이었습니다. 아간이 하나님의 명령에 불순종하여 저주받은 것들을 취했는데, 그 일이 원인이 되어 이스라엘 백성들은 아이성 정복에 실패하였고, 서른여섯 명이 죽었습니다. 이 일로 인해 이스라엘 백성들의 마음이 물처럼 녹아 버렸는데, 이는 그들이 여호와를 불신했기 때문에 일어난 결과였습니다. 여호수아는 여호와로 말미암아 힘을 얻어 이스라엘 백성들을 격려했고, 아간을 벌했습니다. 그때에야 비로소 아이성이 함락되었습니다. 이스라엘 백성들을 두려워한 기브온 사람들이 멀리서 온 것처럼 속이고 이스라엘과 화평을 맺자, 가나안의 다섯 왕이 기브온 사람들을 제거하려고 음모를 꾸몄습니다. 그러나 여호와께서 이 다섯 왕들을 이스라엘의 손에 붙이시고 하늘에서 거대한 우박을 내려 그들을 멸절하셨습니다. 그들을 더 확실히 멸절하기를 원한 여호수아의 요청에 따라 여호와께서 해와 달을 그 자리에 세우셨습니다. 이 일 후에 가나안의 모든 왕들이 힘을 합쳐 이스라엘에 맞섰습니다. 그러나 그들은 완벽하게 패배하였고 이스라엘은 가나안의 모든 땅을 정복하였습니다.

정복한 후에 여호수아가 제비를 뽑아 그 땅을 이스라엘의 각 지파에게 분배하였습니다. 르우벤 지파와 갓 지파와 므낫세 반 지파는 이미 그들이 받은 요단 동편의 집으로 돌아갔습니다. 그리고 그들은 그곳에 제단을 세웠습니다. 다른 지파들은 제단을 세운다는 소식을 듣고서 그들이 우상숭배를 한다고 여겨 그들과 싸우려고 했습니다. 이러한 모습은 당시에 이스라엘이 얼마나 열정이 있었는지를 보여 줍니다. 요단강 동편 지파들이 제단을 쌓은 진짜 이유를 이해하자, 다른 지파들은 자신들의 유업으로 돌아갔습니다. 이 일이 있은 직후에, 열심을 다해 이스라엘을 권면했던 여호수아가 110세의 나이로 죽었습니다.

여호수아가 세상을 떠나자 이스라엘은 극도로 타락하기 시작했습니다. 그들은 여호와를 떠나 우상숭배에 빠졌으며, 자신들이 정복한 땅의 신들을 섬겼습니다. 하나님께서 말씀하신 것과 달리 그 땅의 우상들 가운데 많은 것들을 파괴하지 않은 것입니다. 그러자 여호와께서 다시금 이스라엘을 향해 진노하셨고, 그로 말미암아 이 백성들은 자신들을 침공하는 사람들에게 저항하지 못하였습니다. 결국 이스라엘은 모든 민족들에게 약탈당하는 신세가 되었습니다. 메소포타미아의 왕 구산리사다임, 모압 왕 에글론, 가나안 왕 야빈, 미디안 사람들, 블레셋 사람들이 이스라엘 백성들을 다스렸습니다. 뿐만 아니라 내전으로 말미암아 이스라엘은 스스로를 파괴하기도 했습니다. 그 결과 이스라엘은 애굽에 있을 때보다 더욱 비참한 상태에 처하곤 했습니다.

여호와는 자기 백성들을 쓸어버리고 싶어하지 않으셨기에 계속 사사들을 보내 이스라엘이 대적들의 손에서 벗어나게 하셨습니다. 그런데도 그들은 쉴 새 없이 여호와에게서 떠났으며, 가장 가증한 모습으로 계속해서 우상을 섬겼습니다. 사사들의 말을 어느 정도 따르기도 했으나, 대개 그렇게 하지 않았습니다. 하나님께서 그들을 계속 구원하셨는데도 말입니다. 그러나 하나님께서 보내 주신 사사들이 계속 이어지지는 않았습니다. 하나님은 그들이 사사를 가장 절실히 필요로 할 때에 사사를 보내셨습니다. 그로 말미암아 이스라엘이 구원을 얻으나, 그 이후에도 그들의 평화는 오래 지속되지 못했습니다. 그 땅에 평화가 가장 오래 머물렀던 기간이 불과 팔십 년밖에 되지 않습니다.

사사들의 명단은 다음과 같습니다.

① 여호수아

② 옷니엘

③ 에훗

④ 드보라: 드보라는 바락을 이용했습니다. 그리고 메로스 사람들이 전쟁하러 오지 않았기 때문에 메로스를 저주했습니다. 또한 드보라는 망치로 시스라의 머리에 큰 못을 박은 여장부 야엘을 높였습니다.

⑤ 기드온: 기드온은 삼백 명의 용사와 함께 미디안 군대를 전멸시켰습니다.

⑥ 아비멜렉: 아비멜렉은 이스라엘 내전 중에 어느 여인이 성벽에서 던진 큰 돌에 맞아 두개골이 깨져 죽었습니다.

⑦ 돌라

⑧ 야일

⑨ 입다: 입다는 자신이 승리하여 돌아온다면, 자기 집에서 가장 먼저 자신을 맞이하러 나오는 사람이나 짐승을 여호와께 제물로 바치겠노라고 맹세했습니다. 이때 그는 암소나 양이나 염소가 나오리라 생각했을 것입니다. 그러나 경솔한 맹세였습니다. 그의 딸이 마중을 나왔기 때문입니다. 그래서 그는 딸을 죽였고, 하나님께서 베푸신 복에 대해 가증스러운 행위로 응답한 꼴이 되어 버렸습니다.

⑩ 입산

⑪ 엘론

⑫ 압돈

⑬ 삼손: 삼손은 천사가 한 약속에 따라 마노아와 그의 아내에게서 태어났습니다. 그는 이스라엘을 블레셋의 손에서 구해 내기까지 놀라운 일들을 많이 행했습니다. 그러나 마지막에 창녀였던 들릴라에게 배신당하여, 결국 눈을 잃고 맙니다. 삼손은 자신의 눈을 빼앗은 이들에게 복수하면서 우상의 신전을 무너뜨렸는데, 이때 수많은 블레셋 사람들과 더불어 죽음을 맞이합니다.

⑭ 사무엘: 이스라엘이 점점 타락하여 불경함이 극에 달했을 때, 하나님께서 선지자 사무엘을 일으키셨습니다. 이때까지는 여호와의 언약궤가 보존되어 있었습니다. 이는 아마도 이스라엘 백성들이 언약궤를 잘 숨겨 놓았거나, 하나님의 손길로 말미암아 대적들이 이 신성한 물건에 대해 굉장한 경외심을 품었기 때문일 것입니다. 바로 이 언약궤를 이스라엘 자손들이 군대 진영으로 가져왔는데, 그들은 이로 말미암아 자신들이 승리하리라 확신하였습니다. 그러나 그들은 패했고, 언약궤는 적의 수중에 넘어가고 맙니다. 언약궤로 인하여 하나님은 블레셋 사람들에게 전염병을 보내셨고, 결국 언약궤는 이스라엘로 돌아가게 됩니다. 그때부터 사무엘이 다스리기 시작하여 이스라엘의 상황이 개선되기 시작합니다. 사무엘은 자기 아들들을 사사로 임명했으나, 그들은 자신의 직무를 성실히 감당하지 않았습니다. 그 결과 이스라엘 백성들은 왕을 원하게 되었습니다. 하나님은 왕을 원하는 이스라엘 백성들을 사무엘을 통하여 호되게 책망하신 뒤에 그들에게 왕을 허락하셨습니다.

당시 이스라엘은 외적으로 모든 상황이 악화되고 있었습니다. 이스라엘에서 대장장이를 찾을 수 없었기 때문에 무언가를 건축하거나 날카로운 것이 필요할 때에는 블레셋까지 가야 할 정도였습니다. 다시 말해, 블레셋 사람들은 이스라엘 사람들이 칼이나 창을 만들지 못할 정도로 그들을 압제했던 것입니다. 그러나 이스라엘에 왕이 등장하자, 이스라엘의 외적인 형편이 개선되었습니다.

사울과 다윗과 솔로몬 치하의 구약 교회

이스라엘의 초대 왕은 사울이었습니다. 그는 정치에는 참으로 유능했으나, 신앙에는 실패했습니다. 사울은 자신의 이익을 위하여 신앙을 이용했습니다. 그래서 하나님은 그를 거부하셨습니다. 그는 길르앗에 있는 야베스 사람들을 구출하기 위해 33만 명의 군사를 모았습니다. 그들 가운데 칼을 가진 이는 오직 사울 자신과 그의 아들 요나단뿐이었지만, 하나님은 사울의 손에 대적들을 붙이셨습니다. 그는 블레셋 사람들에게서 많은 사람들을 구출했고, 어디를 가든지 형통했습니다. 그러나 그가 제사장들을 공격하고 죽이자, 하나님은 블레셋과의 전쟁에서 그가 죽음을 맞이하게 하셨습니다. 이때 사울은 스스로 칼을 뽑아 자결합니다. 그는 이스라엘을 삼십 년 동안 다스렸습니다.

이스라엘의 두 번째 왕은 유다 지파 출신인 다윗이었습니다. 그는 용맹한 전쟁 영웅으로서 이스라엘을 대적의 손에서 구해 냈을 뿐만 아니라, 많은 나라를 자신의 영토로 합병하여 그들을 다스렸습니다. 그가 통치하는 동안 이스라엘은 그 영광과 명성에서 전성기를 구가하였습니다. 또한 다윗은 하나님을 지극히 경외하는 왕으로서 하나님의 마음에 합한 자였습니다. 다윗이 모든 즐거움과 관심을 둔 대상이었던 교회가 그 고귀함을 회복하고 질서를 갖추게 되었습니다. 다윗은 하나님의 명령에 따라 제사장들을 스물네 반차로 조직하였고, 각 반차는 자신의 순서가 오면 거룩한 직무를 수행했습니다. 또한 다윗은 언약궤를 예루살렘으로 옮겨 와 이를 위한 장막을 짓고, 예배를 위한 성전이 건축되기까지 언약궤를 그곳에 보관하였습니다. 그는 직접 성전을 건축하고 싶어했습니다. 그래서 엄청난 양의 금과 은과 구리 및 크고도 영광스러운 건물을 건축하는 데 필요한 모든 것들을 모았습니다. 그러나 하나님의 뜻은 달랐습니다. 하나님은 다윗이 성전 건축하기를 원하지 않으셨습니다. 왜냐하면 그가 전쟁에서 너무 많은 피를 흘렸기 때문이었습니다. 그러나 하나님은 다윗이 품은 소망과 의도를 기뻐하셨습니다. 하나님은 다윗의 자손 가운데 메시아가 탄생하리라고 약속하셨습니다. 뿐만 아니라 하나님은 그의 아들 솔로몬이 성전을 지을 때 사용할 성전의 양식을 다윗에게 친히 주셨습니다. 이처럼 다윗은 사십 년간 통치하며 교회와 국가를 모두 융성시킨 후에 숨을 거두었습니다.

이스라엘의 세 번째 왕은 솔로몬이었습니다. 그는 지혜가 충만했고 부와 영예와 영광을 누린 왕입니다. 그가 통치하는 동안 왕국은 안정되었고 평화로웠습니다. 여호와는 그를 기뻐하셨으며, 선지자 나단을 통해 솔로몬에게 여디디야(하나님께 사랑을 입은 자, 삼하 12:25 참고)라는 이름을 주셨습니다. 솔로몬은 성전을 건축하였습니다. 성전은 주로 성막의 양식을 따라 건축되었으나, 성막보다 훨씬 더 크고 영광스러웠습니다. 솔로몬은 이스라엘을 사십 년 동안 다스렸습니다.

다윗과 솔로몬의 치하에서 구약 교회는 가장 영광스러운 시기를 누렸습니다. 그러나 솔로몬이 죽자, 교회는 그 광채와 순결성을 급격히 잃어버렸습니다. 이스라엘 왕국은 둘로 갈라졌습니다. 열 지파가 다윗의 집에서 이탈하여 '이스라엘'이라는 이름을 유지했습니다. 유다 지파와 이에 이웃한 베냐민 지파는 서로 연합하였습니다. 왜냐하면 이미 이 두 지파가 서로 섞였다고 보아도 무방할 정도였기 때문입니다. 그래서 예루살렘의 한 부분을 베냐민 지파가 차지하고 있었던 것입니다. 이 두 지파가 다윗의 집에 남았고, 이 나라는 유다 왕국이라고 불립니다.

분열 왕국 시기의 구약 교회

북이스라엘의 첫 번째 왕은 느밧의 아들 여로보암이었는데, 그는 이스라엘을 범죄하게 만든 왕이었습니다. 그는 백성들이 예루살렘을 잊어버리고, 하나님께서 제정하신 종교적 예배를 예루살렘 성전에서 지키지 못하게 하려고 단과 벧엘이라는 두 도시를 예배 처소로 지정하였습니다. 그리고 이 두 도시에 금송아지 우상을 세웠습니다. 제사장들이 이스라엘을 떠나 유다와 예루살렘으로 향하였기에 여로보암은 수많은 악한 사람들을 매수하여 제사장으로 삼았습니다. 여로보암은 백성들이 참된 신앙에서 속히 멀리 떠나기를 원했습니다. 이를 위해 그는 예루살렘에서 여호와의 절기로 지키는 그날을 절기로 지정하여 참된 예배 형태를 어느 정도 흉내 냈으며, 단과 벧엘에 있는 우상들에게 제사하였습니다. 이처럼 여로보암은 이스라엘 백성들을 우상숭배로 이끌었으며, 그의 뒤를 이은 이스라엘 왕들은 모두 그의 길을 따랐습니다. 결국 이스라엘에는 선한 왕이 단 한 명도 나오지 않았습니다. 그 왕들은 모두 불경건했으며, 이로 말미암아 왕국 전체가 우상숭배에 빠지게 되었습니다. 이러한 왕들이 다스리는 동안에도 하나님은 자기 백성들을 보존하셨습니다. 여로보암은 이스라엘을 22년 동안 다스렸습니다.

이스라엘의 두 번째 왕은 나답이었는데, 그의 재위 기간은 불과 2년이었습니다. 그 이후에 나온 왕들은 다음과 같습니다. 3대 왕 바사(23년), 4대 왕 엘라(1년), 5대 왕 시므리(7일), 6대 왕 오므리(11년), 7대 왕 아합(12년), 8대 왕 아하시야(2년), 9대 왕 요람(12년), 10대 왕 예후(28년), 압제를 당하는 동안에는 여호와의 이름을 불렀던 11대 왕 여호아하스(16년), 12대 왕 요아스(16년), 13대 왕 여로보암 2세(41년), 14대 왕 스가랴(6개월), 15대 왕 살룸(1개월), 16대 왕 므나헴(10년), 17대 왕 브가히야(2년), 18대 왕 베가(20년), 19대 왕 호세아(9년)입니다. 호세아 왕 때에 앗수르 왕 살만에셀이 이스라엘 온 땅과 사마리아를 정복하고 그 땅의 백성들을 포로로 끌고 갔습니다. 이 지파들은 두 번 다시 그들의 땅으로 돌아오지 못하고 이방인들 가운데서 어느 정도 그들에게 동화되었습니다. 이스라엘 땅에 남겨진 사람들은 점차 예루살렘으로 돌아와 유다 왕국 전체에 거주했는데, 일부 이스라엘 사람들은 현재 그들 나라의 전체 모습과 같이5) 유대 신앙을 유지하며 곳곳에 흩어져 거주했습니다. 유대인들이 그 열 지파에 대하여 지어낸 것들은 거짓에 불과합니다. 그러므로 전체 이스라엘 왕국은 멸절되었습니다.

유다 왕국에는 스물두 명의 왕들이 있었으며, 모두 다윗의 직계 자손들이었습니다. 네 번째 왕인 르호보암은 17년간 다스렸는데, 자기 신하들과 함께 하나님에게서 떠났고 하나님 보시기에 악한 일을 행했습니다. 그 이후의 왕은 다음과 같습니다.

---

5) 역자주 - 아 브라켈이 이 글을 쓰던 시기에는 지금처럼 국가 이스라엘이 없었고 모든 유대인들이 전 세계에 흩어져 있었다.

다. 5대 왕 아비야(3년), 6대 왕은 하나님을 경외한 아사(4년), 마찬가지로 하나님을 경외한 7대 왕 여호사밧(25년), 8대 왕은 불경건했던 여호람(8년, 그중 4년은 섭정이었습니다), 역시 불경건했던 9대 왕 아하시야(1년), 10대 왕 아달랴(6년, 아하시야의 어머니, 비록 유다 왕국은 그녀의 손자 요아스에게 속했으나 처음 6년 동안은 그녀가 실제로 다스렸습니다), 11대 왕은 요아스(40년, 그의 삼촌이자 대제사장이었던 여호야다에 의해 7세에 왕이 되었습니다)로, 여호야다가 살아 있는 동안에는 선한 왕이었으나 그 이후로 불경건한 왕이 되었습니다. 12대 왕이었던 아마샤(29년)는 처음에는 잘 다스렸으나 이후에 그의 불경건한 행위를 통해 온전하지 않은 마음을 드러냈습니다. 13대 왕은 웃시야로(52년), 잘 다스린 부분도 있으나 거룩한 것에 손댔을 때 여호와께서 나병을 보내 그를 치셨습니다. 14대 왕은 경건했던 요담(16년), 15대 왕은 매우 불경건했던 아하스(16년), 16대 왕은 경건했던 히스기야(22년), 17대 왕은 처음에는 불경건했으나 나중에 회개한 므낫세(55년), 18대 왕은 불경건했던 아몬(2년), 19대 왕은 경건한 요시야(31년), 20대 왕은 여호아하스(3개월), 끝으로 21대 왕 여호야김(11년)과 22대 왕 여호야긴(3개월)과 23대 왕 시드기야(11년)는 모두 불경건했습니다.

　시드기야가 통치할 때 예루살렘과 성전이 훼파되었고, 유다 사람들은 모두 바벨론에 포로로 끌려갔습니다. 결국 다윗과 솔로몬 시대 이후 유다의 왕들 가운데 종교적 예배와 그 백성들을 개혁하기 위해 수고한 사람은 겨우 대여섯 명에 불과했으며, 대부분의 왕들은 불경건했습니다. 교회는 심각하게 부패했고, 경건하지 못할 때가 많았으며, 전반적으로 가증한 우상숭배에 완전히 빠져 있었습니다. 여호와께서 선지자들을 보내 그들로 하여금 열심을 가지고 담대하게 유다 사람들을 책망하고 경고하고 훈계하며 지도하게끔 하셨습니다. 그런데도 그 백성들은 하나님의 말씀을 듣지 않고 계속 우상을 섬겼습니다. 그러나 구약 교회에는 언제나 경건한 성도들이 많았습니다. 엘리야는 자신의 시대에 자신만이 홀로 남았다고 믿었지만 여전히 칠천 명, 곧 수천 명의 경건한 사람이 남아 있었습니다. 하물며 다윗이나 솔로몬을 비롯하여 다른 경건한 왕들의 시대에는 경건한 사람들이 얼마나 많았겠습니까! 그러므로 어떤 측면에서는 구약 교회를 높이 여겨야 하며, 반면에 하나님께서 이런 불경건한 사람들을 오래 참으시는 것에 대해서도 경탄해야 합니다.

바벨론 포로기의 구약 교회

많이 경고하신 후에 하나님께서 바벨론 왕 느부갓네살을 보내셨습니다. 느부갓네살은 가나안과 예루살렘과 성전과 그 밖의 모든 것을 파괴하였고, 전리품들을 비롯하여 모든 유다 사람들을 바벨론으로 끌고 가 노예로 삼았습니다. 포로지에서 유다 사람들은 시온을 생각하며 슬피 울었습니다. 그들은 이전에 귀하게 여기지 않았던 성전과 신앙을 귀하게 여기며 소망했습니다. 이러한 상황에서도 하나님은 그들을 선대하셨고 선지자들을 통해 미래에 회복될 것을 전하심으로써 그들을 격려하고 위로하셨습니다. 여호와는 유다 백성을 포로로 삼은 사람들이 보는 앞에서 유다 백성들에게 은혜를 자주 베푸셨습니다. 유다 백성들은 거친 땅을 할당받아 개간해야 했습니다. 그러나 이 덕분에 대부분의 유다 백성들은 함께 머물 수 있었고, 이로 말미암아 참된 신앙을 가르치고 보존하기가 수월했습니다. 이들이 자신들에게 주어진 땅에서 가장들에게 순종하며 살 때, 왕궁에는 그들이 더욱 행복하게 살 수 있도록 노력하는 유력한 사람들이 있었습니다. 그들 가운데 다니엘은 하나님의 인도하심을 입어 왕궁에서 크게 존경받았습니다.

유대인들은 칠십 년 동안 포로로 살았습니다. 일반적으로 칠십 년이라는 기간은 사람의 가장 긴 수명에 해당합니다. 하나님은 애굽을 떠난 사람들이 아니라 그들의 자녀들이 가나안에 이르기를 원하셨습니다. 여기서도 동일하게 하나님은 자신들의 죄로 말미암아 포로 된 이들이 다시금 가나안으로 돌아가는 것을 원하지 않으셨습니다. 결국 이들은 가나안으로 돌아가지 못하고 바벨론에서 죽었습니다. 그러나 나이가 많은 이들 가운데 바벨론에서 죽은 사람들의 자녀들과 더불어 가나안으로 돌아간 사람들도 있었습니다. 그들은 여전히 솔로몬 성전을 기억하고 있었습니다. 유대인들이 그들의 땅으로 돌아가지 못한 것이 매우 애통하게 보일 수도 있습니다. 그러나 왕의 마음을 그 손에 가지고 계시며 그 어떤 일에도 놀라지 않으시는 여호와께서, 예레미야가 예언한 칠십 년이 지난 뒤에 그들이 다시금 돌아올 수 있게 하셨습니다. 하나님께서 고레스를 통해 이 일을 행하셨는데, 고레스는 이미 오래전에 그 이름이 명시되었던 사람이었습니다. 그렇습니다. 백성들이 돌아왔습니다. 뿐만 아니라 성전의 거룩한 기구들도 함께 돌아왔습니다. 이는 유대인들이 성전에서 여호와를 섬기는 일에 사용하기 위한 것입니다. 그리고 그들은 이 성전을 재건할 수 있다는 허락은 물론, 성전을 재건하라는 명령까지 받았습니다.

유다 백성들은 포로로 끌려갈 때와 비슷한 방식으로 바벨론에서 귀환하였습니다. 처음에는 소수의 사람들이 포로로 끌려갔다가 이후에 모두 포로로 끌려갔습니다. 마찬가지로 모든 백성들이 한꺼번에 귀환하지 않았습니다. 그렇습니다. 돌아갈 수 있는 자유가 보장되었으나 많은 사람들이 돌아가기를 원하지 않은 것입니다. 그들은 스스로 그곳에 포로 상태로 남기로 한 것입니다. 이들은 대부분 유대교를 따랐으며 이방인과 섞이지 않고 분리되어 있었지만, 가나안과 그곳에서 누릴 순결한 신앙보다 바벨론 땅의 소유를 더 좋아한 것입니다. 바벨론을 떠난 이들도 애굽을 떠난 이스라엘 백성들처럼 엄청난 부를 가지고 있었습니다. 그들은 다윗의 자손으로서 고위 관리였던 스룹바벨, 대제사장인 예수아, 열정의 사람 느헤미야 및 그 밖의 다른 사람들의 인도를 따라 바벨론을 떠났습니다.

그들의 첫 번째 임무는 제단을 쌓고 그곳에서 아침저녁으로 제사를 드리는 것이었습니다. 그다음에 그들은 예루살렘 성벽을 건축하는 일에 열심을 냈고, 모든 사람들이 힘을 모은 결과 놀라울 정도로 짧은 시간에 성벽을 완공할 수 있었습니다. 다음으로 성전의 기초를 놓았습니다. 그러나 성전 건축은 더디게 진행되었습니다. 모든 이들이 자신의 집부터 지었기 때문입니다. 이에 대해 여호와께서 학개 선지자를 통해 이스라엘 백성들을 책망하셨습니다. 제2성전은 처음 성전보다 구조가 훨씬 단순했습니다. 그래서 첫 번째 성전을 보았던 노인들은 제2성전의 기초를 보고 통곡했습니다. 더 나아가 제2성전에는 첫 번째 성전에 있던 것들 가운데 몇 가지가 빠져 있었습니다. 그러했는데도 이 나중 성전이 첫 번째 성전보다 더욱 영광스러웠습니다. 왜냐하면 모든 그림자의 실체가 되시는 주 예수 그리스도께서 그곳에 임하셨기 때문입니다. 그분은 자기 광채로 모든 어둠을 물리치셨습니다.

신구약 중간기 동안의 구약 교회

포로들이 돌아온 뒤에도 안식은 찾기 힘들었고, 나라가 완전히 하나 되지 못했습니다. 다윗 가문에 속한 고관들은 아무런 권위도 가지지 못했으나, 대제사장들은 정치적으로 너무 많은 권력을 가졌습니다. 결국 그들이 득세하여 마카비 왕조 시기(Maccabean Period)[6]에는 정부의 실권을 모두 장악했습니다. 사악한 안티오쿠스가 이스라엘 백성들을 압제하였던 까닭에 이스라엘 그 어디에서도 평안과 안정을 찾아볼 수 없었습니다. 결국 이스라엘은 로마의 식민지가 되고, 로마 황제는 헤롯을 통해 이스라엘을 통치하게 됩니다. 이를 통해 이스라엘은 외적으로나마 평안을 누리게 되었습니다.

이스라엘이 바벨론에서 돌아온 후 우상숭배로 돌아갔다는 내용은 발견되지 않습니다. 이스라엘이 가나안 땅으로 입성한 뒤에, 이들은 하나님께서 모세를 통해 주신 율례를 따라 신앙적인 일들을 그 어느 때보다 열심히 수행했습니다. 그러나 교회는 위선과 미신과 다양한 오류들로 말미암아 무너져 갔습니다. 바리새인(오류가 가장 덜 심각했던)을 비롯해 사두개인과 에세네파가 이러한 모습을 대표합니다.

만일 누군가가 교회가 처음 가나안에 입성할 때부터 마지막까지 보인 모습을 관찰한다면, 가나안이 천국의 모형으로 지정되었다는 사실에 크게 놀랄 것입니다. 사실 이 둘은 서로 닮기는커녕 다르기만 합니다. 그러할지라도 이 둘을 아무 거리낌 없이 비교하여, 이스라엘 백성들의 여정이 천국을 향한 하나님의 자녀들의 여정을 암시한다고 생각할 수 있습니다. 이 여정에서 그들은 하나님의 구원뿐만 아니라 환난도 만나는데, 이 모두를 육신으로 경험합니다. 또한 가나안은 모든 육체

---

[6] 역자주 - 안티오쿠스 4세의 불경건한 정책에 반대하여 유대인이었던 마카비의 가문이 율법의 회복을 기치로 반란을 일으켜 유대 정권을 잡아 통치하던 기간을 일컫는다.

에 속한 것을 나타낸다고 이해할 수도 있습니다. 즉, 이 세상에서는 모든 것이 최상의 상태라 하더라도 여전히 탄식과 슬픔이 있으며, 이 땅에서 평안을 구하거나 기대해서는 안 된다는 것입니다. 더 나아가 구약 교회의 상태를 생각함으로써 신약 교회가 구약 교회보다 얼마나 더 탁월한지를 인식할 수 있습니다. 사실 교회가 마땅히 추구해야 할 모습과 오늘날의 교회를 비교할 때, 사람들이 오늘날 우리의 교회가 보이는 비참한 모습에 대해 불평하는 것도 무리가 아닙니다. 그러나 지금 우리의 교회를 구약 교회와 비교하면, 우리가 진리 안에 가지고 있는 것 중 가장 불완전한 것이 구약 교회의 가장 좋은 것보다 더욱 탁월함을 알 수 있습니다. 그러므로 우리는 마땅히 주님께 감사하고 그분을 찬양해야 합니다.

부록 4

구약 시대에 존재한 예수 그리스도의 보증직의 본성

지금까지 구약 교회의 모습을 전반적으로 살펴보았습니다. 이제 구약의 신자들이 구체적으로 어떤 상태였는지에 관해 생각해 봅시다. 사실 이 문제에 대해서는 개혁교회 안에서도 다양한 의견이 존재합니다. 이제 보증직 및 구약의 신자들과 관련된 몇몇 질문들을 다루면서 이러한 의견들을 순서대로 제시하겠습니다. 본 장에서는 보증직의 본성에 관해 이야기하겠습니다.

서로 다른 견해들

다음의 질문을 생각해 봅시다. '주 예수님께서 구약 신자들의 죄책과 형벌을 담당하셨으며, 그들에게서 그것들을 제거하셨는가? 이를 행하실 때 하나님 앞에서 자신에게 의무를 부여하여 하나님께서 요구하시는 바를 하나님의 뜻에 따라 구약 신자들을 위해 만족시키셨는가? 아니면, 보증께서 하나님의 요구를 만족시키실 때까지 하나님께서 구약 신자들의 죄를 벌할 수 있는 권위와 권리와 자유를 가지고 계셨으므로 이 신자들은 여전히 죄책과 형벌 아래 있었는가?'

이 질문들은 논의의 주요 쟁점이며, 이어서 살펴볼 서로 다른 의견들이 존재하는 원인이기도 합니다. 그러나 이로 말미암아 지금 주 예수 그리스도의 영광이 위기를 맞고 있습니다. 그러므로 먼저 다양한 종류의 보증을 살펴보고, 서로 대립하는 진영이 모두 인정하는 몇 가지 사실에 관해 생각한 다음, 두 진영의 차이를 살펴보겠습니다.

첫째, 일반 사회법에는 세 가지 유형의 보증이 있습니다.

① 첫 번째 유형의 보증은 '*ordinis et excussionis*(오르디니스 에트 엑스쿠시오니스)[1]의 이익에 입각한 *Fide-jussor*(피데 주소르)[2]'라고 불립니다. 이는 원채무자가 자신의 채무를 유지하고 자신이 갚을 수 있는 금액을 먼저 갚을 의무가 있다는 조건 아래 한 사람이 다른 사람을 위한 보증이 되는 것입니다. 결국 채무자가 갚을 능력이 없을 때, 보증인이 남은 채무를 모두 부담합니다.

② 두 번째 유형의 보증은 '오르디니스 에트 엑스쿠시오니스의 이익을 거부한 피데 주소르'라고 불립니다. 이는 보증인이 원채무자와 동일한 상태에 있는 것인데, 즉 채권자가 채무자와 보증인 중 자신이 원하는 사람에게 변제를 요구할 수 있는 것입니다. 결국 두 사람 모두 돈을 갚아야 하는 의무를 집니다. 그러므로 먼저 보증인이 변제를 요구받았으나 갚을 능력이 없으면 원채무자가 남은 채무액을 갚아야 하고, 반대로 처음부터 원채무자가 변제를 요구받았으나 채무액을 모두 갚을 능력이 없으면 보증인이 남은 채무액을 갚아야 하는 것입니다.

③ 세 번째 유형의 보증은 '*Expromissor*(엑스프로미소르)'라고 불립니다. 이는 채권자의 동의를 구한 후 원채무자의 채무를 보증인 자신이 모두 담당하여 개인적으로 갚는 것입니다. 이 경우 원채무자는 빚을 갚을 의무에서 완전히 해방되어 더는 채무가 없이 그 어떤 책임도 질 필요가 없어집니다. 설령 보증인이 채무를 갚는 일에 태만하여 그것을 갚고자 하지도 않고 갚을 능력이 없더라도 마찬가지입니다.

이 세 유형의 보증은 개인 간의 금전적인 채무만 해결할 뿐입니다. 그러므로 이

---

1) 역자주 - 보증인이 채권자에게 자신보다 원채무자를 먼저 고소하도록 하는 권리를 의미한다.
2) 역자주 - 원채무자가 빚을 갚지 못할 경우 그를 위해 채무를 갚아 주는 보증인을 가리킨다.

에 속한 구체적인 내용 하나하나를 모두 주 예수 그리스도의 보증직에 적용할 수는 없습니다. 그리스도의 보증직의 경우, 하나님께서 재판관으로 전면에 등장하여 정의롭게 피고인에게 판결을 내리고, 그 판결을 시행하십니다. 또한 지금 우리가 다루는 채무자는 마땅히 죽어야 할 사람입니다. 따라서 그 사람이나 보증, 둘 중 하나가 죽어야 하는 것입니다. 이런 경우 공동으로 빚을 갚을 수 없습니다. 이 보증은 하나님인 동시에 인간이시므로, 인간에게 주어질 형벌을 온전히 짊어지고 담당하실 수 있는 분입니다. 이 경우, 세 유형의 보증직은 그리스도의 보증직에 그대로 적용될 수 없습니다. 그러므로 우리는 그 유형들에 얽매이지 말고, 그 유형들에서 이끌어 낼 만한 문제와 관련된 그 어떤 논쟁에도 관여하지 말아야 합니다.

그러나 우리가 이 유형에 사용된 용어들 중 하나를 쓸 수밖에 없다면, 그리스도는 피데 주소르가 아니며, 그렇게 될 수 없다고 주장합니다. 왜냐하면 그 용어가 보증으로서나 그분의 보증직이 불완전하다는 의미를 담고 있기 때문입니다. 이런 보증은 죄인에게 아무런 유익도 되지도 못할뿐더러 어떤 위로도 주지 못합니다. 그러므로 우리는 그리스도께서 엑스프로미소르, 곧 죄책과 형벌을 친히 자기 것으로 짊어지고 스스로 죄인의 자리에 서신 분이라고 말합니다. 성부께서 그렇게 되도록 정하셨습니다. 바로 성부께서 그 보증을 보내셨고, 자기 아들의 보증직으로 만족하고 기뻐하셨습니다. 그리스도께서 앞으로 만족을 이루실 것과 이미 실제로 만족을 이루신 것은 모두 하나님께는 동일하게 확실한 것입니다. 왜냐하면 하나님께는 미래와 과거가 서로 마찬가지이기 때문입니다.

둘째, 두 진영이 서로 동의하는 부분은 다음과 같습니다.

① 구약 신자들은 죽는 즉시 천국에 올라갔으며, 그곳에서 영원한 즐거움을 누리고 있습니다.

② 그들이 받은 구원은 하나님의 공의가 만족되는 것과 깊은 관련이 있습니다.

③ 그들이 받은 구원은 오로지 약속대로 때가 차매 오셔서 그들의 죗값을 지불하신 메시아의 수난과 죽음에만 기초합니다.

④ 하나님께서 택자의 죄악에 대하여 결코 그들을 개인적으로 징벌하지 않고,

보증이 되시는 예수 그리스도 안에서만 징벌하기로 영원히 작정하셨습니다.

⑤ 타락 이후에 하나님은 인간과 단 하나의 은혜언약만 세우셨습니다. 이 언약은 낙원에서 첫 번째 약속과 더불어 시작했고, 지금도 존재하며, 그리스도께서 심판하기 위해 오실 때까지 변함없이 남아 있을 것입니다. 구약 신자들과 신약 신자들의 구원이 바로 이 언약으로 말미암습니다.

⑥ 그러므로 하나님께서 지상에 하나의 교회를 세우셨으며, 이 교회는 아담 때부터 최후의 심판 때까지 그 본질이 동일하게 남아 있을 것입니다.

양 진영은 이러한 사항들에 대하여 서로 동의합니다. 그리고 이 진리들 중 어떤 것에든 도전하는 주장이 있다면, 거기에 함께 반대합니다. 또한 양 진영은 앞의 사항들 중 한 가지라도 반대하는 의견에 동조하는 모든 이들을 자신들의 반대자로 간주합니다.

셋째, 두 진영은 다음 사항에서 서로 견해를 달리합니다. 개혁교회의 공통된 견해는 주 예수님의 보증직이 구약과 신약에서 모두 동일하다는 것입니다. 우리는 그리스도께서 모든 구약 신자들을 포함하여 모든 택자들의 모든 죗값을 지불하시기 위해 고난당하고 죽으심으로써 모든 택자들의 모든 죄를 친히 짊어지셨다는 사실을 믿습니다. 그리하여 구약 신자들이 신약 신자들과 동일하게 죄책과 형벌에서 자유로워졌음을 믿습니다.

그러나 다른 이들은 구약에 등장하는 그 보증이 절대적인 의미에서 자기 백성의 죄책을 담당하신 것이 아니며, 대신 그분이 보조하고 돕는 보증으로서 하나님께서 구약 신자들의 죄를 그들에게 벌하지 않고 보증이 되는 자신에게 벌하기를 기뻐하신다는 조건 아래에서만 보증의 의무를 감당하신다고 주장합니다. 그러므로 그 보증이 완전히 실제로 값을 지불할 때까지 하나님께서 구약 신자들의 죄를 그들에게 벌하실 권리와 자유를 가지시며, 그동안 그들은 여전히 죄책과 형벌 아래 있었다는 것입니다. 그러므로 만약 그 보증께서 값을 지불할 능력이 없거나 그렇게 하기를 원하지 않아서 값을 지불하지 못한다면, 그들은 영원토록 형벌을 당해야만 하는 것입니다.

이 차이를 보증에 대한 다양한 용어를 사용해 정의하고 싶다면, 일반적으로 다음과 같이 설명할 수 있습니다. "그리스도는 구약과 신약에서 모두 엑스프로미소르이시다. 반면에 다른 사람들은 그리스도께서 구약에서는 엑스프로미소르가 아니라 피데 주소르이실 뿐이라고 주장한다." 누군가가 어떻게 후자의 입장이 앞에서 언급한 바 두 진영이 동의하는 조항과 조화를 이룰 수 있는지 묻는다면, 저는 그것들을 하나로 묶는 방법을 알지도 못하고 또 그렇게 할 수도 없다고 답하겠습니다. 그러하기에 이것들을 하나로 묶을 수 있다고 주장하는 이들이 그 방법에 대해 대답하도록 남겨 두겠습니다.

주 예수님은 구약에서도 절대적이고도 충만한 의미의 보증이심

주 예수님께서 신약에서뿐만 아니라 구약에서도 절대적인 대리적 보증(vicarious Surety)이시라는 사실은 다음과 같이 확증됩니다.

【증명 1】 아담의 때부터 그리스도께서 심판하기 위해 오실 때까지, 은혜언약은 오직 하나였으며 하나로 남아 있을 것입니다. 이 언약은 모든 당사자가 동일한 지분과 권리를 가지며, 예수 그리스도께서 보증이 되십니다(히 7:22 참고). 오직 하나의 언약과 한 분 보증이 계시며, 이 언약에 참여한 당사자가 모두 동일한 권리를 가지고 동일한 방법으로 언약에 참여합니다. 그러므로 반드시 그리스도께서 언제나 동일한 보증이시며, 그분의 보증직은 그분이 실제로 만족을 이루시기 전이나 후나 동일한 효력을 가질 수밖에 없습니다.

【증명 2】 사도는 그리스도께서 구약에서도 신약과 동일한 보증이셨다고 분명히 증언합니다.

"예수 그리스도는 어제나 오늘이나 영원토록 동일하시니라"(히 13:8).

어제는 과거에 속합니다. 이는 구약 시대, 즉 사도가 히브리서 13장 7절에서 우리가 믿음을 따르고 행실의 결과를 생각해야 한다고 말할 때 등장하는 "그들"이 살아 있던 시대를 가리킵니다. 반면에 오늘은 현재에 속하며, 이는 곧 신약 시대를 의미합니다. 그러므로 사도가 하는 말의 핵심은 우리가 그리스도를 신뢰하고 선한 결과를 기대하는 데에서 구약 신자들 못지않아야 한다는 것입니다. 왜냐하면 주 예수님께서 지금이나 그때나 동일하시기 때문입니다. 따라서 그분은 위격과 관련해 영원하며 변하지 않는 하나님이십니다. 또한 속죄와 구속과 구원의 공로와 관련해 그분의 보증직은 지금 신약에서나 이전 구약에서나 동일한 효력을 가집니다. 그분은 과거와 마찬가지로 현재도 우리의 제단이시며(히 13:10 참고), 그때나 지금이나 동일하게 자신의 보혈로 자기 백성들을 거룩하게 하십니다. 또한 이 백성은 동일한 하나의 백성입니다(히 13:12 참고). 더 나아가 그분은 첫 번째 언약[3]에 속한 사람들의 허물뿐만 아니라, 신약 신자들의 죄도 속죄하기 위해 오셨습니다.

그러므로 사도는 우리가 은혜로 말미암아 힘을 얻고 외적인 것들을 붙잡지 않기를 원합니다. 사도는 신약 시대에 있는 우리에게 힘을 주기 위하여, 구약 시대에 자기 백성들을 위하셨던 그 그리스도에게서 위로와 확신의 토대를 가져옵니다. 이를 볼 때, 그리스도께서 신약에서와 마찬가지로 구약에서도 효과적인 보증이셨음이 분명합니다. 그리스도는 신약과 구약에서 하나로 동일한 분이십니다. 신약에서 절대적 의미의 대리적 보증이신 그분은, 따라서 구약에서도 절대적 의미의 보증이십니다.

【증명 3】 구약에 등장하는 그리스도의 보증직과 구속언약 또는 영원한 평화협약(Counsel of Peace)에서 그분이 담당하신 보증직은 그 본질이 일치합니다. 그리고 그리스도께서 이미 보증직을 시행해 오셨습니다. 바로 이 협약과 보증직의 시행에서 그분은 절대적인 의미의 대리적 보증이셨습니다. 그러므로 구약에서도 절대적인 의미의 대리적 보증이실 수밖에 없습니다.

① 하나님의 지혜와 진리와 다른 성품들을 고려할 때, 그리스도께서 영원한 평화협약 가운데 자신을 대리적 보증으로 주셨다는 사실이 자명해집니다. 하나님의 목적은 택자들을 절대적인 의미로 구원하는 것이었습니다. 하나님께서 자기 영광

---

3) 역자주 - 옛언약(the Old Testament)을 의미한다.

을 찬송하도록 그리스도 안에서 그들을 택하셨고(엡 1:5 참고), 그들을 그리스도께 주심으로 그리스도로 하여금 그들을 구원하게 하셨으며(요 17:6 참고), 그리스도는 자신의 책에 그들의 이름을 기록하셨습니다(계 21:27 참고). 여기에 속한 그 어떤 요소도 우연히 일어나지 않았습니다.

만일 하나님께서 죄에 대해 택자들이 아니라 오직 이 보증을 벌하기로 영원히 작정하셨다면, 어떻게 택자들로 하여금 자신의 죗값을 치르게 하실 수 있겠습니까? 어떤 이유로 하나님께서 구속언약 안에서 택자들을 영원한 정죄의 대상으로 삼으신단 말입니까? 하나님께서 자기 아들을 신뢰하지 못하셨단 말입니까? 그분의 능력이 충분하지 못했단 말입니까? 하나님의 아들에게도 보증들(guarantees)이 필요하므로, 그분의 능력이 부족할 경우에 사람들이 그분을 도와 나머지를 지불해야 한다는 말입니까? 아니면 성부께서 택자들이 아니라 성자를 붙들고 계시기를 기뻐하셨기에(성자는 때가 차서 이 땅에 오실 때까지 이 사실을 모르고 있었기에), 성자께서 자신이 고통당하지 않고 값을 지불할 필요가 없는 경우가 생길 수 있다는 조건 하에서 자신을 내주신 것입니까? 아니면 하나님께서 택하신 자기 백성들을 본래 가지신 의도와 다른 방식으로 시간 속에서 다루시며, 그 결과 다르게 생각하고 행동하셨다는 말입니까?

이 모든 터무니없는 질문들은, 참되고도 전지하며 모든 지혜를 가지신 하나님께서 이 성자를 자신이 정한 대로 절대적인 의미에서 모든 택자를 위한 대리적 보증이 되게 하시며, 이때 모든 택자들을 아무런 차별 없이 동일한 방식으로 대하신다는 사실을 보여 줍니다. 성자는 대리적 보증으로서 차별 없이 모든 택자들을 위해 자신을 충만하고 동일하게 내주십니다.

② 그리스도는 이 보증이 하나님의 영원하신 목적 안에서 절대적인 의미의 대리적 보증이 되기로 정해진 것과 마찬가지로 그 보증으로서 자신의 보증직을 행사하셨습니다. 그분은 한 사람뿐만 아니라 다른 사람을 위해 그 값을 완전히 치르셨습니다. 그분은 그 어떤 제약이나 조건도 없이 모든 택자의 자리를 동일하게 대신하셨습니다.

"그가 찔림은 우리의 허물 때문이요 그가 상함은 우리의 죄악 때문이라. 그가 징계를 받으므로 우리는 평화를 누리고 그가 채찍에 맞으므로 우리는 나음을 받았도다……여호와께서는 우리 모두의 죄악을 그에게 담당시키셨도다. 그가 곤욕을 당하여 괴로울 때에도"(사 53:5-7).

이 예언들은 그 당시 사람들을 유익하게 하기 위한 것이었으며, 바로 그들에게 선포되었습니다. 그러므로 당시 신자들은 보증이 되시는 그분이 자신들의 죄악을 담당하시며 정해진 때가 이르러 그들을 위하여 만족을 이루시리라는 사실을 이해하고 있었습니다. 그러므로 그분은 영원히 보증으로 임명된 것과 같이 자신의 보증직을 수행하셨습니다. 이 방법으로만 그분이 믿음의 대상으로 제시될 수 있었습니다. 왜냐하면 믿음의 대상은 반드시 참되어야 하기 때문입니다. 그러므로 그리스도께서 구약에서도 절대적인 의미의 대리적 보증이셨다는 사실은 논쟁의 여지가 없습니다.

【증명 4】그리스도는 구약 신자들에게 오직 절대적인 의미의 대리적 보증으로서 제시되었습니다. 이는 그리스도께서 신자들의 자리를 대신하셨으며, 그들을 위한 만족을 이루시기 위해 그들로부터 죄를 가져다가 자신이 담당하는 보증이셨다는 말입니다. 다음과 같은 이유로 이 사실이 분명합니다.

① 제사들은 모형으로서, 고난과 죽음을 통해 만족을 이루시는 그리스도를 예표합니다. 죄인이 제사를 드리고자 성전에 희생 제물을 가지고 와서 그 제물을 제사장에게 내줄 때 그 제물에게 안수했는데, 이는 그가 자신의 죄를 희생 제물로 예표되는 미래의 메시아에게 내려놓는 것을 상징합니다. 그런 다음 이 짐승이 죄인을 대신하여 죽임 당하고, 그 죄인은 의롭게 되어 집으로 돌아갔습니다. 이처럼 제사를 통하여 절대적인 의미에서 죄가 메시아에게 전달되었습니다. 여기서 믿음이 메시아를 향해 발휘되었습니다. 그 믿음은 메시아가 값을 지불하리라는 확신을 가리킵니다. 바로 이때 믿음으로 말미암는 칭의가 일어난 것입니다. 그리고 이 믿음은 반드시 진리를 그 대상으로 삼아야 합니다. 그러므로 구약에서도 그리스도는 절대적인 의미에서 대리적 보증이었습니다.

② 구약 신자들은 자신들이 여전히 죄책을 가지고 있으며 영원한 정죄와 심판의 대상이라는 사실을 알았을 수도 있고, 몰랐을 수도 있습니다. 또한 그들은 하나님께서 자신들의 죄에 대해 자신들을 벌하지 않으시고 보증이신 그분을 벌하신다는 사실을 알았을 수도 있고, 몰랐을 수도 있습니다. 그러나 자신들이 여전히 죄책과 형벌의 대상이라고 이해하는 동시에 하나님께서 그들의 죄악에 대해 자신들이 아니라 보증 되시는 분을 벌하시기를 원하고 또 그렇게 하실 것이라는 사실을 몰랐다면, 그들은 미래의 메시아를 믿지 못했을 것입니다. 왜냐하면 여기에는 믿음이 필연적으로 요구하는 확실한 약속이 없기 때문입니다. 그리하여 그들은 여전히 죄책 가운데 남아 있었을 것입니다. 그러므로 그들도 믿음 없이는 구원받을 수 없었습니다. 그러나 그들이 참으로 믿음을 가졌다면(물론 그들은 이런 믿음을 가졌습니다), 거기에는 절대적인 약속이 있어야 했습니다. 결국 절대적인 의미의 대리적 보증이 있어야만 했다는 의미입니다.

만일 정말로 그들이 죄책과 형벌을 받아야 하는 상태임을 몰랐다면, 이는 하나님께서 자신의 비밀스러운 뜻 가운데 그들 자신이 형벌을 당해야만 한다는 사실을 감추고 그들에게 알리지 않으셨다는 의미가 됩니다. 그러나 실제로 그들이 하나님께서 그들의 죄악을 이 보증 안에서 벌하신다는 사실을 알았다면, 그들은 그리스도께서 절대적인 의미의 대리적 보증이라고 생각했을 것이며, 그분을 믿음으로 말미암아 평안을 누릴 뿐만 아니라 죄책과 형벌에서 자유로워졌다고 생각할 수 있었을 것입니다. 그렇지 않다면, 이 보증이 능력이 부족하거나 충분한 값을 지불하지 못했으므로 그들이 원채무자로서 그 값의 전체나 일부를 지불해야 한다는 우려가 남습니다. 하나님과 전능하고 신실하신 예수님과 관련해 이는 정말 끔찍한 생각입니다! 심지어 이는 예수님께서 완전한 보증이 아니었을 것이라는 생각입니다. 그러나 그리스도께서 하나님의 승인을 따라 보증이 되셨다면, 그 채무가 옮겨지자마자 의롭게 된 채무자가 자신의 채무에 대해 다시는 그 어떤 책임도 지지 않게 될 것입니다.

③ 누군가는 이 신자들이 자신들이 아니라 오직 그리스도께서 값을 지불하실 것

을 알았으나, 하나님께서 여전히 이 보증이 아니라 그들 안에서 죄를 벌할 권리와 권위를 가지신다는 사실을 그들에게 알리셨다고 주장할 수도 있습니다. 이에 대해 저는 다음과 같이 답합니다. 그리스도께서 확실히 값을 지불하셨다는 사실을 아는 것과, 하나님께서 여전히 그 보증에게 값을 요구하지 않고 그들을 벌할 자유를 가지신다고 아는 것은 서로 모순되는 생각입니다. 하나님은 모순되는 것을 믿으라고 명하실 수 없습니다. 따라서 그리스도께서 구약에서도 대리적 보증이셨음이 확실한 사실로 드러납니다.

【증명 5】구약 신자들은 죽을 때 즉시 구원을 받았고 천국으로 옮겨졌습니다. 이는 논쟁의 여지가 없는 사실입니다. 그런데 천국에서 그들은 그리스도께서 죽으실 때까지 여전히 죄책과 형벌의 대상이었든지, 모든 죄책과 형벌에서 의롭게 되었으며 이미 소유한 영원한 구원을 상속받았든지 둘 중 하나라고 선언되었을 것입니다.

만약 그들이 천국에서도 죄를 책임져야 했다면, 그들은 형벌이 임하는 순간이 올 것과 그들이 천국에서 쫓겨나 지옥으로 떨어질 수 있다는 사실을 두려워했을 것입니다. 그러나 구원받아 천국에 있는 동시에 죄책과 형벌의 대상으로서 쫓겨날까 봐 두려워하는 것은 서로 모순됩니다. 만약 이들이 온전히 의롭게 되었다면, 이는 하나님의 공의가 완전히 만족되지 않은 채 의롭게 되었다는 말이 되는데, 이는 불가능합니다. 그러나 이것이 아니라면, 메시아의 완전한 보증직으로 말미암아 의롭게 된 것일 수밖에 없습니다. 비록 이 메시아가 아직 값을 지불하지 않았을지라도 절대적인 의미에서 그들의 죄를 그들에게서 제거하였고, 그들을 위하여 값을 지불하기로 정해진 때에 그 죄를 친히 담당하셨습니다. 만일 그리스도께서 이루신 만족으로 말미암아 이 후자의 견해가 참이라면, 그리스도께서 구약 시대에도 동일하게 신자들이 죽고 난 이후에도 절대적인 의미에서 그들을 위한 대리적 보증이셨음을 알 수 있습니다. 그러므로 이 보증직이 값을 미래에 지불하는 것이나 실제로 값을 지불한 것이나 그 효력은 동일합니다. 만약 그리스도께서 신자들이 죽은 뒤에도 그들을 위한 대리적 보증이 되신다면, 그들이 죽기 전에도 그들을 위한 보증이신 것입니다.

그러므로 그들은 모두 동일한 택자들입니다. 또한 하나님께서 그들에게 변함없으시며, 신자들 각자가 죽을 때에도 그리스도의 보증직은 변하지 않습니다. 따라서 주 예수님은 구약에서도 절대적인 의미에서 대리적 보증이셨습니다.

【증명 6】 구약 신자들은 하나님과 화해하는 유익을 누렸으며 자녀로 입양되었습니다. 뿐만 아니라 구원 얻는 참된 믿음과 온전한 칭의와 하나님과 누리는 화평 등을 함께 소유했습니다. 우리는 이것이 사실이라는 점을 다음의 내용을 통해 증명할 것입니다. 만일 완전한 대리적 보증이 없었다면, 그들은 이러한 유익에 참여하지 못했을 것입니다. 그러므로 주 예수님은 구약에서도 완전한 대리적 보증이 되십니다.

반론 1

이 보증이 자신의 직무를 완수하지 않았는데도 구약 신자들이 구원받을 수 있었겠는가? 하나님의 공의가 이를 허락하지 않았을 것이다. 그러므로 구약의 족장들은 이 보증이 실제로 만족을 이루실 때까지 죄에 대해 책임을 져야 했다.

답변

(1) 그렇다면 시내산 이전에 약속을 받은 신자들도 시내산 이후에 살았던 사람들과 동일한 처지였을 것입니다. 그러나 반대자들은 시내산 이전 신자들이 그 이후의 신자들보다 더욱 탁월한 상태였다고 주장합니다.

(2) 만약 이 보증이 자신의 직무를 완수하지 않은 것으로 드러난다면, 완전하게 된 의로운 사람들의 영혼이 천국에서 쫓겨나는 것입니까?

(3) "이 보증이 자신의 직무를 완수하지 않았다면"이라고 말하는 것과 이를 믿는 것은 끔찍한 일입니다. 하나님은 거짓을 말하실 수 없고, 여호와의 뜻은 이루어질 것이며, 주 예수님은 신실하게 순종하신 분입니다. 그러므로 이렇게 어리석은 주장을 할 여지조차 없습니다.

반론 2

그리스도께서 절대적인 의미에서 택자들의 죄책을 친히 담당하셔야 했다면, 가장 먼저 자신의 죄책에 대한 값부터 지불해야 했을 것이다. 그리하면 신자들은 만족을 통해서가 아니라 그리스도께서 자신들의 죄를 담당하심으로 말미암아 구속받은 것이다.

답변

(1) 어떤 사람은 그리스도를 단지 가능성이 높은 보증, 곧 조건적인 보증으로 가정함으로써 동일하게 주장할 수도 있을 것입니다.

(2) 그리스도는 택자들을 대신하여 만족을 이루고자 친히 그들의 죄책을 담당하심으로써 그들의 죗값을 지불하셨습니다.

(3) 동일한 내용이 신약에도 적용될 것입니다.

반론 3

"그리스도께서 다시 살아나신 일이 없으면 너희의 믿음도 헛되고 너희가 여전히 죄 가운데 있을 것이요"(고전 15:17).

이 구절은 이 보증이 자신의 직무를 완수하지 않은 것으로 드러날 경우 우리가 스스로 죗값을 치러야 한다는 사실을 증명한다. 그러므로 구약에서 그리스도는 대리적 보증이 아니었고, 신자들은 이 보증이 값을 지불할 때까지 죄책을 가지고 있었다.

답변

(1) 사도는 신약 시대에 대해 말하면서 '너'와 '너희'라는 단어를 사용하는데, 그리스도께서 부활하지 못하셨다면 신자들이 어떤 처지가 되었을지에 대해 언급합니다. 그러나 이 내용만을 가지고 신약에서 그리스도께서 피데 주소르에 불과하다고 결론 내릴 수 있습니까? 다시 말해, 그리스도께서 사람이 값을 지불하지 못하면 개입하는, 후원하고 돕는 보증일 뿐이라고 말할 수 있습니까? 또는 하나님께서 죄인이나 보증 가운데 어느 한쪽에게 또는 양쪽 모두에게 보상을 요구하신다면, 신

약 신자들도 여전히 죄책과 형벌의 대상으로 남아 있다고 결론 내려야 하지 않겠습니까?

(2) 사도는 하나님이요 사람이신 그리스도께서 죽은 자 가운데서 살아나실 수밖에 없었다고 선언합니다. 그는 우리의 믿음이 헛되지 않으며, 우리가 우리 죄 안에 있지 않다는 사실을 확신 가운데 입증합니다.

(3) 어떤 사람들은 죽은 자의 부활을 부인하지만, 사도는 죽은 자가 부활한다는 사실을 그리스도의 부활을 통해 밝히고 있습니다. 이때 사도는 그리스도께서 부활하지 않았을 경우 일어날 황당한 사실들에 대해 말하면서 그분이 부활하셨음을 확증합니다. 그러므로 사도의 목적은 그리스도께서 부활하지 않았을 경우 어떤 일이 일어날지를 가르치는 것이 아닙니다. 오히려 그리스도께서 자신의 직무를 완수하지 않았을 수도 있다고 가정하는 것이 얼마나 어리석고도 불합리한지를 말하는 것입니다.

(4) 이 구절이 다루는 내용은 구약 신자들의 상태가 아닙니다. 또한 그리스도께서 자신의 직무를 게을리하실 것을 두려워하며 그리스도께서 모든 값을 지불하실 때까지 그들이 죄책과 형벌의 대상이 되어 있다는 것도 아닙니다. *Conditio impossiblis nihil ponit in esse*(콘디티오 임포시빌리스 니힐 포니트 인 에쎄), 다시 말해 일어나지 않을 조건은 아무런 사실도 입증할 수 없습니다. 그리스도께서 자신의 보증직이 요구하는 바를 모두 완전하게 수행하시지 않는 일은 불가능합니다. 그러므로 그리스도의 만족이 없을 경우 어떤 일이 일어날지 상상하는 것은 지극히 어리석은 일입니다.

반론 4

죗값이 완전히 지불되지 않았기 때문에 죗값이 모조리 지불될 때까지 죄책이 남아 있다.

답변

이는 도대체 무슨 종류의 결론입니까? 그래서 그리스도께서 대리적 보증이 아니라는 말입니까? 어떤 사람은 이를 부인하면서 그리스도께서 대리적 보증이라고 주장합니다. 그러므로 이는 그리스도께서 적당한 때에 만족을 이루실 대리적 보증이라는 말입니다. 이 보증께서 이미 이 죄책을 담당하셨기 때문에 신자들은 정죄의 대상으로 남아 있지 않습니다. 아직 죗값이 다 지불되지는 않았으나, 결코 실수하지 않는 분께서 이를 만족시키실 것입니다.

반론 5

구약 신자들의 경우, 그들을 거슬러 손으로 쓴 것이 날마다 취소되어야 했다(골 2:14 참고). 이로 말미암아 구약 신자들은 스스로 값을 지불해야 할 의무를 졌다. 따라서 그리스도는 대리적 보증이 아니다.

답변

신자들이 날마다 자신들의 죗값을 지불해야 할 의무를 졌다는 말은 사실이 아닙니다. '손으로 쓴 것'이라는 말은 그러한 의미가 아닙니다. 오히려 그 말은 제사가 그들의 죄를 없애지 못하고 그들의 죄를 담당하신 보증만이 그들의 죗값을 확실히 지불하실 수 있다는 사실을 의미합니다. 제사는 그들에게 이 사실을 확신시키는 역할을 했던 것입니다. 어떤 면에서는 '손으로 쓴 것'이 전적으로 그들을 거스르지는 않았습니다. 왜냐하면 약속된 메시아께서 아직 오시지 않았고, 모든 것에 대해 만족이 이루어지지도 않았기 때문입니다. 그러나 이 사실이 그들을 짓누르거나 보증께서 지불하실 값에 대해 덜 확신하게 만들지는 않습니다.

이 문제에 관하여 일어나는 모든 오류는 하나님과 그분의 행위를 사람과 그의 행위와 비교하고(이는 이사야 55장 8절과 대립됩니다), 재판장이신 하나님께서 내리시는 의로운 심판과 죽음에 관한 보증이신 예수 그리스도를 금전적인 채무에 관한 인간 보증인의 기능과 비교하는 데서 비롯됩니다. 우리는 이러한 비교를 반박하며, 예수 그리스도는 보증으로서 그 직분을 수행하는 방법과 효력과 관련하여 구약이나 신약에서 동일하시다는 사실을 확증했습니다. 다시 말해, 죄책과 형벌을 택자에게서 제거하여 그분 자신이 짊어지셨으며, 그 일의 효력이 동일하다는 말입니다. 그러므로 문제의 핵심에 관한 한, 구약 신자들은 신약 신자들과 동일하게 하나님과 화해, 아들 됨, 화평, 친밀함을 누렸습니다. 다음 장에서 이 주제에 관해 논의하겠습니다.

부록 5

구약 신자들의 상태

 탁월한 몇몇 신자들을 제외하고는, 빛과 믿음과 위로와 그 밖의 많은 것들과 관련해 구약 신자들과 신약 신자들은 그 정도가 뚜렷하게 달랐습니다. 그러나 그러한 것들의 본질에 관한 한 이 둘은 아무런 차이가 없습니다. 이 둘은 동일한 성령, 동일한 믿음, 동일한 칭의와 사죄, 동일한 양심의 평안, 동일한 아들 됨을 가졌습니다. 그런데 어떤 사람들은 단순히 적용된 정도가 다른 것이 아니라 이 적용의 본질과 상태까지 다르다고 주장합니다. 그러므로 이 문제와 관련하여 몇 가지 질문을 던져야 합니다.

구약 신자들은 완전한 사죄를 누렸음

▶ 질문

구약 신자들은 그리스도께서 오시기 전에 하나님과 화해하였고, 구원 얻는 참된 믿음으로 말미암아 온전히 의롭게 되었으며, 죄를 완전히 용서받았는가? 아니면

> 그들은 하나님과 화해하지 못했고, 믿음으로 의롭게 되지 못했으며, 죄를 완전히 용서받지 못했는가? 믿음으로 말미암아 온전히 의롭게 되었으며, 죄를 완전히 용서받았는가? 아니면 그들은 하나님과 화해하지 못했고, 믿음으로 의롭게 되지 못했으며, 죄를 완전히 용서받지 못했는가?

대답: 이 질문이 다루는 내용들은 서로 연관되어 있으며 신자가 취한 상태의 참된 본질에 속한 문제입니다. 하나의 문제를 확증하면 동시에 다른 문제도 확증됩니다. 그러므로 우리는 이 내용들을 함께 묶어서 다루며, 두 번째 질문에 대해서는 아니라고, 첫 번째 질문에 대해서는 그렇다고 답합니다. 그런데 첫 번째 질문에 부정적으로 답하고 두 번째 질문에 긍정적으로 답하는 사람들도 있습니다. 이들은 언뜻 소시니안과 비슷한 견해를 주장하는 것처럼 보입니다. 그러나 이런 주장에 동조하는 사람들이 앞으로 소시니안을 논박하는 데 중요한 역할을 담당하게 될 것입니다. 그래서 우리는 그들이 소시니안주의를 가졌다고 고발하지 않습니다. 우리는 그들이 설명하고 선언하는 바에 기초하여 그들 중 현명하고도 견실한 사람들이 소시니안주의와 상관없음을 인정하고 선언합니다. 그들이 어떤 면에서는 연약하여 오류를 가지고 있으나 우리는 그들을 형제로 여깁니다. 그러나 자신들이 무슨 말을 하고 있는지도 모르고 자신들의 주장이 무엇인지도 모르는 급진적인 사람들의 경우, 우리는 그들이 스스로를 방어하도록 내버려 둘 것입니다. 왜냐하면 그들은 그 어느 편에서도 존중받지 못하기 때문입니다.

어떤 이들은 구약에서 보증이신 그리스도가 대리적 엑스프로미소르가 아니고, 단순히 약속되었으며 돕고 보조하는 피데 주소르일 뿐이라고 주장합니다. 그들에 따르면, 하나님은 구약 신자들에게 언젠가 그런 보증이 올 것이며 때가 차면 그 보증이 그들의 죄를 위한 만족을 이룰 것임을 알리셨습니다. 또한 그들은 제사를 마땅히 모형으로 여겨야 했고, 따라서 모형을 통해 그 보증을 믿어야 했습니다. 그러나 이 보증이 값을 지불하지 않는 이상, 원채무자인 그들은 죄책 아래 있는 것입니니다. 그러니 그들은 당연히 저주와 진노의 대상이 되는데, 이는 비록 하나님께서 원하지도 않고 그렇게 하지도 않으실지라도 여전히 하나님께서 그들에게 자신의 진노를 부을 권리와 권위를 가지고 계시기 때문입니다.

그들은 이 보증이 값을 지불하실 때까지 하나님께서 구약 신자들을 인내하신다고 말합니다. 다시 말해, 하나님께서 아직 그들의 죄를 용서하지는 않으셨지만 그 죄들을 지나치셨다는 것입니다. 즉, 언젠가 보증 되는 분이 와서 만족을 이룰 것을 알고 계셨기 때문에 하나님께서 그들의 죄에 대해 자신의 눈을 감으셨고, 그 죄를 보지 못한 것처럼 그것들을 간과하셨다는 뜻입니다. 그들은 이러한 하나님의 지나치심[1]을 πάρεσις(파레시스)로 표현하면서, ἄφεσις(아페시스)라는 말의 반대 의미라고 주장합니다. 이들은 파레시스를 구약과 연결시키고, 아페시스를 신약과 연결시킵니다. 이러한 생각은 제가 어렸을 때와 공부하던 시기에 등장하여 그 기반을 다지기 시작했는데, 바로 이때 아페시스와 파레시스에 대한 논쟁이 불붙었습니다. 그러나 훗날 더 명확히 이해하게 된 사람들이 이 두 단어에 기초해 볼 때, 구약과 신약에 존재하는 용서의 개념 사이에 아무런 구분이 없다는 사실을 깨닫고 이 단어들에 대한 논쟁을 끝냈습니다. 그러나 그들은 이 문제의 본질 안에 어떤 구분이 있다고 생각했으며, 오직 자신들이 이 논쟁에 대해 어떤 견해를 가지는지를 드러낼 때에만 이 단어들을 사용했습니다.

이로써 구약과 신약 성도들이 받은 용서가 본질적으로 어떻게 다른지를 분명하게 드러냈다고 믿습니다. 이제 먼저 우리의 관점을 증명하고, 그다음에 우리와 반대되는 견해들을 지지하는 주장들의 핵심 내용에 관해 생각해 보겠습니다.

【증명 1】 주 예수님의 보증직을 통해 다음 사실을 분명히 알 수 있습니다. 구약 신자들이 하나님과 화목한 상태에 있었으며, 구원 얻는 믿음에 의해 온전히 의롭게 되었고, 죄를 완전히 용서받았다는 것입니다. 만약 구약에서 주 예수님이 절대

---

1) 역자주 – 네덜란드어로는 "voorbijgaan" 또는 "oogluik"이며 본 서에서는 '간과하다' 또는 '지나치다'로 번역했다. 그런데 본 서는 이 단어를 개역개정 성경의 로마서 3장 25절에서 거듭난 신자들이 저지른 죄를 용서하시는 하나님의 은혜와 관련된 의미로 등장하는 '간과하심'이라는 단어와 다른 의미로 사용한다. 여기서 이 단어는 구약 성도들의 죄를 처벌하지 않고 유예하신다는 의미로 사용된다.

적이고도 완전한 의미의 대리적 보증이었다면, 구약 신자들은 방금 언급한 상태에 있었다는 말입니다. 실제로 구약에서 예수님은 이러한 보증이셨으며 신자들은 실제로 그러한 상태에 있었습니다. 첫 번째 전제가 확실하므로, 어느 누구도 이 전제를 부정하거나 공격할 수 없을 것입니다. 모든 죄악들이 완전히, 그리고 영원히 신자들에게서 제거되어 이 보증에게 전가되었다면, 그리고 하늘과 땅의 재판관이신 하나님의 동의와 명령 아래 이 보증께서 이 죄악들을 담당하셨다면, 신자들은 그 어떤 죄책도 가지지 않으며, 보증께서 이루신 모든 공로를 자신들의 분깃으로 가집니다. 그분 안에서 이들은 하나님 앞에서 의로우며, 하나님과 화해를 이루었고, 완전히 용서받았습니다. 그러므로 이 두 번째 전제도 확실합니다. 왜냐하면 이미 앞 장에서 이 내용을 증명하여 확증했기 때문입니다. 그러므로 결론 역시 확실할 수밖에 없습니다.

【증명 2】 이 증명은 우리의 주장을 분명하게 증언하는 성경 본문들에 근거합니다. 이 본문들은 다음과 같은 용어들을 사용하여 구약 신자들이 하나님과 화해했으며, 의롭게 되었고, 죄악을 용서받았다는 사실을 명시적으로 표현합니다. 이 용어들은 신약성경이 신자에게 임하는 화해와 칭의와 죄 사함을 표현할 때 사용하는 용어와 그 의미가 동일합니다. 이런 용어들이 너무나 많으므로 여기서는 몇 가지만 소개하겠습니다.

① כפר(키페르)

"너희의 생명을 대속하기 위하여 여호와께 드릴 때에"(출 30:15).

"너희의 생명을 위하여 속죄하게 하였나니 생명이 피에 있으므로 피가 죄를 속하느니라"(레 17:11).

"선하신 여호와여 사하옵소서. 결심하고 하나님 곧 그의 조상들의 하나님 여호와를 구하는 사람은 누구든지 비록 성소의 결례대로 스스로 깨끗하게 못하였을지라도 사하옵소서"(대하 30:18,19).

"죄악이 나를 이겼사오니 우리의 허물을 주께서 사하시리이다"(시 65:3).

새언약 역시 이 단어를 사용하여 보증이 실제로 지불한 사실에 기초하여 이루어지는 화해를 표현합니다.

"일흔 이레를 기한으로 정하였나니 허물이 그치며 죄가 끝나며 죄악이 용서되며"(단 9:24).

② סלח(살라흐)

"우리의 악과 죄를 사하시고"(출 34:9).

"제사장이 그것으로 회중을 위하여 속죄한즉 그들이 사함을 받으리라"(레 4:20).

"주는 선하사 사죄하기를 즐거워하시며"(시 86:5).

"그가 네 모든 죄악을 사하시며"(시 103:3).

다윗은 자신에게 주어진 유익에 대하여 자발적으로 하나님을 찬양하고, 그 유익들을 즐겁게 누립니다. 그런데 새언약이 바로 이 단어를 사용하여 용서를 표현합니다.

"내가 그들의 악행을 사하고"(렘 31:34).

이 예언이 신약 시대에 속한다는 사실에 모든 사람이 동의합니다.

③ נשא(나싸)

"악과 과실과 죄를 용서하리라"(출 34:7).

"구하옵나니 주의 인자의 광대하심을 따라 이 백성의 죄악을 사하시되 애굽에서부터 지금까지 이 백성을 사하신 것같이 사하시옵소서"(민 14:19).

"주께서는……그들을 용서하신 하나님이시니이다"(시 99:8).

동일한 단어가 시편 32편 1,2절에도 사용됩니다.

"허물의 사함을 받고 자신의 죄가 가려진 자는 복이 있도다……여호와께 정죄를 당하지 아니하는 자는 복이 있도다"(시 32:1,2).

앞서 말한 바 파레시스와 아페시스를 나누는 입장에 속하는 사람들은 이 예언이 신약과 관련 있다고 단호히 주장합니다. 일단 그들의 주장이 옳다고 가정해 봅시다. 그들이 제시하는 증거에 기초한다면, 나싸로 표현된 용서는 구약 신자들에게 주어진 용서가 아니라고 결론 내릴 수 있습니다. 그런데 나싸로 표현된 용서는 구약 신자들에게도 주어졌던 용서입니다. 이러한 사실은 앞서 인용한 본문뿐만 아니라 다른 많은 본문에서도 분명하게 드러납니다. 그러므로 구약 신자들은 신약 신자들과 동일한 완전한 용서를 경험했습니다. 따라서 우리는 이 본문이 신약 시대와만 관련 있다는 그들의 주장에 반대합니다. 다윗은 자신을 가리켜 말하면서 이 용서를 자신에게 적용하여 위로를 얻습니다.

"주께 내 죄를 아뢰고 내 죄악을 숨기지 아니하였더니 곧 주께서 내 죄악을 사하셨나이다"(시 32:5).

그는 자신에게 임한 이 유익에 대해 말하면서 다른 모든 사람들이 여호와를 찾도록 격려합니다(시 32:6 참고).

사도는 로마서 4장 6-8절에서 이 본문을 인용합니다. 이때 이 본문을 예언으로서가 아니라 인간이 율법의 행위 없이 값없이 의롭게 된다는 자신의 주장을 입증하는 데 사용합니다. 주목할 만한 사실은, 사도가 나싸를 $\alpha\varphi\iota\acute{\epsilon}\nu\alpha\iota$(아피에나이)로 번역한다는 점입니다. 그러므로 구약 신자들은 $\alpha\varphi\epsilon\iota\sigma\iota\nu$(아페이신)을 가졌습니다. 사도는 이러한 용서가 이미 할례가 생기기 이전인 구약의 아브라함 때에 일어났다는 사실을 보여 줍니다. 로마서 4장 9절에서 그는 다음과 같이 묻습니다.

"그런즉 이 복이 할례자에게냐 혹은 무할례자에게도냐?"

이에 대해 그는 다음 절에서 아브라함이 아직 무할례자일 때 죄를 용서하는 이 복에 참여했다고 대답합니다.

"그런즉 그것이 어떻게 여겨졌느냐? 할례 시냐 무할례 시냐? 할례 시가 아니요 무할례 시니라."

신약성경은 그리스도께서 성육신하시기 이전인 구약 시대에 이미 신자들이 아페시스로 표현되는 만족과 용서를 가지고 있었다고 기록합니다.

"율법을 따라 거의 모든 물건이 피로써 정결하게 되나니 피 흘림이 없은즉 사함이 없느니라"(히 9:22).

세례 요한은 "죄 사함을 받게 하는 회개의 세례"(막 1:4)를 전했습니다. 또한 주 예수님은 자신이 죽고 부활하기 이전에 이미 제자들에게 다음과 같이 기도하라고 가르치셨습니다.

"우리 죄를 사하여(ἄφες[아페스]) 주시옵고"(마 6:12).

그분은 중풍병자에게 ἀφίενταί(아피엔타이), 곧 "네 죄 사함을 받았느니라"(마 9:2)라고 말씀하셨습니다. 이 모든 본문들이 아페시스라는 단어로 표현되는 바 신약 신자들이 받은 용서를 구약 신자들도 받았음을 증명합니다.

【증명 3】 우리는 이 증거를 이신칭의에서 가져옵니다. 성경은 구약 신자들과 관련하여 이신칭의를 분명하게 말합니다. 그들이 구원 얻는 참된 믿음을 가졌다는 사실을 로마서 4장 3절이 분명히 보여 줍니다.

"아브라함이 하나님을 믿으매."

그렇습니다. 심지어 아브라함은 신약 신자들의 아버지로도 불립니다.

"이는 무할례자로서 믿는 모든 자의 조상이 되어 그들도 의로 여기심을 얻게 하려 하심이라"(롬 4:11).

다윗 역시 믿었습니다.

"나는 믿었도다"(시 116:10).

"내가 주의 계명들을 믿었사오니"(시 119:66).

다니엘도 믿었습니다.

"그가 자기의 하나님을 믿음이었더라"(단 6:23).

히브리서 11장에서 바울은 아벨 이후 등장하는 구약 신자들의 긴 명단을 보여 줍니다. 믿는다는 것은 의롭게 되고 성화되고 영화롭게 되기 위하여 그리스도를 받아들이는 것이며, 그분께 의지할 뿐만 아니라 자기 자신을 맡기는 것입니다. 바로 이 믿음을 통해 구약 신자들이 의롭게 되었습니다.

"아브라함이 하나님을 믿으매 그것이 그에게 의로 여겨진 바 되었느니라"(롬 4:3; 약 2:23 참고).

칭의는 의로운 재판장이신 하나님께서 행하시는 일입니다. 만약 하나님께서 어떤 사람을 의롭다 하시고 무죄를 선포하시면 완전히 의롭다는 뜻입니다. 이 의는 구약의 어느 누구도 스스로 가지지 못했으며, 신약에서도 마찬가지입니다. 그러므로 누군가가 의롭게 되려면, 보증이 되시는 분의 의가 그에게 적용되어야만 합니다다. 이 일이 하나님 편에서는 보증직을 토대로 하는 전가에 의해 일어나지만, 인간 편에서는 하나님의 제안에 기초를 두고 믿음으로 받아들임으로써 일어납니다. 그러므로 여기에는 돌려보내거나, 간과하거나, 무언가를 인식하지 못하고 지나치는 일이 일어날 수 없습니다. 하나님의 심판은 의로우며 진리로 이루어집니다. 사람은 죄인 아니면 의인 둘 중 하나일 뿐입니다. 만약 하나님께서 구약 신자들을 참으로 의롭게 하셨다면(아브라함의 칭의를 통해 보았듯이 실제로 분명히 그리하셨습니다), 보증 되시는 분께 있는 충만한 의가 그들에게 적용된 것이며, 그들이 자기 죄에서 온전히 해방되고 구원의 상속자로 선언된 것입니다.

【증명 4】 우리는 이 증거를 은혜언약에서 가져옵니다. 은혜언약에 참으로 속해 있는 사람들은 실제로 하나님과 화목하게 되었고, 죄를 용서받습니다. 그런데 구약 신자들도 참으로 은혜언약에 참여했습니다. 그러므로 그들 역시 실제로 하나님과 화목하게 되었고 죄를 용서받았습니다. 첫 번째 전제는 자명합니다. 왜냐하면 은혜언약이 모든 악으로부터 구원받고 모든 선에 참여하며 특별히 죄 용서, 곧 모든 죄책과 형벌이 제거된다는 사실을 포함하기 때문입니다.

"그러나 그날 후에 내가 이스라엘 집과 맺을 언약은 이러하니……내가 그들의 악행을 사하고 다시는 그 죄를 기억하지 아니하리라. 여호와의 말씀이니라"(렘 31:33,34).

"내가 그들을 내게 범한 그 모든 죄악에서 정하게 하며 그들이 내게 범하며 행한 모든 죄악을 사할 것이라"(렘 33:8).

회피주장 이 본문들은 신약 시대에 관해 말하고 있다. 그러므로 이 본문들에서 구약 시대의 용서에 대한 결론을 이끌어 낼 수는 없다.

| 답변 |

이 약속들은 은혜언약의 시행 방식이 아니라 유익에 관한 것들입니다. 새언약은 옛언약 이전에도, 옛언약 시대에도 없었으며, 오히려 그 후에 주어진 것입니다. 만일 이 약속들이 오직 신약 시대에만 유효한 것이라면, 또 아담 이후부터 변하지 않고 심판이 임할 때까지 변함없이 남아 있을(모두가 이에 동의합니다) 은혜언약이기

때문이 아니라 새언약이기 때문에 유효한 것이라면, 구약 신자들은 죄 사함을 포함하는 이 유익들과 아무런 관계가 없었을 것입니다. 뿐만 아니라 다음의 약속도 구약 신자들에게 해당되지 않았을 것입니다.

"나는 그들의 하나님이 되고 그들은 내 백성이 될 것이라"(렘 31:33).

예레미야 31장 33절과 32장 38절에서도 발견되는 이 약속은 죄악을 용서받는 것과 동일한 의미로 사용되었습니다. 그렇지 않다면 하나님께서 아브라함과 이삭과 야곱의 하나님이 아니셨단 말입니까? 이 약속은 분명히 창세기 17장 8절에서 하나님께서 아브라함과 그의 후손과 더불어 세우신 은혜언약의 약속입니다. 그런데 하나님은 구약 시대에 존재하지 않던 새언약이 아니라 변하지 않는 은혜언약으로 말미암아 구약 신자들의 하나님이 되셨습니다. 그러므로 구약 신자들 역시 은혜언약의 새로운 시행 방식을 통해서가 아니라 은혜언약 그 자체로 말미암아 죄를 용서받았습니다.

그러나 본문에 나오는 두 약속인 "나는 그들의 하나님이 되고"와 "내가 그들의 악행을 사하고"는 새로운 시행 방식에 따라 새언약이라 불리는, 하나의 동일한 언약에 속한 유익들입니다(렘 31:33,34 참고). 저는 "옛언약은 은혜언약이 아니라는 말인가?"라고 묻고 싶습니다. 만약 아니라면, 하나님은 신자들의 하나님이 아니십니다. 그러할 경우 신자들은 은혜언약에 따라 죄를 용서받는 것이 아니라, 주 예수님의 날이 이르기까지 시작되지 않았으며 그 전에도 존재하지 않았던 다른 언약으로 말미암아 죄를 용서받는 셈이 됩니다. 그렇다면 구약 신자들은 아무런 언약이 없기 때문에 하나님을 자신들의 하나님으로 가진 것이 아닙니다. 반면에 구약이 은혜언약이라면, 이 은혜언약 안에 참으로 속해 있던 구약 신자들은 이 언약의 모든 유익에 참여했을 뿐만 아니라, 다음의 약속에도 참여했을 것입니다. "나는 그들의 하나님이 될 것이다. 나는 그들의 불의를 용서할 것이며, 그들의 죄를 더는 기억하지 않을 것이다." 여기서 이 언약은 새언약으로 불립니다. 이는 이 언약이 새로운 방식으로 시행된다는 것이지, 본질이 새롭다는 것은 아닙니다.

【증명 5】 우리는 우리의 견해를 구약 신자들이 죽음 이전과 이후에 처한 상태에 근거하여 증명합니다. 구약 신자들은 죽기 이전에 하나님의 거듭난 자녀들이었으며, 하나님은 그들과 화해한 아버지이셨습니다. 그들은 자신들의 복된 상태를 진정으로 확신했고, 자신들의 칭의와 관련해 그 양심에서 하나님과 화평을 누렸으며, 그분을 참으로 즐거워했습니다. 이에 대해 제기되는 질문에 대답하면서 이 사실을 증명하겠습니다. 그들은 죽은 뒤에 천국으로 갔습니다. 영원한 기쁨과 영광의 상태로 들어간 것입니다. 두 입장 모두 이 사실에 동의합니다. 그러므로 구약 신자들이 죽음 이후에 구원을 충만히 누렸다면, 그들은 완전히 의롭게 되었고 죄를 완전히 용서받았으며 완전히 성화된 것입니다. 죽은 신자들의 영혼들은 "온전하게 된 의인의 영들"(히 12:23)입니다. 의로운 재판장이신 하나님 앞에서 모든 사람은 완전히 의롭게 되었다는 기초 위에 서 있어야만 천국에 들어갈 수 있습니다. 하나님과 온전히 교제하고 그분 안에 있는 완전한 즐거움을 누리는 동시에, 하나님과 화해하지 못하고 여전히 죄책과 형벌의 대상으로서 불의한 상태에 머물러 있다는 것은 모순입니다.

마찬가지로 완전히 거룩해지지 않은 상태인데도 화해가 이루어졌다는 것 역시 서로 배타적이므로 조화될 수 없습니다. 이처럼 칭의와 성화는 분리될 수 없습니다. 하나님은 의롭게 하신 이를 또한 영화롭게 하십니다(롬 8:30 참고). 이를 뒤집어 말해도 사실입니다. 다시 말해, 하나님께서 영화롭게 하신 이들은 예정되었고, 부르심을 입었으며, 의롭게 된 자들입니다. 이 모든 것을 볼 때, 구약 신자들이 하나님과 화목하게 되지 못하고 의롭지 못하며 죄책과 형벌의 짐을 지고 있는 상태에 있지 않았음을 확실하고도 분명히 알 수 있습니다. 그들은 하나님과 온전히 화해했으며, 하나님께서 그들을 온전히 의롭게 만드셨고 그들의 죄를 완전히 용서하셨습니다. 칭의에는 정도의 차이가 없습니다. 충분하고도 완전하게 의롭게 되든지, 아니면 전혀 의롭지 않든지 둘 중 하나입니다.

이제 이와 다르게 주장하는 사람들의 반론에 답변해 보겠습니다.

반론에 대한 논박

반론 1

"이 예수를 하나님이 그의 피로써 믿음으로 말미암는 화목 제물로 세우셨으니 이는 하나님께서 길이 참으시는 중에 전에 지은 죄를 간과하심으로 자기의 의로우심을 나타내려 하심이니"(롬 3:25).

이 말씀은 구약 시대가 하나님께서 참으시는 때라고 말한다. 하나님이 참고 계신다면, 화해와 용서가 있을 수 없으며, 죄가 단순히 간과되고 지나쳐졌을 뿐이므로 저주와 진노가 유효한 상태로 계속 남아 있다. 그러하기에 아페시스와 대조되는 의미인 파레시스가 사용된 것이다. 본래 죄를 계속 용서한다는 의미인 아페시스는 신약성경에만 등장한다.

답변

첫째, '참다'라는 단어가 옛언약 시대를 상징한다는 말에는 동의합니다. 이와 동일한 것에 대해 말하면서 사도가 그때를 옛언약 시대라고 부르는 것을 통해 분명히 알 수 있습니다.

"이는 첫 언약 때에 범한 죄에서 속량하려고"(히 9:15).

또한 여기서 파레시스라는 단어가 사용되며, '용서하다'로 번역된다는 것에도 동의합니다. 그러나 반론이 이 사실에서 얻은 결론이 유효하다는 것에는 찬성할 수 없습니다.

(1) '참다'라는 말은 화해하지도 않고 용서하지도 않은 채 내버려 둔다는 의미가 아니며, 저주와 진노를 간과한다는 의미도 아닙니다. 참는다는 말은 죄를 벌하는 것을 억제하며 심판을 연기한다는 의미입니다. 이 사실을 다음 말씀을 통해 알 수 있습니다.

"혹 네가 하나님의 인자하심이 너를 인도하여 회개하게 하심을 알지 못하여"(롬 2:4).

"만일 하나님이 그의 진노를 보이시고 그의 능력을 알게 하고자 하사 멸하기로 준비된 진노의 그릇을 오래 참으심으로 관용하시고"(롬 9:22).

하나님은 회심하지 않은 이들의 죄를 간과하거나 눈감은 채 그냥 지나치지 않으십니다. 그분은 단지 심판을 연기하고 인내하시며 회개할 시간을 주시는 것입니다. 마찬가지로 하나님은 구약에서도 이와 같이 참으셨습니다. 그분께서 회심하지 않은 이들의 심판을 연기하신 것입니다. 그분은 실제로 이스라엘을 벌하셨습니다. 그러나 그 불경건한 나라를 당장 멸절하지는 않으셨으며, 오히려 그리스도께서 승천하신 이후까지 그들을 참으셨습니다. 그리고 그 이후에야 그들을 완전히 멸하심으로 징계하셨습니다. 이처럼 하나님께서 신자들의 죄악을 참으십니다. 다시 말해, 즉각 벌을 내리지는 않으신다는 것입니다. 그분은 징벌을 연기하시지만, 그들의 죄를 벌하지 않은 채 내버려 두지 않으십니다. 하나님의 공의가 이를 허락하지 않을 것입니다.

뿐만 아니라 만약 그분께서 죄를 내버려 두신다면 우리에게 그리스도가 전혀 필요하지 않을 것입니다. 그러나 정해진 때가 이르면 하나님께서 그들을 벌하시는 것이 아니라 그들의 죄를 벌하실 것입니다. 그들을 벌하게 되면 그들을 영원히 잃을 수밖에 없기 때문입니다. 대신 그들의 죄악들은 정해진 때가 이르면 보증이 되시는 예수 그리스도 안에서 벌을 받게 될 것입니다. 예수 그리스도는 택자들의 죄를 친히 담당하시는 엑스프로미소르이자 대리적 보증으로서 이미 그들의 죄악을 제거하셨습니다. 여기서 사도가 말하는 참으심은 하나님과 언약 관계에 있었으며 하나님의 교회였던 유대 국가에 관한 것입니다. 이 나라는 불경건했으며, 하나님을 시험하기까지 했습니다. 그러나 하나님께서 그 나라를 멸절하기를 원하지 않으셨습니다. 이 나라가 완전히 멸망하도록 정하신 때가 이르기까지 이 나라를 인내하신 것입니다. 바로 이것이 하나님의 인내 또는 오래 참으심이 의미하는 바입니다. 따라서 여기서 하나님이 참으신다는 것이 택자들의 죄악을 대충 용서하거나 눈감아 주거나 간과하거나 그냥 지나친다는 의미라고 주장하는 것은 본문의 의미와 모순되는 잘못된 생각입니다.

(2) '참다'라는 말은 '죄악의 용서'와 연결될 수 없으며, '과거에 범한 죄악을 사하는 것'과도 상관이 없습니다. 오히려 이 말은 "자기의 의로우심을 나타내려"라는

말과 관계가 있습니다. 하나님은 옛언약 시대에 속한 인내의 시간 동안 믿음으로 받아들인 그리스도의 공로로 말미암아 죄악을 용서하심으로써 자신이 얼마나 의로운 분인지를 선포하셨습니다. 이 사실은 사도가 로마서 3장을 기록한 목적, 곧 사람이 행함으로 의롭게 되는 것이 아니라 속죄에 기초하여 믿음으로 품은 그리스도의 공로로 말미암아 의롭게 된다는 것을 보여 주려 한다는 점에서 분명히 드러납니다(롬 3:20-22,28 참고). 그는 구약과 신약 모두에서 칭의가 행위와는 상관없이 그리스도의 공로를 통해 믿음으로 얻는 것임을 보여 줍니다. 칭의에 관한 한, 신약과 구약은 아무런 차이도 없습니다. 구약의 유대인들도 신약의 이방인들과 동일하게 칭의에 참여했습니다. 그렇습니다. 지금 사도는 구약에 있는 칭의가 모든 사람들이 인정하는 바 확실하고도 분명한 사실임을 확립하는 것입니다. 사도의 주된 주장은 행위로 말미암지 않은 이신칭의가 신약의 이방인들과 마찬가지로 구약의 유대인들에게도 일어난 사건이라는 것입니다.

"하나님은 다만 유대인의 하나님이시냐 또한 이방인의 하나님은 아니시냐. 진실로 이방인의 하나님도 되시느니라. 할례자도 믿음으로 말미암아 또한 무할례자도 믿음으로 말미암아 의롭다 하실 하나님은 한 분이시니라"(롬 3:29,30).

사도는 신약과 구약이 모두 속죄(propitiation)라는 목적을 위한 것으로 그리스도를 제시한다고 선포합니다. 여기서 속죄라는 뜻의 ἱλαστήριον(힐라스테리온)은 언약궤에 있던 속죄소(mercy seat)의 이름으로서, 이는 주님이신 그리스도를 예표하는 특별한 모형입니다. 더 나아가 그는 신약과 구약에서 제시되고 믿음으로 수납한 속죄로 말미암아 죄악이 용서됨으로써 하나님의 의가 나타났다는 사실을 보여 줍니다. 하나님은 보증을 보내 그 보증 안에서 죄를 벌하고, 죄를 용서하며, 보증으로 말미암아 만족을 이루심으로써 자신의 의로움을 나타내셨습니다. 사도는 로마서 3장 25절에서 이 일이 과거, 곧 참으시는 시기였던 구약 시대에도 일어났고, 26절에서는 이것이 현재적으로 신약에서 일어난다고 선언합니다. 결국 이러한 사실은 이 본문이 몇몇 사람들의 생각을 지지하지 않고 오히려 강력하게 논박하고 있음을 보여 줍니다.

둘째, 파레시스, 곧 용서라는 말에 기초한 증명은 더 이상 유효하지 않습니다.

(1) 이 단어는 오직 여기에서만 이런 형태로 나타날 뿐, 성경의 다른 곳에서는 전혀 등장하지 않습니다. 아페시스는 이 절에도, 이 장에도, 로마서 전체에도 등장하지 않습니다. 다만, 로마서 4장 7절에서 $\dot{\alpha}\varphi\acute{\epsilon}\theta\eta\sigma\alpha\nu$(아페테산)이라는 동사 형태로 등장할 뿐입니다. 그러므로 본문에서 파레시스로만 표현된 '용서하다'라는 단어가 아페시스로 표현된 '용서'라는 말과 대조되며, 전자는 구약에서만 일어나고 후자는 신약에서만 일어난다는 주장은 아무런 근거도 없습니다.

(2) 더 나아가 파레시스는 '지나치다,' '눈감다,' '간과하다'를 의미하지 않습니다. 이 말은 '풀다,' '놓아주다'와 같은 의미입니다. 만일 파레시스를 구약 시대에 적용한다면, 앞의 반론이 전혀 지지를 받지 못할 것입니다. 이 단어는 하나님이 옛언약 체제에서 죄를 용서하심을 통해 사람들을 죄에서 풀어 주고 놓아준다는 사실을 상징합니다. 용서라는 개념을 표현할 때, '제거하다, 지우다, 기억하지 않다, 바다 깊은 곳에 던지다, 전가하지 않다, 용서하다, 속죄하다' 등과 같은 다양한 표현을 사용하는 것처럼 말입니다. 이 모든 표현들은 죄책과 형벌에서 무죄방면되는 일이 완전하고도 문자 그대로 실제로 일어남을 가리킵니다.

(3) 아페시스와 파레시스는 결코 대조되지 않습니다. 오히려 이 두 단어는 성경에서 구별 없이 사용되었는데(파레시스는 그 어떤 비교나 대조 없이 단 한 번 사용됩니다), 구약성경을 헬라어로 번역한 사람들과 헬라어를 사용한 성경 저자들이 그렇게 사용하였습니다.

(4) 성경에서 아페시스를 통한 죄 용서가 일반적으로 구약 신자들에게도 돌려집니다. 우리는 이미 앞에서 이 사실을 증명했습니다.

(5) 사도 바울은 이 본문에서 가정하는 환경과 동일한 환경에서 이루어진 구약의 용서에 대해 말하면서, 로마서 3장 25절에서 파레시스를 사용하듯 내용상 히브리서 9장 15절과 연결되는 히브리서 9장 22절에서 아페시스라는 말을 사용합니다.

(6) 이 본문 자체가 파레시스라는 말이 절대적이고도 완전한 용서를 표현한다는 사실을 보여 줍니다. 그리고 사도는 하나님께서 자신의 의를 드러내는 도구로 사

용하셨던 이러한 용서에 대해 말합니다. 그러나 죄를 눈감거나 간과하거나 무조건 지나치는 행위를 통해서는 그 어떤 하나님의 의도 드러나지 않습니다. 심지어 보증이신 분 안에서 죄를 벌하거나 그분이 이루신 만족으로 말미암아 죄를 용서하는 방식도 하나님의 의를 드러내지는 않습니다. 이 의는 오직 완전한 용서를 통해 드러납니다.

반론 2

"죄가 율법 있기 전에도 세상에 있었으나 율법이 없었을 때에는 죄를 죄로 여기지(imputed) 아니하였느니라"(롬 5:13).

사도는 여기서 두 가지 사실을 정립한다.

(1) 그리스도께서 오시기 전에 이미 죄가 있었으며, 아담과 더불어 시작되어 그리스도께서 실제적인 만족을 이루시기까지 신자들 위에 남아 있었다.

(2) 금송아지 범죄와 다른 죄악들은 의식법이 주어짐에 따라 죄로 여겨진(imputed) 것이 아니다. 이러한 죄들은 조용히 간과되었으며, 이 죄악들에 대한 값은 요구되지 않았고, 신자들은 이 죄악들로 인하여 비난받지 않았다. 그러나 율법이 주어진 이후의 죄악들은 신자들에게 전가되었다. 곧 신자들은 그러한 죄악들에 대해 책임을 지고 값을 지불해야 할 의무 아래에 머물게 되었다. 따라서 신자들은 속죄되거나 용서받을 수 없었고, 오직 죄책과 진노와 저주의 대상으로 남게 되었다.

답변

(1) 여기서 사도는 구약이나 신약의 신자들에 대해 말하지 않습니다. 그렇다고 해서 모세 이전이나 이후에 살았던 이들에 대해 말하는 것도 아닙니다. 그는 아담 안에서 죄를 범했고 그 죄 때문에 죽어야만 하는 모든 사람들에 대해 말하고 있습니다. 그는 이 내용을 본문 앞에 나오는 구절을 통해 이미 선언했습니다. 결국 이 본문은 신자들의 상태에 관한 논쟁에 전혀 적용할 수 없습니다.

(2) 전가는 어떤 사람에게 혐의를 입히고, 죄에 대한 책임을 지우며, 그 사람을 그에 합당하게 취급하는 것입니다.

"그가 만일 네게 불의를 하였거나 네게 빚진 것이 있으면 그것을 내 앞으로 계산하라……내가 갚으려니와"(몬 1:18,19).

전가하지 않는다는 것은 당연히 반대 의미입니다. 곧 어떤 사람이 죄의 혐의를 받지 않는 것이며, 따라서 죄와 죄책에서 자유롭다는 의미입니다.

"허물의 사함을 받고 자신의 죄가 가려진 자는 복이 있도다. 마음에 간사함이 없고 여호와께 정죄를 당하지 아니하는 자는 복이 있도다"(시 32:1,2).

앞서 언급한 우리와 반대 입장에 서 있는 사람들은 로마서 5장 13절을 예언적인 것으로 이해하면서, 이 말씀이 신약 신자들이 어떤 상태에 있을지를 선언한다고 주장합니다. 그러나 그들은 로마서 5장 13절이 모세 이전의 신자들의 상태에도 적용될 수 있다고 주장함으로써 자신의 주장을 스스로 배격하고 있습니다. 이들의 말대로라면 그리스도께서 아직 만족을 성취하지 못하셨는데도 모세 이전의 신자들이 신약 신자들처럼(신약에서 죄가 전가되지 않는다는 말은 온전한 무죄방면과 완전한 용서를 의미하므로) 용서받았고, 따라서 그리스도께서 그들의 죄를 전가 받지 않았을 것이기 때문입니다.

(3) 여기서 사도는 의식법이나 금송아지 죄악에 대해 말하지 않습니다. 또한 그 시대 이후에 신자들이 나쁜 상태에서 좋은 상태로 변화되었다는 것을 암시하려 하지도 않습니다. 그러므로 이 본문에서 이런 변화를 추론하는 것은 완전히 잘못된 것입니다.

(4) 로마서 5장에서 사도는 아담과 그리스도를 대조합니다. 아담이 죄의 원인이라면, 그리스도는 칭의의 원인이십니다. 사도는 아담의 범죄로 말미암아 죄가 모든 사람들에게 임했다는 사실을 확증합니다(롬 5:12 참고). 특히 사도는 아담 이후로 죽음이 왕 노릇 했다는 사실을 통해 이 내용을 추론합니다(롬 5:12,13 참고).

"죄의 삯은 사망이요"(롬 6:23).

따라서 죽음이 있는 곳에 죄가 있습니다.

회피주장 율법이 없는 곳에는 죄도 없다. 율법은 모세를 통해 주어졌다. 그러므로 모세 이전에는 율법이 없었다.

| 답변 |

사도는 그때에도 율법이 있었다고 말합니다. 왜냐하면 그때에도 죄에 대한 심판이 있었고, 이는 곧 죄도 있었다는 말이기 때문입니다. 죄가 있다는 말은 율법도 있다는 말입니다. 모세 이전에는 도덕법이 사람의 본성에 새겨져 있었습니다. 또한 제단을 만드는 문제나 제사하는 방법이나 제사에 사용될 제물을 관장하는 의식법도 있었습니다. 이처럼 시내산에서 율법이 주어짐으로써 죄가 더욱 분명하게 정의되었습니다. 그러나 죄와 죄에 대한 형벌과 죽음은 그 전부터 이미 존재했습니다.

(5) 어떤 사람은 이 본문이 신자들에 대한 내용이라고 주장합니다(이 주장이 문제의 쟁점입니다). 이러한 주장은 아직 자범죄를 범하지 않은 어린아이들까지도 포함한 모든 사람들에 관해 말하는 이 본문과 모순됩니다. 따라서 신자들도 시내산에서 율법이 주어지기 전에 죄를 범했지만, 보증이 되시는 분께서 죄인들을 위한 만족을 이루시기 위해 이미 그들의 죄를 친히 담당하셨기 때문에 이 죄악들이 신자들에게 전가되지 않았다고 결론 내릴 수밖에 없습니다.

반론 3

"또 모세의 율법으로 너희가 의롭다하심을 얻지 못하던 모든 일에도 이 사람을 힘입어 믿는 자마다 의롭다하심을 얻는 이것이라"(행 13:39).

이 말씀은 옛언약에 속한 그 누구도 의롭게 되지 못했다고 선언한다. 죄는 처리되지 못했고 속죄도 없었다. 오히려 이 본문은 칭의가 그리스도께서 만족을 이루신 이후에 일어났다고 말한다.

| 답변 |

이 결론은 본문이 말하는 바와 정면으로 배치됩니다. 지금 사도는 그리스도 이전이나 이후의 어떤 시간에 대해 말하고 있지 않습니다. 그렇다고 옛언약이나 새언약에 대해 말하는 것도 아닙니다. 사도는 지금 칭의의 원인에 대해 말하고 있습

니다. 모세의 율법인 도덕법이나 의식법으로는 칭의를 얻지 못합니다. 도덕법은 칭의의 원인이 될 수 없습니다. 도덕법을 범하게 되면 이 도덕법으로는 그를 의롭게 할 수 없기 때문입니다. 그렇다고 본형(本形)과 별도로 존재하는 의식법도 칭의를 가져다주는 원인이 될 수 없습니다. 그 경우 본형에 대해 믿음을 발휘하는 일과 분리된 채 의식(儀式)만 행하는 것이기 때문입니다. 이러한 율법들은 하나님께 대속물을 제공하지도 않고 그렇게 할 수도 없었습니다. 여기서 사도는 오직 그리스도만이 그를 믿는 모든 사람에게 칭의의 유일한 원인이 되신다고 단정 짓습니다. 그리고 이는 신약의 신자들뿐만 아니라 그리스도를 예표하는 모형들을 통해 그분을 믿는 구약의 신자들에게도 해당됩니다.

반론 4

"우리를 거스르고 불리하게 하는 법조문으로 쓴 증서를 지우시고 제하여 버리사 십자가에 못 박으시고"(골 2:14).

여러 의식들은 어떤 의무를 내용으로 담는 규칙으로서, 발생한 죄책에 대한 값을 요구한다. 이스라엘 백성들은 의식들에 참여함으로써 이 사실을 날마다 인정하고 받아들였다. 그러므로 하나님은 그들에게 죄에 대한 벌을 요구하실 수 있었다. 실제로 하나님은 죄로 인하여 그들을 책망하고, 죄책과 저주와 진노의 대상으로 삼으심으로써 죄에 대한 벌을 요구하셨다. 따라서 구약 신자들은 죄 용서를 받지 못했다.

답변

(1) 모든 사람들이 이 본문이 비유적으로 말하고 있다는 사실을 인정할 것입니다. 지금 이 말씀은 어떤 문서가 아니라 죽임 당하고 희생되는 동물에 관해 논합니다. 사도는 의식법, 곧 의식적인 절차들을 가리켜 신자들이 하나님께 드린 것이라 부르지 않고, "손으로 쓴 것"이라고 부릅니다. 신자들은 이러한 의식들을 드리지 않았습니다. 그 의식들은 신자들이 제정한 것이 아니기 때문입니다. 하나님께서 이러한 율법과 제도를 그들에게 주셨습니다. 그러므로 신자들은 제사를 드리면서

자신들이 어떤 의무를 담당하고 있다고 생각하지 않았습니다. 다시 말해, 그들은 자신이 값을 지불해야만 한다고 여기지 않은 것입니다. 만약 그랬다면, 이보다 진리와 거리가 먼 주장은 없을 것입니다. 제사는 그들로 하여금 정해진 때에 보증께서 오시리라는 사실을 바라보게끔 했습니다. 바로 이 보증이 값을 지불할 의무를 친히 담당하기 위해 오시는 분입니다. 제사는 바로 이 보증 되시는 분이 성취한 만족을 통하여 죄가 용서되었음을 신자들에게 확증하는 것입니다.

이러한 점에서 볼 때, 이 "손으로 쓴 것"은 그들이 져야 하는 의무가 아니라 영수증입니다. 하나님께서 세우신 의식법은 그 본질이 손으로 쓴 것이지만 '값이 반드시 지불될 것'을 선포하는 것이었습니다. 그리고 이러한 제사가 반복된 것은 '죄책에 대한 값이 아직 지불되지 않았음'을 알려 주는 것입니다. 보증이신 예수 그리스도께서 값을 지불하신 동시에 손으로 쓴 것, 곧 의식적인 제도를 제거하셨고 십자가에 못 박으셨습니다. 이를 통해 그분은 이 의식적인 제도들의 기능을 종결시키셨습니다. 이는 이미 의식들이 역할을 완수하였고 목적을 달성했기 때문입니다. 이런 의미에서 이 의식들은 손으로 쓴 것과 동일하며, 특히 이 본문에 기록된 사실을 통해 우리는 신자들이 자기 죗값을 직접 지불하겠다고 진술서를 제출한 적이 없다는 사실을 알 수 있습니다.

(2) 사도가 "손으로 쓴 것"이 우리를 대적했다고 말할 때, 이는 이 "손으로 쓴 것"이 구약 신자들을 대적한 것이 아니라 이방인들을 대적했다는 사실을 가리킵니다. 그는 "우리를……불리하게 하는(ὑπεναντίον [휘페난티온])"이라고 말합니다. 이는 불확실한 무언가가 숨어 있고 반대를 일으킨다는 말입니다. 이는 의식들이 효력을 가지는 한, 이방인들에게는 참된 신앙이 허락되지 않았다는 의미입니다. 그러므로 의식으로 수행되는 예배는 교회에서 이방인들을 구별하고 분리시킵니다. 그런데 골로새교회는 이방인이 대부분이었습니다.

"전에……원수가 되었던 너희를"(골 1:21).

그러하기에 회심한 유대인들은 믿음을 가진 이방인들을 유대적 의식들로 이끌려고 했습니다. 바로 이것이 사도가 반대하는 바입니다. 사도는 그림자들의 실체가 되시는 그리스도께서 오셨기 때문에 의식들이 더는 유익을 주지 못하며, 본래의 목적을 완수했다는 사실을 이 본문을 통해 보여 줍니다.

(3) 누군가가 이 "손으로 쓴 것"을 유대인 교회에 적용하고자 했더라도, 그 그림자들에는 이러한 적용을 방해하는 요소가 있었습니다. 왜냐하면 의식들이 유대인들을 그리스도께로 인도하고 그들에게 죄악의 용서를 인 쳤다는 사실과는 별개로, 유대인들은 아직 그 보증이 오지 않았다고 고백했기 때문입니다. 그들은 그토록 열망하던 바 육신을 입고 오시는 그리스도에 대한 약속이 아직 그들에게 성취되지 않았다고 보았습니다. 그들은 교회의 영광된 상태를 박탈당했기에 그 상태를 보는 것도 허락되지 않았습니다. 바로 이것이 본문이 의미하는 바입니다.

반론 5

"이것들을 사하셨은즉 다시 죄를 위하여 제사 드릴 것이 없느니라"(히 10:18).
이 말씀에 따르면, 제사가 있을 때에는 죄 사함이 없어야 한다. 그런데 옛언약에는 제사가 있었다. 따라서 옛언약에는 죄 사함이 없었다.

답변

(1) 만약 반론의 결론이 맞다면, 옛언약에는 아페시스도, 파레시스도 모두 없었을 것입니다. 그 어떤 용서도 없었으며, 죄를 간과하는 일도 없었을 것입니다. 왜냐하면 당대의 제사는 죄를 없애거나 그 죄가 간과되도록 할 수 없었기 때문입니다. 또 하나님께서 공의로우시므로 죄가 벌을 받지 않은 채로 있을 수 없었고, 죄인이 천국에 들어가지도 못했을 것입니다. 이는 아직 그리스도의 희생이 실제로 이루어지지 않았기 때문입니다. 게다가 성경은 아페시스와 파레시스를 구별하지 않습니다. 따라서 둘 중 어느 단어를 사용하든 의미에는 차이가 없습니다. 그러나 바로 이러한 결론 때문에 어떤 사람은 소시니안주의를 따르고 말 것입니다.

(2) 이 본문은 일반적인 진리 곧 논리를 따라 기술되었으므로 어느 누구도 부인하지 않으며, 부인할 수도 없는 진리입니다. 죄가 용서되었다면, 더는 만족을 위한 제사가 필요하지 않습니다. 죄가 용서되었는데 제사가 왜 필요하겠습니까? 제사

가 이루어야 할 것이 이미 성취된 것입니다. 그러나 이 본문에 기초하여 옛언약에 제사가 있었으므로 구약 시대에는 죄 용서가 없었다고 결론 내리는 것은 너무나 빈약한 추론입니다. 이 제사들은 결코 만족을 이룰 능력이 없었습니다. 오직 그리스도께서 드리신 유일한 제사를 예표할 뿐입니다. 그리스도의 제사는 그분이 실제로 희생되신 이후는 물론, 그 전에도 죄 용서와 관련해 하나로 동일한 효과를 발휘하였습니다. 왜냐하면 그분께서 어제나 오늘이나 동일하신 분이기 때문입니다.

(3) 여기서 사도는 옛언약이나 새언약에서 용서가 이루어지는 방식에 대해 다루고 있지 않습니다. 그는 지금 용서의 원인에 대해 말하고 있습니다. 즉, 다음과 같은 문제를 다루는 것입니다. '의식적인 제사와 그리스도의 제사 중 어느 제사가 죄를 용서하는 효력이 있는가?' 사도는 이 두 제사를 대조하면서 의식적인 율법은 죄를 없애지 못하나 그리스도는 단 한 번의 제사를 드림으로써 거룩하게 된 이들을 영원토록 완전하게 만드셨음을 보여 줍니다. 또한 그는 의식적인 율법이 반복적으로 시행되어야 한다는 사실을 근거로 그것이 얼마나 무익한지를 증명했습니다. 반복해서 계속 시행되어야 하는 것은 완전한 사역이 아닙니다. 반복적으로 드려져야 하는 제사는 죄에 대한 만족을 이루지도, 죄를 제거하지도 못했습니다. 그러나 이와는 반대로 그리스도께서 드리신 제사는 완전한 만족을 이루었습니다. 그러므로 구약의 의식적인 제사들은 더 이상 시행될 필요가 없습니다. 이미 이 제사들은 자신의 역할을 마쳤습니다.

(4) 그러므로 본문은 구약의 제사들이나 그리스도의 제사에 대해 말하지 않습니다. 본문은 죄에 대해 만족이 이루어지고 그 죄가 없어지면, 더는 제사가 있을 이유가 없다는 사실을 선언합니다. 결국 제사를 시행해야 할 여지가 없어지는데, 이는 이 제사들이 반복적으로 시행됨으로써 성취하고자 했던 것이 이미 성취되었기 때문입니다. 결국 이 주장을 통해 사도는 죄를 깨끗하게 제거한 그리스도의 희생이 반복될 수 없으며, 옛언약에 등장하는 예표적인 제사들이 주어진 역할을 충실히 감당했다는 사실을 드러내려 한 것입니다.

반론 6

"이로 말미암아 그는 새언약의 중보자시니 이는 첫 언약 때에 범한 죄에서 속량하려고 죽으사 부르심을 입은 자로 하여금 영원한 기업의 약속을 얻게 하려 하심이라"(히 9:15).

여기서 바울은 옛언약 시대에 저질러진 죄악들이 그리스도의 죽음을 통해 처음으로 속량되었음을 보여 준다. 다시 말해, 그리스도께서 죽으셨을 때에 비로소 속량되었다는 것이다. 만일 그 죄들이 그때 비로소 속량되었다면, 그 전에는 속량된 적이 없다는 말이 된다. 그리고 그러한 죄들은 죄를 용서받지 못한 신자들이 갚아야 할 엄청난 채무가 된다. 따라서 그들의 죄는 단지 간과되었을 뿐이다.

답변

(1) 성경이 파레시스와 아페시스, 또는 무언가를 용서하는 것과 간과하는 것을 구별하지 않는다는 사실을 거듭 말하고자 합니다. 하나님의 의로우심은 둘 중 어느 것도 허락하지 않으십니다. 만일 하나님께서 죄를 간과하여 지나치실 수 있다면, 죄도 용서하실 수 있는 것입니다. 결국 용서하는 것과 지나치는 것은 같은 뜻입니다. 만족이 실제로 일어나지 않아서 구약 신자들이 죄악들을 속량 받지 못했다면, 그들은 그 어떤 용서도 받지 못했을 것입니다. 또한 그렇다면 이를 어떻게 표현하든, 그들이 하나님과 화해하지 못한 채 살다가 죽었다고 인정할 수밖에 없습니다. 결국 그들은 구원에 이르지 못했을 것입니다. 그러나 그들은 구원을 받았습니다. 그러므로 실제로 그들은 하나님과 화목하게 되었으며, 당연히 그들은 죄를 용서받은 것입니다.

(2) 여기서 우리는 속죄를 가져다주는 행위와 그 행위의 효력을 구별해야 합니다. 속죄를 가져다주는 행위는 단 한 번, 바로 그리스도께서 고난을 당하실 때 일어났습니다. 옛언약 시기에는 그리스도께서 아직 육체를 입고 오지 않으셨고, 고난도 죽음도 경험하지 않으셨기에 이 속죄 행위가 일어나지 않았습니다. 모두가 이 사실을 인정합니다. 그러나 속죄 행위의 효력은 새언약에만 속하지 않으며, 아직 일어나지 않았으나 앞으로 일어날 죄에도 미치는 것이었습니다. 이 효과는 아담 이후에 구약 신자들이 범한 죄악에도 소급됩니다. 이 행위의 효력으로 말미암아

구약 시대에 저질러진 죄를 참고 지나치실 수 있게 된 것이며, 신자들은 이 속죄 행위로 말미암아 구원받았다는 사실을 인정해야 합니다. 이 말은 곧 그리스도의 속죄 행위가 실제로 행해지기 수천 년 전에 이미 효력을 가지고 있었다는 의미입니다. 만일 이 행위가 죄를 간과하는 것과 구원에 효력을 미친다면, 이는 곧 속죄와 용서에 효력이 있다는 뜻입니다.

(3) 본문은 구약 신자들이 속죄와 용서를 받았다는 사실을 보여 줍니다. 그리스도의 죽음이 첫 번째 유언(testament), 곧 옛언약 아래 있던 사람들을 죄에서 구속하기 위한 것이라고 분명하게 밝힙니다. 그러므로 신자들은 옛언약에 있는 이 구속에 참여한 자들입니다. 그렇지 않다면, 구약 신자들이 그리스도께서 죽으신 때에 처음으로 구속 받았다는 것이 사실이란 말입니까? 부르심 입은 자들이 그리스도께서 죽으실 때까지 영원한 유업에 대한 약속을 받지 못하다가, 그때에야 천국에 들어간 것입니까? 그리스도의 죽음 이전에는 그들이 교황주의자들이 만들어 낸 림부스 파트룸(limbus patrum)에 갇혀 있었던 것입니까? 그리고 그리스도는 자신이 죽은 뒤에야 겨우 그들을 그곳에서 건져 냈다는 말입니까? 결코 그럴 리가 없습니다. 구약 신자들은 죽은 뒤에 이미 영원한 유업에 대한 약속을 받았습니다. 우리의 반대자들도 인정하다시피 그들은 천국에 들어갔습니다. 이는 중보자의 죽음을 통해 그들의 죄가 대속되었기 때문입니다. 그리고 본문은 이 중보자야말로 그들이 약속된 유업을 받을 수 있었던 원인이라고 진술합니다. 천국에서 완전한 구원을 누리면서 하나님과 화해하지 않은 상태로 있는 것, 수천 년 동안 하나님과 완전한 교제를 누리면서도 그때까지 구속 받지 못하여 결국 천국에 있는 동안 죄를 용서 받게 된다는 것은 완전히 모순되는 일입니다.

(4) 그리스도께서 신약의 중보자라고 불린다는 사실이 우리의 반대자를 지지하지는 않습니다. 왜냐하면 그들 역시 그리스도께서 구약 시대에도 보증이요 중보자이셨음을 인정하기 때문입니다. 은혜언약은 아담 이후부터 하나의 동일한 언약이었습니다. 그리고 이는 그리스도께서 심판하러 오실 때까지 변함없이 지속될 것입니다. 새언약은 이 은혜언약의 시행과 관련해 '새롭다'고 불립니다. 그림자들의 실

체인 중보자가 오셨을 때, 모든 의식적인 예배가 중단되고 이 중보자께서 담당하시는 언약이 더욱 탁월한 체제로 시행되기 시작했습니다. 그러하기에 그분이 새언약의 중보자로 불리는 것입니다.

반론 7

"율법은 장차 올 좋은 일의 그림자일 뿐이요 참형상이 아니므로 해마다 늘 드리는 같은 제사로는 나아오는 자들을 언제나 온전하게 할 수 없느니라. 그렇지 아니하면 섬기는 자들이 단번에 정결하게 되어 다시 죄를 깨닫는 일이 없으리니 어찌 제사 드리는 일을 그치지 아니하였으리요. 그러나 이 제사들에는 해마다 죄를 기억하게 하는 것이 있나니"(히 10:1-3).

옛언약은 해마다 죄를 기억하게끔 하였다. 이에 따라 신자들은 자신들의 죄를 의식하였다. 그러므로 옛언약에는 죄 용서가 없었다.

답변

(1) 우리는 의식적인 제사가 죄를 없애지 못했으며, 그럴 능력도 없었음을 충분히 알고 있습니다. 또한 우리는 의식법에 실체는 없고 그림자만 있다는 사실과, 제사를 반복적으로 드리는 것은 이러한 제사들이 죄를 없앨 수 없고 양심을 정화시킬 수도 없다는 사실을 입증한다는 데 동의합니다.

(2) 사도가 죄를 깨닫는다고 말할 때, 이는 신자들이 죄 용서를 통해 양심의 평안을 누린다는 사실을 부인하는 것이 아닙니다. 오히려 사도는 제사를 통해서는 결코 이 평안을 얻을 수 없다는 사실을 말하고 있습니다. 사도가 율법은 "나아오는 자들을 언제나 온전하게 할 수 없느니라"라고 말하기 때문입니다. 그러므로 제사는 죄에 대한 깨달음을 없애지 못합니다.

여기서 사도는 제사와 그 제사의 효력을 그리스도의 제사와 비교하면서 설명합니다. 그는 제사가 죄를 없애고 제사 드리는 이들을 정결하게 하며, 이 의식적인 예배에 참여한 자들의 양심을 죄로부터 정결하게 하는 효력이 있다는 사실을 부인합니다. 사도는 그리스도께서 드리신 제사만이 이러한 효력을 가진다고 증언하면서,

그리스도께서 거룩해진 자들을 한 번의 제사로 온전하게 하셨다고 말합니다(히 10:14 참고). 히브리서 9장 14절에서 사도는 그리스도께서 죽은 행실에서 양심을 깨끗하게 하셨다고 말합니다. 그리스도의 제사는 그분이 죽으신 이후뿐만 아니라 죽으시기 이전, 곧 구약 시대에도 효력을 나타냈습니다. 그분은 그때에도 새언약에서와 동일한 보증이셨습니다. 그분은 어제나 오늘이나 동일하신 분이기 때문입니다. 바로 이 제사로 말미암아 구약의 신자들은 신약의 신자들과 동일하게 형벌을 면할 수 있었고, 거룩하게 되었으며, 구원에 이르렀습니다. 그러므로 이 본문은 포괄적으로 언급된 사항들을 부인하지 않고, 단지 제사의 효력을 통해 이런 복을 얻었다는 사실을 부인할 뿐입니다.

(3) "그러나 이 제사들에는 해마다 죄를 기억하게 하는 것이 있나니"라고 말하면서 사도가 전하려 한 내용은 다음과 같습니다. 즉, 그가 염두에 두고 있던 대속죄일이 결국 죄를 제거할 행위 곧 아직 일어나지 않은 그리스도의 속죄 제사를 믿음으로 바라보며 모든 제사들이 죄를 제거할 수 없음을 보여 주고 고백하는 역할을 했다는 것입니다.

"이는 황소와 염소의 피가 능히 죄를 없이 하지 못함이라"(히 10:4).

사도는 이 말씀을 앞에 나오는 구절과 긴밀히 연결시킵니다. 이때 그는 "해마다 죄를 기억하게 하는 것"이라는 말을 통해 제사에 효력이 없으며, 구약 시대에 이 제사들이 반복적으로 드려진 사실은 결국 그 제사들이 죄를 없애거나 속량하지 못하며 오직 약속된 중보자께서 그 일을 하신다는 사실을 가르쳤음을 증명합니다. 신자들이 구속에 참여하는 것은 그분에게 속한 효력으로 말미암는 것이지, 결코 일반적인 제사들의 효력으로 말미암는 것이 아닙니다.

반론 8

"내가 그들의 악행을 사하고 다시는 그 죄를 기억하지 아니하리라. 여호와의 말씀이니라"(렘 31:34).

이 말씀은 새언약과 옛언약을 분명하게 대조한다. 본문은 대조를 통해 죄악을 용서하고 다시는 그 죄를 기억하지 않는 것이 오직 새언약에만 속한다고 말한다. 그리고 이 용서는 아페시스로 표현된다(히 8:12, 10:17 참고). 그러므로 구약 신자들은 완전한 용서를 받지 못했다. 그들은 아페시스의 용서를 받지 못한 것이다. 하나님께서 그들의 죄를 기억하시므로 그들은 하나님 앞에서 언제나 속죄 받지 못한 상태로 있을 수밖에 없었으며, 계속 그들의 죄에 대해 책망받아야만 했다.

답변

(1) 이 구절에 대한 주해와 변론은 본 부록의 제2장을 보십시오.

(2) 이 말씀은 약속된 용서를 '살라흐'라는 단어로 표현합니다. 이는 구약에서 죄 용서를 가리키는 단어와 같은 단어입니다(출 34:9; 레 4:20; 시 103:3, 86:5 참고). 그러므로 신약과 구약 신자들은 모두 완전히 동일한 의미의 용서에 참여했습니다.

(3) 구약 신자들도 신약 교회에 약속된 은혜언약의 유익을 소유하였습니다. 다음 말씀이 이에 대한 종합적인 요약입니다.

"나는 그들의 하나님이 되고 그들은 내 백성이 될 것이라"(렘 31:33).

이것은 신약 신자들에게 약속된 것이며, 이미 구약에서도 신자들은 이 약속의 유익을 소유했습니다. 우리와 반대 의견을 가진 이들도 이 사실을 부인하지 않고 받아들입니다. 성경의 많은 부분이 이 사실을 입증하기 때문입니다. 그러므로 신약 교회에 약속된 것은 동일하게 구약 시대에도 약속되어 있었습니다.

(4) 이 말씀에서 신약 교회를 향해 주어진 바 죄를 기억하지 않겠다는 약속은 이미 구약에도 존재했으며, 동일하게 זכר(자카르)로 표현되었습니다.

"내 젊은 시절의 죄와 허물을 기억하지 마시고"(시 25:7).

"그러나 야곱아 너는 나를 부르지 아니하였고……네 죄악으로 나를 괴롭게 하였느니라. 나 곧 나는 나를 위하여 네 허물을 도말하는 자니 네 죄를 기억하지 아니하리라"(사 43:22,24,25).

"그가 행한 모든 죄에서 돌이켜 떠나 내 모든 율례를 지키고 정의와 공의를 행하면 반드시 살고 죽지 아니할 것이라. 그 범죄한 것이 하나도 기억함이 되지 아니하리니"(겔 18:21,22).

"그가 본래 범한 모든 죄가 기억되지 아니하리니"(겔 33:16).[2]

(5) 아담부터 메시아의 시대까지 은혜언약이 변함없이 존재했으며 그리스도께서 심판하러 오실 때까지 계속 그대로 남아 있으리라는 사실은 반대자들도 동의합니다. 그러나 하나님께서 은혜언약을 세운다고 새언약에서 약속하십니다. 이 약속이 새언약에 있다고 해서 은혜언약이 옛언약에도 존재했음을 부인할 수는 없습니다. 마찬가지로 죄를 용서하고 기억하지 않는다는 약속이 단순히 신약 교회를 향해 주어졌다고 해서 그 약속이 옛언약에 실재하지 않았다고 말할 수는 없습니다. 이 모든 것을 통해 분명히 유추할 수 있는 것은, 본문에서 신약 교회를 향해 어떤 약속이 주어졌든 그것은 이미 구약 교회에도 있었다는 사실입니다. 그러므로 옛언약과 새언약은 언약 자체가 아니라 은혜언약이 시행되는 방식과 적용되는 정도라는 측면에서 대비됩니다. 결국 이 두 언약은 다음과 같이 일치합니다. "은혜언약과 거기에 포함된 모든 유익은 신약 교회만큼이나 구약 교회에서도 실재했습니다."

반론 9

"이 사람들은 다 믿음으로 말미암아 증거를 받았으나 약속된 것을 받지 못하였으니, 이는 하나님이 우리를 위하여 더 좋은 것을 예비하셨은즉 우리가 아니면 그들로 온전함을 이루지 못하게 하려 하심이라"(히 11:39,40).

구약 신자들은 약속이 성취되는 것을 보지 못했다. 그러므로 대속물은 아직 지불되지 않았고, 그들 역시 아직 완전해지지 못한 상태였다. 신약 신자들은 "더 좋은 것"을 받았다. 반면에 구약 신자들은 죄를 완전히 용서받지 못했고, 신약에 주어진 완전한 용서에서 흘러나오는 모든 유익도 가지지 못했다.

답변

구약 신자들은 받지 못했으나 신약 신자들은 받은 약속은 죄 용서에 관한 것이 아니라, 그리스도의 성육신에 관한 것이었습니다. 또한 이 성육신을 통해 그분이

---

2) 역자주 - 스타턴퍼탈링은 이 다섯 본문에 다양한 형태의 '기억하다'라는 동사를 사용하였다.

모든 예언과 예표적인 모형들을 성취하실 뿐만 아니라, 그분 자신이 모든 택자들의 죄악을 위한 대속물이 되어 죽음으로써 그 값을 지불하신다는 것입니다. 신약 신자들이 가진 "더 좋은 것"이란 오랫동안 약속되어 온 구세주로 말미암아 하나님의 모든 약속이 성취되는 것을 가리킵니다. 그분은 옛언약에 약속되었으나 구약 시대 당시에는 오시지 않았습니다. 약속된 것 자체를 가지는 것이 그 약속보다 좋으며, '가지고 있는 것'은 '앞으로 가질 것'보다 더 좋습니다. 그러므로 이와 같이 더 좋은 것이 왔으므로, 더 좋은 것이 시행되는 방식 또한 더 좋을 수밖에 없습니다. 여기에는 그림자가 없고, 양심에 경건과 빛과 믿음과 소망과 사랑과 거룩함과 평안과 기쁨이 더 많습니다. 만일 "우리가 아니면 그들로 온전함을 이루지 못하게 하려 하심이라"라는 구절을 보편 교회에 적용한다면, 교회의 회원권이라는 관점에서 구약 교회는 온전하게 완성된 교회가 아니었습니다. 왜냐하면 구약 교회에 더 많은 자녀들이 더해질 것이었기 때문입니다.

마찬가지로 아직 모든 택자들이 완전히 모이지 않았으며, 교회의 회원권에 관한 신약 교회 역시 교회가 완성되기 전에 여전히 신자들이 더해져야 할 것입니다. 바로 이러한 의미에서 교회(congregation)가 그리스도의 몸, 곧 "만물 안에서 만물을 충만하게 하시는 이의 충만함"(엡 1:23)으로 불리는 것입니다. 또한 누군가가 이 구절을 특별히 신자들에게 적용한다면, 이는 곧 우리가 누리는 약속의 성취가 없이는 구약 신자들이 완전해질 수 없었다고 말하는 것이 됩니다. 여기서 우리가 누리는 약속이란, 육신을 입은 그리스도를 통해 성취된 만족을 의미합니다. 따라서 이 본문은 옛언약에 완전함이 존재했음을 부인하지 않습니다. 오히려 '그들이 완전하게 되었다'라고 분명히 증언합니다. "우리가 아니면"이라는 문구는 신약 신자들이 구약 신자들을 완전하게 만든다는 의미가 아닙니다. 뿐만 아니라 신약 시대가 이르기까지 구약 신자들이 완전함에 도달하지 못하고 천국에서 불완전한 상태로 있었다는 것도 아닙니다. 천국에는 죄악되고 불결하며 불완전한 존재를 위한 공간이 없기 때문입니다. 본문이 말하는 바는 그리스도께서 속죄 사역을 구약 시대에 완결하지 않으시고 우리가 살아가는 신약 시대에 완수하여 이루신 만족으로 말미암아 구약 신자들이 완전하게 되었다는 것입니다.

그러므로 "약속된 것"이 메시아를 가리킨다고 이해해야 합니다. 그리고 "더 좋은 것"은 그분이 보증직을 실행하는 것을 가리키며, 이 일이 있은 후에야 언약의 더 좋은 시행이 이루어졌습니다. 또한 "우리가 아니면 그들로 온전함을 이루지 못하게 하려 하심이라"라는 말은 그리스도의 속죄를 가리키는 것으로서, 이 속죄 사건 자체는 신약 시대에 일어났지만, 그 효력은 신약과 구약 모두 동일합니다. 그러므로 옛언약의 죄 용서가 불완전하여 새언약에 등장하는 죄 용서와 구별되고 대조된다는 주장은 아무런 근거도 없습니다.

히브리서 11장 39절은 이 모든 것들이 우리가 언급한 그대로임을 분명히 입증합니다.

"이 사람들은 다 믿음으로 말미암아 증거를 받았으나."

그렇다면 그들이 가졌던 믿음의 대상은 무엇이겠습니까? 그들은 이미 약속되었고, 이제 오신 그리스도만을 믿음의 대상으로 가졌습니다. 아벨은 제사를 드리면서 그리스도를 바라보았습니다. 이는 그가 이를 통해 의롭다는 증거를 얻었기 때문입니다. 이런 일은 그리스도를 바라보는 믿음으로만 일어납니다(히 11:4 참고). 하늘로 들려 올라간 에녹도 믿음으로 그리스도를 바라보았습니다(히 11:5 참고). 아브라함 역시 믿음으로 약속된 자손인 그리스도를 보았고, 이로 말미암아 그가 의롭다고 여겨졌습니다(히 11:12; 롬 4:11-22; 갈 3:16 참고). 마찬가지로 모세도 그리스도를 보았기에 그리스도를 위하여 받는 수욕을 모든 부요함보다 더 귀하게 여겼습니다(히 11:26 참고). 그들 모두 이 그리스도를 열망했고, 그리스도를 육체로 영접하지 못했을지라도 그분을 멀리서 보았고 믿었으며 기꺼이 받아들였습니다(히 11:13 참고).

주 예수님은 새언약에서와 마찬가지로 옛언약에서도 동일하게 완전한 대리적 보증이셨고, 따라서 구약 신자들은 신약 신자들과 같이 하나님과 온전히 화해했으며 그 죄를 완전히 용서받았습니다. 적어도 우리는 이것들이 사실로 분명히 증명되었다고 판단합니다. 따라서 다음 질문들에 더 기꺼이 대답하겠습니다.

구약 신자들도 양자의 영을 가졌음

> ▶ 질문
> 구약 신자들도 양자의 영을 가지고 있었는가?

대답: 어떤 이들은 구약 신자들이 하나님의 성령과 거듭남에 참여했다는 사실과 그들이 참으로 하나님의 자녀들이었다는 사실을 부인합니다. 그들은 구약 신자들이 일반적으로 빛과 확신과 위로와 그 밖의 것들을 더 적게 가졌을 것이라고 추측합니다. 그러나 이 두 사실에는 사실상 동의가 이루어져 있습니다. 그런데도 어떤 사람들은 구약 신자들이 양자의 영을 가지지 않았다고 주장합니다. 그런데 이 양자의 영은 그들이 하나님을 아버지로 여기며 자녀로서 자유롭게 나아갈 수 있게 해 주고, 하나님을 "아빠 아버지"로 부를 수 있게 하며, 나아가 하나님을 화목한 관계에 있는 아버지로 여기며 자녀의 마음으로 자유롭게 섬기고 순종하게 합니다. 그러나 어떤 이들은 이러한 것들이 신약 신자에게만 해당하며, 따라서 구약 신자들은 채찍을 두려워하고 공포에 휩싸인 채 자신의 일을 감당하는 노예처럼 언제나 괴로운 마음과 두려움을 가지고 살았다고 주장합니다. 게다가 이들은 이 종의 영이 금송아지를 만들기 이전에는 없었으며 그 사건 이후부터 신약 시대에 이르기까지만 존재했다고 주장합니다. 뿐만 아니라 회심하지 않은 사람들은 이 종의 영을 가지지 않았다고도 주장합니다. 이 종의 영은 오직 신자들에게만 있어서 하나님이 세우신 예배 형태를 따르도록 그들 안에서 역사하며, 믿음은 그것을 준수하게 한다는 것입니다.

이 주장대로라면 믿음과 자녀 됨이 얼마나 초라해집니까! 우리는 이러한 주장이 결코 사실이 아니라고 생각합니다. 대신 우리는 구약 신자들도 동일한 믿음의 영과 동일한 양자의 영을 가졌으며, 하나님께 동일하게 나아갔으며, 어린아이와 같은 성향을 동일하게 가졌고, 자녀와 같이 동일하게 순종한다는 사실을 인정합니다. 이에 대한 증거는 다음과 같습니다.

첫째, 그리스도는 옛언약에서도 대리적 보증으로서 구약 신자의 모든 죄를 제거하셨으며, 정한 때에 만족을 이루시기 위해 그들의 죄악을 친히 담당하셨습니다. 이로 말미암아 구약 신자들도 우리와 마찬가지로 죄를 완전히 용서받았으므로, 자녀들과 같은 마음의 성향과 양자의 영을 가졌습니다. 오직 죄만이 하나님께서 아버지로서의 호의와 사랑을 사람들에게 드러내지 못하게 막음으로써 하나님과 사람을 분리시킵니다. 그러므로 하나님은 죄를 제거하실 때 그 영혼을 사랑하는 가운데 품에 안으십니다.

"주께서 내 영혼을 사랑하사 멸망의 구덩이에서 건지셨고 내 모든 죄를 주의 등 뒤에 던지셨나이다"(사 38:17).

그러나 그리스도께서 구약 신자들의 대리적 보증이셨으며, 하나님께서 그들의 모든 죄를 용서하셨습니다. 앞선 장에서뿐만 아니라 바로 이전 장에서도 이 사실을 증명하였습니다. 결국 구약 신자들은 양자의 영을 받았고 마음에 자녀의 성향을 가지고 있었습니다.

둘째, 구약과 신약 신자들 모두가 믿음을 소유하고 발휘하였습니다. 그리고 믿음이 살아 활동하는 모든 때에 자녀의 경향성 곧 양자의 영 역시 존재한 것입니다. 그들이 실제로 구원과 의롭다함을 받게 하는 믿음을 행사하였다는 사실이 히브리서 11장 전체뿐만 아니라 고린도후서 4장 13절에 분명하게 드러납니다.

"기록된 바 내가 믿었으므로 말하였다 한 것같이 우리가 같은 믿음의 마음을 가졌으니."

그들은 하나님을 믿었습니다.

"여호와여 그러하여도 나는 주께 의지하고 말하기를 주는 내 하나님이시라 하였나이다"(시 31:14).

믿음이 발휘될 때에는 언제든지 양자의 영이 함께 있습니다.

"영접하는 자 곧 그 이름을 믿는 자들에게는 하나님의 자녀가 되는 권세를 주셨으니"(요 1:12).

믿음이 발휘될 때에는 언제나 평안이 함께 있습니다.

"그러므로 우리가 믿음으로 의롭다하심을 받았으니 우리 주 예수 그리스도로 말미암아 하나님과 화평을 누리자"(롬 5:1).

믿음이 발휘될 때에는 언제나 희락이 있습니다.

"예수를 너희가……이제도 보지 못하나 믿고 말할 수 없는 영광스러운 즐거움으로 기뻐하니"(벧전 1:8).

믿음이 발휘될 때에는 언제나 하나님과 친밀히 동행합니다.

"아브라함이 하나님을 믿으니 이것을 의로 여기셨다는 말씀이 이루어졌고 그는 하나님의 벗이라 칭함을 받았으니"(약 2:23).

동일하게 주 예수님께서 자신을 믿는 제자들을 친구라고 부르셨습니다.

"너희를 친구라 하였노니 내가 내 아버지께 들은 것을 다 너희에게 알게 하였음이라"(요 15:15).

따라서 분명히 구약 신자들은 자녀의 경향성과 양자의 영을 가졌습니다.

셋째, 하나님께서 자녀들을 이끄시는 방식이 구약 신자들이 양자의 영을 가졌다는 사실, 즉 하나님께서 그들을 자녀로 받아들이셨고 그들에게 자녀의 경향성을 주셨다고 그들에게 알리셨다는 사실을 분명히 입증합니다.

① 하나님은 자신이 구약 신자들의 하나님임을 알리셨습니다.

"나는……네 하나님 여호와니라"(출 20:2).

② 하나님은 구약 신자들을 자기 자녀라고 부르셨습니다.

"에브라임은 나의 사랑하는 아들 기뻐하는 자식이 아니냐"(렘 31:20).

"그들은 실로 나의 백성이요 거짓을 행하지 아니하는 자녀라"(사 63:8).

③ 하나님은 구약 신자들을 사랑하셨고 자신이 그들을 사랑함을 알리셨습니다.

"네가 내 눈에 보배롭고 존귀하며 내가 너를 사랑하였은즉"(사 43:4).

"내가 영원한 사랑으로 너를 사랑하기에 인자함으로 너를 이끌었다"(렘 31:3).

④ 하나님은 염려 가운데 있는 구약 신자들에게 아버지가 가지는 긍휼의 마음을 보여 주셨으며, 그들은 이를 그대로 받아들였습니다.

"아버지가 자식을 긍휼히 여김같이 여호와께서는 자기를 경외하는 자를 긍휼히 여기시나니"(시 103:13).

⑤ 주님은 자신의 임재로 말미암아 그들을 새롭게 하셨고, 그들이 기도할 때 그들의 영혼이 품은 소원을 이루어 주셨습니다.

"여호와께서는 자기에게 간구하는 모든 자 곧 진실하게 간구하는 모든 자에게 가까이 하시는도다. 그는 자기를 경외하는 자들의 소원을 이루시며 또 그들의 부르짖음을 들으사 구원하시리로다"(시 145:18,19).

⑥ 성령께서 그들을 가르치고 인도하셨습니다.

"주는 나의 하나님이시니 나를 가르쳐 주의 뜻을 행하게 하소서. 주의 영은 선하시니 나를 공평한 땅에 인도하소서"(시 143:10).

⑦ 주 예수님께서 구약 신자들을 사랑으로 대하셨습니다. 그분은 그들과 입 맞추시고(아 1:2 참고), 그들을 자기의 사랑이라고 부르셨습니다(아 5:2 참고).

하나님께서 구약 신자들을 이와 같거나 비슷한 방식으로 대하셨음을 고려할 때, 저는 과연 하나님께서 그들을 신약 신자들과 다르게 대하셨는지 묻고자 합니다. 실제로 신약성경에 이와 다른 표현들이 있습니까? 신자들을 이와 같이 대하시는 분께서 그들에게 양자의 영이 아니라 종의 영을 주시겠습니까? 누군가가 하나님께서 구약 신자들을 대하시는 이 모든 모습들을 무시한 채 구약 신자들이 비참했고 노예적인 성향을 가졌다고 주장한다고 칩시다. 과연 그러한 모습이 성령께서 자기 자녀들 안에 이루시는 역사에 합당하겠습니까? 만일 누군가가 그렇게 말한다면, 그가 하나님의 자녀들을 모욕하는 것이 아니겠습니까? 그러므로 하나님께서 이처럼 구약 신자들을 아버지로서 대하시는 모습을 통해, 우리는 그들 역시 양자의 영을 가졌다는 결론에 도달하게 됩니다.

넷째, 구약에 있는 하나님의 자녀들의 성향에 대해 생각해 보십시오.

① "너희는 선지자들의 자손이요 또 하나님이 너희 조상과 더불어 세우신 언약의 자손이라"(행 3:25).

"그들은 이스라엘 사람이라. 그들에게는 양자 됨과 영광과 언약들과 율법을 세우신 것과 예배와 약속들이 있고"(롬 9:4).

② 구약 신자들은 신약 신자들이 가졌던 그 믿음의 성령을 가졌습니다(고후 4:13 참고).

③ 그들은 하나님께서 아버지의 마음으로 그들을 사랑하심을 확신했고, 하나님을 온전히 신뢰했습니다.

"여호와는 나의 목자시니 내게 부족함이 없으리로다……내가 사망의 음침한 골짜기로 다닐지라도 해를 두려워하지 않을 것은 주께서 나와 함께하심이라. 주의 지팡이와 막대기가 나를 안위하시나이다"(시 23:1,4).

④ 그들도 은혜의 보좌로 자유롭게 나갈 수 있었습니다.

"주의 구원의 즐거움을 내게 회복시켜 주시고 자원하는 심령을 주사 나를 붙드소서"(시 51:12).

"내가 항상 주와 함께하니"(시 73:23).

⑤ 주 예수님께서 제자들에게 가르치신 대로(마 6:9 참고), 그들도 하나님을 아버지라고 불렀습니다. 엘리후는 다음과 같이 말합니다.

"나는 욥이 끝까지 시험 받기를 원하노니"(욥 34:36).[3]

구약 신자들도 다음과 같이 말했습니다.

"주는 우리 아버지시라"(사 63:16).

"그러나 여호와여, 이제 주는 우리 아버지시니이다"(사 64:8).

여호와께서 "아버지"라고 부르게 하셨습니다.

"네가 이제부터는 내게 부르짖기를 나의 아버지여, 아버지는 나의 청년 시절의 보호자이시오니"(렘 3:4).

⑥ 그들은 여호와와 그분 섬기는 일을 즐거워했습니다.

"여호와로 인하여 기뻐하는 것이 너희의 힘이니라"(느 8:10).

"나의 기도를 기쁘게 여기시기를 바라나니 나는 여호와로 말미암아 즐거워하리로다"(시 104:34).

---

[3] 역자주 - 스타턴퍼탈링은 다음과 같이 기록한다. "Mijn Vader! Laat Job beproefd worden tot het einde." 이는 우리말로 "나의 아버지! 욥이 끝까지 시험을 당하게 하소서!"라는 뜻이다.

"기쁨으로 여호와를 섬기며 노래하면서 그의 앞에 나아갈지어다"(시 100:2).

여기에 언급된 모든 것들을 함께 생각해 보십시오. 그리스도를 자신의 대속적 보증으로 가진 자들, 자신의 죄를 완전히 용서받은 자들, 평안과 기쁨을 주시는 그리스도를 통하여 하나님을 향한 믿음이 살아 움직이는 자들, 하나님께서 친구요 자녀라고 부르시며 사람이 자녀를 대하듯 대하시는 이들, 그리스도 안에서 하나님을 아버지라고 부르는 사람들, 하나님을 아버지로 여기며 그분과 친밀하고도 달콤하게 교제하며 영혼에 만족을 얻고 그분을 즐거워하는 사람들, 바로 이들은 확실히 양자의 영을 가졌습니다. 그리고 구약 신자들은 이 모든 것을 가지고 있었습니다. 그러하기에 그들은 노예의 성향이 아니라, 자녀의 성품과 양자의 영을 가졌던 것입니다.

반론 1

"너희는 다시 무서워하는 종의 영을 받지 아니하고 양자의 영을 받았으므로 우리가 아빠 아버지라고 부르짖느니라"(롬 8:15).

이 말씀은 종의 영과 양자의 영을 대조하며, 종의 영이 가져다주는 열매와 양자의 영이 주는 열매를 대조한다. 이는 두려워하는 영과 "아빠 아버지"라고 외치는 영을 대조하는 것이다. "다시 무서워하는 종의 영"은 새언약과 상관없으며, 일반적으로 속박의 시대라고 불리는 옛언약에만 해당한다. 그러므로 종의 영은 옛언약에만, 양자의 영은 새언약에만 속한다.

답변

첫째, 여기에 언급된 것은 구약과 신약에 간접적으로도 속하지 않음을 분명히 밝힙니다. 더 나아가 우리는 구약 신자와 신약 신자를 구분하는 것도 인정할 수 없습니다. 또한 종의 영이 옛언약에 속했고 양자의 영이 새언약에 속했으며, 그 결과 구약 신자들은 두려워한 반면에 신약 신자들은 "아빠 아버지"라고 부를 수 있었다는 주장에도 반대합니다. 우리는 지금까지의 주장들을 모두 다루면서 이미 이러한 방식으로 반대 주장에 충분히 답했습니다.

둘째, 본문 자체가 반론의 주장에 반대되는 사실을 입증합니다.

(1) 이 구절 및 그 앞뒤에 있는 절들은 옛언약이나 새언약에 대해 단 한 번도 언급하지 않으며, 구약과 신약에 속한 신자들이 어떤 식으로든 구분된다고 말하지 않습니다. 반론의 주장은 그저 추론에 기초하여 제시되었을 뿐입니다. 만일 누군가가 "다시 무서워하는 종"이라는 말과 "양자의 영을 받고"라는 말이 어떤 구분을 가리킨다고 말한다면, 우리는 그것이 '논점 선취의 오류'[4]라고 대답하겠습니다. 바로 이것이야말로 우리가 지금 부인하고 있는 사안의 핵심입니다. 그러므로 이러한 말들은 앞의 반론을 전혀 지지하지 못합니다. 구약 신자들이 양자의 영을 가졌고 그들도 "아빠 아버지"라고 불렀다는 사실을 고려할 때, 이 사실이 더욱 분명해집니다. 우리는 이미 이 사실을 네 가지 주장을 통해 증명했습니다. 게다가 새언약에도 두려움이 있었습니다.

"이스라엘 자손이 돌아와서……마지막 날에는 여호와를 경외하므로 여호와와 그의 은총으로 나아가리라"(호 3:5).

"그러므로 우리는 두려워할지니"(히 4:1).

"두렵고 떨림으로 너희 구원을 이루라"(빌 2:12).

(2) 사도는 이 구절에서 옛언약에 속하거나 새언약에 속한 사람들과 같이 다양한 사람들에 대해 말하고 있지 않습니다. 그는 동일한 부류의 사람들, 곧 현재 그들이 살고 있는 로마에 위치한 교회의 회중들에 대해 말하고 있습니다. 본문은 "너희는 다시……받지 아니하였고……받았으므로"라고 말합니다. 만일 반론의 주장이 사실일 가능성이 조금이라도 있다면, 먼저 로마 교회의 회중이 오로지, 또는 주로 유대인으로 구성되었다는 사실을 증명해야 합니다. 뿐만 아니라 이 유대인들이 예수님을 메시아로 믿기 전에 이미 회심한 신자들이었음을 증명해야 합니다. 왜냐하면 우리의 반대자들은 구약의 회심하지 않은 사람들이 종의 영을 가지지 않았으며 구약의 신자들만이 무서워하는 종의 영을 가졌다고 단호하게 주장하기 때문입니다.

---

4) 역자주 - 라틴어로는 *petitio principii*(페티티오 프린키피)이며, 선결 문제 요구의 오류라고도 불린다. 이 오류는 논의되어야 할 문제의 논점을 미리 사실로 가정하고 논증을 시작하는 것을 가리킨다.

그러나 그들의 이러한 주장은 조금도 타당하지 않습니다. 이미 교회가 이방인들에게까지 확장되었기 때문입니다. 하나님께서 이미 유대인을 버리셨고, 경건한 사람들은 대부분 이미 다른 곳으로 이주했으며, 예루살렘의 멸망이 임박한 때였습니다. 한 가지 분명한 사실은, 로마의 교회가 회심한 이방인들의 교회였다는 것입니다. 로마서 1장 5,6,13절에 이 내용이 나타납니다.

"모든 이방인 중에서 믿어 순종하게 하나니 너희도 그들 중에서 예수 그리스도의 것으로 부르심을 받은 자니라……이는 너희 중에서도 다른 이방인 중에서와 같이 열매를 맺게 하려 함이로되."

회피주장 실제로 사도는 동일한 사람들과 회심한 이방인들에 대해 말하고 있다. 그러나 그는 그들이 옛날 유대 교회의 상태로, 즉 다시 두려워하는 종의 영을 가지고 의식들에 종속된 상태로 들어간 것은 아니라고 말한다. 오히려 그들은 훨씬 더 나은 상태, 곧 복음적인 상태에 있었다.

| 답변 |

우리는 그런 차이가 있다는 사실을 거부합니다. 게다가 사도가 회심한 이방인들에게 오래전에 아주 먼 땅에 살던 신자들의 상태에 관해 말한다는 것이 이해가 됩니까? 게다가 이방인들은 그 신자들이 드리던 예배의 형태에 대해 알지 못했으며, 그 예배도 이미 사라지고 없었습니다. 뿐만 아니라 사도가 이 이방인들이 옛날에 유대 교회가 처한 상태로 들어오지 않았다고 말하는 것이 이해가 됩니까?

셋째, 다시 두려워하는 종의 영은 곧 두려움의 영입니다.

"하나님이 우리에게 주신 것은 두려워하는 마음이 아니요 오직 능력과 사랑과 절제하는 마음이니"(딤후 1:7).

사람이 두려움을 느낄 때에는 언제나 위협하고 고통을 주는 자들의 의지에 굴복하고 종속되려는 성향을 가지는 법입니다. 당시에 하나님의 원수인 세상은 교회를 맹렬하게 핍박했습니다. 예수님을 고백하고 그분을 경험하는 것은 곧 신자들의 재산과 생명을 빼앗는 핍박자의 먹이가 된다는 의미였습니다. 핍박은 사람들의 마음을 두려움으로 연약하게 만드는 데 아주 효과적이었으며, 사람들로 하여금 이 두려움 때문에 믿음을 버리고 신앙을 실천하지 못하게 하였습니다. 사도는 이러한 위협에 맞서기 위해 설령 육신의 고난을 당하더라도 로마 교회의 신자들이 믿음과 경건을 지키며 살도록 동기를 부여하여 그들을 강건하게 하려고 했습니다. 다음 구절들은 사도가 경건의 길을 버리고 핍박자들의 뜻에 굴복하게 만드는 고난을 두려워하는 것에 대해 말했음을 분명히 드러냅니다.

"자녀이면 또한 상속자 곧 하나님의 상속자요 그리스도와 함께한 상속자니 우리가 그와 함께 영광을 받기 위하여 고난도 함께 받아야 할 것이니라. 생각하건대 현재의 고난은 장차 우리에게 나타날 영광과 비교할 수 없도다"(롬 8:17,18).

그러나 (사도가 말한 대로) 여러분은 자녀들입니다. 왜냐하면 여러분은 성령께 참여하였으며, "아빠 아버지"라고 부르는 양자의 영을 받았기 때문입니다. 그러므로 여러분은 하나님의 상속자들입니다. 또한 여러분은 고난을 두려워하지 말아야 합니다. 이 고난은 여러분에게서 영원한 유업을 빼앗지 못하기 때문입니다. 이 유업은 모든 고난과 비교할 수 없을 만큼 탁월합니다. 만일 여러분이 고난을 두려워한 나머지 진리를 버린다면 이 세상에서 그 유업 이외의 모든 것을 얻을 수도 있습니다. 여러분이 받은 성령은 바로 능력의 영이시요(딤후 1:7 참고), 자원하는 영이십니다(시 51:12 참고).

(1) 자연인은 보이는 것에서 자신의 분깃과 평안과 즐거움을 구합니다. 그들은 이 세상 소유의 노예가 되어, 자신에게서 그 소유를 빼앗을 수 있는 모든 것을 두려워합니다. 그러나 회심한 여러분은 그러한 영, 곧 종의 성향인 세상의 영(고전 2:12 참고)을 받지 않았습니다. 그러므로 여러분은 다시는 이전처럼 세상의 소유를 잃어버릴까 봐 두려워하지 않을 것입니다. 여러분은 성령, 곧 양자의 영을 받았습니다. 이 영은 여러분이 세상 소유의 종노릇을 하게 만들지 않습니다. 왜냐하면 이 영이 여러분에게 다시는 두려워하지 않으며, 대신 자원하고 어린아이 같으며 하나님과 화해하여 그분을 아버지라고 부를 수 있는 담대한 성품을 주시기 때문입니

다. 이 영은 여러분이 하나님의 자녀로서 받을 유산을 기대하며, 그리스도를 위하여 모든 고난을 인내하게 하십니다.

(2) 다시 두려워하는 종의 영은 두려움의 영을 말합니다. 곧 세상적이고 눈에 보이는 것들에 얽매인 상태로 만드는 것입니다. 로마에 있는 회심한 이방인들은 다시 이 세상의 영을 받지 않았습니다. 이는 종의 영인데, 이전에 그들은 이 영으로 말미암아 세상에 속한 것들을 자신에게서 빼앗을 수 있는 모든 것들을 두려워하였습니다. 그들이 바로 이 올무에서 벗어났습니다. 그리고 이제 이 이방인들은 하나님의 자녀가 되었고 자유롭게 하나님을 아버지로 부를 수 있게 하는 양자의 영을 받았습니다. 그리하여 그들은 영광의 소망을 가지게 되었습니다. 그러하기에 사도는 그들이 경건하게 살도록 마음을 불러일으키며, 고난에 굴복하지 않고 오히려 그분을 자랑하게 합니다.

"누가 우리를 그리스도의 사랑에서 끊으리요. 환난이나 곤고나 박해나 기근이나 적신이나 위험이나 칼이랴……그러나 이 모든 일에 우리를 사랑하시는 이로 말미암아 우리가 넉넉히 이기느니라"(롬 8:35,37).

바로 이것이 사도가 의도한 바입니다.

반론 2

"율법 아래에 있는 자들을 속량하시고 우리로 아들의 명분을 얻게 하려 하심이라. 너희가 아들이므로 하나님이 그 아들의 영을 우리 마음 가운데 보내사 아빠 아버지라 부르게 하셨느니라"(갈 4:5,6).

본문의 앞부분에서 사도는 교회가 속박 아래에 있다고 규정하며(갈 4:3 참고), 교회가 종 된 상태에 있다고 말한다(갈 4:1 참고). 반면에 5절에서는 그리스도께서 오셔서 그들을 구하셨다고 말한다. 그러므로 사도는 이 종 되고 속박된 상태를 신약 교회의 상태와 대조하고 있다. 이 신약 교회는 자녀들의 입양을 통해 이루어졌으며, 이로 말미암아 그들이 하나님을 "아빠 아버지"로 부를 수 있게 된 것이다. 따라서 구약 신자들은 양자의 영을 가지지 않았다.

답변

(1) 이 내용을 다음과 같이 말해 봅시다. 옛언약에는 종의 영이 있었고, 그 시기에 성령이 신자들 안에서 거듭남과 믿음과 성화를 이루셨다고 말입니다. 반면에 새언약에는 양자의 영이 있었습니다. 사도는 이 둘을 대조합니다. 그렇다면 무엇입니까? 여기서 내릴 수 있는 결론은 이 둘 사이에 본질이 아니라 정도라는 측면에서 차이가 있다는 것입니다. 왜냐하면 신약에서도 성령께서 두려움을 통하여 역사하시기 때문입니다. 바울은 주님에 대한 두려움을 사용하여 사람들이 믿도록 설득합니다(고후 5:11 참고). 유다도 누군가를 두려움으로 구원하라고(유 1:23 참고) 책망합니다. 고린도교회의 성도들 중에는 회심할 때 두려움을 경험한 이들이 있었습니다(고후 7:11 참고). 바울 자신도 겉으로는 싸웠으나 속으로는 두려움이 있었습니다. 게다가 구약 신자들도 양자의 영을 가졌고 "아빠 아버지"라고 외치며 은혜의 보좌 앞으로 담대히 나아갔습니다. 우리는 여러 증거를 통해 이러한 사실을 증명했습니다. 우리가 이어서 보여 줄 것과 같이 구약 신자들 역시 평안과 즐거움을 가지고 있었습니다. 그러므로 우리는 신약 신자들과 구약 신자들이 서로 정도가 다를 뿐이라는 사실에 전적으로 동의합니다.

(2) 여기서 사도는 양자의 영에 관해서가 아니라 양자 됨 자체에 관해 말합니다. 만일 이 양자 됨을 통해 옛언약과 새언약이 대조된다고 생각하려면, 옛언약을 통해 이루어진 양자 됨을 전적으로 부정해야 할 것입니다. 왜냐하면 이 양자 됨이 지금 여기서 옛언약과 대조되는 새언약과 관련 있기 때문입니다. 그러나 이는 성경 및 그들의 주장과도 반대됩니다.

(3) 여기서 사도는 이방인들에게 그리스도의 보증직이 어떠한 유익과 효과를 제공하는지 보여 줍니다. 회심하기 전의 갈라디아인들은 우상을 섬기는 이방인이었습니다.

"그러나 너희가 그때에는 하나님을 알지 못하여 본질상 하나님이 아닌 자들에게 종노릇하였더니"(갈 4:8).

여기서는 교회와 교회가 아니라, 나라와 나라가 대조될 뿐입니다. 전에는 오직 유대인들만이 은혜언약의 유익을 누렸으나, 이제는 이방인들도 은혜언약의 유익을 누릴 수 있게 되었습니다. 이제는 그들도 자녀로 입양되는 은혜를 받았습니다.

(4) 신자들이 하나님의 아들의 영을 마음에 받고 하나님을 "아빠 아버지"라 부르게 되는 것은 교회가 옛언약이나 새언약에 속해 있다는 사실에서가 아니라, 그들에게 있는 아들 됨에서 비롯된 결과입니다.

"너희가 아들이므로"(갈 4:6).

어느 누구도 하나님의 자녀가 아니었으므로, 하나님께서 "아빠 아버지"라고 부르는 자기 아들의 영을 보내셨습니다. 그러나 신약 신자들도 구약 신자들과 동일한 하나님의 자녀들이므로 하나님께서 그들에게 동일한 복을 내리셨습니다. 이는 역으로 보아도 마찬가지입니다.

(5) 이 내용을 다음과 같이 이해하십시오. 옛언약과 새언약의 대조는, 본질이 아니라 정도에 관한 것입니다. 이는 마치 미숙한 자녀와 성숙한 자녀를 비교하는 것과 같습니다. 이들은 모두 자녀들입니다. 둘 다 자녀의 성품을 가지고 있으며, "아빠 아버지"라고 부릅니다.

구약 신자들도 양심의 평안을 누림

> ▶ 질문
>
> 구약 신자들은 하나님 안에서 양심의 평안과 영적인 즐거움을 누렸는가? 아니면, 그들은 언제나 양심에 두려움을 가진 채 살았는가? 그들은 하나님과 불화한 상태에 있었으므로 보증 되시는 분이 값을 지불하실 때까지 하나님의 저주와 진노의 대상으로 지내면서 노예처럼 의식에 속박되어 정죄당한 채, 두려워하고 염려하는 영을 가지고 살았는가?

대답: 어떤 사람들은 이 질문 중 후자에 대해 그렇다고 대답합니다. 물론

불경건한 자들이 경험하는 방식과는 다르다고 말합니다. 또한 그들은 하나님께서 저주와 진노를 부어 구약 신자들을 멸망시키려 하지는 않으셨다고 주장합니다. 그러나 우리는 거기에 부정적으로 대답합니다. 구약 신자들은 양심의 평안과 하나님 안에서 즐거움을 누렸습니다. 뿐만 아니라 그들은 앞에서 말하는 것처럼 비참한 상태에 있지 않았습니다. 우리는 이 사실을 다음과 같이 확증합니다.

① 우리는 이미 옛언약에서 주 예수님께서 온전한 의미에서 대리적 보증이셨다는 사실과 구약 신자들도 믿음으로 말미암아 온전한 칭의와 죄 사함을 얻고 자녀로 입양되었으며 양자의 영을 가지고 있었다는 사실을 증명했습니다. 이러한 경우, 그 어떤 저주와 진노와 지불되지 않은 빚에 대한 고소도 있을 수 없습니다. 대신 그곳에는 평안과 하나님 안에서 누리는 즐거움이 있을 뿐입니다. 바로 구약 신자들이 이 모든 유익을 누렸습니다. 그러므로……[5]

② 성경에 이를 확증하는 본문들이 있습니다. 그중 다음 구절들을 생각해 보십시오.

"주께서 내 마음에 두신 기쁨은……내가 평안히 눕고 자기도 하리니 나를 안전히 살게 하시는 이는 오직 여호와이시니이다"(시 4:7,8).

"나의 영혼이 잠잠히 하나님만 바람이여"(시 62:1).

"내가 항상 주와 함께하니……하나님은 내 마음의 반석이시요 영원한 분깃이시라……하나님께 가까이함이 내게 복이라. 내가 주 여호와를 나의 피난처로 삼아 주의 모든 행적을 전파하리이다"(시 73:23,26,28).

"나의 기도를 기쁘게 여기시기를 바라나니 나는 여호와로 말미암아 즐거워하리로다"(시 104:34).

"내가……주의 나라의 기쁨을 나누어 가지게 하사 주의 유산을 자랑하게 하소서"(시 106:5).

"하나님이여 주의 생각이 내게 어찌 그리 보배로우신지요……내가 깰 때에도 여전히

---

[5] 역자주 - 여기서 분명 아 브라켈은 독자들이 스스로 대답을 완성시킬 수 있다고 가정하고 있다.

주와 함께 있나이다"(시 139:17,18).

"내가 사망의 음침한 골짜기로 다닐지라도 해를 두려워하지 않을 것은 주께서 나와 함께하심이라. 주의 지팡이와 막대기가 나를 안위하시나이다"(시 23:4).

이러한 영적인 틀을 가진 사람이 구약 신자들에 대하여 그렇게 암울하게 생각할 리가 없습니다. 성경 어디에 신약 신자들이 구약 신자들보다 더 영적이고도 친밀하며, 즐거워하는 틀을 가졌다는 내용이 있습니까? 뿐만 아니라 그리스도께서 구약 신자들의 죗값을 실제로 지불하지 않으셨는데도 그들이 하나님 안에서 완전한 평안과 기쁨을 누리고, 천국에서 하나님과 교제를 나누지 않았습니까? 아직 변제되지 않은 채무가 죽은 후에 완전한 즐거움을 누리는 것을 막지 못했다면, 과연 그 채무가 구약 신자들이 이 땅에서 비참하게 사는 이유가 될 수 있었겠습니까? 따라서 우리는 구약 신자들도 신약 신자들과 동일한 평안과 즐거움을 하나님 안에서 누렸다고 결론 내립니다. 이때 그 정도의 차이는 지불되지 않은 채무가 아니라 하나님의 지혜에서 비롯된 것입니다.

반론 1

구약의 신자들은 진노의 대상이었다.

"율법은 진노를 이루게 하나니 율법이 없는 곳에는 범법도 없느니라"(롬 4:15).

여기서 말하는 율법은 의식법을 가리킨다. 이 의식법은 아직 죄에 대한 만족이 일어나지 않았음을 보여 준다. 의식법은 구약 신자들의 죄를 고발하였고, 그들 자신이 여전히 하나님의 진노의 대상이며 저주 아래 있는 존재임을 일깨워 주었다. 사도는 이것을 신약 신자들의 지위와 대조한다. 또한 그는 그리스도께서 만족을 이루셨을 때 의식법이 중단되었다고 생각하고 있다. 결국 속죄되지 않은 범죄는 더 이상 존재하지 않는다.

답변

(1) 이러한 생각들은 매우 잘못된 것이므로, 우리는 이를 전적으로 거부합니다.

(2) 의식법을 범하는 것 또한 하나님의 진노를 불러옵니다. 그러나 사도는 여기

서 의식법이 아니라 도덕법을 말합니다. 그는 믿음과 반대되는 의미로 존재하는 율법에 관해 말합니다. 그러나 의식법은 믿음과 반대되지 않습니다. 로마서 3장에서와 마찬가지로 4장에서도 사도는 율법으로 말미암는 칭의와 믿음으로 말미암는 칭의를 대조하면서, 율법은 진노를 낳을 뿐이므로 사람이 율법의 행위로는 의롭게 될 수 없다고 말합니다. 그는 아브라함 역시 율법의 행위가 아니라 믿음으로 의롭게 되었다고 말합니다(롬 4:1-5 참고). 이는 사람이 율법을 범한 존재이고 이미 그에게 저주가 선언되었으므로, 율법의 행위를 통해 의롭게 되기를 구하는 사람들은 모두 의롭게 될 수 없으며 하나님의 진노의 대상으로 남을 뿐이라는 결론으로 이어집니다. 만일 하나님께서 사람에게 아무런 율법도 주지 않으셨다면, 사람은 죄를 지을 수 없었을 것입니다. 율법이 없다면 형벌도 있을 수 없기 때문입니다. 그러나 하나님께서 인간에게 율법을 주셨고, 인간은 그 율법을 범했습니다. 이 범법으로 말미암아 하나님께서 진노하셨으므로 깨어진 율법은 사람을 의롭게 하지 못합니다. 이로 말미암아 구약 신자들과 신약 신자들의 지위에는 아무런 차이도 없습니다.

(3) 사도는 신약 신자들에게는 율법이 없다거나 그들이 죄에서 자유롭다고 말하지 않습니다. 그들에게도 율법과 죄가 있습니다. 분명한 사실은 이제 의식법이 효력을 상실했으므로 그들이 더는 의식법을 거슬러 죄를 범하는 일은 없다는 것입니다. 그러나 신약 신자들에게는 도덕법이 있으며, 그들은 이 도덕법을 거스르는 죄를 범합니다. 죄를 범하는 일이 없다는 말은 속죄가 없다는 뜻이 아니라, 죄 자체가 없다는 뜻입니다.

반론 2

구약 신자들은 저주 아래 있었다.

"무릇 율법 행위에 속한 자들은 저주 아래에 있나니"(갈 3:10).

구약 신자들은 율법 아래 있었으나, 신약 신자들은 그렇지 않다.

"죄가 너희를 주장하지 못하리니 이는 너희가 법 아래에 있지 아니하고 은혜 아래에 있음이라"(롬 6:14).

> 답변

(1) 위 반론은 회심하지 않은 사람들이 아니라 구약의 신자들에 관한 것입니다. 회심하지 않은 사람들은 죄의 지배 아래 있는 반면에, 거듭난 구약 신자들은 그렇지 않습니다. 회심하지 않은 이들은 저주 아래 있으나, 구약 신자들은 은혜 아래 있었으며 저주 아래 있지 않았습니다. 만일 구약 신자들이 저주 아래 있었다면, 그들은 은혜 아래 있을 수 없었을 것이고 구원을 얻지도 못했을 것입니다.

(2) 갈라디아서 3장에서 칭의에 대해 말하면서 사도는 칭의가 율법을 통해 얻는 것이 아니라는 사실을 보여 줍니다. 물론 이 율법은 도덕법과 의식법을 포함합니다. 당시 유대인들은 의식법을 도덕법과 혼합하였습니다. 그들은 자신의 행위로 말미암아 의롭게 될 것을 기대하면서 의식법을 그 본형(本形)에서 분리해 버렸습니다. 이에 대해 사도는 의식법들이 의롭게 되는 것과는 거리가 멀며, 오히려 그들을 저주의 대상으로 만든다고 선언합니다. 같은 절에서 사도는 자신의 주장에 대한 논거로서 다음 내용을 덧붙입니다.

"누구든지 율법 책에 기록된 대로 모든 일을 항상 행하지 아니하는 자는 저주 아래에 있는 자라"(갈 3:10).

반면에 그는 곧바로 다음과 같이 말하며 칭의가 믿음으로 말미암아 일어나며, 칭의에 관한 한 믿음이 율법과 대척점에 서 있다는 것을 보여 줍니다.

"하나님 앞에서 아무도 율법으로 말미암아 의롭게 되지 못할 것이 분명하니 이는 의인은 믿음으로 살리라 하였음이라"(갈 3:11).

그러므로 사도는 여기서 구약 신자들과 그들의 지위에 관해서가 아니라, 율법으로 말미암아 의롭게 되고자 노력하며 그리스도가 아무런 가치를 가지지 못하는 회심하지 않은 사람들에 관해 말하고 있습니다.

(3) 로마서 6장 14절에는 구약 신자들과 신약 신자들을 대조하는 내용이 전혀 없습니다. 사도는 죄가 은혜 아래 있는 자들을 다스리지 못한다고 말합니다. 죄의 지배는 오직 죄의 능력 아래 있는 자들에게만 해당됩니다. 죄는 사람으로 하여금 모

든 종류의 죄를 범하게 하며, 심지어 정욕 가운데 죄에 순종하게 만듭니다. 이에 대해 사도는 이렇게 말합니다.

"그러므로 너희는 죄가 너희 죽을 몸을 지배하지 못하게 하여 몸의 사욕에 순종하지 말고"(롬 6:12).

만일 사도가 구약 신자들이 율법 아래 있다고 생각했다면, 그들이 죄의 지배 아래 있었다고 말했을 것입니다. 그러나 그럴 수는 없습니다. 왜냐하면 거듭난 신자가 된다는 것과 죄의 지배 아래 있다는 것은 서로 반대되기 때문입니다. 그러므로 율법 아래 있는 사람과 은혜 아래 있는 사람을 비교할 때 사도는 옛언약과 새언약이 아니라, 거듭나지 못한 사람과 거듭난 사람에 관해 말하는 것입니다. 옛언약이든 새언약이든 율법 아래 있다는 것은 율법의 권세 아래 있다는 말입니다. 만일 어떤 사람이 율법을 완전히 지킨다면 그는 이 율법의 권세를 통해 율법으로 말미암아 의롭게 되지만, 이 율법을 거스른다면 정죄를 당하게 됩니다. 율법은 사람이 지는 의무를 가리키며, 그 율법 안에는 약속과 경고가 함께 있습니다. 이로 말미암아 사람은 자신이 자연적인 상태에 있을 때 이 율법을 직접 거슬렀으며, 오직 죄만 행했고, 율법이 자신을 의롭게 하거나 변화시키거나 거룩하게 만들지 못한다는 사실을 확신하게 됩니다. 반면에 어떤 사람이 은혜 아래 있다는 말은 그가 그리스도를 소유하고 있으며, 칭의를 얻고 성화의 길을 가고 있음을 의미합니다. 은혜 아래 있는 사람은 그리스도의 피와 영을 가지고 있으며, 신의 성품에 참여할 뿐만 아니라 죄의 지배 아래 있을 수 없습니다. 이와 같이 주장함으로써 사도는 신자들이 진정으로 죄에 맞서 싸우도록 훈계하며, 거룩한 삶을 실천하도록 격려합니다. 이는 그들이 이미 하나님의 씨앗을 소유하고, 칭의와 성화로 인도하시는 그리스도를 받았기 때문입니다.

반론 3

구약 신자들은 여전히 자신들의 죄를 깨닫고 있었으므로 양심의 평안을 누리지 못했다.

"그렇지 아니하면 섬기는 자들이 단번에 정결하게 되어 다시 죄를 깨닫는 일이 없으리니 어찌 제사 드리는 일을 그치지 아니하였으리요"(히 10:2).

양심의 평안은 신약 신자들, 곧 그리스도께서 만족을 이루신 이후에 살아가는 이들을 위한 것이다.

"하물며 영원하신 성령으로 말미암아 흠 없는 자기를 하나님께 드린 그리스도의 피가 어찌 너희 양심을 죽은 행실에서 깨끗하게 하고 살아 계신 하나님을 섬기게 하지 못하겠느냐?"(히 9:14)

그리스도 이후의 신자들만이 하나님께 자유롭게 나아갈 수 있게 되었다.

"그러므로 형제들아 우리가 예수의 피를 힘입어 성소에 들어갈 담력을 얻었나니, 그 길은 우리를 위하여 휘장 가운데로 열어 놓으신 새로운 살 길이요 휘장은 곧 그의 육체니라. 또 하나님의 집 다스리는 큰 제사장이 계시매 우리가 마음에 뿌림을 받아 악한 양심으로부터 벗어나고 몸은 맑은 물로 씻음을 받았으니 참마음과 온전한 믿음으로 하나님께 나아가자"(히 10:19-22).

양심이 평안을 누리는 것은 신약 신자들에게만 예비된 것이었다.

"그런즉 안식할 때가 하나님의 백성에게 남아 있도다"(히 4:9).

답변

사도는 히브리서 10장 2절에서 구약 신자들이 죄에 관해 무언가를 다시 기억했다고 말하지 않습니다. 즉, 범죄했으나 용서받지 못한 죄 때문에 그들이 두려워하거나 떨지 않았다는 말입니다. 사도는 구약의 제사들이 가지는 효력에 대해 말하면서 그리스도께서 드리신 제사와 대조합니다. 구약의 제사에는 죄를 없앨 수 있는 능력이 없었으므로 사도는 이 제사들에 양심을 진정시키는 효력이 없었다고 말합니다. 이러한 효력은 그리스도의 제사에만 있습니다(히 10:19-22 참고). 히브리서 10장에서 사도는 바로 이 사실을 주장하는 것입니다(히 9:13,14 참고). 그러나 그리스도의 제사는 그리스도께서 그 제사를 드리시기 전이나 드리신 후에나 그 효력이 동일합니다. 왜냐하면 그분이 보증으로서 이 제사를 드리시기 이전에 이미 죄악을 담당하셨기 때문입니다. 그리스도는 어제나 오늘이나 동일하신 분입니다. 그러므로 옛언약 체제에서든 새언약 체제에서든 신자들은 모두 양심의 평안을 포함하여 그리스도의 죽음이 가지는 효력과 열매를 누렸습니다. 이미 우리는 이 내용이 사실임을 증명했습니다(713쪽의 반론 8에 대한 답변 참고). 그리고 히브리서 4장 9절은 신약의 안식에 관해 말하고 있다기보다 천국의 안식에 대해 말하고 있습니다(본서 3권 49장 '제4계명' 참고).

반론 4

구약 신자들은 계속 죽음을 두려워하면서 살았다. 그들은 언제나 장수하기를 원했다. 다윗(시 6,30편 참고)과 헤만(시 88편 참고)과 히스기야(사 38장 참고)를 통하여 이 사실을 알 수 있다. 바울도 이에 대해 분명히 말한다.

"자녀들은 혈과 육에 속하였으매 그도 또한 같은 모양으로 혈과 육을 함께 지니심은 죽음을 통하여 죽음의 세력을 잡은 자 곧 마귀를 멸하시며 또 죽기를 무서워하므로 한평생 매여 종노릇하는 모든 자들을 놓아주려 하심이니"(히 2:14,15).

이 편지가 히브리인들에게 쓰인 것임을 감안하면, 바울이 지금 유대인들에게 말하고 있음을 알 수 있다. 그는 유대인들이 의식들에 속박되어 있다고 말한다. 그래서 그들은 일평생 죽음을 두려워하였다.

답변

(1) 죽음은 자연스러운 것이 아닙니다. 죽음은 모든 두려움 가운데 으뜸입니다. 바울을 포함하여 구약과 신약의 모든 신자들은 육신의 집을 벗기보다는 하늘의 집을 덧입기를 원했습니다(고후 5:4 참고). 그러므로 죽음에 대한 두려움은 구약의 신자들에게만 해당되지 않습니다. 신약의 신자들도 때때로 죽음을 매우 두려워했기 때문입니다. 그 두려움 때문에 순교로 부름받은 신자들 중 어떤 이들이 굴복하고 만 것입니다. 그런데도 구약 신자들이 죽음을 더 두려워했을 이유가 있습니까? 그들의 믿음이 연약했기 때문입니까? 그럴 수도 있습니다. 또는 그들에게 하나님의 백성을 섬기고, 사람들 가운데 하나님의 이름을 널리 알리며, 그분을 경배하고 영광을 돌리고자 하는 사랑이 있었기 때문입니까? 그렇다면 이는 칭찬할 만한 것입

니다. 아니면, 당시에 그들이 가나안에 아직 이르지 못했기 때문입니까? 이 얼마나 어리석은 일입니까! 만일 가나안이 보증이라면(우리는 이 가정을 부인합니다), 이미 그들이 실체를 받았는데 그 실체에 대한 보증을 잃어버릴까 봐 두려워한단 말입니까? 아니면, 그들이 세상을 천국보다 더 소중히 여겼던 것입니까?

(2) 비록 바울이 히브리인들에게 말하고 있으나, 히브리서 2장 15절은 옛언약에 관해 말하는 것이 아니며, 그렇다고 해서 의식 아래 존재하는 속박에 관해 말하는 것도 아닙니다. 하나님의 말씀, 곧 은혜언약 전체가 히브리인들에게 선포되었으나, 이 은혜언약이 히브리인들에게만 속한 것입니까? 오히려 지금 바울은 죄에 대한 형벌로 주어진 죽음을 두려워하는 것에 관해 말합니다. 죽음은 바로 창세기 2장 17절에서 경고로 주어지고 실제로 모든 인간에게 임한 형벌을 말합니다(롬 5:12 참고). 모든 사람들이 이 죽음을 두려워합니다. 어떤 이는 기본적으로 무지하여 죽음 이후에 어떤 일이 있을지를 모르기 때문에 이러한 두려움을 떨쳐 버립니다. 반면에 다른 이들은 이 죽음을 통해 자신들이 비참한 형편에서 벗어날 수 있으리라고 잘못 생각하거나, 아무런 근거도 없이 구원을 소망하면서 죽음에 대한 두려움을 떨쳐 내기도 합니다. 그러나 사도는 사람이 죽음의 두려움에서 벗어날 수 있게 하는 참된 근거를 제시합니다. 바로 믿음으로 주 예수 그리스도의 죽음을 받아들이는 것입니다. 죄로 말미암아 사람은 마귀의 권세에 사로잡히게 되었고, 그를 믿고 순종하게 되었습니다.

따라서 마귀의 권세와 죽음에 대한 두려움과 속박에 굴복하는 것은 본성적으로 진노의 자녀인 모든 사람에게 임한 죄의 결과입니다. 죄로 말미암아 사람이 마귀의 권세 아래 놓인 까닭에 사람은 마귀에게 속박당하고 마귀의 덫에 갇히게 되었으며, 마귀의 뜻에 사로잡혔고(딤후 2:26 참고) 마귀가 가져다주는 정욕을 따라 행하기를 원합니다. 그리스도께서 바로 이러한 비참한 형편에서 자기 자녀들을 구원하시며, 이 일을 위해 창세기 3장에서 주어진 약속에 따라 사탄의 머리를 상하게 하셨습니다. 이 마귀의 권세에서 자기 백성들을 구원하실 때, 그리스도께서 마귀의 권세와 함께하는 악으로부터도 그들을 구원하셨습니다. 바로 마귀의 노예가 되는 것과 그것의 결과인 죽음에 대한 두려움에서 구원하신 것입니다.

본문 자체가 이 사실을 분명히 보여 줍니다. 일평생 두려워하며 이 속박 아래 살았던 사람들이 바로 그 속박에서 구원받는 것입니다. 그렇다면 언제, 어떻게 이들이 그 속박에서 구원받습니까? 그들이 이 땅에서 사는 동안은 아닐 것입니다. 그 이유에 대해 우리의 반대자들은 바로 그들이 죽을 때까지 그 속박 아래 있어야 하기 때문이라고 말합니다. 그리스도께서 죽으실 때에야 그들이 이 속박에서 벗어나게 되었습니까? 그렇다면 그들은 천국에서도 이 죽음을 두려워한 채 살았을 것입니다. 그러나 이는 그 자체로 모순입니다. 아니면 그들은 자신의 죽음으로 말미암아 죽음에 대한 두려움에서 벗어나게 되었습니까? 이는 그리스도의 죽음으로 말미암아 마귀의 권세와 죽음에 대한 두려움에서 벗어나게 되었다고 선언하는 본문의 말씀과 어긋납니다. 그러므로 이 말씀은 옛언약에서 비롯된 죽음에 대한 두려움이 아니라, 사람이 본성적으로 가지는 바 그리스도의 죽음으로 말미암아 벗어나게 된 마귀의 권세와 죽음에 대한 두려움을 언급한 것이라고 보아야 합니다. 사람은 믿음으로 거듭날 때 이러한 유익에 참여하게 됩니다. 그 전에는 다른 사람들처럼 마귀의 권세에 굴복하며, 마귀와 죄의 속박 아래에서 두려워하였습니다. 이것은 날 때부터 앞을 보지 못했으나 훗날 광명을 찾게 된 사람이 일평생 어둠 속에서 살았다는 말과 같은 의미입니다. 그런데 여기서 일평생은 그가 죽을 때까지가 아니라 광명을 찾는 그 순간까지를 의미한다고 이해할 수 있습니다. 마찬가지로 여기서도 "그들의 평생 동안"이라는 말이 "그들이 회심하지 않는 한" 다시 말해, "그들이 거듭나서 그리스도를 믿을 때까지"라는 말과 같은 의미로 사용됩니다.

구약 신자들은 비참한 속박 가운데 살지 않았음

> ▶ 질문
> 구약 신자들은 통치자와 제사장과 천사와 마귀에게 속박당한 채 비참하게 살았는가?

대답: 이 질문에 대해 어떤 사람들은 그렇다고 대답하지만, 우리는 그렇지 않다고 대답합니다. 구약 신자들도 신약 신자들과 동일하게 현세를 살아가면서 많은 환난을 경험했습니다. 구약 신자들도 신약 시대를 살아가는 우리와 마찬가지로 주권자들에게 복종할 의무를 졌고, 제사장들과 선지자들의 말에 귀 기울여야 했습니다. 신약 신자들처럼 그들도 사탄의 공격에 노출되어 있었습니다. 그렇다 할지라도 우리는 그들이 이러한 지배 아래에서 괴로워하며 노예처럼 살았다는 주장을 전적으로 거부합니다.

① 구약 신자들도 그리스도를 자신들의 대리적 보증으로 가지고 있었습니다. 그러므로 앞서 증명한 대로 그들 역시 참되고 구원 얻는 믿음을 가졌으며, 완전한 칭의와 죄 사함과 양자의 영과 양심의 평안과 하나님 안에 있는 기쁨을 소유했습니다. 하나님께서 택하신 백성들이 이러한 상태에 있었는데, 과연 어느 누가 감히 그들을 정죄할 수 있겠습니까? 그러므로 그들은 이러한 비참한 속박 아래 살지 않았습니다.

② 그렇다면 신앙을 가지고 있는 통치자와 제사장들은 누구에게 속박되어 있었단 말입니까? 다른 통치자들과 제사장들입니까? 이들이 서로를 향해 폭력을 행사했단 말입니까? 레위 지파가 다른 지파들의 우두머리 역할을 했습니까? 통치자들이 종교적인 일들과 교회의 성도들을 교회적인 측면에서 다스렸습니까? 반대자들의 가정을 따를 경우, 이처럼 터무니없는 질문을 할 수밖에 없습니다. 이는 결국 그러한 가정들이 터무니없다는 사실을 증명합니다.

③ 통치자들과 제사장들과 천사들과 귀신들이 육체를 다스립니까, 아니면 영혼을 다스립니까? 이들은 영혼 곧 양심을 다스리지도, 종교적인 관습들을 다스리지도 않습니다. 이것들은 모두 하나님의 통치 아래 있습니다. 따라서 이러한 일들과 관련해 우리는 하나님께 순종해야 합니다. 만일 이들이 인간의 육체만을 다스렸다면, 이것은 형벌이나 징계였을 것입니다. 그런데 이미 죄가 용서되었고 더는 형벌이 남지 않았으므로 형벌은 아닙니다. 반면에 이것이 아버지가 내리는 징계와 같은 것이라면 우리의 쟁점과 관련이 없습니다.

반론 1

"내가 또 말하노니 유업을 이을 자가 모든 것의 주인이나 어렸을 동안에는 종과 다름이 없어서 그 아버지가 정한 때까지 후견인과 청지기 아래에 있나니, 이와 같이 우리도 어렸을 때에 이 세상의 초등 학문 아래에 있어서 종노릇하였더니"(갈 4:1-3).

사도는 여기서 구약 교회에 관해 말하면서, 이 구약 교회가 종이나 다름없었으며, 후견인과 청지기 곧 천사들과 통치자들과 제사장들에게 속박된 상태와 동일하다고 선언한다.

답변

(1) 그들과 더불어 왜 귀신들에 관해서는 언급하지 않습니까? 게다가 어떤 통치자들과 제사장들은 매우 불경건했습니다. 이런 후견인과 청지기 아래 있는 아이들은 얼마나 불쌍합니까!

(2) 갈라디아서 4장 1-3절은 비유와 적용으로 구성되어 있습니다. 1,2절은 비유이며, 3절은 적용입니다. 모든 비유가 구체적인 부분까지 모두 적용되지 않고 오직 비유의 목적만 적용될 수 있음이 이미 알려져 있습니다. 그 사실이 바로 여기서 분명하게 드러납니다. 아버지를 여읜 어린이들이 후견인들과 보호자들에게 맡겨졌기 때문입니다. 그러나 교회의 아버지는 하나님이시며, 하나님은 영원토록 살아계십니다. 뿐만 아니라 후견인의 가르침 아래 있는 아이는 많은 면에서 종과 다릅니다. 이 아이는 더 좋은 옷을 입고 더 좋은 음식을 먹습니다. 또한 더 안락한 환경에서 양육과 섬김을 받으며, 종이 하는 일을 하지 않는 등 종과는 완전히 다릅니다. 본문에 등장하는 비유는 그 아이가 소유한 재산을 누리고 사용하는 것과 관련됩니다. 이와 관련해 그 아이는 종보다 나을 것이 없습니다. 그러나 구약 교회가 소유하지 못한 유익이 무엇이었습니까? 바로 육체를 입고 오기로 약속되었으나 그때까지는 오지 않으셨던 그리스도입니다. 구약 교회는 진실로 그분에게 참여했습니다. 다만 그분이 실제로 오신 것과 관련하여 그들은 그리스도를 실제로 소유하지는 못했습니다. 뒤이어 나오는 말씀에서 이 내용이 분명히 드러납니다.

"때가 차매 하나님이 그 아들을 보내사 여자에게서 나게 하시고 율법 아래에 나게 하신 것은"(갈 4:4).

(3) 그렇다면 후견인과 청지기는 누구였습니까? 천사들이나 권세자들이나 제사장들을 가리킵니까? 결코 그렇지 않습니다. 본문이 그들이 누구인지를 말합니다. 바로 세상의 초등 학문, 곧 의식들입니다. 말하자면, 의식들이 구약 신자들의 손을 잡고 그들을 그리스도께로 인도하였습니다.

이러한 의식들은 그들이 종교적인 예배와 교리와 삶에서 오류를 범하지 않도록 보호했습니다. 이 의식들은 근본적인 원리였습니다. 비록 실체가 되시는 바 육신을 입은 그리스도와는 많이 달랐으나, 이것들은 구약 신자들이 그리스도를 아는 데 필요한 기초와도 같았습니다. 구약 신자들은 바로 이런 의식들에 속박되어 있었던 것입니다. 그들은 바로 이런 방식으로 예배했습니다. 물론 그들은 의식 자체를 예배하지는 않았는데, 그것이 우상숭배였기 때문입니다. 또한 그들은 이처럼 하나님께서 세우신 예배를 통해 하나님을 섬겼습니다. 이 의식들은 그들이 드리는 종교적인 예배를 위한 범위를 정하였으며, 그들을 그리스도를 믿는 믿음으로 인도했습니다. 그러므로 본문은 구약 신자들이 그토록 비참한 상태에 있었다는 사실을 지지하지 않습니다. 오히려 이 본문은 그들의 복된 상태를 묘사하며, 하나님께서 그들에게 얼마나 풍성히 베풀어 주셨는지를 보여 줍니다. 다시 말해, 그리스도께서 오시기 이전에 그들이 살았던 시대에 맞게 하나님께서 그들의 필요를 채워 주셨다는 뜻입니다.

반론 2

"통치자들과 권세들을 무력화하여 드러내어 구경거리로 삼으시고 십자가로 그들을 이기셨느니라"(골 2:15).

통치자들과 권세들은 천사들과 권세자들과 유대 교회의 제사장들을 가리킨다. 그들은 외투와 같아서 영원한 왕이신 그리스도를 뒤에 감추고 있었다. 그러나 그리스도께서 이 땅에 오심으로써 그것들을 모두 걷어 내고, 역할을 중지시키셨다. 그 결과 새언약에서 그것들이 더는 어떤 권세도 가지지 못하게 되었다.

> 답변

여기에 언급된 통치자들(principalities)과 권세들(powers)은 천사들도, 이 땅의 권세자들(authorities)이나 제사장들도 아닙니다. 이 통치자들은 그리스도의 대적들이며, 그리스도는 정복한 적들에게 행하듯 그들을 구경거리로(헬라어로는 '벌거벗겼다'라는 의미입니다) 삼으셨습니다. 여기서 외투란 그리스도와 그리스도를 가리는 권세들 사이에 존재한 것이 아니라, 이 옷을 빼앗긴 원수들이 입고 있던 것을 가리킵니다. 만약 이 외투가 의식들을 의미한다면, 이는 곧 그리스도의 외투를 가리키는 것이 되며, 결국 그리스도께서 자신을 제거하신다는 의미가 되고 맙니다. 당대의 관습과 같이 그리스도는 승리자가 되어 원수들을 끌고 가셨습니다. 정복당한 원수들은 결박된 채 포로가 되어 끌려갔으며, 이 승리한 장수가 개선하실 때 모든 사람들이 그 모습을 보게 되었습니다. 그러나 천사들과 이 땅의 권세자들은 그리스도의 원수가 아니었으므로 이 장면은 그들에 관한 것이 아닙니다. 천사들도 그리스도를 예표하는 모형이 아니었고, 권세자들과 제사장들도 그리스도의 외투를 구성하는 요소가 아니었습니다. 대신 귀신들이 통치자들과 권세들로서 그 이름을 가졌습니다.

"우리의 씨름은 혈과 육을 상대하는 것이 아니요 통치자들과 권세들과 이 어둠의 세상 주관자들과 하늘에 있는 악의 영들을 상대함이라"(엡 6:12).

"공중의 권세 잡은 자를 따랐으니 곧 지금 불순종의 아들들 가운데서 역사하는 영이라"(엡 2:2).

주 예수님은 자신의 죽음을 통해 그들의 머리를 상하게 하심으로써 그들을 멸하셨습니다(히 2:13-15 참고). 또한 그분은 그들을 밝히 드러내고 정복하셨습니다.

> 반론 3

"하나님이 우리가 말하는 바 장차 올 세상을 천사들에게 복종하게 하심이 아니니라"(히 2:5).

율법은 천사들을 통해 주어졌다(행 7:53; 갈 3:19; 히 2:2 참고). 천사들은 율법을 전해 줌으로써 구약 교회의 지도자들 및 신들로 세워졌다. 그러나 하나님은 신약 교회를 그들의 권세 아래 두지 않으셨다. 새언약에서는 천사들에게 복종하는 것이 부인되므로, 따라서 천사들이 구약 신자들에 대한 통치권을 가지고 있었다고 결론 내릴 수 있다.

답변

(1) 율법이 천사들을 통해 모세의 손을 거쳐 주어졌다는 사실이 천사들에게 교회를 다스릴 권세를 부여하지 않습니다. 이는 천사들이 그리스도의 탄생과 부활을 처음 알려 주었다고 해서 신약 교회를 다스릴 권세를 받지 않는 것과 같습니다. 이 두 경우에서 천사들은 단순히 섬기는 영일 뿐입니다.

(2) 본문은 옛언약과 새언약이 아니라 천사들과 그리스도를 비교합니다. 이 비교를 통해 사도는 주 예수님의 탁월한 영광을 나타내 보이려는 것입니다. 이는 사도가 히브리서 1장에서 그리스도와 천사들을 비교한 것과 마찬가지입니다.

"그가 천사보다 훨씬 뛰어남은……하나님께서 어느 때에 천사 중 누구에게……하셨느냐?"(히 1:4,5)

여기서도 동일합니다. 하나님은 세상을 천사들의 통치 아래 두지 않으셨고, 그 다음 구절들을 통해 말씀하시는 대로 성자의 통치 아래 두셨습니다.

(3) 앞에서 언급된 부정적 진술에서 다음 결론, 곧 다가오는 세상이 천사들의 지배 아래 놓이지 않았으므로 과거의 세상인 구약 교회가 천사들의 지배 아래 있었다고 결론 내리는 것은 자기모순입니다. 만일 이 결론이 옳다면 율법을 수여한 이후를 비롯해 반대자들이 초점을 맞추는 금송아지 죄악을 범한 이후의 교회가, 그리고 아담에서 모세까지의 교회가 모두 천사들의 통치 아래 있었다고 말할 수밖에 없습니다. 그런데 이 가정은 그들도 부인하는 것입니다. 구약 교회는 아담에서 모세까지의 시기에도 존재했습니다. 그러나 천사들이 금송아지 사건 이전보다 그 이후에 교회에 대한 통치권을 더 많이 받았다는 증거는 전혀 없습니다.

(4) 결론이 타당하지 않습니다. 결론대로라면, 다가오는 세상에 적용되지 못하는 것은 모두 과거의 세상에 적용될 수 있다는 말이 되기 때문입니다. 이는 곧 다가오

는 세상이 그리스도의 통치 아래 있으므로 과거의 세상은 그렇지 않다는 의미가 될 수 있습니다. 또한 천사들이 신약 시대에는 영예와 영광의 관을 쓰고 있지 않으므로, 구약 시대에는 필연적으로 그랬다는 의미가 될 수 있습니다. 이보다 더 황당한 결론이 어디 있겠습니까? 성경 본문들이 그리스도와 천사들을 비교하는 것은 그리스도의 탁월함을 나타내기 위함이지, 구약에서 천사들의 능력이 얼마나 탁월했으며 신약에서는 그 능력이 얼마나 감소되었는지를 보이기 위함이 아닙니다.

반론 4

"우리 육신의 아버지가 우리를 징계하여도 공경하였거든 하물며 모든 영의 아버지께 더욱 복종하며 살려 하지 않겠느냐? 그들은 잠시 자기의 뜻대로 우리를 징계하였거니와 오직 하나님은 우리의 유익을 위하여 그의 거룩하심에 참여하게 하시느니라"(히 12:9,10).

"육신의 아버지"는 제사장들과 이스라엘의 장로들이었다. 그들은 백성들로 하여금 의식법을 지키도록 강요하였고, 자신들의 기분에 따라 그들을 벌하였다.

답변

(1) 이러한 육신의 아버지에게서 벗어나면 너무나 좋을 것입니다! 우리는 자신들의 기분에 따라 우리를 징계하는 육신의 아버지들에게서 계속 벗어나, 다시는 그런 아버지를 가지고 싶어하지 않습니다. 그런 아버지 아래에 있는 것은 너무나 슬픈 일입니다!

(2) 우리는 구약의 권세자들이 백성들을 다스렸고 하나님과 정부에 순종하지 않는 이들을 벌했다는 사실을 기꺼이 받아들입니다. 제사장들은 백성들이 경건한 길로 가도록 가르쳤으며, 그들을 인도하고 지도했습니다. 그리고 이를 위해 교회적인 훈육 기능을 담당했습니다. 또한 우리는 그 백성들에게 이들을 존경해야 할 의무가 있었다는 사실에도 동의합니다. 그러므로 그때 일어났던 일들이 신약에서도 동일한 방식으로 일어나야 합니다. 양 진영에 속한 자들 곧 권세자들과 국민들, 또는 제사장들 및 장로들과 교회의 일반 회원들도 다스리고 순종함을 위해 자신의 뜻을 율법으로 만드는 것이 아니라 모든 것을 하나님의 말씀에 기록된 가르침대로

행해야 했습니다.

(3) 그러나 우리는 사도가 여기서 옛언약이나 구약 시대의 권세들과 제사장들에 대해 말하지 않는다고 강력하게 주장합니다. 그렇게 주장할 만한 근거가 본문에 전혀 드러나지 않기 때문입니다. 또한 우리는 구약의 권세자들과 선생들이 육신의 아버지들로 언급된 적이 한 번이라도 있다는 주장을 인정할 수 없습니다. 만일 이 두 주장에 대한 증거가 있다면 무엇이든 제시해 보십시오.

(4) 오히려 "육신의 아버지"라는 말은 자연적인 부모를 말합니다. 그러하기에 그들의 자녀들이 "육신의 자녀"로 불리는 것입니다.

"곧 육신의 자녀가 하나님의 자녀가 아니요"(롬 9:8).

"여종에게서는 육체를 따라 났고"(갈 4:23).

쟁점이 되는 본문은 "육신의 아버지"의 일차적인 의미를 제시할 뿐입니다. 즉, 자녀들을 잘 양육하기 위해 그들을 기꺼이 징계하는 자연적인 부모로 이해해야 합니다. 어떤 표현을 문자적으로 해석해서는 안 된다는 타당한 이유가 제시되지 않는 한 우리는 문자적인 의미를 고수해야 하는데, 바로 이 경우가 여기에 해당합니다. 사도는 자연적인 부모들이 자녀들의 유익을 위해 그들을 훈계하는 방식을 통하여 히브리인 신자들이 고난 가운데서 믿음을 위해 인내하도록 격려합니다. 그는 이것을 영적인 것에 적용하여, 하나님께서 모든 것 위에 높이 계시므로 그분의 징계는 더 탁월한 목표를 가지고 있다고 말합니다. 그러므로 우리는 인내로써 영들의 아버지께 순복해야 합니다. 그분이 영들의 아버지로 불리는 것은 옛언약과의 대조에 따른 것이 아니라, 사람의 영혼과 육신의 대조에 따른 것입니다. 즉, 육신은 부모의 씨에서 나온 것이고, 영혼은 하나님에 의해 무에서 창조된 것이기 때문입니다.

반론 5

"큰 용이 내쫓기니 옛 뱀 곧 마귀라고도 하고 사탄이라고도 하며 온 천하를 꾀는 자라. 그가 땅으로 내쫓기니 그의 사자들도 그와 함께 내쫓기니라. 내가 또 들으니 하늘에 큰 음성이 있어 이르되 이제 우리 하나님의 구원과 능력과 나라와 또 그의 그리스도의 권세가 나타났으니 우리 형제들을 참소하던 자 곧 우리 하나님 앞에서 밤낮 참소하던 자가 쫓겨 났고, 또 우리 형제들이 어린양의 피와 자기들이 증언하는 말씀으로써 그를 이겼으니 그들은 죽기까지 자기들의 생명을 아끼지 아니하였도다"(계 12:9-11).

이 말씀은 하늘에서 일어나는 전쟁에 관해 말한다(계 12:7 참고). 여기서 하늘은 교회를 가리키는 것으로 여겨진다. 그리스도께서 죽고 부활하고 승천하실 때 마귀는 정복당했고 교회로부터 쫓겨났다. 결국 사탄이 이전에 교회에 있었으며, 신자들의 해결되지 않은(unrequited) 죄로 말미암아 그들에게 공포와 두려움을 주입시키는 능력을 가졌다고 할 수 있다.

답변

(1) 우리는 천국이 교회를 가리킨다는 견해를 거부합니다. 요한은 성령께 사로잡힌 채 예언자적인 환상을 기술했습니다. 천국이 교회를 가리킨다는 주장을 증명할 수 없다면, 이 반론 전체는 아무런 근거도 없는 것입니다.

(2) 어떻게 교회에 마귀가 있을 수 있습니까? 교회의 회원으로서입니까? 만일 그렇다면 마귀는 일반 성도입니까, 아니면 장로입니까? 둘 중 하나를 택해야 합니다. 둘 중 하나일지라도 이 얼마나 어리석은 생각입니까! 교회 회원은 모두 동일한 방식으로 교회의 일부가 됩니다. 그런데도 반대자들은 천국에 전쟁이 있었고, 그 결과 마귀가 천국에서 쫓겨났기 때문에 마귀가 교회에 있었다고 주장합니다. 우리는 마귀가 옛언약 체제나 새언약 체제 모두에서 교회 안에 있는 것이 아니라, 교회 밖에서 교회를 공격한다는 사실을 인정합니다. 따라서 이 사실은 그들의 주장을 뒷받침하지 않습니다.

(3) 이 말씀에서 마귀를 끌어내리고 물리치는 것은 신자들입니다. 다시 말해, 그리스도로 말미암아 자기 생명을 귀하게 여기지 않는 신실한 순교자들이 마귀를 물리치는 것입니다. 그들은 어린양의 피와 자기들이 증언하는 말씀으로써 마귀를 물리쳤습니다. 이 사실은 그리스도께서 죽고 부활하고 승천하신 그때에 마귀에 대한 승리가 일어나지 않았음을 말해 줍니다.

(4) 이 말씀에 기록된 사건은 삼백 년 뒤에 곧 콘스탄틴 대제의 치하에서 핍박이 끝날 때까지 일어나지 않았습니다. 요한계시록 12장을 다룰 때 이 사실을 증명하겠습니다.

의식들은 금송아지 사건에 대한 심판이 아니라 하나님께서 복으로 주신 것

> ▶ 질문
> 옛언약의 의식들은 하나님께서 복으로 주신 것인가? 아니면, 금송아지 사건에 대한 벌로 주신 것인가?

대답: 어떤 사람들은 후자라고 주장합니다. 그러나 우리는 전자를 지지합니다. 시간이 흘러감에 따라 하나님은 자신의 교회가 성장하도록 하셨습니다. 이러한 시각에서 우리는 시간에 따라 교회를 세 가지 양상으로 구분할 수 있습니다. 비록 환경이 다양하게 변했지만 아담의 때로부터 아브라함의 때까지를 유아기로, 아브라함의 때로부터 그리스도의 때까지를 소년기로, 그리스도의 때로부터 최후 심판의 때까지를 성년기로 구분할 수 있습니다. 그리스도께서 오심으로 말미암아 교회에 더 많은 빛이 비추었습니다. 그리고 그리스도께서 오시는 날이 가까울수록, 선지자들이 이 신비를 더욱 분명히 드러냈습니다. 그러므로 시내산 이전의 교회가 그 이후의 교회보다 더 뛰어났다고 생각하고, 금송아지 죄악에 대해 하나님께서 많은 의식들을 굴레와 속박으로 부여하심으로써 그들을 벌하셨다고 생각하는 사람들은 오류에 빠져 있는 것입니다. 사실 교회는 계속 성장하고 증가했으며, 구원을 주는 귀한 복음의 중요한 부분인 의식들은 특별한 복들로 남았습니다. 이 사실을 다음과 같이 증명할 수 있습니다.

첫째, 탁월하게 영광스러우며 백성에게 유익이 되는 특권은 그들의 죄로 말미암아 부과된 형벌일 수 없습니다. 의식들과 의식에 수반된 봉사야말로 모세 시대 이후 이스라엘에게 주어진 바 탁월하게 영광스러우며 유익을 가진 특권이었습니다. 그러므로 그것들은 금송아지 죄악으로 말미암아 그들에게 부과된 형벌이 아니었습니다. 첫 번째 전제는 인간의 이성에 비추어 볼 때 너무나 분명하므로 어느 누구도 부인할 수 없습니다. 또한 두 번째 전제는 사도를 통해 확증됩니다.

"그런즉 유대인의 나음이 무엇이며 할례의 유익이 무엇이냐? 범사에 많으니 우선은 그들이 하나님의 말씀을 맡았음이니라"(롬 3:1,2).

"그들은 이스라엘 사람이라. 그들에게는 양자 됨과 영광과 언약들과 율법을 세우신 것과 예배와 약속들이 있고"(롬 9:4).

"이 존귀는 아무도 스스로 취하지 못하고 오직 아론과 같이 하나님의 부르심을 받은 자라야 할 것이니라"(히 5:4).

그러므로 결론은 분명합니다. 이 의식들은 심판이 아니라 복입니다.

둘째, 이스라엘 백성들은 의식 안에 있는 구체적인 사항을 비롯해 의식에 수반된 봉사 전체를 고유하고도 특별한 복으로 여겼으며, 결코 형벌로 여기지 않았습니다.

① 그들은 이 의식들을 뽐내고 자랑했습니다.

"유대인이라 불리는 네가 율법을 의지하며……율법을 자랑하는 네가"(롬 2:17,23).

② 그들은 이 복된 봉사를 그리워하면서 애통하고 슬퍼했습니다(시 79,80,102편 참고).

"메섹에 머물며 게달의 장막 중에 머무는 것이 내게 화로다. 내가 화평을 미워하는 자들과 함께 오래 거주하였도다"(시 120:5,6).

"내가 전에 성일을 지키는 무리와 동행하여 기쁨과 감사의 소리를 내며 그들을 하나님의 집으로 인도하였더니 이제 이 일을 기억하고 내 마음이 상하는도다"(시 42:4).

③ 그들은 의식에 수반된 봉사를 감당하기를 심히 고대했습니다.

"하나님이여 사슴이 시냇물을 찾기에 갈급함같이 내 영혼이 주를 찾기에 갈급하니이다. 내 영혼이 하나님 곧 살아 계시는 하나님을 갈망하나니 내가 어느 때에 나아가서 하나님의 얼굴을 뵈올까?"(시 42:1,2)

"내가 여호와께 바라는 한 가지 일 그것을 구하리니, 곧 내가 내 평생에 여호와의 집에 살면서 여호와의 아름다움을 바라보며 그의 성전에서 사모하는 그것이라"(시 27:4).

④ 그들은 의식에 수반된 봉사를 통해 영혼의 기쁨과 힘을 얻었습니다.

"내가 주의 권능과 영광을 보기 위하여 이와 같이 성소에서 주를 바라보았나이다"(시 63:2).

⑤ 그들은 의식들을 기뻐했으며 결코 그 섬김에 싫증을 내지 않았습니다.

"그들이 주의 집에 있는 살진 것으로 풍족할 것이라"(시 36:8).

"우리가 주의 집, 곧 주의 성전의 아름다움으로 만족하리이다"(시 65:4).

⑥ 그들은 성전에서 예배할 수 있는 특권을 누렸을 때 크게 기뻐했습니다.

"사람이 내게 말하기를 여호와의 집에 올라가자 할 때에 내가 기뻐하였도다"(시 122:1).

⑦ 그들은 이 의식들로 말미암아 하나님께 감사하며 영광을 돌렸습니다.

"할렐루야……그가 그의 말씀을 야곱에게 보이시며 그의 율례와 규례를 이스라엘에게 보이시는도다. 그는 어느 민족에게도 이와 같이 행하지 아니하셨나니 그들은 그의 법도를 알지 못하였도다. 할렐루야"(시 147:1,19,20).

이 모든 것들은 그들이 의식에 수반된 봉사를 형벌이 아니라 큰 복으로 여겼음을 보여 줍니다.

셋째, 복음은 복이지 형벌이 아닙니다. 의식들과 의식에 수반된 모든 것들이 복음을 구성하였습니다. 이 의식들은 그리스도께서 오실 것임을 백성들에게 선언했습니다. 그리고 이 의식들은 그리스도께서 어떻게 그들의 죗값을 지불하시는지를 그들에게 가르쳤으며, 그들의 모든 죄가 믿음으로 말미암아 그리스도를 통해 용서됨을 확증하였습니다. 그러므로 이 의식들은 형벌이 아니라 복이었습니다.

넷째, 시내산 이후, 곧 금송아지 죄악을 범한 이후에도 교회는 시내산 이전보다 더 탁월한 상태에 있었습니다. 그러므로 시내산에서 그들에게 주어진 율법은 교회를 이전보다 더 비참하게 만든 형벌이 아니었습니다.

"우리 하나님 여호와께서 호렙산에서 우리와 언약을 세우셨나니, 이 언약은 여호와께서 우리 조상들과 세우신 것이 아니요 오늘 여기 살아 있는 우리 곧 우리와 세우신 것이라"(신 5:2,3).

"호렙에서 이스라엘 자손과 세우신 언약 외에 여호와께서 모세에게 명령하여 모압 땅에서 그들과 세우신 언약의 말씀은 이러하니라"(신 29:1).

하나님께서 이스라엘과 엄숙하게 은혜언약을 세우셨습니다. 그들은 이 복을 통해 자신들의 조상을 뛰어넘었습니다. 하나님께서 이 동일한 언약을 모압 평야에서 엄숙하게 갱신하셨습니다. 모세는 그 첫 언약 체결에 더하여 동일한 언약을 반복하고 엄숙하게 확증함으로써, 언약을 갱신함으로 말미암은 상태를 호렙에서 이스라엘이 처해 있던 상태보다 더욱 높이기까지 했습니다. 만일 의식을 통해 수행된 예배가 실제로 금송아지에 관한 형벌이었다면 금송아지 사건 이전에 맺어진 언약을 엄숙하게 반복하지 않았을 것입니다. 대신 하나님께서 그들에게서 스스로 떠나 더욱 멀리 계셨을 것입니다.

다섯째, 의식법의 더 커다란 부분이 금송아지 죄악 이전에 주어졌습니다. 그러므로 의식법들은 죄에 대한 형벌일 수 없습니다. 의식법들은 희생 제사, 정결과 부정의 구별, 할례, 유월절, 초태생, 씻음, 제사장, 절기들, 제단과 법궤와 제단이 있는 장막 전체가 포함됩니다. 이 모든 것들이 이미 금송아지 죄악 이전에 제정되었습니다. 따라서 의식들은 죄에 대한 형벌일 수 없습니다. 이 범죄 이후에 복음이 형벌로 바뀌었습니까? 결코 그럴 수 없습니다. 이렇게 생각하는 것은 온유하고도 경건한 사람을 마음으로 베는 것이며, 하나님의 선하심에 합당하지 않습니다.

반론 1

"또 내가 그들에게 선하지 못한 율례와 능히 지키지 못할 규례를 주었고"(겔 20:25).

하나님은 이러한 율법을 수여하신 분이다. 이 율법들은 도덕법이 아니다. 도덕법은 그것을 준행하는 자들에게 생명을 주기 때문이다(겔 20:11,12 참고). 오히려 이 율법들은 의식법이었다. 의식법은 연약하고 무익하며(히 7:18 참고) 생명을 줄 능력이 없는(갈 3:21 참고) 육신의 법으로 불린다. 하나님께서 의식법을 주신 것은 이스라엘이 이미 도덕법을 어겼기 때문이다. 다른 죄가 아니라 금송아지로 우상숭배를 자행한 것이 도덕법을 어긴 것이라 할 수 있다. 따라서 의식법은 금송아지로 저지른 죄에 대한 형벌로 주어진 것이다.

> 답변

첫째, 전능하신 분을 불의하다고 할 수 없으며, 거룩하신 하나님께서 불의하고 악한 법을 주실 수 없습니다! 하나님께서 주신 모든 율법은 선하고 생명을 주는 것입니다. 이는 도덕법과 의식법 모두에 관하여 진리입니다.

"정직한 규례와 진정한 율법과 선한 율례와 계명을……주시고"(느 9:13).

"내가 오늘 네 행복을 위하여 네게 명하는 여호와의 명령과 규례를 지킬 것이 아니냐?"(신 10:13)

실제로 의식법과 제사는 동물의 육체와 피로 이루어졌습니다. 그러하기에 사도가 그것들을 육신의 계명이라고 부르는 것입니다. 이 의식들은 그것의 본형이신 예수 그리스도와 일치하도록 주어졌으며, 그리스도께서 선포하고 제시하신 복음으로 이루어졌습니다. 그러나 그 의식들은 독립적으로, 다시 말해 본형과 분리되어 속죄를 이루도록 주어지지 않았습니다. 그 의식들은 속죄를 이루기에는 너무나 연약하고 효력이 없었습니다. 그것들에는 생명을 주는 능력이 없었습니다. 그렇지 않으면 그리스도께서 죽으실 필요가 없었을 것입니다. 오히려 그 의식들은 본형과 하나 되어야 했으며 그로 말미암아 효력이 있었습니다. 우리는 본문이 말하는 '선하지 못한 율례'가 의식법을 가리킨다는 주장을 거부합니다. 이 주장은 입증될 수 없습니다. 이 선하지 않은 법들은 자녀를 불 가운데로 지나가게 하여 희생 제물로 바쳤던 것이며, 따라서 꾸며 낸 우상숭배입니다. 이어지는 에스겔 20장 26절이 이를 확증합니다.

둘째, 이 율법들은 금송아지 범죄에 대한 벌로 주어지지 않았습니다. 본문은 그 사실 자체를 언급하지 않습니다. 그렇습니다. 그와 관련하여 단 한 단어도 등장하지 않으며, 그쪽으로 생각하도록 논증을 이끌지도 않습니다. 그러므로 본문에 금송아지를 끌어들여 의식법이 주어진 이유로 제시하는 것은 꾸며 낸 것일 뿐입니다. 나아가 이는 금송아지 사건 이전에 이미 의식법이 주어졌다는 사실로 입증됩니다. 결국 금송아지 사건은 의식법이 주어진 이유가 될 수 없습니다. 본문은 다른 죄들을 이 의식법이 주어진 원인이 되는 것으로 정확하게 서술합니다. 다시 말해, 이스라엘 백성이 애굽에 거주할 때부터 에스겔 시대까지 지어 온 죄들입니다. 그 죄들 가운데 의식법을 어긴 것도 언급됩니다. 안식일을 더럽힌 것이 그러한 죄들 중 하나인데, 여기서 안식일은 도덕법에 속하는 일곱째 날의 안식일뿐만 아니라 의식법에 속하는 여러 안식일들을 가리킵니다. 그러므로 이 구절은 의식법이나 금송아지를 가리키지 않습니다.

셋째, 하나님께서 죄를 죄로써 벌하시기 위해, 명령이 아니라 허용하심으로써 이 악한 법을 주셨다고 말씀하십니다. 이어지는 구절이 이를 입증합니다.

"그들이 장자를 다 화제로 드리는 그 예물로 내가 그들을 더럽혔음은"(겔 20:26).

하나님은 그들이 범하는 죄로써 그들을 더럽히신 것처럼 그들에게 악한 법을 주셨습니다. 이 두 일들이 허용을 통해, 다시 말해 그들 마음대로 행하게 내버려 두심으로써 일어났습니다. 이런 식의 표현이 하나님의 말씀에 종종 등장합니다.

"이 때문에 하나님께서 그들을 부끄러운 욕심에 내버려 두셨으니"(롬 1:26).

"여호와께서 그에게 다윗을 저주하라 하심이니"(삼하 16:10).

"그러므로 내가 그의 마음을 완악한 대로 버려두어 그의 임의대로 행하게 하였도다"(시 81:12).

하나님께서 금송아지 죄악에 대해 내리신 형벌에 관해 스데반이 다음과 같이 증언합니다.

"그때에 그들이 송아지를 만들어 그 우상 앞에 제사하며 자기 손으로 만든 것을 기뻐하더니, 하나님이 외면하사 그들을 그 하늘의 군대 섬기는 일에 버려두셨으니"(행 7:41,42).

에스겔 20장 25절의 의미는 다음과 같습니다. 이스라엘은 너무나 불경건했고, 완고하게 반역하며 계속해서 죄를 지었습니다. 그래서 하나님은 그들에게서 떠나셨고, 그들이 자기 신앙을 꾸며 내고 그에 따라 법을 만들어 내도록 허용하심으로써 온갖 끔찍한 우상숭배에 그들을 내버려 두셨습니다. 이 법은 선하지 않으며, 따라서 생명을 주지 못하였습니다. 그들이 스스로 꾸며 낸 법들은 그들을 죽음으로 이끌었습니다. 반면에 그들은 하나님의 율법을 지킴으로써 생명을 얻을 수 있었습니다.

반론 2

"우리 조상과 우리도 능히 메지 못하던 멍에를 제자들의 목에 두려느냐?"(행 15:10)
"다시는 종의 멍에를 메지 말라"(갈 5:1).

멍에, 즉 종의 멍에는 형벌이다. 그런데 의식법은 멍에이다. 따라서 의식법은 형벌이다.

답변

(1) 이 말씀들이 금송아지 죄악에 대해 언급하고 있습니까? 언급해야 할 사항이라면 언급하지 않겠습니까? 따라서 이 말씀들에 근거하여 의식법이 금송아지 사건에 대한 형벌이라고 결론 내릴 수 없습니다.

(2) 이 말씀들은 할례에 관해 논하고 있습니다. 이는 의식적인 행위에 속합니다. 할례는 금송아지 사건이 일어나기 수백 년 전에 제정되었습니다. 그렇다면 할례가 아브라함에게 형벌로 내려진 것입니까? 그렇다면 할례가 어떻게 믿음으로 의롭게 되었음을 인 치는 표일 수 있겠습니까? 어떻게 은혜언약의 성례가 형벌일 수 있겠습니까?

(3) 복음 또한 쉬운 멍에이지만, 멍에로 언급됩니다(마 11:29,30 참고). 따라서 멍에라는 단어에서 형벌을 이끌어 낼 수는 없습니다. 하나님은 자기 자녀들이 무법하기를 원하지 않으십니다. 대신에 하나님은 경계를 세우시고 그들이 그분께 복종하게 하셨습니다. 다시 말해, 하나님은 이스라엘이 자신을 섬길 수 있도록 그들에게 율법을 멍에로 부과하신 것입니다. 하나님의 멍에 아래에서 하나님을 섬기는 상태가 형벌입니까?

(4) 멍에는 종임을 나타냅니다. 그러나 감당할 수 없는 멍에가 형벌을 의미하지는 않습니다. 오히려 어렵고 괴로움을 가리킵니다. 이 멍에는 그 자체가 감당할 수 없는 것이거나(의로우신 하나님은 어느 누구에게도 그러한 법을 부과하지 않으십니다),

사람이 자기가 초래한 연약함으로 말미암아 감당할 수 없는 것입니다. 죄악된 사람이 도덕법을 지킬 수 없으므로 이 사실은 참됩니다. 사람들은 많은 부분에서 날마다 도덕법을 어깁니다. 그런데 죄악된 사람이 도덕법을 감당할 수 없기 때문에 도덕법이 형벌을 의미하는 것입니까? 이는 의식법에도 동일하게 적용할 수 있습니다. 의식법은 요구하는 것들이 많고 지키기 어려운 것이었습니다. 외적인 측면에서 의식법은 어찌어찌하여 부정해지지 않은 자들도 지키기가 어려웠습니다. 그렇다고 해서 의식법이 도덕법보다 더 큰 형벌인 것은 아닙니다. 비록 육체에 많은 것을 요구하였지만, 의식법은 다름 아닌 복이었습니다. 어떤 사람이 설교를 듣기 위해 수십 리를 여행해야만 했다면 실제로 너무나 불편할 것입니다. 그러나 그것은 형벌이 아니라 복입니다. 그러한 어려움을 통해 그가 여전히 말씀을 들을 수 있기 때문입니다.

반론 3

"그런즉 율법은 무엇이냐? 범법하므로 더하여진 것이라"(갈 3:19).

의식법(바로 사도가 말하고 있는 법)이 범죄로 말미암아 약속에 더해지지 않았는가? 따라서 의식법은 죄에 대한 형벌이다.

답변

(1) 다시 말하지만, 본문은 금송아지에 대해 언급하지 않습니다. 이 사실은 이미 논증했습니다. 이러한 주장은 이 본문을 부당하게 사용하려는 것입니다.

(2) 우리는 이 말씀에서 사도가 의식법을 염두에 두고 있다는 생각을 거부합니다. 이는 이미 증명하였습니다. 그러한 생각은 가정일 뿐, 어느 누구도 이 말씀을 그렇게 마음대로 믿기를 원하지 않습니다.

(3) 의식법은 아브라함이 약속을 받았을 때부터 어느 정도 존재하였습니다. 그러므로 사도가 의식법을 염두에 두었을 수 없습니다. 어떤 것이 더 참되거나 덜 참되다는 사실이 그 사안의 본질을 바꾸지는 않습니다.

(4) 우리가 갈라디아서 3장에서 의식법을 배제하기를 원하지 않는다 하더라도,

사도는 십계명을 염두에 두고 있습니다. 사도는 율법에 복종하려는 자는 저주를 불러오고(갈 3:10 참고), 어느 누구도 행위로써 의롭게 될 수 없으며(갈 3:11 참고), 율법이 믿음과 대치되고(갈 3:13 참고) 천사들을 통하여 중보자의 손에 주어졌다(갈 3:19 참고)고 증언합니다. 이 법은 의식법이 아니라 십계명의 율법입니다.

(5) 바울은 율법이 '왜' 또는 '무슨 까닭에' 주어졌는지가 아니라 '어떤 목적으로,' '무엇을 목적으로 하여,' '무엇에 사용되기 위해' 주어졌는지에 관해 질문합니다. 유업은 율법이 아니라 약속으로 말미암는 것입니다. 그러므로 바울은 율법이 헛되게 주어졌는지에 관해 질문합니다. 그렇다면 율법에는 아무런 목적도 없습니까? 아니, 정녕 그렇지 않습니다. 사도는 율법이 약속에 χάριν(카린[……을 위해]), 또는 χάριν τῶν παραβάσεων(카린 톤 파라바세온[범법함을 위해]), 즉 '범법하므로' 더해졌다고 선언합니다. 이 목적은 율법을 수단으로 하여 사람으로 하여금 자신의 범죄를 알게 하려는 것입니다. 그리고 율법을 통해 약속을 구함으로써 자신의 의로움을 칭의에 이르는 수단에서 치워 버리게 하려는 것입니다. 율법의 목적은 사람이 예수 그리스도를 믿음으로 말미암아 유업을 얻기를 구하게 하려는 것입니다. 이어지는 구절에서 이 사실을 살펴볼 수 있습니다.

"그러나 성경이 모든 것을 죄 아래에 가두었으니 이는 예수 그리스도를 믿음으로 말미암는 약속을 믿는 자들에게 주려 함이라. 믿음이 오기 전에 우리는 율법 아래에 매인 바 되고 계시될 믿음의 때까지 갇혔느니라. 이같이 율법이 우리를 그리스도께로 인도하는 초등교사가 되어 우리로 하여금 믿음으로 말미암아 의롭다함을 얻게 하려 함이라"(갈 3:22-24).

사도는 로마서 5장 20절에서도 이 목적을 보여 줍니다.

"율법이 들어온 것은 범죄를 더하게 하려 함이라."

따라서 "범법하므로"라는 문구는, 마치 율법이 죄에 대한 형벌로서 주어졌다는 식으로 율법을 주신 원인에 관해 말하는 것이 아닙니다. 도리어 이 문구는 율법이 다음 목적을 위해 주어졌다고 말합니다. 바로 죄를 아는 것입니다.

부록 6

예수 그리스도의 탄생에서 요한계시록까지의 신약 교회

예수 그리스도의 삶과 사역

옛언약의 시대요 은혜언약이 시행되던 시기인 아담의 때에서 아브라함의 때까지, 그리고 아브라함의 때에서 그리스도의 때까지의 교회의 상태에 대하여 생각해 보았습니다. 이제 신약 교회에 대하여 생각해 봅시다. 우선 주 예수 그리스도의 탄생과 죽음에 관해 생각하고자 합니다. 모든 예언이 바로 그분에게 초점을 맞춥니다. 모든 모형이 그분을 가리킵니다. 하나님께서 자신의 경륜 가운데 작정하신 때가 이르렀을 때, 바울의 표현에 따르면 때가 찼을 때(갈 4:4 참고), 하나님께서 천사 가브리엘을 제사장 사가랴에게 보내 그의 아내 엘리사벳이 아들을 낳을 것임을 알려 주시며(그와 그의 아내가 늙었는데도) 아이의 이름을 기쁜 자를 뜻하는 요한이라 지으라고 명령하셨습니다. 그는 예언에 따라 주 예수님께서 오시기 이전에 엘리야의 심령과 능력으로 그리스도의 길을 예비할 사람이었습니다.

그로부터 여섯 달쯤 뒤에 천사 가브리엘이 다윗의 자손이요 경건한 처녀인 마리아에게 보냄 받아, 성령의 창조 사역으로 말미암아 그녀가 잉태하여 아들을 낳으리라고 알려 주었습니다. 마리아는 구세주가 될 그 아들의 이름을 예수라 지을 것을 명령받았습니다. 아홉째 달이 끝날 무렵, 그녀는 약 사천 년 동안 약속되었고 신자들이 그토록 갈망해 온 그 아들을 낳았습니다. 그 아들이 태어나자 하늘과 땅이 움직였습니다. 한 천사가 목자들에게 구세주의 탄생을 알렸고, 수많은 천사들이 다음과 같이 하나님께 영광을 돌리며 이를 확증했습니다.

"지극히 높은 곳에서는 하나님께 영광이요 땅에서는 하나님이 기뻐하신 사람들 중에 평화로다 하니라"(눅 2:14).

그 후에 베들레헴으로 간 목자들은 포대기에 싸여 구유에 누워 있는 아기 구세주를 찾았습니다. 그들은 이 사실을 모든 곳에 알렸습니다. 이어서 탁월한 지혜자들이 동방에서부터 예루살렘으로 와 새로 태어난 유대인의 왕에 관해 물었습니다. 이 때문에 온 예루살렘이 뒤집어졌습니다. 헤롯은 약속된 메시아가 어디서 태어날지를 알고자 대제사장들과 서기관들을 모아 대회의를 소집하였고, 그 후에 그 지혜자들을 베들레헴으로 보냈습니다. 그들은 자신들 앞에서 가다가 예수님이 계신 곳 위에 멈춰 선 유난히 큰 별을 통해 그분을 발견하고 영광을 돌렸습니다.

주 예수님의 탄생은 만 2세 이하의 어린아이들이 죽임 당한 사건을 통해 더욱 많은 사람들에게 알려졌습니다. 헤롯은 아기 메시아를 죽이고자 했는데, 그 연령대의 아기들 가운데 아기 메시아가 있을 것이라고 생각하여 베들레헴과 그 주변 지역에서 학살을 자행합니다. 그러나 예수님의 어머니와 요셉은 하나님의 계시를 통해 경고를 받고 예수님과 함께 애굽으로 피신했습니다. 그들은 유대에 돌아오자마자 갈릴리 지방 나사렛에 거처를 마련했습니다. 열두 살이 되셨을 때, 예수님은 성전에서 박사들과 함께 있으면서 자신의 신성의 일면을 매우 분명하게 보이셨습니다. 그 때문에 박사들이 예수님께서 가지신 이해의 넓이로 말미암아 심히 놀라워했습니다.

서른 살이 될 때까지 예수님은 사람들에게 자신을 드러내지 않으셨습니다. 그분이 서른 살이 되셨을 무렵, 세례 요한은 설교하고 세례를 베풀면서 주 예수님의 길을 예비합니다. 주 예수님은 그에게 오셔서 세례를 받으셨습니다. 요한은 예수님이 누구이신지 알고서 그분을 사람들에게 알렸습니다.

그 이후로 예수님은 공개적으로 사람들 가운데 다니시며 어느 누구보다 강력하고도 복되게 말씀을 전하셨습니다. 그분은 기적을 통해 비참한 상태에 처한 수많은 사람들을 치유하고 구원하심으로써 자신이 구세주임을 보이셨습니다. 사람들은 그분을 따랐고, 그분의 명성은 유대 국가뿐만 아니라 가나안 땅 밖의 많은 지역과 나라에까지 퍼졌습니다. 그분은 외모가 수려하지도 않으셨고, 이 땅에 자신의 왕국을 세우거나 유대인들을 로마 황제의 통치에서 구원하려는 행동을 전혀 하지 않으셨습니다. 그런데도 백성들은 그분을 바리새인이나 서기관들보다 더 많이 존경했습니다.

이 때문로 바리새인과 서기관들은 예수님을 시기하고 질투한 나머지 그분을 죽이려고 하였습니다. 그러나 자신의 사역을 다 이루시고자, 주님은 자기 백성들을 위한 대속물로 자신을 내주어 자신의 제사를 완수하셨습니다. 그분은 자신을 결박하도록 놔두셨고 자신에 관한 예언들이 모두 이루어지도록 십자가에 달려 죽는 것까지 허락하셨습니다. 그러나 예수님은 삼 일 후에 다시 살아나셨고, 사십 일이 지나자 하늘로 올라가셨습니다. 승천하신 지 열흘 뒤인 오순절 날, 그분은 사도들에게 성령을 부으셨습니다. 사도들은 성령을 받자 다양한 언어로 설교하였고, 이를 통해 하루에 삼천 명이 회심하는 역사가 일어났습니다. 그 후에도 그들이 계속해서 설교하고 이적을 행하자, 수천 명의 유대인들이 예수님을 믿었습니다. 그러나 이 복음은 유대인들에게만 한정된 것이 아니었습니다. 이 복음을 너무나 듣기 원하고 받아들이고 싶어하는 이방인들에게도 복음이 선포되었고, 그들 또한 회심하게 되었습니다.

이러한 일이 이루어지기 이전에 하나님은 안팎으로 수많은 환난을 통해 유대 백성 중 많은 사람들을 해 아래 있는 수많은 나라로 흩으셨습니다. 이 흩어진 유대인들 가운데 수많은 사람들이 하나님의 명령에 순종하여 해마다 삼 대 절기를 지키기 위해 예루살렘으로 왔습니다. 부활절과 오순절이 가까이 붙어 있었던 까닭에, 먼 곳에서 온 사람들은 이 두 절기를 지키고자 예루살렘에 머물렀습니다. 여호와 하나님은 섭리 가운데 예수님께서 유월절에 십자가에 못 박히고 삼 일 후에 부활하게 하셨으며, 오순절 날 특별한 방식으로 성령을 부으셨습니다. 그 결과 많은 유대인들이 그리스도를 오랫동안 약속되어 온 메시아로 받아들였습니다. 이 사건은 이방인들이 회심할 수 있는 길을 열었습니다. 그들이 자신이 살고 있는 나라로 돌아가 예루살렘에서 일어난 일들과 많은 사람들이 예수님을 메시아로 인정하고 받아들였다는 사실을 전한 것입니다. 또한 그 일이 있은 후에, 흩어진 사도들과 자신의 국가에 도착한 다른 신자들도 유대인들에게 복음을 전했으며, 이를 통하여 이방인들에게도 복음이 전해졌습니다.

이방인들에게 전파된 복음

유대인들 가운데 복음이 힘을 얻자, 마귀가 가만히 있지 않았습니다. 그는 자신의 도구들을 자극하여 기독교로 회심한 유대인들을 대적하게 했습니다. 그리하여 대제사장들과 서기관들이 그리스도는 물론이요 그분이 메시아이심을 믿고 인정하는 모든 사람들에 대한 뿌리 깊은 적개심에 자극을 받아 온 힘을 다해 예루살렘과 유대에 있는 교회들을 핍박하였습니다. 이들은 할 수 있는 한 고위 관리들을 자극하여 수시로 그들의 손을 빌려 교회를 핍박해 나갔습니다.

그러나 핍박이 심해질수록 복음은 더욱 강력하게 전파되었습니다. 유대인들 중에서는 회심하는 자가 늘어나지 않고 유대 전체에 암흑이 드리워졌으며, 이 유대인들이 힘을 합쳐 복음을 거부했습니다. 그러나 역설적으로 바로 이를 통해 복음이 이방인들 가운데 전파될 수 있었습니다. 복음이 이방인들 가운데 얼마나 빨리 전파되었으며, 얼마나 급속히 아시아와 아프리카와 유럽에 전파되었는지를 안다면 놀랄 수밖에 없을 것입니다.

"그 소리가 온 땅에 퍼졌고 그 말씀이 땅 끝까지 이르렀도다 하였느니라"(롬 10:18).

주님께서 자신을 찾지 않는 자에게 찾은 바가 되셨고, 자신을 구하지 않는 자에게 나타나셨습니다(롬 10:20 참고). 이로써 이방인을 부르는 것에 관한 모든 예언이 성취되었고, 주 예수님은 자신에게 약속된 몫을 받으셨습니다.

"내게 구하라. 내가 이방 나라를 네 유업으로 주리니 네 소유가 땅 끝까지 이르리로다"(시 2:8).

"그가 바다에서부터 바다까지와 강에서부터 땅 끝까지 다스리리니"(시 72:8).

복음이 이방인들에게는 확증되었으나, 유대인에게는 감추어졌습니다. 유대인은 바로 자신들이 거부했고 죽기를 요구했던 주 예수님의 보혈이 그들 자신과 그들의 자녀들에게 임하기를 원하지 않았습니다. 여호와는 감사하지 않고 악할 뿐만 아니라 하나님을 잊어버린 백성에게 특별한 방식으로 진노를 부으셨습니다. 그분은 예루살렘을 티투스 베스파시아누스(Titus Vespasianus)의 손에 넘기셔서 주후 70년이나 72년경에 그가 예루살렘을 불태우고 완전히 무너뜨려 평지로 만들게 하셨습니다.

이 사건은 그리스도께서 승천하신 때로부터 40년 후에 일어났습니다. 여호와께서 유대인을 온 열방 가운데 흩으셨으며, 이 사건으로 인해 그들은 어디에 거하든지 그때나 지금이나 수치와 모욕을 받았습니다. 이처럼 한때 온 세상의 보석이었고, 그 아름다움이 완전했으며, 하나님을 예배하고자 사람들이 모이던 그 도시가 더는 위치조차 확인할 수 없을 정도로 훼파되어 버렸습니다. 뿐만 아니라 하나님께서 그룹들 사이에 거하시며 의식적인 예배가 이루어지던 성전이 의식에 딸린 모든 섬김의 활동들(이미 오래전에 그 목적뿐만 아니라 효용마저 사라져 버린)과 더불어 제거되었습니다. 그러나 복음은 영과 진리로 하나님을 예배하는 이방인들에게 전파되었습니다.

예배 방식에서 드러나는 구약 교회와 신약 교회의 차이점

구약 교회의 예배 방식과 신약 교회의 예배 방식은 크게 다릅니다. 특별히 다음 네 가지 사항에서 새언약이 옛언약보다 훨씬 탁월합니다.

첫째, 옛언약에도 오늘날과 동일한 언약, 예수님이라는 동일한 중보자, 동일한 영적 유익이 실재하였지만, 옛언약에서는 하나님에 대한 예배가 물리적이고도 가시적인 것들을 통하여 시행되었습니다. 이는 장차 올 메시아와 그분의 사역에 대한 그림자였습니다. 메시아가 그들의 눈앞에서 날마다 묘사되고 그들이 외적인 정결을 통하여 내적인 영혼의 정결로 인도된 것은 지극히 탁월한 복이라 할 수 있습니다. 그러나 육신적으로 볼 때 그러한 섬김은 어렵고도 성가신 것이었습니다. 이 활동은 감당해야 할 수많은 의무들로 이루어져 있었습니다. 고통스러운 할례가 있었고, 무언가를 만지고 먹는 데 항상 주의를 기울여야 했으며, 육신적인 오염을 방지하기 위한 정결법과 제사들이 매우 많았습니다. 반면 새언약에서는 이 모든 것들이 폐지되었습니다. 하나님께서 이런 육체적인 행위 대신 더욱 영적이고도 고상하며, 눈에 보이지는 않으나 직접적인 예배 방식을 제정하셨습니다. 이제 그림자가 필요 없어지고, 실체의 심장으로 곧바로 들어갈 수 있게 된 것입니다.

"아버지께 참되게 예배하는 자들은 영과 진리로 예배할 때가 오나니"(요 4:23).

이제 우리는 그림자 없이 지성소로 단번에 들어갈 수 있습니다.

"그러므로 형제들아 우리가 예수의 피를 힘입어 성소에 들어갈 담력을 얻었나니, 그 길은 우리를 위하여 휘장 가운데로 열어 놓으신 새로운 살 길이요 휘장은 곧 그의 육체니라. 또 하나님의 집 다스리는 큰 제사장이 계시매 우리가 마음에 뿌림을 받아 악한 양심으로부터 벗어나고 몸은 맑은 물로 씻음을 받았으니 참마음과 온전한 믿음으로 하나님께 나아가자"(히 10:19-22).

이제 어느 누구도 우리를 "먹고 마시는 것과 절기나 초하루나 안식일을 이유로 누구든지……비판하지"(골 2:16) 못합니다. 왜냐하면 "이것들은 장래 일의 그림자이나 몸은 그리스도의 것"(골 2:17)이기 때문입니다.

"형제들아, 너희가 자유를 위하여 부르심을 입었으나, 그러나 그 자유로 육체의 기회를 삼지 말고 오직 사랑으로 서로 종노릇하라"(갈 5:13).

둘째, 아브라함이 부르심을 받기 이전에 교회는 다양한 국적을 가진 사람들로 구성되어 있었으나, 거의 성장하지 못했고 빛과 영광이 거의 없었습니다. 아브라함과 언약을 맺으신 이후에 여호와 하나님은 그에게서 다른 나라들을 모두 분리해

내셨습니다. 그분은 아브라함을 거쳐 이삭의 자손들이 교회를 구성하게 하셨으며, 반면에 다른 나라들은 저마다 원하는 길을 가도록 내버려 두셨습니다.

"그가 그의 말씀을 야곱에게 보이시며 그의 율례와 규례를 이스라엘에게 보이시는도다. 그는 어느 민족에게도 이와 같이 행하지 아니하셨나니 그들은 그의 법도를 알지 못하였도다. 할렐루야"(시 147:19,20).

그러나 예수님께서 오신 이후 교회와 나라들을 가르던 구분이 사라졌습니다. 그렇습니다. 주 예수님께서 자신의 옛 백성들을 어둠에 내주고 이방인들을 자기 백성으로 받으셨습니다.

"각 나라 중 하나님을 경외하며 의를 행하는 사람은 다 받으시는 줄 깨달았도다"(행 10:35).

"이제는 전에 멀리 있던 너희가 그리스도 예수 안에서 그리스도의 피로 가까워졌느니라. 그는 우리의 화평이신지라. 둘로 하나를 만드사 원수 된 것 곧 중간에 막힌 담을 자기 육체로 허시고"(엡 2:13,14).

이제 이방인들이 실로를 따르는 자들이 되었고, 그분에게 복종하게 되었습니다(창 49:10 참고). 이새의 뿌리가 만국의 깃발이 되었습니다(사 11:10 참고). 많은 나라들이 앞으로 나아가며 다음과 같이 말합니다.

"오라 우리가 여호와의 산에 오르며 야곱의 하나님의 전에 이르자. 그가 그의 길을 우리에게 가르치실 것이라. 우리가 그 길로 행하리라"(사 2:3).

사도 역시 다음과 같이 말합니다.

"하나님의 말씀을 마땅히 먼저 너희에게 전할 것이로되 너희가 그것을 버리고 영생을 얻기에 합당하지 않은 자로 자처하기로 우리가 이방인에게로 향하노라. 주께서 이같이 우리에게 명하시되 내가 너를 이방의 빛으로 삼아 너로 땅 끝까지 구원하게 하리라 하셨느니라 하니, 이방인들이 듣고 기뻐하여"(행 13:46-48).

그리하여 이제 아브라함이 세상의 상속자요(롬 4:13 참고) 많은 민족의 조상이 되었습니다(롬 4:17 참고). 이는 우상을 숭배하던 아브라함이 즉각 부르심을 입었고, 그의 자손이 그에게서 가르침을 받았으며, 그의 자손으로 말미암아 복음이 선포되어 이방인들에게까지 전달되었고, 이를 통해 그 이방인들이 약속된 아브라함의 씨인 그리스도를 믿었기 때문입니다.

"또한 아브라함의 씨가 다 그의 자녀가 아니라 오직 이삭으로부터 난 자라야 네 씨라 불리리라 하셨으니, 곧 육신의 자녀가 하나님의 자녀가 아니요 오직 약속의 자녀가 씨로 여기심을 받느니라"(롬 9:7,8).

셋째, 옛언약에서는 예배의 전체 형태가 더욱 엄격하고 율법적인 방식으로 기능했습니다. 그러나 새언약에서는 모든 것이 더욱 복음적이고 기쁜 것입니다. 이 둘을 비교하는 말씀을 생각해 봅시다.

"너희는 만질 수 있고 불이 붙는 산과 침침함과 흑암과 폭풍과……그러나 너희가 이른 곳은 시온산과 살아 계신 하나님의 도성인 하늘의 예루살렘과 천만 천사와"(히 12:18-22).

넷째, 옛언약에서는 모든 것들이 더욱 희귀하였습니다. 참되게 믿은 사람들도 더 적었고, 참된 신자들은 이러한 영적 유익들을 더 낮은 수준과 분량으로 누렸습니다. 그러나 새언약에는 모든 것이 풍성하게 있습니다. 이 사실에서 다음과 같은 내용이 도출됩니다.

① 성령의 임재를 더 풍성히 누림

"나는 목마른 자에게 물을 주며 마른땅에 시내가 흐르게 하며 나의 영을 네 자손에게, 나의 복을 네 후손에게 부어 주리니 그들이 풀 가운데에서 솟아나기를 시냇가의 버들같이 할 것이라"(사 44:3,4).

"그 후에 내가 내 영을 만민에게 부어 주리니"(욜 2:28).

이 땅에 오신 주 예수님께서 자기 백성들에게 성령과 불로 풍성하게 세례를 주셨습니다(마 3:11; 딛 3:6 참고).

② 빛을 더 많이 소유함

이는 이미 예언되었습니다.

"이는 물이 바다를 덮음같이 여호와를 아는 지식이 세상에 충만할 것임이니라"(사 11:9).

그러므로 다음과 같은 일이 일어납니다.

"너희는 주께 받은 바 기름 부음이 너희 안에 거하나니 아무도 너희를 가르칠 필요가 없고 오직 그의 기름 부음이 모든 것을 너희에게 가르치며 또 참되고 거짓이 없으니"(요일 2:27).

③ 더욱 거룩함

"네 백성이 다 의롭게 되어 영원히 땅을 차지하리니 그들은 내가 심은 가지요 내가 손으로 만든 것으로서 나의 영광을 나타낼 것인즉, 그 작은 자가 천 명을 이루겠고 그 약한 자가 강국을 이룰 것이라. 때가 되면 나 여호와가 속히 이루리라"(사 60:21,22).

"그중에 약한 자가 그날에는 다윗 같겠고"(슥 12:8).

"여호와가……그들을 전쟁의 준마[1]와 같게 하리니……싸울 때에 용사같이"(슥 10:3,5).

"약한 자도 이르기를 나는 강하다 할지어다"(욜 3:10).

④ 하나님과 더욱 친밀하고 자유롭게 교제함

"그러므로 우리에게 큰 대제사장이 계시니 승천하신 이 곧 하나님의 아들 예수시라. 우리가 믿는 도리를 굳게 잡을지어다……그러므로 우리는 긍휼하심을 받고 때를 따라 돕는 은혜를 얻기 위하여 은혜의 보좌 앞에 담대히 나아갈 것이니라"(히 4:14,16).

⑤ 위로와 평안과 기쁨을 더 많이 누림

"네 모든 자녀는 여호와의 교훈을 받을 것이니 네 자녀에게는 큰 평안이 있을 것이며"(사 54:13).

"그의 날에 의인이 흥왕하여 평강의 풍성함이 달이 다할 때까지 이르리로다"(시 72:7).

위의 내용 및 다른 요소들을 고려하여, 신약 교회의 상태를 복음에서 완전히 소외되어 있는 이방인들, 그리스도인이라는 이름만 가지고 있는 이단적인 모임들, 구약 교회의 상태와 자주 비교해 보십시오. 그런 다음 우리가 그들보다 얼마나 더 영광스러운 상태에 있는지를 생각해 보고, 다음과 같이 행하십시오.

① 이를 기뻐하십시오. 구약 신자들이 지금 이 시대를 얼마나 열망했는지요! 그들은 이 시대를 위해 기도하고, 노래하고, 그것을 바라보면서 기뻐했습니다. 이제 우리가 바로 그러한 상태에 있으니 우리의 마음을 넓혀, 그들이 소망한 그 모든 복

---

[1] 역자주 - KJV는 이 부분을 "그의 경건한 준마"(His godly horse)로 번역한다.

을 우리가 누리고 있다는 사실을 기뻐해야 하지 않겠습니까?

② 이로 말미암아 하나님께 감사하고 영광을 돌리십시오. 만약 구약 교회가 그림자들의 사역에 속한 약속만으로도 그토록 감사해했다면, 우리는 얼마나 기쁘게 주님을 찬양해야 하겠습니까! 우리는 마땅히 입으로 찬양하며 끊임없이 그분께 영광과 존귀를 돌려드려야 합니다.

③ 그러므로 이러한 사실을 기억하며 거룩한 길로 행하십시오.

"야곱 족속아, 오라 우리가 여호와의 빛에 행하자"(사 2:5).

"너희가 부르심을 받은 일에 합당하게 행하여"(엡 4:1).

"오직 너희는 그리스도의 복음에 합당하게 생활하라"(빌 1:27).

유대인의 회심

지금까지 우리는 유대인들이 거부되어 하나님의 백성으로 받아들여지지 않는 것과 이방인들이 하나님의 백성으로 받아들여지는 것에 관해 살펴보았습니다. 이제 유대인의 회심과 관련된 질문들에 답할 차례입니다.

> ▶ 질문
>
> 유대인들은 언제나 거절된 채로 남아 있을 것인가? 아니면, 이미 메시아가 왔으며 예수님이 그리스도이심을 믿고 고백함으로 말미암아 그들 모두가 회개에 이를 것인가?

대답: 유대인의 회심에 관해 말할 때, 우리는 바벨론에서 돌아와 예루살렘이 멸망할 때까지 가나안에서 살았던 유다 지파와 베냐민 지파뿐만 아니라 나머지 열 지파까지 포함하여 그들이 국가적으로 회심하는 것으로 이해합니다. 이 열 지파들은 한데 모인 채로 남아 있지 않으며, 유대인들이 지어낸 이야기처럼 세상의 알려지지 않은 구석에 숨어 지내는 것도 아닙니다. 그들 일부는 동방의 국가들

에 혼합되어 유대교를 버렸습니다. 또 다른 일부는 온 세상의 나라들로 흩어진 채 그들의 신앙을 고수하고 있으며, 그중 많은 이들이 가나안에 돌아와 다른 유대인들과 섞여 살아왔습니다. 아셀 지파 바누엘의 딸인 여선지자 안나가 예루살렘 성전에서 하나님을 섬겼습니다(눅 2:36 참고). 뿐만 아니라 실제로 유다와 베냐민과 레위 지파에 속한 이들 가운데 수많은 이들이 바벨론에서 돌아오지 않았습니다. 또한 돌아온 이들 가운데 많은 사람들이 국가의 내적 불안으로 말미암아 다시 조상의 땅을 떠나 온 땅의 수많은 나라들로 흩어져 버린 채 여전히 유대교를 신봉하고 있습니다. 야고보는 "흩어져 있는 열두 지파에게"(약 1:1) 편지를 썼습니다. 이 흩어져 있는 유대인들은 절기마다 예배를 드리기 위해 모든 나라에서 예루살렘으로 왔습니다. 우리는 이를 사도행전 2장 5-11절에서 확인할 수 있습니다.

예루살렘이 멸망한 뒤에, 유대인은 모두 흩어져 더는 특정한 곳에 거주하지 않게 되었습니다. 그러므로 지금 우리는 그들이 흩어진 여부와 상관없이 바로 그 나라에 관해 말하는 것입니다. 그리고 바로 그 나라가 예수님께서 그리스도, 곧 옛언약에 약속되었으며 그 조상들이 기대한 바로 그 메시아이심을 인정하리라고 믿습니다. 이 사실은 모든 시대의 신학자들이 일반적으로 가지는 견해이며, 루터교와 교황 측 신학자들도 여기에 동의합니다. 그러나 이 사실에 대하여 의심의 눈초리를 거두지 못하는 이들도 있으며, 그중에는 이를 부인하는 사람들도 있습니다. 지금 이 내용을 확증하기 위해 이에 관한 것들을 다 말하지는 않겠습니다. 대신 신약에서 두 개의 증거만을 취하여, 이를 중심으로 설명하겠습니다. 왜냐하면 이 증거들이 문제의 핵심에 관하여 제기될 만한 어떤 회피주장도 능히 반박할 수 있기 때문입니다.

첫 번째 증거: 로마서 11장에 근거하여 살펴본 유대인들의 미래적 회심

로마서 11장에 기초하여 이를 증명하고자 로마서 11장을 간략히 주해하겠습니다. 이는 우리가 가진 이 증거의 효용성이 바로 본문의 문맥을 바르게 해석하는 데 달려 있기 때문입니다.

본 장은 다음 세 부분으로 나뉩니다.

① 반대를 통하여 제기되는 질문(1,2절)
② 이 질문에 대한 대답(3-32절)
③ 결론(33-39절)

반대를 통하여 제기되는 질문(1,2절)

1절에서 질문이 제기됩니다.

"그러므로 내가 말하노니 하나님이 자기 백성을 버리셨느냐?"

사도는 하나님의 백성이라는 말이 유대 나라를 의미한다고 보았으며, 또한 같은 장에서 이들을 일반적으로 이스라엘로 지칭합니다. 하나님께서 야곱과 씨름한 후에 그에게 이스라엘이라는 이름을 주셨으며, 그의 자손들이 이 이름으로 불렸습니다. 모든 숨은 의심까지 없애기 위해, 신약성경 전체에서 이스라엘이라는 이름이 신자, 곧 신약 교회를 향해 단 한 번도 사용되지 않았다는 사실을 알아야 합니다. 오히려 이 이름은 언제나 유대 나라를 향해 사용되었다고 해석되었습니다. 다시 말해, 유대를 다른 나라와 구별하고 나누기 위해 사용되었다는 것입니다. 신약에서는 오직 다음 두 질문만 분명히 다룰 필요가 있습니다.

▶ **질문 1**

"그러나 하나님의 말씀이 폐하여진 것 같지 않도다. 이스라엘에게서 난 그들이 다 이스라엘이 아니요 또한 아브라함의 씨가 다 그의 자녀가 아니라. 오직 이삭으로부터 난 자라야 네 씨라 불리리라 하셨으니 곧 육신의 자녀가 하나님의 자녀가 아니요 오직 약속의 자녀가 씨로 여기심을 받느니라"(롬 9:6-8). 이 본문에서 사도가 이방인 신자들을 향해 이스라엘이라고 말하고 있지 않은가?

대답: 전혀 그렇지 않습니다. 본문에서 사도는 결코 이방인들에 관해 말하고 있지 않습니다. 그는 지금 정확히 유대인들에 관해 말합니다. 그의 목적은 비록 아브라함의 자손들이 대부분 메시아를 거부하고 믿지 않았으며 복음에 불순종

했으나, 하나님께서 아브라함 및 그의 후손과 더불어 세우신 언약을 취소하지 않으셨다는 사실을 증명하는 것입니다.

"그러나 하나님의 말씀이 폐하여진 것 같지 않도다"(롬 9:6).

하나님은 자신의 약속과 언약을 폐기하지 않으셨는데, 이는 아브라함의 모든 자손이 언약과 약속에 참여한 것은 아니었기 때문입니다. 이 언약에 이스마엘 및 그두라의 자녀들은 제외되었으며, 이삭의 자손만이 참여했습니다. 게다가 이삭의 자손이라고 해서 모두 이 언약과 약속에 참여한 것도 아니었습니다. 에서는 불경한 이로서 이 언약에서 쫓겨났고, 야곱이 이 언약과 약속을 받았습니다. 그리고 야곱의 자손들 가운데 불신앙적이었던 많은 이들을 하나님은 기뻐하지 않으셨습니다. 그러할지라도 하나님의 언약은 야곱과 그 후손(that seed)으로 여겨진 믿는 자손들에게는 변함없이 계속 진행되었습니다. 따라서 이스라엘, 곧 야곱에 속한 이들이 모두 이스라엘인 것은 아닙니다.

더 나아가 이방인들의 회심이 아브라함과 그의 후손에게 주어진 언약에 대한 확증은 아니었습니다. 만일 그것이 언약에 대한 확증이라면 아브라함의 육신적인 후손 중 아무도 회심하지 않더라도 하나님께서 그의 후손과 맺으신 언약이 확증되었을 것이기 때문입니다. 그러나 이는 말이 되지 않습니다. 바울은 육신에 따른 아브라함과의 혈연관계 및 하나님께서 그들과 맺으신 언약에 관해 말하면서, 그 언약이 변함없이 그들과 더불어 남아 있음을 보여 줍니다. 다시 말해, 많은 이들이 불신자로 남아 있지만 그들 가운데 회심한 이들과의 언약은 유효하다는 것입니다. 그러므로 이 본문은 결코 이방인들에 관해서가 아니라, 오직 유대인들에 관해 말합니다. 또한 신약 교회를 이스라엘이라고 부르는 것도 아닙니다.

▶ 질문 2

"무릇 이 규례를 행하는 자에게와 하나님의 이스라엘에게 평강과 긍휼이 있을지어다"(갈 6:16). 이방인이든 유대인이든 이 말씀이 모든 신자들을 이스라엘로 부르고 있지 않은가?

대답: 그렇지 않습니다. 당시에 교회는 유대인들로 구성되어 있었으며, 이방인들은 돌감람나무 가지로서 참감람나무에 접붙임 받았습니다. 믿는 유대인들은 교회 안에서 그들과 함께하여 연합하게 된 이방인들이 할례를 받아야 한다고 주장했습니다. 그러나 사도는 이에 반대하며, 믿음에 관한 한 할례나 무할례나 아무런 가치도 없고 어떠한 특권도 산출하지 못하며, 새로운 피조물이 되는 것이 중요하다고 선언합니다(갈 6:15 참고). 계속 할례와 무할례를 결부시키며, 그는 새로 지으심을 받는 것만이 중요하다는 규례에 따라 살아가는 사람들에게 평강과 긍휼이 임하리라고 선언합니다. 다시 말해, 할례를 받았든 받지 않았든 상관없이 이 규례에 따라 살아가는 모두에게 평강과 긍휼이 임할 것이라는 말입니다. 이렇게 진술하면서 사도는 여기서 오직 할례를 받은 자를 가리켜 하나님의 이스라엘이라고 부릅니다. 이 사실은 "……와"라는 말을 통해 알 수 있습니다. 만일 지금 사도가 유대인과 이방인 모두에 관해 말하는 것이 아니라면, "……와"라는 단어는 여기에 어울리지 않습니다. 사도는 평강과 긍휼이 믿는 유대인들뿐만 아니라 믿는 이방인들에게도 있다고 말하고 있습니다. 그러하기에 사도는 이들이 할례와 무할례 때문에 다투어서는 안 된다고 권면합니다. 그러므로 여기서 "이스라엘"은 믿는 이방인이 아니라 믿는 유대인을 가리키는 것입니다.

로마서 11장에서도 다른 모든 곳에서와 마찬가지로 이스라엘이 유대 국가를 가리키는 것으로 해석됩니다. 사도의 전체 주장에 비춰 볼 때 이 사실이 분명해지며, 이는 비록 아브라함과 그의 자손들 중 많은 이들이 불신자로 남아 있지만 하나님께서 친히 그들과 맺은 언약을 폐하지 않으셨음을 확증하기 위한 것입니다. 이 언약은 이방인이 회심함으로써가 아니라, 바울 시대나 그 이후에 유대인들이 회심함으로써 확증됩니다. 만일 유대 국가 전체가 믿음에서 떠난 상태에 계속 머문다면 하나님은 그 언약을 폐하실 것입니다. 본문이 이스라엘과 이방인들을 계속 대조하는 것에 주목하십시오. 로마서 10장 20절은 "내가 나를 찾지 아니한 자들에게 찾은 바 되고"라고 말하는데, 이는 이방인들을 가리키며, 21절은 "이스라엘에 대하여 이르되"라고 말합니다. 마찬가지로 로마서 11장에도 대조가 등장합니다.

"그들이 넘어짐으로 구원이 이방인에게 이르러……그들의 넘어짐이 세상의 풍성함이 되며……내가 이방인인 너희에게 말하노라……이는 혹 내 골육을 아무쪼록 시기하게 하여……그들을 버리는 것이 세상의 화목이 되거든"(롬 11:11-15).

마지막으로 로마서 11장 24절은 이방인들을 돌감람나무로, 유대인들을 참감람나무로 묘사하며 서로를 대조합니다. 이 모든 것을 통해 다음 사실이 분명해집니다. 여기서 사도는 유대 나라에 관해 말하고 있습니다. 그는 이 나라를 "이스라엘"이라고 부름으로써 믿는 이방인들과 대조합니다. 사도는, 강퍅해졌고 하나님으로부터도 버림받은 당대(이방인들이 회심한 이후)의 유대 나라를 하나님의 백성이라고 부릅니다. "하나님이 자기 백성을 버리셨느냐?"라고 질문할 때, 사도는 유대 나라가 믿음이 있고 회심했기 때문에 그들을 하나님의 백성이라 부르는 것이 아닙니다. 그들은 불신앙적이었고 불순종했습니다. 사도는 하나님께서 아브라함과 그의 후손들과 맺으신 언약 때문에 그들을 하나님의 백성이라 부릅니다(창 17:7 참고). 베드로 역시 이 사실을 증언합니다.

"너희는 선지자들의 자손이요 또 하나님이 너희 조상과 더불어 세우신 언약의 자손이라. 아브라함에게 이르시기를 땅 위의 모든 족속이 너의 씨로 말미암아 복을 받으리라 하셨으니"(행 3:25).

우리는 이 내용에 관해 더 폭넓게 다루었습니다. 이는 이제부터 전개될 논증 가운데 사도가 믿는 이방인들은 물론, 믿는 유대인들에 관해서도 말했다는 회피주장을 차단하려는 것입니다.

"하나님이 자기 백성을 버리셨느냐?"라는 질문은 로마서 10장에서 다루는 내용에서 비롯됩니다. 믿음이 들음에서 난다고 확증한 후에 사도는 유대인과 이방인들이 복음을 들었고(롬 10:18 참고), 이방인들은 그 복음을 받아들였으나(롬 10:19,20 참고) 유대인들은 메시아를 거부하였으며, 결국 유대인들이 불순종하고 반발하는 백성이 되고 말았다고 선언합니다. 사도는 선지자들의 예언을 통해 이 사실을 확증합니다(단 12:11; 사 65:2 참고). 이 모든 사실을 볼 때, 다음과 같이 질문하게 됩니다다. '하나님께서 아브라함과 그의 후손과 더불어 자신이 그들의 하나님이 되고 그들이 하나님의 백성이 되리라는 영원한 언약을 세우셨다. 그러므로 아브라함의 자손들이 메시아를 거부하고 하나님께서 자신의 성령과 은혜를 그들에게서 거두고 그들을 버리셨을 때에도, 실제로 그분은 이 언약을 폐기하고 거부하지 않으셨는가?' 바로 이 질문에 관한 것이 로마서 11장의 첫 번째 부분에서 사도가 말하는 핵심입니다.

이 질문에 대한 대답(3-32절)

로마서 11장의 두 번째 부분은 이 질문에 대한 답변이며 두 가지 요소로 구성됩니다. 첫 번째 대답은 간결하지만, 다양한 증거를 통해 확증됩니다. 이 짧은 대답은 질문을 부정(否定)하면서 그 반대 대답을 확증합니다. 이 부정은 단순히 사실을 진술하는 것이 아니라, "그럴 수 없느니라"라는 격렬한 분노와 함께 진술됩니다. 이 분노는 "사람은 이런 것을 생각조차 해서도 안 된다"라고 말하는 것입니다. 이런 것에 대해 의심을 품는 것만으로도 하나님의 신실하심과 진실하심을 의심하는 것이므로 죄악이 되는 것입니다. 하나님께서 자기 백성을 버리셨습니까? 하나님께서 아브라함과 그의 후손과 더불어 세운 자신의 영원한 언약을 폐기하셨습니까? 하나님께서 신실하지 않으십니까? 하나님께서 자신의 말씀을 든든히 세우지 않고 자신의 약속들을 성취하지 않으신단 말입니까? 이는 불가능한 일입니다. 이에 대해 사도는 내적인 확신과 더불어 로마서 11장 1절에 나오는 질문의 표현을 사용하여 확증하면서 다음과 같이 대답합니다.

"하나님이 그 미리 아신 자기 백성을 버리지 아니하셨나니"(롬 11:2).

하나님은 결코 그렇게 하지 않으실 것이고, 그럴 의도도 없으시며, 그렇게 하실 수도 없습니다. 그분은 신실한 하나님이시며, 그들은 하나님의 백성이요 이 세상의 모든 세대 가운데서 하나님의 소유로 선택된 자들입니다. 하나님께서 그들을 미리 아셨습니다. 어떤 일이 미리 정해질 수 있도록 하는 하나님의 예지는 그 일이 흔들리지 않고 반드시 일어나게 합니다. 마찬가지로 하나님께서 아브라함의 후손을 미리 알고 예정하셨으며, 그들이 자신과 언약을 맺도록 하셨습니다. 그러므로 하나님께서 자기 백성을 버리시는 일은 일어날 수 없습니다. 그들은 현재도 하나님의 백성이며, 미래에도 그분의 백성으로 남을 것입니다. 하나님께서 그들을 지금까지 아셨던 대로 미래에도 아실 것입니다.

사도는 이 대답을 위해 다양한 증거를 제시합니다. 그리고 이 증거들의 핵심은 하나님께서 자기 백성 전체를 버리지 않으셨으며, 궁극적으로 그들을 버리지 않으시리라는 것입니다. 사도는 자신을 예로 들어 하나님께서 자기 백성 전체를 버리지 않으셨음을 증명합니다. "나는 이스라엘 백성이요, 아브라함의 자손이며, 베냐민 지파에 속했다. 그러나 나는 결코 버림받지 않았다. 오히려 하나님께서 나를 받아 주셨으며, 나는 믿었고 사도가 되었다. 그러므로 이스라엘 전체가 버림받은 일은 없다. 더 나아가 나만 구원을 받은 것이 아니라, 수많은 이스라엘 백성들도 나와 함께 구원을 받았다. 오늘날의 상황은 모든 이스라엘 백성들이 여호와를 버리고 오직 자신만이 남았다고 생각한 엘리야의 시대와 흡사하다. 그러나 하나님은 아직도 칠천 명의 백성들이 남아 있다고 그에게 응답하셨다. 마찬가지로, 아직도 그 언약에 신실한 태도를 취하며 주 예수님을 약속된 메시아로 인정하고 그분을 믿는 수천수만의 이스라엘 백성들이 있다. 바로 이것이 하나님께서 자기 백성을 버리지 않으셨으며 선택의 은혜에 따라 남은 자들이 여전히 있다는 확실한 증거이다."

이렇게 말한 후에 사도는 하나님께서 궁극적으로, 영원히, 그리고 완전히 자기 백성들을 버리지 않으실 것이라는 증거를 제시합니다. 로마서 11장 7-10절에서 사도는 유대 나라에 남아 있는 신자들과 복음을 믿지 않고 복음에 무지한 이들로서 그 나라에 속한 대부분의 사람들을 구별합니다. 그는 자신이 그렇게 구별하는 이유를 제시하고 그러한 구별이 예언되었음을 이사야 29장 10절과 시편 69편 22절을 통해 보여 줍니다. 그런 다음 사도는 남은 신자들을 그대로 남겨 둔 채 더는 그들에 관해 언급하지 않습니다. 대신 이어지는 거의 모든 절에서 사도는 이 암흑 가운데 있는 나라에 관해 말합니다. 사도는 걸려 넘어진 사람들(롬 11:11 참고), 넘어진 이들(롬 11:12 참고), 버림받은 사람들(롬 11:15 참고), 불신앙으로 말미암아 꺾인 참감람나무(롬 11:17,18 참고), 이스라엘에 있는 무지한 사람들(롬 11:25 참고), 복음으로 말미암아 원수 된 자들(롬 11:28 참고)에 관해 말합니다. 사도는 하나님께서 이 무지한 나라를 언제까지나 버려두지 않고 회심시켜 자신에게로 돌이키실 때가 오리라고 선언합니다. 그들이 이처럼 포로 된 상태에 있을 때에도 하나님은 그들을 지켜보시며, 그리하여 이 나라를 계속 구별하십니다. 이를 통해 그들이 회심할 것이고 하나님께서 아브라함과 그의 후손과 맺으신 언약이 변하지 않을 것이라는 사실이 더욱 분명해집니다.

사도는 이 무지한 이스라엘 백성들에 관해 다음과 같이 묻습니다.

"그들이 넘어지기까지 실족하였느냐?"(롬 11:11)

이 말은 곧 '그들이 실족한 상태에 머물겠느냐'라는 질문입니다. 이에 대해 사도는 간단히 답변하고 나서, 그 대답을 확대하는 네 가지 논거를 설득력 있게 제시하여 강력하게 증명해 갑니다. 그는 이 질문에 동일하게 진지하게 반응합니다. 그는 분개하면서 혐오하는 마음을 담아 "그럴 수 없느니라!"라고 대답합니다. 이와 함께 사도는 하나님께서 어떻게 자기 언약을 폐기하고, 자기 약속에 신실하지 않으실 수 있느냐고 되묻습니다. 만일 그렇게 된다면 인간의 불성실함으로 말미암아 하나님의 성실하심이 무효가 되는 것이니, 이는 불가능한 것일 수밖에 없습니다. 그러므로 그는 분개하며 "하나님께서 금하셨노라," "절대 그럴 수 없느니라," "이런 일은 결코 일어날 수 없으리라"라고 대답합니다. 그들이 실족한 것은 넘어지기 위함이거나 넘어진 상태에 머물기 위함이 아닙니다. 그들은 다시 일어설 것이며 시기하는 마음이 들어 회심하게 될 것입니다(롬 11:11 참고). 유대인들이 다시 충만하게 될 것입니다(롬 11:12 참고). 또한 그들은 다시금 기뻐하게 될 것입니다(롬 11:14 참고). 부러져 나간 유대인들이 다시 접붙임 받을 것입니다(롬 11:24 참고). 그들이 우둔하여지고 이방인들의 충만한 수가 들어온 이후에, 시온에서 나올 구원자로 말미암아 온 이스라엘이 구원을 받을 것이며, 그 구원자가 야곱에게서 경건하지 않은 것을 돌이킬 것입니다(롬 11:26 참고). 그리하여 그들은 다시금 긍휼을 얻을 것입니다(롬 11:31,32 참고).

무지한 이스라엘이 회개에 이르리라고 말한 후에, 사도는 이 사실이 가져다주는 탁월함과 유익에 관해 말하면서 자신의 대답을 확장해 나갑니다(롬 11:11-15 참고). 그들이 실족하여도 세상이 풍요하게 되었다면, 그들이 충만해지는 것은 얼마나 탁월하고도 유익하겠습니까! 이것이야말로 가장 탁월한 변화가 아닙니까!

① 그들이 넘어진 것이 이방인들, 곧 세상의 구원과 풍성함이 되었습니다. 사실 그들이 실족한 것은 핵심적인 원인이라기보다는 하나의 사건입니다.

"하나님의 말씀을 마땅히 먼저 너희에게 전할 것이로되 너희가 그것을 버리고 영생을 얻기에 합당하지 않은 자로 자처하기로 우리가 이방인에게로 향하노라"(행 13:46).

② 이방인들의 변함없는 믿음과 거룩한 삶이 무지한 이스라엘 백성들을 깨우쳐 그들로 하여금 시기하게 함으로써 이스라엘이 그들에게 약속되었고 자신들에게서 나온 메시아를 인정하고 믿으며 그분으로 말미암아 살아가는 데 열심을 품게 할 것입니다. 사도는 아직 그들의 때가 이르지 않았음을 알았으므로 그들 가운데 얼마를 구원하기 위하여 심혈을 기울였습니다. 아직까지 이스라엘이 전체적으로 회심하지 않았으므로, 사도가 졌던 이 의무가 우리에게로 옮겨졌습니다.

③ 지금은 어둠 가운데 있는 이스라엘이 전체적으로 회심하게 되면 그들이 넘어졌을 때보다 훨씬 더 풍성한 복과 빛과 생명과 열정을 이방인들에게 가져다줄 것입니다.

"하물며 그들의 충만함이리요"(롬 11:12).

"그 받아들이는 것이 죽은 자 가운데서 살아나는 것이 아니면 무엇이리요"(롬 11:15).

하나님께서 이 무지한 나라에 성령과 은혜를 충만히 베푸심으로써 그들이 메시아 곧 그들의 왕 다윗을 인정하고 받아들이게 되면, 그들 가운데 믿음에 속한 놀라운 사랑과 기쁨과 거룩함이 나타날 것입니다. 그리하여 사도 시대보다 더 탁월한 시대가 될 것입니다. 이스라엘의 회심으로 말미암아 이방인의 교회가 힘을 얻고 부흥하여 마치 산 자와 죽은 자가 서로 다른 것만큼이나 교회가 이전과 다른 모습을 가질 것입니다. 수많은 사람들이 회심하게 될 것이고, 회심한 이들은 엄청나게 증가한 은혜에 참여하게 될 것입니다. 이 시대의 모습이 얼마나 영광스럽습니까!

그때까지 누가 살 수 있을까요!

이에 따라 사도는 두 모습을 비교함으로써 이스라엘이 회심하는 사건이 절대적으로 확실하다는 사실을 증명합니다.

"제사하는 처음 익은 곡식 가루가 거룩한즉 떡 덩이도 그러하고 뿌리가 거룩한즉 가지도 그러하니라"(롬 11:16).

첫 번째 비유는 이스라엘 백성들 가운데 제정된 예배 형식에서 가져왔으나, 두 번째는 모든 사람이 아는 자연 현상에서 가져왔습니다. 첫 수확물 중 일부 및 그 곡식의 가루로 만든 떡은 반드시 하나님께 거룩하게 드려져야 했습니다(민 15:20,21 참고). 이스라엘은 하나님의 첫 열매로 불렸습니다. 하나님께서 이 나라를 세상 모든 나라 가운데 자신을 위한 것으로 삼았다고 선포하셨기 때문입니다(렘 2:3 참고). 이는 신자들에게도 해당됩니다(약 1:18 참고). 그러나 사도는 사도 시대 초기에 회심한 유대인들을 이 첫 열매로 보지 않습니다. 그가 그들을 남은 자로 부르고 있다는 점에서 이를 알 수 있습니다(롬 11:5 참고). 사도 시대 초기에 회심한 유대인들을 첫 열매로 보아야 한다는 결론은 근거가 빈약합니다. 왜냐하면 처음에 많은 유대인이 회심했으므로, 그다음에는 국가 전체가 회심해야 했기 때문입니다. 오히려 사도는 첫 열매를 특별히 아브라함과 이삭과 야곱으로 이해했으며, 여기에 구약 신자들도 덧붙일 수 있습니다. 그리고 사도는 뿌리 역시 아브라함과 이삭과 야곱을 의미한다고 이해합니다. 다시 말해 그들에게서 전체 이스라엘 나라가 가지의 모습으로 나온 것입니다. 그는 하나가 거룩하면, 다른 하나도 거룩할 수밖에 없다고 말합니다. 여기서 거룩함은 내적인 거룩함이나 덕을 가리키지 않습니다. 이 말은 우선 다른 이들에게서 분리되는 것을 가리키는데, 이는 이스라엘이 예배를 위하여 분리된 백성이었기 때문입니다(단 7:6 참고). 또한 이 말은 하나님께 헌신된 모습을 의미합니다(출 13:2 참고). 이때 후자는 참으로든 가식적으로든 언약에 들어감으로 말미암습니다(출 19:6; 고후 7:14 참고). 여기서 아브라함을 그가 육신적으로 낳은 자손들의 아버지로 언급해서는 안 됩니다. 왜냐하면 이스마엘도, 그두라에게서 나온 자녀들도 그의 육신적 자녀들이기 때문입니다. 우리는 아브라함을 그 자신과 이삭 안에서 야곱을 통해 나온 그의 후손들과 더불어 세운 언약의 아버지로 이해해야 합니다.

이 곡식 가루를 뭉쳐 떡으로 만들었습니다. 그리고 이 떡 덩이 중 일부를 취하여 하나님께 바쳤고, 이를 통해 전체 떡 덩이가 거룩해지고 복을 받았습니다. 뿌리에서 나온 가지는 뿌리와 같은 본성을 가집니다. 뿌리와 가지와 열매는 본성이 동일합니다. 그러나 사도는 첫 열매와 뿌리가 거룩하다면, 즉 그것들이 하나님께 드려지고 성결해졌다면, 곡식 가루와 가지도 동일하게 거룩하다고 말합니다. 만일 아브라함과 이삭과 야곱이 언약으로 말미암아 거룩하다면, 그들에게서 나온 나라 전체가 거룩할 뿐만 아니라 하나님께 성결하게 된 것입니다. 이 사실에 기초하여 사도는 유대 나라가 결코 영원토록 버려지지 않을뿐더러 그렇게 될 수도 없고, 회개에 이를 것이며, 하나님께서 이들을 받아들이실 것이라고 결론 내립니다. 만약 그 일이 일어나지 않고 그들이 영원히 버림받게 된다면, 그 곡식 가루도 첫 열매로 말미암아 거룩해지는 일이 없을 것이며 가지들도 뿌리로 말미암아 거룩해지지 않을 것이기 때문입니다. 그러나 이스라엘 백성들이 아브라함과 이삭과 야곱으로 말미암아 거룩해졌으므로, 그 나라 전체도 회개에 이를 것입니다.

로마서 11장 17-24절에서 사도는 이 사실을 회심한 이방인들에게 경고로 적용합니다. 이처럼 경고하는 가운데 사도는 유대인의 회심을 분명하게 언급합니다. 그는 이방인들에게 꺾인 나뭇가지를 향해 자랑하지 말고, 교만하고 자만하여 그들을 멸시하지 말라고 경고합니다. 이는 유대인이 참감람나무 가지인 반면, 이방인들은 참감람나무 줄기에 접붙임 받은 돌감람나무이기 때문입니다. 다시 말해, 하나님께서 아브라함과 이삭과 야곱과 더불어 세우신 언약에 이방인들이 접붙임 받은 것입니다. 따라서 여러분이 하나님과의 언약에 들어온 것에 대해 유대인들은 여러분에게 어떠한 빚도 없습니다. 오히려 그들을 통해 여러분이 그들과 더불어 세워진 언약에 들어올 수 있었던 것입니다. 여러분이 뿌리를 낳은 것이 아니라 뿌리가 여러분을 낳았습니다. 그러므로 하나님께서 그들을 영원히 버리셨다고 여기면서 그들을 향해 자랑하지 마십시오. 오히려 그들은 참감람나무 가지로서 다시금 그들의 본래 감람나무에 접붙여질 것입니다. 이것이 자연의 이치와 더 잘 맞으며, 본래 돌감람나무였던 여러분이 그들의 줄기에 생착하는 것보다 더 쉽게 접붙고, 더 좋은 열매를 맺습니다.

로마서 11장 25-27절에서 사도는 이 사실을 구약성경을 통해 증명합니다. 그는 무지한 이스라엘의 회심을 신비라고 부릅니다. 사도 시대에 엄청난 숫자의 유대인들이 메시아를 믿은 사실에 대해서는 어느 누구도 신비한 일이라고 생각하지 않습니다. 이는 모든 사람들이 알고 있던 사실입니다. 그러나 복음에 그토록 강퍅하고 적대적인 이스라엘 백성이 그토록 싫어하는 복음을 언젠가 사랑과 기쁨 가운데 믿음으로 품으리라는 것은 완전히 불가능한 일처럼 보입니다. 그러할지라도 이 일은 일어날 것입니다. 이는 단순히 여기저기서 몇몇 유대인이 회심하는 것이 아니라, 전체 나라가 회심하는 것입니다.

"그리하여 온 이스라엘이 구원을 받으리라"(롬 11:26).

결국 강퍅한 마음을 품었던 이스라엘 백성들이 언젠가 복을 받아 메시아에게 나아갈 것입니다. 이는 그들이 모두 참으로 거듭나 영원한 생명에 참여하게 될 것이라는 의미가 아니라, 그리스도 곧 예수님께서 약속된 메시아이심을 인정하고 고백할 것이라는 의미입니다. 그렇다면 이 일이 언제 일어나겠습니까?

"이 신비는 이방인의 충만한 수가 들어오기까지 이스라엘의 더러는 우둔하게 된 것이라"(롬 11:25).

이런 상태가 상당히 오래 지속될 것이며, 유대인들이 회심하기 전에 미리 열매로 예정된 수많은 이방인들이 회심에 이르게 될 때 끝날 것입니다. 그러나 이 말은 여전히 수많은 사람들이 남아 있을 것이라는 의미는 아니며, 오히려 복음이 이방인들 가운데 그 열매를 맺을 때 이 복음이 다시 복음을 믿게 될 어두운 유대 나라로 돌아올 것이라는 의미입니다. 그리고 이 사실이 놀라운 변화와 부흥을 일구어 낼 것입니다. 사도는 이를 신비라고 부릅니다. 왜냐하면 하나님께서 지금까지 자신에게 이 사실을 계시하지 않으셨거나 성경의 예언서가 이를 예고하지 않기 때문이 아니라, 이 사실이 눈에 보이지도, 이해되지도 않았기 때문입니다. 그는 이방인들이 이 사실을 미래에 반드시 일어날 일로 바라보고 기대하기를 원하고 소망했습니다. 그러나 그들이 교만하고 자만하게 되기를 바라지 않았고, 유대 나라를 멸시하는 것은 더더욱 원하지 않았습니다. 그가 원한 것은, 이방인들이 유대인들을 불쌍히 여기고 그들이 회심하기를 기대하는 것이었습니다. 이처럼 유대인의 회심은 이전에 예언되었으며, 바울은 그 선지자들의 예언들 중 몇 가지를 언급합니다.

"여호와의 말씀이니라. 구속자가 시온에 임하며 야곱의 자손 가운데에서 죄과를 떠나는 자에게 임하리라"(사 59:20).

"그러나 그날 후에 내가 이스라엘 집과 맺을 언약은 이러하니……내가 그들의 악행을 사하고 다시는 그 죄를 기억하지 아니하리라. 여호와의 말씀이니라"(렘 31:33,34).

우리는 이 본문들이 다른 시대에 적용되어야 한다고 주장하거나 그 문제를 두고 다툴 수 없습니다. 그것은 성령께서 오류 없이 직접 영감하신 대로 말하고 기록한 바울과 다투는 것이기 때문입니다. 그는 이 시기가 이방인들의 충만한 수가 들어오는 때를 가리킨다고 말합니다. 또한 그는 이 본문들이 무지한 이스라엘이 결국 돌아온다는 사실을 알려 준다고 말합니다. 이것이 그의 모든 논증의 결론입니다.

마지막으로 사도는 로마서 11장 28-32절에서 아브라함 및 그의 후손과 더불어 세워진 언약이 변하지 않는다는 사실에 기초하는 증거를 제시합니다. 28절에서는 이 언약의 참여자들이 그들의 상태와 관련하여 이중적으로 묘사됩니다. 우선 유대인들은 복음과 관련하여(따라서 복음을 받아들인 모든 이방인들과도) 원수로 묘사되는 동시에, 사랑을 입은 자로도 묘사됩니다. 이는 그들의 현재 상태나 그들 개개인과 관련된 문제가 아니라, 그들의 조상인 아브라함과 이삭과 야곱과 맺어진 언약과, 그리고 그들이 구원을 위해서가 아니라 언약의 참여자로서 선택받았다는 사실과 관련된 문제입니다.

"네 하나님 여호와께서 지상 만민 중에서 너를 자기 기업의 백성으로 택하셨나니"(신 7:6).

"여호와께서 자기를 위하여 야곱 곧 이스라엘을 자기의 특별한 소유로 택하셨음이로다"(시 135:4).

비록 지금은 이스라엘 백성들이 복음의 원수이지만, 사도는 그들과 맺어진 이 언약이 깨질 수 없고 변하지 않는 언약이라고 선언합니다.

"하나님의 은사와 부르심에는 후회하심이 없느니라"(롬 11:29).

이 말씀은 모든 환경에서, 모든 사람들에게 언제나 진리입니다. 하나님께서 아브라함을 부르신 것과 값없는 은혜로 말미암아 아브라함을 비롯하여 이삭과 야곱을 통한 그의 후손들과 세우신 언약 역시 이와 같은 경우에 해당됩니다. 하나님께서 불변하시므로 이 언약은 변할 수도 없고, 변하지도 않을 것입니다. 그러므로 비록 지금은 무지할지라도 이스라엘은 계속 버림받은 상태에 머물지 않을 것이며, 다시금 하나님의 자비를 얻을 것입니다(롬 11:30-32 참고). 이방인인 여러분은 이전에 하나님께 불순종하였으나 이스라엘이 복음을 따르지 않고 거부하며 핍박하였기에 지금 자비를 얻었습니다. 마찬가지로 지금은 이스라엘이 이전의 여러분과 같이 불순종하더라도, 여러분이 하나님에게서 얻은 자비로 말미암아 다시금 자비를 얻을 것입니다. 수많은 이방인들이 복음으로 들어오고 성령과 은혜와 거룩함으로 가득해질 때, 언약으로 말미암아 하나님의 백성이 된 무지한 이스라엘은 이방인들이 하나님을 섬기고 그분께 사랑받는 모습을 시기하게 될 것입니다. 이방인들을 향한 하나님의 자비와 은혜로 말미암아 이스라엘 백성들이 열심(diligence)을 내게 되어 여호와께 돌이키게 될 것입니다. 그리하면 하나님께서 그들을 그들 자신에게 맡겨 두어 무지와 악함에 버려둠으로써 그 나라 전체를 오랫동안 불순종 아래에 두었다고 여기시고, 그들 모두에게 자비를 베풀며 다시금 그들을 은혜 가운데 받아 주실 것입니다.

결론(37-39절)

로마서 11장 33-36절은 이 장을 마무리하는 세 번째 부분입니다. 이 부분은 하나님께서 하신 모든 일들, 특별히 그분의 백성들을 다루시는 모습에 드러난 하나님의 지혜를 인정합니다. 이는 하나님께서 자신의 교회를 다스리고 택자들을 구원으로 인도하시는 모든 방법뿐만 아니라, 심판과 복에도 해당합니다.

이 모든 것들을 종합해 볼 때, 신중하고 진리를 사랑하는 사람이라면 가장 먼저 사도가 하나님께서 자기 백성, 곧 이스라엘 백성을 완전히 버리시지 않았다고 결론 내리고 있음을 확신하게 될 것입니다. 왜냐하면 사도 자신이 다른 수천수만의 유대인들과 함께 약속된 메시아이신 그리스도를 믿었기 때문입니다. 이 사실과 관련해 사도는 당시 회심한 유대인과 무지한 유대인을 구분하면서, 이 무지한 이스라엘이 오랫동안 무지의 상태에 처한 후에, 곧 이방인의 충만한 수가 들어온 후에 다시 돌아오고, 하나님께 받아들여지며, 접붙임 받을 뿐만 아니라 자비를 얻으리라고 선언하며 확증합니다.

두 번째 증거: 고린도후서 3장을 통해 살펴본 유대인의 미래적 회심

우리는 미래에 유대인들이 경험할 회심을 고린도후서 3장에 기초하여 증명합니다. 다음 구절이 이 회심을 단호하게 확증합니다.

"그러나 언제든지 주께로 돌아가면 그 수건이 벗겨지리라"(고후 3:16).

이 구절의 요점을 이해하려면 문맥을 고려해야 합니다. 어떤 사람들이 이 본문이 모호하다고 말하는데, 이는 "수건"이라는 단어를 잘못 이해한 탓입니다. 그들은 이 "수건"이 의식적 예배를 가리키며, "장차 없어질 것의 결국"(고후 3:13)이 그리스도를 의미한다고 여겼습니다. 문맥을 살펴보면 이러한 해석이 얼마나 잘못되었는지가 분명하게 드러날 것입니다.

사도는 불쌍한 죄인이 율법을 통해서는 의롭게 될 수 없다는 사실을 전반적으로 보여 주고자 합니다. 의식들의 영혼이요 본형이신 그리스도께 연합되지 않은 채 도덕법과 의식법들 자체로는 의롭게 될 수 없습니다. 유대인들은 의식법을 그런 식으로 이해하면서 도덕법과 본질이 동일하다고 생각했습니다. 그 결과 그들은 이 율법을 지킴으로써 의롭게 되려고 하였습니다. 바로 이 사실이, 사도가 죽음과 정죄의 직무와 의의 직무에 대하여 말하는 고린도후서 3장에서 전하고자 하는 요점입니다.

고린도후서 3장은 옛언약 및 하나님께서 제정하신 옛언약의 시행 방식을 새언약 및 새언약의 시행 방식과 대조하지 않습니다. 이는 본 장의 전체 내용이 이러한 대조와는 반대된다는 사실을 통해 분명히 알 수 있습니다. 그리고 이 장에서 대조되는 것들을 보아도 마찬가지입니다. 누가 감히 옛언약과 하나님께서 제정하신 대로 시행하는 의식적인 예배를 가리켜 죽음과 정죄의 직무라고 말할 수 있겠습니까? 거룩하고 선하신 하나님께서 사람을 이러한 직무에 옭아매신단 말입니까? 그것은 전능하신 하나님과는 거리가 먼 이야기입니다. 의식적인 예배가 하나님께서 제정하신 바를 따라 믿음으로 시행될 때, 또한 모형으로 말미암아 본형으로 인도하며 본형이신 그리스도를 모형들과 연합하는 방식으로 시행될 때, 신자들은 하나님을 영적인 의미로 섬긴 것이며 그 직무는 그들에게 생명의 직무였습니다. 반대로 신약 시대에 있다 하더라도 외적인 것에 집착하고, 그리스도에 대한 참된 믿음을 발휘하는 데까지 나아가지 않는 사람에게는 새언약의 직무도 죽음과 정죄의 직무, 곧 "사망으로부터 사망에 이르는 냄새"(고후 2:16)입니다. 옛 시행 방식도 영적인 방식으로 시행될 수 있었고, 새로운 시행 방식도 외적인 방식으로 시행될 수 있습니다. 그러므로 고린도후서 3장은 옛언약과 새언약이 아니라 율법 조문과 성령을 대조합니다. 성령의 직무는 율법 조문의 직무보다 더욱 고상합니다.

성령의 직무는 다음 세 가지 이유로 율법 조문의 직무보다 더욱 고상합니다.

- 그로부터 나오는 것에 관하여(고후 3:6,7,9 참고)
- 그 영광에 관하여(고후 3:7-11 참고)
- 그 사역의 방식에 관하여(고후 3:12-18 참고)

첫째, 율법 조문과 성령에게서 나오는 것은 다음과 같습니다.

"율법 조문은 죽이는 것이요 영은 살리는 것이니라"(고후 3:6).

옛언약이 외적인 언약도 아니며 가나안 상속에 달려 있지도 않음을 이미 앞에서 살펴보았습니다. 뿐만 아니라 성령께서 옛언약에도 계시며, 옛언약의 시행 역시 영적인 것이므로 "율법 조문"이 옛언약과 그 시행 방식을 가리키는 것으로 이해되어서는 안 됩니다. 그렇지 않으면 옛언약에 속하는 모든 사람이 구원을 받지도, 여호와를 기쁘시게 하지도 못했을 것입니다. 심지어 여호와를 기쁘시게 하는 제사를 드린 아벨(히 11:4 참고)도 여호와를 기쁘시게 해 드리지 못했다는 말이 됩니다. 그러므로 옛언약이 성령과 대조될 수 없습니다. 성경은 어디에도 옛언약과 성령을 대조하지 않는데, 이는 옛언약이 율법 조문으로 언급되지 않은 것과 같습니다.

뿐만 아니라 "율법 조문"이 의식들을 가리킨다고 이해해서도 안 됩니다. 왜냐하면 이 장에서 사도가 구체적이고도 정확하게 도덕법에 초점을 맞추고 있기 때문입니다.

"돌에 써서 새긴 죽게 하는 율법 조문의 직분도"(고후 3:7).

모세가 얼굴에서 빛이 나는 채로 산을 내려갔을 때, 두 돌판을 품고 있었는데, 이 두 돌판에는 도덕법이 기록되어 있었습니다(출 34:29,30 참고). 그러므로 "율법 조문"이라고 말할 때, 사도가 생각한 것은 도덕법이었습니다. 이는 구체적으로 다음과 같습니다.

① 그 도덕법이 요구하는 내용: "이를 행하라."

② 그 도덕법이 주는 약속: "율법으로 말미암는 의를 행하는 사람은 그 의로 살리라."

③ 그 도덕법이 주는 경고: "누구든지 율법 책에 기록된 대로 모든 일을 항상 행하지 아니하는 자는 저주 아래에 있는 자라."

율법의 외적인 면에 집착하고 이 율법에서 자신의 의와 구원을 구하려는 사람은 구원을 받을 수 없습니다. 이 사역은 그 사람에게 죽음과 정죄의 사역입니다. 유대인들은 의식법과 도덕법의 본질이 동일하다고 여기며 본형과는 분리된 채 외적인 행위만 지키려 했습니다. 우리도 그들처럼 사도가 말하는 "율법 조문"이 의식법을 가리킨다고 여긴다면(물론 이것이 사실은 아니지만), 이 율법의 사역이 실제로 죽음과 정죄의 사역이므로 이를 통해서는 결코 구원을 얻지 못할 것입니다.

그러므로 우리는 "율법 조문"이 도덕법에 있는 요구와 약속과 경고를 가리킨다고 보아야 합니다. 그리고 이는 행위언약의 조건 가운데 하나이기도 합니다. 이에 덧붙여 의식법의 외적인 행위를 본형과 분리한 채 준수하는 것도 "율법 조문"이 의미하는 바입니다. 사도는 지금 이 율법 조문을 "죽음의 직분"과 "정죄의 직분"으로 언급합니다(고후 3:7,9 참고). 왜냐하면 사람은 이를 지키지 못하고 범할 수밖에 없으며, 이로써 저주가 이 율법을 범한 자에게 임하기 때문입니다.

이와 반대되는 것으로, 사도는 성령에게서 나오는 것을 제시합니다. 사도는 "영"이라는 말을 통해 그리스도를 가리킵니다.

"주는 영이시니"(고후 3:17).

보증이 되시는 그리스도께서 자신의 고난과 죽음을 통하여 모든 죄책에 대한 값을 지불하셨고, 또한 순종하심으로 말미암아 자신의 소유 된 백성들을 위해 완전한 거룩함을 획득하셨습니다. 성령은 이 복음에서 그리스도를 제시하실 뿐만 아니라 그분의 공로로 말미암아 의롭게 되도록 사람들을 그분께로 이끄십니다. 그러므로 이 직분은 살리는 직분입니다. 이를 통해 사람이 거듭나고, 의롭게 되며, 거룩해지고, 영원한 구원으로 인도받습니다. 행위언약, 곧 율법을 통해서는 어떤 육체도 의롭게 될 수 없습니다. 율법에 관한 한, 이는 불가능한 일입니다. 왜냐하면 율법이 육신의 연약함으로 말미암아 그 효력을 잃어버렸기 때문입니다(롬 8:3 참고). 그러나 복음의 사역은 그리스도를 통하여 칭의와 생명으로 뻗어 나갑니다. 옛언약에 약속된 것이 새언약에서 이루어진 것입니다. 이것이 바로 본문에 등장하는 첫 번째 대조입니다. 그리고 이 대조를 통하여 성령의 직무, 곧 그리스도의 직무가 행위언약보다 훨씬 높아졌습니다. 이 행위언약은 십계명을 조건으로 하고, 돌판에 문자로 새겨져 있으며, 그 내적인 요구를 통해 고려되어야 하는 것입니다. 그러므로 고린도후서 3장에는 다른 대조가 없습니다. 하나는 죽이는 것이요 다른 하나는 살리는 것이기 때문입니다.

둘째, 성령의 사역이 율법 조문의 사역보다 영광을 더욱 탁월하게 드러냅니다(고후 3:7-10 참고).

율법 조문의 영광은 다음과 관련됩니다.

① 내용 자체

율법의 내용은 하나님의 영광을 사랑함과 순결한 거룩함입니다.

② 시내산에서 주어졌다는 사실

이는 모든 면에서 경외감을 불러일으킵니다. 하나님의 음성과 불과 포고와 돌판에 새기는 것 등이 이에 해당합니다.

③ 이 율법을 전달한 모세

모세가 율법이 새겨진 돌판을 품고 산을 내려올 때, 그의 얼굴에서 나오는 빛이 강력했기에 사람들이 그 빛을 견디지 못했습니다.

성령의 영광은 다음과 관련됩니다.

① 그리스도의 위격

그리스도는 그분의 아버지께서 가지신 영광의 분명한 형상이십니다. 성부께서 하늘에서 음성으로 그리스도에 관해 다음과 같이 선언하셨습니다.

"이는 내 사랑하는 아들이요 내 기뻐하는 자라"(마 3:17).

그리스도는 그 성산에서 이 영광을 잠시 나타내 보이셨습니다.

② 오순절에 성령께서 사도들에게 부어짐

이를 통해 사도들이 하나님께서 행하신 큰 일을 다양한 언어로 선포했으며, 이 말씀을 들은 모든 사람들이 두려워했습니다. 뿐만 아니라 그 이후에 성령께서 신자들에게도 부어지셨습니다. 이로 말미암아 신자들의 모임도 두려움을 불러일으켜 다른 사람들이 감히 그들과 함께하지 못했습니다.[2]

③ 성령의 사역과 관련된 것들

이는 죄인의 칭의, 의인의 영화, 지혜, 하나님의 값없는 은혜를 의미합니다.

④ 영혼에 빛을 비추고, 영혼을 회심시키며, 영혼을 기쁘게 하는 데 있는 그분의 사역이 가진 효력

이 둘을 생각하며 서로 비교해 보십시오. 성령의 영광이 율법 조문의 영광보다 얼마나 탁월한지를 생각할 때, 여러분은 그 어떤 영광스러운 것도 영광을 받지 못함을 발견할 것입니다. 성령께서 가지신 영광과 비교할 때 율법 조문이 가진 영광은 사그라져 희미해지고 결국 어두워집니다.

---

2) 역자주 - 아 브라켈은 유대인들이 초기에 많이 회심했으나 시간이 흐르면서 그 수가 증가하지 않은 이유 중 하나로, 그들의 신앙을 통해 드러난 엄위로움과 거룩함 때문에 사람들이 쉽게 접근하지 못했다고 설명하는 듯하다.

셋째, 시행 방식과 관련해 성령이 율법 조문보다 탁월하십니다. 모세가 율법 조문을 시행하는 방식에는 수건이 동반되었습니다(고후 3:13 참고). 반면에 성령의 사역은 덮개가 없는 사역으로서, 모세의 영광이 아니라 그리스도의 얼굴에 있는 주의 영광을 보는 것입니다(고후 3:18 참고). 사도는 율법 조문과 성령, 곧 율법과 그리스도의 차이를 보여 주기 위하여 이 수건에 관해 다소 길게 다룹니다.

이 수건을 의식들로 해석해서는 안 되는 이유는 다음과 같습니다.

① 여기서 문자적으로 가리키는 것은 돌판에 문자로 기록된 도덕법입니다(고후 3:7 참고).

② 의식들은 본형이 되시는 그리스도를 덮고 감추기 위함이 아니라, 그분을 드러내고 사람을 그분께로 인도하기 위해 주어졌습니다.

③ 구약 신자들도 그리스도를 바라보도록 강하게 권고받았습니다. 그렇습니다. 그리스도를 보지 않는 것은 죄였습니다.

회피주장 의식들은 그리스도를 숨기기 위해 주어진 것이 아니었으나, 인간의 어리석음으로 말미암아 결과적으로 그렇게 되었다.

| 답변 |

❶ 이 주장은 본문과 반대됩니다. 본문은 우연히 나온 어떤 결과에 관해 말하지 않습니다. 본문은 "그것"이라는 단어를 사용하여, 본문의 의도적인 목적과 목표에 관해 말하고 있습니다.[3]

❷ 많은 사람들이 의식들을 통하여 진지하게 갈망하고 소망하는 마음으로 그리스도를 바라보았습니다. 그러므로 의식들은 그것의 목적을 완전히 이루지 못했습니다. 그들 중 가장 탁월한 사람들도 "장차 없어질 것의 결국을 주목하지"(고후 3:13) 못했습니다. 따라서 수건이 의식들을 가리킨다고 생각할 수 없으며, 당연히 의식

---

3) 역자주 - KJV는 고린도후서 3장 13절을 다음과 같이 번역한다. "And not as Moses, which put a vail over his face, that the children of Israel could not steadfastly look to the end of *that* which is abolished." 여기서 모세가 "장차 없어질 것의 결국"을 보이지 않기 위해 얼굴에 수건을 썼다고 하면서, 수건을 쓴 데에 목적이 있었음을 말한다.

들의 가장 중요한 목적이 그리스도를 감추는 것이라고 할 수 없습니다. 대신 모세의 얼굴에 있는 수건은 도덕법의 요구와 약속과 경고와 관련하여 도덕법이 가지는 영광을 가리는 것을 묘사한 것입니다. 이 수건은 사람들이 이러한 도덕법의 영광을 붙들지 않고, 그것을 통해 자신의 칭의와 구원을 구하지 않도록 하려는 것입니다. 도덕법에서 자신의 칭의와 구원을 구하는 것이 그들을 파멸로 이끌 것이므로, 모세의 얼굴을 가리는 것이 복이었습니다. 그렇게 함으로써 그들은 구원으로 인도하지 못하는 길로 향하지 않도록 보호받았습니다. 참으로 율법에도 영광이 있었습니다. 그러나 그 영광이 사람을 의롭게 만들지는 못합니다. 왜냐하면 육체로 말미암아 그 효력을 상실했기 때문입니다. 그러므로 그러한 방식으로 율법을 붙들어서는 안 됩니다.

"장차 없어질 것의 결국"은 그리스도를 가리키지 않습니다. 그 이유는 다음과 같습니다.
 ① 이 말씀에서는 그리스도께서 율법 조문과 대조됩니다. 그러므로 그분은 율법 조문의 결국이 아닙니다.
 ② 실제로 유대인들은 그리스도를 강렬하게 바라보도록 허락받았습니다. 그들에게는 그렇게 할 의무가 있었는데, 그렇게 하지 않는 것이 죄였기 때문입니다. 그러나 이 수건의 목적은 마지막을 변함없이 바라보게 하는 것이 아니라, 그 마지막을 바라보지 못하게 하는 것이었습니다. 대신 "율법 조문의 결국"이라는 말은 사람이 율법을 행하여 의롭게 된다는 것으로 이해되어야 합니다. 바로 이러한 목적으로 율법이 아담에게 주어졌고, 그 명령들을 준수할 때 영원한 생명을 얻게 되는 것입니다. 이러한 것들을 행하는 사람은 그것들로 말미암아 살 것입니다. 이 규칙에 따르면, 이 결국은 살아서 추구하거나 얻을 수 있는 것이 아닙니다. 율법을 지키는 것으로는 사람이 결코 그 결국에 이르지 못하기 때문입니다. 만일 사람이 율법을 그렇게 지키려고 한다면, 결국 자신이 스스로를 속였다는 사실을 깨달을 것입니다.

사라질 것은 율법 조문, 곧 그리스도 안에서 의롭게 되기를 구하는 언약의 참여자들을 위한 삶의 규칙으로서의 도덕법을 말합니다. 이 도덕법은 시내산에서 주어진 목적과 관련해서가 아니라, 다음과 같은 상황 아래에서 신자들로 말미암아 폐지되었습니다.

① 도덕법을 통해 의롭게 되는 것

사람은 죄를 지은 까닭에, 율법을 지켜서는 의롭게 되지 못합니다. 이러한 관점에서 볼 때, 그리스도께서 율법의 자리를 대신하십니다. 이와 관련하여 사도는 다음과 같이 말합니다.

"그리스도는 모든 믿는 자에게 의를 이루기 위하여 율법의 마침이 되시니라"(롬 10:4).

② 율법을 범한 모든 사람들에게 미치는 정죄하는 능력

신자들은 날마다 범죄했으며, 지금도 범죄하고 있습니다.

"그리스도께서 우리를 위하여 저주를 받은 바 되사 율법의 저주에서 우리를 속량하셨으니"(갈 3:13).

모세의 수건은 그들이 율법으로 말미암아 의롭게 되기 위해서는 율법을 바라보지 않아야 함을 알려 주었습니다. 대신에 그들은 초등 교사인 율법에 이끌려 그리스도께로 가야 했습니다.

사도는 이 수건을 다른 내용으로 바꾸어 현재 유대인들이 처져 있는 무지한 상태에 적용합니다(고후 3:14-16 참고). 다시 말해, 사도는 여기서 수건을 모세의 얼굴에 있던 것이라고 여기지 않고, 유비를 통하여 유대인들을 덮고 있는 어떤 것으로 말합니다. 곧 이 수건은 그들의 얼굴이 아니라 마음과 지성과 의지를 덮고 있는 것입니다. 이러한 사도의 이해는, 선지자가 말하는 마음의 어리석음과 무지함과 맥을 같이합니다.

"가서 이 백성에게 이르기를 너희가 듣기는 들어도 깨닫지 못할 것이요 보기는 보아도 알지 못하리라 하여 이 백성의 마음을 둔하게 하며 그들의 귀가 막히고 그들의 눈이 감기게 하라. 염려하건대 그들이 눈으로 보고 귀로 듣고 마음으로 깨닫고 다시 돌아와 고침을 받을까 하노라"(사 6:9,10).

사도는 이를 당대의 이스라엘 백성과 그들의 무지몽매함에 적용합니다(행 28:26 참고). 이 어둠은 수건처럼 그들을 덮고 있어서 그리스도를 분명하게 묘사하는 구약을 이해하지 못하게 했습니다. 그러하기에 그들은 구약에서 그리스도를 보지 못했습니다. 이 수건이 오늘날까지 그들을 덮고 있으며, 그리스도 안에서 그들을 위하여 걷힐 때까지 그들에게 남아 있을 것입니다. 언젠가 이 수건은 참으로 제거될 것입니다. 그리고 고린도후서 3장 16절에서 사도가 쉬운 말로 표현하듯이 어느 날 그들이 주님께로 돌아설 것입니다.

"그러나 언제든지 (이 사람 또는 저 사람이 아니라 이스라엘 백성들이) 주께로 돌아가면 그 수건이 벗겨지리라."

그때가 되면 유대인들이 그리스도를 알고, 영접하고, 믿을 것입니다. 또한 우리와 함께 "거울을 보는 것같이 주의 영광을" 보며 주의 영으로 말미암아 "그와 같은 형상으로 변화하여 영광에서 영광에" 이를 것입니다. 아멘.

세 번째 증거: 마태복음 23장 38,39절을 통해 살펴보는 유대인들의 미래적 회심

마태복음 23장 38,39절에서 이를 증명할 수 있습니다.

"보라 너희 집이 황폐하여 버려진 바 되리라. 내가 너희에게 이르노니 이제부터 너희는 찬송하리로다 주의 이름으로 오시는 이여 할 때까지 나를 보지 못하리라 하시니라."

여기서 우리는 예루살렘이 멸망하리라는 예언을 봅니다. 그 후에 그리스도는 유대인들에게서 모습을 감추십니다. 이는 로마서 11장을 통해 우리가 말한 바 이스라엘의 무지몽매한 모습입니다. 여기에는 어떤 시간이 지정되어 있음을 볼 수 있습니다.

"이제부터 너희는 찬송하리로다 주의 이름으로 오시는 이여 할 때까지"(마 23:39).

언젠가 그들이 다음과 같이 말할 날이 올 것입니다.

"찬송하리로다 주의 이름으로 오시는 이여."

"구원자가 시온에서 오사 야곱에게서 경건하지 않은 것을 돌이키시겠고"(롬 11:26).

그때까지 유대인들은 예수님을 보지도, 알지도, 인정하지도 않을 것입니다. 그러나 이런 모습은 정해진 때까지만입니다. 그때가 이르면 그리스도께서 자신의 옛 백성 이스라엘에게 다시 오실 것이며, 그들은 다시 그분께로 돌아설 것입니다.

"그들이 칼날에 죽임을 당하며 모든 이방에 사로잡혀 가겠고 예루살렘은 이방인의 때가 차기까지 이방인들에게 밟히리라"(눅 21:24).

주 예수님은 유대 나라가 멸망할 것과 그 이후에 유대인들이 세계 모든 나라로 흩어질 것을 예언하셨습니다. 뿐만 아니라 예루살렘이 오랫동안 황폐한 상태에 있으리라고 예언하시면서, 이방인의 때가 성취될 때에 이 흩어짐과 황폐함이 끝나리라고 정하셨습니다. 이는 사도가 말하는 바와 일치합니다.

"형제들아 너희가 스스로 지혜 있다 하면서 이 신비를 너희가 모르기를 내가 원하지 아니하노니 이 신비는 이방인의 충만한 수가 들어오기까지 이스라엘의 더러는 우둔하게 된 것이라"(롬 11:25).

"까지"라는 단어는 '절대 아니다'라는 의미가 아니라, 어떤 특정한 때를 가리킵니다. 즉, 이방인의 충만한 수가 들어오고 난 후를 가리키는 것입니다. 로마서 11장 26절이 분명하게 말하듯, 바로 그때에 이스라엘은 더 이상 무지한 채로 있지 않을 것이며, 회개할 것입니다.

"그리하여 온 이스라엘이 구원을 받으리라"(롬 11:26).

사도 시대에 일어난 부분적인 회심은 유대인 전체의 회심이 아니라 조금 남은 자들의 회심이었습니다. 그러나 이방인의 충만한 수가 들어올 때, 무지함에 빠져 있던 이스라엘 백성들도 회심에 이르게 될 것이고, 그 결과 모든 이스라엘이 구원을 받을 것입니다. 그러므로 이방인의 때가 충분히 성취될 때까지 유대인들이 흩어져 있고 예루살렘이 멸망한 채로 있을 것이며, 그 후에 단지 영적인 의미에서만이 아니라 육신적인 의미에서도 유대 나라가 확실히 회복될 것입니다. 이제 이 내용을 살펴봅시다.

네 번째 증거: 이사야 61장 1-4절을 통해 살펴보는 유대인들의 미래적 회심

이 증거는 이사야서 61장을 토대로 합니다.

"주 여호와의 영이 내게 내리셨으니 이는 여호와께서 내게 기름을 부으사……아름다운 소식을 전하게 하려 하심이라……포로 된 자에게 자유를, 갇힌 자에게 놓임을 선포하며 여호와의 은혜의 해와 우리 하나님의 보복의 날을 선포하여……무릇 시온에서 슬퍼하는 자에게 화관을 주어 그 재를 대신하며……그들이 의의 나무 곧 여호와께서 심으신 그 영광을 나타낼 자라 일컬음을 받게 하려 하심이라. 그들은 오래 황폐하였던 곳을 다시 쌓을 것이며 옛부터 무너진 곳을 다시 일으킬 것이며 황폐한 성읍 곧 대대로 무너져 있던 것들을 중수할 것이며……오직 너희는 여호와의 제사장이라 일컬음을 받을 것이라. 사람들이 너희를 우리 하나님의 봉사자라 할 것이며 너희가 이방 나라들의 재물을 먹으며 그들의 영광을 얻어 자랑할 것이니라. 너희가 수치 대신에 보상을 배나 얻으며 능욕 대신에 몫으로 말미암아 즐거워할 것이라. 그리하여 그들의 땅에서 갑절이나 얻고 영원한 기쁨이 있으리라"(사 61:1-7).

이 말씀이야말로 멸망 이후에 이루어질 이스라엘의 가장 탁월한 회복에 대한 예언입니다. 이 예언은 육신과 영혼 모두에 관한 것입니다. 이 예언이 바벨론에서 구원받는 것을 말한다는 주장 외에는, 멸망한 예루살렘이 미래에 회복할 것을 말한다는 주장을 반대할 수 없습니다. 그러나 이미 우리가 신약성경을 통해 밝혔듯이, 주후 40년에 로마인들에 의해 예루살렘이 멸망하였고 유대인들이 흩어졌으며, 그 이후에 분명히 유대인들 전체가 회복될 것입니다. 그러므로 본문에 등장하는 내용이 바벨론에서 구원받는 것이라기보다는 유대인들의 마지막 회심에 관한 것이라는 사실을 이 본문을 통해 증명해야 합니다.

반론

논점은 앞에서 말한 그 내용이다. 다시 말해, 이런 문제이다. '이런 회심이 일어날 것이라고 기대해야 하는가?'

답변

만일 이 사건 자체가 다른 본문을 통해 확증되었고, 그 후에 이 본문에 이르게 되었다면, 논점은 본문이 바벨론에서의 구원과 이스라엘의 구원 중 어느 구원에 관해 말하고 있는가 하는 것입니다. 만일 누군가가 이 본문이 바벨론에서의 구원을 가리킨다고 주장한다면, 자신의 주장이 맞다는 것을 증명해야 합니다. 그러나 본문 자체를 생각해 봅시다. 그리하면 이 본문이 바벨론에서의 구원이 아니라, 아직 일어나지 않았으나 미래에 일어날 이스라엘의 구원을 가리킨다는 것이 증명될 것입니다.

(1) 오랫동안 황폐한 후에 일어나는 이 구원은 메시아가 오신 이후에 일어날 것입니다. 이사야 61장 1-3절과 누가복음 4장 14,21절을 비교해 볼 때 이 사실이 분명히 드러납니다. 누가복음에서 주 예수님이 이 예언을 읽고 "이 글이 오늘 너희 귀에 응하였느니라"라고 말씀하십니다.

(2) 이 회심과 회복은 가나안이 황폐해진 뒤에 일어날 것입니다. 그리고 이 황폐함은 여러 세대를 거치는 동안 지속될 것입니다. 그러므로 이는 바벨론에서의 포로 기간을 가리킨다고 볼 수 없습니다. 왜냐하면 바벨론 포로 기간이 70년 정도밖에 지속되지 않아서 포로들이 같은 세대에 돌아왔기 때문입니다. 그래서 가나안으로 돌아온 사람들 중 어떤 이들은 여전히 첫 번째 성전의 영광을 생생하게 기억하고 있었습니다(스 3:12 참고).

(3) 그들은 바벨론에서 구원을 받은 후에 두 배로 보상받지 못했습니다. 이는 영적인 면에서도 마찬가지입니다. 종합적으로 말해, 그들은 깊은 무지와 미신과 불경건의 땅에 묻혔습니다. 그리스도께서 오셨을 때 그들이 얼마나 처량한 상태였습니까! 그러나 이 구원이 있은 후에 이스라엘은 "의의 나무 곧 여호와께서 심으신 그 영광을 나타낼 자"(사 61:3)가 될 것입니다. 이것 역시 이들에게 육신적인 의미로는 적용되지 않습니다. 왜냐하면 바벨론에서 귀환한 이후에 예루살렘이 멸망할 때까지 대략 500년에 이르는 동안 그들은 오로지 불안정과 고난과 전쟁과 그들의 땅이 점령당하는 것만을 경험했습니다. 그들은 자신들의 땅을 소유하지 못했고 거기에서 쫓겨나고 말았습니다. 이는 오늘날까지 그러합니다.

(4) 이스라엘은 이 구원을 경험한 뒤에 특별한 광채와 영광으로 장식될 것입니다. 그들은 지존자의 제사장으로 불릴 것입니다. 구약에서 제사장 직분은 레위 지파

중에서도 아론의 가문에 한정되었습니다. 그래서 다른 지파들은 이 직분에 참여할 수 없었습니다. 본문은 그 나라 전체가 영광을 받고 모든 이들이 제사장처럼 하나님께로 나아갈 수 있는 때를 예언합니다. 그러나 바벨론에서 구원을 받은 이후에 그들은 본문에 약속된 상태에 결코 도달한 적이 없습니다.

"그들의 자손을 뭇 나라 가운데에, 그들의 후손을 만민 가운데에 알리리니 무릇 이를 보는 자가 그들은 여호와께 복 받은 자손이라 인정하리라"(사 61:9).

지금까지 언급된 모든 내용을 볼 때, 이 본문은 바벨론에서 구원을 받는 것이 아니라, 아직 실현되지 않았으나 앞으로 예상되며 본문에 특정한 용어로 약속된 회심과 회복에 관한 것임이 분명합니다.

다섯 번째 증거: 예레미야 31장 31-40절을 통해 살펴본 유대인들의 미래적 회심

이 증거는 예레미야 31장에 기초합니다.

"여호와의 말씀이니라. 보라 날이 이르리니 내가 이스라엘 집과 유다 집에 새언약을 맺으리라……내가 나의 법을 그들의 속에 두며 그들의 마음에 기록하여 나는 그들의 하나님이 되고 그들은 내 백성이 될 것이라……이는 작은 자로부터 큰 자까지 다 나를 알기 때문이라. 내가 그들의 악행을 사하고 다시는 그 죄를 기억하지 아니하리라. 여호와의 말씀이니라……이 법(곧 낮과 밤에 대한 법도)이 내 앞에서 폐할진대 이스라엘 자손도 내 앞에서 끊어져 영원히 나라가 되지 못하리라. 여호와의 말씀이니라……위에 있는 하늘을 측량할 수 있으며 밑에 있는 땅의 기초를 탐지할 수 있다면 내가 이스라엘 자손이 행한 모든 일로 말미암아 그들을 다 버리리라. 여호와의 말씀이니라. 보라, 날이 이르리니 이 성은 하나넬 망대로부터 모퉁이에 이르기까지 여호와를 위하여 건축될 것이라. 여호와의 말씀이니라……시체와 재의 모든 골짜기와 기드론 시내에 이르는 모든 고지 곧 동쪽 마문의 모퉁이에 이르기까지(이곳들은 모두 부정한 장소입니다) 여호와의 거룩한 곳이니라"(렘 31:31-40).

본문의 33,34절에 기록된 영적 유익이 신약의 유익이며 이방인들이 이 유익에 참여하리라는 것은 확실한 사실입니다. 그러나 이방인들만 이 유익에 참여하는 것은 아닙니다. 이스라엘과 유다 역시 여기에 참여할 것입니다. 이스라엘과 유다라는 이름은 유대 나라를 가리키는 것이지, 결코 이방인 신자들인 교회를 가리키는 것이 아닙니다. 왜냐하면 이방인 신자들은 신약에서 결코 이스라엘과 유다라는 이름으로 언급되지 않기 때문입니다. 또한 단지 남은 자들이 믿는 것이 아닙니다. "작은 자로부터 큰 자까지 다 나를 알기 때문이라"(렘 31:34)라는 말씀은 이스라엘의 모든 후손이 버려지지 않고 구원을 받을 것이라는 말입니다. 이 일은 대규모의 파괴와 흩어지는 사건이 있은 뒤에 일어날 것입니다. 예루살렘은 새롭게 건축되고, 확장될 것이며, 예루살렘에 있는 부정한 장소들은 제거될 것입니다. 여기에는 예외가 있을 수 없습니다. 이를테면, 바벨론에서의 구원도 여기에는 적용될 수 없습니다. 그 이유는 다음과 같습니다.

① 여기에 관련된 것들은 모두 메시아가 오신 뒤에(렘 31:22 참고), 그리고 베들레헴에서 유아가 대규모로 살해당한 뒤에 일어날 것입니다(렘 31:15 참고).

② 바벨론에서 회복된 후에 이스라엘은 영적인 의미로든 육적인 의미로든 이러한 유익에 참여하지 않았습니다. 이는 논쟁의 여지가 없는 사실입니다.

③ 500년이 지난 후에 예루살렘은 무너졌고, 이스라엘은 그곳에서 사라졌습니다. 그러나 본문에 기록된 이 회복은 영원히 지속되는 회복입니다. 따라서 이 본문을 통해, 언젠가 분명히 유대 나라가 회심할 것이며 그 장소에 재건될 것임을 확실히 알 수 있습니다.

여섯 번째 증거: 호세아 3장 4,5절을 통해 살펴본 유대인의 미래적 회심

"이스라엘 자손들이 많은 날 동안 왕도 없고 지도자도 없고 제사도 없고 주상도 없고 에봇도 없고 드라빔도 없이 지내다가, 그 후에 이스라엘 자손이 돌아와서 그들의 하나님 여호와와 그들의 왕 다윗을 찾고 마지막 날에는 여호와를 경외하므로 여호와와 그의 은총으로 나아가리라"(호 3:4,5).

본문은 이스라엘 자손들, 곧 유대 나라에 관해 말합니다. 본문은 그들이 오랫동안 버림받을 것이고, 그동안 그들에게 지도자도 참된 신앙도 우상도 없을 것이라고 예언합니다. 그리고 마지막 날이 이르렀을 때 그들은 돌아오게 될 것이며 그리스도를 메시아로 인정하고 받아들이게 될 것입니다. 이 사실에서 우리는 여전히 본문에 기록된 상태에 머물고 있는 유대인들이 전체적으로 회심하리라고 기대해야 한다는 것을 분명히 알 수 있습니다. 어떤 이는 본문이 바벨론에서 구원받는 것을 말한다고 회피주장을 할 수도 있습니다. 그러나 본문은 그 회피주장이 옳지 않다고 말합니다.

① 바벨론에 있을 때 이스라엘은 본문이 묘사하는 상태에 있지 않았습니다. 그들에게는 여전히 바벨론 왕에게 허락을 받아 그들을 다스리던 지도자들과 총독들이 있었습니다. 또한 제사장들과 그들을 가르치는 선지자도 있었습니다. 그리고 그들의 포로 생활은 그리 오랫동안 이어지지 않았습니다.

② 바벨론 포로기 동안이나 그 이후에도 이스라엘은 본문이 묘사하는 방식으로 주님께 돌아오지 않았습니다.

③ 그들은 메시아가 오신 후에라야 회복될 것입니다. 그들은 그들의 왕 다윗, 곧 메시아를 찾고 그분께로 돌이킬 것이며, 그분이 약속된 참메시아임을 인정할 것입니다.

④ "마지막 날"이 되어서야 이 일이 일어날 것인데, 이 '마지막 날'이라는 표현은 일반적으로 신약을 가리키는 것으로 이해되어 왔습니다(사 2:2; 행 2:17과 관련된 욜 2:2; 미 4:1; 렘 23:20 참고). 따라서 이 사건이 바벨론에서의 회복을 가리킨다고 생각해서는 안 됩니다. 오히려 앞으로 이런 회심이 일어나리라고 예상하는 것임이 분명합니다.

이러한 회심이 예언된 더 많은 본문을 자기 마음대로 생각하려는 사람은, 유대인들이 메시아에게로 돌아갈 뿐만 아니라 다시 가나안에 살게 되리라는 사실을 증명하기 위해 이제 우리가 제시할 다음 본문들을 고려해야 합니다.

일곱 번째 증거

앞서 언급한 바 장차 유대인들이 회심할 것을 증언하는 6개의 성경 본문과 더불어 다음 사항들도 생각해 보십시오.

① 비록 유대인들의 혈통은 사라졌지만, 유대 나라는 전 세계에 걸쳐 고립된 채 남아 있습니다. 유대인들은 그들이 살고 있는 나라에서 그 민족과 결혼하거나 그들의 종교를 받아들이지 않음으로써 그들과 동화되지 않습니다. 또한 그들은 어느 땅에 살든 모든 나라들 가운데서 두드러집니다.

② 그들은 여전히 유대 교회의 외적인 특징들을 고수합니다. 할례, 절기들, 구별된 음식과 같은 규례들을 지키고, 신중하게 우상숭배를 피하며 살아갑니다.

③ 그들은 성경을 매우 소중히 보존하며, 성경의 신적인 요소를 인정합니다.

④ 그들은 여전히 메시아가 오셔서 자신들을 구원해 주시기를 기다립니다.

물론 앞서 언급된 것들이 그들의 회심이 일어나리라는 사실을 확증하지는 않습니다. 그러나 이 사실들을 앞서 인용된 예언에 덧붙여 생각하면, 우리 마음이 훨씬 더 빠르고 강력하게 이러한 예언들을 믿고 싶어하게 됩니다. 하나님께서 여전히 유대 나라를 섭리하며 다루신다는 것은 매우 분명한 사실입니다. 유대 나라가 회심하여 이 나라에 대한 예언들의 성취가 더욱 분명히 드러날 때까지 하나님께서 이 나라를 보호하실 것입니다.

구약의 다양한 구절들이 증언하는 유대인들의 가나안 복귀

또 하나의 질문에 답을 해야 합니다. '유대 나라는 유대인들이 흩어져 사는 세상 모든 곳으로부터, 그리고 이 땅의 모든 나라로부터 모이는 것인가? 그들이 가나안 곧 아브라함에게 약속된 모든 땅으로 와 그곳에서 살게 되고, 예루살렘이 재건될 것인가?'

우리는 이런 사건들이 일어나리라 믿습니다. 그러나 예루살렘 성전이 재건될 것과 그곳에서 이전 형태의 예배, 곧 그리스도께서 오시기 전에 모형으로서의 본질을 가졌으며, 따라서 무언가를 반영하는 속성을 가졌던 예배가 시행되리라는 주장에는 반대합니다. 뿐만 아니라 그때에 유대인들이 상상하고 어떤 그리스도인들이 꿈꾸는 바 이스라엘이 온 세상을 다스릴 것이라는 식의 생각에도 동의할 수 없습니다. 오히려 그들의 나라는 독립하여 아주 지혜롭고도 선한 본성을 가진 탁월한 정부가 통치하는 공화국이 될 것입니다. 더 나아가 가나안은 특히 기름진 땅이 될 것입니다. 그 땅의 주민들은 경건이 탁월할 것이며, 요한계시록 20장에 예언된 천 년 동안 지속될 교회의 영광스러운 상태의 한 부분을 차지할 것입니다. 우리는 이 논의를 확장시키고자 이 본문들이 바벨론에서의 구원을 가리킨다는 회피주장에 반박하여 모든 본문의 정당성을 밝히지는 않을 것입니다. 그 주장들은 이미 회피주장들을 향해 제시한 답변들과 본문에 대한 주의 깊은 관찰, 특히 이 본문들을 바벨론에서 회복된 이스라엘의 실제 상태와 비교한 것을 통해 쉽게 반박할 수 있었습니다.

우리는 앞서 다룬 이사야 61장 1-9절과 예레미야 31장 31-40절을 통해 이 사실을 증명합니다. 우리는 이 본문들에 대한 회피주장들을 반박했습니다. 왜냐하면 이 구절들이, 유대인들이 그들의 땅으로 돌아올 것과 그들의 무너진 장소와 예루살렘이 재건될 것을 분명히 증언하기 때문입니다. 뿐만 아니라 다음 본문들을 생각해 보십시오.

신명기 30장 1-6절을 보십시오.

"모든 복과 저주가 네게 임하므로"(신 30:1).

"그 온 땅이 유황이 되şmek 되며 소금이 되며 또 불에 타서 심지도 못하며 결실함도 없으며 거기에는 아무 풀도 나지 아니함이 옛적에 여호와께서 진노와 격분으로 멸하신 소돔과……같음을 보고"(신 29:23).

이러한 일은 바벨론에 포로로 있는 동안 일어나지 않았습니다. 왜냐하면 그동안 그 땅이 비옥한 채로 남아 개간되었기 때문입니다. 반면에 예루살렘이 멸망한 후의 가나안이 바로 이와 같은 상태였으며, 지금도 거의 비슷합니다.

"네가 네 하나님 여호와로부터 쫓겨 간 모든 나라 가운데서 이 일이 마음에서 기억이 나거든, 너와 네 자손이 네 하나님 여호와께로 돌아와……마음을 다하고 뜻을 다하여 여호와의 말씀을 청종하면(이 일은 바벨론에서 돌아왔을 때나 그 이후에 일어나지 않았습니다), 네 하나님 여호와께서 마음을 돌이키시고 너를 긍휼히 여기사 포로에서 돌아오게 하시되 네 하나님 여호와께서 흩으신 그 모든 백성 중에서 너를 모으시리니, 네 쫓겨 간 자들이 하늘 가에 있을지라도 네 하나님 여호와께서 거기서 너를 모으실 것이며 거기서부터 너를 이끄실 것이라. 네 하나님 여호와께서 너를 네 조상들이 차지한 땅으로 돌아오게 하사 네게 다시 그것을 차지하게 하실 것이며, 여호와께서 또 네게 선을 행하사 너를 네 조상들보다 더 번성하게 하실 것이며(이 일도 바벨론에서 돌아온 후에 전혀 일어나지 않았습니다. 왜냐하면 바벨론에서 귀환한 이후의 시기는 다윗과 솔로몬과 다른 왕들의 시대와 비슷한 면이 전혀 없었기 때문입니다. 전쟁과 타국의 통치와 국가적인 내환이 끊임없이 계속되었습니다), 네 하나님 여호와께서 네 마음과 네 자손의 마음에 할례를 베푸사 너로 마음을 다하며 뜻을 다하여 네 하나님 여호와를 사랑하게 하사 너로 생명을 얻게 하실 것이며"(신 30:1-6).

이 일들이 분명히 이스라엘에게 일어날 것이며 바벨론 포로기 이후에 영적이든 육신적이든 어떤 의미에서도 이 일이 일어나지 않았으므로, 이런 영적인 회심과 가나안 땅으로의 회복은 여전히 미래에 일어날 것으로 기대해야 합니다.

아모스 9장 14,15절 말씀을 보십시오.

"내가 내 백성 이스라엘이 사로잡힌 것을 돌이키리니 그들이 황폐한 성읍을 건축하여 ……내가 그들을 그들의 땅에 심으리니 그들이 내가 준 땅에서 다시 뽑히지 아니하리라. 네 하나님 여호와의 말씀이니라."

그러나 바벨론 포로기 이후 500년 동안 그들은 단순히 땅을 소유했을 뿐입니다. 그리고 그들은 그 땅에서 쫓겨나 오늘날까지 이르렀습니다. 그러므로 이 회심 역시 미래에 일어날 것으로 기대해야 합니다.

에스겔 37장 21-25절을 생각해 보십시오.

"내가 이스라엘 자손을 잡혀간 여러 나라에서 인도하며 그 사방에서 모아서 그 고국 땅으로 돌아가게 하고……한 임금이 모두 다스리게 하리니(바벨론 이후에 그들에게는 단 한 명의 왕도 없었습니다)……내 종 다윗(그리스도)이 그들의 왕이 되리니 그들 모두에게 한 목자가 있을 것이라. 그들이 내 규례를 준수하고 내 율례를 지켜 행하며 내가 내 종 야곱에게 준 땅 곧 그의 조상들이 거주하던 땅에 그들이 거주하되 그들과 그들의 자자손손이 영원히 거기에 거주할 것이요 내 종 다윗이 영원히 그들의 왕이 되리라."

바벨론 포로기 이후에 이스라엘은 영적으로도 물리적으로도 이런 일을 경험하지 않았습니다. 이는 메시아께서 오신 후에 있을 메시아의 날에 일어날 것입니다. 바벨론 포로기 이후에 유대인들은 가나안 땅에서 세대를 걸쳐 살지 못했습니다. 오히려 그 땅은 파괴되었고 그들은 흩어졌습니다. 따라서 이때가 아직 오직 않았음을 알 수 있습니다.

이사야 62장 1-4절을 생각해 보십시오.

"나는 시온의 의가 빛같이, 예루살렘의 구원이 횃불같이 나타나도록 시온을 위하여 잠잠하지 아니하며 예루살렘을 위하여 쉬지 아니할 것인즉 이방 나라들이 네 공의를, 뭇 왕이 다 네 영광을 볼 것이요 너는 여호와의 입으로 정하실 새 이름으로 일컬음이 될 것이며 너는 또 여호와의 손의 아름다운 관, 네 하나님의 손의 왕관이 될 것이라. 다시는 너를 버림받은 자라 부르지 아니하며 다시는 네 땅을 황무지라 부르지 아니하고 오직 너를 헵시바라 하며 네 땅을 쁄라라 하리니 이는 여호와께서 너를 기뻐하실 것이며 네 땅이 결혼한 것처럼 될 것임이라."

오늘날 이스라엘이 이렇게 불립니다. 지금 이스라엘은 버림받은 자이며, 그 땅은 황폐합니다. 그러므로 이 말씀은 바벨론 포로기 이후의 유대인들에 대한 내용이라고 볼 수 없습니다. 뿐만 아니라 본문의 내용과는 달리 바벨론 포로기 이후에 이스라엘은 그처럼 영광스러운 상태에 있지 않았습니다. 그러므로 그날은 앞으로 올 것입니다.

"예루살렘은 그 가운데 사람과 가축이 많으므로 성곽 없는 성읍이 될 것이라"(슥 2:4).

"예루살렘 사람들은 다시 그 본 곳 예루살렘에 살게 되리라"(슥 12:6).

"그날에 여호와가 예루살렘 주민을 보호하리니 그중에 약한 자가 그날에는 다윗 같겠고"(슥 12:8).

"예루살렘이 높이 들려 그 본처에 있으리니"(슥 14:10).

"사람이 그 가운데 살며 다시는 저주가 있지 아니하리니 예루살렘이 평안히 서리로다"(슥 14:11).

바벨론 포로기 이후에 예루살렘은 이러한 상태에 있던 적이 없습니다. 오히려 예루살렘은 완전히 파괴되었고, 지금도 쫓겨난 상태입니다. 그러므로 이 내용은 바벨론에서 귀환한 일에 적용될 수 없고, 앞으로 다가올 시대에 적용되어야 합니다. 이 모든 것을 고려하면, 유대 나라가 회심하며, 그 나라의 땅인 가나안으로 와서 거기에 머물 것이라는 사실을 분명히 알 수 있습니다.

회피주장 앞에서 인용된 본문들은 모두 신약 교회의 영광스러운 상태에 대하여 말한다. 그리고 이 모든 표현들은 유대인들의 회심과 그들이 가나안으로 회복되는 것을 가리킨다기보다, 영적인 문제를 의미하는 것으로 생각해야 한다.

| 답변 |

이런 주장이 계속 제기되지만, 증명된 적이 없습니다. 모든 본문들을 통해 우리는 다음 사실을 분명히 보였습니다. 이 모든 본문들이 이스라엘과 그들의 영혼과 육신에 일어날 일에 관해 말하고 있다는 것입니다.

반론

"장차 한 왕의 백성이 와서 그 성읍과 성소를 무너뜨리려니와 그의 마지막은 홍수에 휩쓸림 같을 것이며 또 끝까지 전쟁이 있으리니 황폐할 것이 작정되었느니라……또 포악하여 가증한 것이 날개를 의지하여 설 것이며 또 이미 정한 종말까지 진노가 황폐하게 하는 자에게 쏟아지리라"(단 9:26,27).

이 말씀은 예루살렘이 끝까지 황폐할 것이 작정되었다고 말한다. 그러므로 유대 나라는 회심하지 않을 것이며, 가나안을 소유하기 위해 그 땅으로 돌아오지도 않을 것이다.

| 답변 |

천사 가브리엘은 다니엘에게 유대인들이 바벨론에서 구원받을 것뿐만 아니라 그들이 가나안에서 어떻게 살지를 알려 주었습니다. 그리고 메시아께서 가나안에

서 태어나고 고난당하며 죽으실 시기까지도 알려 주었습니다. 예루살렘이 파괴되어 평지가 될 때까지 가나안 땅에서 전쟁이 끊이지 않을 것입니다. 이처럼 예루살렘의 멸망은 가장 확실하게 작정되었기에 확실히 일어날 사건이었습니다. 그러나 본문은 이 멸망 이후에 유대 나라와 예루살렘에 어떤 일이 일어날지는 언급하지 않습니다. 대신 이 멸망이 있기 전과 그리스도께서 죽으신 직후에 일어날 일은 언급합니다.[4] 이는 세상의 끝 날에 관해서가 아니라, 예루살렘의 마지막에 관해 언급하는 것입니다. 예루살렘이 로마에게 처참하게 파괴될 때까지 전쟁이 계속될 것입니다. 그러므로 예루살렘의 멸망은 그 전쟁이 끝난다는 신호이기도 합니다. 결국 이 본문은 유대인의 회심 및 그들이 그들의 땅을 회복하리라는 사실에 반대되는 말을 하고 있지 않습니다.

유대 나라의 회심에 초점을 맞추는 다양한 이유들

우리가 유대 나라의 회심과 가나안 땅으로의 귀환을 살펴본 목적은, 단순히 그런 일이 일어나리라는 사실을 확증하고 숙고하고자 함이 아닙니다. 이를 통해 우리가 다양한 의무를 수행할 수 있도록 스스로를 훈련시키려는 것입니다.

① 하나님께서 아브라함과 그의 후손들과 더불어 맺으신 언약의 불변성을 주의 깊게 살펴보십시오. 또한 그들은 죄악되고 오만했으나 하나님은 자신이 하신 약속을 깨지 않고 그들에게 하신 모든 선한 말씀들 중 단 하나도 땅에 떨어지지 않게 하신다는 사실을 생각하십시오. 신자들이여! 이로 말미암아 하나님을 영화롭게 하며, 은혜언약의 불변성과 하나님께서 여러분에게 반드시 성취하실 그 언약 안에 있는 약속들로 말미암아 힘을 얻으십시오. 그러므로 믿음을 가지고 인내하면서 그것들이 성취될 것을 기대하십시오.

② 유대 나라를 멸시하지 마십시오.

---

4) 역자주 - 이 구절에 대응하는 KJV 구절은 "and the end thereof shall be with a flood"인데, 스타턴베이벌에는 "en tot het einde toe zal er krijg zijn"로 기록되어 있다. 이는 "끝 날까지 전쟁이 있을 것이다"라는 의미이다.

"그 가지들을 향하여 자랑하지 말라"(롬 11:18).

돌감람나무 가지인 여러분은 본성을 거슬러 참감람나무 가지인 유대인들에게 접붙임 받았습니다.

"높은 마음을 품지 말고 도리어 두려워하라"(롬 11:20).

- 그들은 불신자들로부터 필요 이상으로 경멸을 받았습니다.
- 그들은 그들의 조상 아브라함이 맺은 언약과 동일한 하나의 언약 안에 있습니다.
- 그들은 "조상들로 말미암아 사랑을 입은 자"(롬 11:28)입니다. 그러므로 그들을 향해 자비와 사랑의 마음을 품으십시오. 그들은 언약의 자녀들입니다(행 3:25 참고).
- 그들은 언젠가 회심할 것이며, 세상의 모든 나라들보다 영광스럽고도 거룩한 백성이 될 것입니다. 그러므로 그들을 존중하고 예우하고 사랑하십시오.

③ 지금 그들이 처한 상황과 관련해 그들을 불쌍히 여기십시오. 그들은 세상 나라 가운데서 멸시당하고 미움을 받고 있으므로 육신적으로 너무나 딱한 처지입니다. 이는 그들이 그리스도를 거부한 일에 대해 하나님께서 행하신 의로운 심판입니다. 그런데 그들의 영적 상태는 더욱 비참합니다. 그들은 참된 메시아이신 주 예수님을 향해 악한 증오를 품은 채 참된 신앙 없이 살아가고 있습니다. 그렇습니다. 그들의 신앙은 참된 신앙과 전혀 유사하지 않습니다. 그런데도 그들은 그들의 신앙을 놀랍도록 즐거워합니다. 그러므로 그들은 구원받을 수 없는 상태에 처해 있고, 오직 영원한 형벌만을 기대해야 할 따름입니다.

④ 그들이 회심하도록 기도하십시오. 이방인들이 회심하도록 이들이 얼마나 기도했습니까! 언젠가 이방인들이 회심하리라는 예언을 이들이 얼마나 즐거워했는지요! 그러니 여러분도 그들이 회심하도록 기도해야 합니다. 그들이 반드시 회심하게 될 테니 여러분은 믿음으로 이를 위해 기도할 수 있습니다.

⑤ 거룩하게 살아감으로써 여러분이 그들의 조상 아브라함의 길로 행하고 있음을 보이십시오. 그리스도인이라 불리는 사람들의 삶이 오히려 그들을 언짢게 하고, 그들로 하여금 그리스도를 믿지 못하게 만듭니다. 대다수의 유대인들은 그리

스도인들 중 많은 사람들이 지금도 이스라엘의 하나님 여호와를 두려워하고 사랑한다는 사실을 모릅니다. 그러므로 여러분이 거룩한 삶을 통해 하나님의 형상을 드러냄으로 말미암아 그들이 찔림을 받고 시기하는 마음을 품게 하십시오. 친절한 태도로 그들과 대화할 수 있는 기회를 만들어 여러분의 마음을 전하며, 여러분도 그들이 가나안에서 회복될 것을 기대한다는 사실을 알려 주십시오. 그들과 대화할 때, 주 예수님을 메시아라고 부르며 죄와 죄의 결과로 따라오는 영원한 멸망이 얼마나 끔찍한지를 말하십시오. 그리고 할 수 있다면 이 사실을 구약성경을 통해 보이십시오. 사람이 하나님 앞에서 행위로 의롭게 될 수 없으며 그들이 행하는 모든 것들이 그들을 의롭게 만들 수 없다는 사실을 보여 주십시오. 뿐만 아니라 메시아께서 자신의 죽음으로써 죄에 대한 만족을 이루시고 하나님과 사람을 화해시키셨으며 영혼을 회심시키신다는 사실을 구약성경을 사용하여 보여 주고, 이사야 53, 61장과 다니엘 9장을 통해 이를 증명하십시오. 아마도 여러분은 한 명의 유대인이 구원받는 데 도구로 사용될 것입니다. 사실 그렇게 함으로써 여러분은 여러분의 의무를 감당한 것입니다. 그리고 여러분의 영혼이 그 일로 말미암아 기쁨을 누릴 것입니다.

그러나 그들과 다투지 않도록 매우 조심하고, 그로 말미암아 그들이 여러분을 헐뜯거나 통렬하게 비난하여 여러분을 슬프게 만들 기회를 주지 않도록 주의하십시오. 우리 시대에는 그들의 국가적인 회심이 일어나지 않을 것입니다. 그러나 이 일은 반드시 일어날 것입니다. 주님께서 자신의 때에 돌연히 이 일이 일어나게 하실 것입니다. 부디 주님께서 자신의 옛 백성들에게 은혜 베푸시기를! 구속주께서 시온에 오셔서 야곱에게서 불경건한 자들을 쫓아내시기를 간절히 바랍니다! 그때에 이스라엘은 기뻐하고, 이방인은 자랑하며, 모두가 주님께 존귀와 영광과 감사를 돌릴 것입니다. 할렐루야!

지금까지 우리는 교회의 상태에 관해 살펴보았습니다. 또한 아담에서 아브라함까지, 아브라함에서 시내산까지, 시내산에서 그리스도까지, 그리고 그리스도에서 요한계시록까지 하나님께서 교회를 어떻게 다루셨는지도 보았습니다. 이제 우리는 교회의 상태에 대해 생각하는 것과 요한계시록에 기록된 바[5] 세상 끝 날까지 하나님께서 우리를 위해 그 교회를 어떻게 다루시는지를 살펴보는 일만을 남겨 두고 있습니다.

---

5) 영역주 - 요한계시록의 논란성 때문에 요한계시록에 대한 아 브라켈의 주해는 본 서에 포함되어 있지 않다. 그러나 아 브라켈에 대한 존경의 마음과 역사성으로 말미암아 요한계시록 주해를 따로 출간하기로 결정했다.

주제 및 인명 색인

ㄱ

가나안 • 304, 305, 430, 431, 568, 580-628, 646, 653-658, 665-667, 735, 757, 764, 765, 780, 790-801

게으름 • 42, 170-174, 254, 367

겸손 • 111-126

경험(체험) • 79-89

고독 • 41-49

구드멜리우스, 클로드 Claud Gaudemelius • 65

구약 교회 • 573-577, 653-668, 671, 713, 714, 738-741, 759-764

구약 신자 • 617, 671, 687-753

그림자 • 564-569, 576-594, 606, 608, 611, 614, 618, 620, 623, 629, 631, 636, 651, 667, 705, 709, 710, 714, 760

금식 • 15-26

긍휼 • 179-183

_긍휼을 베푸는지를 성찰 • 185-188

_긍휼을 베풀라는 권면 • 191-198

_긍휼을 베풀지 않는 자들 • 188-190

_긍휼의 근원이신 하나님 • 183, 184

_긍휼의 열매 • 184, 185

깨어 있음 • 29-38

ㄴ

남아 있는 부패 • 373-376

노래 • 61-68

놋 제단 • 639, 640, 649

니므롯 • 568

ㄷ

다테누스, 페트루스 Dathenus, Petrus • 65, 222

데카르트, 르네 Descartes, Rene • 301

ㄹ

로덴스타인, 유스투스 판 Lodenstein, Justus van • 65

로마 가톨릭 • 457

루터, 마틴 Luther, Martin • 65

루터파 • 65, 415, 416, 421, 424

ㅁ

마로, 클레망 Marot, Clément • 65

맹세 • 71-76

모형 type • 569-594

무신론(자) • 293-299

무지개 • 529, 579, 580

ⓑ

베자, 테오도르 Theodore Beza • 65

보증 Surety • 671-684

부지런함 • 165-176

불신앙 • 47, 85, 125, 234, 293-295, 298, 303, 309, 321, 331, 344, 353, 360, 363, 369, 389, 398, 406, 407, 528

브라켈, 테오도루스 아 Brakel, Theodorus à • 38

ⓢ

사라 • 589, 600, 622-624, 626-628

사려 깊음 • 201-213

사탄의 공격 • 351-371

새언약 • 432, 563, 616-633, 690-695, 707-727, 732-753, 755-799

성도의 견인 • 411-449

성막 • 592, 607, 636-641, 644, 645, 649, 650, 662

성찬 • 102, 155, 357, 396, 402, 578, 594, 631

소시니안(주의) • 415, 455, 457, 472, 473, 492, 494, 495, 497

신약 교회 • 755-802

ⓞ

아다무스, 멜키오르 Adamus, Melchior • 82

아담 • 63, 93, 98, 165, 304, 440, 533

아타나시우스 Athanasius • 152

아페시스 ἄφεσις • 687-715

알미니안(주의) • 415, 421, 422, 472, 473

암시 allusions • 574

언약궤 • 642-644, 657, 660, 661, 699

에피쿠로스주의자 • 472

연옥 • 472, 481-486

영원한 영광 • 537-557

영적 무감각 deadness • 395-408

영적 성장 • 215, 216

_다섯 가지 측면 • 216, 217

_성장의 네 가지 유형 • 219-222

_영적 성장의 방편들 • 227-229

_자기 성찰의 필요성 • 229-231

_자라지 못하는 이유들 • 233-236

_하나님의 은혜로운 역사 • 218, 219

영적 세계 • 529-534

영적 어둠 • 385-392

영적 유기 • 261-290

영적 전쟁 • 375

영적 퇴보 • 243-258

예루살렘 • 304, 305

예수 그리스도 • 21, 98, 100, 278, 306, 310, 318, 342, 385, 387, 511-513, 538

옛언약 • 563-594, 607-633, 687-753, 755-782

온유함 • 129-145

유대 나라 • 304, 305, 430, 431, 766, 769, 771, 775-777, 788, 792, 794, 798, 799

유월절 • 305, 604-606, 614, 615, 631, 657,

748, 758
은혜언약 • 71, 91, 131, 320, 346, 347, 405, 429-431, 436, 561-565, 573, 576-588, 600-633, 635, 674, 675, 694, 695, 709, 712, 713, 727, 735, 748, 751, 755
의식법 • 590, 611-630, 635-668, 701-705, 710, 729-731, 742, 748-753, 779, 781
이삭 • 46, 304, 379, 431, 474, 541, 566, 575, 581, 582, 584, 587, 588, 597, 600-602, 610-613, 622, 626, 627, 649, 695, 761, 762, 766, 767, 774-778
이스라엘 • 17, 20, 48, 64, 91, 89, 94, 152, 155, 304, 305, 430, 431, 465, 521
이웃 사랑 • 91-109

ㅈ

재세례파 • 415, 472, 473
죽은 자의 부활 • 489-506
죽음(사망) • 453
_모든 사람에게 보편적임 • 453, 454
_불신자에 대한 의무 • 461, 462
_신자에게는 법적인 형벌이 아님 • 455-460
_자신에 대한 의무 • 462
_죽음 이후의 영혼의 상태 • 471-487
_죽음을 맞이하는 신자에 대한 의무 • 460, 461
지복 • 56, 202, 208, 224, 308, 323, 326, 406, 416, 523

지성소 • 640, 642, 644, 648-650, 760

ㅊ

찬송 • 61-68, 286
촛대 • 614
최후 심판 • 509-534
출애굽 • 583-588, 609, 615, 638, 641

ㅋ

코르풋 Corput • 82
쿨만, 야코부스 Koelman, Jacobus • 82

ㅍ

파레시스 πάρεσις • 687-715
표지 Signs • 573, 574

ㅎ

하갈 • 575, 589, 600, 622-624, 626-628
하나님을 높임 • 556
하나님의 말씀 • 301-310
할례 • 588, 593, 600, 601, 605, 608, 610, 611, 614, 615, 657, 692, 693, 699, 746, 748, 751, 760, 768, 794, 796
향단 • 641, 642
호렙산 언약 • 580-590, 603-620, 635, 747
화평하게 함 • 147-162
확신 • 322-326

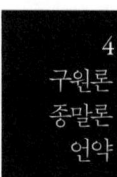

그리스도인의 합당한 예배

지은이 | 빌헬무스 아 브라켈
옮긴이 | 김효남, 서명수, 장호준
펴낸곳 | 지평서원
펴낸이 | 박명규

편 집 | 김일용, 김희정, 정 은
마케팅 | 송하일

펴낸날 | 2019년 12월 16일 초판
         2020년 12월 20일 초판2쇄

서울 강남구 선릉로107길 15 지평빌딩 101호 06144
☎ 538-9640,1   Fax. 538-9642
등 록 | 1978. 3. 22. 제 1-129

값 40,000원
ISBN 978-89-6497-077-5-94230
ISBN 978-89-6497-073-7(세트)

메일주소 jipyung@jpbook.kr
홈페이지 www.jpbook.kr
페이스북 www.facebook.com/jipyung
트 위 터 @_jipyung